hänssler

Josh McDowell
Bob Hostetler

Frühstück, fertig, los!

Familienandachten

Josh McDowell, stark engagiert in der Aktion »Right from Wrong« in Amerika, ist ein international bekannter Redner und Autor. Mit seiner Frau Dottie und seinen vier Kindern lebt er in Texas, USA.

Bob Hostetler ist ein bekannter Autor, Herausgeber und Redner. Er lebt mit seiner Frau Robin und seinen beiden Kindern in Ohio, USA.

Hänssler-Hardcover
Bestell-Nr. 393.967
ISBN 3-7751-3967-2

Published by Tyndale House Publishers, Inc., Wheaton, Illinois.
Originaltitel: One Year Book of Family Devotions
Übersetzung: Friedhilde Horn

Internet: www.haenssler.de
E-Mail: info@haenssler.de
Umschlaggestaltung: Ingo C. Riecker
Titelbild: gettyimages; Mother, father and two daughters
Satz: AbSatz, Klein Nordende
Druck und Bindung: Ebner & Spiegel, Ulm
Printed in Germany

INHALT

Januar

Thema des Monats: Die zehn Gebote (9.-20. Januar)

Februar

Themen des Monats: Gerechtigkeit (2.-9. Februar) / Liebe (11.-16. Februar) / Gnade (21.-27. Februar)

1 Die Wahrheit hat einen Namen
2 Corinnas Job
3 Faires Spiel
4 Im Gerichtssaal
5 Eine Unterbrechung im Spiel
6 Der Rest der Geschichte
7 Konsequenzen der Fairness
8 Bereit zur Rache?
9 Das ist nicht fair!
10 Die absolute Wahrheit
11 Harte Liebe
12 Gott ist Liebe
13 Herr Crump
14 Doppelte Freude
15 Liebe tut unserem Körper gut
16 Liebe in Aktion
17 Sitzgurte
18 Spaß in der Sonne
19 Wurzeln und Früchte (Teil 1)
20 Wurzeln und Früchte (Teil 2)
21 Der Augenblick der Wahrheit für Moni
22 Kevins Klage
23 Leonie lässt los
24 Eine Lektion in Sachen Wahrheit
25 Der Triumph der Barmherzigkeit
26 Was bedeutet ein guter Ruf?
27 Das richtige Wechselgeld
28 Lass es im Zweifelsfall sein
29 Eine gute Entscheidung

März

Themen des Monats: Selbstbeherrschung (2-11. März) / Reinheit (16.-21. März) / Früchte des Geistes (22.-31. März)

April

Themen des Monats: Treue (9.-18. April) / Eintracht (21.-28. April)

1 April-Scherz
2 Handeln aus Gewohnheit
3 Nervenzentrum
4 Das stumpfe Gewissen
5 Das tote Gewissen
6 Alt genug, um zu wissen, was richtig ist
7 Hingabe
8 Wahre Weisheit
9 Originalgetreu
10 Der beste Freund des Menschen
11 Sei treu
12 Ein treuer Freund
13 Treu wie Gott
14 Treue zahlt sich aus (Teil 1)
15 Treue schützt (Teil 1)
16 Treue schützt (Teil 2)
17 Treue zahlt sich aus (Teil 2)
18 Gott bleibt treu
19 Die Straße zur Freude
20 Die Tatsachen des Lebens
21 Leben in Harmonie
22 Eins plus eins gibt eins
23 Steffens neue Melodie
24 Freundschaften
25 Der Herr ist Einer
26 Die Welt wird glauben …
27 Friede sei mit dir
28 Gottes geistliche Vitamine
29 Nachahmer von Christus
30 Übung macht den Meister

Mai

Themen des Monats: Ehrlichkeit (3.-7. Mai)/Großzügigkeit (17.-24. Mai)/ Wert des menschlichen Lebens (26.-31. Mai)

1 Die Wahrheit ist unveränderlich
2 Die Wahrheitsbrille
3 Nichts als die Wahrheit
4 Deins, meins oder unsers?
5 Wahr von Natur
6 Laufen über dünnes Eis
7 Die beste Taktik
8 Gute Gaben
9 Den Anweisungen folgen
10 Ähnlichkeit mit Gott
11 Der unveränderliche Gott
12 Schlechte Gesellschaft
13 Ein gutes Gewissen
14 Die richtige Antwort
15 Regeln haben ihren Sinn
16 Wahr und nicht wahr
17 Ninas Schatz
18 Teilen und so tun als ob
19 Eine kleine Bitte
20 Die Macht der Blumen
21 Unser großzügiger Gott
22 Angelas Sieg
23 Schätze im Himmel
24 Eine Lektion zum Thema Prioritäten
25 Der Vater weiß es am besten
26 Das Ebenbild Gottes
27 Wunderbares Kunstwerk
28 Eine Polizei-Geschichte
29 Die Quelle des Lebens
30 Scheffel der Liebe
31 Weiße Kreuze

Juni

Themen des Monats: Demut (4.-11. Juni) / Respekt (14.-23. Juni)

Juli

Themen des Monats: Gerechtigkeit (6.-13. Juli) / Freundlichkeit (24.-31. Juli)

August

Themen des Monats: Liebe (6.-15. August) / Reinheit (17.-25. August)

1 Vertraue auf Gott
2 Ich verstehe es nicht
3 Bejahe Gottes Willen
4 Er wird dir den Weg zeigen
5 Cindys Ausflug
6 Wenn eine Gelegenheit uns verführt
7 Liebes Tagebuch
8 Die Konfrontation
9 Hab mich lieb!
10 Liebe kommt von Gott
11 Geheimdienst
12 Liebe auf den zweiten Blick
13 Früchte der Liebe
14 Angenehme Überraschung
15 Tatsachen und Gefühle
16 Für den Glauben kämpfen
17 Wie pures Gold
18 Jennas Perspektive
19 Der Hammer traf daneben
20 Motorrad-Wahnsinn
21 Gott ist rein
22 Rauchmelder
23 Reine Hände und Herzen
24 Innere Reinheit
25 Eine reine Welt
26 Der Wagen und das Pferd
27 Der Gebetsplan
28 Ehrfurcht vor Gott
29 Lass dich nicht verführen
30 Rolands Reue
31 In Gottes Wort verankert

September

Themen des Monats: Arbeit (1.-6. September) / Treue (10.-16. September) / Mitgefühl (18.-24. September)

Oktober

Themen des Monats: Ausdauer (3.-11. Oktober) / Demut (14.-20. Oktober)

November

Themen des Monats: Selbstbeherrschung (5.-13. November) / Respekt (17.-26. November)

1 Foto-Termin
2 Tugenden und Werte
3 Der falsche Messbecher
4 Backpulver
5 Jodies Schrei
6 Wünschen und Warten
7 Blitz und Donner
8 Selbstbeherrschung
9 Ronnie und Gott
10 Den ersten Platz anstreben
11 Gesunde Entscheidungen
12 Schulfest
13 Fernbedienung
14 Streben nach dem Guten
15 Neue Brillen
16 Putztag
17 Die Lese-Couch
18 Mamas Memory-Spiel
19 Der letzte Sitz im Bus
20 Die Vertretung
21 Die alte Frau Marcum
22 Das Spiel mit dem Respekt
23 Einzigartiger Wert
24 Respekt und Beziehungen
25 Die richtige Entscheidung
26 Zehn Regeln über Respekt
27 Tommys Gefühlsausbruch
28 Die Spur der Luftballons
29 Der Weg nach unten
30 Fahrrad-Köder

Dezember

Themen des Monats: Aufrichtigkeit (4.-12. Dezember) / Großzügigkeit (21.-27. Dezember)

Januar

1.
Januar

Medien-Einfluss

Es gibt Menschen, die meinen, dass »Recht« und »Unrecht« altmodische Begriffe sind.

Bibellese des Tages: Psalm 19,8-11
Tages-Vers: »Sieh zu und höre auf alle diese Worte, die ich dir gebiete, auf dass dir's wohlgehe und deinen Kindern nach dir ewiglich, weil du getan hast, was recht und wohlgefällig ist vor dem Herrn, deinem Gott.« (5. Mose 12,28)

Melissa und ihre Eltern befanden sich auf dem Weg zu einem Supermarkt.

»Können wir diesen neuen Sender mal hören, Papa?«, fragte Melissa. Als sie sah, dass ihr Vater mit den Achseln zuckte, drückte sie schnell auf den Knopf.

»Ooooh! Das ist ja mein Song, der neue von Toe Jam!«, rief sie. Und dann sang sie mit: »Da gibt's kein ›falsch‹, da gibt's kein ›richtig‹, da gibt's keinen Grund gegen Liebe in der Nacht ...«

»Melissa!«, rief ihr Vater überrascht aus. »Ist dir klar, was du da singst?«

»Ach, auf Worte achte ich nicht so sehr. Ich liebe diesen Song nur wegen der Musik.« Melissa sah vom Vater zur Mutter. »Was ist daran verkehrt?«

»Vielleicht solltest du doch besser auf die Worte achten«, warf nun die Mutter ein.

Melissa dachte nochmals an den Text.

»Ach, jetzt weiß ich, was du meinst. Da wird gesagt, dass es ›falsch‹ und ›richtig‹ nicht gibt. Aber so denke *ich* doch nicht.«

»Aber du hörst immer noch zu bei diesem Song«, antwortete die Mutter.

»Das tut doch jeder! Die ganze Schule spricht von dieser Band«, meinte Melissa.

»Eine Menge Leute denken heute so«, schaltete sich nun der Vater ein. »Sie sind der Ansicht, dass ›Recht‹ und ›Unrecht‹ Vorstellungen sind, die nicht mehr in unsere Zeit passen, und dass die Menschen selbst entscheiden müssen, was sie für ›Recht‹ oder ›Unrecht‹ halten.«

»Aber wir denken nicht so, oder?«, fragte nun Melissa.

»Es spielt keine Rolle, was wir denken«, antwortete die Mutter. »Es ist einerlei, was ich sage oder was du sagst, oder was Toe Jam sagt. Alles, was zählt, ist, was Gott dazu sagt.«

»Und Gott hält manche Dinge für recht und andere für unrecht, oder?«, stellte Melissa fest.

»Richtig! Und weißt du, was noch?«, sagte der Vater nun lachend: »Selbst die Leute, die glauben, dass es so etwas wie ›Recht‹ und ›Unrecht‹ nicht gibt, erwarten von dir, dass du sie gerecht behandelst. Sie mögen vorher sagen: ›Du kannst für dich selbst entscheiden, was für dich richtig ist, und ich entscheide für mich, was für mich richtig ist.‹ Wenn du sie dann aber in irgendeiner Weise zu betrügen versuchst, behaupten sie, das sei nicht richtig!«

»Weil sie im tiefsten Innern die Wahrheit kennen«, fügte die Mutter hinzu.

Melissa nickte zustimmend. »Eine letzte Frage noch: Können wir auf einen anderen Sender umschalten?«

»Das lässt sich machen«, ließ sich der Vater vernehmen.

Zur Diskussion: Sollte man sich Songs anhören, die unseren Glauben in Frage stellen? Warum, oder warum nicht? Wie kann man wissen, was ›Recht‹ oder ›Unrecht‹ ist?
Gebet: »Herr, du bist derjenige, der entscheidet, was Recht oder Unrecht ist. Hilf uns, dir nachzufolgen.«

2. Januar

Wie entscheidest du dich?

Wenn Gott etwas ›Unrecht‹ nennt, dann ist es Unrecht. Basta.

Bibellese des Tages: Josua 24,14-15
Tages-Vers: »Ich aber und mein Haus wollen dem Herrn dienen.« (Josua 24,15)

Ritas Mutter stand vor dem Automat an der Autobahn-Raststätte. Sie war mit Rita und Kim auf dem Heimweg von einem Ferienlager. »Was möchtest du, Rita?«, fragte sie.

»Ich weiß nicht«, meinte Rita und wandte sich an ihre Freundin. »Such du dir zuerst was aus, Kim.«

Kim dachte nur einen Augenblick nach: »Ich hätte Lust auf einen Mars-Riegel, bitte.«

»Wird sofort geliefert«, sagte Ritas Mutter, schob eine Münze ein und drückte den Knopf. »Na, Rita, hast du dich jetzt entschlossen, was du willst?«

Rita nickte lächelnd. »Ich möchte auch ein Mars«, verkündete sie. Die Mutter warf neue Münzen ein und drückte den gleichen Knopf. Als die beiden Mädchen mit Ritas Mutter zum Auto zurückgingen, meinte die Mutter:

»Es war interessant, euch beide bei eurer Wahl zu beobachten«, meinte die Mutter. »Du, Rita, hast es so gemacht, wie viele Leute versuchen, die richtige Wahl zu treffen.«

»Wie meinst du das, Mama?«, fragt Rita.

»Nun, manche Menschen machen es so wie Kim. Sie entscheiden sich für ›richtig‹ oder ›falsch‹, je nachdem, was ihnen ihr eigenes Gefühl sagt. Wenn sie sich gerade verrückt fühlen, halten sie es auch für gerechtfertigt, jemand zu schlagen oder zu beschimpfen.« Dann stiegen die Mutter, Rita und Kim wieder ins Auto und sprachen während der Fahrt weiter über dieses Thema.

»Andere machen es so wie du, Rita. Sie richten sich bei ihrer Entscheidung nach dem, was alle anderen auch tun. Wenn sie sehen, dass andere Leute betrügen oder das Gesetz brechen, denken sie, dass sie es dann auch tun dürfen.«

»Du hast Recht, Mama, ich habe bisher niemals darüber nachgedacht«, sagte Rita.

»Eigentlich wäre es ein bisschen blöd, über ›Recht‹ und ›Unrecht‹ so zu entscheiden, wie man einen Schokoriegel auswählt«, sagte nun Kim. Sie und Rita lächelten sich an.

»Das denke ich auch«, meinte die Mutter. »Statt euch bei euren Entscheidungen nach anderen zu richten, hoffe ich, dass ihr beiden immer danach fragt, was Gott von euch möchte. Dann geht ihr nicht in die falsche Richtung.«

»Ups, Mama«, rief Rita nach einiger Zeit, »jetzt hast du eine falsche Entscheidung getroffen.«

»Wieso?«, fragte die Mutter zurück.

»Du bist gerade an unserem Haus vorbeigefahren!«

Zur Übung: Nimm dir morgen eine Süßigkeit mit, um dich immer daran zu erinnern, dass es am besten ist, bei allen Entscheidungen nach dem Willen Gottes zu fragen.

Gebet: »Herr, hilf uns, dich bei unseren Entscheidungen zu ehren.«

3. Januar

Das Rechte tun

Was Gott gefällt, ist richtig, was ihm nicht gefällt, ist falsch.

Bibellese des Tages: 5. Mose 32,3-4

Tages-Vers: »Reinige sie und heilige sie, indem du sie deine Worte der Wahrheit lehrst.« (Johannes 17,17)

»Ich muss für ein paar Minuten runter ins Lehrerzimmer«, kündete Frau Stanford ihrer Klasse an. »Ich möchte, dass in der Zeit jeder die Seiten 89 bis 92 liest.«

Kaum war die Lehrerin verschwunden, sprangen Bobby und Stefan auf und rannten zum Lehrerschreibtisch. Da gab es einen Gegenstand aus Fäden mit silbernen Kugeln, der zum Spielen verlockte. In einer schwingenden Bewegung stießen diese dabei gegeneinander. Es machte Spaß, ihnen zuzuschauen. Im Handumdrehen war der Schreibtisch der Lehrerin von nahezu der ganzen Klasse umgeben – bis eine der silbernen Kugeln sich vom Faden löste und auf den Boden rollte. Umgehend rannte jeder wieder zu seinem Platz zurück.

Frau Stanford kam zurück und bemerkte den Schaden sofort. Sie fragte die Schüler, was geschehen sei. Das erste Mädchen log, sie wüsste es nicht. Die zweite machte es genauso. Dann fragte die Lehrerin Nora, die den tatsächlichen Hergang schilderte.

Als Nora nach der Schule heimkam, hatte ihre Mutter schon gehört, was passiert war. Sie ging mit Nora in die Eisdiele. Dort unterhielten sie sich über den Vorfall.

»Liebling«, sagte die Mutter, »ich bin froh, dass du die Wahrheit gesagt hast. Warum wolltest du nicht lügen?«

Nora dachte einen Augenblick nach. Dann sagte sie: »Weil in der Bibel steht, dass das Unrecht ist.«

»Und warum steht in der Bibel, dass das falsch ist?«

»Weil Gott sagt, dass wir nicht lügen sollen.«

»Und warum sagt Gott, dass wir nicht lügen sollen?«

»Das weiß ich nicht«, gab Nora zu.

»Weil Gott selbst die Wahrheit ist, Liebling. Gott lügt niemals. Was ihm ähnlich ist, ist richtig, und was auch immer ihm widerspricht, ist falsch. Lügen passt nicht zu Gott, *darum ist es Unrecht.*«

Nora nickte und kaute an ihrer Eiswaffel.

»Es war schwer für dich, heute in der Klasse die Wahrheit zu sagen, nicht wahr?«, fragte die Mutter.

Nora nickte: »Ja, weil ich die Einzige war, die das tat!«

»Aber du hast richtig gehandelt, weil es die Wahrheit war.«

Nora schob den Rest ihrer Eistüte in den Mund. »Und es war richtig, weil es zu Gott passte«, erklärte sie stolz.

»Richtig!«, sagte die Mutter.

»Richtig!«, kam das Echo von Nora.

Zur Diskussion: Was gibt einem Verhalten oder einer Tat den Stempel »richtig« oder »falsch«? Wie kann man wissen, was Unrecht oder Recht ist?

Gebet: »Herr, unser Gott, du hast uns durch deine Worte der Wahrheit gereinigt und geheiligt. Lass unser Verhalten deine Heiligkeit und Wahrheit widerspiegeln.«

4. Januar

Die Freiheit der Wahrheit (Teil 1)

Die Wahrheit wird euch frei machen.

Bibellese des Tages: Johannes 8,31-32

Tages-Vers: »Ihr werdet die Wahrheit erkennen, und die Wahrheit wird euch frei machen.« (Johannes 8,32)

Bob lief aufgeregt von einem Ausstellungsobjekt zum anderen, als er mit seinem Vater das Luft- und Weltraumfahrt-Museum besuchte. Er liebte Flugzeuge, Hubschrauber und Weltraum-Shuttles. Er besaß zu Hause eine ganze Sammlung von Spielzeugfliegern und Modellen. Wenn er groß war, wollte er unbedingt Pilot werden.

»Bob«, rief jetzt sein Vater, »schau dir das hier mal an.«

Bob stellte sich neben seinen Vater, den er beim Flugzeug der Brüder Wright fand, mit dem diese 1903 in Kitty Hawk in North Carolina geflogen waren.

»Weißt du, was das ist?«, fragte der Vater. Bob ließ einen ungeduldigen Laut hören. »Das ist ja wohl klar, Papa! Das ist Orville und Wilbour Wrights erstes Flugzeug. Es war die erste Propellermaschine, sie flog beim ersten Mal ca. 75 Kilometer.« »Hm«, ließ der Vater von sich hören und schien beeindruckt zu sein. »Und woher wussten sie, dass das Ding fliegen würde?«

»Weil sie alle möglichen Tests gemacht hatten, Papa. Sie hatten die Gesetze der Aerodynamik regelrecht studiert und all das, was dazugehörte.«

Der Vater dachte einen Augenblick nach, dann schaute er Bob an. »Ich möchte dich etwas anderes fragen: Was meinst du, was passiert wäre, wenn die Brüder Wright versucht hätten zu fliegen, ohne diese Gesetze zu kennen?«

»Sie wären abgestürzt!«

»Du meinst, sie hätten es niemals geschafft, wie ein Vogel zu fliegen? Sie hätten niemals die Freiheit erlebt, sich in die Lüfte zu erheben?«

Bob blickte seinen Vater etwas misstrauisch an. »Was meinst du damit, Papa?«

Der Vater lächelte und zuckte mit den Schultern. »Ich wollte nur, dass du erkennst, wie die Wahrheit die Menschen frei machen kann. Wenn die Brüder Wright die Gesetze der Physik, wie Schwerkraft, Stärke und Geschwindigkeit und alles, was dazugehört, nicht beachtet hätten, hätte ihr Flugzeug sich niemals vom Erdboden erhoben. Es war die Wahrheit, die ihnen das Fliegen ermöglichte.«

Dann fuhr der Vater fort: »Das Gleiche gilt auch in anderen Dingen. Wenn du oder ich durchs Leben gehen und die Wahrheit Gottes ignorieren, werden wir die wahre Freiheit niemals kennen lernen. Wir werden Gefangene der Sünde sein, ob wir nun von Drogen, Depressionen oder anderen Dingen versklavt sind.

Doch wenn wir die Wahrheit Gottes kennen und sie beachten und ihr gehorchen, dann werden wir Freiheit erleben, Freiheit von Sünde und Freiheit von den Konsequenzen unserer falschen Entscheidungen. Das ist es, was Jesus meinte, als er sagte: ›Die Wahrheit wird euch frei machen.‹«

Bob warf noch einen Blick auf das Flugzeug: »Jetzt weiß ich, was du gemeint hast«, sagte er nachdenklich.

Zur Diskussion: Was bedeuten die Worte »Die Wahrheit wird euch frei machen« für dich? Bist du heute schon an andere Wahrheiten erinnert worden? Auf welche Weise hat dich das Erkennen der Wahrheit frei gemacht? Kannst du Beispiele dafür anführen?
Gebet: »Du, unser liebender Gott, mach uns frei durch deine Wahrheit.«

5. Januar

Die Freiheit der Wahrheit (Teil 2)

Der Weg des Bösen ist tiefste Finsternis.

Bibellese des Tages: Sprüche 4,18-19
Tages-Vers: »Ihr werdet die Wahrheit erkennen, und die Wahrheit wird euch frei machen.« (Johannes 8,32)

Bob und sein Vater verließen das Luft- und Weltraumfahrt-Museum und traten ins helle Sonnenlicht. Als sie die Steinstufen zur Straße hinuntergingen, fragte Bob: »Papa, weißt du noch, was du gesagt hast über die Wahrheit, und dass sie uns frei macht?«

Der Vater nickte.

»Kannst du das noch ein bisschen näher erklären?«, fragte der Junge.

»Natürlich«, antwortete der Vater. »Aber zuerst möchte ich dich was fragen: ›Wie hast du dich gefühlt, als du heute Morgen aufgewacht bist?‹«

Bob zuckte die Achseln. »Ganz o.k., ein bisschen müde noch am Anfang …«

»Hattest du Kopfschmerzen?«

»Nein.«

»Hattest du im Mund ein Gefühl, als ob du einen Sack Watte verschluckt hättest?«

»Nein«, antwortete Bob wieder.

Der Vater nickte. »Das freut mich, weil das nämlich die gewöhnlichen Gefühle derer sind, die am Abend vorher zu viel Alkohol getrunken haben. Das nennt man einen Katzenjammer.«

Bob verdrehte die Augen. »Ich bin noch zu jung, Papa. Du würdest mich das Zeug doch gar nicht trinken lassen.«

»Das stimmt«, sagt der Vater mit einem Augenzwinkern. »Aber *ich* bin kein Jugendlicher mehr, und du siehst mich niemals betrunken, oder?«

Bob schüttelte den Kopf. »Warum nicht? Weil die Bibel sagt, dass das falsch ist?«

»Richtig. Aber auch, weil ich weiß, dass die Wahrheit mich frei machen wird. Ich weiß, wenn ich dem Gebot Gottes gehorche, mich nicht mit Alkohol zu betrinken, bleibt mir der unangenehme Katzenjammer erspart. Und ich komme nicht in Gefahr, in angetrunkenem Zustand jemanden mit dem Auto anzufahren und zu verletzen oder gar zu töten.

Aber das ist nur einer der Wege, auf denen uns die Wahrheit frei macht, Bob. Gottes Geboten zu gehorchen, befreit uns auf viele Weise. Wenn ich seiner Anweisung, nicht zu stehlen, gehorche, bleibe ich frei von Schuld, Scham und Furcht vor Strafe, die mich ansonsten plagen würden, auch wenn ich nicht erwischt werde. Wenn ich mich an sein Gebot halte, nicht zu lügen, komme ich nicht in die Gefahr, mich in meinen eigenen Lügen zu verfangen und muss keine neuen Lügen erfinden, um die alten zu vertuschen. Wenn ich seinem Gebot gehorche, deiner Mutter treu zu sein, erspare ich mir und meiner Familie eine Menge an Traurigkeit und Schwierigkeiten.«

»Ich wette, dass viele Menschen gar nicht wissen, wie frei sie sind!«, sagte Bob.

Der Vater nickte. »Und ebenso viele Menschen haben keine Ahnung, wie viel sie verlieren, wenn sie Gottes Wegen nicht folgen.«

Zur Übung: Das nächste Mal, wenn du einen hellen, sonnigen Tag erlebst, denke daran: »Der Weg der Gottesfürchtigen ist wie der helle Sonnenstrahl am Morgen, der immer heller leuchtet, bis das volle Licht des Tages erstrahlt« (Sprüche 4,18).
Gebet: »Herr, hilf uns nach deinen Maßstäben für ›Recht‹ und ›Unrecht‹ zu leben.«

6. Januar

Zu viel Wechselgeld

Sollten wir etwas Falsches tun, nur weil es leicht scheint?

Bibellese des Tages: 3. Mose 19,11-13
Tages-Vers: »Ihr sollt nicht stehlen noch lügen noch betrügerisch handeln einer mit dem andern.« (3. Mose 19,11)

Steffi befand sich mit ihrer Freundin Anna nach der Klavierstunde auf dem Weg nach Hause. Der Tag war heiß und beide hatten Durst. Als sie an einer Tankstelle vorbeikamen, warf Anna einen schnellen Blick auf den Getränkeautomaten, der auf einer Seite angebracht war.

»Ich wünschte, ich hätte ein bisschen Geld bei mir«, sagte sie. »Eine Limo würde mir jetzt gut tun.«

Steffi suchte in ihrer Tasche und fand genug Kleingeld für eine Dose. »Schau her, wir können uns eine Dose teilen.«

Einen Augenblick erhellte sich Annas Miene, doch dann schüttelte sie den Kopf. »Nein, das ist schon o.k. Trotzdem: danke.«

»Bist du sicher?«, fragte Steffi.

Anna nickte.

Steffi steckte ihre Münzen in den Automat und geräuschvoll purzelte das gewünschte Getränk heraus. Als sie die eisgekühlte Dose in die Hand nahm, hörte sie, wie Münzen in den Wechsel-Schlitz fielen.

»Schau nur, Anna!«, schrie sie, die Dose in der einen Hand haltend und mit der anderen die Münzen aus dem Wechselschacht nehmend. »Jetzt haben wir genug für eine zweite Dose für dich!«

Anna blickte auf die Münzen in der einen Hand ihrer Freundin und die eisgekühlte Limonade in deren anderen Hand. Sie zögerte einen Moment, doch dann schüttelte sie den Kopf.

»Nein«, sagte sie, »das Geld gehört nicht uns.«

»Was soll das heißen – ›es gehört uns nicht‹?«

»Das Geld gehört dem Geschäft, von dem du deine Limo gekauft hast. Wenn wir es behalten, ist das Diebstahl.«

»Aber das weiß doch niemand«, sagte Steffi. »Was ist schon dabei?«

»*Wir* würden es wissen«, sagte Anna. »Sollten wir etwas Unrechtes tun, nur weil es so leicht ist?«

Steffi dachte nach. Sie schaute von der Limodose in ihrer einen Hand zu dem Wechselgeld in der anderen Hand. »Was machen wir dann?«

Anna schaute sich um und sah in der Tankstelle einen Angestellten an der Kasse. »Wir werden es ihm geben«, sagte sie.

Steffi zögerte immer noch. Es sah aus, als wollte sie ihrer Freundin ein »Nein« entgegensetzen. Schließlich meinte sie: »O.k., aber nur unter einer Bedingung.«

»Und die wäre?«, fragte Anna.

»Nur wenn du bereit bist, diese eine Dose mit mir zu teilen.«

Die beiden Mädchen lachten sich an und verschwanden in der Tankstelle.

Zur Diskussion: Warum hielt es Anna für Unrecht, das Geld zu behalten? Wie hättest du an Steffis Stelle gehandelt? Und was hättest du getan, wenn du Anna gewesen wärst?
Gebet: »Herr, bewahre uns davor, etwas zu tun, was dir keine Ehre macht.«

7. Januar

Ehrfurcht vor Gott

Wir sind nicht in der Lage, Gott zu erkennen und ihm zu dienen, bevor wir nicht begriffen haben, wie Ehrfurcht gebietend und mächtig er ist.

Bibellese des Tages: Psalm 111
Tages-Vers: »Siehe, die Furcht des Herrn, das ist Weisheit, und meiden das Böse, das ist Einsicht.« (Hiob 28,28)

»Jeden Tag lernt man irgendetwas Neues, weißt du das?« Mit diesen Worten schlug Kevin seinem Freund Andreas auf die Schulter, als er im Jugendgruppenraum ihrer Gemeinde neben ihm saß.

Andreas warf seinen Kopf zurück, um sich die Haare aus den Augen zu wischen, und schaute seinen Freund an. »Du hörst dich schon wie mein Vater an.«

»Hast du jemals gehört, dass sich Erwachsene über ›Gottesfurcht‹ unterhielten?«

»Jaaah«, antwortete Andreas. »Und?«

»Nun, ich denke, zum ersten Mal im Leben habe ich verstanden, worüber sie gesprochen haben ... Erinnerst du dich, wie Herr Phillips letzten Dienstag unsere erste Fahrschulstunde eröffnete?«

»Ja«, sagte Andreas und zuckte mit den Achseln. »Er hielt uns einen Vortrag darüber, dass wir uns fürchten sollten – wirklich Angst haben sollten –, wenn wir uns ans Steuer eines Wagens setzen.«

»Richtig! Er sagte, wir sollten Respekt vor dem Fahren haben, weil das Fahren eines Wagens einerseits wirklich Gutes für uns mit sich bringen könnte – für den Schulweg, für Freizeitgestaltung und Hobby und Ähnliches –, dass es uns oder unsere Beifahrer aber auch das Leben kosten könnte. *So* leicht könnte das passieren«, – dabei schnippte er mit den Fingern – »wenn wir nicht verantwortlich damit umgingen.« »Ja«, sagte Andreas gelangweilt. »Er sagte, wir wären einfach nicht reif dafür, einen Wagen zu fahren, bevor wir nicht Angst davor hätten, wirklich Angst. Aber was willst du damit sagen?«

»Heute Morgen habe ich in meiner Bibel gelesen und stieß auf den Vers, in dem es heißt: ›Die Furcht des Herrn ist der Weisheit Anfang.‹ Und zum ersten Mal verstand ich, was es mit der Gottesfurcht auf sich hat. Wir sollen nicht vor Gott erschrecken, sondern nur erkennen, dass er *Gott* ist, dass er die Macht über Leben und Tod hat, und dass er der Richter über Gut und Böse ist.«

Andreas lächelte und nickte verständnisvoll.

»Also«, beendete Kevin das Thema, »ebenso wie wir nicht reif sind, einen Wagen zu lenken, bis wir ›Angst‹ davor haben, so können wir Gott auch nicht erkennen und ihm dienen, bevor wir nicht begreifen, wie Ehrfurcht gebietend und mächtig er ist.«

»Und wie glücklich wir darüber sein sollten, dass er uns liebt«, sagte Andreas.

Zur Übung: Unterhaltet euch als Familie darüber, was es für euch bedeutet »den Herrn zu fürchten«. Und dann schreibt eure Definition auf und hängt sie irgendwo an die Wand, wo jeder sie sehen kann.

Gebet: »Herr, unser Gott, wir sind glücklich, dass du uns liebst. Danke für deine Liebe. Lehre uns bitte, deine Macht und deine Autorität zu respektieren.«

8. Januar

Der Blick der Liebe

Gott zu lieben bedeutet, seine Gebote zu halten.

Bibellese des Tages: 1. Johannes 5,1-5
Tages-Vers: »Gott zu lieben heißt, seine Gebote zu befolgen, und das ist nicht schwer.« (1. Johannes 5,3)

»Angela!« Mit entsetztem Ausdruck starrte die Mutter in Angelas Schlafzimmer. »Was hast du gemacht?«

Ihre Tochter saß mitten auf dem Boden ihres Schlafzimmers und lachte sie an. »Ich habe Ordnung in meinem Zimmer gemacht!«

Mit offenem Mund drehte sich die Mutter um und konnte nicht fassen, was sie sah. Angela hatte aufgeräumt und Staub gewischt, und sogar den Schrank und den Schreibtisch mit einbezogen.

»Das sieht ja großartig aus«, sagte die Mutter. »Ich kann in deinem Schrank direkt bis auf den Boden schauen!«

»Und?«, antwortete Angela. »Gefällt es dir?«

»Sehr.« Die Mutter zögerte etwas ... »Aber ...«

»Aber was?«

Die Mutter zwinkerte mit den Augen. »Warum hast du all das gemacht?«, fragte sie misstrauisch.

Angela stand auf und ging einen Schritt auf ihre Mutter zu. Sie lächelte und legte einen Arm um sie. »Einfach weil ich dich lieb habe«, sagte sie dann.

»Nein, das kann doch nicht sein«, antwortete die Mutter.

Angela nahm ihren Arm von Mutters Schulter und trat zurück. Sie sah verletzt aus und bestand darauf: »Ich habe es getan, weil ich dich lieb habe, weil ich wusste, dass es dich glücklich machen würde. Glaubst du mir das nicht?«

Die Mutter zögerte einen Augenblick und antwortete dann: »Es tut mir Leid, Liebling! Doch, ich glaube dir. Ich war nur so überrascht.«

Angela zuckte mit den Schultern. »Es hängt auch mit dem Bibelvers zusammen, den wir gestern gelesen haben.«

»Bibelvers?«

»Ja«, sagte Angela, »es hieß: ›Gott zu lieben heißt, seine Gebote zu befolgen‹.«

Die Mutter lächelte bei der Erinnerung an den Vers. »Stimmt«, entfuhr es ihr.

»Und da dachte ich, wenn ich mein Zimmer in Ordnung brächte, könnte ich meine Liebe zu Gott *und* zu dir gleichzeitig sichtbar machen.«

Die Mutter nickte und dann huschte ein ernster Ausdruck über ihre Züge. »Das ist großartig, Angela! Doch ich muss dir unbedingt noch eine andere Anweisung geben.«

Angela lachte nicht mehr. »Und was sollte das sein?«, fragte sie.

Auf Mutters Gesicht erschien nun ein offenes Lachen. »Du solltest deine Mutter noch einmal ganz fest umarmen!«, sagte sie.

Zur Diskussion: Wie kannst du heute deine Liebe zu Gott zeigen? Wie kannst du anderen in deiner Familie helfen, ihre Liebe zu Gott sichtbar werden zu lassen?
Gebet: »Herr, wir lieben dich. Hilf uns, dir unsere Liebe zu zeigen, indem wir deinen Geboten gehorchen.«

9. Januar

Warum gibt es so viele Regeln?

Regeln sind nicht dazu da, uns unglücklich zu machen, sondern um uns zu schützen.

Bibellese des Tages: 2. Mose 20,1-17
Tages-Vers: »Und der Herr hat uns geboten, nach all diesen Rechten zu tun, dass wir den Herrn, unsern Gott, fürchten, auf dass es uns wohlgehe unser Leben lang, so wie es heute ist.« (5. Mose 6,24)

Fabian saß neben dem Schwimmbecken. Es war der erste Tag eines Sommer-Ferienlagers. Der Bademeister verkündete die Regeln, die am und um den Pool galten.

»Kein Rumrennen im Bereich des Beckens«, erklärte er. »Kein Tauchen am flachen Ende. Immer nur eine Person auf einmal beim Betreten des Sprungbretts!«

Fabian wandte sich zu den anderen Jungen aus seiner Gruppe um. »Das ist ja schlimmer als zu Hause«, flüsterte er. »Tu dies, tu das nicht!«

»Wenn ihr *einen* Pfiff aus meiner Trillerpfeife hört«, fuhr der Bademeister fort, »dann heißt das für euch ›Achtung!‹ Vermutlich sollt ihr mit irgendetwas aufhören, was ihr gerade macht.«

»Das ist ja die Höhe«, murrte Fabian, nun schon ein wenig lauter.

»*Zwei* Pfiffe bedeuten, dass alle mit dem Schwimmen aufhören, nach mir schauen und mir zuhören müssen.«

»Wir werden nicht den geringsten Spaß haben!«, sagte Fabian jetzt.

»Und *drei* Pfiffe«, schloss der Bademeister nun, »bedeuten: ›Alle raus aus dem Pool!‹. Noch irgendwelche Fragen?«

»Ja«, sagte Fabian. »Warum gibt es so schrecklich viele Regeln? Sie stehen mir bis zum Hals! Warum können wir nicht einfach Spaß haben?«

»Die Regeln sind nicht dazu da, um euch unglücklich zu machen«, sagte der Bademeister, »sie sollen euch schützen. ›Nicht Rumrennen im Beckenbereich‹ soll das Fallen auf dem harten Beton und das Aufschlagen der Knie verhindern. ›Kein Tauchen am flachen Ende‹ – damit ihr nicht mit dem Kopf auf dem Beckenboden aufkommt und dann vielleicht mit einer Querschnittslähmung oder gar mit dem Leben bezahlen müsst. Wenn ihr die Regeln befolgt, werdet ihr viel besser zurechtkommen. Befolgt ihr sie nicht, geht es am Ende nicht ohne Verletzungen ab.«

Der Bademeister schaute in die Runde. »Noch Fragen?«

»Ja!«, sagte Fabian, diesmal seine Hand hebend. Der Bademeister nickte ihm zu.

»Wann können wir endlich schwimmen?«

Der Bademeister grinste: »Sobald du mit Reden fertig bist.«

Zur Diskussion: Was glaubst du, warum Gott uns so viele Gebote gegeben hat? Kannst du dir vorstellen, wie seine Gebote dich schützen?
Gebet: »Herr, hilf uns, deinen Geboten zu gehorchen, auch wenn wir den Eindruck haben, dass sie unfair sind.«

10.
Januar

Schlüssel zum Wesen Gottes

Gottes Gebote zeigen sein Wesen.

Bibellese für den Tag: 2. Mose 33,7-13
Tages-Vers: »... lass mich deinen Weg wissen, damit ich dich erkenne ...« (2. Mose 33,13)

»Ihr habt wirklich eine Menge Regeln in euerm Haus«, sagte Ben. Er wollte eine Nacht im Elternhaus seines Freundes Florian schlafen. »Zum Beispiel?«, fragte Florian, ohne seine Augen von dem Video-Spiel abzuwenden, an dem er gerade saß.

»Na, zum Beispiel, was deine Mutter eben sagte«, antwortete Ben.

»Was? Du meinst, dass sie sagte: ›Licht aus, wenn ihr mit dem Spiel fertig seid‹?«

»Ja. Müsst ihr zu einer bestimmten Zeit im Bett sein?«, fragte Ben nun.

»Ihr etwa nicht?«, fragte Florian zurück.

»Nein, meinen Eltern ist es egal, wann ich ins Bett gehe.«

»Na ja, ich muss ins Bett, damit ich genügend Schlaf bekomme. Dann schlafe ich auch im Gottesdienst morgen nicht ein.«

»Das ist schon wieder so ein Punkt. Deine Eltern zwingen dich, in den Gottesdienst zu gehen!«, sagte Ben.

»Ich gehe gerne hin«, antwortete Florian. »Aber auch wenn das nicht so wäre – meine Eltern möchten, dass ich hingehe, weil wir Christen sind. Ihre Regeln machen mir klar, dass sie mich lieb haben.«

»Ja, natürlich!«, sagte Ben und nahm die Bedienung des Videogerätes in die Hand, um seinen Part zu spielen.

»Wirklich, es ist so«, sagte Florian. »Die Regeln, die sie aufstellen, lassen erkennen, was sie selbst für Menschen sind. Sie lieben ein sauberes, ordentliches Haus, deshalb halten sie mich auch an, mein Zimmer aufzuräumen. Sie sind selbst wirklich ehrlich, und so erwarten sie von mir, dass ich es auch bin. Und sie lieben mich und meine Schwester, deshalb schreiten sie ein, wenn ich gemein zu ihr bin oder sie zu mir.«

»Willst du sagen, dass du auch zu deiner Schwester nett sein musst?«

»Ja, obwohl sie manchmal unausstehlich ist«, sagte Florian mit einem Achselzucken. »Und das ist noch nicht alles«, fügte er hinzu.

»Was? Kommt es noch schlimmer?«

Florian nickte. »Ja«, sagte er grinsend, »ich muss sogar nett zu dir sein.«

Ben schaute seinen Freund überrascht an, dann schlug er ihm auf die Schulter. Zuletzt lagen beide miteinander ringend auf dem Fußboden.

Zur Diskussion: Welche Regeln gibt es bei euch zu Hause? Auf welche Weise spiegeln sie eure Familie wider? Auf welche Weise spiegeln Gottes Gebote sein Wesen wider? Sprecht über eins von Gottes Geboten, und wie darin Gottes Charakter sichtbar wird.
Gebet: »Herr, lass unsere Familie dein Wesen widerspiegeln. Wir möchten andere Menschen mit Liebe und Fairness behandeln.«

11. Januar

Gott ist einzigartig

Gottes erstes Gebot zeigt seine Einzigartigkeit.

Bibellese des Tages: 2. Mose 19,16-20; 20,1-3
Tages-Vers: »Wendet euch zu mir, so werdet ihr gerettet, aller Welt Enden; denn ich bin Gott, und sonst keiner mehr.« (Jesaja 45,22)

»Papa, was bedeutet dieses Wort?« Christian lernte gerade Rechtschreibung für das nächste Klassendiktat. Er zeigte seinem Vater eine Lernkarte, die er gemacht hatte, auf der das Wort *einzigartig* stand.

Christians Vater setzte seine Brille ab und legte die Zeitung beiseite, in der er gelesen hatte. »Das bedeutet ›eins von einer bestimmten Art‹«, sagte er.

»Eins von einer Art«, wiederholte Christian nachdenklich.

»Ja.« Der Vater dachte einen Augenblick nach und sagte dann: »Zum Beispiel die Fledermäuse sind einzigartig.«

»Weil sie blind sind?«, fragte Christian.

»Gut getippt, aber Fledermäuse sind nicht wirklich blind. Sie haben zwar eine geringe Sehkraft, können aber doch sehen«, sagte der

Vater. »Nein, Fledermäuse sind einzigartig, weil sie die einzige Art von Säugetieren sind, die fliegen können. Unter den Säugetieren sind sie absolut einzigartig.«

»Das hab ich jetzt verstanden«, meinte Christian.

»Fällt dir noch etwas anderes sein, das einzigartig ist?«, fragte der Vater.

Überlegen lächelnd platzte Christian heraus: »Gott!«

Überrascht schaute der Vater ihn an und lächelte dann ebenfalls. »Nun, ja, ich denke, du hast Recht. Gott *ist* einzigartig.« Er machte eine Pause. »Tatsächlich«, sagte er dann, »Gott ist einzigartig in einer einzigartigen Weise.«

»Was soll das heißen?«

»Nun, ein Gemälde kann einzigartig sein, aber es gibt viele Gemälde. Jede Schneeflocke ist einzigartig, aber es gibt so viele Schneeflocken. Jedes menschliche Wesen ist einzigartig, aber es gibt noch viele andere Menschen. Diese Dinge sind alle einzigartig innerhalb ihrer Klasse, innerhalb ihrer eigenen Kategorie.«

»Aber es gibt nur einen Gott«, sagte Christian.

»Ja, da ist nichts und niemand in seiner Art! Er ist seine eigene Kategorie. Da ist kein anderer Gott, keiner, der ihm auch nur nahe kommt. Darum sagt er uns, dass wir keinen anderen außer ihm anbeten sollen. Weil er einfach *einzigartig* ist.«

»Einzigartig«, wiederholte Christian, »›e-i-n-z-i-g-a-r-t-i-g‹! Ich werde niemals vergessen, wie man dieses Wort richtig schreibt, weil ich jetzt weiß, was es bedeutet.«

Zur Diskussion: Beende den folgenden Satz auf unterschiedliche Weise: »Gott ist einzigartig, weil ...« Welches Wort würdest du benutzen, um Gott zu beschreiben?

Gebet: »Herr, unser Gott, da ist keiner wie du. Du allein bist Gott.«

12. Januar

Gott ist Geist

Gottes zweites Gebot zeigt, dass er *Geist* ist.

Bibellese des Tages: 2. Mose 20,4-6
Tages-Vers: »Denn Gott ist Geist, deshalb müssen die, die ihn anbeten wollen, ihn im Geist und in der Wahrheit anbeten.« (Johannes 4,24)

»Bobby, wie sieht Gott aus?«, fragte die siebenjährige Kerstin ihren Bruder.

Bobby – zwei Jahre älter als Kerstin – antwortete ganz überzeugt: »Wie ein alter Mann mit einem langen, weißen Bart.«

Kerstin kniff die Augen zusammen und starrte ihren Bruder an. Sie wusste, dass Bobby sich manchmal etwas zusammenphantasierte, wenn er nicht genau wusste, um was es ging.

Gerade in diesem Augenblick sah Kerstin Herrn Peterson mit seinem Schäferhund vorbeikommen. Er kam bis an ihren Zaun und stand nun zwischen ihrem Garten und dem Bürgersteig.

»Herr Peterson, wie sieht Gott aus?«, fragte sie.

»Das ist eine gute Frage, Kerstin«, sagte Herr Peterson. Er hob den Kopf und blickte zum Himmel. »Ich denke, Gott sieht wie eine Menge von Dingen aus. Wie ein Baum oder ein Berg oder wie Jacky hier«, sagte er und tätschelte seinem Hund den Kopf.

Kerstin verabschiedete sich von ihm und ging geradewegs ins Haus. Sie fand ihre Mutter am Schreibtisch in ihrem Arbeitszimmer sitzend.

»Mama«, sagte Kerstin und versuchte, über den großen Schreibtisch zur Mutter zu blicken, die dort am Computer saß, »wie sieht Gott aus?« Sie erzählte nun, was Bobby und Herr Peterson ihr von Gott gesagt hatten.

Die Mutter winkte sie näher zu ihrem Stuhl heran. Nachdem sie ein paar Tasten auf ihrem Computer betätigt hatte, sagte sie: »Ich möchte dir jetzt einen Bibelvers vorführen.« Kerstin schaute zu, wie der Bildschirm sich mit Bibelstellen füllte. Jetzt zeigte die Mutter auf einen davon. »Die Bibel sagt, dass Gott Geist ist, verstehst du das?«

Kerstin dachte nach, schüttelte aber dann den Kopf.

»Das heißt, dass Gott keinen Körper hat. Darum sagt Gott in den Zehn Geboten, dass wir uns kein Bild machen sollten, um es anzubeten und dabei zu denken, dass Gott vielleicht so aussähe, weil er Geist ist. Wir können uns nichts ausdenken und zurechtmachen, das aussieht wie er, weil wir nichts herstellen können, was gleichzeitig überall gegenwärtig ist, unsichtbar, immer um uns und sogar *in* uns.«

Kerstin lachte übers ganze Gesicht.

»Warum lachst du?«, fragte die Mutter.

»Ich *wusste*, dass Gott nicht wie Jacky aussieht«, sagte Kerstin.

Die Mutter schaute etwas verwirrt, als ihre Tochter das Zimmer verließ. »Jacky?«, flüsterte sie.

Zur Diskussion: Was bedeutet die Redewendung »Gott ist Geist« für dich? Wie kann diese Wahrheit uns helfen, wenn wir denken, dass Gott nicht da ist?

Gebet: »Herr, wir sind dankbar dafür, dass du durch deinen Geist überall gegenwärtig sein kannst.«

13. Januar

Gott ist heilig

Gottes drittes Gebot offenbart seine Heiligkeit.

Bibellese des Tages: 2. Mose 20,7

Tages-Vers: »Ihr sollt nicht falsch schwören bei meinem Namen und den Namen eures Gottes nicht entheiligen; ich bin der Herr.« (3. Mose 19,12)

Am ersten Tag, an dem er mit Danny Franklin und Dannys Vater eine Bergtour machte, verlor Will plötzlich den Halt und rutschte einige Meter den Hang hinunter. Zuletzt konnte er die Rutschpartie abstoppen, indem er mit einer Hand nach einem kleinen Gestrüpp griff, während seine Füße einen neuen Standort suchten.

Als Dannys Vater sah, dass Will den Halt verloren hatte, ließ er sofort seinen Rucksack fallen und entrollte ein paar Meter Seil.

»Will, halt dich daran fest! Ich ziehe dich wieder rauf!«, rief er dem Jungen zu. Er warf die Leine so geschickt, dass Will sie fassen konnte.

Einige Augenblicke später stand Will wieder auf sicherem Boden neben Danny und seinem Vater. Er pfiff durch die Zähne und ließ ein »o-Gott-o-Gott-o-Gott« verbunden mit einem Fluch hören. »Das ist knapp hergegangen«, sagte er.

Herr Franklin legte Will den rechten Arm um die Schulter. »Das stimmt, Will. Aber willst du mir zuliebe etwas tun?«

»Natürlich, Herr Franklin! Was denn?«, fragte Will.

»Ich würde mich freuen, wenn du Gottes Namen nicht mehr in dieser Art benutzen würdest. Seinen Namen zusammen mit einem Fluch zu gebrauchen, ist nicht richtig.«

»Und warum nicht?«, fragte Will.

»Weil Gott sagt, dass wir seinen Namen nicht sinnlos gebrauchen sollen«, unterbrach Danny die beiden.

»Was soll das denn heißen?«, fragte Will nun.

»Das bedeutet Verschiedenes«, erklärte Herr Franklin jetzt. »In den Zehn Geboten verbietet Gott uns, seinen Namen zu benutzen und dabei einen falschen Eid oder ein falsches Gelübde abzulegen. Das gilt aber auch für jeden leichtfertigen oder unheiligen Gebrauch seines Namens. Zur Zeit von Jesus achteten die Juden den Namen Gottes als so heilig, dass sie ihn nicht einmal auszusprechen wagten. Stattdessen ersetzten sie ihn durch andere Bezeichnungen wie ›der Herr‹ oder ›der Heilige Eine‹.«

»Aber warum?«, fragte Will.

»Weil Gott heilig ist. Er ist so heilig, dass sogar seinem Namen Ehrfurcht erwiesen werden muss.«

»Das habe ich nicht gewusst«, sagte Will.

Herr Franklin legte seine Arme um beide Jungs. »Ihr seht, Männer, Gottes Gebote sagen uns nicht nur, was wir tun oder nicht tun sollten. Sie zeigen uns auch, wie Gott ist, weil seine Gebote in seinem Wesen ihre Wurzeln haben.«

»Oh«, sagte Will. »Wahrscheinlich so, wie das kleine Bäumchen, an dem ich mich festgehalten habe, im Berg verwurzelt war.«

»Ja«, antwortete Herr Franklin mit einem Lächeln. »Wenn du dich jetzt an Gottes Geboten festhalten kannst wie an dem kleinen Baum, dann wird es dir gut gehen.«

Zur Diskussion: In welcher Weise missbrauchen Menschen den Namen Gottes? Wie kann man den Namen Gottes ehren?
Gebet: »Herr, unser Gott, wir möchten deinen Namen ehren und ihn niemals gedankenlos oder leichtfertig im Mund führen. Wir wollen es nur tun, um dich zu loben und andere zu segnen.«

14. Januar

Gott ist barmherzig

Gottes viertes Gebot macht seine Barmherzigkeit deutlich.

Bibellese des Tages: 2. Mose 20,8-10
Tages-Vers: »Der Sabbat wurde zum Wohl des Menschen gemacht und nicht der Mensch für den Sabbat.« (Markus 2,27)

»Wisst ihr, was morgen für ein Tag ist?«, fragte die Mutter Lukas und Hanna.

»Der Tag des Herrn!«, kam die Antwort der Kinder wie aus einem Munde.

»Der Tag des Herrn?«, fragte Jenny, eine Frau aus der Nachbarschaft. Sie war vorbeigekommen, um eine Heckenschere zurückzugeben, die die Mutter ihr ausgeliehen hatte, und war zu einer Tasse Tee eingeladen worden.

Die Mutter lächelte die Nachbarin an: »So nennen die Kinder den Sonntag.« Jenny ging in keine Kirche, obwohl die Mutter sie schon öfter eingeladen hatte.

»Gehen sie gerne in die Kirche?«, fragte Jenny. Die Überraschung in ihrer Stimme war unverkennbar.

»O ja, sie lieben die Sonntagsschule und den Gottesdienst ebenso wie Ben und ich«, antwortete die Mutter. »Aber ›der Tag des Herrn‹ ist noch mehr als das.«

»Mehr?«, fragte Jenny, während sie ihren Tee trank.

»Der ›Tag des Herrn‹ bedeutet für sie so viel, weil sie dann zur Sonntagsschule und zum Gottesdienst gehen. Außerdem geht ihr Vater dann nicht zur Arbeit, sondern verbringt den ganzen Tag mit uns, und das ist jedes Mal etwas ganz Besonderes. Manchmal gehen wir wandern, manchmal spielen wir etwas miteinander. Und manchmal sitzen wir zusammen und lesen Geschichten.«

»Das hört sich ja wirklich schön an«, sagte Jenny nun mit einem träumerischen Ausdruck.

»Ja, das ist es auch, Jenny«, antwortete die Mutter. »Siehst du, Gott gebot seinem Volk, den Sabbat zu halten um unserer selbst willen. Dabei wird seine Liebe und Barmherzigkeit deutlich.« Die Mutter nahm die Teekanne und füllte Jennys Tasse neu. »Gott musste nicht mit der Schöpfung von Himmel und Erde nach sechs Tagen aufhören. Er ruhte nicht, weil er müde war. Er ruhte am siebenten Tag, um für die Menschen den Sabbat einzurichten. Er stellte einen besonderen Tag heraus, um ihn anzubeten und für sie Erholung und das Sammeln neuer Kräfte zu ermöglichen.«

»Das macht Sinn«, sagte Jenny. »*Mein* Mann hat sich seit einem ganzen Monat noch keinen freien Tag genommen. Ich habe den Eindruck, dass er dafür in gesundheitlicher Hinsicht schon bezahlen muss.«

Die Mutter nickte mitleidig. »Der Sonntag erinnert uns ebenso daran, dass die Welt auch ohne uns weiterbesteht, und dass wir nicht alle Arbeit der Welt übernehmen müssen.«

Eine lange Weile war es still zwischen den beiden Frauen. Endlich brach Jenny das Schweigen. »Danke«, sagte sie. Dann nahm sie eine letzte Tasse Tee und fuhr fort: »Davon brauche ich auch etwas.«

»Da hast du etwas für dich«, sagte die Mutter und stand auf. »Ich gebe dir ein paar Teebeutel mit. Es ist nur Kräutertee.«

»Ich hatte nicht vom Tee gesprochen«, antwortete Jenny.

Zur Übung: Tut diese Woche etwas Besonderes, womit der Sonntag geehrt wird und lasst ihn unterschieden sein von allen anderen Wochentagen. Vielleicht lasst ihr den Fernseher einmal abgeschaltet, singt Anbetungslieder, schaut euch Familienfotos an oder spielt zusammen.
Gebet: »Herr, dein besonderer Tag ist auch unser besonderer Tag. Danke, dass du so ein barmherziger Gott bist.«

15. Januar

Gott ist ein Gott des gegenseitigen Respektes

Gottes fünftes Gebot zeigt, dass er den Respekt schätzt.

Bibellese des Tages: 2. Mose 20,12

Tagesvers: »Ihr Kinder sollt euren Eltern gehorchen, weil ihr dem Herrn gehört, denn so handelt ihr richtig. ›Ihr sollt Vater und Mutter ehren.‹« (Epheser 6,1)

»Aber deine Eltern werden es doch nie erfahren!«, argumentierte Daniel gegenüber seinem Freund Mark. »Es macht doch nichts, wenn du mich und Gabi eben mal zum Wasserpark fährst. Dann kannst du deinen kleinen Bruder immer noch nach Hause bringen.«

Bevor Mark eine Antwort gab, mischte sich sein achtjähriger Bruder Sammy ein: »Ich bin nicht mehr klein, und außerdem würde Papa Mark nie so weit fahren lassen!«

Mark gebot ihm mit einem Blick zu schweigen und wandte sich dann an Daniel: »Sie geben mir das Auto, um zur Schule zu fahren. Wenn ich woanders hin will, muss ich das mit ihnen abstimmen.«

»Aber du weißt genau, dass sie dann ›nein‹ sagen werden«, jammerte Daniel. Er wusste, dass Marks Eltern ihm niemals die Erlaubnis geben würden, die 45 km zu dem Wasserpark zu fahren, wo ein Fest stattfand. Mark zuckte die Achseln. »Dann macht es keinen Sinn, sie überhaupt zu fragen«, meinte er.

»Das ist genau das, was ich hören wollte«, triumphierte Daniel. »Du setzt Gabi und mich einfach nur dort ab und bist noch vor deinen Eltern zu Hause.«

»Du hast mich nicht verstanden, Daniel«, sagte Mark. »Ich werde dich nicht fahren.«

»Und warum nicht?«, fragte Daniel und jammerte wie ein kleines Kind. »Es ist doch nichts Unrechtes dabei, wenn man einem Freund aushilft.«

»Doch! Nämlich genau dann, wenn mein Freund verlangt, dass ich meinen Eltern ungehorsam bin.« Er machte eine Pause. »Schau, Daniel, die Bibel sagt, dass wir Vater und Mutter ehren sollen. Wenn ich etwas tue, von dem ich genau weiß, dass sie dem nicht zustimmen würden, heißt das, dass ich sie nicht achte.«

In Daniels Augen glomm Ärger auf. »Ach komm, Mark, du kannst nicht alles und jedes, was du tust, von der Bibel her begründen.«

»Ich kann es aber versuchen«, antwortete Mark. »Aber es ist nicht nur die Bibel, auf die ich mich berufe. Es ist Gott selbst, der dahinter steht. Gottes Gebote spiegeln sein Wesen wider.«

»Willst du damit sagen, dass Gott *seine* Eltern ehrte?«, presste Daniel zwischen den Zähnen heraus.

Mark schüttelte den Kopf. »Nein, Gott hat keine Eltern. Aber er achtet uns selbst so hoch, dass er uns die Freiheit lässt, uns für Recht oder Unrecht zu entscheiden. Er respektiert uns so weit, dass er uns sein Wort anvertraut. Und diesen Teil seines Wesens spiegeln wir wider, wenn wir unsere Eltern ehren.«

Schweigend starrte Daniel seinen Freund einen Augenblick an. Endlich sagte er: »Ich vermute, das bedeutet, dass du Gabi und mich nicht zum Wasserpark fahren willst.«

»Das brauchst du nicht zu vermuten, das ist so«, antwortete Mark und winkte seinem kleinen Bruder zu.

»Dem hast du's aber gegeben!«, bemerkte Sammy grinsend.

Zur Diskussion: Warum sollen Eltern geehrt werden? Wie hast du das in den letzten Tagen in die Tat umgesetzt? Nenne ein paar praktische Möglichkeiten, das auch weiterhin zu tun.

Gebet: »Herr, lehre uns, unsere Eltern und die, die für uns an ihrer Stelle stehen, zu respektieren.«

16. Januar

Gott ist der Urheber des Lebens

Gottes sechstes Gebot zeigt ihn als den Schöpfer des Lebens.

Bibellese des Tages: 1. Mose 4,1-10
Tages-Vers: »Du sollst nicht töten.« (2. Mose 20,13)

»Papa! Papa!« Katja stürmte in ihres Vaters Werkstatt in der Garage. »Hast du ›Schneeball‹ gesehen?«

Der Vater schob seine Schutzbrille hoch und schaute Katja an. Sie hatte einen verzweifelten Ausdruck im Gesicht. Er legte seine Schutzbrille auf die Tischsäge und stellte diese ab. »Da ist sie doch, Katja«, sagte er und wies auf die Katze, die sich auf der abgewetzten Couch hinter ihm zusammengerollt hatte.

Katjas Augen wurden groß. Sie machte einen Sprung zur Couch und riss die Kreatur mit dem weichen, weißen Fell in ihre Arme.

»Was ist los?«, fragte der Vater.

Katja strich dem Tier über den weichen Pelz. »Sarah hat mir gesagt, dass Herr Grehm Gift streut, weil er nicht will, dass anderer Leute Katzen in seinen Garten kommen. Ich musste Schneeball unbedingt finden und mich vergewissern, dass es ihr gut geht.«

Der Vater lächelte und setzte sich neben Katja auf die Couch. Er legte einen Arm um seine Tochter. »Du liebst Schneeball sehr, nicht wahr?«, fragte er. Katja nickte. »Du würdest es hassen, wenn ihr etwas zustoßen würde, oder?« Wieder nickte Katja.

Ein paar Minuten saßen sie still nebeneinander. Endlich atmete der Vater tief auf. »Weißt du, Katja«, sagte er nun, »wie du für Schneeball fühlst und wie es dich verletzten würde, wenn ihr etwas zustoßen würde, das ist nur ein schwacher Abglanz davon, was Gott für alle seine Geschöpfe empfindet – besonders für die Menschen.«

Die Katze lag schnurrend auf Katjas Schoß, als diese den Worten ihres Vaters zuhörte.

»Du kannst es dir vielleicht nur schwer vorstellen, aber so sehr du Schneeball auch liebst, viel kostbarer ist unser Leben für Gott – das Leben von jedem Einzelnen. Und so wie du dir wünschst, Schneeball zu beschützen, so möchte Gott alle Menschen, die er geschaffen hat, schützen und bewahren. Darum sagt er uns, dass wir niemals einen anderen Menschen töten sollen – weil dieses Leben in Gottes Augen kostbar ist.«

»Vielleicht hätten wir sie ›Schatz‹ nennen sollen statt ›Schneeball‹«, schlug Katja vor.

Der Vater lächelte. »Sie ist kostbar für uns, einerlei wie wir sie nennen«, sagte er.

Zur Diskussion: Warum sagt Gott ›Du sollst nicht töten‹? Wieso macht dieses Gebot das Wesen Gottes sichtbar? Warum ist es wichtig zu verstehen, dass Gott menschliches Leben wertschätzt?
Gebet: »Herr, hilf uns, Leben so zu achten, wie du es tust.«

17. Januar

Gott ist rein und treu

Gottes siebtes Gebot zeigt, dass er rein und treu ist.

Bibellese des Tages: Hebräer 13,4
Tages-Vers: »Du sollst nicht ehebrechen.« (2. Mose 20,14)

Die Kirche war mit weißen Kerzen und Bändern geschmückt. Die Leute drängten immer noch in das Gotteshaus hinein. Terry und seine Familie hatten sich schon ein paar Minuten früher gesetzt und warteten auf den Beginn der Trauzeremonie.

Terry sah, dass seine Mutter und sein Vater Eheringe tauschten. Er lehnte sich über seine Schwester Anna hinweg und tippte seiner Mutter auf den Arm. »Warum habt ihr das gemacht?«, fragte er und zeigte auf den Ring, den sie in der Hand hielt.

Die Mutter lächelte. »Ich werde es dir nach der Trauung erzählen«, flüsterte sie.

Endlich, als die Zeremonie vorbei war, drängte sich Terry an seiner Schwester vorbei, bevor seine Eltern aufstehen konnten. »Warum haben Papa und du die Ringe gewechselt?«, fragte er. Er schaute auf die Hand seiner Mutter und sah, dass sie wieder ihren eigenen Ring trug.

»Dein Vater und ich tun das jedes Mal, wenn wir eine Trauung besuchen«, sagte sie.

Der Vater neigte sich nun zu seinem Sohn. »Ich habe den Ring deiner Mutter an unserem Hochzeitstag vor vielen Jahren gegeben«, sagte er und zeigte auf den glitzernden Ring an Mutters Finger. »Und sie hat mir diesen hier gegeben«, fuhr er fort und drehte an dem Goldring an seinem Finger. »Diese Ringe sind Symbole des Gelübdes, das wir uns an jenem Tag gegenseitig gegeben haben.«

Terry zog die Nase kraus, so verwirrt war er.

Der Vater verschlang seine Finger mit denen der Mutter und hielt ihre beiden Hände hoch, sodass Terry beide Ringe sehen konnte. »Diese Ringe tragen wir, um uns gegenseitig an unser Versprechen zu erinnern, einander zu lieben, rein und dem anderen treu zu bleiben für den Rest unseres Lebens.«

»Und jedes Mal, wenn wir zu einer Trauung gehen«, schaltete sich die Mutter nun ein, »wiederholen wir dieses ganze Versprechen. Darum wechseln wir vor dem Beginn der Zeremonie die Ringe, so dass wir das Treueversprechen wieder aufs Neue vollziehen können.«

»Und siehst du, Terry«, fuhr der Vater fort, »wenn wir unserm Partner gegenüber rein und treu bleiben, gefallen wir Gott, denn so ist Gott selbst. Unsere Ehe ist etwas Wunderbares, weil sie das Wesen Gottes widerspiegelt.«

»O.k., kapiert!«, sagte Terry. »Darf ich noch was anderes fragen?«

Vater und Mutter nickten.

»Können wir jetzt essen gehen?«, fragte Terry in Gedanken an die Hochzeitstorte. »Ich habe Hunger.«

Die Eltern lachten, als sie miteinander die Kirche verließen.

Zur Übung: Schreib eine Karte für ein Ehepaar, das du kennst, das schon lange Zeit verheiratet ist. Lass sie wissen, wie viel ihre gegenseitige Treue im Lauf der Jahre für dich bedeutet hat.

Gebet: »Herr, wir beten dich an für deine Reinheit und deine Treue. Hilf uns, dein Wesen widerzuspiegeln.«

18. Januar

Gott ist vertrauenswürdig

Gottes achtes Gebot zeigt, dass er vertrauenswürdig ist.

Bibellese des Tages: Epheser 4,22-28

Tages-Vers: »Du sollst nicht stehlen.« (2. Mose 20,15)

»Caroline, schau doch nur, was ich habe!«, flüsterte Gina.

Gina griff in ihre Jackentasche. Caroline bemerkte, wie sich ihre Freundin dabei vorsichtig im Schulbus umschaute, als ob sie sich vergewissern wollte, dass ihr niemand zusah. Jetzt zog sie eine Sonnenbrille heraus.

»Die ist ja cool!«, sagte Caroline aufgeregt zu ihrer Freundin. »Ich wünschte, ich hätte auch so eine.«

»Tjaaah«, gurrte Gina, als sie ihr die Brille überließ.

»Kann ich sie mal aufprobieren?«, fragte Caroline.

»Warte noch einen Moment«, flüsterte Gina. »Steffi muss erst aus dem Bus sein.«

»Warum musst du so lange warten, bis sie …?«, Carolines Stimme war immer leiser geworden, als ihr plötzlich die Antwort auf ihre eigene Frage klar wurde. »Du hast sie Steffi gestohlen!«

Gina schoss einen verächtlichen Blick auf ihre Freundin ab. »Halt sie nach unten«, zischte sie, »ich habe nichts gestohlen.«

»Natürlich hast du«, beharrte Caroline. »Diese Sonnenbrille gehört nicht dir.«

»Jetzt gehört sie mir.«

»Gina, mach das nicht!« Carolines Ton wurde bittend. »Du weißt, dass das Unrecht ist.«

»Nein, ist es nicht.« Gina schaute der Freundin nach Verständnis suchend in die Augen, sah aber nur Enttäuschung darin. »Sieh mal, Steffi kann alles haben, was sie will. Sie bekommt die schönsten Kleider, die modischsten Schuhe, das Beste von allem. Sie wird diese dumme Sonnenbrille nicht einmal vermissen.«

»Davon wird die Sache nicht gerecht, Gina. Stehlen ist nie richtig.«

»Wer sagt das?«

»Gott sagt das. ›Du sollst nicht stehlen!‹, erinnerst du dich?«

»Gib mir einen Augenblick Bedenkzeit!«, sagte Gina nun. »Es ist doch *Steffi*, über die wir reden!«

»Nein, Gina, wir reden über *dich*. Es ist egal, ob jemand dir etwas stiehlt oder du Steffi etwas stiehlst – das entspricht nicht dem Wesen Gottes. Und Gott will auch nicht, dass *wir* so sind.«

Gina rollte mit den Augen, aber Caroline fuhr fort: »Gott sagt uns, dass wir nicht stehlen sollen, weil er vollkommen wahrhaftig und vertrauenswürdig ist, und er möchte, dass wir ihm ähnlich sind. Du denkst vielleicht, du wärest cool, wenn du diese Sonnenbrille trägst, doch Gott ist der Ansicht, dass es cool ist, wenn du die Brille zurückgibst.« Sie machte eine kurze Pause. »Und ich denke genauso.«

Gina starrte Caroline einige Augenblicke an. Schließlich steckte sie die Hand in ihre Tasche. »Ich denke, du weißt, was du mir zum Geburtstag schenken kannst, nicht wahr?«, sagte sie noch.

Zur Übung: Die Stiftung Warentest verteilt für bestimmte Produkte einen Qualitätsvermerk. Dadurch wissen die Leute, welche Waren vertrauenswürdig sind. Jedes Familienmitglied sollte sein eigenes Güte-Siegel haben. Welches Symbol würdest du benutzen? Mit welchen Worten würdest du anderen zu erkennen geben, dass du vertrauenswürdig bist?
Gebet: »Herr, wir wollen glaubwürdig sein, so wie du glaubwürdig bist.«

19. Januar

Gott ist wahrhaftig

Gottes neuntes Gebot zeigt, dass er wahrhaftig ist.

Bibellese des Tages: Sprüche 12,17-22
Tages-Vers: »Du sollst nicht falsch Zeugnis reden wider deinen Nächsten.« (2. Mose 20,16)

Alle Köpfe in Hannahs Klassenzimmer wandten sich dem Schüler zu, der den Raum betrat und Frau Bubser ein Stück Papier aushändigte. Die Lehrerin las die Notiz und stand dann auf.

»Ich wünsche, dass ihr alle für ein paar Minuten an eurem Tisch ruhig weiterarbeitet«, lautete ihre Anweisung. »Ich muss nur für ein paar Augenblicke mal weg.«

Kaum war die Lehrerin gegangen, als Hannahs Freundin Amy zum Fenster stürzte. »Hannah!«, flüsterte sie und fuchtelte wild mit der Hand herum. »Komm doch mal her!«

Hannah versuchte, sie zu überhören, aber Amy gab nicht auf. Schließlich stand Hannah von ihrem Platz auf und stellte sich neben Amy ans Fenster.

»Schau doch nur«, sagte Amy. »Da ist Bobby Meyer. Er hat gesagt, dass er dich ganz cool findet.«

»Ist das alles, was du von mir wolltest? Mir Bobby Meyer zeigen?« Hannah wandte sich wieder ab vom Fenster und ging zu ihrem Platz zurück, gerade in dem Augenblick, in dem Frau Bubser wieder hereinkam.

Amy stand noch am Fenster. Sie versuchte, sich an ihren Platz zu schleichen, aber es war zu spät. Frau Bubser hatte sie schon gesehen.

»Amy«, sagte Frau Bubser, »ich möchte dich nach dem Unterricht noch sprechen.« Die Lehrerin drehte sich zum Rest der Klasse um. »Hat sonst noch jemand seinen Platz verlassen?«

Stille erfüllte den Klassenraum. Dann hob sich Hannahs Hand langsam in die Höhe.

»Sonst noch jemand?« Frau Bubsers Augen suchten das Zimmer ab, aber keine andere Hand hob sich. »Dann erwarte ich, auch *dich* nach dem Unterricht zu sehen«, sagte sie mit einer Kopfbewegung zu Hannah hin.

Nach dem Unterricht gingen Amy und Hannah zusammen zum nächsten Klassenzimmer.

»Es tut mir Leid, dass ich dich in Schwierigkeiten gebracht habe«, sagte Amy.

Hannah zuckte mit den Achseln. »Es war auch mein Fehler.«

»Du hättest gar nichts sagen sollen«, sagte Amy jetzt.

»Das wäre gelogen gewesen«, antwortete Hannah.

»Warum hast du nicht einfach geschwiegen?«

Hannah meinte: »Ich habe gelernt, dass der Grund, warum Lügen unrecht ist, darauf beruht, dass es Gott nicht entspricht. Er sagt uns, dass wir nicht lügen sollen, weil er selbst immer die Wahrheit sagt.«

»Darum hast du heute auch die Wahrheit gesagt?«, fragte Amy. »Obwohl es dich in Schwierigkeiten brachte?«

»Ich habe nicht gerne Probleme mit Frau Bubser«, anwortete Hannah. »Aber ich möchte unbedingt das tun, was richtig ist.«

Amy lächelte ihre Freundin an. »Weißt du was«, sagte sie nun, »Bobby Meyer hat nun einmal Recht. Du bist wirklich ganz schön cool.«

Zur Diskussion: Auf welche Weise enthüllt das neunte Gebot Gottes Wesen? Gibt es noch andere Möglichkeiten, wie ein Mensch lügen kann?
Gebet: »Herr, bewahre uns vor allen Versuchungen zu lügen.«

20.
Januar

Gott allein genügt

Gottes zehntes Gebot zeigt, dass er die Zufriedenheit hoch einschätzt.

Bibellese des Tages: 2. Mose 20,17
Tages-Vers: »Wahrer Glaube und die Fähigkeit, mit wenigem zufrieden zu sein, sind tatsächlich ein großer Reichtum.« (1. Timotheus 6,6)

Andy und sein Vater sahen sich die aktuellen Kurznachrichten an, die gerade ihre Lieblings-Show unterbrochen hatten. Der Nachrichtensprecher berichtete gerade über die Verhaftung von drei Teenagern, die mit einem Baseball-Schläger einen Klassenkameraden totgeschlagen hatten, als der sich weigerte, eine Jacke loszulassen. Als der Nachrichtensprecher mit seinem Bericht zu Ende war, stellte der Vater den Ton ab.

»Wie denkst du über das, was diese drei Teenager taten?«, fragte er dann. Andy zuckte die Achseln. Solche Fragen stellte ihm sein Vater immer wieder. »Das war natürlich falsch«, antwortete er.

»Und *warum* war das unrecht?«

»Na ja«, sagte Andy, als ob diese Antwort auf der Hand läge, »weil Töten einfach Unrecht ist.« Dann fügte Andy hinzu: »Töten ist unrecht, weil Gott gesagt hat: ›Du sollst nicht töten‹. Und Gott hat gesagt ›Du sollst nicht töten‹, weil er das Leben will und hoch schätzt.«

Der Vater schmunzelte fröhlich. »Wow! Ich bin beeindruckt. Jetzt habe ich aber noch ein andere Frage. Diese drei Teenager taten schon etwas Falsches, bevor sie den Schläger hoben, um den Jungen zu treffen – schon bevor sie ihm seine Jacke abnahmen. Tatsächlich führte ihre erste Sünde zu all dem anderen. Weißt du, was das war?«

Andy schwieg eine Weile, doch dann schüttelte er den Kopf.

»Was ist das letzte der Zehn Gebote?«, fragte der Vater. Andy überlegte einen Augenblick und antwortete dann: »Du sollst nicht begehren!« Der Vater nickte, sagte aber nichts. Plötzlich wurden Andys Augen groß.

»Jetzt weiß ich's!«, sagte er. »Die Sache fing damit an, dass die drei die Jacke des anderen Jungen haben wollten!«

»Genau«, sagte der Vater. »Die erste Sünde war ihre Begehrlichkeit.«

»Gott sagt ›Du sollst nicht begehren.‹«

»Aber *warum* sagt Gott das?«, fragte der Vater weiter.

Andy dachte lange nach. Endlich schüttelte er den Kopf. »Ich weiß es nicht«.

»Gott sagte ›Du sollst nicht begehren‹, weil er wollte, dass wir zufrieden sein sollten«, sagte nun der Vater. »Die Bibel sagt: Frömmigkeit und Zufriedenheit sind ein großer Gewinn. Gott schätzt die Zufriedenheit, weil er selbst niemals unzufrieden ist. Er hat alles, was er braucht – weil er all das *ist*, was er braucht. Und er möchte, dass wir mit ihm und allem, was er uns gibt, zufrieden sind.« Der Vater machte eine Pause. »Bevor ich nun am Fernseher den Ton wieder einstelle – wollen wir nicht darum beten, dass Gott uns hilft, weniger gierig zu sein und ihm ähnlicher zu werden?«

Andy lächelte und nickte nachdenklich.

Zur Diskussion: Was bedeutet es, ›begehrlich oder gierig‹ zu sein? Was glaubst du, warum Gott nicht will, dass die Menschen gierig sind? Kann man Gott vertrauen und trotzdem gierig sein? Warum oder warum nicht?
Gebet: »Herr, bewahre uns davor, haben zu wollen, was andere haben. Wir wollen mit dem zufrieden sein, was du uns gegeben hast.«

21. Januar

Schlangenaugen

Nicht meine Regeln, nicht deine Regeln. – Die letztgültigen Regeln.

Bibellese des Tages: 1. Mose 3,1-7
Tages-Vers: »Ihr sollt nichts dazutun zu dem, was ich euch gebiete, und sollt auch nichts davontun, auf dass ihr bewahrt die Gebote des Herrn, eures Gottes, die ich euch gebiete.« (5. Mose 4,2)

»Du kannst *mir* doch nicht sagen, was richtig oder falsch ist!« Chris stand auf Jonnys Veranda, die Fäuste geballt und in die Seiten gestemmt. Die Jungen hatten sich mit einem Brettspiel die Zeit vertrieben, als Chris plötzlich behauptete, er müsse nochmals würfeln, weil er »Schlangenaugen« gewürfelt hätte – zwei Einsen.

Als Jonny protestierte, dass es eine solche Regel nicht gebe, rastete Chris aus und warf das ganze Spiel durcheinander, dass die Teile über die ganze Veranda flogen.

»Du kannst dir doch nicht deine eigenen Regeln zurechtmachen«, sagte Jonny ruhig.

»Das kann ich wohl, wenn ich das will«, antwortete Chris.

»Aber das ganze Spiel hat keinen Sinn mehr, wenn du die Regeln jedes Mal ändern kannst, falls du Lust dazu verspürst«, sagte Jonny.

»Du willst nur nicht, dass ich gewinne«, konterte Chris. »Du hast nur Angst, dass ich dich schlagen könnte.«

»Das ist nicht wahr, Chris«, sagte Jonny. »Aber wenn du dich mit irgendjemand an den Tisch setzt und spielen willst, schaffst du dir auch keine eigenen Regeln. Du befolgst diejenigen, die bereits festgesetzt sind.«

»Von wem? Von dir?«, antwortete Chris.

»Nein, sondern von demjenigen, der das Spiel erfunden hat. Der ist es, der die Regeln bestimmt, siehst du hier?« Jonny hielt das Heft mit den Spielregeln hoch, das dem Spiel beigelegt war. »Nicht meine Regeln, nicht deine Regeln, *die* Regeln.«

Chris runzelte die Stirn und scharrte mit den Füßen.

»Warum fangen wir nicht noch mal an?«, schlug Jonny vor. »Ich werde versuchen, dich nicht zu sehr unter Druck zu setzen.«

Die Augen von Chris wurden zu schmalen Schlitzen. »Wirklich?« Er riss Jonny das Büchlein mit den Spielregeln aus der Hand. »Wir werden sehen, wer wen schlägt.«

Zur Diskussion: Hatte Jonny Recht, als er sich gegen die selbst gemachten Regeln von Chris wehrte? Was passiert, wenn wir Gottes Gebote zu ignorieren versuchen und stattdessen unsere eigenen für uns aufstellen?
Gebet: »Herr, wir möchten gerecht sein und nach deinen Regeln leben.«

22. Januar

Den Heiligen kennen

Gott kennen ist einer der Schlüssel dazu, das Richtige zu tun.

Bibellese des Tages: Sprüche 9,10-12
Tages-Vers: »Die Ehrfurcht vor dem Herrn ist der Anfang der Weisheit. Gott, den Heiligen, zu erkennen führt zur Einsicht.« (Sprüche 9,10)

Maria und ihre Freundin Helena blieben nach der Schulversammlung noch in der Aula. Sie reihten sich in die Warteschlange derer ein, die den Redner noch zu sprechen wünschten. Dieser hatte einen Vortrag über den Widerstand gegen Drogen und die Ablehnung des Gebrauchs von Gewalt zur Lösung von Problemen gehalten. Seine Botschaft hatte oft einen lustigen Unterton gehabt, manchmal auch einen traurigen. Häufig hatte er Beispiele von bekannten Persönlichkeiten gebracht.

Als die beiden endlich an der Reihe waren, schüttelte Maria dem Redner die Hand und sagte ganz aufgeregt: »Ich fand es ganz toll, als Sie wie Elvis Presley gesprochen haben!«

»Danke! Vielen Dank«, sagte der Redner mit einem undurchsichtigen Lächeln.

Maria und Helena kicherten. »Wie schaffen Sie es bloß, dass sie diese berühmten Leute so gut imitieren können?«, fragte Maria.

»Nun ja, ich arbeite daran. Was zum Beispiel Elvis angeht, so habe ich bestimmte Partien seiner Filme und Konzerte immer wieder auf Video gesehen und gehört, bis ich genau wusste, wie er ging und sprach und sich in allen möglichen Situationen verhielt. Je besser man einen Menschen kennt, desto leichter ist es, ihn zu imitieren.«

Später am Nachmittag, als Maria und Helena auf dem Heimweg waren, sagte Maria: »Erinnerst du dich daran, was der Redner davon sagte, dass er Menschen, die er imitieren wolle, genau studieren müsse? Das ist so ähnlich wie das, was wir in der Sonntagsschule tun. Als Christen wollen wir uns doch richtig verhalten, oder?«

»Stimmt«, sagte Helena.

»Aber manchmal wissen wir nicht genau, was richtig ist und was nicht, oder?«

»Ja«, sagte Helena.

»Aber wir wissen doch, dass das, was Gott ähnlich ist, auch richtig ist?«

»So ist es!«, antwortete Helena.

»Weil Gott vollkommen und heilig und gerecht usw. ist. Und«, fuhr Maria fort, »wenn irgendetwas Gott nicht entspricht, dann ist es falsch, stimmt's?«

»Richtig.«

»Und ich weiß jetzt, wie wir in dem Punkt weiterkommen. Der Redner sagte: ›Je besser ich einen Menschen kenne, desto leichter ist es, so zu handeln wie er.‹«

»Richtig«, sagte Helena – diesmal ein wenig langsamer, weil sie darüber nachdachte, was ihre Freundin gesagt hatte.

»Dann ist es demnach so: ein Schlüssel zum richtigen Verhalten liegt darin, dass wir *Gott kennen.* Je besser wir ihn kennen, desto leichter wird es uns fallen, richtig zu handeln.« Sie machte eine Pause. »Hab ich Recht?«

Helena nickte und lachte ihre Freundin an: »Ja!«, sagte sie.

Zur Diskussion: Wie kann man Gott *kennen* lernen? *Kennst* du Gott? Woher weißt du das?
Gebet: »Gott, unser Vater, wir möchten dich besser kennen lernen, so dass du mehr Gefallen an uns haben kannst.«

23. Januar

Durch den Irrgarten der Welt

Gott sieht die Richtung, in die wir gehen müssen, sehr viel besser als wir.

Bibellese des Tages: Psalm 25,4-9
Tages-Vers: »Deine Ohren werden hinter dir das Wort hören: ›Dies ist der Weg, den geht. Sonst weder zur Rechten noch zur Linken.‹« (Jesaja 30,21)

Daniela und Kara besuchten mit ihrer Mutter einen kleinen Vergnügungspark. Während die Mutter ein Eis für sie besorgen wollte, betrat Kara einen Irrgarten mit kreuz und quer verlaufenden Pfaden und Tunnels, die sich durch hohe Mauern und verwirrende Einschnitte hindurchwanden.

Der Irrgarten fiel in eine Mulde ab. Daniela stand an einem Geländer und beobachtete Kara, wie sie in eine Sackgasse nach der anderen hineinlief. Schließlich konnte Daniela es nicht mehr aushalten. Sie winkte ihrer Schwester von ihrem erhöhten Standort oberhalb der Senke zu.

»Kara! Kara! Schau hierher!«, rief sie.

Kara hielt mitten im Irrgarten inne und schaute über die Mauern hinauf. Endlich erkannte sie ihre Schwester, die ihr von oben zuwinkte.

Daniela legte die hohlen Hände als Schalltrichter um den Mund. »Ich werde dir sagen, wie du gehen musst«, rief sie hinunter.

»Nein!«, rief Kara zurück. »Ich möchte allein hier herauskommen.«

»Aber du bist auf dem falschen Weg.«

»Das ist mir egal!«, beharrte Kara auf ihrem Willen. »Sag du mir nicht, was ich machen soll.«

Kurz darauf kam die Mutter zurück und stellte sich neben Daniela ans Geländer oberhalb des Irrgartens.

»Sie ist so dickköpfig«, klagte Daniela.

»Was meinst du damit?«, fragte die Mutter, als sie Daniela ihr schon schmelzendes Eis überreichte.

Daniela wies auf ihre Schwester und deren vergebliche Versuche, einen Ausweg aus dem Labyrinth zu finden. »Sie kann nicht sehen, wo sie hingeht. Ich kann es von hier oben genau überblicken.«

»Und warum sagst du ihr nicht, wie sie da herauskommen kann?«

»Das hab ich ja versucht, aber sie will nichts davon wissen.«

»Ich glaube, ich weiß einen Weg, wie du sie dazubringen kannst, deinen Vorschlag anzunehmen«, sagte die Mutter jetzt.

»Und das wäre?«

Die Mutter hielt die andere Eistüte hoch. »Sag ihr, dass ihr Eis schon schmilzt.«

Zur Diskussion: Was war für Daniela klar, was Kara nicht sehen konnte? Was kann Gott sehen, was uns verborgen ist? Welches Versprechen enthält die heutige Bibellese des Tages für Menschen, die Orientierung brauchen?

Gebet: »Herr, du siehst, was wir nicht sehen können. Hilf uns, der Orientierungshilfe, die du uns gibst, zu vertrauen.«

24. Januar

An der Wahrheit festhalten

Wenn du wissen willst, ob etwas richtig ist, vergleiche es mit dem Willen Gottes.

Bibellese des Tages: Epheser 4,14-15
Tages-Vers: »Stattdessen lasst uns in Liebe an der Wahrheit festhalten und in jeder Hinsicht Christus ähnlicher werden ...« (Epheser 4,15)

»Ich bin so durcheinander!« Julia stampfte mit dem Fuß auf und kreuzte die Arme vor der Brust.

»Was ist los?«, fragte die Mutter.

»Ich weiß nicht, wem ich noch glauben soll«, erklärte Julia. »Du sagst mir, dass es unrecht ist, zu lügen und sowas in der Richtung zu tun.«

Die Mutter nickte.

»Na ja, Andrea sagt manchmal, dass eine Lüge nichts ausmacht. Ab und zu würden ihre Eltern sie sogar zu einer Lüge veranlassen.«

»Oh«, entfuhr es der Mutter.

»Also, wenn Andrea am Telefon ist und ihre Eltern möchten kein Gespräch annehmen, dann soll sie sagen, dass niemand zu Hause ist.«

»Ich kann mir vorstellen, dass dich das verwirrt«, sagte die Mutter.

»Das kannst du glauben!«, sagte Julia. »Ich weiß gar nicht mehr, wem ich glauben soll!«

»Über das Problem haben wir früher schon gesprochen, Julia«, sagte die Mutter nun. »Wir haben uns darüber unterhalten, wie wir feststellen können, was richtig und falsch ist. Erinnerst du dich?«

Julia zögerte.

»Wenn du wirklich wissen willst, ob etwas richtig oder falsch ist, was tust du dann?«

Julia dachte einen Augenblick nach, dann leuchteten ihre Augen auf. »Ich soll es mit dem Willen Gottes vergleichen!«

»Richtig«, sagte die Mutter. »Und zuerst vergleichen wir es mit seinen Geboten. Hat Gott uns irgendwelche Gebote im Hinblick auf Lügen gegeben?«

»Uiiih«, meinte Julia. »Er sagt, wir sollen nicht lügen.«

»Du hast Recht. Er gab viele Anweisungen darüber, dass wir nicht lügen oder einander täuschen, sondern immer die Wahrheit sagen sollen, stimmt's?«

Julia nickte.

»Wenn wir uns Gottes Regeln ansehen, erkennen wir die Wahrheit hinter den Geboten, nicht wahr?«

»Ja«, stimmte Julia zu. »Die Wahrheit ist, dass Gott die Aufrichtigkeit liebt, oder?«

Die Mutter nickte. »Und warum liebt er die Aufrichtigkeit?«

Julia hob das Gesicht: »Weil er selbst aufrichtig ist?«

»Richtig! Gott ist vertrauenswürdig und wahrhaftig. *Darum* ist Ehrlichkeit richtig – nicht, weil ich es so sage. Sie ist richtig, weil es dem Wesen Gottes entspricht.

Julia lächelte. »Jetzt erinnere ich mich«, sagte sie stolz.

Zur Diskussion: Welche drei Schritte unternahm Julias Mutter, um ihr zu erklären, wie man richtig und falsch unterscheiden kann? Wie kannst du heute und morgen ›an der Wahrheit in Liebe‹ festhalten?
Gebet: »Herr, wir glauben, dass Ehrlichkeit richtig ist, weil du aufrichtig bist. Hilf uns, dir ähnlich zu werden: aufrichtig und wahrhaftig.«

25. Januar

Geführt vom Heiligen Geist

Wissen, was richtig ist, ist nur der erste Schritt. Das Tun ist der nächste.

Bibellese des Tages: Galater 5,13-16
Tages-Vers: »Deshalb: Lebt so, wie es eurem neuen Leben im Heiligen Geist entspricht. Dann werdet ihr auch nicht tun, wozu eure sündigen Neigungen euch drängen.« (Galater 5,16)

»Dritter Fehlschlag!«

Der Schiedsrichter hob seine rechte Hand hoch und Kati knallte ihren Schläger auf den »Home Plate« (amerik. Baseball). Dann drehte sie sich um und ging zur Bank zurück, mit hängenden Schultern und niedergeschlagener Miene.

»Was ist mit dir los, Kati?«, fragte der Trainer. »Du hast keinen einzigen Ball getroffen.«

»Ich weiß genau, was ich machen muss, Trainer«, sagte Kati. »Ich habe es ja beim Üben auch immer wieder geschafft.«

»Das weiß ich«, sagte der Trainer. »Ich weiß, dass du den Ball treffen kannst.«

»Doch wenn ich beim Spiel an den ›Home Plate‹ komme, kann ich das, was ich will, nicht mehr verwirklichen. Ich weiß, was ich tun muss: Die Augen auf dem Ball halten! Ellenbogen hoch! Schöner, gleichmäßiger Schwung. Ich scheine es einfach nicht umsetzen zu können.«

An jenem Abend erzählte Kati ihrem Großvater von ihrem Problem.

»Das kommt mir bekannt vor!«, sagte er.

»Hast du das gleiche Problem gehabt?«

»Nicht gerade beim Baseball, nein«, sagte der Großvater. »Aber was ich meine, ist nicht so weit entfernt davon. Mein Problem – und das geht den meisten Leuten so – bezieht sich darauf, dass man das Richtige tut. Ich weiß, was das Richtige ist: Ehre Vater und Mutter. Du sollst nicht lügen. Du sollst nicht stehlen. Du sollst nicht begehren. Aber *wissen*, was richtig ist, ist nur der erste Schritt. *Tun* ist dann etwas ganz anders.«

»Wann hast du dann gelernt, das Richtige auch zu tun?«, fragte Kati.

»Niemals, wirklich niemals. Meine sündige Natur will das Richtige gar nicht tun. Der einzige Weg, den ich fand, auf dem es mir möglich war, das Richtige dann auch zu tun, war, mein Leben unter die Führung des Heiligen Geistes zu stellen. Das bedeutet, mich selbst zuerst, jeden Tag, seiner Herrschaft anzuvertrauen und dann den ganzen Tag zu versuchen, mit ihm im gleichen Schritt weiterzugehen.«

»Dich selbst zuerst anzuvertrauen …«, flüsterte Kati.

»Ja, gerade wie beim Schlagen. Vielleicht ist es dein Problem, dass du zu lange wartest, bevor du dich einsetzt. Wenn der Ball zum ›Home Plate‹ kommt, ist es zu spät zum Ausholen.«

»Hmm …«, murmelte Kati.

»Und vergiss nicht, einen kleinen Schritt in die richtige Richtung zu tun, wenn du dich einsetzt.«

»Sprichst du jetzt vom Baseball oder darüber, wie man das Richtige tut?«

»Beides«, lächelte der Großvater.

Zur Diskussion: Was heißt es, ›im Heiligen Geist zu leben‹? Wie kann man damit anfangen, sich selbst zuerst jeden Tag seiner Herrschaft anzuvertrauen? Wie kannst du den Tag über mit ihm Schritt halten?
Gebet: »Heiliger Geist, danke, dass du uns führst. Wir möchten mit dir jeden Tag Schritt halten.«

26.
Januar

Gottes Schutz

Gottes Gebote schützen uns.

Bibellese für den Tag: Psalm 119,1-6
Tages-Vers: »Ich will deine Gebote niemals vergessen, denn durch sie hast du mir neu Glück und Gesundheit geschenkt.« (Psalm 119,93)

Regen prasselte auf den Boden, als Cindy und ihr Vater vom Auto zum Eingang des Einkaufszentrums gingen. Während andere um sie herum in alle Richtungen rannten, um ihr Ziel zu erreichen, bevor sie völlig durchnässt waren, blieben Cindy und ihr Vater durch den riesigen Regenschirm geschützt, den sie von zu Hause mitgebracht hatten. Als sie so Hand in Hand zum Eingang kamen, schaute Cindy ihren Vater an.

»Papa, was ist mit Tommy Blevins los?«, fragte sie. Tommy lebte in der gleichen Straße wie ihre Familie. »Mama sagt, dass er im Krankenhaus liegt.«

»Stimmt«, antwortete der Vater. Sie hatten den Eingang erreicht. Er schüttelte den Regen aus dem Schirm und faltete ihn zusammen. »Tommy war in einen Verkehrsunfall verwickelt und wurde schwer verletzt.«

»Wie kam das?«, fragte Cindy.

»Wie das kam?«, wiederholte der Vater. »Nun, er war mit ein paar Freunden ausgegangen und hatte zu viel getrunken. Und dann versuchte er, in stark angeheitertem Zustand nach Hause zu fahren.«

Cindy dachte einige Augenblicke nach, während sie das Einkaufszentrum betraten. Dann fragte sie: »Hat Gott das geschehen lassen, um Tommy zu bestrafen?«

»Nein«, sagte ihr Vater langsam. »Nein, das glaube ich nicht, Cindy. Aber Tommy läge nicht im Krankenhaus, wenn er Gottes Warnungen im Hinblick auf Trunkenheit beachtet hätte.«

»Also straft Gott ihn *doch*, weil er zu viel getrunken hatte«, sagte Cindy.

Cindys Vater blieb stehen und wandte sich der Tochter zu. Den zugeklappten Schirm hielt er in Händen, als ob er ihn nochmals öffnen wollte.

»Das ist wie mit diesem Schirm, Cindy«, sagte er. »Wir sind heute nicht nass geworden auf dem Weg hierher. Warum nicht?«

»Weil der Schirm uns davor bewahrt hat«, antwortete sie.

»Richtig. Solange wir unter ihm blieben, waren wir vor dem Regen geschützt.« Er machte eine Pause, dann fuhr er fort: »Was wäre passiert, wenn du dich entschlossen hättest, unterm Schirm wegzulaufen, als wir hierher gingen?«

»Ich wäre ganz schön nass geworden, Papa«, sagte Cindy, erstaunt über diese simple Frage.

»Richtig, Gottes Gebote sind wie dieser Schirm, Cindy. Wenn wir seinen Geboten gehorchen, werden wir vor vielen schrecklichen Dingen bewahrt. Wenn wir sie aber ignorieren, ist das das Gleiche, wie wenn du bei Regen unterm Schirm wegläufst. Dann ist der Schutz nicht mehr da.«

Zur Übung: Sammle alle Schirme im Haus an einem Platz, wo sie allen Familiengliedern häufig in die Augen fallen, um sie daran zu erinnern, dass Gottes Gebote zu ihrem Schutz da sind.

Gebet: »Herr, wir danken dir, dass du uns durch deine Gebote schützt.«

27. Januar

Die Wahrheit akzeptieren

Wenn wir uns geirrt haben, können wir immer noch Gottes Wohlgefallen finden, wenn wir unser Fehlverhalten zugeben und um Vergebung bitten.

Bibellese des Tages: 1. Johannes 1,8-10
Tages-Vers: »Doch wenn wir ihm unsere Sünden bekennen, dann ist er treu und gerecht, dass er uns vergibt und uns von allem Bösen reinigt.« (1. Johannes 1,9)

Sarah hörte die Sirene, noch bevor der Vater sie vernahm. Sie drehte sich um und schaute aus dem Rückfenster. »Papa«, sagte sie, »ich glaube, der Polizeiwagen verfolgt uns!«

Der Vater schaute in den Rückspiegel und warf dann einen schnellen Blick auf seinen Tacho. »Oh nein«, stöhnte er. Nochmals prüfte er die Situation im Rückspiegel und fuhr dann an den Straßenrand.

»Hast du Probleme, Papa?«, fragte Sarah.

Der Vater gab keine richtige Antwort. Er seufzte nur und zog aus seiner Brieftasche den Führerschein heraus.

»Wirst du jetzt verhaftet, Papa?«, fragte Sarah.

Endlich beantwortete der Vater die Fragen seiner Tochter. »Nein, Sarah, der Polizist wird mich nicht verhaften. Aber wahrscheinlich verpasst er mir ein ›Knöllchen‹.«

Ein Polizist erschien an Papas Wagenfenster. »Wissen Sie, wie schnell Sie gefahren sind?«, fragte er.

Der Vater nickte und sagte: »Ja, ich war sicher zu schnell.«

Der Polizist nickte. »Ich möchte Ihren Führerschein, den Kraftfahrzeugschein und die Versicherungskarte sehen.« Nachdem er alles in Augenschein genommen hatte, gab er sie zurück.

Sarah drehte sich um und beobachtete den Polizisten. »Was macht er jetzt, Papa?«, fragte sie.

»Er stellt mir einen Bußgeld-Bescheid aus.«

»Was ist das?«

Der Vater dachte einen Augenblick nach. »Nun, Sarah, das ist eine Art von Strafe für die Leute, die sich falsch verhalten haben. Ich bin vorhin zu schnell gefahren. So schreibt er jetzt den Bußgeldzettel aus, auf dem steht, wie viel ich als Strafe für die Übertretung der Verkehrsgesetze bezahlen muss.«

Sarah runzelte die Stirn. »Du hättest doch sagen können, dass du nicht zu schnell gefahren bist.«

»Das wäre aber gelogen gewesen«, sagte der Vater. Er drehte sich auf seinem Sitz, um Sarah ins Gesicht zu sehen. »Gott möchte, dass wir uns richtig verhalten, weil es ihn glücklich macht, wenn wir seinem Wesen entsprechen.«

»Und es macht ihn traurig, wenn wir etwas Unrechtes tun, nicht wahr, Papa?«

»Das stimmt, Sarah. Aber auch wenn wir falsch gehandelt haben, können wir wieder sein Wohlgefallen finden, wenn wir den Fehler zugeben und um seine Vergebung bitten.«

»Manchmal können auch Väter falsch handeln«, sagte Sarah in dem Augenblick, als der Polizeibeamte wieder am Wagenfenster auftauchte.

Zur Diskussion: Warum ist es wichtig, Unrecht, das wir getan haben, zuzugeben? Wieso ist Gottes Vergebung mit seiner Treue verknüpft?
Tipp fürs Gebet: Nimm diese Gelegenheit wahr, alles Unrecht, das dir bewusst ist, vor den Herrn zu bringen. Bitte um seine Vergebung.

28. Januar

Irrtum am See

Es ist ein Unterschied zwischen einem Irrtum und einer bewusst falschen Entscheidung.

Bibellese des Tages: 1. Korinther 10,23-24
Tages-Vers: »Denkt nicht an euren eigenen Vorteil, sondern an die anderen und an das, was für sie am besten ist.« (1. Korinther 10,24)

»Oh, Christel!« Alena stürzte tränenüberströmt ins Ferienhaus ihrer Familie am Mohawk-See.

»Was ist los, Mädchen?«, fragte ihre ältere Schwester. Christel besuchte im zweiten Jahr das College, während Alena gerade in die Mittelstufe der Highschool gekommen war.

»Es war schrecklich! Wirklich schrecklich!« Sie ließ sich auf die Couch fallen und vergrub das Gesicht in ihren Händen.

»Was war schrecklich?« Christel setzte sich neben ihre kleine Schwester und legte eine Hand auf ihr Knie.

»Ich fühle mich so elend!« Alena kämpfte immer noch mit den Tränen, während ihre Schwester geduldig wartete. »Ich habe Gary Emerson heute am Strand gesehen. Er war mit seiner Mutter und seinem Bruder da.«

Christel gab ihrer Schwester ein Taschentuch und wartete weiter, während diese sich die Tränen aus den Augen wischte.

»Wir unterhielten uns ein paar Minuten und dann fragte ich. ›Wo ist dein Vater?‹ Ich hängte noch ein paar Sticheleien an, wie: ›Wahrscheinlich arbeitet er wieder an seinem dummen Auto, nicht wahr?‹«

Alena schwieg und putzte ihre Nase. »Gary wurde blass und sagte dann: ›Nein, Papa ist nicht hier. Er starb vor ein paar Monaten.‹« Sie blickte ihre Schwester mit schmerzerfülltem Gesicht an. »Er schaute mich so traurig an, Christel. Wie konnte ich nur etwas so … so Schreckliches tun?«

Christel wartete einige Augenblicke und nahm dann Alenas Hände in ihre. »Alena«, sagte sie, »wolltest du Gary wehtun?«

Alena schüttelte den Kopf.

»Natürlich nicht«, sagte Christel. »Du warst in einem Irrtum gefangen, Alena. Du hast nichts Schlimmes getan. Es ist ein Unterschied zwischen einem Irrtum und einer Sünde.«

»Aber ich fühle mich so hundeelend!«, weinte Alena.

»Das ist klar, Alena. Du hast Sorge wegen Garys Gefühlen. Aber du brauchst dich nicht schuldig oder beschämt zu fühlen wegen dem, was du getan hast. Man kann traurig sein, auch wenn man nichts Unrechtes getan hat.«

Alena wischte sich noch einmal über die Augen und schwieg eine Weile. Endlich stand sie auf und ging zur Tür.

»Wo willst du hin?«, fragte Christel.

»Ich möchte zu Garys Familie. Ich will Gary sagen, dass ich traurig bin wegen seines Vaters.«

Zur Diskussion: Was ist der Unterschied zwischen einem Irrtum und einer Sünde? Kann ein Irrtum auch manchmal eine Sünde sein? Nenne ein paar Beispiele.

Gebet: »Herr, hilf uns, uns nicht schuldig zu fühlen, wenn wir uns nur irren. Erinnere uns daran, dass wir zu dir kommen können und sollen, wenn wir sündigen.«

29. Januar

Ich musste lügen

Sich für das Richtige zu entscheiden, ist auf lange Sicht das Beste.

Bibellese des Tages: 1. Petrus 2,22-23
Tages-Vers: »Vergesst nicht, dass die Prüfungen, die ihr erlebt, die gleichen sind, vor denen alle Menschen stehen. Doch Gott ist treu. Er wird die Prüfung nicht so stark werden lassen, dass ihr nicht mehr widerstehen könnt.« (1. Korinther 10,13)

»Aber Papa, ich *musste* lügen!«

Jessica sah erbärmlich aus, als sie auf dem Beifahrersitz in Papas Wagen saß.

»Wenn ich die Wahrheit gesagt hätte, hätte ich meine beste Freundin in Schwierigkeiten gebracht!« Mit dem Handrücken wischte sie sich die Tränen ab. »Katie hatte mich gebeten, ihrer Mutter zu sagen, dass jemand ihren Geldbeutel gestohlen hätte. Dann brauchte sie ihr nicht zu beichten, dass sie schon wieder ihr Geld verloren hatte … Ihre Mutter schreit sie dann immer so laut an.«

Der Vater nickte verständnisvoll. Die lauten Streitereien im Haus der Ramers waren in der ganzen Nachbarschaft bekannt. Katies Eltern hatten beide ein cholerisches Temperament. Jessica hatte ihre Eltern einmal darüber reden hören.

»Und da hast du nun gelogen«, sagte der Vater.

Jessica nickte und schaute beschämt auf. »Ich wollte doch nur nicht, dass sie Probleme bekommt.«

»Und nun hat Katies Mutter dich beschuldigt, dass du Katie das Geld gestohlen hättest«, sagte der Vater.

Wieder nickte Jessica, während ihre Tränen erneut zu fließen begannen. »Ich konnte doch meine beste Freundin nicht in der Patsche sitzen lassen.«

Der Vater atmete tief durch und steuerte den Wagen in die Einfahrt zu ihrem Haus. Er stellte den Motor ab, aber weder er noch Jessica machten Anstalten, auszusteigen.

»Dachtest du wirklich, du hättest lügen müssen?«, fragte der Vater jetzt.

Jessica schwieg einen Augenblick. Endlich sagte sie: »Ich vermute, ich hätte es nicht wirklich tun müssen. Ich hätte Frau Ramers auch die Wahrheit sagen können. Aber ich hätte mich schrecklich gefühlt, wenn Katie wieder was ›abbekommen‹ hätte.«

»Das kann ich verstehen«, sagte der Vater. »Manchmal kann es hart sein, wenn man die Wahrheit sagt, besonders, wenn sie uns in Verlegenheit bringt oder Strafe nach sich zieht, oder wenn die Wahrheit einen Freund verletzen würde. Wir sollten aber das tun, was richtig ist, auch wenn es uns nicht leicht fällt. Das Rechte tun, mag manchmal hart sein, auf lange Sicht ist es aber das Beste.«

»Das glaube ich auch«, stimmte Jessica zu.

Der Vater nahm sie in den Arm. »Ich denke, du und Katie seid nun so weit, dass ihr ihrer Mutter die Wahrheit sagen könnt. Ich werde mit euch gehen und mit ihr sprechen.«

Jessica seufzte: »O.k.«

Zur Diskussion: Hast du jemals das Gefühl gehabt, dass du lügen müsstest? Beschreibe, was geschehen war. Gewöhnlich — wenn wir das Empfinden haben, dass wir gar keine andere Wahl haben, als zu lügen — ist die Wahrheit, dass wir unseren eigenen Entscheidungen ausweichen. Wie kannst du das nächste Mal reagieren, wenn es dir wieder schwer fällt, die Wahrheit zu sagen?

Gebet: »Herr, es gibt Zeiten, wo wir in Versuchung kommen, zu lügen. Hilf uns, der Versuchung nicht nachzugeben.«

30. Januar

Der Tempel Gottes

Wenn es nichts Unrechtes ist, was du tust, warum musst du es dann verheimlichen?

Bibellese des Tages: 1. Korinther 6,19-20
Tages-Vers: »Denn Gott hat einen hohen Preis für euch bezahlt. Deshalb ehrt Gott mit eurem Leib!« (1. Korinther 6,20)

Micha und Andy gingen von der Schule zusammen nach Hause.

»He, Andy, willst du was sehen?«, fragte Micha.

»Was?«, fragte Andy zurück.

»Komm einfach mit«, sagte Micha.

»Micha, warte!«, rief Andy, als sein Freund in eine Straße einbog. »Ich soll sofort nach Hause kommen.«

»Es dauert nur eine Minute! Komm schon.«

Andy zögerte einen Augenblick, dann bog er um die Ecke und holte seinen Freund ein.

»Micha«, fragte er, »was hast du vor?«

»Das wirst du schon sehen.«

Ein paar Minuten später hielt Micha an. Er zeigte die Straße hinunter auf einen Mann, der an einer leeren Tankstelle parkte und zog einen Geldschein aus der Tasche.

Andy schaute erst auf den Mann, dann auf Michas Geld. Plötzlich war ihm klar, was Micha vorhatte. »Bist du verrückt?«, fragte er den Freund. »Dieser Mann verkauft Drogen!«

»Jetzt rede keinen Quatsch«, sagte Micha und rollte mit den Augen. »Nick hat mir von ihm erzählt.«

»Kommt nicht in Frage!«, sagte Andy. Er drehte sich um und wollte in die andere Richtung gehen.

»Geh schon, Andy. Geh heim zu deiner Mami!«, spottete Micha.

»Das werde ich auch!«, rief Andy über die Schulter zurück. Dann drehte er sich noch einmal um und bat: »Micha, du solltest das nicht tun.«

»Warum? Bloß weil du es sagst?«, sagte Micha. »Oder weil deine Mutter sagen würde: ›Sag sofort: nein‹?«

»Nein, weder wegen mir noch wegen meiner Mutter – aber wegen Gott.«

»Was hat Gott damit zu tun?«

»Er ist derjenige, der entscheidet, ob etwas falsch ist«, sagte Andy. »Etwas ist richtig, wenn es dem Wesen Gottes entspricht, und es ist falsch, wenn es das nicht tut.«

»Du gehst mir wirklich auf die Nerven, weißt du das?«, konterte Micha.

»O.k.«, sagte Andy. »Aber beantworte mir doch eine Frage: Wenn nichts Böses an dem ist, was du vorhast, warum musst du es dann vor deinen Eltern verheimlichen?«

»Sie würden es nicht verstehen.«

»Und das tue ich auch nicht, Micha.« Andy drehte sich um und ging geradeswegs nach Hause.

Zur Diskussion: Wie können wir Gott mit unserem Leib ehren? Wie kann man reagieren, wenn Freunde einen dazu verführen wollen, eine falsche Entscheidung zu treffen?

Gebet: »Herr, unser liebender Gott, danke, dass du uns vor Menschen und Dingen, die uns schaden würden, beschützen möchtest.«

31. Januar

Auf weite Sicht

Das Rechte tun, zahlt sich gewöhnlich am Ende aus.

Bibellese des Tages: Psalm 1

Tages-Vers: »Wer gerecht und gnädig handelt, wird Leben, Gerechtigkeit und Anerkennung finden.« (Sprüche 21,21)

»Es ist so unfair!«, rief Gina, als sie durch die Haustür hereinstürmte und sie hinter sich zuschlug.

»Was ist los, Schwesterherz?«, fragte ihr Bruder Grant.

»Gabi und ich fanden heute bei ›King's Mountain‹ eine Brieftasche«, antwortete sie und bezog sich dabei auf einen Vergnügungspark, in dem sie mit der Familie ihrer Freundin gewesen war. »Es war 'ne Menge Geld drin, ungefähr fünfzig Dollar.«

»Hast du es nachgezählt?«, fragte Grant.

»Gabi tat es. Sie wollte es behalten, aber ich habe ihr gesagt, dass wir das Geld drinlassen sollten, da es uns doch nicht wirklich gehörte.«

Grant lächelte und hatte einen überraschten Gesichtsausdruck dabei. »Wow! Da hast du Gott auf deiner Seite, Schwesterchen.«

»Ja, aber dann steckten wir das Geld zurück, und der Mann, der es als sein Eigentum beanspruchte, gab uns nicht mal einen Finderlohn. Und jetzt – das ist das Schlimmste von allem – spricht Gabi überhaupt nicht mehr mit mir. Sie sagt, wir hätten das Geld behalten sollen, wie sie es zuerst vorgeschlagen hätte.«

Grant sagte bedauernd: »Das ist allerdings schlimm, Schwesterherz. Aber du hast richtig gehandelt.«

»Warum ist dann alles schiefgegangen? Ich wünsche beinahe selbst, ich hätte das Geld behalten, wie Gabi sagte. Ich wäre finanziell wesentlich besser dran und meine beste Freundin wäre mir nicht böse.«

»Du kannst nicht damit rechnen, dass du immer belohnt wirst, wenn du das Richtige tust«, sagte Grant.

»Warum nicht?«

Grant zuckte die Achseln. »So läuft die Sache einfach nicht. Manchmal kann es, wenn man richtig handelt, sogar schmerzlich sein, wenigstens auf den ersten Blick. Neulich kam ich zu einem Test zu spät in die Schule, weil ich verschlafen hatte. Ich hätte irgendeine Entschuldigung erfinden können, aber ich tat es nicht! Ich habe dem Lehrer einfach die Wahrheit gesagt, und er ließ mich den Test nicht nachholen. Ich bekam eine ›fünf‹ und musste mich sehr anstrengen, um das Klassenziel zu erreichen. Doch als ich diesen Lehrer in der nächsten Klasse nochmals hatte, ließ er mich einige ganz tolle Dinge machen, weil er mir vertraute. Das richtige Tun zahlt sich gewöhnlich am Ende doch aus.«

Gina verdrehte die Augen, nickte aber doch zustimmend. »Ich wünschte, ein solches Ende würde in diesem Fall auch bald eintreten«, sagte sie.

Zur Übung: Trag deine Uhr am anderen Handgelenk oder stell die Uhren in eurem Haus auf den Kopf, um dich daran zu erinnern: Wenn es auch auf den ersten Blick schwer sein mag – sich richtig zu verhalten, zahlt es sich auf lange Sicht aus (auf jeden Fall in der Ewigkeit).

Gebet: »Herr, manchmal erscheint es uns hart, dir zu dienen, besonders wenn wir dafür hier und jetzt leiden müssen. Hilf uns, unseren Blick von unseren eigenen Wünschen und Begierden abzuwenden und auf dich zu richten.«

Februar

1. Februar

Die Wahrheit hat einen Namen

Die Wahrheit hat einen Namen – Jesus.

Bibellese für den Tag: Johannes 18,36-38
Tages-Vers: »Jesus sagte zu ihm: ›Ich bin der Weg, die Wahrheit und das Leben. Niemand kommt zum Vater außer durch mich.‹« (Johannes 14,6)

Robin drehte sich um und schaute seine Eltern an, die auf der Couch hinter ihm saßen. Seine Mutter hatte gerade den Videofilm unterbrochen, den sie sich ansahen.

»Was ist los?«, fragte er.

»Hast du gehört, was der Rechtsanwalt gerade gesagt hat?«, fragte die Mutter.

Robins Blick schien verwirrt. »Schon«, antwortete er.

Der Vater lehnte sich auf der Couch vor. »Was hat er gesagt?«

Die Verwirrung auf Robins Gesicht wurde noch größer.

»Ich weiß es nicht mehr so recht.«

»Er hat die Geschworenen gefragt ›Was ist Wahrheit?‹«, sagte die Mutter.

»Stimmt«, sagte Robin. »Jetzt fällt es mir wieder ein.«

»Er ist nicht der Erste, der diese Frage stellt, weißt du«, sagte der Vater.

Robin sagte nichts, aber sein Gesicht schien plötzlich einen Ausdruck von Neugier zu zeigen.

»Vor langer Zeit stellte ein römischer Gouverneur mit Namen Pontius Pilatus die gleiche Frage«, sagte der Vater.

»Du meinst jenen Mann aus der Bibel?«, fragte Robin.

Mutter und Vater nickten gleichzeitig.

»Dann weißt du auch, warum das so traurig damals war?«, fragte die Mutter. »In dem Augenblick, wo er diese Frage stellte, stand die Wahrheit unmittelbar vor seinen Augen. Als Pilatus nämlich fragte, ›Was ist Wahrheit?‹, schaute er Jesus, der sich selbst bereits als ›den Weg, die *Wahrheit* und das Leben‹ offenbart hatte, direkt ins Gesicht.«

Der Vater zuckte die Achseln. »Eine Menge Menschen machen heute den gleichen Fehler – wie der Rechtsanwalt in dem Film. Sie sagen, dass sie nach der Wahrheit suchen, aber sie suchen an jedem anderen Ort außer da, wo sie zu finden ist – bei Jesus.«

»Sie verstehen nicht, dass die Wahrheit einen Namen hat«, ließ sich nun die Mutter vernehmen. »Es geht nicht um eine Idee oder ein Konzept, es ist eine Person. Jesus ist die Wahrheit.«

»Und darum kann ›Jesus im eigenen Leben zu haben‹ helfen, die Wahrheit zu erkennen, weil *er die Wahrheit ist*!«, fügte der Vater hinzu.

Robin nickte. »Ich möchte nur noch eins wissen«, sagte er. »Können wir jetzt den Film zu Ende sehen?«

Die Eltern lächelten, und die Mutter drückte auf die Fernbedienung des Videogerätes.

Zur Diskussion: Was bedeutet »die Wahrheit« für dich? Wie kann es dir helfen, die Wahrheit zu erkennen, wenn Jesus dein Erlöser ist?
Gebet: »Herr, wir erkennen es an, dass du der Weg, die Wahrheit und das Leben bist.«

2. Februar

Corinnas Job

Wenn du nicht tust, was Gott sagt, änderst du die Gebote nicht, sondern du brichst sie.

Bibellese des Tages: Jakobus 4,11-12
Tages-Vers: »Aber eure Aufgabe ist es nicht, das Gesetz zu richten, sondern dem Gesetz zu gehorchen.« (Jakobus 4,11)

Corinna hielt ihren roten Gummifußball in den Händen, als sie und ihre Freundin Melanie versuchten, ein paar andere Kinder für ein Spiel zusammenzutrommeln. Melanie nickte ihrer Klassenkameradin Hanna zu, die gerade am Affenkäfig spielte.

»Die kommt sich zu gut dafür vor«, knurrte Melanie.

»Warum?«, fragte Corinna. »Warum sagst du das?«

»Weil«, sagte Melanie in einem Ton, als ob Corinna die Antwort eigentlich kennen sollte, »weil sie Frau Brownings Liebling ist. Jeder weiß das. Und außerdem hat sie mich letzte Woche nicht zu ihrer Geburtstagsparty eingeladen.«

»Ach so«, antwortete Corinna. »Sie hat mich auch nicht eingeladen. Was ist schon dabei?«

»Ich mochte sie schon nicht mehr, seitdem sie mich in der dritten Klasse als ›fett‹ bezeichnet hat.«

»Deswegen bist du ihr noch böse?«, fragte Corinna.

»Dich hat sie ›dumm‹ genannt«, sagte Melanie jetzt.

Corinna zuckte mit den Achseln. »Ich weiß, aber das habe ich ihr vergeben. Das solltest du auch tun.«

»Ich muss ihr nicht vergeben«, sagte Melanie trotzig.

»Gott sagt, dass wir uns gegenseitig vergeben sollen. Wir sollen einander lieben.«

»Ich weiß, aber das mit Hanna und mir ist eine andere Sache. Ich muss sie nicht lieben. Nicht nach dem, was sie getan hat.«

Corinna schüttelte den Kopf. »Du bist nicht diejenige, die hier die Richtlinien aufstellt. Du kannst nicht einfach sagen: ›Ich muss *sie* nicht lieben, weil sie dies oder das getan hat.‹ Gott sagt uns, dass wir einander lieben sollen. Wenn du das nicht tust, dann *änderst* du nicht die Regeln, sondern du *brichst* das Gebot.«

»Na und – hat sie nicht die Regeln gebrochen, als sie mich als ›fett‹ bezeichnet hat?«, fragte Melanie.

»Ja«, sagte Corinna und zögerte einen Augenblick. »Ich denke schon, dass es so ist. Aber es ist nicht unsere Sache, uns darüber Sorgen zu machen, ob sie das Gebot verletzt hat oder nicht. Unsere Aufgabe ist es, das zu tun, was Gott uns sagt, nicht wahr?«

Melanie gab keine Antwort.

»Stimmt's, Melanie?«, wiederholte Corinna ihre Frage.

Melanie verdrehte ihre Augen. »Ich denke, ja.« Sie seufzte. »Was soll ich also machen?«

»Du kannst damit aufhören, hinter ihrem Rücken über Hanna zu reden.« Corinna warf der Freundin den Fußball zu. »Und du kannst sie fragen, ob sie mit uns Fußball spielen will.«

»O.k.«, antwortete Melanie. Sie zog los, um Hanna zu suchen. Nach ein paar Schritten hielt sie inne und drehte sich wieder um. »Kommst du mit mir?«

Corinna lächelte und war mit ein paar Sprüngen neben ihr, um mit ihrer Freundin zu gehen.

Zur Diskussion: Was war Corinnas »Aufgabe«? Wie »tut« man das, »was Gott sagt«?
Gebet: »Heiliger Geist, wir beten dich an. Wir möchten dir gehorchen. Dein Reich komme. Dein Wille geschehe.«

3. Februar

Faires Spiel

Tu anderen gegenüber nur das, was du auch wünschen würdest, dass sie dir tun sollen.

Bibellese des Tages: Matthäus 7,12
Tages-Vers: »Geht so mit anderen um, wie die anderen mit euch umgehen sollen.« (Matthäus 7,12)

»Das ist unfair!«, rief Johannes.

Johannes und Chris spielten »Morph's Rache«, ein Video-Spiel für einen Spieler. Sie waren übereingekommen, alle fünfzehn Minuten zu wechseln, bis es Zeit war, aufzuhören.

»Ich kann jetzt nicht aufhören«, erklärte Chris, ohne den Blick vom Fernsehschirm abzuwenden. Er bog sich seitwärts und wippte auf und ab mit den Bewegungen auf dem Bildschirm, als Morph, der Held des Spiels, Feuerbällen und herabstoßenden Geiern auswich.

»Aber jetzt bin ich dran!«, jammerte Johannes.

»Aber ich verliere meinen Vorsprung«, sagte Chris. »Wenn ich jetzt aufhöre, verliere ich das ganze Spiel!«

»Und wenn du weiterspielst, komme ich überhaupt nicht zum Zug«, sagte Johannes.

»Ich muss es bis zur nächsten Ebene weitermachen, dann kann ich es noch retten«, sagte Chris.

»Mama!«, rief Johannes. Er rannte die Treppe hinauf und fand ihre Mutter. Er erklärte ihr die Situation und schloss mit den Worten: »Er spielt nicht fair!«

Die Mutter ging nach unten. »Stopp das Spiel, Chris!« Er drückte einen Knopf und auf dem Bildschirm bewegte sich nichts mehr.

»Chris, ich dachte, ihr beide hättet euch abgesprochen, zu wechseln«, sagte sie.

»Das haben wir auch, Mama. Ich ahnte aber nicht, dass ich ein so gutes Spiel haben würde. Ich bin nahe an einer Ebene, die ich bis dahin noch nie erreicht habe.«

»Das ist aber nicht fair!«, rief Johannes.

»Denkst du, es ist fair, wenn du die Regeln änderst, nur weil du gerade ein gutes Spiel hast?«, fragte die Mutter.

»Aber wenn ich dann da bin, kann ich es sichern und Johannes spielen lassen!«

»Damit ist meine Frage nicht beantwortet«, sagte die Mutter. »Hältst du es für fair gegenüber Johannes, die Regeln zu ändern?«

»Nein, gnädige Frau«, antwortete Chris.

»Für mich hört es sich so an, als ob du versuchst, nach eigenem Gutdünken zu entscheiden, was fair ist und was nicht? Aber wer entscheidet, was fair ist?«

»Du«, antwortete Chris.

Die Mutter lachte. »Nein!«, antwortete sie dann schnell. »Nein, Liebling, ich tue das nicht – Gott tut es. Er entscheidet, was Recht und Unrecht ist. Und in Gottes Wort heißt es, dass du anderen gegenüber nur so handeln sollst, wie du es von ihnen für dich erwartest. So definiert Gott, was fair ist.«

»Das heißt also, dass ich Johannes jetzt sofort spielen lassen muss, nicht wahr?«

»Was denkst du selbst?«, fragte die Mutter.

Chris gab seiner Mutter keine Antwort. Er schob nur seinem Bruder die Fernbedienung zu. »Tut mir Leid, Johannes«, sagte er.

Zur Diskussion: Wie können wir durch unser Handeln zeigen, dass wir mit anderen fair umgehen wollen? Warum ist Fairness wichtig?
Gebet: Füllt abwechselnd die folgende Zeile des angefangenen Gebetes aus: »Herr, hilf mir, das zu tun, was du für recht hältst, und dann andere fair zu behandeln, indem ...«

4. Februar

Im Gerichtssaal

Wir achten Rechtsprechung und Fairness, weil Gott, unser Schöpfer, ein gerechter Gott ist.

Bibellese des Tages: 5. Mose 32,3-4
Tages-Vers: »Es ist dir gesagt, Mensch, was gut ist und was der Herr von dir fordert, nämlich Gottes Wort halten und Liebe üben und demütig sein vor deinem Gott.« (Micha 6,8)

»Wo gehen wir hin, Papa?«, fragte Kelly.

»Das wirst du sehen«, antwortete der Vater. Er und Kelly gingen Seite an Seite die Marmorstufen zu einem großen Gebäude hinauf. Die Flure und Säle des Gebäudes waren dämmrig und ruhig. Der Vater legte den Finger auf den Mund, um Kelly zu bedeuten, dass sie ganz ruhig sein müsste, als er eine schwere hölzerne Tür öffnete. Durch einen Wink forderte er Kelly auf, einzutreten.

Sie betraten einen großen Gerichtssaal, in dem sich vorn die Richterbank befand. Einige Personen saßen auf Holzstühlen und flüsterten miteinander, während andere hinausgingen und wieder hereinkamen.

Kurz darauf sprach ein Mann mit sehr lauter Stimme und forderte alle auf, sich zu erheben. In schwarzer Robe trat die Richterin ein, setzte sich hinter den Richtertisch und schlug mit ihrem Hammer darauf. In den nächsten etwa dreißig Minuten beobachteten der Vater und Kelly, wie die Richterin sich drei verschiedene Fälle anhörte. Die Personen, die den Fall gewannen, verließen lächelnd den Saal, die verloren hatten, gingen mit traurigem oder ärgerlichem Ausdruck hinaus. Als auch der dritte Fall verhandelt war, stupste der Vater Kelly leicht an. Auch sie verließen nun den Gerichtssaal.

»So«, sagte der Vater, als sie durch den Flur zum Ausgang schritten, »was denkst du von dem, was du gesehen hast?«

»Das war prima!«, antwortete Kelly. »Ich war noch nie vorher in einem richtigen Gerichtssaal.«

»Ich weiß. Ich wollte, dass du einmal siehst, wie wichtig Rechtsprechung ist«, sagte der Vater, als er mit Kelly zum Auto zurückging. Als er dann vom Parkplatz fuhr und sich in den Verkehr einreihte, fuhr er fort: »Du siehst, Kelly, jeder möchte gern fair behandelt werden. Deshalb haben wir Gerichtshöfe und Richter und Gesetze. Aber *warum* ist es richtig, fair zu sein?«

Kelly dachte einen Augenblick nach. »Weil …«, begann sie. Sie runzelte die Stirn, als sie stärker nachzudenken versuchte. Endlich schüttelte sie den Kopf. »Ich weiß es nicht, Papa.«

»Ich wusste es bis vor kurzem auch nicht. Ich wusste zwar, dass es in Ordnung war, anderen Leuten gegenüber fair und gerecht zu sein, aber ich wusste nicht, warum das so sein sollte.« Er machte eine Pause. »Der Grund, warum wir Gerechtigkeit und Fairness schätzen, liegt darin, dass Gott, unser Schöpfer, ein gerechter Gott ist. Alles, was er tut, ist gerecht und fair. Weil er gerecht ist, ist es für uns auch immer angemessen, gerecht zu sein.«

»Das habe ich nicht gewusst, Papa«, sagte Kelly. »Ich weiß nicht, ob ich mir das merken kann.«

Der Vater lächelte. »Oh, mach dir nicht allzu viel Sorgen darüber, Kelly. Es gehört zu meinen Aufgaben, dich immer wieder daran zu erinnern.«

Zur Diskussion: Wie beschreibt die Bibellese dieses Tages Gott (5. Mose 32,3-4)? Was sagen diese Worte darüber aus, wie wir handeln sollen?
Gebet: »Herr, lehre uns, gerecht zu sein, wie du gerecht bist.«

5. Februar

Eine Unterbrechung im Spiel

Gott liebt die Gerechtigkeit, weil er selbst gerecht ist.

Bibellese des Tages: Jesaja 45,21-25
Tages-Vers: »Es ist sonst kein Gott außer mir, ein gerechter Gott und Heiland, und es ist keiner außer mir.« (Jesaja 45,21)

Philip saß mit seinem Vater im Wohnzimmer auf der Couch und sah im Fernsehen, wie die »Braves« gegen die »Cubs« spielten. Eine große Schüssel voll Chips und eine kleinere mit Salsasoße standen zwischen ihnen auf dem Polster.

»Neiiiin!«, schrie er plötzlich. »Hast du die Entscheidung gesehen?« Er zeigte auf den Bildschirm. »Da gab's keinen Grund ihn rauszuschicken!« Philips Gesicht lief knallrot an, als er mitten im Zimmer auf und ab hüpfte, als ob er selbst zu Hause ausgeschieden wäre.

Ein paar Minuten später, als Philip sich beruhigt hatte, fragte der Vater, ob ihm bewusst wäre, warum er so verrückt reagiert hätte. Philip schüttelte den Kopf.

Der Vater zuckte die Achseln. »Du hast gedacht, der Schiedsrichter hätte eine falsche Entscheidung getroffen, oder?«

»Das hat er auch«, antwortete Philip. »Der ›Catcher‹ hat den Läufer niemals berührt.«

»Also, was dann?«, sagte der Vater. Plötzlich dämmerte es Philip, worauf der Vater hinauswollte.

»Es war nicht fair, das war's«, antwortete Philip.

»Aber warum ist so etwas nicht fair?«

Philip, der erst vor kurzem viele ähnliche Diskussionen mit seinem Vater gehabt hatte, hob den Kopf und antwortete langsam: »Weil Gott uns befohlen hat, fair zu sein.« Er zögerte. »Stimmt's?«

Der Vater nickte. »Das ist richtig. Die Bibel sagt: ›Gib jedem, was du ihm schuldest‹ und irgendwo im Kolosserbrief heißt es: ›Ihr Herren, behandelt eure Sklaven so, wie es recht und billig ist‹, und natürlich: ›Tu anderen das, was du möchtest, dass sie dir tun‹. Außerdem befahl Gott seinem Volk, Fremden gegenüber gerecht zu sein, für Waisen und Witwen zu sorgen – und sogar verirrte Tiere ihren Eigentümern zurückzugeben.«

»O.k.«, sagte Philip, dem das Spiel mit ›recht‹ und ›unrecht‹, das er mit seinem Vater schon oft gespielt hatte, Spaß machte. »Und das Prinzip, das hinter all diesen Vorschriften steht, ist der Grundsatz der Gerechtigkeit, die Anweisung fair zu sein.«

»Richtig!«, sagte der Vater. »Und all diese Vorschriften, die Gott erlassen hat, zeigen, dass er das Recht liebt …«

»Und Gott liebt die Gerechtigkeit, weil er selbst gerecht ist«, fuhr Philip fort.

»Genau das ist es!«, erklärte der Vater. Er schlug Philip auf die Schulter und beide richteten ihre Aufmerksamkeit wieder auf den Bildschirm, das Baseball-Spiel und die Chips, die zwischen ihnen auf der Couch standen.

Zur Diskussion: Warum liebt Gott das Recht? Welcher Beweis in deinem Leben lässt dich das glauben? An welche anderen biblischen Gebote kannst du dich erinnern, die von uns fordern, dass wir andere gerecht und fair behandeln?
Gebet: »Herr, du bist ein gerechter Gott. Wir wollen auch gerechte Menschen sein. Wir möchten uns anderen gegenüber so verhalten, wie du es von uns möchtest.«

6. Februar

Der Rest der Geschichte

›Recht‹ und ›Unrecht‹ unterscheiden zu können, ist nur ein Teil der Sache. Wir müssen uns dann auch dazu entschließen, das Rechte zu tun.

Bibellese des Tages: Sprüche 21,2-3
Tages-Vers: »Wenn wir tun, was richtig und gerecht ist, gefällt das dem Herrn besser als unsere Opfergaben.« (Sprüche 21,3)

Simon kletterte aus dem Swimmingpool, als er das Pfeifen hörte. Er schaute hinauf zu dem Stuhl des Bademeisters, wo sein großer Bruder Robert saß.

Robert winkte seinen kleinen Bruder heran. »Simon«, sagte er und beugte sich beim Sprechen hinunter, »wieso bist du so schnell wieder auf dem Sprungbrett gewesen?«

Simon zuckte mit den Schultern. »Ich sagte Robbie, dass er mich vorlassen sollte, weil ich nochmal springen wollte.«

»Simon, das war nicht fair.«

»Ich weiß.«

»Und warum hast du es trotzdem getan?«

»Weiß ich nicht«, Simon dachte einen Augenblick nach und sagte dann: »Ich denke, ich hatte einfach keine Lust, fair zu sein. Ich wollte nochmals springen.«

»Mach das nicht wieder, oder ich muss dich für eine Weile aussetzen lassen, verstanden?«

Simon runzelte die Stirn. »O. k.«, antwortete er schließlich. Er ging zurück zu den Stufen des Sprungturms und stellte sich ans Ende der Schlange. Robert war enttäuscht über das Verhaltens seines Bruders.

Er und Simon hatten beide in der Sonntagsschule und im Jugendkreis der Kirche gelernt, zwischen ›Recht‹ und ›Unrecht‹ zu unterscheiden. Er war ziemlich sicher, dass Simon sich seines falschen Handelns bewusst war. Trotzdem hatte er es getan.

Als Robert weiter nachdachte, wurde ihm klar, dass er gar nicht so überrascht zu sein brauchte. *Wissen*, was ›Recht‹ und ›Unrecht‹ ist, war einfach nicht genug. Auch mit diesem Wissen können wir uns entscheiden, falsch zu handeln. Simon und ich müssen beide auch den Entschluss fassen, Gottes Weg zu gehen.

»Herr«, flüsterte er, »ich möchte dir gehorchen. Ich will fair handeln, wenn ich vor der Wahl stehe und auch unfair handeln könnte. Hilf mir, für Simon ein gutes Vorbild zu sein. Hilf uns beiden, dass wir nicht nur *wissen*, was Recht und Unrecht ist, sondern dass wir auch danach *handeln*.«

Plötzlich bemerkte Robert, dass Kirsten neben seinem Stuhl stand. Sie gehörte ebenfalls zu den Bademeistern. Er geriet in Verlegenheit, als sie fragte: »Mit wem hast du eben gesprochen?«

»Ich habe …« Robert merkte, dass er dabei war, eine Ausrede zu erfinden, so als ob er mit sich selbst gesprochen hätte, doch die Lüge schien ihm in der Kehle stecken zu bleiben. Gerade noch hatte er Gott gebeten, ihm zu helfen, das Rechte auch zu tun. Er hätte nicht gedacht, dass Gott sein Gebet so schnell beantworten würde. »Ich habe … ich habe gebetet«, sagte er endlich.

»Das habe ich mir gedacht«, sagte Kirsten mit einem leisen Lächeln. »Das finde ich echt cool.«

»Danke«, sagte Robert, wobei sein Kommentar ebenso an Gott gerichtet war, wie an Kirsten.

Zur Diskussion: Sollte ein Mensch die Verpflichtung eingehen, anderen gegenüber fair zu sein? Warum? Wie kann man durch sein Handeln zeigen, dass man diese Verpflichtung übernommen hat?

Gebet: »Herr, wir haben kein Recht, andere zu verurteilen, weil wir selbst Sünder sind. Hilf uns, nicht auf die Sünde der anderen zu sehen, sondern nach Gelegenheiten Ausschau zu halten, wie wir selbst fair sein können.«

7. Februar

Konsequenzen der Fairness

Gerechtes Handeln bewahrt uns vor einem schlechten Ruf und ehrt uns.

Bibellese des Tages: Psalm 112,1-8
Tages-Vers: »Alles gelingt dem, der großzügig ist und gerne leiht und in allen seinen Geschäften ehrlich ist.« (Psalm 112,5)

Die Mutter riss die Tür auf, warf ihre Aktentasche auf den Küchentisch und rief aus: »Endlich zu Hause!«

Der Vater küsste sie, als sie ins Wohnzimmer kam und Marco und Ellen umarmten sie.

»Ich habe eine große Neuigkeit für euch alle«, kündigte die Mutter an, als sie Marco und Ellen von ihren Beinen löste. »Heute bin ich befördert worden! Ihr seht jetzt die neue Personalchefin vor euch.«

»Was bedeutet das, Mama?«, fragte Marco.

Die Mutter saß auf dem Sessel, wo sie mit Marco und Ellen in Augenhöhe sprechen konnte. »Nun, das bedeutet, dass ich ein etwas höheres Gehalt bekomme, aber vor allem, dass ich mehr Verantwortung übernehmen werde.«

»Warum?«, fragte Ellen.

Die Mutter zwinkerte ihrer siebenjährigen Tochter zu: »Das ist ein gute Frage.«

»Weil deine Mutter gute Arbeit geleistet hat«, sagte der Vater.

Die Mutter wandte sich dem Vater zu. »Tatsächlich haben sie gesagt, der entscheidende Faktor sei gewesen, dass verschiedene Angestellte meinem Chef gesagt haben, dass ich niemals einen von ihnen unfair behandelt hätte.«

»Das ist ja großartig, Liebling«, sagte der Vater. »Ich bin stolz auf dich.« Er umarmte sie und wandte sich dann an die Kinder. »Und ich möchte, dass ihr wisst, dass eure Mutter deshalb ihre neue Stelle bekommen hat, weil sie sehr darum gekämpft hat, anderen Menschen gegenüber gerecht zu sein.«

Der Vater saß auf der Couch und zog die Kinder auf seinen Schoß. »Überlegt euch mal, die Mama wäre so ein Mensch gewesen, der immer die ›erste Geige‹ hätte spielen wollen, der die Menschen unterschiedlich behandelt und Anerkennung für anderer Leute Arbeit gesucht hätte. Glaubt ihr, dass sie dann diese Beförderung bekommen hätte?«

»Nein!«, sagte Ellen sehr entschieden. Marco schüttelte den Kopf.

»Ihr habt Recht. Menschen unfair zu behandeln, verletzt nicht nur diese, es kann auch auf euch selbst zurückschlagen.«

»Die anderen mögen dich dann vielleicht nicht«, schlug Ellen vor.

»Das stimmt«, sagte der Vater. »Aber weil Mama mit den Menschen fair umgegangen ist, hat sie die Anerkennung durch eine neue, bedeutendere Stellung bekommen.«

Marco rutschte von Vaters Schoß hinunter und hüpfte zur Mutter.

»Aber ihr wisst, was immer meine wichtigste Stellung sein wird, oder?«, fragte die Mutter. »Eure Mama zu sein.«

Zur Diskussion: Schau dir die heutige Bibellese nochmals an. Versuche zu erkennen, ob du all die Wohltaten und Segnungen erkennen kannst, die denen gehören, die gerne das tun, was Gott gebietet.

Gebet: »Herr, wir brauchen deine Hilfe, um gerne deine Gebote zu erfüllen. Danke, dass du deine Führung dabei zugesagt hast.«

8. Februar

Bereit zur Rache?

Gerechtes Handeln schützt uns vor Rache und fördert den Frieden.

Bibellese des Tages: 1. Petrus 3,8-11

Tages-Vers: »Vergeltet Böses nicht mit Bösem. Werdet nicht zornig, wenn die Leute unfreundlich über euch reden, sondern wünscht ihnen Gutes und segnet sie.« (1. Petrus 3,9)

Rita holte mit der Faust aus, um Sara zu schlagen. Breitbeinig stand sie über Sara, die auf dem Rücken lag, die Finger in Ritas Haar vergraben. Das Ganze spielte sich auf dem Spielplatz der Schule ab.

»Hört sofort auf, ihr zwei!« Frau Knorr zog die beiden Mädchen auseinander und stellte sie auf die Beine. »Was soll das bedeuten?«

»Sie hat angefangen!«, sagte Sara. »Sie wollte von mir Geld für einen Schoko-Riegel!«

»Wie bitte?«, fragte die Lehrerin. Ihr Gesicht spiegelte Verwirrung.

Sara verdrehte ihre Augen und seufzte. »Rita hat Schoko-Riegel verkauft, um Geld für die Klasse zu bekommen«, erklärte sie. »So kam ich also auch zu ihr deswegen.« Sara starrte Rita böse an. »Und dann sagte sie mir, dass sie einen Euro kosten. Da hab ich einen gekauft.«

Frau Knorr nickte. »Ich sehe immer noch nicht, was euren Streit auslöste.«

»Als ich meinen Schoko-Riegel aufgegessen hatte, entdeckte ich, dass sie eigentlich nur 50 Cents kosten – aus reiner Gemeinheit hat sie von mir einen Euro gefordert.«

»Ich verstehe«, sagte Frau Knorr jetzt und ihr Blick wanderte von Sara zu Rita. »Da wolltest du mit ihr abrechnen.«

Sara nickte.

»Nun, ich würde sagen, ihr habt beide nicht richtig gehandelt.« Sie wandte sich an Rita.

»Rita, wenn du Sara gegenüber fair gewesen wärest, wäre das hier nicht passiert. Wenn du mit anderen unfair umgehst, musst du dich nicht wundern, wenn sie ausrasten und versuchen, dir das heimzuzahlen.« Sie machte eine Pause. »So wie es jetzt ist, schuldest du Sara nicht nur 50 Cent, sondern du musst ein paar Tage nach der Schule noch dableiben.«

Dann wandte sich Frau Knorr an Sara. »Sara, es mag sein, dass du ungerecht behandelt worden bist, aber deswegen musstest du nicht mit Rita einen Kampf anfangen. Auch du wirst nach der Schule hier bleiben. Ich werde mit deinen und Ritas Eltern sprechen.«

Dann fuhr sie fort: »Ich bin der Ansicht, ihr könnt beide darüber nachdenken, wie ihr dieses Problem anders hättet lösen können.«

»Ich hätte von Sara nicht mehr fordern dürfen als von allen anderen auch«, sagte Rita. »Es tut mir Leid, Sara.«

»Mir tut's auch Leid, Rita … Ich hätte es Ihnen sagen sollen, statt einen Kampf anzufangen«, fuhr sie dann an Frau Knorr gewandt fort.

»Sehr gut«, sagte nun Frau Knorr. Sie legte jedem der Mädchen eine Hand auf die Schulter. »Ich weiß ja nicht, wie es euch beiden geht, aber mir steht der Sinn jetzt nach einem Schoko-Riegel.«

»Mir nicht!«, antwortete Sara.

»Mir auch nicht!«, sagte Rita.

Zur Diskussion: Wie hätte Rita sich selbst schützen können, wenn sie sich entschlossen hätte, das Rechte zu tun? Wie kann faires Handeln dich vor Rache bewahren? Wie kann gerechtes Handeln bessere Beziehungen zu anderen Menschen bewirken?
Gebet: »Herr, wir hätten gerne harmonische Beziehungen zu anderen Menschen. Wenn andere uns unfair behandeln, hilf uns, dass wir nicht Rachegedanken in uns hochkommen lassen. Stattdessen hilf uns, dass wir dich mit unserem Handeln ehren.«

9. Februar

Das ist nicht fair!

Gerechtes Handeln bewahrt uns vor Schuld und schenkt uns ein gutes Gewissen.

Bibellese des Tages: Sprüche 2,6-11
Tages-Vers: »Denn der Herr schenkt Weisheit! Aus seinem Mund kommen Erkenntnis und Einsicht. Er schenkt den Aufrichtigen Gelingen und beschützt die Gottesfürchtigen.« (Sprüche 2,6-7)

»Du bist dran mit Geschirr-Abwaschen!«, protestierte Joel gegenüber seiner älteren Schwester.

»Ach, schau doch«, sagte Kathy. »Erik kann jede Minute hier sein, um mich abzuholen. Wir sind verabredet. Ich hab wirklich keine Zeit mehr.«

»Ich mach's aber auch nicht!«

»Das tust du doch! Wenn Papa und Mama weg sind, bin ich verantwortlich. Wenn du es nicht machst, werden sie sich über *dich* ärgern, nicht über mich.«

»Aber das ist nicht fair!« Der ärgerliche Ton Joels wandelte sich in ein Jammern.

Es klingelte.

»Ich habe keine Zeit mehr, mit dir zu streiten«, sagte Kathy über ihre Schulter hinweg, als sie zur Haustür ging. »Nun mach schon!«

Kathy warf noch einen letzten Blick in die Küche, bevor sie die Tür hinter sich schloss. Sie sah ihren Bruder mit ärgerlichem Gesicht an der Spüle stehen.

Er macht wegen allem so ein großes Theater, sagte sie zu sich selbst, als sie in Eriks Auto stieg. *Es ist ja nicht so, als ob er den Abwasch nicht machen könnte, um mir nur dies eine Mal auszuhelfen. Ich habe schon oft Dinge für ihn getan.*

Kathy und Erik sprachen nicht viel miteinander auf ihrer Fahrt zum Kino. Sie war mit den Gedanken immer noch bei dem frustrierten Gesicht ihres kleinen Bruders, wie er da vor der Spüle stand, die bis oben hin mit Geschirr gefüllt war. *Er hat ja Recht, fair war das nicht*, dachte sie. *Ich hätte das Geschirr spülen können, statt nach dem Essen so lange mit Britta zu telefonieren.* Sie begann sich schuldig zu fühlen, schüttelte diese Anwandlung aber ab. *Ich werde mich später bei ihm entschuldigen.*

Sie sprach mit Erik nicht über die Sache. Als sie sich am Kino in die Schlange einreihten, um Karten zu kaufen, wurde sie ihre Schuldgefühle über die Art, wie sie Joel behandelt hatte, aber nicht los. Schließlich konnte sie es nicht mehr aushalten.

»Warte mal«, sagte sie gerade in dem Augenblick, als sie an der Kasse waren. »Ich muss nach Hause.« Schnell erklärte sie ihm die Situation und war erleichtert, als er sie zu verstehen schien.

Zu Hause angekommen verkündete Kathy einem geschockten Joel, dass sie jetzt das Geschirr spülen würde. »Und«, fügte sie noch hinzu, »morgen Abend werde ich es auch tun.«

»Wow!«, sagte Joel. »Wieso übernimmst du meine Arbeit auch noch?«

»Tritt dein Glück nicht mit Füßen!«, sagte Kathy, als sie die Brause in die Richtung ihres Bruders hielt.

Zur Diskussion: Hast du dich schon mal schuldig gefühlt, weil du jemand ungerecht behandelt hattest? Und wieso kann es dir Freude bereiten, wenn du fair mit anderen umgehst? Wie kann gerechtes Handeln dir ein gutes Gewissen geben?

Gebet: »Hilf uns, Herr, andere zu achten, indem wir ihnen gegenüber gerecht sind.«

10.
Februar

Die absolute Wahrheit

Absolute Wahrheit bedeutet, allen Menschen gegenüber, an jedem Ort und zu jeder Zeit ehrlich zu sein.

Bibellese des Tages: Philipper 4,8
Tages-Vers: »Konzentriert euch auf das, was wahr ... ist.« (Philipper 4,8)

Sam schaute seinen Vater an. »Papa, wer war der größte Hockey-Spieler aller Zeiten?«

Der Vater zuckte die Achseln. »Manche würden sagen, dass es Wayne Gretzky war, andere könnten Gordie Howe dafür halten.«

Sam war verwirrt. »Weiß das niemand genau?«

»Die Leute haben verschiedene Meinungen in solchen Fragen«, sagte der Vater.

»Ach so«, meinte Sam. In seiner Stimme schwang Enttäuschung mit, als er weggehen wollte.

»Warte«, sagte der Vater. »So geht es mit einigen Dingen. Manche Leute denken so und andere anders, und man kann nicht unbedingt sagen, dass der eine Recht und der andere Unrecht hat. Sie haben nur unterschiedliche Ansichten.«

Sam nickte.

»Es gibt aber *absolute* Wahrheiten, das heißt, sie sind für alle Menschen, an allen Orten und zu jeder Zeit wahr. Zum Beispiel, Sam, haben wir in unserer Familie die Regel, dass du nicht mit deinem Fahrrad auf der Straße fahren darfst, nicht wahr?«

»Ja«, antwortete Sam.

»Aber das ist keine absolute Wahrheit, weil sie nicht für alle Menschen gilt.«

»Stimmt«, antwortete Sam sofort. »Nick darf nämlich auf der Straße fahren«, sagte er und bezog sich dabei auf seinen älteren Bruder.

Der Vater nickte. »Gilt das an allen Orten?«

Sam schüttelte den Kopf. »Auf dem Gehweg kann ich mit dem Fahrrad fahren.«

Der Vater lächelte. »Du hast Recht; die Regel gilt nicht an allen Orten. Und sie gilt auch nicht für alle Zeiten. Wenn du älter wirst, werden Mama und ich dich natürlich ebenso auf der Straße fahren lassen wie heute schon Nick.« Er machte eine Pause. »Auch wenn du also unrecht handeln würdest, wenn du unserem Gebot nicht gehorchen und mit dem Fahrrad auf die Straße gehen würdest, ist diese Regel keine *absolute* Wahrheit. Aber Mama und ich haben dir gesagt, dass es unrecht ist, zu lügen, stimmt's?«

Sam nickte.

»Gilt das für alle Menschen?«, fragte der Vater.

»Ja«, antwortete Sam langsam. »Jeder sollte die Wahrheit sagen.«

Der Vater nickte. »Gilt das an allen Orten und zu allen Zeiten?«

Sam nickte wieder.

»Ich werde niemals ›alt genug‹ sein, dass mir das Lügen erlaubt wäre!«

»Das ist der Unterschied zwischen Meinungen oder Regeln und der absoluten Wahrheit – sie gilt immer für alle Menschen, an allen Orten und zu allen Zeiten.«

»Auch für Nick?«, frage Sam.

Der Vater lächelte. »Sogar für Nick.«

Zur Diskussion: Was gilt für alle Menschen, an allen Orten und zu jeder Zeit? »Du sollst nicht stehlen.« »Nicht rechts abbiegen bei Rot.« »Liebe deinen Nächsten.« »Du sollst nicht töten.« »Iss dein Gemüse auf.« Warum?

Gebet: »Herr, hilf uns daran zu denken, was für alle Zeiten und für alle Menschen Gültigkeit hat.«

11. Februar

Harte Liebe

Du hast nicht zu entscheiden, was richtig ist oder falsch – Gott tut es.

Bibellese des Tages: Matthäus 5,43-45

Tages-Vers: »Liebt eure Feinde! Erweist ihnen Gutes!« (Lukas 6,35)

Bei einem Sonntagsschulausflug standen Stefanie und Julia in der Nähe des Fischteiches und flüsterten miteinander. Sie schauten um sich und warteten, bis Jasmin an dem flachen, mit Steinen umsäumten Teich Halt machte, um die Goldfische zu sehen, die in dem klaren Wasser umherschwammen.

Die beiden Mädchen bewegten sich allmählich immer näher auf Jasmin zu. Schließlich täuschte Stefanie ein Stolpern vor, fiel dabei gegen Jasmin und schubste sie ins Wasser. Mit dem Gesicht zuerst landete diese im Teich. Prustend und spritzend versuchte sie, wieder auf die Beine zu kommen.

»Das habt ihr mit Absicht gemacht!«, kreischte sie.

Stefanie gab keine Antwort, weil sie, wie die ganze übrige Klasse, vor Lachen nichts sagen konnte. Plötzlich fühlte sie aber, wie eine Hand nach ihrem Arm griff und dann wirbelte ihre Sonntagsschullehrerin sie herum.

»Stefanie und Julia«, sagte Frau Penn, »geht rein und wartet bitte dort auf mich.«

Stefanie und Julia warteten an Frau Penns Küchentisch, als diese mit einer schluchzenden, nassen Jasmin durch den Raum ging und ein paar Minuten später zurückkam. »Jasmin zieht sich um«, sagte sie. »Ich möchte, dass ihr beide wisst, dass ich gesehen habe, was passiert ist. Ich bin sehr enttäuscht von euch. Das war eine gemeine Sache.«

Julia begann zu weinen, aber Stefanie begehrte auf: »Sie hätte mit uns das Gleiche gemacht! Stimmt's Julia?« Ihre Freundin nickte unter Tränen. »Jasmin ist immer gemein zu mir und Julia.«

»So«, fragte nun Frau Penn, »ihr meint also, was ihr getan habt, wäre richtig gewesen, weil es sich gegen Jasmin richtete?«

»Nun, ja«, antwortete Stefanie. »*Sie* ist gemein zu *uns.*«

»Jetzt überlegt euch mal, was ihr eben gesagt habt. Ihr meint, es wäre gerecht, wenn ihr gegenüber Jasmin gehässig handelt. Aber seit wann habt ihr zu entscheiden, was Recht oder Unrecht ist?«

»Aber Frau Penn, Sie sollten einmal hören, was sie über uns sagt!«, jammerte Stefanie.

Frau Penn zuckte die Schultern. »Das mag wahr sein, aber das ändert nichts an den Tatsachen. Erstens: Ihr habt nicht darüber zu entscheiden, was ›Recht‹ und ›Unrecht‹ ist, das tut Gott. Richtig?« Die Mädchen nickten mürrisch. »Zweitens: Gott hat gesagt ›Liebe deinen Nächsten‹! Er sagt sogar: ›Liebe deinen Feind.‹ Was bedeutet das im Hinblick auf das, was ihr mit Jasmin gemacht habt?«

»Es war verkehrt«, sagte Julia, indem sie sich zum ersten Mal am Gespräch beteiligte.

»Und was noch?«, fragte Frau Penn.

»Wir müssen uns bei Jasmin entschuldigen«, antwortete Stefanie.

»Das stimmt!«, sagte Miss Penn.

Zur Diskussion: Hast du schon jemals versucht, selbst zu entscheiden, was Recht und Unrecht ist, statt zu akzeptieren, was Gott zu diesem Thema gesagt hat? Warum oder warum nicht? Wer ist dein »Nächster«? Was kannst du heute tun, um deinen »Nächsten« und einen »Feind« zu lieben?

Gebet: »Herr, hilf uns, das zu tun, was vor dir richtig ist und das zu vermeiden, was vor dir falsch ist.«

12. Februar

Gott ist Liebe

Gott will, dass wir einander lieben.

Bibellese des Tages: Matthäus 22,34-40

Tages-Vers: »Gott ist Liebe.« (1. Johannes 4,8)

»Dein kleiner Bruder kommt mit?«, fragte Rahel in schockiertem Ton.

»Ja«, antwortete Nicki mit einem Schulterzucken. »Warum nicht?«

»Den werden wir abhängen, wenn wir im Einkaufszentrum sind, oder?«

»Nein, das werden wir nicht tun«, antwortete Nicki. »Er ist mein Bruder!«

Rahel starrte ihre Freundin an, als ob ihr gerade ein Horn auf der Stirn gewachsen wäre.

»Steig schon ins Auto«, sagte Nicki. »Ich muss ihn zu Hause abholen, und dann können wir zum Einkaufszentrum fahren.«

Unterwegs fing Rahel wieder an: »Warum willst du deinen kleinen Bruder mitnehmen?«

»Weil er mein Bruder ist und weil es ihm so viel Spaß macht, dabei zu sein.«

Rahels Gesicht hatte den geschockten Ausdruck noch nicht verloren. »Ich *hasse* meinen Bruder und er hasst mich«, sagte sie.

»Ihr solltet euch aber lieb haben«, protestierte Nicki.

»Da stimmt was nicht bei euch«, sagte Rahel.

»Nein«, beteuerte Nicki, immer noch in freundlichem Ton. »Ich bin durchaus o.k. Ich mache mir nur Sorgen um dich! Du weißt doch ganz genau, dass es verkehrt ist, deinen Bruder zu hassen, Rahel.«

»Wieso?« Rahels Ton war herausfordernd. Sie kreuzte die Arme vor der Brust.

»Nun«, sagte Nicki, nur einen Augenblick zögernd. »Weil in der Bibel steht, dass wir einander lieben sollen. Jesus sagt, wir sollen unseren Nächsten lieben wie uns selbst.«

»Joel ist nicht mein Nächster!«

»Natürlich ist er das«, sagte Nicki. »Er hat sein Zimmer unmittelbar neben deinem!« Sie steuerte den Wagen in die Einfahrt ihres Hauses und hupte.

»Dann soll ich also Joel lieben, nur weil es in der Bibel steht.«

»Ja klar«, sagte Nicki, »aber auch, weil du Gott ähnlich wirst, wenn du liebst. Die Bibel sagt: ›Gott ist Liebe.‹. Schau, Rahel, die Tatsache, dass Gott uns gebietet, einander zu lieben, macht deutlich, wie sehr Gott die Liebe schätzt. Und er schätzt sie, weil *er* selbst ein liebender Gott ist. Liebe ist richtig, weil Gott Liebe *ist.*«

Nickis Bruder kletterte auf den Rücksitz und machte die Tür zu.

»Hi, Nicki. Hi, Rahel«, sagte er. »Und es macht euch nichts aus, mich ins Einkaufszentrum mitzunehmen?«

»Nein«, antwortete Nicki. Sie lächelte zu Rahel hinüber. »Oder?«

Rahel starrte vor sich hin, ohne Nickis Frage zu beachten. Aber sie konnte das leise Lächeln nicht unterdrücken, das um ihren Mund spielte.

Zur Diskussion: Vervollständigt abwechselnd die folgenden Aussagen: »Ich bezeuge meine Liebe zu Gott, wenn ich ...« »Ich zeige meine Liebe zu meinem Nächsten, wenn ich ...« »Ich zeige Liebe zu meiner Familie, wenn ich ...« Sprecht über die Gründe für eure Aussagen.

Gebet: »Herr, bitte liebe du andere durch mich.«

13.
Februar

Herr Crump

Wir müssen uns zu einer Verpflichtung durchringen, um in Liebe zu handeln, auch wenn es uns schwer fällt.

Bibellese des Tages: 1. Johannes 4,7-11
Tages-Vers: **»**Liebe Freunde, lasst uns untereinander lieben, denn die Liebe kommt von Gott.« (1. Johannes 4,7)

»Dieser Mann ist unmöglich«, donnerte der Vater, als er die Küchentür hinter sich zuschlug.

»Liebling«, sagte die Mutter anteilnehmend, »stimmt etwas nicht?«

»Allerdings!«, brüllte der Vater. »Es ist schon wieder dieser George Crump!«

»Es ist schwierig, ihn zu lieben, nicht wahr?«, sagte die Mutter ruhig und warf einen besorgten Blick in Richtung Wohnzimmer, wo die Kinder vor dem Fernseher saßen. Sie wollte nicht, dass die Kinder mitbekamen, wie sich der Vater wieder über Herrn Crump beklagte.

»Schwierig?«, gab der Vater zurück. »Er ist unmöglich! Er hat gegen alles und jedes Einwände, was ich in der Kirchenvorstandssitzung vorschlage!«

»Alex, kannst du bitte ein bisschen leiser sprechen?«, fragte die Mutter jetzt. »Die Kinder sitzen nebenan vor dem Fernseher.«

»Ich bin fertig mit ihm. Das nächste Mal, wenn er wieder dagegen spricht oder mich kritisiert, dann werde ich …«

Die Mutter hob beide Hände in einer Geste, die ihren Mann beruhigen sollte. »Bitte, sprich es nicht aus«, sagte sie.

»Nicht aussprechen! Wie kannst du mich bitten, es nicht auszusprechen?«

»Weil ich fürchte, dass die Kinder ihren Vater etwas sagen hören, was er ihnen selbst verboten hat.«

»Was soll das sein?«, antwortete der Vater immer noch mit ziemlicher Lautstärke. Dann wiederholte er, diesmal leiser: »Um was geht es?«

»Du hast den Kindern gesagt, dass es Unrecht ist, gehässig zu handeln, weil Gott Liebe ist. Und du hast versucht, sie erleben zu lassen, wie notwendig es ist, aus der Liebe heraus zu handeln, selbst wenn es schwer ist, oder?« Sie wartete, bis er zustimmend nickte und fuhr dann fort: »Und erinnere dich daran, dass du ihnen an einem anderen Abend klar gemacht hast, wie schwer es für Gott gewesen sein muss, uns zu lieben, und dass er uns trotzdem seinen Sohn schickte.«

Der Vater seufzte schwer. »Ich habe ihnen gesagt, wenn Gott uns lieben konnte, obwohl es so schwer war, dann können wir bestimmt auch andere lieben – auch unter schwierigen Umständen.«

Die Mutter nickte.

»Also«, sagte der Vater, »Es ist wirklich schwer, mit George Crump auszukommen. Aber ich vermute, dass ich selbst zeigen muss, was ich predige.«

Die Mutter lächelte.

Der Vater umarmte sie und schloss dann die Augen. »Vater, vergib mir meine lieblose Haltung gegenüber George Crump«, betete er. »Ich weiß, dass ich deine Hilfe dazu brauche, wenn ich ihn lieben soll, aber ich entscheide mich dazu, jetzt das Richtige zu tun. Amen.«

»Amen«, wiederholte die Mutter.

Zur Diskussion: Kannst du dich an Zeiten erinnern, in denen es für andere vielleicht schwierig gewesen ist, mit dir zurechtzukommen? Wer hat dich in diesen Zeiten überhaupt geliebt? Die Mutter? Der Vater? Gott?
Tipp fürs Gebet: Müsstest du gegenüber irgendjemand ganz neu die Verpflichtung zur Liebe eingehen? Wenn ja, nimm dir ein paar Augenblicke Zeit und sprich das Gebet, das der Vater in der obigen Geschichte sprach. Ändere es für deine eigene Situation.

14. Februar

Doppelte Freude

Liebe macht dich zweimal glücklich – wenn du sie schenkst und wenn sie erwidert wird.

Bibellese des Tages: 2. Petrus 1, 5-8
Tages-Vers: »Strengt euch deshalb an, diese Zusagen Gottes in eurem Glauben zu leben.« (2. Petrus 1,5)

Tina stürzte zur Haustür herein. »Mama!«, rief sie laut. »Schau dir doch nur all die ›Valentinsgrüße‹ an, die ich heute in der Schule bekommen habe!« Sie kippte den Inhalt ihres Rucksacks auf den Tisch.

Die Mutter lächelte. »Das ist ja großartig, Tina!«, sagte sie.

»Die werde ich für immer aufheben!«, verkündete Tina.

»Willst du sie mir zeigen?«, fragte die Mutter und trocknete sich die Hände am Handtuch ab.

Dann saß sie am Tisch und hörte aufmerksam zu, als Tina ihr alle ihre Schätze vorführte. Tina plapperte glücklich drauflos, während sie prüfte, welche Karten die größten, die fantasiereichsten und die lustigsten waren.

»Hat euer Lehrer euch erklärt, was es mit dem Valentinstag auf sich hat?«, fragte die Mutter, als Tina ihr alle Karten gezeigt hatte.

Tina warf ihrer Mutter einen fragenden Blick zu. »Was meinst du damit?«

»Weißt du, dass der Valentinstag seinen Namen von einem Christen hat, der vor langer Zeit gelebt hat?«

»Nein«, sagte Tina.

»Dann hör zu«, sagte die Mutter. »Eine Legende berichtet, dass Valentin von Kindern so geliebt wurde, dass sie ihn alle besuchen wollten, als er im Gefängnis saß, weil er sich geweigert hatte, falsche Götter anzubeten. Die Kinder steckten ihm Grüße durch die Gitterstäbe seines Zellenfensters zu. Manche Leute glauben, dass daher der Brauch stammt, sich am Valentinstag Karten oder andere Aufmerksamkeiten zu überreichen.«

»Das ist aber eine nette Geschichte, Mama«, sagte Tina. »Ich will versuchen, sie in Erinnerung zu behalten.«

»Gut«, sagte die Mutter. »Aber weißt du, was ich noch lieber möchte, dass du es in Erinnerung behältst?«

Tina schüttelte den Kopf.

»Ich möchte, dass du daran denkst, dass Liebe zweimal glücklich macht – wenn du sie gibst und wenn du sie zurückbekommst … gerade wie Valentinsgrüße in beide Richtungen gehen.«

»Ich habe eine Menge davon bekommen heute!«, sagte Tina.

»Ich weiß«, antwortete die Mutter. »Und das hat doch einen Riesenspaß gemacht, oder? So ist das mit der Liebe. Das ist auch einer der Gründe, weshalb Gott von uns will, dass wir einander lieben. Lieben macht uns so viel glücklicher als ärgerlich zu sein oder einander zu hassen oder sich nicht leiden zu können.«

Plötzlich sprang Tina von ihrem Stuhl auf und rannte aus dem Zimmer.

»Wo willst du denn jetzt hin?«, fragte die Mutter erstaunt.

»Ich besorge mir noch ein paar Valentinsgrüße, sodass ich auch mehr Liebe weitergeben kann!«, antwortete Tina.

Zur Übung: Wie wäre es, wenn ihr als Familie Valentinskarten mit persönlichen Bemerkungen an Gefängnisinsassen oder an Bewohner eines Altenheims sendet? Oder ihr könnt an eine andere Familie Karten verschicken oder ihnen eine Schachtel voll Plätzchen backen.
Gebet: »Herr, hilf uns, wach zu sein für Möglichkeiten, wie wir als Familie Liebe weitergeben können.«

15. Februar

Liebe tut unserem Körper gut

Eine liebevolle Haltung und liebevolle Handlungen sind nicht nur eine Wohltat für andere, sie tun uns selbst gut.

Bibellese für den Tag: 1. Korinther 13,4-7
Tages-Vers: »Die Liebe soll euer höchstes Ziel sein.« (1. Korinther 14,1)

Der Arzt schüttelte den Kopf, als er bei Vater mit seiner Untersuchung zu Ende war.

»Was ist nicht in Ordnung, Doktor?«, fragte der Vater, als er sein Hemd zuknöpfte.

»Nichts!«, antwortete der Arzt lächelnd. »Ich wünschte, ich hätte Ihren Blutdruck!«

Jetzt lachte auch der Vater. »Na, das sind ja gute Nachrichten.«

»Das können Sie glauben«, antwortete der Arzt. »Gestern habe ich mit meinem Schwager gesprochen. Er läuft als tickende Zeitbombe herum.« Traurig schüttelte er den Kopf. »Himmelhoher Blutdruck, hoher Cholesterinspiegel – außerdem entwickelt er ein Magengeschwür.«

»Gibt es etwas, was Sie für ihn tun können?«, fragte der Vater.

Der Doktor zuckte die Achseln. »Er nimmt Medikamente ein«, erklärte er, »aber das wird wenig ausrichten, solange er seinen Lebensstil nicht ändert.«

»Was meinen Sie damit?«, fragte der Vater.

Der Arzt seufzte. »Mein Schwager hatte vor fünfzehn Jahren einen Streit mit seinem Bruder. Seitdem haben sie keine zwei Worte mehr miteinander gewechselt, aber sein Ärger und sein Hass auf den Bruder fressen ihn auf. Die Auswirkungen dieses Hasses auf seinen Bruder sind tödlich für ihn.«

Der Vater nickte. »Das kann ich mir vorstellen«, sagte er. »Ich denke, dass das zum Teil der Grund ist, warum Gott will, dass wir einander lieben. Er weiß, wie zerstörend Hass sein kann und wie hilfreich und gesund die Liebe.«

Der Arzt spielte mit dem Stethoskop, das ihm um den Hals hing. »Wissen Sie, ich denke, dass Sie Recht haben. Ich beobachte Menschen, die Unsummen an Geld für medizinische Behandlung ausgeben, um mit ihrem Stress fertig zu werden. Wenn sie eine ähnliche Einstellung hätten wie Sie, könnten sie vielleicht Geld sparen und gleichzeitig gesünder sein.«

»Mir brauchen sie gar nicht ähnlich zu sein, Doktor«, sagte der Vater. »Sie müssten sich mehr an Gott orientieren: lieben und vergeben ist seine Devise. Aber Sie haben Recht. Eine liebevolle Haltung und entsprechende Handlungen kommen nicht nur anderen zugute, sie sind für uns selbst ein Segen. Das gehört alles zu der erstaunlichen Weisheit Gottes. Wenn er sagt: ›Liebt einander‹, sagt er das zu unserem eigenen Besten. Wenn wir uns an seine Gebote halten, kann uns das vor allen möglichen unangenehmen Dingen bewahren.«

Der Arzt nickte nachdenklich.

»Allerdings«, sagte der Vater ein bisschen verschmitzt lächelnd, »wenn alle die Gebote Gottes beachteten, einander zu lieben, hätten Sie vielleicht nicht mehr so viel zu tun.«

Der Arzt lachte. »Das käme mir nur gelegen. Ich könnte die freie Zeit gut zum Golfspielen nutzen.«

»Ich weiß«, sagte der Vater mit einem breiten Lächeln. »Ich habe Sie spielen sehen.«

Zur Diskussion: Booker T. Washington sagte: »Ich werde nicht zulassen, dass irgendein Mensch meine Seele auf die Ebene des Hasses herabzieht.« Was wollte er damit wohl sagen? Was kannst du heute und in

Zukunft tun, um selbst davon zu profitieren, dass du Gottes Gebot der Liebe befolgst?

Gebet: »Herr, hilf uns, dass auch wir uns niemals auf die Ebene des Hasses herunterziehen lassen. Hilf uns, stattdessen Liebe zu erweisen, selbst wenn es uns schwer fällt.«

16. Februar

Liebe in Aktion

Wir zeigen durch unser Handeln, dass wir aus der Wahrheit leben.

Bibellese des Tages: 1. Johannes 3,18-20

Tages-Vers: »Liebe Freunde, lasst uns einander lieben, denn die Liebe kommt von Gott.« (1. Johannes 4,7)

Maja bemerkte die schmutzigen Fingernägel der Frau, als sie ein Brötchen auf den Teller legte und ihn der Frau reichte. *Ob die jemals ein Bad nimmt*?, dachte sie und starrte auf das glanzlose Haar.

Die Frau nahm Maja den Teller ab und schlurfte davon, ohne aufzusehen. Maja wandte sich der nächsten Person zu, die in dem Obdachlosenheim in der Schlange stand, wo Majas Familie sich einmal im Monat einsetzte. Die grauhaarige Frau lächelte sie an und öffnete dabei einen Mund, in dem nur noch wenige Zähne zu sehen waren.

»Sie heißt Clara«, sagte sie jetzt. »Ihr Mann ist vor ein paar Monaten gestorben, und seitdem ist sie nicht mehr dieselbe.«

Maja griff nach einem anderen Brötchen. Sie legte es auf den Teller mit Geflügelfleisch, Tomatenpüree und Soße, den ihr Bruder ihr reichte, und gab ihn an die Frau weiter.

Die Frau lächelte. »Danke«, sagte sie. »Gott segne Sie.« Maja wurde rot. Diese Frau schien anders zu sein als viele, die hier in das Heim kamen, die ihr Essen in Empfang nahmen und ohne ein Wort wegschlurften. Sie war auch nicht schmutzig. Außer ihren fehlenden Zähnen und der abgetragenen Kleidung schien sie – na ja – irgendwie normal zu sein. Als Maja ihr nachschaute, war es Maja plötzlich unangenehm, wenn sie sich an ihre Klagen gegenüber ihren Eltern erinnerte, hier in dieses Heim mitgehen zu müssen. Ihre Eltern hatten freundlich, aber deutlich darauf bestanden, dass sie mitgehen sollte, und Maja hatte seitdem immer ein mürrisches Gesicht gemacht.

Auf einmal fand ihr Blick die Frau mit den fehlenden Zähnen. Sie saß neben Clara und begann, deren Brötchen mit Butter zu bestreichen. Dann schnitt sie ihr das Geflügelfleisch und legte ihr freundlich die Gabel in die Hand, als sie damit fertig war.

Maja verließ ihren Platz an der Essensausgabe und setzte sich neben die Frau. »Sind Sie mit Clara verwandt oder so etwas?«, fragte sie. »Nein«, antwortete die Frau. Sie schaute verwundert auf.

»Ich habe gesehen, wie Sie sich um sie gekümmert haben. Ich meine, Fleisch schneiden usw.«

Die Frau zuckte die Achseln. »Ich wollte ihr nur begreiflich machen, dass Gott sie liebt und ich auch. Ich habe ihr das schon oft gesagt, aber ich denke, durch mein Handeln wird das viel eher deutlich. Aber warum sage ich Ihnen das? Ich wette, dass Sie aus dem gleichen Grund hierher kommen – Menschen wie mir Gottes Liebe zu zeigen.«

Majas Gesicht spiegelte Überraschung wider. »Ja«, antwortete sie. »Darum komme ich her.« Sie lächelte die Frau an, entschlossen, diese Lektion nie wieder zu vergessen.

Zur Übung: Überlegt eine Weile, um ein Familien-»Projekt« zu planen, mit der Zielsetzung, irgendjemand außerhalb eurer Familie die Liebe Gottes sichtbar zu machen. Ihr könntet Plätzchen backen für jemanden im Gefängnis, das Lieblingstier der Familie zu einem Besuch bei Pflegeheim-Patienten mitnehmen, für einen allein stehenden Elternteil als Babysitter einspringen oder für ein älteres Ehepaar Schnee schippen.
Gebet: »Herr, wir sind glücklich, das zu haben, was du uns gegeben hast. Zeige du uns Wege, wie wir unser Leben und unsere Segnungen mit anderen teilen können.«

17.
Februar

Sitzgurte

Gottes Befehle sind wie Anschnallgurte. Sie sind zu unserm eigenen Besten da – um uns zu schützen.

Bibellese des Tages: 5. Mose 6,20-24
Tages-Vers: »Und der Herr hat uns geboten, nach all diesen Rechten zu tun, dass wir den Herrn, unsern Gott, fürchten, auf dass es uns wohlgehe unser Leben lang, so wie es heute ist.« (5. Mose 6,24)

»Kommt, Kinder!«, rief die Mutter von der untersten Treppenstufe aus, »es ist Zeit! Alle ins Auto!«

Kevin rannte mit Andy nach unten. Andy hatte die Nacht bei ihnen verbracht, sodass sie früh und frisch in den Tag nach »Water World« starten konnten. Sie liefen zum Auto und sprangen auf den Rücksitz. Kevins Mutter und seine Schwester Debora belegten die vorderen Plätze.

Die Mutter drehte sich auf ihrem Sitz um und lachte die Jungs an. »Fertig?«

Kevin klickte seinen Sitzgurt zu. »Fertig«, erklärte er. Andy sah, was Kevin getan hatte, traf aber keine Anstalten, es ebenso zu machen.

»Also dann«, sagte die Mutter. Sie warf einen Blick auf Andy. »Ich denke, wir sind alle bereit, sobald du deinen Gurt festgemacht hast, Andy.«

Andy verdrehte die Augen. »Bei meinen Eltern muss ich mich nicht anschnallen.«

»Brauchst du Hilfe?«, fragte die Mutter.

»Nein«, sagte Andy, wobei in seiner Stimme Trotz mitklang. »Ich kann es selbst.« Er griff die beiden Teile des Gurtes und steckte sie zusammen.

Als die Mutter den Wagen drehte und aus der Einfahrt auf die Straße bog, wandte sich Andy an Kevin. »Warum müsst ihr euch anschnallen?«, fragte er.

Kevin zuckte mit den Achseln. »Wir haben es eben schon immer gemacht«, anwortete er. »Wir denken gar nicht mehr darüber nach. Außerdem ist es gesetzlich vorgeschrieben.«

»Das ist blöd«, verkündete Andy.

»Nein, ist es nicht«, sagte Kevin.

»Es ist so unbequem.«

»Vielleicht zuerst. Aber wenn du daran gewöhnt bist, merkst du gar nicht mehr, dass du angeschnallt bist.«

»Trotzdem sehe ich nicht ein, warum deine Eltern dich zwingen, das zu tun.« Andys Gesichtsausdruck verriet, dass er Kevins Eltern für zu streng oder sogar für gemein hielt.

Kevin lachte. »Sie tun es doch zu unserem Besten. Sie wissen, dass die Gurte uns bei einem Unfall, in den wir ja vielleicht mal hineingeraten, das Leben retten können.« Er schüttelte den Kopf über seinen Freund, der immer noch beleidigt zu sein schien. »Du denkst, sie tun das, um uns zu ärgern?«

Andy antwortete nicht. Er verdrehte die Augen, als ob ihm klar wäre, dass er den Streit verloren hatte.

Kevin schlug seinem Freund leicht auf die Schulter. »Das denke ich nicht«, sagte er lachend.

Zur Diskussion: Wieso lassen sich Gottes Gebote mit Sitzgurten vergleichen? Wie kannst du dich mit Gottes Geboten sichern, ähnlich wie mit dem Anschnallgurt?

Gebet: »Herr, danke für den Schutz deines Wortes. Hilf uns, deine Regeln einzuhalten.«

18. Februar

Spaß in der Sonne

Christus nachzufolgen kann eine Menge Freude bedeuten.

Bibellese für den Tag: Hebräer 11,24-25

Tages-Vers: »Ich sage euch das, damit meine Freude euch erfüllt. Ja, eure Freude soll vollkommen sein!« (Johannes 15,11)

Norbert verlor die Kontrolle über seinen Schlitten und rollte den Abhang hinunter, lachend und schreiend.

»Das ist ja klasse!«, sagte er zu seinem Freund. »Als du mich heute Morgen angerufen hast, ob wir Schlittenfahren wollten, dachte ich, du wärst verrückt. Hier liegt keine einzige Schneeflocke auf dem Boden und die Temperatur ist über Null. Mann, das war eine großartige Idee!«

Ted lachte und griff nach einem Seil, das in einem Fünfundzwanzig-Kilo-Block von Eis eingefroren war. Er zerrte den Block wieder den grasbewachsenen Hügel hinauf.

»Wie bist du auf diese Idee gekommen?«, fragte Norbert.

Ted zuckte mit den Achseln. »Meine Jugendgruppe aus der Gemeinde macht das fast jedes Jahr. Es ist leicht. Du brauchst nur einen Eisblock zu kaufen, eine Seilschlinge darin festzufrieren, und schon kann es losgehen!«

»Das ist so super!«, wiederholte Norbert. »Du brauchst weder kaltes Wetter noch Schnee!«

»Also macht's dir Spaß?«, sagte Ted auf der Spitze des Hügels und schaute Norbert an.

»Und wie!«, sagte Norbert.

»Mir fällt ein, dass du irgendwann einmal sagtest, dass Christen deiner Ansicht nach gar keinen Spaß hätten«, sagte Ted und grinste breit. »Du sagtest, dass jemand, der nicht trinkt oder zu wilden Parties geht, vermutlich ein völlig langweiliges Leben hätte.«

Norbert schaute ein bisschen dumm. »Das habe ich gesagt?«

»Das habe ich gesagt?«, machte Ted ihn in sarkastischem Ton nach. »Wenn du das nächste Mal denkst, dass Gott uns unseren Spaß verderben oder unsere Freude stehlen will, dann erinnere dich an heute.«

Norbert zögerte. »Aber wünschst du dir nicht manchmal, du könntest all das tun, was ich tue?«

Ted schüttelte den Kopf. »Ich weiß, dass es dir manchmal Spaß macht, zu einer Party zu gehen, aber diese Freude dauert nicht allzu lange, oder? Und sie kann einige schlimme Folgen haben, nicht wahr?«

Norbert zuckte mit den Schultern. »Ich vermute schon«, sagte er.

»Ich gebe zu, dass es manchmal nicht leicht ist, das Richtige zu tun«, sagte Ted, »aber du kannst mir glauben, Christus nachzufolgen kann eine Menge Freude beinhalten. Er kam nicht, um uns die Freude zu verderben, sondern damit wir Freude *haben*!«

»O.k.«, sagte Norbert und hielt seine Hände hoch, »ich gebe auf.«

»Heißt das, dass du bereit bist, Jesus als Freund haben zu wollen?«, fragte Ted.

»Ich weiß nichts davon«, sagte Norbert.

Ted sah seinen Freund nachdenklich an. »Gerade das sollst du wissen: Wenn du *wirklich bereit bist*, ein Christ zu werden, dann wirst du erfahren, was wirkliche Freude ist!«, sagte Ted. Er schwang sich auf seinen Eisbrocken und sauste den Hang hinunter.

Zur Übung: Plant eine fröhliche Aktion als Familie, um euch daran zu erinnern (und vielleicht auch einige eurer »nichtchristlichen« Freunde), dass Jesus nachzufolgen eine Menge Freude beinhalten kann.
Gebet: »Herr, danke für die Freude unserer Familie. Hilf uns, an dieser Freude auch andere teilhaben zu lassen.«

19. Februar

Wurzeln und Früchte (Teil 1)

Die Menschen tun unrechte Dinge, weil jeder eine sündige Natur hat.

Bibellese des Tages: Römer 5,12-17
Tages-Vers: »Und was für ein Unterschied zwischen der Sünde und Gottes überwältigendem Geschenk der Vergebung.« (Römer 5,15)

Großvater legte bei seinem Traktor den Gang ein. Helena saß auf Großvaters Schoß und lachte, als der Traktor langsam lostuckerte. Sie reckte den Hals, um hinter den Großvater zu schauen, wo ein Baumstumpf, der mit einer gewaltigen Kette an den Traktor festgebunden war, aus dem Boden herausgerissen wurde.

Einige Augenblicke später stellte der Großvater den Motor des Traktors wieder ab. Er und Helena kletterten herunter, um sich den Baumstumpf und das Loch, das er im Feld hinterlassen hatte, näher anzusehen. Der Großvater begann nun, die Kette vom Stumpf zu lösen.

»Opa«, begann Helena, »warum konnte Jonathan heute nicht mit uns kommen?« Jonathan war Helenas älterer Bruder und gewöhnlich halfen sie dem Großvater gemeinsam.

»Tja, Helena«, antwortete der Großvater, »Jonathan musste heute in seinem Zimmer bleiben, weil er etwas Unrechtes getan hat. Ich dachte, das hättest du gewusst.«

Helena nickte. Sie wusste, dass Jonathan erwischt worden war, als er seiner Mutter Geld aus dem Geldbeutel genommen hatte. Aber Helena war noch nicht fertig mit der Geschichte. »Opa, warum tun die Menschen schlimme Dinge, wenn sie doch wissen, dass es verkehrt ist?«, fragte sie.

Der Großvater hatte endlich die Kette wieder von dem Baumstumpf gelöst. Er richtete sich auf und legte sie ordentlich zusammen. »Das ist ein gute Frage«, sagte er. Er dachte ein paar Minuten nach, bevor er antwortete. »Die Menschen tun Unrecht, weil jeder eine sündige Natur hat. Seit der erste Mann und die erste Frau sündigten, indem sie Gott nicht gehorchten, sind wir alle mit einer sündigen Natur geboren. Das bedeutet, dass die Menschen es *natürlich* finden, wenn sie Unrecht tun.«

»Es gibt Leute, die lassen sich von Freunden zu etwas verleiten, die sie vielleicht unter Druck setzen«, fuhr er fort, »und manche tun schlimme Dinge, weil sie schlechte Gewohnheiten entwickelt haben, mit denen sie nur schwer brechen können. Aber wir alle treffen falsche Entscheidungen, weil sie uns so nahe liegen – es geht immer ganz leicht.« Er wandte sich dem Baumstumpf zu. »Siehst du das hier?«, fragte er und wies auf das Gewirr von Wurzeln hin, das aus dem Boden herausgerissen worden war. »Dieser alte Baum ähnelt uns. Die Wurzeln gingen unter dem Baum weit in die Erde hinein, gerade wie unser sündiges Wesen. Die Wurzeln der Sünde stecken tief in uns, und jeden Tag treffen wir Entscheidungen – die können richtig oder falsch sein. Wir können Gott vertrauen und seinen Wegen folgen, oder wir können den Fehler machen und unserer sündigen Natur folgen. Gott nimmt uns die Entscheidung niemals ab. Manchmal sind diese Entscheidungen dann falsch, statt dass die Menschen das Rechte tun.«

»Wir müssen also nicht Unrecht tun, Opa?«, fragte Helena.

»Nein«, antwortete der Großvater. »Das müssen wir nicht. Und ich hoffe, dass du dich immer daran erinnerst.«

Zur Diskussion: Warum tun wir Unrecht? Was sollten wir dann tun, wenn es geschieht?

Gebet: »Herr, immer wenn es uns dazu treibt, Unrecht zu tun, hilf uns, dass wir daran denken, dass wir uns für das Rechte entscheiden können.«

20. Februar

Wurzeln und Früchte (Teil 2)

Die rechten Entscheidungen zu treffen, ist die Frucht, die aus unserem Gottvertrauen entsteht.

Bibellese des Tages: Römer 5,18-21

Tages-Vers: »Aber die Tat von Christus, sein erlösendes Handeln, macht alle Menschen in Gottes Augen gerecht und schenkt ihnen Leben.« (Römer 5,18)

»Was machen wir jetzt mit diesem Stumpf, Opa?«, fragte Helena. Sie hatte gerade zugesehen, wie der Großvater den alten Stumpf mit seinen Wurzeln mit Hilfe seines Traktors aus dem Boden gerissen hatte.

»Wir werden ein bisschen Benzin und etwas zum Anzünden dort hinten aus der Scheune holen und ihn gerade hier an Ort und Stelle verbrennen.«

Er griff Helena unter die Arme und setzte sie auf den Traktor. Dann schwang er sich selbst hinauf und setzte sie wieder auf seinen Schoß. »Wie ich dir schon sagte, Helena, dieser alte Stumpf gleicht unserer sündigen Natur, und die ist es, die uns daran hindert, immer die richtigen Entscheidungen zu treffen, verstehst du?«

Helena nickte.

»Meinst du, du hättest den Stumpf nur mit deiner eigenen Kraft aus dem Boden holen können?«, fragte der Großvater jetzt.

Helena machte große Augen. Sie schüttelte den Kopf.

Der Großvater lächelte. »Glaubst du, *ich* hätte es fertig gebracht, den Stumpf aus dem Boden zu ziehen?«

Helena zögerte einen Augenblick, dann antwortete sie leise: »Nein.«

Großvater ließ ein gemütliches Lachen hören. »Keine Sorge, Helena, das beleidigt meine Gefühle nicht. Du hast Recht, dieses Gewirr von Wurzeln ist stärker als wir beide zusammen.«

»Aber mit dem Traktor hast du es geschafft!«, triumphierte Helena.

»Stimmt!«, sagte der Großvater. »Ich habe etwas zu Hilfe genommen, was viel, viel stärker war als ich ...«, er schlug auf die eisernen Kotflügel des Traktors, »... um diese Wurzeln zu überwinden. Das gilt ebenso für unser Tun, wenn es um richtig und falsch geht, Helena. Keiner von uns – auch nicht wir beide zusammen – kann seine sündige Natur überwinden. Wir können nur die richtigen Entscheidungen treffen, wenn wir uns auf Gottes Kraft verlassen und ihm vertrauen, dass er uns richtig leitet.«

Der Großvater rieb sich das Kinn. »Denk darüber nach«, sagte er, »richtig zu handeln, ist die Frucht, die aus unserem Leben erwächst, wenn wir Gott vertrauen.«

Helena drehte sich auf Großvaters Schoß um. »War das ein Apfelbaum?«, fragte sie und wies auf den Stumpf, den sie aus dem Boden gezogen hatten.

»Nein«, sagte der Großvater, »das ist ein Hickory-Baum. Trotzdem trägt er aber auch Früchte.«

»Was für Früchte?«, fragte Helena.

»Nüsse für ›seltsame Eichhörnchen‹ wie du eins bist«, antwortete der Großvater. Er ließ mit einer Hand den Motor an und kitzelte seine Enkelin mit der anderen, sodass sie auf dem ganzen Rückweg zur Scheune aus dem Lachen nicht mehr herauskamen.

Zur Übung: Legt in dieser Woche ein paar Früchte auf euren Küchen- oder Esszimmertisch, um die ganze Familie daran zu erinnern, richtige Entscheidungen zu treffen – die Früchte einer täglich erneuerten Beziehung zu Gott.

Gebet: »Herr, wir wünschen uns, ein fruchtbares Leben zu führen. Hilf uns, dir zu vertrauen.«

21. Februar

Der Augenblick der Wahrheit für Moni

Erweist euch gegenseitig Barmherzigkeit und Freundlichkeit.

Bibellese des Tages: Sacharja 7,9-10
Tages-Vers: »... ein jeder erweise seinem Bruder Güte und Barmherzigkeit.« (Sacharja 7,9)

Als Moni den Klassenraum betrat, war ihr sofort klar, dass etwas nicht stimmte. Es war kein Lehrer da und eine Gruppe von Kindern drängte sich um einen Tisch in der Mitte des Raumes zusammen. Während sie sich der Gruppe näherte, hörte sie die Stimme von Tammy, einem der beliebtesten Mädchen der Schule.

»Warum sagst du nichts, Gabi?«, fragte Tammy.

»Genau«, tönte jetzt eine andere Stimme dazwischen. »Tammy hat dich einen dicken, fetten Walfisch genannt. Willst du dich nicht wehren?«

Moni quetschte sich in den Knäuel und versuchte, einen Blick auf das Mädchen, das sie so verspotteten, zu erwischen. Gabi war eine Außenseiterin. Sie hatte tatsächlich keine Freunde und tat manchmal seltsame Dinge.

Gabi saß an ihrem Tisch und hatte das Gesicht in ihren gekreuzten Armen vergraben. Sie hatte, seit Moni den Raum betreten hatte, noch kein einziges Wort gesagt. Heimlich wünschte Moni, die Lehrerin würde zurückkommen und dieser Misshandlung ein Ende machen. Doch von ihr war keine Spur zu sehen.

»Gabi«, rief Tammy jetzt laut und klopfte mit ihrer Hand auf Gabis Kopf. »Gabi, der Wal!«

Gabi tat Moni Leid. *Aber wenn ich was sage,* dachte sie, *geht Tammy auf mich los. Dann wird sie mir vielleicht sogar die Freundschaft kündigen.*

Plötzlich sangen alle Kinder im Chor: »Gabi, der Wal!«

Ich tue doch nicht Böses, überlegte Moni. *Es ist doch sicher nicht so schlimm, wenn ich mich da raushalte, oder?* Plötzlich wusste sie aber, dass sie doch falsch handelte. Ihr Auftrag war, Gott zu folgen, in dem, was er als richtig bezeichnete. Und was ihre Freundinnen taten, war falsch.

Schließlich konnte Moni nicht mehr an sich halten. »Hört auf!«, schrie sie. Die Mädchen schauten sie an, als ob sie nicht mehr normal wäre.

»Lasst Gabi in Ruhe!«, sagte sie. Sie warf Tammy einen bittenden Blick zu.

»Was ist denn mit dir los?«, fragte Tammy.

»Nichts«, sagte Moni achselzuckend. Gabi hob langsam den Kopf und schaute Moni mit tränenerfüllten Augen an. Moni lächelte und schaute dann zurück auf Tammy. Sie war besorgt im Hinblick auf das, was ihre Freundin jetzt tun würde.

Tammy drehte sich mit einem Ruck um. »Also gut«, sagte sie. Sie ging zu ihrem Tisch zurück. Der Knäuel der anderen Mädchen löste sich auf und alle gingen zu ihren Plätzen. Moni und Gabi blieben allein zurück.

Gabi wischte sich mit dem Ärmel ihrer Bluse die Tränen vom Gesicht. »Danke«, sagte sie leise.

Moni zuckte mit den Achseln. Sie hatte die ganze Zeit gewusst, dass es falsch gewesen wäre, die Grausamkeit ihrer Freundinnen mitzumachen. Aber jetzt wusste sie noch mehr, dass sie nämlich *tatsächlich* die richtige Entscheidung getroffen hatte.

Zur Diskussion: Was glaubt ihr, was Moni getan hätte, wenn sie versucht hätte, richtig und falsch von sich aus zu entscheiden, statt dass sie sich an das hielt, was sie von Gott und seinem Willen wusste?
Gebet: »Herr, wir brauchen deine Hilfe, um das Rechte zu tun. Danke, dass du uns Wege zeigst, wie wir das erkennen können.«

22. Februar

Kevins Klage

Barmherzigkeit ist dran, weil Gott barmherzig ist.

Bibellese des Tages: Micha 7,16-18
Tages-Vers: »Es ist dir gesagt, Mensch, was gut ist und was der Herr von dir fordert, nämlich Gottes Wort halten und Liebe üben und demütig sein vor deinem Gott.« (Micha 6,8)

Kevin ließ sich auf den vorderen Sitz des Mini-Vans fallen und schloss die Tür hinter sich. Seinen Handschuh warf er auf den Boden. »Wie war das Spiel, oder sollte ich lieber nicht fragen?«, sagte der Vater. Vor zwei Stunden hatte er Kevin zum Spiel abgesetzt.

»Schrecklich«, stöhnte Kevin. »Wir haben verloren! Unser Team war hundsmiserabel!«

Jetzt stöhnte der Vater. »Das ist aber schlimm, Kevin. Es tut mir Leid, so etwas zu hören. Und es tut mir ebenso Leid, dass ich nicht dableiben konnte, um zuzuschauen.«

»Du hast nichts versäumt! Der Coach hat mich nicht viel spielen lassen.«

»Wie ist es ausgegangen?«, fragte der Vater. Er konnte die Tränen in Kevins Augen sehen.

»Zehn zu Null!«, grollte Kevin. »Das andere Team rief uns ständig ›Verlierer‹ zu – jedes Mal, wenn sie wieder einen Punkt gemacht hatten.«

Ein paar Minuten lang verlief ihre Fahrt schweigend. Endlich warf der Vater einen Blick hinüber zu Kevin, der aus dem Fenster starrte. »Das macht dich wütend, oder?«

Kevin nickte und löste seinen Blick nicht vom Fenster.

»Weißt du, warum dich das so aufregt?«

Kevin schaute seinen Vater ein bisschen verwundert an. »Natürlich. Wir haben verloren.«

»Ich weiß, dass du enttäuscht bist, Kevin. Ich denke, dass du dich vor allem aufregst, weil dieses Team euch gegenüber keine Gnade gezeigt hat, als sie die Gewinner waren. Stimmt's?«

Kevins Gesicht entspannte sich. »Jaaa«, sagte er.

»Du bist also der Ansicht, unbarmherzig sein ist falsch und Barmherzigkeit zu zeigen, ist richtig.«

»Natürlich«, sagte Kevin, als ob jeder das verstehen sollte.

»Warum?«, fragte der Vater jetzt. Kevins Antwort war ein leerer Blick. »Ich will dir sagen, warum«, fuhr der Vater fort. »Gott befahl uns, barmherzig zu sein, weil er Gnade hoch einschätzt. Seine Gebote zeigen, welche Einstellung und welches Verhalten er wünscht. Die Bibel sagt, dass er gerne Barmherzigkeit erweist. Barmherzigkeit ist darum richtig, weil sie Gottes Wesen widerspiegelt. Und es abzulehnen, barmherzig zu sein, ist unrecht, weil es Gott nicht entspricht.«

Kevin nickte nachdenklich.

»Das andere Team mag gewonnen haben, aber in Wirklichkeit sind sie die Verlierer, wenn es um Fairness geht.« Der Vater legte seinen Arm um Kevin. »Magst du ein Eis?«

»Klar!«, sagte Kevin und schien sich schon besser zu fühlen.

Zur Diskussion: Warum glaubst du, dass Gott gerne Barmherzigkeit erweist? Wie spiegeln die Handlungen eines Menschen wider, dass er Freude daran hat, barmherzig zu sein?

Gebet: »Gott, du bist ein Gott der Barmherzigkeit. Hilf uns, Barmherzigkeit so einzuschätzen wie du, und hilf uns ebenso gerne Barmherzigkeit zu erweisen, wie du es tust.«

23. Februar

Leonie lässt los

Die Wahrheit kennen garantiert nicht, dass man sich auch für die Wahrheit entscheidet.

Bibellese des Tages: Lukas 6,36-38
Tages-Vers: »Ihr sollt gütig sein, wie euer Vater gütig ist.« (Lukas 6,36)

Leonie schob einen Wasserball auf dem Boden zwischen ihren Beinen hin und her, während sie vor dem Bildschirm saß und sich Trickfilme ansah.

Leonies Babysitter, Frau Hasting, kam ins Zimmer und setzte sich neben sie. Sie legte die Beine übereinander und stöhnte. »Deine kleine Schwester versucht, ein Puzzle zusammenzusetzen«, sagte sie. »Ich dachte, du könntest ihr vielleicht helfen.«

»Nein«, sagte Leonie.

Frau Hasting runzelte die Stirn. »Du hast deiner Schwester doch vergeben, dass sie dein Keyboard kaputtgemacht hat, oder?«

Leonie zuckte die Achseln. »Ich weiß es nicht.«

»Ah ja ...«, sagte Frau Hasting. Sie griff in ihre Tasche und zog einen Dollarschein heraus. »Lass uns ein kleines Spiel machen, Leonie. Ich halte dir diesen Dollar hin.« Sie strich den Geldschein zwischen ihren Händen glatt und hielt ihn ihr vor die Nase. »Jetzt nimm bitte diesen Wasserball in deine beiden Hände.«

Leonie presste den Ball eng zwischen beide Handflächen.

»Und jetzt«, sagte Frau Hasting, »werde ich dir dies Geld geben, wenn du den Dollarschein an beiden Enden halten kannst und gleichzeitig den Wasserball, o.k.?«

Leonie schaute ihre Hände an und dann den Geldschein. Sie schob ihre Hände – mit dem Ball – näher an das Geld heran.

»Geht nicht«, sagte sie.

Frau Hasting nickte. »Und was wäre, wenn du den Ball loslassen würdest? Könntest du dann den Schein an beiden Enden anfassen?«

Leonie ließ den Ball auf den Boden fallen und griff nach dem Geld. Sie packte den Schein an beiden Enden und Frau Hasting nahm Leonies Hände in die ihren und hielt sie fest, als sie sagte: »Du siehst, dass du das Geld nicht nehmen konntest, solange du den Ball festhieltest. Und du wirst nicht in der Lage sein, volle Vergebung für das Unrecht, das du tust, zu erhalten, solange du die unversöhnlichen Gefühle gegen deine Schwester nicht loslässt.«

Frau Hasting lockerte ihre Hände und ließ Leonie das Geld nehmen. »Du weißt doch, dass es richtig ist, deiner Schwester zu vergeben, Leonie, oder?«

Leonie nickte.

»Aber obwohl du weißt, was das Rechte ist, hast du es nicht getan, nicht wahr?«

Leonie schüttelte den Kopf. Sie sah, wie Frau Hasting aus dem Zimmer ging und wandte sich wieder dem Bildschirm zu. Doch plötzlich hatte sie keine Lust mehr, den Trickfilm weiter anzusehen, sondern wollte nun lieber ein Puzzle zusammensetzen.

Zur Diskussion: Wie hängen Vergebung und Barmherzigkeit zusammen? Hast du schon mal Schwierigkeiten gehabt, anderen zu vergeben? Müsstest du irgendjemand deine Vergebung zusprechen?
Gebet: »Herr, wir brauchen deine Hilfe, um anderen zu vergeben. Hilf uns, an der Vergebung festzuhalten statt an Bitterkeit.«

24. Februar

Eine Lektion in Sachen Wahrheit

Barmherzigkeit ist ein Segen für den, der sie gewährt, und für den, der sie empfängt.

Bibellese des Tages: Matthäus 5,1-7
Tages-Vers: »Gott segnet die Barmherzigen, denn sie werden Barmherzigkeit erfahren.« (Matthäus 5,7)

Conny war kaum im Haus, als sie ihre Mutter anlachte und sagte: »Rate mal, Mama, was wir heute in der Schule kennen gelernt haben?«

»Was denn?«, fragte die Mutter.

»Wahrheit!«

»Wirklich?«, fragte die Mutter zurück. »Und über welche Wahrheit habt ihr heute etwas erfahren?«

»Sojourner Truth!«, antwortete Conny. »Kapiert?«

Die Mutter lachte. »Ich hab's mitbekommen. Erzähl mir, was ihr von ihr gelernt habt.«

Conny zog ihre Jacke aus. »Sie war eine wirklich nette Frau, Mama. Als Kind war sie Sklavin. Dann wurde sie frei und half anderen Menschen, aus der Sklaverei herauszukommen.« Conny stopfte ihre Handschuhe in die Ärmel ihres Mantels und hängte ihn im Flur in den Schrank. »Sie hat sich wirklich sehr darum bemüht, Unterkunft und Arbeit für Leute zu finden, die der Sklaverei entkommen sind.«

Die Mutter nickte. »Denkst du, dass sie eine gläubige Frau war?«

Conny runzelte die Augenbrauen. »Ich weiß nicht. Es wurde nichts davon gesagt.«

»Nun, sie war es«, sagte die Mutter. »Sie besaß einen tiefen Glauben an Gott. Sie war davon überzeugt, dass Gott sie berufen hatte, gegen die Sklaverei anzukämpfen. Sie glaubte, dass einer der Wege, wie Menschen ihre Liebe zu Gott zum Ausdruck bringen konnten, der war, anderen Liebe und Barmherzigkeit zu erweisen.«

»Wow«, sagte Conny. »Das habe ich nicht gewusst. Das werde ich in dem Aufsatz verwenden, den ich schreiben muss.«

»Ich möchte dich noch etwas anderes fragen«, sagte die Mutter.

»Ja«, sagte Conny.

»Denkst du, dass es Sojourner Truth deswegen schlechter erging im Leben, weil sie den Menschen so viel Barmherzigkeit erwiesen hat?«

Conny schaute ihre Mutter an und fand die Frage seltsam. »Keineswegs!«, sagte sie. »Sie ist ja heute eine berühmte Persönlichkeit! Und sie war es damals schon. Sie hat Abraham Lincoln im Weißen Haus besuchen dürfen, und eine Menge Menschen haben wirklich zu ihr aufgeschaut.«

»Dann bist du also der Ansicht, dass ihr barmherziges Auftreten ihr mehr an Respekt und Liebe eingetragen hat, als sie normalerweise erhalten hätte?«

»Ja«, sagte Conny. »Ganz sicher. Wir hätten vermutlich niemals etwas von ihr gehört, wenn sie nicht eine so eine tolle Frau gewesen wäre.«

»Ich denke, dass du da Recht hast«, sagte die Mutter mit einem Augenzwinkern. »Du hast vollkommen Recht.«

Zur Diskussion: Die Bibel sagt: »Gott segnet die Barmherzigen.« Wie wurde Sojourner Truth gesegnet? Wie werden heute Menschen gesegnet für ihre Barmherzigkeit? Nenne Beispiele von Menschen, an denen man das erkennen kann.

Gebet: »Herr, zeige uns Wege, um anderen barmherzig zu begegnen.«

25. Februar

Der Triumph der Barmherzigkeit

Barmherzigkeit bringt Gewinn.

Bibellese des Tages: Jakobus 2,12-13

Tages-Vers: »Wer aber barmherzig war, wird auch vor dem Gericht Gottes bestehen.« (Jakobus 2,13)

Felipe hörte den Tumult, der aus der Küche des Fast-Food-Restaurants herüberschallte, in dem er nach der Schule und an Wochenenden arbeitete. Er verließ seinen Platz an der Kasse und ging dem Knallen und Schreien nach.

Als er am Schauplatz des Tumultes ankam, sah er, wie Bernd mit dem Finger auf Paul zeigte und ihn anschrie. (Paul war ein geistig behinderter Erwachsener, der einige Jahre in Teilzeitbeschäftigung im Restaurant gearbeitet hatte.) Zu Pauls Füßen lag ein geplatzter Plastik-Senf-Eimer.

»Du Trottel!«, sagte Bernd gerade, als Felipe dazukam. Er zeigte auf den Mop in Pauls Händen. »Warum passt du nicht auf, wo du mit dem Ding da hingehst?«

Felipe blickte von Bernd zu Paul. Dessen Unterlippe zitterte. Der Mann war nahe daran, in Tränen auszubrechen. Felipe wandte sich an Bernd.

»Ich mache dir einen Vorschlag«, schlug er vor. »Wie wär's, wenn du für mich an die Theke gehen würdest und ich übernehme die Sache hier?«

»Kein Problem«, antwortete Bernd. »Viel Spaß mit *ihm.*«

Felipe sprach freundlich mit Paul. »Warum sollten wir beide das nicht zusammen wieder sauber machen?«, fragte er. Paul bot Felipe den Wischer an, aber der schüttelte den Kopf. »Das kannst du viel besser als ich. Ich denke, das solltest du auch machen.« Er schaute sich um, als ob er ihm ein Geheimnis anvertrauen wollte. »Ich mache den Boden immer zu nass dabei.«

Paul zeigte ein nervöses Lächeln, dann begannen sie gemeinsam mit der Arbeit. Felipe nahm den verspritzten Senf mit einer Gummi-Kehrschaufel auf und Paul wischte den Boden dann mit dem Mop auf. Ein paar Minuten später hatten sie den Boden gesäubert.

Einige Tage später half Felipe dem Chef des Restaurants im Vorratsraum Regale aufzubauen. Als er dabei versuchte, einen Stoß Kisten gar zu hoch zu stapeln, krachte die ganze Geschichte zusammen und fiel auf den Boden. Zwei Kisten mit eingepackten Trinkstrohhalmen lagen verstreut auf der Erde.

Felipe sah, wie Ärger über das Gesicht des Bosses flog. Er erwartete eine entsprechende Reaktion von ihm, doch nach einem Augenblick des Zögerns schüttelte der Chef den Kopf.

»Du weißt doch, Felipe, wie das vor ein paar Tagen war«, sagte er mit ernstem Gesicht. »Ich hätte dich normalerweise angebrüllt wegen des Vorfalls eben. Aber ich habe gesehen, wie du mit der Situation zwischen Paul und Bernd fertig geworden bist.« Er bemerkte den erstaunten Blick auf Felipes Gesicht. »Ich habe vom Hintereingang aus zugeschaut«, erklärte er. »Wenn dieser unfreundliche Bernd die Strohhalme alle verstreut hätte, hätte er von mir etwas zu hören bekommen. Aber da du es bist…« Er lächelte. »Du kannst viel besser als ich Strohhalme auflesen. Ich denke, das solltest du jetzt tun.«

Felipe hörte sofort das Echo heraus von dem, was er vor ein paar Tagen zu Paul gesagt hatte. Er lachte und begann, den Kram am Boden wieder aufzulesen.

Zur Diskussion: Warum war Felipes barmherzige Art gegenüber Paul für diesen ein Segen? Welchen Nutzen brachte es für ihn selbst? Wie kannst du in dieser Woche aufmerksamer sein für Gelegenheiten, anderen barmherzig zu begegnen?
Gebet: »Herr, danke für alle Barmherzigkeit, die du uns täglich gewährst. Öffne uns die Augen für Menschen um uns herum, die Barmherzigkeit nötig haben.«

26.
Februar

Was bedeutet ein guter Ruf?

Gottes Gebot, barmherzig zu sein, zu befolgen, kann den Segen eines guten Rufs mit sich bringen.

Bibellese des Tages: Sprüche 3,1-4
Tages-Vers: »Gib dem guten Ruf den Vorzug vor Reichtum, denn die Anerkennung der Menschen ist besser als Silber oder Gold.« (Sprüche 22,1)

Valerie und Jasmin saßen schweigend im Büro der Schuldirektorin. Frau Sheldon schaute sie streng an.

»Nun, meine Damen«, sagte Frau Sheldon, »ich sehe, dass wir ein kleines Problem haben.«

»Wir haben es nicht getan«, beharrte Valerie, »ehrlich, Frau Sheldon.«

Die Direktorin verschränkte ihre Arme und lehnte sich gegen ihren Schreibtisch.

»Warum erzählt ihr mir nicht zuerst einmal, wie alles angefangen hat?«

»Jemand hat während des Mittagessens Vaseline unter Kelly Porters Krücken geschmiert«, sagte Jasmin leise und bezog sich damit auf ein Mädchen, das ein Bein gebrochen hatte. »Als sie versuchte, damit zu gehen, rutschte sie dann aus und fiel hin.«

»Wir waren es nicht«, sagte Valerie, »Kelly hatte uns nur im Verdacht.«

»Warum sollte sie euch beschuldigen, wenn ihr es nicht getan habt?«, fragte die Direktorin. Sie bemerkte, dass Valerie ein leises Lächeln über Kellys Missgeschick unterdrücken musste, während Jasmin ihre Klassenkameradin aufrichtig zu bedauern schien.

»Ich weiß es nicht«, sagte Valerie achselzuckend.

»Wir sitzen hinter Kelly«, warf Jasmin ein.

»Aber wir haben es nicht gemacht«, wiederholte Valerie.

»Hat Kelly einen Schaden davongetragen?«, fragte Jasmin.

Frau Sheldon lockerte ihre Arme und griff nach der Kante des Tisches, gegen den sie sich gelehnt hatte. »Ich denke, sie ist o. k«, sagte sie. »Offensichtlich hat sie zwar eine Wunde an der Stirn, aber ich glaube, dass sie mehr innerlich verletzt ist als äußerlich.«

Jasmin nickte. »Das würde mir genauso gehen.«

»Wir haben es wirklich nicht getan, Frau Sheldon«, sagte Valerie noch einmal.

Frau Sheldon seufzte laut. »Ich glaube euch«, sagte sie. Sie stützte die Finger auf die Kante ihres Schreibtisches. »Aber ich möchte, dass ihr wisst, warum ich euch glaube.« Sie wandte sich an Jasmin. »Ich glaube dir, weil ich noch nie gesehen habe, dass du jemand grausam behandelt hast. Im Gegenteil. Ich habe festgestellt, dass du anderen Schülern gegenüber freundlich gewesen bist, auch wenn du annahmst, dass es keiner sah. *Das* ist der Grund, warum ich eure Geschichte glaube, meine Damen.«

Jasmin schaute scheu auf die Direktorin. »Danke, Frau Sheldon«, sagte sie leise.

»Gerne«, antwortete Frau Sheldon. Sie stand noch einen Augenblick vor den beiden. »Und nun entschuldigt mich bitte, ich muss mich noch um Kelly kümmern.«

»Frau Sheldon?«, sagte Jasmin und Valerie stand daneben. »Können wir mitkommen?«

Frau Sheldon lächelte. »Das wäre nett!«

Zur Diskussion: Wie könnte barmherziges Verhalten anderen gegenüber einem Menschen einen guten Ruf einbringen? Und was könnte ein solcher Ruf für positive Folgen haben?
Gebet: »Herr, wir wünschen uns den guten Ruf, der die Folge von barmherzigem Verhalten gegenüber anderen ist. Danke für deine Freundlichkeit, die du uns gewährst.«

27. Februar

Das richtige Wechselgeld

Richtige Entscheidungen werden in diesem Leben nicht immer belohnt.

Bibellese des Tages: 1. Samuel 26,1-11
Tages-Vers: »Der Herr aber wird einem jeden seine Gerechtigkeit und Treue vergelten.« (1. Samuel 26,23)

»Ich kann es nicht glauben!«, sagte Nathan, als er an diesem Nachmittag das Haus betrat.

Die Mutter schaute von ihrem Kreuzworträtsel auf. »Was ist los?«, fragte sie.

»Anne vergaß letzte Woche in der Schule ihr Geld fürs Mittagessen. Ich hab's ihr ausgeliehen.« Mit einem Schwung platzierte er seinen Rucksack auf den Küchentisch.

»Und?«, fragte die Mutter.

»Heute stand sie am Getränkeautomat in der Schlange hinter mir. Ich steckte mein Geld rein, aber nichts passierte. Ich dachte, dass irgendetwas defekt sei, drehte mich um zu Anne und sagte ihr, dass mein Geld im Automat steckte.«

Die Mutter nickte.

»Sie sagte: ›Dann werde ich's mal versuchen‹«, fuhr Nathan fort. »Sie tat es und der Automat reagierte korrekt, gab ihr das Wechselgeld heraus, und als sie den Knopf drückte, kam auch die Dose mit Limonade. Dann zählte sie ihr Wechselgeld. Offensichtlich hatte sie die Dose für 5 Cents herausbekommen!«

»Und sie bot dir das Geld, das du eingebüßt hattest, nicht an?«, fragte die Mutter.

»Nein!«, sagte Nathan. »Sie lachte nur und ging fort. Und ich stand da ohne Mineralwasser.«

Die Mutter schüttelte den Kopf. »Du hast Recht«, sagte sie, »das sieht sehr gedankenlos aus. Aber das ändert nichts an der Tatsache, dass du richtig gehandelt hast, als du ihr das Geld fürs Mittagessen geliehen hast, weil sie es vergessen hatte. Es lässt nur erkennen, dass richtige Entscheidungen sich nicht immer auszahlen – wenigstens nicht in diesem Leben.« Sie legte Nathan eine Hand auf die Schulter. »Aber lass dich durch das nicht davon abhalten, auch das nächste Mal die richtigen Entscheidungen zu treffen. Ob sie sich nun lohnen oder nicht, sie sind immer der beste Weg für uns.«

Zur Diskussion: Obwohl David in der Wüste Sif Sauls Leben verschonte, musste er doch bis zum Tod von Saul im Exil leben. Glaubst du, dass David es bedauert hat, Saul gegenüber barmherzig gewesen zu sein? Warum oder warum nicht? Bist du immer belohnt worden, wenn du barmherzig warst? Hast du jemals ein barmherziges Handeln bedauert?
Gebet: »Herr, hilf uns, barmherzig zu sein, auch wenn Menschen uns unfair behandeln.«

28. Februar

Lass es im Zweifelsfall sein

Wenn du etwas für falsch hältst und es trotzdem tust, dann ist es Sünde.

Bibellese des Tages: Römer 14,23
Tages-Vers: »Wer glaubt, dass etwas, was er tun möchte, falsch ist, sollte es nicht tun.« (vgl. Römer 14,23)

»Tante Helen«, ließ sich Salome hören, »darf ich dich was fragen?«

Tante Helen lächelte und nickte. Sie und Salome saßen nebeneinander an der Bus-Haltestelle. Sie hatten den Samstagvormittag in der Gemeinde verbracht, um Frühstücksbeutel für bedürftige Menschen zu packen. »Du kannst mich fragen, was du willst, Kind«, sagte Tante Helen.

Salome zögerte einen Augenblick. »Ist es eine Sünde«, fragte sie und sprach langsam und nachdenklich, »wenn man nicht sicher ist, ob etwas falsch ist, und es dann doch irgendwann tut?«

»Das weiß ich nicht«, antwortete Tante Helen. »Vielleicht ja, vielleicht nein. Es ist nicht unbedingt Sünde, wenn du etwas tust, von dem du nicht genau weißt, ob es richtig oder falsch ist. Du kannst nicht alles wissen, und niemand erwartet das von dir. Manchmal weiß selbst deine alte Tante Helen nicht sicher, was sie tun soll. Natürlich, wenn du denkst, dass etwas nicht richtig ist, und du tust es trotzdem, das wäre dann doch Sünde.« Sie betrachtete Salomes Gesicht eingehend. »Warum fragst du, mein Kind?«

Salome zuckte die Achseln. Sie schob ihre Beine unter sich, als sie sich auf der Holzbank niederließ. »Tamara – sie ist eine meiner Freundinnen – bat mich, ihr einen Gefallen zu tun.«

»Was für eine Art von Gefallen?«

»Sie wollte, dass ich ihr meine Hausaufgaben zeigte, damit sie sehen könnte, wie ich mit den schwierigen Sachen fertig geworden bin.«

»Hast du sie ihr gegeben?«

Salome schüttelte den Kopf. »Bis jetzt nicht.«

»Glaubst du, dass sie einfach abschreiben will?«

Salome zuckte mit den Achseln. »Ich weiß es nicht.«

»So überlegst du also, ob es falsch ist, wenn du ihr deine Hausaufgaben gibst«, sagte Tante Helen.

»Ja«, antwortete Salome.

Tante Helen legte ihren Arm um Salomes Schulter und zog sie näher zu sich heran. »Nun, Kind, wenn du Zweifel hast, ob etwas richtig oder falsch ist, tust du am besten nichts.«

»Gar nichts?«

»Genau«, sagte Tante Helen. »Du solltest versuchen, abzuklären, ob etwas richtig ist, bevor du es tust. Wenn du nicht sicher bist, tu nichts, bevor du nicht darüber beten kannst, lies deine Bibel und frage Mama und Papa.«

»Oder meine Tante Helen«, fügte Salome hinzu.

Tante Helen lächelte und nahm ihre Nichte in den Arm. »Oder deine Tante Helen«, sagte sie.

Zur Übung: Macht einen Wettbewerb im »nichts tun«. Stellt fest, wer am längsten stillsitzen kann, ohne sich zu bewegen, ohne zu zucken, ohne zu sprechen oder lachen. Der Gewinner bekommt als Preis: nichts!

Gebet: »Herr, hilf uns, uns an das Richtige zu erinnern, bevor wir einen Schritt in irgendeine Richtung tun.«

29. Februar

Eine gute Entscheidung

Manchmal machen Menschen die Dinge schlimmer, wenn sie einen einfachen Fehler als eine falsche Entscheidung abstempeln.

Bibellese des Tages: Sprüche 19,2-3
Tages-Vers: »Lass nicht zu, dass dein Mund dich in Schuld bringe.« (Prediger 5,5)

Erik trat zurück, um den Ball zu werfen. Tom stand zwei oder drei Meter weg und zählte bis fünf, während Eriks Teamkamerad, Georg, zur Ziellinie rannte – der Linie zwischen Eriks Vorgarten und dem Nachbargrundstück. Plötzlich rief Tom: »Fünf-Mississippi!«, und machte einen Sprung auf Erik zu.

Erik sah Georgs Verfolger, Toms Team-Genossen, wie er auf dem Gras ausrutschte und auf den Boden fiel. Georg war völlig frei. Erik wich Toms Griff aus, setzte seine Füße fest auf und schleuderte den Minifußball mit aller Macht gegen Georg.

Erik beobachtete, wie der Ball durch die Luft auf Georg zuflog, der ansetzte, um ihn zu erwischen. Die beiden Teamgenossen merkten aber zu gleicher Zeit, dass der Ball über die Ziellinie hinausgehen würde. Georgs Beine schossen nur so nach vorn, als er versuchte, den Ball abzufangen, doch Erik sah, dass das nicht gelingen würde. Er sah, wie der Ball über Georg hinausflog und dann das Eckfenster des Nachbarhauses zerschmetterte.

Eriks drei Freunde verschwanden in verschiedene Richtungen und ließen ihn allein dastehen.

Ein paar Augenblicke später erschien Eriks Nachbar mit dem kleinen Fußball in der Hand. Er kam auf Erik zu.

»Dein Fußball?«, fragte er.

»Nein«, sagte Erik, ohne nachzudenken. »Ich sah aber die Jungen, die das machten«, fügte er hinzu. »Ich habe sie rumlaufen sehen, aber ich weiß ihre Namen nicht.«

»Ah ja«, antwortete der Nachbar. »Gut, dann …«, er zögerte. »Wenn du … herausfindest, wer es war, lass es mich wissen.«

»Natürlich«, sagte Erik.

Der Nachbar wollte wieder zu seinem Haus gehen, drehte sich aber nochmals um und sah Erik ins Gesicht. Er drehte den Fußball in seinen Händen. »Weißt du«, sagte er, »manchmal machen die Menschen Dinge schlimmer, indem sie einen einfachen Fehler in eine Lüge verwandeln. Den Fußball in mein Fenster zu werfen, war nur ein Fehler.« Er zuckte die Achseln. »Aber weglaufen – oder eine Lüge deswegen erfinden – das ist kein Fehler mehr, das ist Unrecht.« Mit diesen Worten ging er zurück zu seinem Haus.

»Warten Sie«, rief Erik.

Der Mann hielt inne und drehte sich noch einmal um.

Erik seufzte. »Ich habe das Fenster eingeworfen«, sagte er. »Ich werde es bezahlen.«

Der Nachbar warf ihm den Fußball zu. »Das war eine gute Entscheidung«, sagte der Mann. »Vielleicht kannst du die drei anderen dazu bewegen, dabei mitzuhelfen – *wenn* du herausfinden kannst, wo sie wohnen!«

Zur Übung: War das zerbrochene Fenster ein einfacher Fehler oder steckte eine falsche Entscheidung dahinter? Hast du schon mal die Dinge schlimmer gemacht, indem du aus einem Fehler ein Unrecht gemacht hast? Beschreibe, was geschah.

Gebet: »Herr, hilf uns, gemäß deinem Wort zu leben. Wenn wir Fehler machen, hilf uns, unseren Irrtum zu korrigieren, falls das möglich ist. Wenn wir sündigen, hilf uns, das zu bekennen und uns in Zukunft davon abzuwenden.«

März

1. März

Gefährliche Einstellungen

Eine Einstellung, die verschlossen ist gegenüber der Wahrheit, ist eine gefährliche Einstellung.

Bibellese des Tages: Epheser 4,17-23
Tages-Vers: »Durch Christus habt ihr jedoch etwas anderes kennen gelernt, wenn ihr ihm zugehört habt und die Wahrheit kennt, die in ihm ist. Deshalb sollt ihr euer altes Wesen und eure frühere Lebensweise ablegen.« (Epheser 4,20-22)

Sonja stieg aus dem LKW aus und folgte ihrem Vater auf dem Gehweg. Der Vater führte ein eigenes Heizungs- und Installationsgeschäft. Sie fuhr mit ihm auf seinen Touren, wenn er die Heizungsanlagen der Leute überprüfte.

»Papa«, sagte Sonja unterwegs, »ich bin noch nicht sehr weit gekommen in meinem Gespräch mit Janina.« Janina war eine von Sonjas Klassenkameradinnen, ein Mädchen, das sie zum Gottesdienst eingeladen hatte. »Janina sagt, dass wir alle unseren eigenen Gott verehren und unsere eigene Version von Wahrheit finden müssten.«

Der Vater nickte, als sie die Stufen zu einem Haus emporstiegen und an der Haustür klingelten. Die Tür wurde sofort geöffnet und ein älterer Mann ließ Vater und Tochter eintreten. Der Vater stieg innen im Haus nur eine Stufe empor und drehte sich dann zu seiner Tochter um: »Sonja, bitte warte im LKW auf mich.« Er wandte sich an den Mann, ohne die Tür hinter sich zu schließen: »Als Erstes muss ich hier im Haus jedes Fenster öffnen«, sagte er. »Dann werde ich Ihr Problem untersuchen.« Sonja zögerte, drehte sich dann aber um und ging zum Auto zurück. Etwa eine halbe Stunde später kam der Vater wieder aus dem Haus und stieg in den LKW.

»Es tut mir Leid, dass ich dich hier warten ließ«, sagte der Vater. »Aber als ich den ersten Schritt ins Haus getan hatte, schlug mir Propangeruch entgegen. Propan ist ein Gas, das gefährlich werden kann, besonders in geschlossenen Räumen. Ich wollte dich keiner Gefahr aussetzen.«

»Ist jetzt alles in Ordnung?«, fragte Sonja.

Der Vater nickte. »Alles ist o.k. Wir haben die Fenster geöffnet und ich habe die undichte Stelle beseitigt. Ich bin froh, dass sie das Problem erkannt haben, weil sie so in einer gefährlichen Situation lebten.«

»Das Gefühl habe ich auch bei Janina«, sagte Sonja, indem sie zu ihrem früheren Gespräch zurückkehrte. »Ich spüre, dass sie Gott wirklich nötig hat, aber sie hört nicht zu, einerlei, was ich ihr sage.«

Der Vater lächelte. »Versuch es nur weiter«, sagte er. »Aber es hört sich so an, als ob sie sich bewusst der Wahrheit verschließt – wenigstens für den Augenblick. Und ein verschlossener Geist kann so gefährlich sein wie ein abgeschlossenes Haus, wenn der falsche Stoff sich innen ausgebreitet hat.«

»Ich bete immer noch für sie«, sagte Sonja.

»Das ist gut«, meinte der Vater. »Bete gerade darum, dass Gott ihr Herz für die Wahrheit öffnet. Das Herz eines Menschen, sein Geist, kann nur von innen geöffnet werden. Nur Gott vermag das.«

»Ich hoffe, dass er es tut«, sagte Sonja.

»Ich auch«, fügte der Vater hinzu.

Zur Übung: Macht Pläne, euren Glauben mit jemand zu teilen, der Jesus nicht kennt. Sprecht über Wege, für diese Person sensibel zu werden und Gott treu zu sein.

Gebet: »Vater, danke, dass du uns die Wahrheit durch deinen Sohn Jesus Christus offenbart hast. Hilf uns, diese Wahrheit zu erkennen, danach zu leben und sie mit anderen zu teilen.«

2. März

Beherrscht oder beherrschend

Selbstbeherrschung bedeutet zu lernen, wie man sein Temperament und seine Wünsche unter Kontrolle bringt.

Bibellese des Tages: Epheser 4,24-27

Tages-Vers: »Sündigt nicht, wenn ihr zornig seid. Nehmt euch eine Nacht Zeit, um darüber nachzudenken und verhaltet euch ruhig.« (Psalm 4,5)

Lorenas schrilles Geschrei durchdrang die Luft, als sie mit den Füßen aufstampfte und die Arme trotzig verschränkte. Sie stand neben dem Automaten eines Supermarktes. »Ich will etwas zum Naschen haben.«

»Nein«, sagte die Mutter entschieden. »Hör sofort auf mit dem launischen Koller, junge Dame.«

»Dazu kannst du mich nicht zwingen!«, antwortete Lorena.

Mutters Gesicht wurde rot, sie schrie aber nicht zurück. »Stopp. Hör sofort auf. Ich werde dich jetzt an der Hand nehmen und zum Auto bringen. Dort werden wir dann weiterreden.«

Lorena erhob keinen Einwand mehr. Ein paar Augenblicke später saßen sie nebeneinander im Auto. Die Mutter wandte sich an Lorena: »Was glaubst du, was du da in Szene gesetzt hast?«

»Ich wollte etwas Süßes haben«, sagte Lorena, als ob die Mutter das doch verstehen müsste.

»Das verstehe ich auch«, antwortete die Mutter, »aber es war ganz sicher falsch, einen solchen Gefühlsausbruch zu veranstalten.«

»Aber ich wollte doch was zum Naschen.« Lorenas Stimme hatte inzwischen an Lautstärke abgenommen und ihre Forderung hatte sich in ein bittendes Jammern verwandelt.

»Ich weiß«, sagte die Mutter. »Das ist auch nichts Schlimmes, dass du was zum Naschen wolltest. Aber dass du die Beherrschung verloren hast und mich im Geschäft angeschrien hast, das war Unrecht.«

»*Was* war das?«, sagte Lorena. »Und warum?«

»Nun, weil ...«, begann die Mutter und machte dann eine Pause. Sie musste erst einen Augenblick nachdenken. »Weil du keine Achtung vor mir hattest, und Gott sagt, du sollst Vater und Mutter ehren ...«

»Oh«, sagte Lorena.

»Aber es hat noch einen anderen Grund ... wenn du einen solchen Aufstand machst wie da, zeigt das, dass du keine Selbstbeherrschung hast. Und Gott möchte, dass wir das lernen.«

»Was ist Selbstbeherrschung?«, fragte Lorena.

Die Mutter seufzte laut. Manchmal war es schwierig, die Fragen ihrer Tochter zu beantworten. »Selbstbeherrschung ist, nun, wenn man sich selbst kontrollieren kann. Das bedeutet, dass man lernt, sein Temperament, seine Wünsche usw. zu kontrollieren.«

»Das ist dann so wie im Geschäft, als du mich am liebsten angeschrien hättest, es aber doch nicht tatest, ja?«, fragte Lorena.

Die Augen der Mutter weiteten sich vor Überraschung. »Nun ja«, sagte sie. »Ich vermute, du hast Recht – so ähnlich.«

»Ah ja«, sagte Lorena. »Jetzt verstehe ich es.«

Zur Diskussion: Was glaubst du, was besser ist: dass dein Ärger dich beherrscht oder du deinen Ärger? Die Bibellese des Tages sagt, dass unkontrollierter Zorn Sünde ist. Wie kannst du davor bewahrt werden, an dieser Stelle schuldig zu werden, sodass der Ärger über dich keine Gewalt gewinnt?
Gebet: »Unser himmlischer Vater, hilf uns von dir und deinem Geist beherrscht zu werden statt vom Zorn.«

3. März

Nur Gott kann diese Entscheidung treffen

Gott allein kann entscheiden, was Recht oder Unrecht ist.

Bibellese des Tages: Epheser 4,28-32
Tages-Vers: »Befreit euch von Bitterkeit und Wut, von Ärger, harten Worten und übler Nachrede sowie jeder Art von Bosheit.« (Epheser 4,31)

»Geh mir aus dem Weg!«, schrie Bernd. Er stieß Lennart gegen die Wand, rief ihm ein paar Schimpfnamen zu und stürmte vom Basketball-Feld.

Alle hielten inne und sahen zu, wie Bernd das Spielfeld verließ. Das freundschaftliche Basketball-Spiel zwischen Bernds Jugendgruppe der Mittelschule und der Jugendgruppe aus einer anderen Gemeinde fand einen unangenehmen Stopp.

Paul, Bernds Jugendpastor, wandte sich an den Rest der Gruppe. »Ich komme gleich zurück. Ihr könnt derweil weiterspielen«, sagte er.

Paul fand Bernd allein auf einer Bank, an der Bus-Haltestelle am Ende der Straße. Er setzte sich neben ihn.

»Ich bedaure nichts«, sagte Bernd. »Ich habe nichts Unrechtes getan.«

Paul sagte lange nichts. Vor ihnen hielt ein Bus und der Fahrer öffnete die Tür, doch Paul lächelte ihn an und winkte ihm, weiterzufahren.

»Ich werde mich nicht entschuldigen«, sagte Bernd, »weil ich nämlich nichts Falsches getan habe.«

»Wer sagt das?«, fragte Paul.

»Ich«, antwortete Bernd. »Ich bin alt genug, um zu entscheiden, was Recht und Unrecht ist!«

»Nun, Bernd, ich bin ein ganzes Stück älter als du, aber ich bin nicht alt genug, um diese Entscheidung zu treffen.«

Bernds Augen verengten sich zu Schlitzen. Er witterte eine Falle. »Du nicht?«

»Nein«, antwortete Paul, »denn dazu müsste man göttliche Fähigkeiten haben. Nur Gott kann darüber entscheiden, was Recht und Unrecht ist. Wenn du glaubst, das selbst zu können, versuchst du, etwas in die Hand zu nehmen, das nur Gott zusteht.«

»Was zum Beispiel?«

»Die Autorität der Entscheidung über Recht und Unrecht, darum geht es. Das steht nur Gott zu, und es scheint mir so, als ob du versuchtest, ihm das abzunehmen.«

»So meinte ich das nicht«, sagte Bernd etwas besänftigt.

»Gut«, sagte Paul. »Denn wenn du sagst, dass es o.k. ist, die Selbstbeherrschung zu verlieren, wie du es auf dem Spielfeld tatest, nimmst du dir etwas, das Gott sich vorbehalten hat. Du kannst nicht das als ›Recht‹ bezeichnen, was Gott ›Unrecht‹ nennt.«

Bernd senkte den Kopf, als er seine Füße unter die Bank stieß. »Du willst mich dazu bringen, mich zu entschuldigen, stimmt's?«

Paul schüttelte den Kopf. »Nein. Ich habe den Eindruck, dass du es tun wirst, ohne dass ich dich dazu bringe.«

Zur Übung: Alle Familienglieder, einschließlich der Erwachsenen, sollten diese Aussage abwechselnd vervollständigen. »Ich bin ... Jahre alt, und werde niemals alt genug sein, über das, was Recht ist, und das, was Unrecht ist, zu entscheiden. Das kann nur Gott.«

Tipp fürs Gebet: Der Tages-Vers sollte dein Gebet sein. Wenn es eine besondere Sache gibt, von der du frei sein möchtest, bitte den Herrn, dass er dir dabei hilft.

4. März

Dem Beispiel Gottes folgen

Gott wünscht Selbstbeherrschung.

Bibellese des Tages: Epheser 5,1-4
Tages-Vers: »Folgt in allem Gottes Beispiel, denn ihr seid seine geliebten Kinder.« (Epheser 5,1)

»Du willst damit sagen, dass du *niemals* ein Fluchwort gesagt hast?« Janas Augen weiteten sich ungläubig. Sie war mit Anne auf dem Weg zum Volleyball-Training. Sie saßen gemeinsam auf dem Rücksitz im Van von Annes Vater.

Anne zuckte die Achseln und schüttelte den Kopf.

»Das kann ich nicht glauben«, sagte Jana. »Ich denke, jeder flucht einmal.«

»Nicht jeder«, sagte Anne. »In meiner Familie benutzt niemand eine solche Sprache.«

»Warum nicht? Ich denke, da ist doch nichts dabei«, sagte Jana. »Gott hat nur gesagt: ›Du sollst meinen Namen nicht missbrauchen‹ oder so etwas. Er hat nicht gesagt, dass wir nicht fluchen dürfen.«

»Na ja, aber …«

»Wenn wir seinen Namen beim Fluchen nicht nennen, ist das doch nicht so schlimm«, schloss Jana. Anne wusste nicht, was sie sagen sollte. Sie war sich sicher, dass Jana falsch lag, sie wusste aber nicht, warum. An diesem Abend erzählte sie ihrem Vater, was Jana gesagt hatte, und fragte ihn, ob er dem zustimmte.

»Nun«, sagte dieser, »Jana hat zur Hälfte Recht. Das dritte Gebot sagt uns tatsächlich, dass wir Gottes Namen nicht missbrauchen sollen. Aber das heißt nicht, dass wir sagen dürfen, was wir wollen, solange Gottes Name nicht dabei fällt.«

»Das glaube ich auch nicht«, meinte Anne.

»Die Bibel sagt aber, dass wir keine schlechten Worte in unseren Mund nehmen sollen. Das schließt obszönes Reden oder profane Sprache, grausame Beleidigungen und schmutzige Witze ein.«

»Ich wusste es doch!«, sagte Anne nun mit etwas Triumph in der Stimme.

»Aber warte einen Augenblick«, sagte der Vater. »Weißt du auch, warum diese Art von Gespräch Unrecht ist?« Anne zuckte mit den

Schultern, als ob die Antwort darauf doch leicht wäre. »Weil Gott es verboten hat!«

Der Vater nickte. »Ja, aber warum hat Gott es untersagt?«

Annes Gesicht verriet Verwirrung: »Ich weiß es nicht.«

»Es hat etwas zu tun mit Reinheit und Selbstkontrolle. Weißt du, warum Gott unsere Selbstbeherrschung wünscht?«

Anne dachte nach, dann warf sie ärgerlich ihre Arme in die Luft. »Ich weiß es nicht, Papa!«

»Weil er selbst sich unter Kontrolle hat, Anne. Gott beherrscht nicht nur das Universum, sondern auch sich selbst. Er wird niemals durch etwas mitgerissen. Er verliert nie den Überblick. Er sagt niemals etwas Obszönes oder Grobes oder Dummes … und er wünscht sich, dass wir seiner Selbstbeherrschung folgen.«

»Kannst du mir das alles aufschreiben, sodass ich daran denke, es Jana weiterzusagen?«, fragte Anne.

Der Vater lächelte. »Ich denke, du wirst das schon gut machen, Anne.«

Zur Diskussion: Bist du jemals in Versuchung, beim Reden »die Beherrschung zu verlieren«? Wenn ja, wann geschieht das meistens? Wie kannst du Gottes Vorbild folgen, wenn du redest?
Gebet: »Vater, hilf uns, die Selbstbeherrschung zu behalten bei dem, was wir reden und tun.«

5. März

Die rechten Dinge

Gott möchte, dass wir selbstbeherrscht sind. Er möchte, dass unser Verhalten deutlich macht, dass wir ihn anbeten, nicht unsere eigenen Wünsche.

Bibellese des Tages: Epheser 5,5-9
Tages-Vers: »Auch wenn es früher in euch finster war, seid ihr jetzt vom Licht des Herrn erfüllt; deshalb lebt nun auch als Kinder des Lichts!« (Epheser 5,8)

»Merlin hatte heute Probleme«, erzählte Yvonne ihrem Vater auf dem Heimweg. Merlin saß in der Schule neben ihr.

»Schon wieder?«, fragte der Vater. »Was hat er diesmal gemacht?«

»Er hat Ginas Uhr gestohlen und dann jedem gesagt, dass es seine sei.«

Der Vater schüttelte den Kopf, sagte aber nichts. Es schien, als ob seine Tochter jeden Tag mit einer anderen Geschichte über Merlins Verhalten aus der Schule heimkäme. Ein paar Häuserblocks fuhren sie stillschweigend weiter.

Endlich brach Yvonne das Schweigen. »Papa«, sage sie, »Merlin hat mir gegenüber gesagt, er täte nichts Unrechtes. Er sagt, Ginas Eltern wären reich und könnten ihr jeden Tag, wenn sie es wollten, eine neue Uhr kaufen.«

Der Vater nickte. »Hmmm«, sagte er. Er dachte einen Augenblick nach. »Es hört sich für mich so an, als ob Merlin nicht unbedingt nur Ginas Uhr haben wollte – er wollte sich an die Stelle Gottes setzen.«

»Was meinst du damit, Papa?«

Der Vater zuckte die Achseln. »Siehst du, mein Schatz, Gott hat bereits gesagt, dass es verkehrt ist, gierig zu sein, Dinge an sich zu nehmen, die einem nicht gehören. Doch es gibt Leute, die, statt Gott anzubeten und zu akzeptieren, was er zu Recht und Unrecht sagt, lieber beschließen, ihre eigenen Regeln aufzustellen. Auf diese Weise übernehmen sie Gottes Aufgabe. Doch wenn sie das tun, machen sie deutlich, dass sie in Wirklichkeit die Dinge, die sie sich wünschen, anbeten, statt Gott. Diese Wünsche erfüllt zu bekommen, ist für sie viel wichtiger, als Gott gehorsam zu sein. Statt ihre Begierden zu beherrschen, lassen sie sich von ihnen beherrschen.«

»So bin ich aber doch nicht, Papa, oder?«

»Manchmal verhalten wir uns alle so, Yvonne. Doch Gott will uns helfen, zur Selbstbeherrschung zu finden. Er will, dass unser Verhalten zeigt, dass wir ihn anbeten und nicht unsere eigenen Wünsche.«

»Es ist aber doch nicht falsch, sich etwas zu wünschen, oder, Papa?«

»Nein, nein, das nicht«, antwortete der Vater. »Aber es ist Unrecht, wenn die Dinge, die wir uns wünschen – und die Art, wie wir sie uns zu beschaffen versuchen –, uns Gott gegenüber zum Ungehorsam verleiten.«

»Ist es Unrecht von mir, wenn ich jetzt gerade ein Eis haben möchte, Papa?«, fragte Yvonne mit glänzenden und bittenden Augen.

Der Vater lächelte und schüttelte den Kopf, als Yvonne dem Gespräch eine so schlaue Wendung gab. Er gab seiner Tochter einen liebevollen Stups.

Zur Diskussion: Zeigt dein Verhalten, dass du Gott anbetest? Wenn nicht, warum nicht? Wenn ja, wie? Hast du deine Wünsche unter Kontrolle oder kontrollieren deine Wünsche dich?
Gebet: »Danke, Gott, dass unsere Herzen – obwohl sie einst voller Finsternis waren – jetzt von deinem Licht erfüllt sind. Hilf uns, durch unser Handeln zu zeigen, dass wir dich lieben und anbeten. Lass uns nur das tun, was gut und richtig und wahr ist.«

6. März

Falsche Dinge

Manche Dinge sind falsch, weil sie unsere Selbstbeherrschung verhindern.

Bibellese des Tages: Epheser 5,10-13.18
Tages-Vers: »Bemüht euch daher um ein klares, nüchternes Denken und um Selbstbeherrschung. Setzt eure ganze Hoffnung auf die Gnade, die euch bei der Wiederkehr von Jesus Christus erwartet.« (1. Petrus 1,13)

»Was ist mit euch los?«, fragte Jörg.

Jörg, Tim und Marc saßen auf Bett und Stühlen in Jörgs Schlafzimmer herum. Jörgs Eltern waren nicht zu Hause, und er hatte seine Freunde eingeladen, damit sie ein bisschen »Spaß« hätten. Jörg hatte gerade eine große Flasche aus dem Regal hinter seinen Büchern hervorgezogen. Dann schraubte er die Kappe ab und bot seinen Kumpels den Inhalt an. Tim schüttelte den Kopf.

»Du hast nichts von Trinken gesagt«, meinte er. Er versuchte, sich den Schock und die Angst nicht anmerken zu lassen.

Jörg zuckte die Achseln. »Was ist schon dabei? Es erfährt doch niemand.«

»Ich – ich – ich weiß nicht, Jörg«, sagte Marc.

»Schaut doch nur, Kumpels«, sagte Jörg – seine Gefühle ließen seine Stimme lauter werden. »Eure Eltern werden es doch gar nicht mitbekommen.«

»Das ist nicht der Punkt«, sagte Tim.

»Na und? Was dann?«, fragte Jörg.

»Dass es Unrecht ist, das ist der Punkt«, antwortete Tim.

»Ach, sei doch nicht so ein Schwachkopf. Da ist doch nicht Schlimmes dabei, wenn wir ein bisschen Spaß haben.« Jörg schaute von Tims Gesicht zu Marcs Gesicht. »Ich kann euch nicht folgen. Selbst *Jesus* trank Wein, wie ihr wisst. Warum soll das hier also schlimm sein?« Wieder hielt er seinen Freunden die Flasche hin.

»Wenn wir uns dabei verstecken und es hinter dem Rücken unserer Eltern tun müssen, dann müsste uns das schon was zu sagen haben, oder?«, antwortete Marc.

»Und es hat nicht unbedingt mit dem Zeug in deiner Flasche zu tun«, fügte Tim hinzu. »Es geht um die Selbstkontrolle. Ob Jesus Wein trank oder nicht – die Bibel sagt, dass keiner *betrunken sein* soll vom Wein.«

»Wir betrinken uns doch nicht damit!«, rief Jörg aus.

»Woher willst du das wissen?«, konterte Tim. »Der einzige Weg, das mit Sicherheit auszuschließen – «

»Nein, warte eine Minute«, unterbrach Marc ihn jetzt. Es klang zum ersten Mal so, als ob er mit Jörg übereinstimmte. »Jörg hat den Punkt getroffen.«

»Welchen?«, sagte Tim.

»Er hat etwas Entscheidendes gesagt. Wir werden uns nicht betrinken«, sagte Marc.

»Endlich! Jemand bringt Sinn in die Sache«, sagte Jörg.

»Weil wir nämlich jetzt gehen«, sagte Marc. Er verließ den Raum, und Tim folgte ihm nach draußen.

Zur Diskussion: Die Bibel kennt viele Gebote und Warnungen, um Trunkenheit zu vermeiden (Sprüche 20,1; 23,29-35; Römer 13,13; Galater 5,21; Epheser 5,18). Glaubst du, ein Mensch könnte sich betrinken und gleichzeitig Gottes Gebot zur Selbstbeherrschung nachkommen (1. Petrus 1,13)? Warum oder warum nicht?
Gebet: »Herr, bereite du unseren Geist zu für unser Handeln. Hilf uns zur Selbstdisziplin.«

7. März

Der Auftrag heißt: Kontrolle

Wir können nur dann selbstbeherrscht sein, wenn wir von Gott beherrscht werden.

Bibellese des Tages: Sprüche 16,32; Epheser 5,15-17
Tages-Vers: »Lasst euch stattdessen vom Heiligen Geist erfüllen.« (Epheser 5,18)

Elena ging mit ihrer Großmutter durch das Einkaufszentrum. An einem Getränkeautomaten blieben sie stehen, weil Elena sich etwas kaufen wollte. Als sie sich zu ihrer Großmutter umdrehte, rutschten Elena alle ihre Einkaufsbeutel außer einem aus der Hand. Auch die Getränkedose rollte im nächsten Augenblick gegen den Automaten.

Elena stampfte mit dem Fuß auf und warf die übrig gebliebene Einkaufstasche auf den Boden. Das Geräusch zerbrechenden Glases stoppte ihren Gefühlsausbruch.

»Was war das?«, fragte sie. Ihre Stimme war plötzlich leiser geworden.

»Ich denke, das war die Figur, die wir gerade gekauft hatten«, antwortete die Großmutter.

»Oh nein!«, rief Elena, als sie die Tasche untersuchte. Sehr schnell entdeckte sie, dass die Großmutter richtig vermutet hatte. Die wunderschöne Engel-Figur war kaputt.

Elena nahm die Einkaufstaschen auf. »Es tut mir Leid, Oma«, sagte sie.

Die Großmutter bückte sich langsam, um Elenas Getränkedose aufzuheben.

»Du hast dein Temperament mit dir durchgehen lassen, nicht wahr«, sagte die Großmutter.

Elena nickte, als sie die Dose an sich nahm. »Ich habe versucht, mich zu beherrschen, wie wir es besprochen hatten, Oma, aber dann passiert hier so etwas.« Sie machte eine Pause. »Wie machst du es, dass du dich so unter Kontrolle hast?«

»Das habe ich gar nicht«, sagte die Großmutter lächelnd. Elena warf ihr einen verwirrten Blick zu. Die Großmutter wies auf die Getränkedose hin. »Willst du die Dose jetzt nicht aufmachen?«

Elena schüttelte den Kopf. »Oh nein«, sagte sie. »Ich würde hier alles verspritzen.«

»Und was käme dabei heraus?«

Elena schaute immer noch verwirrt. Sie drehte die Dose in der Hand um und zuckte mit den Achseln, als ob die Antwort wohl auf der Hand läge. »Ich würde alles mit Cola verspritzen.«

»Richtig. Denn das ist es, womit die Dose gefüllt ist, oder?« Sie wartete, bis Elena zustimmend nickte. »Es ist das Gleiche mit der Selbstbeherrschung. Ich kann nichts Gutes in meinem Leben produzieren. Aber da Gottes Geist mich erfüllt, beherrscht er mich – wenn ich es zulasse.«

»Aber ich bin doch auch ein Christ«, sagte Elena.

»Ja. So besteht also der Weg, dein Temperament zu zügeln, darin, dass du ihn machen lässt. Er erfüllt dich, leitet dich, wenn du ihm jeden Tag überlässt und ihn bittest, aus jeder Gelegenheit etwas Gutes zu machen.«

»Auf diese Weise ist Selbstbeherrschung in Wirklichkeit das Beherrschtwerden durch den Geist Gottes«, sagte Elena.

Nachdenklich sah die Großmutter Elena an. »Darüber habe ich noch nicht nachgedacht«, sagte sie. »Aber du hast Recht. Wir können uns nur selbst beherrschen, wenn wir wirklich von Gott beherrscht werden.«

Zur Diskussion: Wie kann ein Mensch unter der Herrschaft Gottes stehen? Warum ist das nötig?

Gebet: »Herr, wir möchten in unserem Tun und unseren Gedanken von dir beherrscht sein. Danke für den Heiligen Geist, der unser Leben mit Gutem füllt.«

8.
März

Ich will es jetzt!

Ein Kennzeichen der Selbstbeherrschung ist die Fähigkeit, einen Genuss, eine Befriedigung, aufschieben zu können.

Bibellese des Tages: 1. Thessalonicher 5,6-11
Tages-Vers: »Wir dagegen, die im Licht leben, wollen einen klaren Kopf behalten. Wir wappnen uns mit Glaube und Liebe und schützen uns mit der Hoffnung auf Erlösung.« (1. Thessalonicher 5,8)

»Ich will es aber *jetzt*!«

Katja starrte das kleine Kind an, das da im Supermarkt stand. Der Junge stampfte mit den Füßen auf und schrie seine Mutter an, weil er ein Plätzchen wollte.

Katja schüttelte den Kopf. »Der Knirps ist verwöhnt worden«, flüsterte sie ihrer Mutter zu.

Die Mutter lächelte und nickte, sagte aber nichts, bis sie in einem anderen Gang angekommen waren.

»Hast du schon genug Geld gespart für eure Klassenfahrt nächste Woche?«

Katja dachte an ihren zweitägigen Ausflug nach Washington. Einen Teil der Kosten musste sie selbst bezahlen. »Nein«, sagte sie, »ich habe genau genommen bis jetzt noch gar nichts gespart.«

Die Mutter nickte. Sie hatte die Antwort schon vorher gewusst.

Katja seufzte. »Ich sehe immer wieder Dinge, die ich haben möchte. Ich vergesse dabei, dass ich ja für unsere Fahrt sparen muss.«

Die Mutter hielt den Einkaufswagen an und blieb stehen. »Ich weiß, Liebling«, sagte sie, »eine Menge Menschen haben dieses Problem … gerade wie der kleine Junge im übernächsten Gang.«

»Was willst du damit sagen?«, fragte Katja.

»Nun«, sagte die Mutter, »dieser kleine Kerl geriet aus dem Häuschen, weil er absolut nicht warten wollte, bis er sein Plätzchen bekam. Er wollte es *sofort*. Mit anderen Worten, er hatte Probleme mit der Selbstbeherrschung und konnte den Genuss nicht aufschieben.«

»Ups!«, sagte Katja.

»Ich möchte dich etwas fragen: Wenn du die Wahl hättest zwischen einem Schokoriegel jetzt gleich und zwei Schokoriegeln morgen, was würdest du wählen?«

Ohne zu zögern antwortete Katja: »Einen sofort!«

»Klar. Eine Menge Leute würden genauso reagieren, auch wenn sie mit einem einzigen Tag des Wartens das Doppelte an Genuss haben könnten. Wir haben Schwierigkeiten damit, ein Vergnügen aufzuschieben, auch wenn wir auf lange Sicht mehr davon hätten.«

»Darum fällt mir das Sparen so schwer«, gab Katja zu.

»Ich weiß«, sagte die Mutter. »Doch wenn man das nicht lernt, kann das ernste Konsequenzen haben. Es hält uns nämlich oft davon ab, richtig oder verantwortlich zu handeln. Häufig ist es einfach viel leichter, das Falsche zu wählen, das uns eine unmittelbare Befriedigung einträgt. Das Richtige zu wählen ist viel besser, es mag aber länger dauern, bis es sich auszahlt. Aber«, fügte die Mutter noch hinzu, »die richtige Entscheidung zu treffen bedeutet, dass man eine Einzahlung auf ein Sparkonto macht. Im Augenblick siehst du vielleicht keinen Nutzen davon, aber eines Tages wirst du froh sein, dass es da ist.«

Zur Diskussion: Was war Katjas Problem? Wie kann sie es lösen? Wie zeigst du Selbstbeherrschung auf diesem Gebiet?
Gebet: »Herr, lass uns lernen unsere Wünsche aufzuschieben, damit wir uns immer mehr in Selbstbeherrschung üben.«

9. März

Lektionen in Selbstbeherrschung

Übe dich in Selbstbeherrschung, um dir Achtung zu erwerben und klug zu leben.

Bibellese des Tages: Titus 2,1-6
Tages-Vers: »Ein Mensch ohne Selbstbeherrschung ist so schutzlos wie eine Stadt mit eingerissenen Mauern.« (Sprüche 25,28)

»Mama, Papa, *muss* ich unbedingt Klavierstunden nehmen?«, fragte Martin. Es war Zeit für die wöchentliche Unterrichtsstunde und er hätte nahezu alles andere jetzt lieber getan.

»Warum willst du keine Klavierstunden nehmen?«, fragte die Mutter.

»Weil sie langweilig sind«, antwortete Martin.

Der Vater mischte sich in die Unterhaltung ein. »Sie sind nicht so langweilig wie sie es am Anfang waren, oder?«

»Nein«, sagte Martin, »aber sie sind immer noch langweilig.«

»Aber du spielst doch gern Klavier«, argumentierte die Mutter.

»Ich *spiele* gern Klavier, aber ich mag die Unterrichtsstunden nicht.«

»Aber durch die Unterrichtsstunden bist du an diesen Punkt gekommen, wo du heute bist, wo du dich hinsetzen und nahezu alles spielen kannst, was du willst«, sagte die Mutter.

Martin seufzte. »Ich weiß«, gab er zu.

»Tatsächlich«, sagte der Vater, »sind die Klavierstunden ein gutes Beispiel dafür, dass Selbstbeherrschung und Selbstdisziplin uns nützlich sind. Wahrscheinlich erinnerst du dich nicht mehr an deine erste Unterrichtsstunde – so wie wir.« Er tauschte einen lächelnden Blick mit seiner Frau. »Du musstest die gleichen drei Noten immer und immer wieder spielen.«

»Aber jetzt kannst du die Musik, die du im Radio hörst oder die Lieder, die wir in der Gemeinde singen, ohne Probleme spielen«, fügte die Mutter hinzu. »Und es macht dir doch Spaß, dass du das kannst, oder?«

»Ja schon …«, begann Martin.

»Die Freude, die dir das Klavierspielen *heute* macht, ist ein unmittelbares Ergebnis der Unterrichtsstunden, die du genommen hast. Wenn du dich am Anfang für das entschieden hättest, was dir damals gerade Spaß gemacht hätte, könntest du heute ›Mikado‹ spielen. Das wär's dann aber auch. Du hast aber damals einige Dinge, die du gern gemacht hättest, beiseite geschoben – z. B. Fernsehen oder draußen Spielen – und hast stattdessen drin geübt. Das Ergebnis ist, dass du heute Freude am Klavierspielen hast.«

»O.k., o.k., ich hab's verstanden«, sagte Martin. Er tat beleidigt, musste aber ein Lächeln unterdrücken.

»Tatsächlich?«, fragte der Vater. »Wie lautete die Botschaft?«

Martin verdrehte die Augen, als er in singendem Ton antwortete: »Klavierstunden sind gut für mich.«

»Und nicht nur Klavierstunden«, antwortete die Mutter, »Aber jedes Mal, wenn du dich in Selbstbeherrschung und Selbstdisziplin übst, steigerst du deine Fähigkeiten und Leistungen.«

»O.k.«, sagte Martin, »ich werde jetzt zum Klavierunterricht gehen.«

»Wirklich?«, sagte die Mutter mit heiterer Stimme. »Dein Vater und ich müssen direkt überzeugend auf dich gewirkt haben, was?«

»Nein«, antwortete Martin grinsend. »Ich wollte nur meinen Frieden und meine Ruhe haben!«

Zur Diskussion: Auf welchen Gebieten findest du Selbstdisziplin besonders schwer? Wie kann das Einüben von Selbstbeherrschung deine Fähigkeiten und Leistungen steigern?
Tipp fürs Gebet: Betet abwechselnd »Gott, hilf mir, mehr Disziplin zu entwickeln, besonders auf den Gebieten meines Lebens, wo ich am schwächsten bin.«

10. März

Blinde Wut

Selbstbeherrschung kann die Achtung vor anderen fördern.

Bibellese des Tages: 2. Petrus 1,6-11
Tages-Vers: »Jetzt, in dieser Welt, sollen wir besonnen, gerecht und voller Hingabe an Gott leben.« (Titus 2,12)

Der Dirigent des Chores schlug mit der Hand aufs Klavier.

»Nein, nein, nein, nein!«, rief er. »Was ist mit euch bloß los? Könnt ihr gar nichts mehr? Ihr seid alle zu tief, tief, tief! ... Andrea, du hast seit einer halben Stunde den Ton nicht mehr getroffen! ... Ich muss euch alle nach der Schule noch hier behalten, damit ihr die Sache lernt!«

»Das kann er doch nicht machen, oder?«, flüsterte Jennifer zu Adam.

Adam schüttelte den Kopf.

»Warum regt er sich so auf?«, flüsterte sie weiter.

Adam zuckte die Achseln. »So führt er sich immer auf. Das ist der Grund, warum keiner mehr im Chor sein will«, flüsterte er zurück.

»Auch ich bin letzten Herbst zum Schlagzeug übergewechselt, weil ich nichts mehr mit ihm zu tun haben wollte.«

»Ich wusste gar nicht, dass du Schlagzeug spielst«, sagte Jennifer.

»Ich tue es auch nicht«, antwortet Adam, »deswegen bin ich ja hier.« Der Chorleiter begann, Notenblätter im Klassenzimmer herumzuschmeißen.

Später am Abend erzählte Jennifer ihrem Bruder von dem Ausbruch des Chordirigenten.

»Ja«, sagte dieser, »er verliert jedes Jahr mehr die Kontrolle über sich.«

»Warum lassen sie ihn dann noch als Lehrer arbeiten?«, fragte Jennifer.

Ihr Bruder zuckte die Achseln. »Ich weiß es nicht. Ich habe Gerüchte gehört, dass er nicht mehr lange da ist. Eine Menge Eltern haben sich beschwert.«

»Meinst du, dass er seinen Job verlieren könnte?«, fragte sie.

»Sicher«, antwortete er.

»Er hat die Achtung seiner Schüler zum großen Teil verloren durch die Art, wie er ausflippt und schreit und Dinge um sich wirft usw.«

»So wie er's heute auch gemacht hat«, sagte Jennifer. »Ja«, sagte ihr Bruder, »es ist echt schlimm. Er ist wirklich ein guter Lehrer. Er kann nur sein Temperament nicht unter Kontrolle halten.«

Zur Diskussion: Wie wirkte der Chorleiter auf seine Schüler? Hätte er einen besseren Eindruck gemacht, wenn er sich mehr unter Kontrolle gehabt hätte? Warum oder warum nicht? Fällt dir jemand ein, den du um seiner Selbstbeherrschung willen bewunderst?

Gebet: »Herr, wenn wir in Versuchung geraten, unsere Beherrschung zu verlieren, erinnere uns daran, dass Disziplin uns die Achtung anderer einbringen kann.«

11.
März

Lass dich nicht zu irgendetwas hinreißen

Selbstbeherrschung erspart uns Kummer und schenkt uns Lebensfreude.

Bibellese des Tages: 1. Petrus 5,8-11
Tages-Vers: »Seid besonnen und wachsam und jederzeit auf einen Angriff durch den Teufel, euren Feind, gefasst! Wie ein brüllender Löwe streift er umher und sucht nach einem Opfer, das er verschlingen kann.« (1. Petrus 5,8)

»Sie sieht schrecklich aus!«, sagte Rahel. Sie saß auf der Couch und sah in einer Fernsehreportage, wie ein berühmter Musikstar verhaftet wurde.

»Wer sieht schrecklich aus?«, fragte Josua, ihr kleiner Bruder.

Sie zeigte auf den Bildschirm. »Das ist Tawny Morrison, die Spitzensängerin von ›Toe Jam‹.«

»Wo hat die Polizei sie aufgelesen?«, fragte Josua.

»Sie steckte in einem kaputten Auto«, erklärte Rahel, »und sie entdeckten, dass sie Drogen genommen hatte. Deshalb haben sie sie verhaftet. Ich kann nicht fassen, wie schrecklich sie aussieht. Mich würde das entsetzlich demütigen.« Dann kam Rahel auf einen Gedanken. Sie und ihre Familie hatten sich ausführlich darüber unterhalten, was Recht und Unrecht war. Sie drückte auf die Fernbedienung und stellte die Lautstärke auf Null. Dann wandte sie sich an Josua.

»Siehst du, wie Tawny Morrison hier aussieht?«, fragte sie und zeigte auf die ungepflegte Erscheinung der Sängerin auf dem Bildschirm. Josua nickte. »Glücklich sieht sie nicht gerade aus, oder?«

Josua schüttelte den Kopf.

»Sieh, Josua, Tawny Morrison ist wirklich eine gute Sängerin und hübsch ist sie auch«, begann Rahel.

»Jetzt ist sie mordshässlich«, warf Josua ein.

Rahel versuchte, ein Lächeln zu unterdrücken. »Ja, bei diesem Auftritt. Aber das kann passieren, wenn wir uns nicht an Gottes Gebote halten. Schau, Tawny Morrison wäre vermutlich niemals aus dem Haus gegangen in dieser Aufmachung …«

»Sie ist ein Wrack«, sagte Josua, dem die Unterhaltung allmählich Spaß machte.

»Ja, und sie hat ihr Auto kaputtgefahren und sich selbst in Schwierigkeiten gebracht, und vielleicht sogar noch jemanden dabei verletzt – alles nur, weil sie sich mit Drogen abgegeben hat.«

»Ich möchte *niemals* Drogen nehmen«, sagte Josua ernsthaft.

»Das ist in Ordnung, Josua«, sagte seine Schwester. »Aber es geht nicht nur um Drogen. Die Menschen können die Kontrolle über sich auf alle mögliche Weise verlieren und dann in Probleme hineingeraten – mit Drogen, Alkohol, übermäßigem oder falschem Essen ... mit einer Menge von Dingen. Aus diesem Grunde möchte Gott, dass wir die Selbstbeherrschung behalten. Sie wird uns vor solchen Situationen bewahren.«

Josua kletterte auf die Couch und sage: »Kann ich dich jetzt was fragen?« »Aber sicher«, antwortet Rahel, stolz, dass ihr Bruder noch mehr von ihr wissen wollte. »Können wir uns jetzt einen Trickfilm anschauen?«, fragte Josua.

Zur Diskussion: Der Mangel an Selbstbeherrschung kann zu allen Arten von Abhängigkeit und Exzessen führen. Der Gehorsam gegenüber Gottes Geboten kann nicht nur vor solchen Exzessen bewahren, sondern auch zu größerer Freude an solchen Dingen wie Erholung, Musik, Kunst, gutem Essen, Gesundheit usw. führen. Wie hat Selbstkontrolle dich in der Vergangenheit bewahrt? Und wie kann sie dich in der Zukunft schützen und dir gut tun?
Gebet: »Du, unser liebender Gott, danke, dass du uns bis heute vor Abhängigkeiten bewahrt hast. Hilf uns, wach zu bleiben, wenn wir in Versuchung geraten.«

12. März

Der moralische Kompass

Die Bibel ist ein Kompass, der uns auf Gott ausrichtet.

Bibellese des Tages: Psalm 119,101-105
Tages-Vers: »Eine Leuchte für meinen Fuß ist dein Wort und ein Licht auf meinem Weg.« (Psalm 119,105)

Andrea und Alena begleiteten den Vater auf seiner monatlichen Wanderung in den Canyon, der sich in der Nähe ihres Hauses hinzog. Sie liebten die bizarren Felsformationen und die Tier- und Pflanzenwelt dieser wilden Gegend um ihr Zuhause herum. Der Vater hatte sich gerade einen neuen Wanderstock gekauft und wollte ihn auf diesem Ausflug benutzen.

Sie waren ungefähr eine Stunde unterwegs, als der Vater eine Ruhepause einlegte und sich auf einen Felsblock setze. Er nahm einen Schluck Wasser aus der Plastikflasche, die an seinem Gürtel hing. Andrea und Alena tranken ebenfalls aus den ihren. Nach ein paar Augenblicken des Ausruhens gab der Vater Alena, die neben ihm auf dem Felsblock saß, einen Stups.

»Ich möchte euch etwas zeigen«, sagte er. Er schraubte die Spitze seines Wanderstockes ab und ließ sie einen Kompass mit einer Glasabdeckung sehen.

»Wow!«, sagte Alena. »Was ist das?«

»Das ist ein Kompass«, antwortete Andrea in überlegenem Ton. Alena war vier Jahre jünger als sie.

»Wofür braucht man den?«, fragte Alena.

»Er sagt uns, in welche Richtung wir gehen müssen.« Er hielt den Stock zwischen seine beiden Töchter. »Die Nadel zeigt immer nach Norden, wenn wir also in den Canyons im Kreis herumlaufen, können wir immer wieder den Weg nach Hause finden.«

»Haben wir uns verirrt, Papa?«, fragte Alena.

»Nein«, antwortete der Vater lächelnd. »Ich wollte ihn euch nur zeigen, weil ich euch eine Geschichte von einem anderen Kompass erzählen möchte, einem Kompass, der nicht den Unterschied zwischen Nord und Süd anzeigt, sondern den zwischen Recht und Unrecht.«

Die Mädchen hörten aufmerksam zu, als der Vater fortfuhr. »Wisst ihr, die Menschen können auch in ihrem Leben im Kreis herumlaufen – wie es uns in diesem Canyon passieren kann – und manchmal vergessen sie, welcher Weg der rechte und welcher der falsche ist.«

»Aber dir passiert das doch nicht, oder, Papa?«, meinte Andrea.

»O doch«, antwortete der Vater. »Aber ich weiß immer, wo ich mich über den richtigen Weg wieder informieren kann.« Er machte eine Pause – »In der Bibel.« Er tippte auf den Kompass am Ende seines Wanderstockes. »Gerade wie dieser Kompass mir immer die richtige Richtung anzeigt, weil er immer nach Norden weist, gibt mir die Bibel immer die richtige Weisung, nämlich auf Gott hin.«

Der Vater schraubte die Kappe wieder auf seinen Wanderstock und stand auf.

»Es ist gut, wenn man einen Kompass hat, nicht wahr, Papa?«, fragte Alena.

»Ja, Alena, das stimmt«, antwortete der Vater. »Das stimmt unbedingt!«

Zur Diskussion: Wieso gleicht die Bibel einem Kompass? Wieso gleicht sie einer Lampe? Auf welche Weise lehrt uns die Bibel, was Recht und was Unrecht ist?
Gebet: »Herr, danke für die Bibel, die uns zu dir weist. Hilf uns, dein Wort in unserem Herzen zu behalten, sodass wir nicht bewusst gegen dich sündigen.«

13. März

Was Gott Freude macht

Gott möchte uns in unserem Leben Gutes tun.

Bibellese des Tages: Jeremia 32,38-41
Tages-Vers: »Es soll meine Freude sein, ihnen Gutes zu tun.« (Jeremia 32,41)

Daniel rannte zum Fenster der Zoohandlung und presste sein Gesicht gegen das Glas. Er war nicht groß genug, um seine Hand über die trennenden Glasscheiben legen und einen der jungen Welpen streicheln zu können, aber er beobachtete sie fasziniert.

Ein älterer Junge trat plötzlich neben ihn und stupste ihn in den Rücken. »Pass auf«, sagte er mit einem boshaften Grinsen. Er zog einen langen Strang aus rotem Lakritz aus seiner Tasche und ließ ihn über den Rand des Glases hängen. Die Welpen sprangen nach dem roten Strang, erreichten ihn aber nie.

Als der Junge wegging, beugte sich Daniels Vater zu seinem Sohn. Ein paar Minuten beobachteten sie zusammen die jungen Hunde.

Schließlich sprach der Vater. »Der Junge war nicht sehr nett, oder?«

Daniel schüttelte den Kopf. »Er war gemein.«

Der Vater warf Daniel einen Blick zu, dann schaute er wieder auf die Welpen. »Weißt du, Daniel, eine Menge Leute denken, dass Gott so ist wie dieser Junge.«

Daniels Kopf fuhr herum, um den Vater anzusehen. Seine Augen blickten schockiert.

»Das ist wahr«, sagte der Vater und nickte bestätigend dazu. »Es gibt Menschen, die denken, dass Gott mit uns so umgeht, wie dieser Jungen mit den jungen Hunden. Sie denken, dass er uns die Gebote gegeben hat, um uns zu reizen und unglücklich zu machen. Sie glauben, dass er uns keine Freude gönnt.«

Daniels Augen blieben weit offen. »Aber so ist er doch nicht, Papa?«

»Nein, Daniel, so ist er nicht«, antwortete der Vater. »Keineswegs. Im Gegenteil, weißt du, was Gott glücklich macht? Was er für Freude hält?«

Daniel schüttelte den Kopf. Er hatte niemals daran gedacht, dass Gott auch Freude empfinden könnte.

Der Vater legte seine Hand auf Daniels Kopf. »Wenn er sieht, dass wir froh sind«, sagte er. »Gott sagt uns in der Bibel: Es macht mir Freude, den Menschen Gutes zu tun.« Er machte eine Pause und zeigte auf die Welpen in dem Glaskasten. »Du würdest Freude daran haben, jetzt einen von den Welpen zu streicheln und mit ihm spielen zu dürfen – ihn richtig lieb haben zu können, stimmt's?«

Daniel nickte.

»Auf eine gewisse Weise ist es das, was Gott fühlt. Niemals möchte er uns verletzen oder uns ärgern. Er möchte uns nur immer seine Liebe zeigen. Darum hat er uns erschaffen. Darum gab er uns seine Gebote. Darum sandte er Jesus für uns.«

»Papa«, sagte Daniel so leise, dass es fast nur ein Flüstern war. »Darf ich einen mal streicheln?«

Der Vater lächelte. Er langte mit seinem Arm in den Glaskasten, hob einen zappelnden, jungen Hund heraus und ließ ihn in Daniels Arme sinken.

Zur Übung: Sei für einen in deiner Familie ein »heimlicher Heiliger«. Kauf ihm oder ihr ein kleines Geschenk und leg es unter das Kopfkissen. Schreibe dazu einen kleinen Zettel mit dem Wort aus Jeremia 32,41. Oder schreibe einen Gutschein, mit dem du deine Hilfe in irgendeiner Form versprichst.
Gebet: »Gnädiger Gott, du erlaubst uns Freude zu haben auf so vielen verschiedenen Wegen. Danke, dass du uns daran erinnerst, dass du die Absicht hast, nur Gutes in unser Leben hineinzubringen.«

14. März

Wahrheit und Toleranz

Wir sollten die Rechte anderer respektieren. Das heißt aber nicht, dass wir mit ihren Ansichten übereinstimmen müssen.

Bibellese des Tages: Jesaja 5,20-21
Tages-Vers: »Weh denen, die Böses gut und Gutes böse nennen.« (Jesaja 5,20)

Der Vater ging in die Küche. Seine Tochter Daniela saß am Küchentisch und machte Hausaufgaben. Er setzte sich neben sie auf einen Stuhl und wartete, bis sie ihre Mathe-Aufgaben erledigt hatte, mit denen sie gerade beschäftigt war. Als sie aufsah, begann er zu sprechen.

»Daniela«, sagte er, »deine Mutter hat mir erzählt, dass du heute in der Schule ein kleines Problem hattest.«

Daniela nickte und zuckte die Achseln. »Ich hatte mein T-Shirt an mit der Aufschrift: ›Jesus liebt die kleinen Kinder‹. Meine Lehrerin sagte, das dürfte ich nicht tragen.«

»Und warum nicht?«, fragte der Vater mit behutsamer Stimme.

Daniela zuckte nochmals mit den Schultern. »Sie sprach davon, dass wir mit anderen zurechtkommen müssten, und dass es da vielleicht andere Kinder gäbe, die nicht an Jesus glaubten, und dass ich denen ein schlechtes Gefühl vermittelte, wenn ich so ein T-Shirt anhätte.«

Das Gesicht des Vaters nahm jetzt einen besorgten Ausdruck an. »Wieso kann für diese Kinder daraus ein ungutes Gefühl entstehen?«, fragte er.

Daniela runzelte ihre Stirn und versuchte, nachzudenken. »Ich weiß es nicht«, sagte sie. »Ich denke …« sie machte eine Pause und begann von neuem. »Ich denke, Frau Hammond ist der Meinung, wir sollten … wir sollten alle anderen respektieren und sie glauben lassen, was sie wollen.«

Der Vater nickte. Er lächelte. »Das ist gut. Ich denke, du solltest wirklich alle anderen respektieren und sie glauben lassen, was sie wollen.«

»Tust du das?« Danielas Stimme klang überrascht.

»Klar«, sagte der Vater. »Frau Hammond und deine Klassenkameraden haben ein Recht auf ihre eigene Meinung. Das heißt aber noch lange nicht, dass ich ihre Meinung für richtig halte.«

»Nein?«, fragte Daniela. »Nein«, sagte der Vater. Er zeigte auf Danielas Mathematikbuch. »Ich habe das Recht, zu glauben, dass zwei und zwei fünf ist, aber davon wird es doch nicht richtig.«

»Nein«, sagte Daniela ganz ernsthaft. »Zwei und zwei ist vier.«

»Richtig«, sagte der Vater lächelnd. »Und Recht ist Recht, und wahr ist wahr, einerlei was ein anderer sagt. Deine Klassenkameraden haben das Recht, zu glauben, was sie wollen. Und dieses Recht sollten wir respektieren. Aber das heißt nicht, dass du ihnen zustimmen musst oder so handeln, als ob sie Recht hätten.«

»Weil Jesus doch wirklich alle Kinder auf der Welt liebt, ob sie es wissen oder nicht«, sagte Daniela.

Das Lächeln des Vaters vertiefte sich. »Das ist richtig!«

Zur Diskussion: Was ist der Unterschied zwischen dem Respektieren der Rechte einer Person und der Aussage, dass das, was sie sagt oder glaubt oder tut, auch richtig ist? Wie kannst du die Rechte anderer respektieren und trotzdem Jesus gehorchen? Was meinst du, wie Daniela und ihre Familie sich verhalten sollten im Hinblick auf ihr T-Shirt mit der Aufschrift »Jesus liebt die kleinen Kinder«?

Gebet: »Herr, mach aus unserem Leben ›Werbesprüche‹, die dich loben und die von anderen gelesen werden.«

15.
März

Fixiert auf Jesus

Wenn unser Blick nur fest auf Jesus gerichtet ist, klären sich die Dinge.

Bibellese des Tages: Hebräer 12,1-2
Tages-Vers: »Dies tun wir, indem wir unsere Augen auf Jesus gerichtet halten, von dem unser Glaube vom Anfang bis zum Ende abhängt.« (Hebräer 12,2)

»Wie kriegst du das so gerade hin?«

Sonjas Onkel Marc ließ sie beim Pflügen und Pflanzen auf seiner Farm mithelfen. Beim Pflügen stellte Sonja fest, dass die Reihen krumm wurden, wenn sie den Traktor steuerte. Doch wenn Onkel Marc am Lenkrad saß, waren sie so gerade wie das Band auf einem Weihnachtspäckchen.

Onkel Marc zuckte die Achseln. »Das ist ganz einfach«, antwortete er. Er zeigte auf die Reihe der Zaunpfosten, die sich am entgegengesetzten Ende des Feldes hinzog. »Ich suche mir nur einen dieser Pfosten aus und schaue die ganze Zeit stur darauf hin.«

»Du schaust dich überhaupt nicht um?«, fragte Sonja.

Der Onkel schüttelte den Kopf. »Das brauche ich gar nicht. Ich kann alles in der Umgebung genauso gut aus dem Augenwinkel sehen. Doch meine Augen bleiben fest auf den Zaun gerichtet und davon gehe ich nicht einen Moment ab.«

Spät am Nachmittag kamen Onkel Marc und Sonja zum Essen nach Hause zurück. Während Marc sich unter der Dusche vom Schmutz und Schweiß des Tages befreite, erzählte Sonja ihrer Tante Cindy, was sie gelernt hatte.

Cindy nickte und sah Sonja lächelnd an. »Weißt du, Sonja, was dein Onkel über das Pflügen gesagt hat, hört sich ganz so an, als ob es auch auf allen anderen Gebieten Gültigkeit hätte, auf denen wir handeln.«

Ein Ausdruck von Verwirrung huschte über Sonjas Gesicht. Sie lebte in der Stadt und konnte sich nicht vorstellen, was das Starren auf einen Zaunpfosten, um gerade zu pflügen und zu pflanzen, zu Hause bedeuten konnte. »Was meinst du damit?«, fragte sie.

Tante Cindy holte tief Luft, bevor sie anfing zu sprechen. »Eine Menge Leute«, sagte sie, »geraten im Leben in Verwirrung und überlegen, was Recht oder Unrecht ist, und am Ende sitzen sie in der Klemme. Wenn wir aber unsere Augen fest auf Jesus gerichtet halten, dann ordnet sich alles, weil er vollkommen gerecht und wahrhaftig ist.«

Sonja nickte. »Ich sehe, was du meinst … wahrscheinlich hätte ich mir heute Morgen Zeit zum Beten nehmen sollen, bevor ich mit Onkel Marc aufs Feld fuhr. Das hätte mir wohl geholfen, heute mit meinen Blick an Jesus hängen zu bleiben, oder?«

»Es wäre hilfreich für dich gewesen«, sagte Tante Cindy. Sie zwinkerte ihrer Nichte zu. »Weißt du, es würde Onkel Marc manchmal nichts ausmachen, wenn er ein bisschen warten müsste.«

»Auf was zu warten würde mir nichts ausmachen?«, fragte Onkel Marc, der gerade den Raum betrat.

»Aufs Abendessen!«, antwortete seine Frau. Sie tauschte ein Lächeln mit Sonja und ging, um das Essen auf den Tisch zu bringen.

Zur Diskussion: Warum konnte Sonja beim Pflügen keine geraden Reihen hinbekommen? Wie können wir unseren Blick auf Jesus richten?
Gebet: »Herr, hilf uns jeden Tag unseren Blick fest auf dich zu richten, um Kraft, Wegweisung und Weisheit durch dich zu bekommen.«

16. März

Halte dich selbst rein

Im Herzen wusste er, dass er nicht das Rechte wählen wollte.

Bibellese des Tages: 1. Timotheus 5,22-25
Tages-Vers: »Schon ein Kind erkennt man an seinen Taten, daran, ob sein Verhalten ehrlich und richtig ist.« (Sprüche 20,11)

Kevin saß hinten im Schulbus, umgeben von seinen Freunden Gregor, Michael und Jeremy. Kevin schaute einige Augenblicke aus dem Fenster, als er sich dann wieder umdrehte, sah er, dass seine Freunde im Gang zwischen den Sitzen zusammenhockten.

Kevin spähte über den Rücken von Jeremy und sah, was sie sich anschauten. Jeremy hatte ein Magazin aus seiner Schultasche gezogen und zeigte es den anderen. Kevin wusste, um was es da ging, bevor er noch die Bilder halbnackter Frauen gesehen hatte.

Jeremy drehte sich leicht, um Platz für Kevin zu machen. »Hier«, sagte er mit einem anzüglichen Grinsen, »schau dir das an!«

Kevin wurde starr. Er wusste, dass das falsch war, was sie da taten. Aber andererseits wollte er auch mit seinen Freunden die Bilder anschauen. Und er fürchtete, wenn er nicht mitmachte, könnten sie ihn verspotten.

Ich könnte einen schnellen Blick darauf werfen, überlegte er. *Das würde niemandem wehtun. Außerdem ist es nicht mein Magazin und meine Sache.*

Jeremy und die anderen hatten Kevins Unentschlossenheit bemerkt. Jeremy blätterte eine Seite um und hielt das Magazin in Kevins Richtung. »Voll cool, oder?«, fragte er.

Es ist doch sicher nicht so schlimm, überlegte Kevin, *nur dies eine Mal. D*och dann war ihm sofort bewusst, dass er Entschuldigungen suchte. Er wollte etwas verharmlosen, von dem er wusste, dass es verkehrt war. Er versuchte, es als richtig zu bezeichnen, aber in seinem Herzen wusste er es besser. Er wollte sich einfach nicht für das Richtige entscheiden, weil seine Freunde ihn deswegen vielleicht verspotten würden.

Kevin stöhnte. »Ihr könnt euch meinetwegen das Zeug anschauen, wenn ihr wollt«, sagte er mit einem Achselzucken. »Aber lasst mich damit in Ruhe, ja?«

Er wandte sein Gesicht wieder dem Fenster zu und wartete auf den Spott der anderen. Doch es kam nichts.

Er wartete noch einige Augenblicke, dann blinzelte er zu seinen Freunden hinüber. Keiner von ihnen nahm Notiz von ihm.

Kevin drehte sein Gesicht wieder zum Busfenster und stieß einen Seufzer der Erleichterung aus, der einen Augenblick die Fensterscheibe überhauchte. Er erlaubte sich ein leises Lachen und rieb die angelaufene Scheibe mit seinem Ärmel wieder blank.

Zur Diskussion: Reinheit bedeutet »rein« bleiben in Gedanken, Worten und Taten. Hast du schon jemals eine solche Entscheidung treffen müssen wie Kevin? Beschreibe sie. Wie leicht oder schwer war es, diese Entscheidung zu treffen?

Gebet: »Herr, halte du uns rein in Gedanken, Worten und Taten.«

17. März

Wirklich rein

Gott gebietet uns, rein zu sein, weil er selbst rein ist.

Bibellese des Tages: 1. Johannes 3,1-3
Tages-Vers: »Denn ihr sollt im Stande sein zu erkennen, worauf es ankommt, damit ihr rein und vorbildlich vor Christus steht, wenn er wiederkommt.« (Philipper 1,10)

»Ich sehe einfach nicht, was daran Besonderes sein soll«, sagte David. »Das sind doch bloß Worte. Sie bedeuten nichts für mich.«

Rita schüttelte den Kopf. »Wie kannst du so etwas sagen, David? Du bist doch ein Christ.« Rita hatte ihm gesagt, dass sie mit der Sprache nicht fertig würde, die er in der Cafeteria in der Schule benutzte. David und Rita waren befreundet, seit sie zusammen in die erste Klasse gegangen waren, und ihre Familien gehörten zur gleichen Gemeinde.

»Aber so reden doch alle«, sagte er.

»Christen?«, fragte Rita zurück.

David zuckte die Achseln. »Schau, das sind doch bloß Worte. Da ist doch nichts dabei.«

»Wie kannst du so etwas sagen?«, fragte Rita. »Wie kannst du solche unsauberen Dinge in den Mund nehmen und dann sagen, sie bedeuteten nichts?«

»Es sind bloß Worte«, wiederholte David noch einmal in aufgebrachtem Ton.

»Es sind schmutzige Worte«, beharrte Rita. »Komm, David, du gehst in die gleiche Sonntagsschulklasse wie ich. Du kennst Gottes Gebot, sauber zu bleiben. Er verlangt, dass wir untadelig und rein sind.«

»Ja schon, aber ...«

»Kein Aber! Du weißt so gut wie ich, dass der Grund, weshalb Gott Reinheit von uns fordert, darin besteht, dass er selbst rein ist, dass das seinem Wesen entspricht! Denkst du noch daran, was Herr Franklin uns gesagt hat?« Sie bezog sich dabei auf ihren Sonntagsschullehrer. Er erzählte uns alles über die Regeln, die Gott für das Allerheiligste und den Tempel gab, und wie sein Volk reines Gold und reinen

Weihrauch benutzen sollte und nicht Leinen und Wolle gemischt und all die anderen Vorschriften, womit deutlich gemacht werden sollte, dass Gott selbst rein ist, und dass er wollte …«

»O.k., o.k.!«, sage David und hielt seine Hände hoch als Zeichen der Kapitulation. »Ich werde diese Worte nicht mehr benutzen, wenn es dich glücklich macht.«

»Es spielt keine Rolle, ob es *mich* glücklich macht«, sagte Rita. »Aber Gott wird sich darüber freuen. *Er* ist derjenige, der möchte, dass du rein bist.«

»In Ordnung«, sagte David. »Aber beantworte mir eine Frage.«

Davids Bitte überraschte Rita. »Welche?«

»Wie kannst du so lange reden, ohne ein einziges Mal Luft zu holen?«

Rita sah die Spur eines Grinsen auf seinem Gesicht. »Übung«, sagte sie.

Zur Diskussion: Nennt abwechselnd Möglichkeiten, wie ihr in Gedanken, Worten und Taten sauber bleiben könnt.
Gebet: »Herr, wir wünschen uns, dass unsere Worte rein bleiben wie der Weihrauch, der im Tempel geopfert wurde. Hilf uns, ein sauberes und untadeliges Leben zu führen.«

18. März

Gott ist rein

Gott ist so rein, dass er das Böse nicht anschauen kann.

Bibellese des Tages: Habakuk 1,12-13
Tages-Vers: »Deine Augen sind zu rein, als dass du Böses ansehen könntest, und dem Jammer kannst du nicht zusehen!« (Habakuk 1,13)

Robbie und seine Mutter standen im Gang des kleinen Supermarktes in der Nähe ihrer Wohnung. Er bemerkte, dass seine Mutter die Gewohnheit hatte, die Etiketten von allen Packungen, die sie vom Regal nahm, zu lesen.

»Warum tust du das, Mama?«, fragte Robbie.

»Oh«, antwortete die Mutter, während sie ein Päckchen mit Käsescheiben anschaute, »ich möchte wissen, was drin ist.«

»Aber siehst du das nicht einfach so von außen?«, fragte Robbie.

»Schon«, sagte die Mutter, »ich sehe, dass das Käse ist. Ich möchte aber wissen, was in dem Käse ist.«

»Du meinst, das ist nicht nur Käse?«

»Nein, nicht ganz«, antwortete die Mutter. Sie zögerte einen Augenblick, bevor sie mit ihrer Erklärung begann. »Manche Lebensmittel haben eine Menge anderer Beimischungen – wie zum Beispiel Chemikalien und Konservierungsstoffe.« Sie legte den Käse in ihren Einkaufswagen, ging ein paar Schritte weiter und blieb dann stehen. »Es gibt heute nur noch wenig Dinge in unserer Welt, die wirklich rein sind, Robbie.« Sie zeigte mit der Hand auf die Regale, die mit den verschiedensten Lebensmittelpackungen und Behältern angefüllt waren. »Dem Getreide, das wir essen, ist Zucker beigemischt, dem Gemüse Konservierungsstoffe und die Fruchtsäfte sind künstlich gefärbt.«

»Dann gibt es also nichts Echtes mehr dabei?«, fragte Robbie.

»Oh, das ist natürlich alles echt«, sagte die Mutter lachend.« Aber es ist nicht mehr *rein.* ›Rein‹ bedeutet, dass nichts Schmutziges oder ...«, sie zögerte, »oder nichts Fremdes darin ist. Es ist nur noch sehr wenig in dieser Welt rein. Und wenn etwas rein ist, dann ist es gewöhnlich sehr viel mehr wert.« Sie lenkte ihren Wagen in den nächsten Gang. »Fällt dir irgendetwas ein, das rein ist?«

Robbie schüttelte den Kopf.

»Ich werde es dir sagen: Gott ist rein.«

Robbie legte den Kopf ein bisschen schräg.

»Das stimmt. Gott ist rein. Alles um ihn ist rein. Tatsächlich sagt die Bibel, dass Gott so rein ist, dass er nicht einmal das Böse anschauen kann.«

Robbies Augen weiteten sich. »Heißt das, dass Gott nicht einmal diesen Käse ansehen kann?«

Die Mutter lachte. »Nein Robbie«, sagte sie. »Aber das heißt, dass er es nicht ertragen kann, Sünde zu sehen. Darum hat er Jesus zu uns gesandt, dass er für uns starb, sodass er uns im Licht Gottes rein machen kann.«

Zur Übung: Untersucht eure Vorratsschränke und euren Kühlschrank. Wie viel wirklich reine Dinge sind darin? Warum ist die Reinheit der Produkte,

die wir kaufen, von Bedeutung? Schreibt Habakuk 1,13 auf eine Karte und befestigt sie am Kühlschrank oder an einem anderen Schrank, um euch immer wieder an die Wichtigkeit der Reinheit zu erinnern.
Gebet: »Gott, wenn wir versucht sind, unreine Gedanken zu denken, oder Unreinheiten in unserem Leben zuzulassen, erinnere uns daran, dass wir uns dafür entscheiden können, rein zu sein, wie du es willst.«

19. März

Reinheits-Pillen

Gott möchte, dass wir rein sind, weil er weiß, dass Unreinheit Leiden verursachen kann.

Bibellese des Tages: 1. Thessalonicher 4,3-7
Tages-Vers: »Gott hat uns dazu berufen, heilig zu leben, und nicht, ein unreines Leben zu führen.«
(1. Thessalonicher 4,7)

Lisa stöhnte, als sie ihren Rucksack von den Schultern gleiten ließ. Sie hatte gerade einen dreitägigen Wander-Ausflug mit ihrem Vater begonnen. Für die ersten siebeneinhalb Kilometer hatten sie über zwei Stunden benötigt. In der ersten Stunde hatte sie bereits ihre Wasserflasche leergetrunken, die beim Abmarsch bis oben hin gefüllt gewesen war.

Nachdem sie die Flasche aus der Tasche des Rucksacks gezogen hatte, stapfte sie durch die grüne Wildnis zu dem Bach hin, der ihren Weg begleitete. Sie tauchte die Plastikflasche in das fließende Wasser und zog sie nahezu voll wieder heraus – tropfend von kaltem, klarem Wasser. Dann hob sie die Flasche zum Mund.

»Warte«, sagte der Vater, bevor sie noch einen Schluck genommen hatte. Der Vater gab ihr zwei grüne Pillen. »Löse das hier in dem Wasser, bevor du es trinkst.«

»Was ist das?«, fragte sie.

»Damit wird das Wasser gereinigt«, erklärte der Vater.

»Warum?«

Der Vater zeigte auf den Bach. »Ich weiß, dass das Wasser absolut sauber aussieht«, sagte er, »aber leider sind Bakterien darin und Unreinheiten, die dich sehr krank machen könnten. Diese Pillen machen das Wasser trinkbar.«

Er saß am Ufer des Baches und füllte auch seine eigene Flasche. Dann warf er zwei Pillen hinein und schüttelte sie kräftig. Lisa tat dasselbe mit ihrer Flasche und lächelte dann.

»Danke, Papa«, sagte sie.

»Bitte sehr«, antwortete er. »Ich möchte nicht, dass du krank wirst. Du kannst wirklich schwer krank werden, wenn du unreines Wasser trinkst.«

Einige Augenblicke saßen sie noch so zusammen. Dann sagte der Vater: »Denk darüber nach, Lisa: darum will Gott, dass wir rein sind in dem, was wir tun, sagen und denken. Weil er weiß, dass Unreinheiten uns Leid verursachen können.«

Lisa schaute ihn ein bisschen neugierig an.

»Unreines Wasser kann dich hier krank machen«, sagte er und tippte auf seinen Magen. »Unreine Gedanken oder Taten oder Worte tun es da«, damit legte er seine Hand auf seine Brust – »im Herzen und in der Seele.«

Lisa beugte sich vor, um ihre Flasche noch einmal zu füllen. »Ich brauche jetzt noch zwei von deinen ›Reinheitspillen‹, Papa.«

Der Vater lachte und griff in seine Tasche.

Zur Übung: Wenn du eine leere kleine Flasche hast, kannst du sie mit »Reinigungspillen« füllen. Schreibe den Tages-Vers auf verschiedene kleine Papierstreifen. Rolle jeden Streifen auf und stecke ihn in die Flasche. »Beschrifte« für jedes Familienmitglied einen der Zettel.

Gebet: »Herr, wir glauben, dass unreine Gedanken, Worte und Taten unsere Herzen krank machen können. Hilf uns, dass wir täglich eine Dosis deines Wortes als ›Reinigungspillen‹ zu uns nehmen.«

20.
März

Rezept für Reinheit

Wir können uns rein halten, indem wir Gottes Wort lesen und tun, was er sagt.

Bibellese des Tages: Psalm 119,1-9
Tages-Vers: »Wie kann ein junger Mensch in seinem Leben rein von Schuld bleiben? Indem er sich an dein Wort hält und es befolgt.« (Psalm 119,9)

Lisa steckte ihre Wasserflasche in ihren Rucksack und hob diesen dann mit einem Schwung hoch und auf ihre Schultern. Sie hatte das gerade geschafft, als ihr Vater vom Bach zurückkam.

»Ich sehe, du brauchst gar keine Hilfe mehr«, sagte er. Mit einem raschen Schwung hatte er auch seinen Rucksack auf dem Rücken und dann setzten sie ihre Wanderung zu einem Lagerplatz für den Abend fort.

»Papa«, fragte Lisa, »als wir uns da unten am Bach unterhielten, sagtest du, dass unreine Gedanken und Taten uns im Herzen und in der Seele krank machen könnten.«

Der Vater nickte.

»Was meintest du damit?«

Der Vater dachte einige Augenblicke nach, bevor er antwortete. Schließlich sagte er: »Stell dir vor, du würdest eines Tages hören, dass ich hässliche Dinge sage, wenn ich glaubte, dass niemand in der Nähe wäre. Wie würdest du dich fühlen dabei?«

»Schrecklich«, antwortete Lisa.

»Und mir würde es auch ein schlechtes Gefühl vermitteln, und zwar hier innen«, sagte der Vater und tippte auf sein Herz. »Ich würde mich schuldig und beschämt fühlen wegen meines unreinen Verhaltens.« Schweigend gingen sie einige Zeit weiter. Dann fuhr der Vater fort: »Was würdest du dazu meinen, wenn ich Drogen nehmen würde? Denkst du, was ich da meinem Körper zuführte, wäre gut für mich?«

»Nein«, sagte Lisa. »Du könntest abhängig werden.«

»Richtig. Und wenn ich abhängig würde, könnte ich Dinge tun, womit ich mich selbst und andere verletzte. Unreinheit ist nicht nur falsch, sie bringt nahezu immer auch Leid mit sich.«

»Trotzdem machen eine Menge Leute so etwas«, sagte Lisa.

Der Vater nickte. »Das ist wahr. Aber sie müssten es nicht. Sie könnten rein sein. Sie müssten sich nur dafür entscheiden.«

Eine Weile gingen sie schweigend weiter. Der Weg war jetzt leichter. Nach einiger Zeit brach Lisa das Schweigen.

»Ich bin froh, dass du keine Drogen nimmst und keine hässlichen Dinge sagst, Papa.«

Der Vater lächelte. »Ich bin froh, dass es keiner von uns tut. Du weißt, dass die Bibel sagt, dass wir uns rein halten können, wenn wir Gottes Wort lesen und tun, was er uns sagt. Dann wird es uns auch sehr viel besser gehen als ohne ihn.«

Zur Diskussion: Wieso kann unreines Verhalten Leid verursachen? Auf welche Weise kann Gottes Wort einem Menschen helfen, rein zu bleiben?
Tipp fürs Gebet: Sprecht in eigenen Worten abwechselnd laut einen Vers aus der heutigen Bibellese nach, indem ihr aus dem Vers ein eigenes Gebet macht. Zum Beispiel: »Herr, ich weiß, dass Menschen, die deinem Wort gehorchen, glücklich sind. Ich möchte so ein Mensch werden.«

21. März

Nutzlose Dinge

Falsche Entscheidungen bringen dich auf die eine oder andere Weise in Schwierigkeiten.

Bibellese des Tages: 1. Samuel 12,20-24
Tages-Vers: »... dienet dem Herrn von ganzem Herzen und folgt nicht den nichtigen Götzen nach; denn sie nützen nicht und können nicht erretten, weil sie nichtig sind.«
(1. Samuel 12,20-21)

Peter sprang von seinem Stuhl hoch in dem Augenblick, als er sah, dass sein Vater das Büro seines Direktors betrat.

»Hi, Papa«, sagte er nervös.

Der Vater begrüßte Peter, schüttelte dem Direktor die Hand und setzte sich auf den Stuhl neben Peter. Er hörte zu, als der Direktor jetzt den Grund für dieses Treffen erklärte. Peter hatte seinen Klassenkameraden schmutzige Witze und Geschichten erzählt. Der Direktor stellte fest, dass Peters Verhalten natürlich nicht akzeptabel war und unbedingt geändert werden müsste. Der Vater stimmte ihm zu.

Weder Peter noch der Vater sprachen ein Wort, bis sie aus der Schule heraus waren und im Auto saßen. Der Vater steckte den Schlüssel in das Zündschloss, ohne den Wagen zu starten. Stattdessen wandte er sich Peter zu und sah ihn an. Das Gesicht des Vaters war ernst, aber nicht ärgerlich.

»Peter«, sagte er, »warum sagst du solche Dinge zu deinen Klassenkameraden?«

Peter schien auf seinem Sitz zusammenzuschrumpfen. Er zuckte die Achseln. »Ich weiß es nicht«, sagte er. Er wartete, dass sein Vater anfing, zu sprechen, doch im Auto blieb es still. Endlich sagte er: »Ich vermute, ich wollte nur, dass alle mich gern haben.«

Ein paar Minuten vergingen, bevor der Vater fragte: »Und? Hat es funktioniert? Hat das Erzählen von schmutzigen Witzen und Geschichten dich bei allen beliebt gemacht?«

Peter warf dem Vater einen irritierten Blick zu.

Der Vater wiederholte seine Frage. »Hat es geklappt? Haben sie dich deswegen dann alle gemocht?«

Peter schüttelte den Kopf. »Nein«, sagte er, »es hat mich nur in Schwierigkeiten gebracht.«

Der Vater nickte. »Was du getan hast, war verkehrt, mein Sohn, und ich wünsche, dass dir das klar ist. Aber ich möchte außerdem, dass du erkennst, dass Sünde niemals das gibt, was du dir wünschst. Du magst denken, dass das Erzählen von schmutzigen Geschichten dich populär macht, oder der Drogenkonsum dich cool macht, oder die ordinäre Sprache dir das Gefühl vermittelt, erwachsen zu sein. Aber das funktioniert alles nicht. Sünde kann nicht erfüllen, was sie verspricht. Sie bringt nur auf die eine oder andere Weise in Schwierigkeiten.«

Peter nickte.

»Die Sünde wird uns nicht nur enttäuschen, sie wird uns betrügen. Es ist viel besser, Gott zu gehorchen und zu tun, was er sagt, weil er uns niemals enttäuschen will. Er möchte uns Gutes tun.« Der Vater drehte sich um und startete den Motor.

»Es tut mir Leid, Papa«, sagte Peter.

Der Vater nickte. »Ich bin froh darüber, Peter, und ich vergebe dir.«

»Heißt das, dass ich keine Strafe bekomme?«, fragte Peter und schaute hoffnungsvoll auf.

Der Vater lächelte und schüttelte den Kopf. »Der Versuch genügt, mein Sohn, der ehrliche Versuch.«

Zur Diskussion: Peters Vater sagte: »Sünde gibt dir nie das, was du dir wünschst.« Stimmst du dieser Aussage zu? Warum oder warum nicht?
Gebet: »Herr, hilf uns, dir von ganzem Herzen zu dienen.«

22. März

Besser als Sonnenblumen

Wenn Gottes Geist in uns lebt, lässt er in unserem Leben Früchte wachsen, die wir von uns aus nie hervorbringen könnten.

Bibellese des Tages: Galater 5,19-23
Tages-Vers: »Wenn dagegen der Heilige Geist unser Leben beherrscht, wird er ganz andere Frucht in uns wachsen lassen: Liebe, Freude, Frieden, Geduld, Freundlichkeit, Güte, Treue, Sanftmut und Selbstbeherrschung.«
(Galater 5,22-23)

Jonas und seine Mutter standen auf der Bank in einer Schlange und warteten. Während sie warteten, steckte Jonas zwei Sonnenblumenkerne in den Mund und versuchte, mit Zähnen und Zunge die harte Schale der Samen aufzuknacken.

»Mama«, sagte er und lutschte das Salz von den Samen, »sind das wirklich Sonnenblumenkerne?«

Die Mutter nickte. »Ja«, antwortete sie. »Warum fragst du?«

»Wenn das echte Sonnenblumensamen sind, warum wachsen dann in meinem Bauch keine Sonnenblumen, wenn ich sie esse?«

Die Mutter lachte. »Nun, Jonas, sie brauchen Boden und Sonnenschein, um zu wachsen. Du hast wohl nicht zufällig kürzlich Erde gegessen oder Sonnenschein runtergeschluckt?«

Jonas Augen weiteten sich und er schüttelte ernsthaft seinen Kopf.

Die Mutter lachte. »Ich denke, du brauchst dir keine Sorgen zu machen wegen Sonnenblumen, die vielleicht in deinem Bauch wachsen könnten.«

Jonas nickte und schien befriedigt.

»Das wäre lustig«, fügte die Mutter hinzu, »wenn Samen im Bauch von Menschen wachsen könnten, nicht wahr?«, fragte sie, um Jonas zu einem Lächeln herauszufordern. »Stell dir doch nur vor, wenn Leute herumliefen, denen Apfelbäume aus den Ohren herauswüchsen und Tomaten aus dem Mund hervorkämen!«

Jonas und seine Mutter mussten kichern und die anderen Leute in der Bank bedachten sie mit belustigten Blicken.

Einige Augenblicke später, als sie zusammen aus der Bank kamen, huschte ein ernster Ausdruck über das Gesicht der Mutter und sie sagte: »Weißt du, Jonas, auch wenn niemals Äpfel aus unserem Ohr wachsen, kann es doch andere Früchte geben, die in unserem Leben entstehen. Wenn Gottes Geist in uns lebt, lässt er Dinge in unserem Leben wachsen, die wir von uns aus niemals produzieren könnten.«

»Wie Sonnenblumen?«

»Nein«, antwortete die Mutter. »Wie Liebe, Freude, Frieden, Geduld und andere gute Dinge. Wir vermögen es nicht, diese Dinge in unserem Leben hervorzubringen, viel weniger noch als Sonnenblumen in unserem Magen wachsen zu lassen. Doch wenn Gottes Geist in uns lebt, bewirkt er das.«

»Das ist besser als Sonnenblumen«, stellte Jonas glücklich fest.

»Ja«, stimmte seine Mutter lachend zu. »Sonnenblumen könnten deine Mandeln zu stark reizen!«

Zur Übung: Der »Tages-Vers« wird für die nächsten neun Tage die Stelle aus Galater 5,22-23 sein. Versuche die Verse bis zum Ende des Monats auswendig zu lernen. Du kannst die Worte auf ein Stück Papier schreiben und es an einer Stelle befestigen, wo es deiner Familie leicht ins Auge fällt.

Gebet: »Herr, danke, dass du in unserem Leben Frucht bewirkst, die so viel besser ist als alles, was die Sünde zu bieten hat.«

23. März

Ein Gebot

Wenn du andere jederzeit liebst, wirst du immer das Rechte tun.

Bibellese des Tages: Römer 13,8-10
Tages-Vers: »Wenn dagegen der Heilige Geist unser Leben beherrscht, wird er ganz andere Frucht in uns wachsen lassen: Liebe, Freude, Frieden, Geduld, Freundlichkeit, Güte, Treue, Sanftmut und Selbstbeherrschung.«
(Galater 5,22-23)

»Ich weiß nicht, wie du dich an all diese Gebote immer erinnern kannst«, sagte Cassandra zu ihrer besten Freundin Juliane.

Die beiden Mädchen machten zusammen Hausaufgaben in der Schulbibliothek.

»Was meinst du damit?«, fragte Juliane. Sie und Cassandra hatten schon manches Gespräch über Gott und Jesus geführt. Juliane hatte bereits ein persönliches Verhältnis zu Jesus, aber ihre Freundin Cassandra ging erst seit kurzem mit ihr in den Gottesdienst.

»Weißt du«, sagte Cassandra, »all diese Dinge mit ›tu dies nicht‹ und ›tu das nicht‹. Wie kannst du das nur alles durchhalten?«

»Ich weiß nicht«, antwortete Juliane. »So ist es eigentlich nicht ...« Ihre Stimme wurde immer leiser und ihr Blick glitt suchend über den Tisch. Schließend blieb er an ihrem Mathematikbuch hängen. »Wie viel ist eins und eins?«

Cassandras Augen verengten sich, als ob sie einen Trick erwartete. »Zwei«, sagte sie.

»Wie viel ist zwei und zwei?«

Cassandras Blick wurde immer verwirrter. »Vier«, sagte sie, »aber ich sehe nicht ...«

»Wie viel ist drei plus drei?«

»Sechs«, antwortete sie. »Warum fragst du das?«

»Wie kannst du das nur alles immer im Kopf behalten?«, fragte Juliane und zwinkerte ihr zu.

»Ich weiß das einfach, aber das ist doch ein Unterschied«, protestierte Cassandra. »Das ist doch das Einmaleins.«

»Du hast Recht«, sagte Juliane, »es ist ein Unterschied. Aber nicht so, wie du denkst. Gottes Gebote sind noch viel leichter zu verstehen als Addition und Subtraktion, weil du nur an eine einzige Sache zu denken brauchst.«

Juliane griff nach ihrer Bibel. Sie blätterte die Seiten durch und hielt dann plötzlich inne. »Hier. Da steht ›Wenn du deinen Nächsten liebst, dann erfüllst du alle anderen Anforderungen aus dem Gesetz Gottes.‹« Sie zeigte auf die Seite. »Siehst du es?«

Cassandra las die Worte, wobei sich ihre Lippen leise und langsam bewegten. »Was bedeutet das?«, fragte sie.

»Es heißt, das *eine* Gebot, das wir im Sinn behalten müssen, ist das der Liebe zu anderen. Wenn du das allezeit tust, wirst du auch immer das Rechte tun.«

Cassandra zuckte mit den Schultern. »Das kann ich mir merken«, sagte sie.

Zur Übung: Die Israeliten waren gewohnt, Gebetsriemen zu tragen – kleine Lederkapseln, die die Gebote Gottes enthielten. Du kannst so etwas Ähnliches aus Pappe und Garn basteln, was dann jedes Familienglied am Handgelenk tragen kann. Schreibe den Tages-Vers auf einen kleinen Papierstreifen und stecke ihn in diesen Behälter.
Gebet: »Liebender Gott und Vater, danke, dass du uns liebst. Hilf uns, andere zu lieben durch den Heiligen Geist, der in uns lebt.«

24. März

Die Freude Gottes

Freude kommt, wie alle anderen guten Dinge, von Gott.

Bibellese des Tages: Nehemia 8,1-3.9-10
Tages-Vers: »Wenn dagegen der Heilige Geist unser Leben beherrscht, wird er ganz andere Frucht in uns wachsen lassen: Liebe, Freude, Frieden, Geduld, Freundlichkeit, Güte, Treue, Sanftmut und Selbstbeherrschung.« (Galater 5,22-23)

»In Ordnung!«, rief Bill.

Er und Peggy grinsten sich gegenseitig aufgeregt an. Vater und Mutter hatten ihnen gerade angekündigt, dass sie im Augenblick knapp bei Kasse wären, bis das Gehalt überwiesen würde, sodass sie bis dahin irgendwie zurechtkommen müssten. Da nicht mehr viel an Lebensmitteln im Haus war, würde das bedeuten, dass es zum Mittagessen Pfannkuchen geben würde.

Die Mutter und der Vater waren überrascht über die Reaktion ihrer Kinder. »Wieso seid ihr noch glücklich dabei?«

»Jetzt bekommen wir Frühstück zum Mittagessen!«, sagte Peggy.

»Ja«, stimmte Bill zu. »Das wird lustig!«

Die Mutter lachte. »Das hatte ich wirklich nicht erwartet, dass ihr so reagieren würdet.« Sie wandte sich an ihren Mann. »Du vielleicht?«

Das Gesicht des Vaters war ernster, aber sein Ausdruck war ebenfalls glücklich. »Nein, habe ich nicht. Ich denke, wir beide haben einiges von unseren Kindern zu lernen.«

»*Ihr* von *uns*?«, fragte Peggy erstaunt.

»Ja«, sagte der Vater. Er beugte sich herunter und nahm die Kinder in seine Arme. »Eure Mutter und ich sind neulich traurig gewesen, weil wir nicht immer genug Geld haben, um bestimmte Dinge zu kaufen, selbst manchmal Lebensmittel.« Er tauschte einen bedeutungsvollen Blick mit der Mutter. »Aber ihr beide habt uns daran erinnert, dass Freude nicht unbedingt von unseren Lebensumständen abhängig ist.«

»Was meinst du damit, Papa«, fragte Billy.

Die Mutter kniete auf dem Boden neben ihrem Mann und den Kindern und legte die Arme um alle drei. »Was er meint, ist, dass ihr beide auch für die einfachsten Dinge dankbar seid. Und das lieben wir an euch. Ihr braucht keine Luxusvilla und kein Steak zum Mittagessen, um glücklich zu sein, weil ihr wisst, wo Freude herkommt.«

»Oh, das ist ganz leicht, Mama«, sagte Peggy.

»Ja, in gewisser Weise ist es das«, sagte die Mutter, »weil Freude von Gott kommt. Euer Vater und ich hatten es gerade nötig, daran erinnert zu werden, dass wir uns freuen können, auch wenn wir zum Mittagessen nur Pfannkuchen haben.«

»Ich mag Pfannkuchen!«, sagte Billy.

»Wir auch«, sagte der Vater und umarmte seine Familie. »Wir auch.«

Zur Diskussion: Was glaubst du, was die Bibel damit meint, wenn sie sagt: »Die Freude am Herrn ist eure Stärke«? Bist du in letzter Zeit fröhlich oder nörglerisch oder traurig gewesen? Sehnst du dich nach mehr Freude? Wie kannst du Gott in dieser Woche mehr Freude in dein Leben bringen lassen?
Gebet: »Heiliger Gott, danke für die Freude deiner Gegenwart in unserm Leben.«

25. März

Im Frieden leben

Friede ist eine göttliche Tugend, eine Frucht des Geistes.

Bibellese des Tages: Kolosser 3,12-15
Tages-Vers: »Wenn dagegen der Heilige Geist unser Leben beherrscht, wird er ganz andere Frucht in uns wachsen lassen: Liebe, Freude, Frieden, Geduld, Freundlichkeit, Güte, Treue, Sanftmut und Selbstbeherrschung.«
(Galater 5,22-23)

»Du verstehst mich einfach nicht!«, sage Isaak zu seiner Pflegemutter Ruth. Er kreuzte die Arme über der Brust und starrte trotzig an die Wand.

»Nun«, antwortete Ruth ruhig, »warum hilfst du mir nicht dabei?«

Isaak zuckte die Achseln. »Du hast keine Ahnung, was es heißt, in die Schule zu gehen«, sagte er. »Die einzige Möglichkeit, den Respekt der anderen zu gewinnen, ist, allen zu zeigen, dass du böse bist, damit besser keiner mit dir Ärger haben möchte.«

»Deshalb hast du nun also in den vergangenen zwei Wochen drei Kämpfe ausgetragen und bist zweimal vom Unterricht ausgeschlossen worden, und jetzt weiß jeder, dass du böse bist, stimmt's?«

»Richtig«, sagte Isaak und nickte. »Das ist der einzige Weg, wie ich andere davon abhalten kann, mich zu übersehen.«

»Und warum kämpfst du dann immer noch?«, fragte Ruth liebevoll.

Isaak hörte auf zu nicken. Misstrauisch schaute er Ruth an. »Was meinst du?«

»Wenn die Schlägereien dir den Respekt verschaffen, den du dir wünschst, dann müsstest du jetzt die Achtung der anderen besitzen, nicht wahr? Aber in Wirklichkeit bringt das Kämpfen dir keinen Respekt ein, du kommst bloß in Schwierigkeiten damit.« Sie machte eine Pause und beugte sich vor, bis ihr Gesicht dem Isaaks ganz nahe war. »Habe ich Recht?«

»Was soll ich dann also tun?«, fragte er.

»Du wirst die Antwort nicht hören wollen. Sie ist dir zu schwer. Ich denke, dass du dafür nicht stark genug bist.«

»Und das wäre?«, fragte Isaak. »Ich bin stark genug.«

»Es kostet mehr Kraft und Mut, als du hast. Da gehört *Gottes Kraft* dazu, in Frieden zu leben. Das heißt, dass du viel beten und Gott jeden Tag um Hilfe bitten musst. Ich weiß nicht, ob du dazu bereit bist.«

Isaak schaute trotzig drein. Aber er wusste, dass seine Pflegemutter eine ganz andere Art hatte. Sie benutzte keine schlimme Sprache. Sie kam mit den Leuten im Haus immer gut zurecht. Selbst mit der nörglerischen alten Frau Williams, die nur am Jammern war.

Einmal hatte er Ruth zwischen zwei Männer treten sehen, die im Flur miteinander stritten. Isaak hatte Angst gehabt, sie würde dabei verletzt werden oder die Männer würden ihr sagen, dass sie verschwinden sollte. Aber sie hatten Ruth tatsächlich zugehört. Sie schienen ihr Reden vom Frieden zu respektieren.

Das ist die Art von Respekt, die ich mir wünsche, dachte Isaak.

Plötzlich wurde sein Gesichtsausdruck weicher. Lange Zeit sah er seine Pflegemutter an. »Ich denke, dass ich bereit bin«, sagte er mit weicher, aber starker Stimme.

Zur Diskussion: Was heißt das: »in Frieden leben«? Ist dein Leben von Frieden erfüllt? Wenn nicht, was muss sich ändern, damit der Friede von Christus darin einzieht?

Gebet: »Herr, lehre uns, mit anderen im Frieden zu leben. Möge der Friede von Christus uns erfüllen.«

26. März

Wahre Weisheit

Geduld ist eine Tugend. Das heißt, dass es etwas Gutes ist, von dem Gott wünscht, dass wir es haben.

Bibellese des Tages: Epheser 3,20-4,2
Tages-Vers: »Wenn dagegen der Heilige Geist unser Leben beherrscht, wird er ganz andere Frucht in uns wachsen lassen: Liebe, Freude, Frieden, Geduld, Freundlichkeit, Güte, Treue, Sanftmut und Selbstbeherrschung.«
(Galater 5,22-23)

Daniel saß am Bachufer neben seiner Großmutter, als die aufgehende Sonne über den Bäumen hervorlugte. Zwischen ihnen stand eine große Kiste mit Angelgeräten. Beide hielten eine Angelrute in der Hand.

»Wann beißen sie?«, fragte Daniel.

Die Großmutter bewegte nur die Lippen, als sie antwortete. »Bald«, sagte sie leise.

Daniel versuchte stillzusitzen, aber das war für ihn zu schwierig. Er tat alles, was er auch seine Großmutter tun sah. Wenn sie ihren Köder prüfte oder einen frischen auf den Haken steckte, tat er es auch. Schließlich konnte Daniel es nicht mehr aushalten. Er fand ein paar große Steine und klemmte seine Angelrute dazwischen. So brauchte er sie nicht festzuhalten. Dann begann er, auf Bäume zu klettern. Es dauerte nicht lange, da jagte er Eichhörnchen und Vögel, fing jedoch nie etwas. Alle Augenblick kam er zurück, um nachzusehen, ob die Angelrute nicht ins Wasser gefallen war. Plötzlich hörte Daniel seine Großmutter lachen. Er rannte zum Bach und kam gerade rechtzeitig, um zu sehen, wie sie den größten und farbenprächtigsten Fisch hochzog, den er jemals gesehen hatte.

»Schau nur, was ich gefangen habe!«, sagte sie.

»Das ist nicht fair!«, jammerte Daniel. Er schaute in den großen Eimer zu ihren Füßen und sah noch zwei andere Fische, ganz ähnlich dem, den sie gerade hochgeholt hatte. »Warum habe ich überhaupt nichts gefangen?«

Die Großmutter lächelte ihren Angelgenossen an. Sie löste den Haken aus dem Maul des Fisches und ließ ihn in den mit Wasser gefüllten Eimer zu den anderen gleiten. »Angeln erfordert Geduld, Dani«, sagte sie, »wie ein Menge anderer Dinge im Leben auch.«

»Ich habe Geduld«, sagte Daniel.

»Ja«, sagte sie, »manchmal schon. Aber ich habe dich mit zum Fischen genommen, weil ... nun weil ich mit dir zusammen sein wollte, aber auch, weil ich wollte, dass du mehr Geduld lernst.«

»Warum?«, fragte Daniel.

Die Großmutter atmete tief ein. »Weil Geduld eine Tugend ist. Das heißt, dass es etwas Gutes ist, von dem Gott möchte, dass wir es besitzen.« Sie dachte einen Augenblick nach, nahm Daniels Angelrute in die Hand und rollte die Leine auf. »Weißt du, Dani, Geduld macht dich nicht nur zu einem besseren Fischer. Du wirst auch ein besserer Mensch dadurch.«

»O.k., Oma«, sagte er. »Ich möchte geduldig sein, solange ich nicht gar zu lange warten muss!« Vorsichtig wagte er einen Blick auf die Großmutter und freute sich, einen Ausdruck der Überraschung auf ihrem Gesicht zu sehen.

»Ich habe nur Spaß gemacht, Oma«, sagte er.

Zur Diskussion: Bist du mit jemand oder einer Sache in dieser Woche ungeduldig gewesen? Beschreibe, was geschehen ist.
Gebet: »Herr, Geduld ist schwer zu lernen. Hilf uns, dass wir nicht darüber nachdenken, *wie* sie in unserem Leben größer werden kann. Hilf uns, dir zu vertrauen, *dass sie wächst.*«

27. März

Freundlichkeit auf dem Hinterhof

Freundlichkeit ist richtig, auch wenn es manchmal schwer fällt, freundlich zu sein.

Bibellese des Tages: Jeremia 31,3
Tages-Vers: »Wenn dagegen der Heilige Geist unser Leben beherrscht, wird er ganz andere Frucht in uns wachsen lassen: Liebe, Freude, Frieden, Geduld, Freundlichkeit, Güte, Treue, Sanftmut und Selbstbeherrschung.« (Galater 5,22-23)

Maren lockte ihre zwei Schafe, Snowfall und Sunshine, in ihren Pferch und schloss das Tor. Sie hatte die zwei Lämmer als ein »Jungbauer-Verein-Projekt« für das Regionsvolksfest im August großgezogen. Damit sie gesund blieben, führte sie sie jeden Abend eine Weile aus. Maren reinigte ihre Hände und ging zum Haus. Auf der Veranda traf sie ihre Mutter.

»Oooh!«, sagte Maren. »Diese Snowfall!«

»Was ist los?«, fragte die Mutter, als sie zusammen in die Küche gingen.

»Sie ist so eigensinnig!«, sagte Maren. Sie warf sich in einen Stuhl am Küchentisch. Die Mutter setzte sich neben sie. »Als ich sie zurück in den Pferch brachte, verdrehte sie das Seil und versuchte, von mir loszukommen.«

»Ein ganz schön kluges kleines Lamm«, sagte die Mutter.

»Was?!«, antwortete Maren. »Aber bestimmt nicht. Wenn sie klug wäre, wüsste sie, dass sie dafür Schläge bekommt.«

»Maren!«, schalt die Mutter. »Du hast sie wirklich dafür geschlagen?«

»Musste ich ja, Mama! Sie ist so hartnäckig. Es hat mich total frustriert. Darum habe ich sie geschlagen.«

»Liebling, das weißt du besser. Du solltest nicht grausam zu ihr sein. Sie ist ein Geschöpf Gottes. Und was noch wichtiger ist: Du bist eines von Gottes Kindern.«

»Was soll das heißen?«, fragte Maren.

»Liebling, Gott will, dass wir ihm immer ähnlicher werden. Weil er freundlich ist, sollen wir auch freundlich sein.«

»Aber was macht das für einen Unterschied? Sie ist doch nur ein Schaf!«

»Darum geht es nicht. Ob sie ein Lamm oder ein Welpe oder ein Fohlen ist: Es ist nicht das Entscheidende, wie *sie* sich aufführt, sondern wie *du* dich verhältst. Wenn du mit Tieren *oder* Menschen freundlich umgehst, handelst du wie Gott. Du spiegelst sein Wesen wider.«

Marens Gestalt schien leicht zusammenzusinken, wie ein Luftballon mit einem kleinen Loch. »Ich bin immerhin zu Sunshine nett gewesen«, sagte sie ein wenig kläglich.

Die Mutter lächelte. »Es ist leicht, zu einem Geschöpf nett zu sein, das so lieb ist wie Sunshine. Aber freundlich sollten wir immer sein, auch wenn es schwer fällt, weil Freundlichkeit dem Wesen Gottes entspricht.«

»O.k.«, sagte Maren leise. Sie sprang auf und lief zum Tor. »Nur noch eine Frage habe ich«, sagte sie.

»Und die wäre?«, fragte die Mutter.

»Wie entschuldigt man sich bei einem Schaf?«

Zur Diskussion: Warum sollte ein Mensch freundlich sein? Auf welche Weise könntest du dich freundlich zeigen?

Gebet: »Himmlischer Vater, wenn wir freundlich sind, handeln wir deinem Wesen entsprechend. Hilf uns, das diese Woche zu tun.«

28. März

Ach du meine Güte!

Güte wurde definiert als eine »Tugend, die an jedem Ort zu finden sein sollte« (nach William Barclay).

Bibellese für den Tag: Römer 15,13-16

Tages-Vers: »Wenn dagegen der Heilige Geist unser Leben beherrscht, wird er ganz andere Frucht in uns wachsen lassen: Liebe, Freude, Frieden, Geduld, Freundlichkeit, Güte, Treue, Sanftmut und Selbstbeherrschung.« (Galater 5,22-23)

Thomas beobachtete seinen Großvater, wie er sorgfältig das Wohnzimmer durchsuchte.

»Suchst du was Bestimmtes, Papa?«, fragte er und benutzte die familiäre Anrede für den Großvater. Dieser antwortete, dass er die Fernbedienung für den Fernseher nicht finden könnte.

»Ich schau mal für dich nach«, antwortete Thomas. Einige Augenblicke später fand er sie und legte sie stolz dem Großvater in die Hand.

Später saß Thomas am Küchentisch und malte, während sein Vater das Abendessen vorbereitete. Er verspritzte dabei ein bisschen Milch auf dem Fußboden. Thomas sprang auf, griff nach einem Papierhandtuch und sagte: »Das mach ich schon, Papa.«

Am Abend kletterte Thomas auf Papas Schoß, während dieser ein dickes Buch las. Sorgfältig legte er die Brille des Vaters beiseite.

»Du siehst müde aus, Papa«, sagte er. Er rieb Vaters Schläfen, wie er es bei seiner Mutter gesehen hatte.

Der Vater schloss die Augen und überließ sich den Bemühungen von Thomas für einige Augenblicke. Dann öffnete er die Augen.

»Thomas«, sagte er, »du bist toll.« Thomas strahlte vor Stolz und Befriedigung.

»Den ganzen Tag hast du schon so viel geholfen und warst aufmerksam und … und voller Güte.«

»Wirklich?«, fragte Thomas. Er fand es herrlich, von seinem Vater gelobt zu werden.

»Ich hoffe, das bleibt auch so, wenn du älter wirst«, sagte der Vater. »Es ist eine wunderbare Eigenschaft, die du da hast.«

Thomas legte den Kopf auf Papas Brust.

Der Vater fuhr fort: »Die Bibel sagt, dass Jesus uns hilft, anderen Güte zu erweisen. Weißt du, was *Güte* bedeutet?«

Thomas gab keine Antwort. Der Vater reckte sich in seinem Stuhl und schaute dem Kleinen ins Gesicht. Er war eingeschlafen.

»Das habe ich mir gedacht«, sagte der Vater lächelnd. »Das muss ja müde gemacht haben, anderen so viel Gutes zu tun«, sagte er, als er vorsichtig aufstand und Thomas in sein Bett trug.

Zur Übung: Schreibe eine Liste mit Möglichkeiten auf, wie du anderen Güte erweisen kannst. Und dann schreibe eine Liste mit Namen von Menschen auf, denen du Güte erzeigen könntest.
Danach diskutiert über das Zitat von Barclay. Würdest du *Güte* auch so beschreiben? Warum?

Gebet: »Liebender Gott und Vater, bitte hilf uns, anderen unsere Güte zu zeigen.«

29. März

Verlässliche Treue

Treue ist ein wertvoller Bestandteil einer jeden guten Beziehung.

Bibellese des Tages: 2. Chronik 29,1-2; 31,20-21
Tages-Vers: »Wenn dagegen der Heilige Geist unser Leben beherrscht, wird er ganz andere Frucht in uns wachsen lassen: Liebe, Freude, Frieden, Geduld, Freundlichkeit, Güte, Treue, Sanftmut und Selbstbeherrschung.«
(Galater 5,22-23)

»Wow!«, schrie Annette. »Schaut euch das nur an!«

Sie und ihre Familie standen an einer Straße im Yellowstone Nationalpark in Wyoming und sahen, wie eine Säule von kochendem Wasser dreißig Meter hoch in die Luft schoss. Der Anblick war großartig.

Annettes Vater las in einer Broschüre, die sie am Eingang des Parks bekommen hatten. »Hier steht, dass der ›Old Faithful‹ einer der vielen Geysire im Yellowstone Nationalpark ist«, sagte er. Er schaute von der Broschüre auf, um die Aktivität noch einmal zu genießen.

»Das war so cool!«, rief Annette aufgeregt, als der Ausbruch vorüber war. »Kommt er nochmals?«

»Ganz bestimmt«, antwortete der Vater. »Im Prospekt steht, dass er das jeden Tag viele Male tut. Aber wir können nicht hier bleiben, um das abzuwarten. Es gibt noch mehr zu sehen.«

Sie gingen zum Auto zurück und machten sich auf den Weg zum Yellowstone-See.

»Wie war noch der Name von diesem Geysir?«, fragte Annette.

»Old Faithful«, sagte die Mutter.

»Old Faithful«, wiederholte Annette. »Warum wird er so genannt?«

»Weil er jede Stunde oder alle zwei Stunden hochkommt, pünktlich wie ein Uhrwerk. Man kann sich darauf verlassen. Darum ist er so eine beliebte Touristen-Attraktion – wegen seiner unbedingten Treue.«

»Old Faithful«, wiederholte Annette noch einmal.

Schweigend fuhren sie eine Weile weiter, bis die Mutter sich zu Annette umdrehte und sagte:

»Das ist eine Sache, die ich an deinem Vater am meisten schätze – seine Treue. Ich konnte ihm immer vertrauen und auf ihn zählen. Er ist immer treu gewesen, Gott gegenüber, seinen Freuden gegenüber und mir gegenüber. Und ich bin ihm auch immer treu gewesen. Diese Art von Treue in der Ehe wird heute immer seltener, aber Treue ist ein wertvoller Bestandteil jeder guten Beziehung. Das ist etwas, von dem ich mir wünsche, dass du diese Eigenschaft mehr und mehr entwickelst, wenn du älter wirst.«

Annette und ihre Mutter sahen sich nachdenklich an. »Vielleicht sollten wir Papa allmählich auch ›Old Faithful‹ nennen«, schlug Annette vor.

»Aber hallo!«, sagte der Vater und mischte sich plötzlich in die Unterhaltung ein. »Ich bin doch keine Touristen-Attraktion!«

Annette begann zu lachen und bald stimmte der Rest der Familie mit ein.

Zur Diskussion: Bist du deinen Freunden gegenüber treu gewesen? Und Gott gegenüber? Anderen gegenüber? Musst du daran arbeiten, das zu tun, was gut und recht und treu vor dem Herrn ist (2. Chronik 31,20)? Wie kannst du Gott Gelegenheit geben, diese Woche in deinem Leben Treue als geistliche Frucht wachsen zu lassen?
Gebet: »Herr, hilf uns, das zu tun, was gut und recht und treu vor dir ist.«

30. März

Der freundliche Ben

Freundlichkeit bedeutet, andern gegenüber aufmerksam sein.

Bibellese des Tages: Philipper 4,5-7
Tages-Vers: »Wenn dagegen der Heilige Geist unser Leben beherrscht, wird er ganz andere Frucht in uns wachsen lassen: Liebe, Freude, Frieden, Geduld, Freundlichkeit, Güte, Treue, Sanftmut und Selbstbeherrschung.« (Galater 5,22-23)

Ben stellte sich an der Start-Linie auf. Es war das letzte Rennen des Tages bei ihrem Klassen-Ausflug mit Picknick. Er hatte sich schon an verschiedenen Wettkämpfen beteiligt, aber noch bei keinem einzigen gewonnen. Mit dem festen Entschluss, es diesmal zu schaffen, fasste er die Ziel-Linie ins Auge und wartete auf das Signal zum Start.

Endlich rief Herr Morrison: »Los!«, und Ben startete.

Er und Tim Weston lagen in Führung. Ben näherte sich bereits keuchend der Ziellinie. Plötzlich stieß Tim einen Schmerzensschrei aus und sackte am Boden zusammen.

Es ging alles sehr schnell. Ben sah, wie Tim zu Boden ging und dann mit schmerzverzerrtem Gesicht flach auf dem Rücken lag.

Er kniete neben Tim nieder, und legte ihm die Hand freundlich auf die Schulter. »Was ist los?«, fragte er. »Was ist passiert?«

»Es tut so weh!«, sagte Tod durch zusammengebissene Zähne.

Schon kamen Herr Morrison und andere Erwachsene dazu. Als sich noch mehr Menschen um die Gruppe sammelten, trat Ben zurück und sah zu, wie man Tim in ein Auto half und ihn wegbrachte.

Ben fühlte eine Hand auf seiner Schulter und hörte die Stimme seines Vaters. »Ich denke, es wird ihm bald wieder besser gehen«, sagte er. »Es sieht aus wie eine Muskelzerrung. Das kann sehr schmerzhaft sein, ist aber nichts Ernstes.«

Ben nickte. Sein Vater ging mit ihm zu den Picknick-Tischen.

»Heute war ich stolz auf dich, Ben«, sagte der Vater.

Ben schaute seinen Vater an und ließ dann seinen Blick auf den Boden sinken. »Ich habe überhaupt nichts gewonnen.«

»Doch, hast du«, antwortete der Vater.« Du hast meinen Respekt gewonnen. Ich bin niemals so stolz auf dich gewesen, wie vorhin, als ich sah, dass du deinen Lauf abgebrochen und deinem Freund geholfen hast.«

Ben sagte nichts mehr, blickte aber zu seinem Vater.

»Du hast mir heute zwei Dinge gezeigt«, sagte der Vater. »Du hast persönliche Reife bewiesen, indem du Tims Schmerzen über den Wettkampf gestellt hast. Diese Art von Besonnenheit und Freundlichkeit ist heute selten.«

Sie kamen an ihrem Picknick-Tisch an. Der Vater setzte sich nieder und holte aus dem Eiskübel eine Dose Limonade.

»Du hast von zwei Dingen geredet«, sagte Ben. »Was war das andere?«

Der Vater antwortete: »Oh ja. Du hast mehr Tempo vorgelegt, als ich dir zugetraut hätte.« Er ließ ein offenes Lachen sehen. »Du hättest das Rennen gewonnen.«

Ben lächelte ebenfalls. »Klar«, sagte er, »ganz sicher, meinst du nicht auch?!«

Zur Übung: Belohne Freundlichkeit in den nächsten Tagen, indem du einem Familienmitglied, das sich freundlich erwiesen hat, beim Essen eine Feder oder eine Blume neben den Teller legst.
Gebet: »Herr, erinnere uns daran, freundlich zu sein in der Art und Weise, wie wir mit anderen umgehen.«

31. März

Die Melodie des Heiligen Geistes

Wenn der Heilige Geist unser Leben beherrscht, bewirkt er Selbstbeherrschung.

Bibellese des Tages: Galater 5,22-25
Tages-Vers: »Wenn der Heilige Geist unser Leben beherrscht, wird er ganz andere Frucht in uns wachsen lassen: Liebe, Freude, Frieden, Geduld, Freundlichkeit, Güte, Treue, Sanftmut und Selbstbeherrschung.« (Galater 5,22-23)

Joe und Lisa beobachteten erstaunt die Szene.

Ein Mann stand auf einer kleinen Bühne mitten im Einkaufszentrum. Er hielt die Leine eines Schäferhundes in der Hand, der aufrecht an seiner linken Seite saß. Der Mann hielt jetzt einen Hundekuchen hoch und zeigte ihn den Umstehenden. Dann balancierte er den Hundekuchen dem Tier auf die Nase. Hund und Kuchen blieben reglos. Endlich gab der Mann einen lauten Befehl. Mit einer schnellen Bewegung schnappte der Hund nach dem Hundekuchen.

»Cool!«, sagte Lisa. »Hast du das gesehen?«

»Klar«, antwortete Joe. Sie gingen weiter zum Musik-Geschäft. »Ich kenne Leute, die nicht so lange stillsitzen können wie dieser Hund.«

Lisa lächelte. »Ja, du zum Beispiel. Und ich vermute, dass du auch keinen Hundekuchen auf der Nase balancieren könntest.«

Joe lachte. »Das kommt darauf an, wie hungrig ich bin!«

Sie verfielen in Schweigen, während sie ihren Weg durch den Laden fortsetzten. »Ich wünschte, ich hätte mehr Selbstbeherrschung«, sagt Joe ganz unvermittelt.

»Bei was?«, fragte Lisa.

»Bei allem«, sagte Joe. »Beim Essen, bei den Hausaufgaben, beim Verhalten meinen Eltern gegenüber. Vielleicht sollte ich bei diesem Mann in die Gehorsams-Schule gehen.«

Lisa dachte einen Augenblick nach. »Du brauchst keine Schule des Gehorsams, du brauchst nur die Frucht des Heiligen Geistes.«

»*Was* brauche ich?«

»Die Frucht des Geistes. Erinnerst du dich an den Vers in der Bibel, der von den Früchten des Geistes spricht? Selbstbeherrschung gehört auch dazu.« Sie zuckte mit den Achseln. »Du brauchst dich nur von Gottes Geist kontrollieren zu lassen, dann *wird er* die Selbstbeherrschung bewirken, die du nötig hast.«

»Wie soll ich das machen?«, fragte Joe.

»Du weißt doch …« Lisa machte eine Pause. »Du weißt doch, wie eine Melodie sich in deinem Kopf festsetzt und du entdeckst, dass du sie häufig summst, auch wenn du gar nicht daran denkst. So ähnlich ist das auch. Nur mit dem Unterschied, dass du morgens keine CD laufen lässt, sondern stattdessen betest und Gott bittest, dich den Tag über zu leiten. So wirst du auf die Melodie des Heiligen Geistes hören. Und dann wird er die Frucht in dir bewirken, ohne dass du darüber nachdenkst.«

Joe nickte verständnisvoll. »Ich will dir was sagen, ich habe meine Meinung geändert und werde heute keine neue CD kaufen. Lass uns versuchen, ob wir stattdessen einen christlichen Buchladen finden.«

Zur Diskussion: Auf welchem Gebiet deines Lebens hast du es nötig, dich in Selbstbeherrschung zu üben? Wie kannst du in dieser Woche Gott die Gelegenheit geben, in deinem Leben Selbstbeherrschung zu bewirken? Welche »Früchte« hat der Heilige Geist in der vergangenen Woche bei deinen Familienmitgliedern bewirkt?

Tipp fürs Gebet: Bete für die Bereiche, in denen du Selbstbeherrschung nötig hast. Dann danke Gott für Antworten auf deine Gebete.

April

1.
April

April-Scherz

Manchmal sagen die Leute, dass sie scherzen, wenn sie in Wirklichkeit lügen.

Bibellese des Tages: Apostelgeschichte 4,36-5,5
Tages-Vers: »Ein Verrückter mit einer tödlichen Waffe richtet ebenso großen Schaden an wie jemand, der einen Freund betrügt und dann sagt: ›Ich habe nur Spaß gemacht.‹« (Sprüche 26,18-19)

»Papa, schau doch nur! Eine Sternschnuppe!« Cornelia zeigte auf den Himmel, als sie mit ihrem Vater auf dem Weg zur Drogerie war.

Der Vater reckte den Hals in die Richtung, in die sie zeigte, sah aber nichts. Als er sich wieder zu Cornelia umdrehte, lachte sie.

»April! April!«, sagte sie kichernd.

»Oh, du hast mich erwischt«, antwortete er. »Ich hätte es wissen müssen. Du blinzelst immer ein bisschen mit den Augen, wenn du nicht die Wahrheit sagst.«

»Tu ich das?«, fragte Cornelia mit weit offenen Augen und blickte etwas besorgt drein.

»Aprilscherz!«, sagte der Vater und brachte Cornelia damit erneut zum Kichern. Er hob sie auf und schwang sie in seinen Armen rundherum.

»Papa, warum machen wir Aprilscherze?«, fragte Cornelia, als sie wieder auf dem Boden stand.

Der Vater überlegte. »Ich weiß es nicht, Cornelia. Ich vermute, dass es einfach ein alter Brauch ist. Am ersten April versuchen die Menschen, einander zu necken. Aber ich weiß nicht, wie diese Gewohnheit entstanden ist.«

»Ist es in Ordnung, am ersten April zu lügen, Papa?«

Der Vater schüttelte den Kopf. »Nein«, antwortete er, »lügen ist niemals in Ordnung.« Sie waren am Ende des Häuserblocks angekommen und warteten an der Verkehrsampel.

»Wir dürfen uns necken und Scherze machen, wie wir's am ersten April tun«, fuhr der Vater fort, »aber Lügen ist niemals erlaubt.«

Die Ampel wechselte auf Grün, aber weder Cornelia noch der Vater achteten darauf.

»Schau, Cornelia, Gott hat nichts gegen Spaß einzuwenden. Er liebt es, wenn wir lachen und spielen. Er möchte aber nicht, dass wir lügen und uns dann damit entschuldigen, dass es nur ein Scherz gewesen sei, oder sagen, wir würden später die Wahrheit sagen. Er kennt den Unterschied zwischen necken und lügen sehr gut.«

»Und was ist der Unterschied, Papa?«

Der Vater zögerte. »Necken bedeutet, einen Menschen zum Lachen oder Lächeln zu bringen. Lügen hat den Hintergrund, jemanden zu täuschen, ihn etwas glauben lassen, das nicht wahr ist.«

Cornelia nickte ernst. »Manche Leute sagen, dass sie nur scherzen, wenn sie in Wirklichkeit lügen.« Der Vater hob die Augenbrauen. Manchmal war er überrascht, wie klug seine kleine Tochter schon war. »Du hast Recht. Und *das* ist keine Lüge!« Cornelia lächelte und schaute auf die Ampel – gerade sprang sie wieder auf Rot.

Zur Diskussion: Was ist der Unterschied zwischen necken und lügen? Ist es o.k., die Tatsachen zu verändern, wenn du eine Geschichte erzählst, nur um sie lustiger und interessanter zu machen? Warum oder warum nicht? Ist es o.k., Streiche zu spielen oder zu scherzen? Warum oder warum nicht?

Gebet: »Herr, hilf uns, andere nicht zu täuschen.«

2. April

Handeln aus Gewohnheit

Man muss sich darin üben, das Richtige vom Falschen unterscheiden zu können und das Rechte zu tun.

Bibellese des Tages: Hebräer 5,12-14

Tages-Vers: »Der weise Mensch ist vorausschauend und rechnet mit dem, was kommt, die Narren aber betrügen sich selbst.« (Sprüche 14,8)

»Sarah, du weißt, dass das nicht stimmt!«

Sarahs ältere Schwester, Marlene, hatte Sarah gerade bei einer Lüge ertappt. Sarah wollte mit Marlene und ihren Freunden einkaufen gehen. Als Marlene sie gefragt hatte, ob sie ihre Hausaufgaben gemacht hätte, hatte Sarah spontan mit »ja« geantwortet. Doch als sie heimkamen, hatte Sarah ihr Mathematikbuch hervorgekramt und hastig versucht, ihre Hausaufgaben noch fertig zu bekommen. Marlene hatte ihre hektischen Mathe-Aktivitäten durchschaut.

»Ich weiß«, antwortete Sarah, »aber ich habe nicht darüber nachgedacht. Ich wollte einfach nur mit euch gehen, und ich wusste, du würdest mich nicht mitnehmen, wenn ich die Hausaufgaben nicht fertig hätte, und …«

»Sarah«, sagte Marlene, »du weißt, dass lügen Unrecht ist, und du weißt auch, warum.«

Sarah verdrehte die Augen. »Na bravo, Marlene, du erwartest doch nicht von mir, dass ich bei jeder kleinen Entscheidung erst nachdenken muss!«

»Doch das tue ich«, antwortete Marlene.

»Nun komm mal wieder auf den Teppich, Marlene! Kehre in die Wirklichkeit zurück!«, protestierte Sarah. »Du erwartest, dass ich bei jeder kleinen Entscheidung, die ich treffe, nachdenke und dann das Richtige tue? Dann hätte ich niemals mehr Zeit für irgendetwas anderes!«

»Wie lange brauchtest du heute Morgen, um deine Schuhe zuzubinden?«, fragte Marlene.

»Weiß ich nicht, ich denke fünf oder zehn Sekunden. Warum?«

»Hast du innegehalten und überlegt, wie du die Schuhe binden musstest?«

»Nein«, antwortete Sarah. »Ich habe es einfach gemacht.«

»Genau! Als du noch jünger warst, musstest du natürlich über jeden einzelnen Schritt bei deinem Tun noch nachdenken. Heute weißt du aber, wie man ›Schuhe bindet‹ und tust es gewohnheitsmäßig. Mit ›Recht‹ oder ›Unrecht‹ ist es genauso, Sarah. Du musst dich einfach darin üben, beides zu unterscheiden und das Rechte zu tun. Je mehr du das heute trainierst, desto automatischer wirst du es später tun.«

Sarah starrte auf ihre Schnürsenkel. Marlene hatte Recht. Sie erinnerte sich daran, wie sie gelernt hatte, ihr Schuhe selbst zu binden – es schien damals endlos zu dauern, bis sie es schaffte. Heute dachte sie überhaupt nicht mehr darüber nach, sie tat es einfach.

»O. k.«, sagte Sarah. »Ich denke, du hast Recht.« Sie seufzte. »Es tut mir Leid. Ich werde versuchen, mich zu bessern.«

Marlene lächelte. »Vergeben! Und nun«, fuhr sie fort, »brauchst du Hilfe bei deinen Hausaufgaben?

Zur Übung: Wenn du dir das nächste Mal die Schuhe bindest, bitte Gott darum, dass er dir hilft, den Unterschied zwischen ›Recht‹ und ›Unrecht‹ zu erkennen. Dann stell einen Plan auf, wie ihr als Familie das Bibel-Studium fortsetzen könnt. Diese Zeit der Beschäftigung mit der Bibel kann dazu helfen, »automatisch« das Rechte zu tun.
Gebet: »Herr, wir möchten dir sofort gehorchen. Danke, dass du unsere ›geistlichen Reflexe‹ stärkst.«

3. April

Nervenzentrum

Dein Gewissen ist ein Teil deiner Seele, der sensibel ist für ›Recht‹ und ›Unrecht‹.

Bibellese des Tages: Apostelgeschichte 24,10-16
Tages-Vers: »Aus diesem Grunde versuche ich immer, mir vor Gott und den Menschen ein reines Gewissen zu bewahren.« (Apostelgeschichte 24,16)

»Mama, was ist ein Gewissen?« Leon warf sein Notizbuch auf die Theke des kleinen Lebensmittelgeschäftes seiner Familie.

Seine Mutter schaute von ihrer Arbeit auf. »Könntest du vielleicht erst deiner Mutter einen Kuss geben oder ›Hallo, Mama!‹ sagen, bevor du mir Fragen stellst?«, fragte sie.

Leon lehnte sich über die Theke und küsste sie. »O. k.«, sagte er, als ob er eine schwierige Pflicht erfüllt hätte, »jetzt sag mir bitte: Was ist ein Gewissen?«

»Warum fragst du das? Hat das was mit Hausaufgaben zu tun?«

»Es ist ein Wort aus einem Wörterbuch«, antwortete er.

Die Mutter nickte langsam. Nach ein paar Augenblicken zeigte sie auf den Gefrierschrank in der Ecke des Ladens. »Bitte gib mir ein Eis am Stiel aus dem Gefrierschrank, egal welche Geschmacksrichtung«, sagte sie. Leon seufzte, als er ging, um den Wunsch seiner Mutter zu erfüllen. »Bring mir bitte auch noch eine Tasse Kaffee aus dem Hinterzimmer!«, rief sie quer über drei Gänge des Lebensmittelgeschäftes hinweg. Leon verschwand im Hinterzimmer. Einige Augenblicke später erschien er wieder mit dem Eis am Stiel und dem Kaffee. Er wollte gerade die beiden Dinge auf der Theke absetzen.

»Moment«, sagte die Mutter. »Halte beides in der Hand und sage mir, was du fühlst.«

Leon schaute verwirrt drein, antwortete aber: »An dieser Hand ist es mir kalt«, – dabei nickte er in Richtung auf das Eis – »und diese Hand ist warm vom Kaffee.«

»Wie kommt es, dass deine Hände kalt und heiß unterscheiden können?«

Leon zuckte mit den Schultern. »Ich weiß es nicht.«

»Bestimmt weißt du es. Das hast du in der Schule gelernt. Du hast Nerven in der Hand und in den Fingern, und diese Nerven senden Botschaften an dein Gehirn, die dir sagen, was kalt und was heiß ist.«

»Stimmt«, sagte Leon.

»Dein Gewissen ist wie diese Nerven. Es ist ein Teil deiner Seele, der sensibel ist für Recht und Unrecht. Es ist ein inneres Gefühl, das dich mahnt, richtig zu handeln und dem Falschen zu widerstehen. Es sendet Botschaften zu deinem Geist«, sagte sie und tippte mit dem Zeigefinger auf Leons Brust über dem Herzen, »die dir sagen, was Recht und Unrecht ist. Dein Gewissen ist der Teil von dir, der sich schmutzig fühlt, wenn du eine falsche Entscheidung getroffen hast, und sich sauber fühlt, wenn du richtig gehandelt hast. *Das*«, so schloss sie, »ist es, was das Gewissen ausmacht.«

»Oh«, sagte Leon. Er stellte den Kaffee auf der Theke ab und reichte das Eis seiner Mutter.

»*Das*«, sagte sie und zeigte auf das Eis in Leons Hand, »ist für dich. *Die*«, sagte sie lächelnd und nahm die Kaffeetasse auf, »ist für mich.«

Zur Übung: Was bedeutet es, ein »gutes Gewissen« zu haben? Warum ist das wichtig?

Gebet: »Herr, danke, dass du jedem von uns ein Gewissen gegeben hast. Hilf uns, dass wir unser Gewissen rein halten vor dir und anderen Menschen.«

4.
April

Das stumpfe Gewissen

Das Gewissen ist nicht wie ein Messer, das vom Gebrauch abstumpft, sondern es gleicht dem Gehirn, das durch den Gebrauch umso besser funktioniert.

Bibellese des Tages: Titus 1,15-2,1
Tages-Vers: »Für Menschen, die ein reines Gewissen haben, ist alles rein. Doch für die Verdorbenen und Ungläubigen ist überhaupt nichts rein, weil ihr Denken und ihr Gewissen beschmutzt sind.« (Titus 1,15)

»Deborah«, fragte der Vater seine Tochter, »würdest du bitte diese Tomaten für unsere Sandwiches aufschneiden?« Er nickte in Richtung auf zwei glänzend rote Tomaten hin, die auf dem Küchentisch lagen.

»Klar«, antwortete Deborah. Sie zog ein Messer aus der Schublade unter der Arbeitsplatte.

»Stimmt etwas nicht?«, fragte der Vater. »Du scheinst dich nicht ganz wohl zu fühlen.«

Sie zuckte mit den Schultern. »Ach, ich weiß nicht.« Sie machte eine Pause. »Ich verstehe manche Leute nicht.«

»Was meinst du damit?«

Sie begann, die Tomaten aufzuschneiden. »Es geht um James«, sagte sie und bezog sich auf einen ihrer Klassenkameraden. »Ich weiß nicht, wie er nachts noch schlafen kann bei dem, was er tut.«

»Was tut er denn?«, fragte der Vater

»Oh, er kann manchmal so gemein und hässlich sein.« Deborahs Bewegungen mit dem Messer wurden energischer. »Man sollte denken, dass sein Gewissen ihm Kummer macht.«

»Hey!«, sagte der Vater. »Sei vorsichtig mit dem Messer! Ich möchte keine Fingersandwiches zum Mittagessen!« Deborah lächelte ihn an und verlangsamte ihre Bewegungen. Er fuhr fort: »Nun, Liebling, manchmal fängt ein Mensch an, einige schlechte Entscheidungen zu treffen und bleibt dann dabei. Wenn er auf diese Weise andauernd Gott ungehorsam ist, stumpft sein Gewissen ab oder reagiert so verzerrt, dass es schließlich seine eigentliche Funktion nicht mehr erfüllt. Ich denke, die Bibel nennt das ein ›verletztes‹ oder ›unreines Gewissen‹.«

»So hört sich James an«, sagte Deborah. Sie war mit dem Aufschneiden der Tomaten fertig und legte das Messer auf den Arbeitstisch.

»Es kann sein, dass so etwas in ihm vorgeht, oder auch nicht«, sagte der Vater. Er nahm das Messer in die Hand und drehte es mehrmals in der Hand um. »Aber weißt du, Deborah, das Gewissen ist nicht wie das Messer, das stumpf wird, wenn du es viel benutzt. Es gleicht mehr …«, seine Stirn legte sich einen Augenblick in Falten, als er nachdachte, »es gleicht mehr dem Gehirn«, sagte er und tippte sich an die Stirn, »das besser funktioniert, je mehr man es benutzt.«

»Ich wünschte auf jeden Fall, dass James damit beginnen würde, *sein* Gewissen mehr zu trainieren«, sagte Deborah.

»Nun«, antwortete der Vater, »unabhängig von dem, was James tut, hoffe ich, dass du deinen Geist – und dein Gewissen – so intensiv wie möglich benutzt und aktiv hältst.«

Zur Übung: Wie können wir unser Gewissen »scharf« (aktiv) erhalten?
Gebet: »Herr, wir möchten, dass unser Gewissen aktiv bleibt. Danke für deine Erinnerungen, alle unrechten Gedanken und Handlungen zu bekennen.«

5. April

Das tote Gewissen

Das Gewissen eines Menschen kann absterben.

Bibellese des Tages: 1. Timotheus 4,1-5
Tages-Vers: »Aus diesem Grund versuche ich immer, mir vor Gott und den Menschen ein reines Gewissen zu bewahren.« (Apostelgeschichte 24,16)

»Was sehen wir uns heute Abend an?«, fragte Robert.

Roberts Familie veranstaltete jeden Montag einen Familienabend. Meistens spielten sie Gesellschaftsspiele, machten eine Radtour oder lasen etwas vor. Einmal im Monat jedoch planten Roberts Eltern einen Fernsehabend, an dem sie einen Videofilm anschauten, den

Mutter oder Vater vorher irgendwann aus einem Programm aufgenommen hatten. Sie verfolgten damit die Absicht, Robert und seinem jüngeren Bruder Jeff Dinge zu vermitteln, die sie für wichtig hielten.

»Deine Mutter hat letzte Woche eine Nachrichtensendung aufgenommen«, sagte der Vater.

»Nachrichten?«, jammerte Jeff, »müssen wir uns das ansehen?«

»Es geht nicht nur um Nachrichten«, sagte die Mutter, während sie das Videoband in den Rekorder schob. Sie drehte sich um und sah die beiden Jungen an. »Es ist ein Interview mit einem Mann, der mehr als zwanzig Menschen ermordet hat.«

»Das lässt du uns sehen?«, fragte Robert aufgeregt.

»Ja, und ich werde euch sagen, warum, während das Band läuft.«

Die Mutter startete den Video-Rekorder. Die Familie sah sich das Interview mit einem früheren Gangster an. Der Mann trug eine Perücke und einen falschen Bart, um seine Identität zu verbergen. Er sprach ganz locker über die Morde, die er begangen hatte. Gelegentlich stoppten Mutter oder Vater das Band, um Robert und Jeff Fragen zu stellen, wie z. B. »Denkt ihr, dass er da falsch gehandelt hat?« und »Warum war das Unrecht?«

Schließlich stoppte die Mutter den Film und wandte sich an die Jungen: »Habt ihr noch irgendwelche Fragen?« »Wie konnte er nur jemand umbringen und sagen, das sei o.k. gewesen?«, wollte Robert wissen.

»Er hat sich nicht so verhalten, als ob ihm das irgendetwas ausmachte«, sagte Jeff.

Der Vater nickte. »Er hat über das Töten von Menschen gesprochen, als ob nichts dabei wäre.«

»Aber wie kann er so viele Menschen töten und sich nicht darum kümmern?«, fragte Robert.

Der Vater nahm eine Bibel in die Hand und las den ersten und zweiten Vers aus dem vierten Kapitel des ersten Timotheus-Briefes. »Die Bibel sagt, dass das Gewissen eines Menschen – der Teil seiner Person, der ›Recht‹ und ›Unrecht‹ unterscheidet – sterben kann. Es kann sein, dass der Mann, den ihr gerade gesehen habt, sich schuldig fühlte, als er das erste Mal einen Menschen umbrachte. Aber er hörte nicht auf damit. Er mordete weiter. Das zweite und dritte Mal fühlte er sich wahrscheinlich schon weniger schuldig als beim ersten Mal. Nach einer Weile, als er die Stimme des Gewissens immer wieder überhörte, ist dieses vielleicht immer schwächer geworden und schließlich gestorben.«

Es war still im Zimmer, bis die Mutter nach einigen Minuten anfing: »Das ist ein Grund, warum wir möchten, dass ihr Jungen immer auf euer Gewissen hört und Gott gehorcht.«

Robert und Jeff sahen sich an und dann mit weit offenen Augen zu ihren Eltern hinüber.

»Macht euch keine Sorgen«, sagte Robert. »Das werden wir!«

Zur Übung: Wie ist es möglich, dass bei einem Menschen das Gewissen stirbt? Wie kannst du dein Gewissen lebendig halten?
Gebet: »Herr, lass uns mit der Hilfe des Heiligen Geistes auf unser Gewissen hören und dir gehorchen.«

6. April

Alt genug, um zu wissen, was richtig ist

Entscheide dich für das, was richtig ist, und lehne ab, was falsch ist.

Bibellese des Tages: Jesaja 7,13-16
Tages-Vers: »So spricht der Herr: ›Schafft Recht und Gerechtigkeit‹.« (Jeremia 22,3)

Cornelius hielt seine kleine Cousine, Alissa, im Arm. Das kleine Baby ließ zufriedene Laute hören. »Sie ist ein süßes Baby«, sagte er zu seinem stolzen Onkel Dan.

Plötzlich allerdings griff Alissas winzige Hand nach Cornelius Brille und riss sie ihm vom Gesicht. Bevor er noch Zeit zum Reagieren hatte, ließ sie die Brille auf den Boden fallen, wobei das Gestell verbogen wurde und eine Linse zerbrach.

Cornelius Gesicht verriet Überraschung, doch dann machte er eine Bewegung nach Alissas Hand, als ob er sie schlagen wollte. »Böses Mädchen«, sagte er.

Onkel Dan beugte sich vor, nahm die Brille auf und gab sie ihm zurück. »Das kann man wieder reparieren«, sagte er leise, »aber du brauchtest Alissa deswegen nicht zu schlagen. Sie weiß nicht, was sie getan hat.«

»Sie weiß es nicht?«, fragte Cornelius. Er hatte Alissa immer noch auf dem Arm.

Onkel Dan lächelte. »Ihre Finger schlossen sich zufällig gerade so um die Brille. Sie hat keine Ahnung, dass sie mich gerade eine Menge Geld gekostet hat!«

»Aber wenn *ich* so etwas gemacht hätte, hätte ich arge Schwierigkeiten bekommen«, gab Cornelius zurück.

Onkel Dan nickte und lachte ein bisschen. »Da hast du natürlich Recht, weil du nämlich älter bist als Alissa. Du bist alt genug, um es besser zu wissen.«

Cornelius reichte das Baby seinem Vater zurück.

»Siehst du«, fuhr der Vater fort, als er Alissa in seine Arme nahm. »Babies sind nicht alt genug, um ›Recht‹ und ›Unrecht‹ zu erkennen. Wenn sie aber ein bisschen älter werden, beginnen sie zu verstehen, dass es Dinge gibt, die richtig oder falsch sind.«

»Wie?«, fragte Cornelius.

Onkel Dan dachte nach. »Manches geschieht ganz instinktiv, weil wir nach dem Ebenbild Gottes gemacht sind. Niemand muss einem zweijährigen Kind sagen, dass es unfair gegenüber einem anderen Kind ist, ihm sein Spielzeug wegzunehmen. Doch es ist die Aufgabe der Eltern, diesem Grundgefühl das Wissen um ›Recht‹ und ›Unrecht‹ zuzufügen. Eltern können sogar einem sehr jungen Kind helfen, sich für das Richtige zu entscheiden und das Falsche abzulehnen.«

»Alissa wollte meine Brille nicht zerbrechen«, sagte Cornelius, als ob ihm der Gedanke gerade erst gekommen wäre. »Weil sie einfach noch zu klein ist, um zu wissen, dass sie das nicht darf.«

»Richtig«, sagte Onkel Dan. Er zwinkerte ein bisschen. »Aber wenn sie das in deinem Alter noch macht, dann muss ich ein deutliches Wort mit ihr reden.«

»Genau«, sagte Cornelius. »Weil sie dann alt genug ist, um es besser zu wissen. Wie ich!«

Zur Übung: Was bedeutet die Redewendung »alt genug, um es besser zu wissen«? Wann ist ein Mensch »alt genug, um es besser zu wissen«?

Wann ist ein Kind »alt genug, um zu wissen« mit 2,3,4,7,9 Jahren? Für welche geistlichen Wahrheiten sind wir in jedem Alter »alt genug, um sie zu kennen«?

Gebet: »Herr, auch diejenigen unter uns, die ›alt genug sind, um es besser zu wissen‹ brauchen noch deine Hilfe, um zwischen ›Recht‹ und ›Unrecht‹ zu unterscheiden. Danke, dass du uns diese Hilfe geben willst.«

7. April

Hingabe

Wenn du dich auf etwas festgelegt hast, wird sichtbar, wozu du in der Lage bist.

Bibellese des Tages: 5. Mose 6,4-9
Tages-Vers: »Behüte meine Lehre wie deinen kostbarsten Besitz.« (Sprüche 7,2)

Judith warf den Ball. Der stieg in hohem Boden auf und flutschte sauber durch den Korb.

»Gut gemacht!«, sagte Coach Matthias.

»Danke«, sagte Judith. »Ich habe viel trainiert.«

»Das sieht man«, antwortete der Trainer. »Du bist nicht mehr dieselbe Spielerin wie im vergangenen Jahr.«

Judith lächelte. »Ich habe jeden Tag nach der Schule und an den Wochenenden geübt.« Sie machte eine Pause und versuchte, das Klemmbrett der Lehrerin umgekehrt zu lesen. »Gehöre ich nun zum Team?«

Die Sportlehrerin hob die Augenbrauen. »Der Teamplan wird am Freitag aufgestellt.«

An jenem Freitag traf sich die Mutter mit Judith in der Schule und ging mit ihr zur Sporthalle. Die Namen der Teammitglieder waren an der Tür angeschrieben. »Ich kann nicht hinsehen«, sagte Judith zu ihrer Mutter. »Bin ich auf der Liste?«

Die Mutter schaute auf die Liste und antwortete dann mit einem Jubelruf: »Ja Judith, du bist drauf!« Judith quietschte vor Glück, und ein paar Minuten später waren sie und ihre Mutter auf dem Weg zur Bushaltestelle der Schule.

»Ich bin stolz auf dich, Judith«, sagte die Mutter zu ihrer strahlenden Tochter. »Du hast dich auch sehr dafür angestrengt.«

»Die Lehrerin sagte, dass sie feststellen könnte, dass ich mich in diesem Jahr dem Basketball mehr gewidmet hätte«, sagte Judith.

»Das hast du«, stimmte die Mutter zu. »Und das zahlt sich einfach aus. Dabei wird nur deutlich, was du schaffen kannst, wenn du dich an eine Sache hingibst.«

Mutter und Tochter warteten schweigend einige Zeit, während Judith in ihrem Glück badete.

Dann begann die Mutter wieder zu sprechen. »Stell dir doch mal vor«, sagte sie nachdenklich, »was geschehen könnte, wenn du dich so der Befolgung von Gottes Geboten widmen würdest, wie du es beim Basketball getan hast, um ins Team zu kommen. Das könnte bedeuten, dass du eine gewisse Zeit täglich im Gebet und mit Bibellesen verbringen müsstest, bevor du zum Sport gehst. Und vielleicht könnte das heißen, dass du dir einen Bibelvers auswendig merkst, während du trainierst. Doch ich denke, das würde sich noch viel mehr auszahlen als die Drückerei mit dem Ball.«

Judith lachte. »Ich denke, du meinst ›Ball-Dribbeln‹ nicht ›Drücken‹«, sagte sie.

Auch die Mutter lachte. »Habe ich mich falsch ausgedrückt?«

»Nein«, sagte Judith. Sie lachte nicht mehr laut, lächelte aber noch vor sich hin. »Du hast schon das Richtige gesagt.«

Zur Übung: Spielt Gedächtnis-Vers-Basketball als Familie. Wenn ihr keinen Basketball oder einen Reifen habt, könnt ihr auch einen Abfallkorb und Papierbälle nehmen. Schießt die Bälle abwechselnd. Jedes Mal, wenn einer den Korb trifft, muss er laut den Tages-Vers vorlesen – Sprüche 7,2. Der Erste, der fünf Bälle im Korb hatte, muss den Vers auswendig aufsagen oder von vorn beginnen. Der Erste, der fünf Bälle im Korb hat und den Vers fehlerfrei aufsagt, hat gewonnen!

Gebet: »Herr, dein Wort ist unser kostbarster Besitz. Hilf uns, dein Wort zu bewahren, indem wir es in unseren Herzen bergen.«

8.
April

Wahre Weisheit

Weisheit bedeutet, den Unterschied zwischen »Recht« und »Unrecht« zu kennen.

Bibellese des Tages: 1. Könige 3,5-10
Tages-Vers: »So wollest du deinem Knecht ein gehorsames Herz geben, damit er dein Volk richten könne und verstehen, was gut und böse ist.« (1. Könige 3,9)

Der Vater half Julian seinen Sitzgurt festzuschnallen, dann zog er einen kleinen Packen von Notizkarten aus der Tasche. Eine Stewardess ging vorbei und schaute genau in jede Sitzreihe hinein, um sicher zu sein, dass alle Passagiere ordnungsgemäß angeschnallt waren.

Der Vater blätterte die Notizkarten durch. Auf jeder Karte stand eine kurze Frage oder eine Aussage, die er in den vergangenen Wochen darauf geschrieben hatte. Da er viel unterwegs war, blieb ihm nicht viel Zeit, sich mit Sohn oder Tochter zu befassen. So hatte er es sich angewöhnt, wichtige Fragen niederzuschreiben, um sie irgendwann mit den Kindern zu besprechen. Wenn sie dann im Auto fuhren, im Supermarkt in der Schlange standen oder auch nur als Familie irgendwo eine Verschnaufpause machten, konnte er ganz leicht ein wichtiges Gespräch mit einem oder mehreren Kindern beginnen.

Einige der Fragen waren einfach, wie »Wer ist dein bester Freund?« oder »Nennt etwas, das Gott liebt«. Andere Fragen erforderten Nachdenken, wie die zum Beispiel, die er Julian stellte, als das Flugzeug in der Luft war.

Der Vater drehte sich in seinem Sitz und schaute seinen Sohn mit einem merkwürdigen Ausdruck an. »Darf ich dich etwas fragen, Julian?« Als der Junge nickte, fuhr der Vater fort: »Was ist Weisheit?«

Julian war daran gewöhnt, dass sein Vater solche Fragen aus heiterem Himmel stellte, doch auf diese war er nicht vorbereitet. »Ich weiß es nicht«, antwortete er.

»Wer, glaubst du, ist die weiseste Person, die jemals lebte?«, fragte der Vater jetzt.

Julian dachte einen Augenblick nach und erinnerte sich dann an eine Sonntagsschullektion von früher. Er antwortete: »König Salomo!

Er bat Gott um Weisheit und Gott machte ihn zum weisesten Mann seiner Zeit.«

Der Vater nickte und lächelte. »Das stimmt«, sagte er. »Aber weißt du, was ich denke? Ich glaube, Salomo war bereits sehr weise.«

Julians Gesicht spiegelte Verwirrung wider.

»Als Salomo um Weisheit bat«, erklärte der Vater, »sagte er sinngemäß: ›Gib mir Verständnis, sodass ich mein Volk gut regieren und *den Unterschied erkennen kann zwischen Recht und Unrecht*‹. Salomo wusste bereits, dass Weisheit zum großen Teil darin besteht, das zu wissen.«

»Und er wusste, dass er Gottes Hilfe brauchte um ›Recht‹ und ›Unrecht‹ zu unterscheiden«, sagte Julian.

Der Vater klopfte seinem Sohn auf die Schulter. »Mir scheint, dass Salomo nicht die einzige weise Person hier im Umfeld ist«, sagte er.

Zur Diskussion: In welcher Weise unterscheidet sich Weisheit von Intelligenz oder ist ihr ähnlich?

Tipp fürs Gebet: Betet abwechselnd eure eigene Version dieses Gebetes von Salomo. Zum Beispiel: »Herr, gib mir das nötige Verständnis, so dass ich richtig und falsch unterscheiden kann.«

9. April

Originalgetreu

Wahrheitsgetreu bedeutet: »Genau wie das Original«.

Bibellese des Tages: 5. Mose 7,6-9

Tages-Vers: »Bleib der Wahrheit treu.« (1. Timotheus 4,16)

Colin und Tina verließen das Kino hinter ihren Eltern. Sie hatten gerade einen Film nach einem berühmten Schauspiel von Shakespeare gesehen.

»Hat euch beiden der Film gefallen?«, fragte die Mutter Colin und Tina.

Colin zuckte die Achseln. Tina, die ein paar Jahre älter war als ihr Bruder, nickte. »Er war sehr gut«, sagte sie.

»Mochtest *du* ihn?«, fragte die Mutter jetzt den Vater.

»Sehr«, antwortete der Vater. »Die Darsteller waren exzellent und die Bearbeitung war sehr wahrheitsgetreu, fandest du nicht?«

»Wenn du es so sagst«, gab die Mutter fröhlich zu.

»Was meinst du damit, wenn du sagst: ›eine wahrheitsgetreue Bearbeitung‹?«, fragte Tina.

Dem Vater schien Tinas Frage Freude zu machen.

»Nun, es war ursprünglich ein Schauspiel, kein Film. Aber das Drehbuch des Films bleibt sehr nah an dem, was Shakespeare geschrieben hat.«

»Oh«, murmelte Tina.

»In gewisser Weise«, sagte jetzt die Mutter, »ist es das, was ›treu‹ bedeutet – mit dem Original weitgehend übereinstimmen.«

Tina schaute fragend zur Mutter auf.

Die Mutter fuhr fort: »Ein Schauspiel ist wahrheitsgetreu, wenn es dabei bleibt, was der Autor geschrieben hat. Ein Ehegatte ist treu, wenn er bei dem Gelübde bleibt, das er gab, als er heiratete. Und ein Christ ist treu, wenn er bei den Geboten bleibt, die Gott uns in seinem Wort gegeben hat. Auf diese Weise bedeutet treu, dem Original treu sein.«

Tinas Augen glänzten. »Oh«, sagte sie, »jetzt verstehe ich.«

»Verstehst du es auch, Colin?«, fragte der Vater.

Colin schaute seinen Vater an, als ob er gerade vom Schlaf aufgewacht wäre.

»Äh, ja«, antwortete er.

»Weißt du, worüber wir gesprochen haben?«, fragte die Mutter.

»Nein«, sagte Colin langsam.

»Aber du hast gesagt, dass du es verstanden hättest«, erinnerte der Vater ihn.

»Ich verstehe«, sagte Colin, »dass ich hätte aufpassen sollen!«

»Nun«, sagte der Vater lachend, »da kann ich dir nur zustimmen!«

Zur Diskussion: Die heutige Bibellese sagt, dass Gott treu ist. Für einen Christen heißt treu sein nicht nur, Gottes Geboten zu gehorchen, sondern auch seinem Wesen treu zu sein, weil er selbst treu ist. Ist dein Verhalten »originalgetreu« – nämlich dem Wesen Gottes entsprechend?
Gebet: »Herr, wir möchten dem Original entsprechen in unseren Worten und Taten. Hilf uns, deine Treue widerzuspiegeln.«

10. April

Der beste Freund des Menschen

Treue ist eine göttliche Tugend.

Bibellese des Tages: Hebräer 3,1-6
Tages-Vers: »Lieber Freund, du dienst Gott, wenn du dich um die Brüder kümmerst.« (3. Johannes 5)

Penny sprang auf und wirbelte herum, als sie das Jaulen ihres kleinen Hundes Buster hörte.

»Oh«, rief sie, »Das tut mir aber Leid, Buster!« Sie war aus Versehen auf den Schwanz des Schnauzers getreten, und der hatte vor Schmerz laut gekläfft. Sie kniete nieder und nahm Buster in ihre Arme, gerade als ihre Mutter den Raum betrat.

»Was ist passiert?«, fragte die Mutter.

Penny erklärte, was sie getan hatte und streichelte Buster über den Kopf. Sein Schwanz schlug gegen ihre Seite, als er ihr damit Vergebung zuwedelte.

»Ich denke, er hat dir verziehen«, sagte die Mutter.

»Ja«, sagte Penny. »Er ist ein guter Hund.«

»Der beste Freund des Menschen«, sagte die Mutter, als sie ebenfalls dem Hund zart über den Kopf streichelte.

»Was?«, fragte Penny.

»Hast du diesen Ausdruck noch nie gehört?« Die Mutter zog überrascht die Augenbrauen hoch. »Man nennt Hunde die besten Freunde des Menschen.«

»Warum?«, fragte Penny.

»Nun«, sagte die Mutter zögernd, »ich weiß es nicht genau. Ich vermute, weil sie so … so treu sind.«

Penny hielt den Kopf schief, als ob sie immer noch nicht verstanden hätte.

»Nimm zum Beispiel Buster«, sagte die Mutter. »Obwohl du ihm auf den Schwanz getreten bist und ihn verletzt hast, ist er bereit, dir sofort zu vergeben. Er möchte einfach nur dein Freund sein. Und er bleibt immer dein Freund, einerlei, was passiert.«

»Ja«, sagte Penny, »das ist er wirklich, nicht wahr?«

»Das ist Treue. Und Treue ist eine gute Sache, wenn man sie besitzt.«

»Darum ist er der beste Freund des Menschen, nicht wahr? Er ist auch mein bester Freund«, sagte Penny und kraulte Buster am Hals. Der Hund wedelte voll Wohlbehagen.

Die Mutter nickte. »Du siehst, dass die Menschen normalerweise Treue schätzen, selbst bei Hunden, weil sie einfach etwas sehr Schönes ist.«

»Schade, dass die Menschen nicht so treu sind wie Buster«, sagte Penny.

Die Mutter lächelte. Sie streckte den Arm aus und strich ihrer Tochter über den Rücken. »Manche schon«, antwortete sie.

Zur Diskussion: Was ist Treue? Kennst du Leute, die Treue gegenüber Gott beweisen? Oder anderen gegenüber? Oder dir gegenüber?
Gebet: »Heiliger Gott, du bist der Einzige, der uns gegenüber immer treu ist. Wir mögen die Treue, weil du in deinem Wesen treu bist.«

11. April

Sei treu

Gott gebietet uns, treu zu sein.

Bibellese des Tages: Offenbarung 2,8-10
Tages-Vers: »Bleibe treu bis zum Tod, dann will ich dir den Siegeskranz des ewigen Lebens geben.« (Offenbarung 2,10)

Joel und Vanessa standen am Bett ihrer Oma. Sie war seit zwei Wochen im Krankenhaus gewesen. Sie wussten beide, dass die Oma sterben würde. Die Eltern hatten ihnen erklärt, dass die Oma nun bald in den Himmel ginge.

»Ich möchte nicht, dass sie stirbt«, flüsterte Vanessa ihrem Bruder zu.

»Ich auch nicht«, gab Joel zurück.

Plötzlich stand Joels und Vanessas Vater hinter ihnen. Er legte die Arme um sie und sie bargen ihren Kopf an seiner Brust und weinten.

Der Vater ließ sie eine ganze Weile weinen. Dann kniete er neben ihnen und fing an zu sprechen. »Joel, Vanessa«, sagte er, »jetzt seid ihr traurig, weil eure Oma stirbt, und das ist auch in Ordnung so. Aber ihr könnt euch gleichzeitig auch freuen.«

Die Kinder sagten nichts, schauten ihren Vater aber mit fragenden Augen an.

»Ihr könnt deswegen fröhlich sein, weil eure Oma in den Himmel geht. Sie hat Gott schon immer lieb gehabt, seit sie ein kleines Mädchen war. Und sie ist ihm in all den Jahren treu geblieben.«

Joel und Vanessa nickten. Sie erinnerten sich daran, dass sie mit ihrer Oma zur Kirche gegangen waren, selbst bei schlechtestem Wetter. Es fiel ihnen ein, dass die Oma jeden Morgen am Küchentisch in der Bibel gelesen hatte. Und dass sie, so lange sie sich erinnern konnten, an Gefangene und kranke, alte Menschen Briefe geschrieben hatte.

»Ihr wisst, wer im Himmel auf sie wartet?«, fragte der Vater. Er hatte Tränen in den Augen.

»Gott?«, flüsterte Vanessa.

»Das stimmt«, antwortete der Vater, »der Gott, den sie all die Jahre hindurch geliebt hat, wartet auf sie im Himmel – zusammen mit den Menschen, die sie auch geliebt hat, wie euren Großvater. Und ihr wisst auch, was Gott ihr geben wird, wenn sie dort ist?«

Joel und Vanessa schüttelten den Kopf.

»Er hält eine Krone mit dem Namen eurer Großmutter darauf für sie bereit! Und die wird er ihr geben als Belohnung für ihre Treue ihm gegenüber.«

»Eine Krone?«, fragte Joel.

Der Vater nickte. Die Kinder wandten sich um und schauten auf die schlafende Gestalt der Großmutter dort in ihrem Krankenhausbett, als ob sie erwarteten, dass ihr graues Haar von einer Krone überstrahlt werden sollte

»Und wisst ihr, was noch?«, sagte der Vater. »Gott hat für jeden von euch auch eine Krone.«

»Wirklich?«, fragte Joel.

»Ja«, antwortete der Vater, »wenn ihr ihm treu seid, wie eure Oma ihm treu war.«

Zur Diskussion: Gott gebietet uns, treu zu sein, und verspricht, das zu belohnen. Was denkst du, was ›Gott treu sein‹ bedeutet? Wie kannst du heute ihm gegenüber treu sein?

Gebet: »Himmlischer Vater, es gibt viele Menschen, die dir und uns gegenüber treu gewesen sind. Wir wollen dir jetzt für ihr Leben danken.« (Macht eine Pause, um im Stillen für diese Menschen in eurem Leben zu danken.)

12. April

Ein treuer Freund

Gott gebietet uns, treu zu sein, weil er die Treue hoch einschätzt.

Bibellese des Tages: Sprüche 3,1-8
Tages-Vers: »Viele Menschen behaupten, sie seien zuverlässig, aber wo findet man einen Menschen, der wirklich treu ist?« (Sprüche 20,6)

»Mann, der macht mich verrückt!« Chris starrte wütend auf seinen früheren Freund, der die Theke des Restaurants, wo er arbeitete, verließ.

»Was ist los?«, fragte Ken. Ken war ein Jahr älter als Chris, aber sie waren gute Freunde geworden, seitdem Chris begonnen hatte, in »Mama Mias« Pizzeria zu arbeiten.

Chris nickte in Richtung auf seinen früheren Freund hin. »Es ist wegen ihm. Wir waren einmal Freunde.«

»Waren?«, fragte Ken.

»Jaaah«, antwortete Chris schmollend. Er dachte einen Augenblick nach. »Es ist so: Er ist dein Freund, wenn du irgendetwas hast, was er haben möchte. Aber wenn du ihn wirklich nötig hast, dann hat er etwas anderes zu tun.«

Ken nickte. »Ich denke, ich weiß, was du sagen willst.«

»Ich meine, wir haben alle möglichen Dinge zusammen gemacht, aber einmal, als unser Geschichtslehrer, Herr Jacobs, nach einem umfangreichen Test sagte, unsere Antworten seien nahezu identisch, da sagte *er:* ›Nun, Herr Jacobs, ich vermute, Chris hat auf meine Arbeit einen aufmerksamen Blick geworfen.‹ Aber ich konnte ihn doch nicht gut zur Rede stellen, oder? Schließlich ist er mein Freund!«

»Du hast seinen Test-Bogen abgeschrieben?«, fragte Ken.

»Nein!«, sagte Chris ärgerlich. »*Er* hat *meinen* abgeschrieben!«

»Dann hat er dich betrogen«, sagte Ken.

Chris nickte.

»Er ist kein sehr treuer Freund«, sagte Ken.

Chris zischte: »Du hast's erfasst.«

»Und du denkst, Treue oder Loyalität oder wie du es nennen willst, ist etwas sehr Wichtiges?«

»Nun, ja«, sagte Chris. »Du vielleicht nicht?«

Ken nickte. »Natürlich«, sagte er. »Aber es spielt nicht so eine große Rolle, was ich denke. Was zählt, ist, wie Gott darüber denkt. Er befiehlt uns, treu zu sein, weil er die Treue schätzt. Darum wissen die meisten Menschen, dass Treue etwas Gutes ist, etwas Wichtiges – weil es ein göttlicher Wert ist.«

Chris schüttelte seinen Kopf und lächelte. »Du redest wirklich eine Menge über Gott.«

Ken lächelte. »Stört dich das?«

»Nein«, sagte Chris. Er lächelte jetzt ebenfalls. »In gewisser Weise mag ich das sogar.«

Zur Diskussion: Was bedeutet Loyalität für dich? Wem gegenüber bist du loyal? Von wem erwartest du Loyalität? Wie fühlst du dich, wenn jemand, dem du vertraust, dir gegenüber nicht loyal ist?

Tipp fürs Gebet: Betet abwechselnd etwa: »Gott, hilf mir, die Treue für wertvoll zu halten. Lehre mich, treu gegenüber allen meinen Freunden zu sein.«

13. April

Treu wie Gott

Gott schätzt die Treue, weil er selbst treu ist.

Bibellese des Tages: Psalm 33,1-4

Tages-Vers: »Denn das Wort des Herrn ist wahr, und auf das, was er tut, kann man sich verlassen.« (Psalm 33,4)

Marvin hatte so schallend gelacht, dass er dachte, seine Rippen würden zerspringen. Er hatte keine Lust gehabt, die Silberhochzeitsfeier seiner Eltern mitzumachen, weil er fürchtete, dass sie langweilig werden würde. Aber nun hatte sich herausgestellt, dass er eine Menge Spaß dabei gehabt hatte.

Sein Onkel Don hatte vergnügte Geschichten von Marvins Eltern aus ihrer Teenagerzeit erzählt, von ihren ersten Verabredungen usw. und andere hatten lustige Ereignisse beigesteuert, die sich während ihrer Ehe zugetragen hatten. Schließlich stand Marvins Tante Diana auf und sagte etwas zu Marvins Mutter und seinem Vater. Eigentlich war sie keine richtige Tante, sondern eine enge Freundin der Familie.

»Ich möchte euch beiden danken«, sagte Diana mit Tränen in den Augen, »dass ihr euch fünfundzwanzig Jahre hindurch treu geblieben seid.« Das Lachen im Raum verstummte, ein Lächeln blieb auf den Gesichtern. »Jede Ehe kennt auch harte Zeiten«, fuhr sie fort, »aber ich habe niemals gesehen, dass einer von euch einem anderen Mann oder einer anderen Frau solche Blicke zugeworfen hätte, wie ihr sie füreinander gehabt habt.

In einer Zeit, die Sex überbewertet und Untreue entschuldigt, seid ihr beide leuchtende Beispiele des Willens Gottes für uns alle gewesen.« Sie zögerte, als ob sie unsicher wäre im Hinblick auf das, was sie als Nächstes sagen sollte, aber dann fuhr sie mit lauterer Stimme als vorher fort. »Und noch etwas: durch eure gegenseitige Treue habt ihr uns nicht nur gezeigt, was Liebe ist, sondern … ihr habt uns auch gezeigt, wie Gott ist.«

Marvins Augen füllten sich mit Tränen. Er hatte seine Eltern immer geliebt und ihnen gehorcht, doch an diesem Abend bekam er ganz neuen Respekt vor ihnen.

»Die Bibel sagt uns, dass Gott ein treuer Gott ist«, sagte Diana jetzt. »Tatsächlich erklärt sie sogar, dass Gott gar nicht anders kann als treu sein, weil das seinem Wesen entspricht. Fünfundzwanzig Jahre lang habt ihr seine Treue widergespiegelt, indem ihr einander treu gewesen seid«, schloss sie.

Marvin schaute sich im Raum um und sah, dass fast aller Augen mit Tränen gefüllt waren – wie seine eigenen.

Diana drängte ihre Tränen zurück und wurde plötzlich verlegen. Sie murmelte ein schnelles »Danke« und setzte sich wieder.

Einige Augenblicke verharrten alle schweigend und ohne Bewegung. Dann stand Marvin auf, ging zu seinen Eltern und umarmte sie beide.

Zur Diskussion: Warum gebietet uns Gott, treu zu sein? Warum schätzt Gott die Treue? Warum ist Treue (unseren Freunden oder unserem Partner oder Gott gegenüber) richtig?
Gebet: »Herr, unser Gott, lass uns dir und den Menschen gegenüber, die zu unserem Leben gehören, treu bleiben.«

14. April

Treue zahlt sich aus (Teil 1)

Treue gegenüber Gott bringt Gewinn.

Bibellese des Tages: Matthäus 25,14-23
Tages-Vers: »Der Herr aber wird einem jeden seine Gerechtigkeit und Treue vergelten.« (1. Samuel 26,23)

Maritas Mutter beobachtete die Tochter von der vorderen Veranda aus. Marita fuhr mit ihrem Dreirad auf dem Gehweg vor dem Haus entlang. Am Ende des Nachbargrundstücks stoppte sie, drehte um und fuhr dann zurück. Als sie dann mit dem Dreirad in die eigene Einfahrt bog, kam die Mutter die Treppenstufen herunter und ging ihr entgegen.

»Ich bin sehr stolz auf dich«, sagte die Mutter.

Marita zog ihr Näschen kraus, wie sie es immer tat, wenn sie etwas fragen wollte oder nicht verstand. »Warum?«, fragte sie schließlich.

»Weil du immer genau am Ende des Nachbargrundstücks anhältst und umdrehst«, antwortete die Mutter.

»Du hast mir doch gesagt, dass ich nur so weit fahren soll«, sagte Marita.

Die Mutter nickte. »Das ist richtig. Und du hast das niemals vergessen oder versucht, mir ungehorsam zu sein, wenn ich gerade nicht hingeschaut habe.«

Ernsthaft schüttelte Marita ihr Köpfchen.

»Weißt du was?«, fuhr die Mutter dann fort, »da du dich immer an meine Anweisung gehalten hast, am Ende des Nachbargrundstücks umzudrehen, denke ich, dass du jetzt auch groß genug bist, ein bisschen weiter zu fahren.« Sie reckte den Kopf, um die Straße hinunter zu sehen. »Von jetzt an kannst du bis zu dem Telefonmast mit dem großen orangefarbenen Streifen fahren«, sagte sie und zeigte das Ziel.

Marita schaute die Straße entlang und dann mit großen Augen zu ihrer Mutter. »Kann ich das?«

»Ja«, sagte die Mutter. »Aber denk daran, vorsichtig zu sein.«

»Ja, Mama!«, antwortete Marita aufgeregt. Sie drehte ihr Dreirad wieder in Richtung Gehweg. »Ich werde es sofort versuchen!«, rief sie der Mutter zu, während ihre Füße schon wieder heftig in die Pedale traten.

Zur Diskussion: Warum entschied Maritas Mutter, ihr mehr Freiheiten zu geben? Glaubst du, dass Gott uns ebenso belohnt, wenn wir ihm treu sind? Wenn ja, wie?
Gebet: »Herr, wir wissen, dass du diejenigen belohnst, die dir treu sind. Hilf uns, dass wir den treuen Dienern im Gleichnis ähnlich sind. Zeige uns, was wir brauchen, um die Gaben und Fähigkeiten, die du uns gegeben hast, treu zu nutzen.«

15. April

Treue schützt (Teil 1)

Treue gegenüber Gott schützt uns vor Unehre und Enttäuschung.

Bibellese des Tages: Matthäus 25,14-30
Tages-Vers: »Die Ehrfurcht vor dem Herrn schenkt Leben und Sicherheit und bewahrt vor Unglück.« (Sprüche 19,23)

»Komm mit, das wird die coolste Party des Jahres!«

Hong sah seinem Kumpel Derek ins Gesicht und schüttelte den Kopf. »Es ist ausgeschlossen, dass meine Eltern mich auf eine Party von Gregor gehen lassen, vor allem, wenn sie wissen, dass Gregors Eltern nicht da sind.«

»Sie müssen es ja nicht wissen«, sagte Derek mit bittendem Ton.

»Du willst, dass ich gehe, ohne meine Eltern zu fragen?«

»Du hast gerade gesagt, dass sie dich niemals gehen lassen würden, wenn du fragst«, sagte Derek.

»Nein«, beharrte Hong. »Außerdem weißt du, wie Gregors Partys immer ablaufen – Bier und Drogen und solches Zeug. Du weißt, dass ich Christ bin und diesen Kram nicht mag.«

Derek rollte mit den Augen. »Schau, dabei brauchst du ja nicht mitzumachen. Du kannst einfach mitgehen, die Musik hören und ein bisschen bei mir sitzen.« Mit einer bittenden Geste streckte er seine Hand aus. »Wenn du nicht mitgehst, habe ich niemand, mit dem ich zusammensein kann.«

Hong schüttelte wieder den Kopf. »Es tut mir Leid, Derek, ich würde Gott und meinen Eltern ungehorsam sein, wenn ich mitginge. Ich gehe nicht und ich denke, du solltest auch nicht gehen.«

Derek ging trotzdem zur Party. Am nächsten Tag erfuhr Hong in der Schule, dass die Party ausgeartet und dass die Polizei bei Gregor an der Haustür erschienen war. Als die Polizeibeamten herausfanden, dass Gregors Eltern nicht zu Hause waren, brachten sie Gregor und die meisten Gäste zur Polizeistation. Man steckte sie nicht ins Gefängnis, hielt sie aber alle miteinander fest – einschließlich Derek – bis die jeweiligen Eltern kamen und sie abholten.

»Du hattest Recht, Kumpel«, sagte Derek zu Hong, »ich hätte niemals zu dieser Party gehen sollen. Ich bin jetzt in solche Schwierigkeiten gekommen. Meine Eltern werden mich nie mehr aus den Augen lassen bis an mein Lebensende.«

Hong zuckte die Achseln. Sein Freund tat ihm Leid, aber er musste auch ein leises Lächeln unterdrücken. Er wurde sich dessen bewusst, dass seine Entscheidung, Gott treu zu sein, ihm eine Menge Verlegenheit und Kummer erspart hatte.

Zur Diskussion: Glaubst du, dass Derek sich glücklich fühlte, als er zu der Party ging? Warum oder warum nicht? Denkst du, dass Hong glücklich war, weil er Gott oder seinen Eltern nicht ungehorsam gewesen war? Warum oder warum nicht? Auf welche Weise hat Hongs Treue Gott gegenüber ihn beschützt? Denkst du, dass es gut ist, Gott treu zu sein? Glaubst du, dass es gut ist, deinen Eltern gegenüber zuverlässig zu sein?
Gebet: »Danke, Herr, für die Sicherheit und die Bewahrung, die die Treue zu deinem Wort mit sich bringt.«

16. April

Treue schützt (Teil 2)

Treue zum Ehepartner bewahrt einen Menschen vor Kummer.

Bibellese des Tages: Sprüche 31,10-11.28-29
Tages-Vers: »Den Treuen erweist du dich als treu.« (Psalm 18,26)

Bernd saß allein in seinem Zimmer und weinte. Plötzlich hörte er ein Klopfen und die Tür öffnete sich einen Spalt.

»Kann ich reinkommen?«, fragte der Vater.

Bernd antwortete mit einem Nicken. Hastig wischte er sich die Augen mit seinem Hemdsärmel.

Der Vater setzte sich zu Bernd ans Bett. Einige Augenblicke saßen sie so schweigend beieinander, bevor der Vater anfing zu sprechen. »Ich komme gerade vom Telefon, wo ich mit Justins Vater gesprochen habe.« Bernd nickte und schniefte noch leise. »Weinst du deswegen?«, fragte der Vater.

Bernd nickte wieder. Er und Justin waren die besten Freunde. Er wollte nicht, dass Justin woanders hinzog. Aber wenn seine Eltern sich scheiden ließen, musste Justin vielleicht mit seiner Mutter umziehen.

»Warum müssen sie sich auch scheiden lassen?«, fragte Bernd und mühte sich sehr, seine zitternde Stimme unter Kontrolle zu bekommen.

»Sie müssen gar nicht«, antwortete der Vater, »aber diese Entscheidung haben sie nun mal getroffen.«

»Aber warum?«

Der Vater seufzte laut und starrte auf seine Hände. »Wahrscheinlich gibt es eine Menge von Gründen dafür, wovon wir einige einfach nicht verstehen können«, antwortete er. »Aber ich weiß, dass irgendwann im Lauf der Zeit Justins Mutter und sein Vater sich gegenseitig nicht mehr treu waren.«

Bernds Augen wurden schmal. »Was meinst du damit?«

Der Vater schaute Bernd an. Er holte tief Luft und räusperte sich. »Siehst du, Bernd, wenn ein Mann oder eine Frau beginnt, in eine andere Richtung zu denken und andere Menschen in einer Weise behandelt, die nur für den Ehepartner bestimmt ist, kann das schrecklichen Schaden in einer Ehe anrichten. Und das ist bei Justins Eltern passiert.«

»Aber das ist Justin gegenüber nicht fair«, sagte Bernd.

»Da hast du Recht«, antwortete der Vater. »Das ist einer der Gründe, warum Gott will, dass Ehepaare sich treu sind – weil Treue uns eine Menge Kummer ersparen kann. Ich weiß, dass Justins Vater sich heute wünscht, dass er das früher schon verstanden hätte.«

»Ich möchte nicht, dass du und Mama jemals auseinander geht«, sagte Bernd. »Ich auch nicht, Bernd«, antwortete der Vater. »Ich möchte nicht erleben, was Justins Eltern gerade durchmachen, und ich möchte auch nicht, dass du solchen Kummer ertragen musst wie Justin zur Zeit. Aus diesem Grund möchte ich deiner Mutter treu sein, wie ich es bei unserer Hochzeit versprochen habe.«

»Gut«, sagte Bernd. Seine Stimmung schien sich wieder leicht zu heben. »Kann ich Justin anrufen?« Der Vater nickte und sagte: »Wahrscheinlich kann er gerade jetzt einen guten Freund brauchen.«

Zur Übung: Denke über Wege nach, wie du deine Wertschätzung für die Treue deiner Familienmitglieder zeigen kannst. Schenkt einander Karten oder bereitet ein besonders leckeres Essen vor, dass ihr zusammen genießt.

Gebet: »Herr, die Treue, die in unseren Beziehungen sichtbar wird, ist ein Segen. Hilf uns, das niemals als selbstverständlich anzusehen.«

17. April

Treue zahlt sich aus (Teil 2)

Treue gegenüber Freunden schenkt starke, lohnende Beziehungen.

Bibellese des Tages: Sprüche 17,17; 18,24; 27,10.17
Tages-Vers: »Manche so genannten Freunde richten sich gegenseitig zugrunde, doch ein wahrer Freund ist treuer als ein Bruder.« (Sprüche 18,24)

Hannah stellte ihr Essens-Tablett in der Cafeteria der Schule auf den Tisch neben Becky. Becky lächelte ihre Freundin an, griff in ihre Tasche und zog eine Banane heraus. Die hielt sie Hannah hin.

»Danke«, sagte Hannah und mit einer ruhigen Bewegung nahm sie den Apfel von ihrem Tablett und legte ihn vor Becky.

Manuel, der Hannah und Becky gegenübersaß, runzelte die Stirn über das Verhalten der Mädchen. »Was war das jetzt?«, fragte er.

»Was?«, fragte Becky.

»Das mit dem Obst«, sagte er.

»Ach, das«, sagte Becky. Sie erkannte, dass er ihren Handel bemerkt hatte. Sie zuckte mit den Schultern. »Das hat nichts zu bedeuten.«

»Die Cafeteria der Schule hat nur Äpfel im Programm«, erklärte Hannah und lachte Manuel trotz der Zahnspange, die sie trug, an. »Ich kann wegen dieser Spange keine Äpfel essen, und so packt Becky jeden Tag eine Banane zu ihrem Frühstück mit ein und wir tauschen.«

»Jeden Tag?«, fragte Manuel.

Becky zuckte nochmals die Achseln. »Ungefähr ja«, sagte sie.

Manuel schüttelte den Kopf und schaute Becky an. »Du packst jeden Tag eine Banane ein, nur für Hannah?«

»Natürlich«, antwortete Becky. »Wir tun alles mögliche füreinander. Seit der zweiten Klasse sind wir Freundinnen.«

»Als ich damals die Masern hatte«, sagte Hannah, »kam Becky jeden Tag zu uns nach Hause. Mein Mutter wollte das nicht, weil sie fürchtete, sie könnte sich bei mir anstecken. Doch Becky kam jeden Tag, um mir irgendetwas zu bringen und zu fragen, wie es mir ginge.«

Jetzt wandte sich Becky an Hannah – im Moment hatte sie Manuel ganz vergessen. »Erinnerst du dich noch daran, als ich mein Handgelenk gebrochen hatte?« Nun schaute sie Manuel wieder an. »Ich konnte mit dem Gipsverband ja nicht schreiben, da hat Hannah alle meine Hausaufgaben über vier oder fünf Wochen für mich geschrieben!«

Manuel verdrehte die Augen. »O.k., o.k.«, sagte er, »ich kann mir's jetzt vorstellen. Ihr seid ja wahre Mega-Freundinnen.«

Hannah und Becky lachten. Becky schüttelte ihren Kopf. »Nein, das sind wir nicht«, sagte sie. »Wir wissen nur, dass wir uns aufeinander verlassen können, nicht wahr?«

»Stimmt!«, bestätigte Hannah.

Zur Diskussion: Was denkst du, was es bedeutet, seinen Freunden gegenüber treu zu sein? Wie kann Treue gegenüber deinen Freunden sich auszahlen und dich beschützen? Bist du selbst ein treuer Freund? Hast du treue Freunde?
Gebet: »Herr, lehre uns, unseren Freunden und unserer Familie gegenüber wahrhaft treu zu sein.«

18. April

Gott bleibt treu

Treu zu sein, ist nicht nur etwas, was Gott praktiziert, es ist einfach ein Teil seines Wesens.

Bibellese des Tages: 2. Timotheus 2,8-13
Tages-Vers: »Wenn wir untreu sind, bleibt er treu, denn er kann sich selbst nicht verleugnen.« (2. Timotheus 2,13)

Tims Mund stand offen, als er das dicke, gestreifte Fell des Tiger-Jungen streichelte. »Es ist so weich und kuschelig«, sagte er.

Die Frau, die den kleinen Tiger hielt, trug das Abzeichen des Städtischen Zoos. Sie zeigte Tim und einigen anderen aus seiner Schule die »Babystation« des Zoos, in dem sie arbeitete.

»Darf ich ihn mal halten?«, fragte Tim.

Die Frau lächelte, nickte und übergab das Tiger-Junge behutsam in Tims gebeugten Arm.

»Das ist cool«, sagte Tim. »Könnte ich so einen von diesen als Haustier halten?«, fragte er die Frau.

Diese schüttelte den Kopf. »Ich fürchte nein. Siehst du«, sie sprach jetzt laut genug, dass es auch die anderen hören konnten, »dieses süßes kleine Junge ist immer noch ein wildes Tier. Und in unserem Staat ist es nicht erlaubt, Tiger oder Löwen oder Bären als Haustiere zu halten.«

»Warum nicht?«, fragte Tim.

»Nun, einerlei, wie kuschelig dieser hier z. B. jetzt noch ist, bald wird er ein erwachsener Tiger sein. Wie sehr du ihn auch zu erziehen versuchst, er wird immer gefährlich sein, weil das in seiner Natur liegt. Er kann diese nicht verändern. Er kann niemals etwas anderes sein als ein wilder Tiger.«

Später an diesem Tag, als Tim und sechs andere Schüler an einem der Imbiss-Plätze des Zoos ihr Picknick einnahmen, saß eine ihrer Mütter neben Tim mit einer offenen Bibel.

»Ich wollte dir etwas zeigen«, sagte sie. »Du erinnerst dich daran, was diese Zoo-Wärterin dir über den Tiger sagte, wie er immer ein wildes Tier sein würde, weil er seine Natur nicht verändern kann?«

Tim nickte.

»Nun, das erinnert mich an einen Bibelvers.« Sie zeigte auf 2. Timotheus 2,13. »Die Bibel sagt, dass Treue ein Teil von Gottes Wesen ist. Einerlei, was wir tun – ob wir treu oder untreu sind –, *er* wird immer treu sein, weil er sich selbst nicht verleugnen kann. Treusein ist nicht nur das, was Gott praktiziert, es ist ein Bestandteil seines Wesens.«

Tim las den Vers aus dem Buch, das seinen Namen trug.

»Nun sag mir etwas, Tim«, wollte die Frau wissen, »möchtest du deshalb Gott gehorchen oder lieber ihm ungehorsam sein?«

»Ich möchte ihm gehorchen«, sagte Tim mit einem Achselzucken. »Weil ich weiß, dass er mir immer treu bleibt, möchte ich ihm auch treu sein.«

»Ich auch«, sagte die Frau, »ich auch.«

Zur Diskussion: Wie lautet das »Zeugnis« des Apostels Paulus im Hinblick auf Treue nach 2. Timotheus 2,8-13? Wie würde das Zeugnis für dich lauten?

Tipp fürs Gebet: Dankt Gott abwechselnd für seine Treue, vielleicht, indem ihr die Worte aus 2. Timotheus 2,13 benutzt: »Danke, Herr, dass du treu bleibst, auch wenn wir untreu werden.«

19.
April

Die Straße zur Freude

Menschen, die gern das Rechte tun und ablehnen, was böse ist, sind im Allgemeinen mit ihrem Leben eher zufrieden.

Bibellese des Tages: Psalm 45,1-8
Tages-Vers: »Du liebst das Recht und hasst das Unrecht, deshalb hat der Herr, dein Gott, dich gesalbt und das Öl der Freude über dich ausgegossen, reichlicher als über alle anderen.« (Psalm 45,8)

Der Vater zeigte aus dem Autofenster heraus auf die hohen Zäune und steinernen Türme des Gefängnisses, an dem sie vorbeifuhren.

»Schaut mal«, sagte er zu seinen Töchtern Pam und Stefanie, die auf dem Rücksitz saßen.

»Was ist das?«, fragte Pam.

»Ein Gefängnis«, antwortete Stefanie ihrer jüngeren Schwester in bedeutungsvollem Ton. »Weißt du nicht, was das ist?«

Der Anblick des Gefängnisses ließ in dem Vater einen Gedanken auftauchen. »Was denkt ihr, wer mehr Freude am Leben hat: Menschen, die Gott lieben und versuchen das Rechte zu tun, oder Menschen, die Freude am Unrechttun haben?«

»Das ist doch leicht zu beantworten«, sagte Stefanie, die immer noch zu dem hohen, mit Stacheldraht bewehrten Gefängniszaun hinschaute. »Natürlich Menschen, die das Rechte tun.«

»Warum?«, fragte der Vater.

»Weil sie nicht ins Gefängnis müssen«, antwortete Stefanie.

»Und was ist mit denjenigen, die nicht erwischt werden, wenn sie Unrecht tun? Ihnen bleibt das Gefängnis doch erspart? Denkt ihr, dass sie glücklicher sind als Leute, die das Rechte tun?«

Stefanie dachte nach. »Ich vermute schon«, sagte sie, obwohl sie es nicht gerne zugab.

»Meinst du wirklich?« Pam war nicht damit einverstanden. Sie dachte an einen Jungen ihrer Klasse. »Jimmy Masters macht immer schlimme Sachen und wird nie erwischt dabei.«

»Glaubst du, dass er sich wohl fühlt dabei?«, fragte der Vater.

Pam schüttelte heftig den Kopf, wobei ihr Pferdeschwanz hin- und herflog. »Er scheint niemals glücklich. Er kann niemanden leiden und niemand mag ihn.«

»Denkst du, dass er sich besser fühlen würde, wenn er versuchen würde, das Rechte zu tun?«, fragte der Vater.

»Vielleicht«, antwortete Pam mit einem fröhlichen Achselzucken. »Er wäre dann nicht mehr immer so gemein und könnte vielleicht auch Freunde gewinnen.«

Der Vater lächelte. »Weißt du was, Pammy? Ich denke, dass du da richtig liegst. Ich denke, dass das einer der Gründe ist, warum Gott wünscht, dass wir das Rechte tun. Menschen, die das Gute lieben und das Böse hassen, sind im Allgemeinen glücklicher und zufriedener, weil sie den Segen einer solchen Haltung erfahren – was Gott vor allem gewollt hat.«

Zur Diskussion: Was glaubst du, wer mehr Freude und Glück im Leben empfindet. Menschen, die Gott lieben und ihm gehorchen, oder Menschen, die Freude am Bösen haben? Erkläre deine Antwort.
Gebet: »Herr, wir wollen das Gute lieben und das Verkehrte hassen. Auf diese Weise werden wir die Befriedigung erfahren, die du verheißen hast.«

20. April

Die Tatsachen des Lebens

Die Grenzlinie zwischen Gut und Böse geht mitten durch jeden von uns hindurch.

Bibellese des Tages: Römer 7,21-25
Tages-Vers: »Denn die Kinder Gottes besiegen diese Welt; sie siegen durch den Glauben an Christus.« (1. Johannes 5,4)

Nina lehnte ihren Kopf eng an ihre Freundin Vicki. Sie saßen auf der vorderen Veranda von Ninas Haus und beobachteten die vorbeifahrenden Autos. »Michael Mallon war wieder mal schlimm in der Schule«, sagte sie.

»Was hat er diesmal gemacht?«, fragte Vicki.

»Er hat den Lehrer beschimpft«, antwortete sie.

Vicki Augen wurden groß. »Er ist wirklich schrecklich!«, sagte sie. »Warum eigentlich?«

Nina zuckte die Achseln. »Ich weiß es nicht. Er ist halt ein böser Kerl.«

Plötzlich hörten sie, wie sich die Türe hinter ihnen öffnete. Ninas Mutter kam heraus und setzte sich zu ihnen. »Ich hörte euch über Michael Mallon reden«, sagte sie. »Dann hat er wieder Probleme, oder?«

Nina und Vicki nickten so einmütig mit dem Kopf, als ob sie von einem Puppenspieler gesteuert würden.

Die Mutter beobachtete eine Zeit lang die vorbeifahrenden Autos. Dann sagte sie: »Ihr denkt also, dass Michael ein böser Junge ist?«

»Bestimmt«, antwortete Nina, nochmals heftig nickend. »Er kommt immer wieder in solche Sachen rein.«

Die Mutter lächelte. Sie atmete tief ein. »Ihr Mädchen wisst, dass es mir manchmal so vorkommt, als ob die Welt in zwei Sorten von Leuten geteilt ist: gute und schlechte Menschen. Die guten Menschen treffen richtige Entscheidungen und die schlechten falsche.«

Nina und Vicki schauten die Mutter schweigend an.

»Aber wisst ihr, was passiert, wenn ich versuche herauszufinden, wer die guten und wer die schlechten Menschen sind?«

Die Mädchen schüttelten den Kopf.

»Dann erinnere ich mich daran, dass ich manchmal auch falsche Entscheidungen treffe.«

Ninas und Vickis Augen wurden groß und sie schauten sich an.

Die Mutter zog Nina auf ihren Schoß, rutschte dicht an Vicki heran und legte den Arm um die Freundin ihrer Tochter. »Die Welt besteht nicht aus guten und schlechten Menschen«, erklärte sie. »Wir sind alle Sünder. Wir treffen alle falsche Entscheidungen. Wir brauchen alle Gottes Vergebung und wir brauchen alle seine Hilfe, um das Richtige zu tun.«

Nina legte ihren Kopf auf die Schulter der Mutter. »Ich freue mich, dass Gott uns dabei helfen will, das Richtige zu tun.«

»Ich auch«, sagte die Mutter, »wenn er das nämlich nicht täte, würde ich ständig in Schwierigkeiten stecken!«

Die Mutter warf einen humorvollen Blick auf die Mädchen und alle brachen in Lachen aus.

Zur Diskussion: Wie hilft uns Gott zu den richtigen Entscheidungen? Warum sollte ein Mensch zugeben, wenn er falsch gehandelt hat?
Gebet: »Herr, danke für deine Vergebung. Danke auch für deine Hilfe, damit wir uns richtig entscheiden.«

21. April

Leben in Harmonie

Wie schön und wie wunderbar ist es, wenn Brüder einträchtig zusammenleben!

Bibellese des Tages: Psalm 133
Tages-Vers: »Wie schön und wie wunderbar ist es, wenn Brüder einträchtig zusammenleben!« (Psalm 133,1)

Die Mutter hörte Ronald und Katja aus dem nächsten Raum einander anschreien.

»Was ist denn hier los?«, fragte die Mutter, als sie das Zimmer betrat. Sie mahnte ihre Kinder zur Ruhe, die noch ein paar Minuten vorher friedlich mit einem Puzzle zusammen gespielt hatten.

»Ich habe das Puzzle-Teil gefunden, das ich gesucht hatte, und er sagt, dass *er* es zuerst gesehen hat«, protestierte Katja.

»*Ich* habe es zuerst gefunden«, erwiderte Ronald. »Hier hat es gelegen«, sagte er und wies auf einen leeren Fleck auf dem Tisch.

»Eigentlich hättet ihr zwei etwas Besseres zu tun, als euch deswegen zu streiten«, sagte die Mutter. »Lasst uns versuchen, das Puzzle *zusammen* zu beenden«, schlug sie vor. »Ich werde dabei helfen.«

Zwanzig Minuten später war das Puzzle fertig. Die Mutter, Ronald und Katja lachten sich an.

»Ist es nicht schön?«, sagte die Mutter. Ronald und Katja nickten lächelnd.

Plötzlich kam der Mutter ein Gedanke. »Wisst ihr, woran mich dieses Puzzle erinnert?«

Ronald schüttelte den Kopf und Katja fragte: »An was?«

Die Mutter zeigte auf die hübsche Szene, die sie da aus Hunderten von verschiedenen Teilen zusammengesetzt hatten. »Es erinnert mich an uns drei.«

»Wieso?«, fragte Ronald. Er konnte keinen Zusammenhang zwischen dem Bild und ihnen erkennen.

»Erinnert ihr euch noch daran, was für ein Durcheinander diese verschiedenen Puzzle-Teile darstellten, als sie noch auf dem ganzen Tisch verstreut waren?«, fragte die Mutter. Die Kinder nickten. »Und jetzt seht ihr, wie aus all dem ein wundervolles Bild geworden ist, oder? Das ist gerade wie mit uns. Wenn ihr beide euch streitet, ist das nicht sehr schön, nicht wahr?«

»Nein«, antwortete Katja.

»Wenn ihr euch aber vertragt und zusammenarbeitet, kann noch etwas viel Schöneres als dieses Bild daraus entstehen!«

Katja und Ronald lächelten sich an.

»Ich habe eine Idee!«, sagte Ronald. Die Mutter und Katja hörten aufmerksam zu. »Sollten wir nicht das Puzzle auf dem Tisch liegen lassen, bis Papa heimkommt, sodass er sehen kann, wie schön wir das gemacht haben?«

Die Mutter lachte. »O.k.«, sagte sie. »Ich denke, das ist ein guter Gedanke.«

Zur Übung: Was müssen die Menschen tun, um in Harmonie zusammenleben zu können? Welcher Teil gefährdet »das Spiel« dabei? Was kannst du heute tun, um dazu zu ermutigen, »in Harmonie zusammenzuleben«?
Gebet: »Herr, wir möchten deine Harmonie in unserem Leben haben. Danke, dass du uns lehren willst, in Frieden miteinander zu leben.«

22. April

Eins plus eins gibt eins

Gott gebietet, in der Ehe eins zu sein.

Bibellese des Tages: Markus 10,1-9
Tages-Vers: »Und niemand darf sie trennen, denn Gott hat sie zusammengebracht.« (Markus 10,9)

Der Sonntag zur Ehre von Ehe-Jubiläen war in der »Fox Lake Bible Church« angebrochen.

An einem Sonntag im Jahr veranstaltete die Gemeinde, zu der Julie gehörte, eine Riesenfeier zu Ehren der Ehe. Im morgendlichen

Gottesdienst wurde eine große Torte in den Raum hinter dem Altar gebracht. Der Pastor stellte alle verheirateten Paare der Gemeinde vor und berichtete, wie lange sie schon verheiratet waren. Dann sangen alle ein Glückwunschlied für alle Ehepaare der Gemeinde. Manche Paare waren erst seit ein paar Monaten verheiratet, andere schon sehr lange. Ein Paar hatte es auf 68 Jahre gebracht!

»Das war toll!«, sagte Julie, als sie mit ihren Eltern die Kirche verließ.

»Wirklich super«, sagte ihre Mutter.

»Ja«, fuhr Julie fort. »Ich konnte kaum glauben, wie lange einige dieser Leute schon verheiratet sind.«

»Ich denke, dass das eine wunderbare Sache ist«, sagte die Mutter. »Und Gott sieht das bestimmt auch als wundervoll an, weil er das Einssein in der Ehe angeordnet hat.«

»Was meinst du damit?«, fragte Julie.

»Nun, du hast doch gehört, was der Pastor in der Predigt gesagt hat«, erinnerte die Mutter sie. »Jesus sagte, weil Gott Mann und Frau zusammengefügt hat, solle niemand sie mehr trennen.«

»Schon, aber eine Menge Leute lassen sich scheiden«, sagte Julie. Ihr fielen ein paar Familien unter ihren Freunden ein.

Die Mutter nickte. »Das ist wahr. Aber wenn Gott einen Mann und eine Frau in der Ehe verbindet, dann vereinigt er sie in einer Weise, wie nur er es kann. Darum ist es so schrecklich traurig – und oft auch zerstörerisch –, wenn eine Ehe auseinander bricht. Es ist, als ob man eine einzelne Person in zwei Stücke reißt, weil Gott in der Ehe aus zwei Personen eine einzige macht.«

»Eins plus eins ist eins? Mir scheint, Gott ist in Mathematik nicht so gut.«

Die Mutter lachte. »Oh nein«, sagte sie. »Glaub mir, Gott ist gut in Mathematik – sehr gut sogar!«

Zur Übung: Schreibe auf eine Karte »1 + 1 = 1« und platziere sie in dieser Woche an einen besonderen Platz (am Esstisch oder an der Tür vom Kühlschrank), um alle Familienglieder daran zu erinnern, dass Gott das Einssein in der Ehe geboten hat.

Gebet: »Herr, die Ehe ist eine so wunderbare Vereinigung. Sie hat jedoch ohne dich keinen Bestand. Hilf uns, dass wir so miteinander leben, wie du es möchtest.«

23. April

Steffens neue Melodie

Gott befiehlt Einigkeit in der Gemeinde.

Bibellese des Tages: 1. Korinther 1,10-17
Tages-Vers: »Schließlich sollt ihr alle einig sein, voller Mitgefühl und gegenseitiger Liebe.« (1. Petrus 3,8)

»Was wollen wir hier?«, fragte Steffen seinen Vater, als dieser das Auto auf den Parkplatz einer ihm fremden Kirche lenkte. Er saß auf dem Rücksitz neben seinem Bruder James.

»Heute werden wir hier Gottesdienst feiern«, antwortete der Vater.

»Warum?«, fragte Steffen. »Was ist in unserer Kirche nicht in Ordnung?«

»Alles ist in Ordnung in unserer Kirche«, antwortete die Mutter. »Aber wir möchten, dass ihr erkennt, dass ›unser‹ Pastor, ›unsere‹ Gemeinde und ›unser‹ Stil, Gottesdienst zu feiern nicht das Einzige sind, was Kirche ausmacht.«

»O.k.«, sagte Steffen, »Ich glaube euch das. Können wir dann jetzt in unsere Gemeinde gehen?«

Der Vater wechselte einen lächelnden Blick mit der Mutter. »Gib der Sache eine Chance, Steffen«, sagte der Vater. »Diese Leute sind auch unsere christlichen Brüder und Schwestern.«

»Aber ich kenne hier überhaupt niemand.«

»Das wird sich ändern«, sagte die Mutter.

Steffen und James schienen beide etwas nervös zu sein, als sie die unbekannte Kirche betraten, doch ein freundlicher Mann begrüßte sie an der Tür, und kaum hatten sie Platz genommen, begann auch schon der Gottesdienst. Es war nicht so wie der Gottesdienst, den Steffen gewohnt war. Den größten Teil der Zeit blickte er mit großen Augen um sich und überlegte, was wohl als Nächstes dran sei.

Steffen und seine Familie blieben länger als gewöhnlich nach dem Gottesdienst noch da und begegneten einer Menge neuer Menschen. Auf dem Weg zum Auto sagte Steffen: »Das war wirklich cool. Ich mag diese Gemeinde.«

Die Mutter hob die Augenbrauen und warf einen Seitenblick in Steffens Richtung. »Nun, du hast offensichtlich deine Ansicht geändert!« Steffen zuckte mit den Achseln. »Es war tatsächlich cool«, wiederholte er. »Ich bin froh, dass du so denkst, mein Sohn«, sagte der Vater. »Es gefällt Gott, wenn sich seine Leute einig sind. Wir müssen nicht immer in dem gleichen Gebäude oder im gleichen Stil Gottesdienst feiern, aber Gott möchte, dass wir uns als die Brüder und Schwestern verhalten, zu denen er uns gemacht hat.«

Steffen nickte und stieg ins Auto ein. Als der Vater den Wagen aus der Parklücke lenkte, blickte Steffen noch einmal auf das Kirchengebäude zurück, das er so zögernd betreten hatte.

»Papa«, sagte er, »es würde mir nichts ausmachen, irgendwann noch einmal hierher zu kommen.«

Der Vater blinzelte seiner Frau zu. »Mir auch nicht, Steffen.«

»Und mir auch nicht«, fügte die Mutter hinzu.

Zur Übung: Wenn es möglich ist, plant einen Besuch in einer Gemeinde an einem anderen Ort oder wo Gottesdienst in andere Weise gefeiert wird, als ihr es gewohnt seid. Seht den Besuch dort als eine Möglichkeit, eure Einigkeit mit allen wahren gläubigen Christen zu bestätigen.
Tipp fürs Gebet: Nehmt euch Zeit, für die unterschiedlichen Gemeindefamilien innerhalb eures Wohnbereichs und im ganzen Land zu beten.

24. April

Freundschaften

Gott gebietet Einigkeit unter allen Menschen.

Bibellese: Römer 12,9-16
Tages-Vers: »Lebt in Frieden miteinander.« (Römer 12,16)

Peters Lehrerin hatte ihn für den Schulausflug zum Naturgeschichtlichen Museum Benjamin zugeordnet. Ihre Lehrerin, Frau Hoffmeier, verlangte, dass jeder mit einem Schulkamerad zusammenbleiben sollte, sodass keiner von der Gruppe völlig isoliert sein würde und sie eventuell verlieren könnte. Doch Benjamin hatte sehr deutlich zu verstehen gegeben, dass er keine Lust hatte, als Peters »Kumpel« zu gelten.

»Schau«, sagte Peter zu Benjamin, »wir müssen zusammenbleiben, sonst bekommen wir Schwierigkeiten.«

»Ich habe keine Lust, den ganzen Tag mit dir zusammen zu sein«, sagte Benjamin und fügte seinen ärgerlichen Worten noch die Bemerkung hinzu, dass Peter und er zu verschieden seien.

Peter war schockiert über Benjamins Worte und er ärgerte sich. Er versuchte jedoch, diesen runterzuschlucken und sich mit seinem Klassenkameraden sachlich zu unterhalten. »Benjamin«, sagte er, »wir können es doch mal versuchen und ...«

Benjamin stieß Peter seine Faust in den Magen, gerade als Frau Hoffmeier erschien. Sie sah den erstaunten Ausdruck auf Peters Gesicht, da ihn Benjamins Angriff überrascht hatte. In einer blitzschnellen Reaktion trennte sie die beiden Jungen und zerrte Benjamin zurück in den Schulbus, wo er zur Strafe allein sitzen musste.

Zunächst freute sich Peter ein wenig hämisch darüber. »Geschieht ihm recht«, dachte er. Doch sehr schnell tauchte ein anderer Gedanke auf, und er ging zu Frau Hoffmeier und unterbreitete ihr seinen Plan. Sie schien zuerst zu zögern, doch schließlich stimmte sie ihm zu.

Einige Augenblicke später erschien Peter mit einem kleinen Spiel im Schul-Bus, das er sich von einem anderen Klassenkameraden geliehen hatte.

»Was machst du hier?«, fragte Benjamin.

Peter lächelte. Er begann, das Spiel aufzustellen. »Frau Hoffmeier sagte, wir könnten ein Spiel miteinander machen, während du deine Strafe absitzt.«

Benjamin starrte Peter ungläubig an. »Ich sitze doch hier, weil ich dir in den Magen geboxt habe.«

»Ich weiß.« Peter hatte die Figuren fertig aufgestellt. »Du bist dran.«

»Bist du verrückt?«, fragte Benjamin. »Du könntest stattdessen mit der übrigen Klasse Dinosaurier und solche alten Sachen anschauen.«

»Ich weiß«, sagte Peter.

Benjamin schüttelte seinen Kopf. »Ich kann das nicht glauben.«

»Ich auch nicht«, sagte Peter lächelnd. »Möchtest du anfangen?«

Die beiden Jungen starrten sich eine lange Zeit schweigend an. Endlich lockerten sich Benjamins Züge. Er stieß einen Seufzer aus. »Nein«, sagte er, »du fängst an.«

Peter lächelte und eröffnete das Spiel.

Zur Diskussion: Die Menschen fühlen sich oft durch solche Dinge wie Rasse und Nationalität voneinander getrennt. Was glaubst du, wie Gott darüber denkt? Wie könntest du versuchen, mit allen Menschen in Harmonie zu leben?

Gebet: »Jesus, hilf uns, auf Menschen, die anders sind als wir, zuzugehen. Hilf uns, sie so zu lieben, wie du uns liebst.«

25. April

Der Herr ist Einer

Gott schätzt die Einigkeit, weil er selbst sowohl eine Trinität als auch eine Einheit ist.

Bibellese des Tages: Johannes 17,1-11.20-21

Tages-Vers: »Höre, Israel, der Herr ist unser Gott, der Herr allein.« (5. Mose 6,4)

Die Mutter und Robert stiegen die Stufen zu Joshs Haus hinauf. Josh war Roberts Freund. Die beiden Jungen hatten geplant, den Nachmittag miteinander zu verbringen, und die Mutter wollte ihren Sohn hier absetzen.

»Was ist das?«, fragte Robert und zeigte auf einen silbernen Gegenstand neben dem Türrahmen.

Die Mutter, die schon die Hand nach der Türklingel ausgestreckt hatte, hielt inne. Sie schaute auf den kleinen Zylinder. »Das«, sagte sie, »nennt man ein *Me'susah.*«

»Ein was?«

»Ein Me'susah«, wiederholte die Mutter. »Jüdische Familien bringen das an ihren Türpfosten an, um sich immer daran zu erinnern, dass sie sich Gott und seinem Wort verpflichtet haben.«

»Was ist darin?«, fragte Robert.

Die Mutter neigte den Kopf. »Ich denke, das sind kleine Papierstreifen mit Bibelversen darauf«, sagte sie. »Einer der Verse steht in 5. Mose 6,4, wo es heißt: ›Höre, Israel, der Herr ist unser Gott, der Herr allein.‹«

»Was bedeutet das?«, fragte Robert.

»Heute steckst du wohl voller Fragen?«, sagte die Mutter. Sie warf einen Blick auf die Tür und hoffte, dass Joshs Eltern nicht gerade innen auf der anderen Seite standen und auf das Klingelzeichen warteten. »Nun«, sagte sie und überlegte, wie viel an Einzelheiten sie dazu noch bringen musste. »Zur Zeit des Mose beteten die Völker rund um Israel viele, viele Götter an. Und da verkündigte Mose, dass Israel nur einen einzigen Gott anbeten sollte, und nur ihn allein.«

»Aber Jesus ist doch auch Gott«, sagte Robert.

»Ja«, sagte die Mutter. »Als Christen wissen wir, dass Gott eine *Dreieinigkeit* ist, und dass Vater, Sohn und Heiliger Geist alle ›Gott‹ sind.«

»Aber es sind nicht drei Götter, oder?«, sagte Robert.

»Nein«, antwortete die Mutter. »Das ist etwas, das nur Gott selbst vollständig versteht. Gott ist Vater, Sohn und Heiliger Geist und trotzdem Einer. Tatsächlich ist seine Einheit ein Beispiel für uns, weil wir diese Einheit widerspiegeln sollen. Er möchte, dass wir einig sind, nicht zerspalten, und dass wir in Harmonie mit anderen Menschen leben, auch mit denen, die anders sind als wir.«

»Du, Mama?«, sagte Robert.

»Ja?«, antwortete sie und wunderte sich, warum er die Frage nicht mehr aussprach.

»Ich glaube, du brauchst nicht mehr zu klingeln.«

Die Mutter drehte sich und sah Roberts Freund Josh in der offenen Tür stehen, höflich wartend, bis sie ihre Unterhaltung zu Ende geführt hatten.

Zur Diskussion: Wie können wir die Einheit Gottes widerspiegeln?
Tipp fürs Gebet: Bete für deine Familie und benutze die Worte von Jesus, mit denen er für seine Jünger betete: »Vater, ich bitte dich, dass unsere Familie einig ist, wie du und dein Sohn Jesus einig sind.«

26.
April

Die Welt wird glauben ...

Gottes Maßstab für Einheit bedeutet ein wirksames Zeugnis für die Welt.

Bibellese des Tages: Johannes 17,13-22
Tages-Vers: »Ich bete für sie alle, dass sie eins sind, so wie du und ich eins sind, Vater – damit sie in uns eins sind, so wie du in mir bist und ich in dir bin und die Welt glaubt, dass du mich gesandt hast.« (Johannes 17,21)

Bonnie und Wayne verließen die Jugendgruppe gemeinsam und warteten im Foyer des Gemeindehauses auf Bonnies Vater, der sie abholen wollte. Bonnie hatte ihren Freund Wayne zu einem geselligen Abend im Jugendclub eingeladen. Doch als eines der Mädchen während der Gebetszeit offenbarte, dass ihre unverheiratete Schwester schwanger war, ließ die ganze Gruppe ihr Programm fallen und hielt stattdessen einen Gebetsabend für dieses Mädchen ab.

»Ich hoffe, dass du nicht ärgerlich bist, dass es heute Abend nicht so lief, wie wir geplant hatten«, sagte Bonnie zu Wayne.

»Ich kann das nicht glauben, was ihr da macht«, sagte Wayne. »Ihr blast alles andere ab, was ihr tun wolltet, weil Birgit wegen ihrer Schwester Kummer hat.«

»Ja, und...?«, fragte Bonnie.

»Ich weiß nicht ... so etwas habe ich in einer Gruppe noch nie erlebt. Ich meine, dass sich niemand beschwert, dass der ganze Spaß für den Abend ausfällt.«

Bonnie drehte ein paar ihrer Haarsträhnen zwischen ihren Fingern und dachte nach. »Du hast Recht«, sagte sie leise. »Es ist nur ... nun, wir konnten nicht Spiele machen, während Birgit so sichtbar erschüttert war.«

Wayne zuckte die Achseln. »Ich weiß«, sagte er, »nur hätte ich das nicht erwartet.«

»Es tut mir wirklich Leid«, sagte Bonnie. »Ich hoffe, dass es für dich nicht gar zu langweilig war.«

»Nein, das war es nicht. Es ist nur ...«, er zögerte. »Ich habe gedacht, dass es eigentlich sehr o.k. war.«

»Tatsächlich, das hast du gedacht?«, fragte Bonnie mit einem überraschten Klang in der Stimme.

Wayne nickte. »Ich habe niemals viel über Religion nachgedacht. Aber als alle für Birgit gebetet haben, habe ich gedacht: ›Wow, die sind wirklich echt.‹«

Bonnie lächelte.

»Es war, als ob alle das Gleiche dachten und keiner mehr bei sich selbst war mit den Gedanken. Das ist schon eine tolle Sache.«

»Ja, ich denke, das ist es«, sagte Bonnie und hoffte, dass es jetzt nicht allzu nervös klang. »Vielleicht hat das in dir den Wunsch geweckt, herauszufinden, was es bedeutet, ein Christ zu sein, oder?«

Wayne antwortete nicht sofort. Endlich brach er jedoch das Schweigen: »Eigentlich schon«, sagte er, als ob er von seiner Antwort selbst überrascht wäre.

Bonnie atmete einmal tief auf und betete darum, dass ihr Vater sich noch ein bisschen verspätete.

Zur Übung: Denkt über Wege nach, wie eure Familie die Wertschätzung einiger Gemeindemitglieder zum Ausdruck bringen kann. Setzt eure Vorstellungen in die Tat um.

Tipp fürs Gebet: Wenn ihr einen Gemeindebericht vorliegen habt, betet abwechselnd für die verschiedenen Dienste in eurer Gemeinde. Betet darum, dass die Glieder eurer Gemeinde sich einig sind.

27. April

Friede sei mit dir

Gottes Maßstab für Einigkeit schafft Frieden.

Bibellese des Tages: 2. Korinther 13,7-9.11

Tages-Vers: »Freut euch. Ändert euer Verhalten. Ermutigt einander. Haltet fest zusammen und habt Frieden untereinander. Dann wird der Gott der Liebe und des Friedens mit euch sein.« (2. Korinther 13,11)

»Ich spreche nicht mehr mit Maggie!«, erklärte Lissy. Ihr Gesicht war eine einzige düstere Maske.

»Warum nicht?«, fragte ihre Schwester Sally.

»Sie hat Katie statt mich letzten Samstag eingeladen, die Nacht bei ihr zu verbringen«, antwortete Lissy.

Sallys Gesichtsausdruck verriet Verwirrung. »Wir waren ja gar nicht zu Hause, letztes Wochenende«, sagte sie. »Wir waren doch bei Onkel Mike und seiner Familie.«

»Das weiß ich, aber Maggie wusste es nicht! Sie hätte mich doch einladen können.«

»Oh, Lissy, jetzt mach mal halblang! Du bist am Samstagabend überhaupt nicht zu Hause und regst dich über deine beste Freundin auf, weil die ihre Zeit mit einer anderen Freundin verbringt?«

»Darum geht's nicht!«, protestierte Lissy.

»Worum dann?«, fragte Sally.

»Der entscheidende Punkt ist … ist, dass sie mich nicht einmal gefragt hat!«, jammerte Lissy.

»Aber Maggie bittet dich immer, zu ihr zu kommen. Und mir scheint, dass sie auch ebenso oft hier ist.«

»Das ist jetzt alles vorbei«, sagte Lissy. »Ich spreche nicht mehr mit ihr.«

»Willst du damit sagen, dass Maggie keine andere Freundin neben dir haben darf?«, fragte Sally mit erhobener Stimme.

»Nein«, sagte Lissy. Trotzig verschränkte sie ihre Arme. Die beiden Schwestern standen sich schweigend einige Minuten gegenüber.

»Hast du dich darüber schon die ganze Woche aufgeregt?«, fragte Sally in einem etwas milderen Ton.

Lissy nickte. Es schien, als ob sie jeden wachen Augenblick nur über Maggie nachgebrütet hätte.

»Merkst du nicht, was dein Verhalten aus dir selbst gemacht hat?«, fragte Sally. »Du fühlst dich total elend! Wahrscheinlich hast du dich jede wache Minute mit der Sache beschäftigt.«

»Woher weißt du …?«, begann Lissy, doch dann hielt sie inne. »Nein, habe ich nicht!«, sagte sie.

Sally seufzte. »Du machst dich selbst fertig, Lissy. Du und Maggie, ihr seid Freunde. Und wenn du dich wie eine Freundin benimmst und aufhörst, dich so kindisch aufzuführen, dann wird es wieder friedlich bei euch zugehen.«

Lissys Mund stand offen. Ihre Schwester hatte Recht. Sie vermisste es, mit Maggie zusammen zu sein. Sie hatte keinen Augenblick mehr inneren Frieden gehabt, seit sie nicht mehr mit der Freundin gesprochen hatte. Etwas verlegen schaute sie auf Sally und seufzte. »Ich hasse es, wenn du Recht hast«, sagte sie.

Zur Diskussion: Wieso bereitet Gottes Maßstab für Einigkeit Frieden? Sage es so konkret wie möglich. Was glaubst du, welchen anderen Segen Einigkeit noch mit sich bringt?
Gebet: »Herr, danke für die Segnungen der Einigkeit.«

28. April

Gottes geistliche Vitamine

Gottes Maßstab für Einigkeit führt zu geistlicher Reife.

Bibellese des Tages: Epheser 4,3-7.11-13
Tages-Vers: »Bemüht euch, im Geist eins zu sein, indem ihr untereinander Frieden haltet.« (Epheser 4,3)

»Wie sieht's mit den Hausaufgaben aus?«, fragte der Vater.

»Recht gut, Papa!«, sagte Melinda. »Ich muss für Geschichte einen Bericht schreiben.« Sie zwinkerte mit den Augen zu ihrem Vater hin, wie sie es immer tat, wenn sie keine Brille trug. »Wusstest du, dass die Seeleute in der britischen Marine auf langen Reisen häufig schwer krank geworden waren, bis Ärzte ihnen sagten, dass sie frische Früchte und Ähnliches mitnehmen mussten?«

»Tatsächlich?«, sagte der Vater und versuchte, sich ein Lächeln über den Enthusiasmus seiner Tochter zu verkneifen.

»Jaaah«, fuhr Melinda fort. »Denk nur, sie bekamen Skorbut, weil sie auf See monatelang ohne frisches Gemüse oder Früchte leben mussten, das heißt, dass sie kein Vitamin C erhielten. Sie wurden enorm schwach und die Zähne fielen ihnen aus.«

»Ich habe es verstanden«, sagte der Vater.

»Aber als sie dann Limonensaft und Orangen und Zitronen auf die Schiffe mitnahmen, hörte die Skorbut-Plage auf.«

Später, am Abend des Tages, lasen Melinda und ihre Familie nach dem Essen noch einen Bibelabschnitt. Während die Mutter eine Flasche Milch und einen Teller mit Schokoladenplätzchen auf den Tisch stellte, bat der Vater Melinda, einen Abschnitt aus dem letzten Kapitel des zweiten Korintherbriefes zu lesen. Als sie damit zu Ende gekommen war, sagte er: »Diese Verse erinnern mich an deinen Bericht für den Geschichtsunterricht, Melinda.«

»Wieso?« Melinda konnte keine Verbindung zwischen beidem erkennen.

»Du hast mir erzählt, wie die Seeleute auf langen Reisen über den Ozean krank wurden, weil sie nicht genug Vitamin C bekamen, nicht wahr?« Er wartete, bis er sah, dass Melinda nickte. »Das Gleiche kann uns auch auf geistlicher Ebene passieren.«

»Tatsächlich?«, fragte Melinda.

Der Vater nickte. »Siehst du, Melinda, so wie Gott Vitamin C in Apfelsinen, und Vitamin K in Kartoffeln und Vitamin B in Milch entstehen lässt, so schenkt er seinen Kindern unterschiedliche Gaben, die sie in der Gemeinde einsetzen sollen. Wenn wir diese Gaben nicht nutzen – oder uns von anderen Christen trennen – leiden wir schließlich an einer Art geistlichem Skorbut.«

»Darum ist Einigkeit, über die wir in unseren Andachten gesprochen haben, so wichtig«, fügte die Mutter hinzu. »Gemeinschaft mit anderen Christen hilft uns zur geistlichen Gesundheit und Reife.«

Melinda nickte. »Das erinnert mich an etwas«, sagte sie. »Würdest du jetzt bitte die Schokoladenplätzchen und das Vitamin B herumreichen?«

Alle lachten und die Mutter reichte Melinda die Milch.

Zur Diskussion: Was glaubst du, wie Gemeinschaft mit anderen Christen dir helfen kann, als Christ reif und erwachsen zu werden? Sage es so konkret wie möglich.

Gebet: »Herr, wir brauchen eine Dosis deiner geistlichen Vitamine. Erinnere uns daran, dass regelmäßige Zeiten mit dir uns geistlich gesund halten können.«

29. April

Nachahmer von Christus

Ahmt nicht das Verhalten und die Gewohnheiten dieser Welt nach, sondern lasst euch von Gott in einen neuen Menschen verwandeln.

Bibellese: Römer 12,1-2
Tages-Vers: »Deshalb orientiert euch nicht am Verhalten und an den Gewohnheiten dieser Welt, sondern lasst euch von Gott durch Veränderung eurer Denkweise in neue Menschen verwandeln.« (Römer 12,2)

»Mama!«, jammerte Ellen, als sie aus dem Haus in den Garten stürzte, »sag ihm, dass er aufhören soll!«

»Wer soll aufhören?«, fragte die Mutter, ohne von ihrer Arbeit aufzusehen.

»Erik!«, sagte Ellen. »Er macht mir alles nach.«

»Tu ich nicht!«, schrie Erik von irgendwo aus dem Innern des Hauses.

Die Mutter unterdrückte ein Lachen, als sie fragte: »Was macht er, Liebling?«

»Er lässt mich nicht in Ruhe. Wenn ich mit meinen Puppen spiele, möchte *er* damit spielen. Wenn ich Trickfilme anschauen will, will *er* es.«

»Und warum ist das so schlimm?«, fragt die Mutter. »Dein kleiner Bruder mag dich!«

»Mama«, sagte Ellen, immer noch in weinerlichem Ton. »Er macht mich verrückt.«

Die Mutter wischte ihr Gesicht mit der Handkante ab, die in einem Handschuh steckte. Neben der Nase erschien ein Streifen. »O.k.«, sagte sie. »Bitte Erik, zu mir zu kommen.«

Ellen hüpfte ins Haus, um ihrem Bruder die Botschaft der Mutter zu übermitteln. Diese schüttelte leicht den Kopf, als sie ihr nachschaute. Plötzlich kam ihr ein Gedanke.

Manchmal spielen wir auch als Christen ›Nachäffer‹, dachte sie, sich an den Vers erinnernd, in dem gesagt wird, dass wir uns nicht am Verhalten der Welt orientieren sollen. Wir sehen Leute auf der Autobahn rasen und denken, wir müssten genauso schnell fahren. Wir sehen, wie gute Sitten verschwinden und möchten nicht als Außenseiter gelten, und dann handeln wir genauso rücksichtslos wie andere Leute. Wir sehen unsere Nachbarn nach Geld und anderen materiellen Dingen jagen und glauben, dass wir es ihnen gleichtun müssen.

Entschlossen presste sie ihre Lippen zusammen. »Herr«, betete sie, »hilf mir, nicht so ein Nachäffer als Christ zu sein. Hilf mir, dich nachzuahmen statt die Welt um mich herum.«

Gerade in dem Augenblick erschien der kleine Erik bei ihr.

»Mama, sollte ich zu dir kommen?«

»Ja«, antwortete die Mutter sehr ernsthaft. »Ich wollte dich fragen, ob du mit mir ›nachmachen‹ spielen willst?«

Eriks Augen wurden groß. »Wirklich?«, fragte er.

»Wirklich«, antwortete sie. Sie gab ihm eine Hand voll Erde und sagte: »Ich möchte, dass du alles nachmachst, was ich tue, o.k.?«

»O.k.!«, sagte Erik und imitierte glücklich jede Bewegung seiner Mutter.

Zur Übung: Spielt »Schatten«, ein Kinderspiel, bei dem du alles wiederholst, was eine Person am Tisch sagt oder tut. Gewinner ist derjenige, der am längsten spielen kann, ohne zu lachen.
Gebet: »Herr, bitte hilf uns, den Blick fest auf dich zu richten, wenn wir jemals versucht sind, das Verhalten der Welt nachzuahmen.«

30. April

Übung macht den Meister

Wenn wir in unseren Familien Gerechtigkeit praktizieren, sind wir auch eher in der Lage, in der Welt die rechten Entscheidungen zu fällen.

Bibellese des Tages: 1. Timotheus 5,1-4
Tages-Vers: »Mit den jüngeren Männern sprich, als wären es deine Brüder. Behandle die älteren Frauen wie deine eigene Mutter und die jüngeren Frauen mit Zurückhaltung, als wären sie deine eigenen Schwestern.« (1. Timotheus 5,1-2)

»Hey!«, sagte Norbert und unterbrach seine Eltern in ihrer Unterhaltung am Mittagstisch. »Reich mir die Soße.«

Der Vater unterbrach sein Gespräch mit der Mutter, griff aber nicht nach der Soßenkanne neben seinem Teller. »Entschuldige bitte«, wandte sich der Vater an seinem Sohn. »Was hast du gesagt?«

»Ich sagte: ›Reich mir die Soße‹«, wiederholte Norbert.

»Das habe ich mir gedacht, aber ich hoffte, dass ich mich getäuscht hätte«, sagte der Vater. »Hast du nicht bemerkt, dass ich mit deiner Mutter mitten in einem Gespräch war?«

»Doch, schon«, gab Norbert zu.

»Du hast uns unterbrochen«, sagte die Mutter.

»Tut mir Leid«, sagte Norbert, »kann ich jetzt die Soße haben?«

Die Mutter schüttelte den Kopf. »Wie sieht es mit ›bitte‹ aus?«

»O.k.«, sagte Norbert, »kann ich bitte jetzt die Soße haben?« Er verdrehte die Augen. »Schließlich sind wir hier nicht in einem Restaurant oder Ähnlichem.«

»Wenn wir im Restaurant säßen, hättest du dann bessere Manieren?«, fragte der Vater.

»Nun, ja«, sagte Norbert, »oder wenn ich bei anderen Leuten zum Mittagessen eingeladen bin.«

»Ah ja«, sagte der Vater, »deine Mutter und ich müssen uns bei dir entschuldigen.«

Die Mutter und Norbert schauten beide den Vater überrascht an.

Der Gesichtsausdruck des Vaters war ernst. »Das meine ich so, wie ich es gesagt habe. Es scheint, dass wir dir den Eindruck vermittelt haben, dass respektvolles Benehmen nur für Leute außerhalb unserer Familie reserviert bleibt, dass du nur gute Manieren haben musst, wenn du mit anderen Menschen zusammen bist.«

»Komm, Papa, du erwartest doch nicht von mir, dass ich mich auch hier zu Hause immer nur korrekt und vorbildlich benehme, oder?«, fragte Norbert und machte mit der Hand eine abwertende Geste im Hinblick auf ihre bescheidene Umgebung.

»Doch, das tue ich«, antwortete der Vater. »Siehst du, hier kannst du dich in richtigem Verhalten üben. Dieser geschützte Raum, wo die Menschen dir positiv gegenüberstehen, ist der ideale Platz, um gutes und richtiges Verhalten zu lernen. Wie ein Fußballspieler oder ein Eiskunstläufer Tag für Tag üben muss, um die höchste Trophäe oder die Olympia-Medaille zu gewinnen, so hast du hier deinen Trainingsplatz, damit du es im Ernstfall leichter kannst – d. h. wenn du in der Schule oder in der Nachbarschaft unter Druck bist. Du wirst dann in besserer Form sein, um richtige Entscheidungen zu treffen.«

»O. k., Papa, du hast Recht«, sagte Norbert.

Der Vater lächelte: »Noch irgendwelche Fragen?«

»Ja, Papa«, antwortete Norbert. »Kann ich jetzt bitte die Soße haben?«

Zur Diskussion: Brauchst du Training, um richtige Entscheidungen zu treffen? Auf welchem Gebiet? Wie kann deine Familie dir dabei helfen?
Gebet: »Heiliger Geist, hilf uns, junge Männer als Brüder zu behandeln, ältere Frauen als Mütter und junge Frauen als Schwestern mit angemessener Zurückhaltung.«

Mai

1. Mai

Die Wahrheit ist unveränderlich

Wahrheit ändert sich nicht.

Bibellese des Tages: Jesaja 40,3-8
Tages-Vers: »Reinige sie und heilige sie, indem du sie deine Worte der Wahrheit lehrst.« (Johannes 17,17)

»Mama, stell dir vor, was wir heute in der Schule gelernt haben!« Victor zog seinen Regenmantel aus und ließ ihn auf dem Flur bei der Hintertür fallen.

Die Mutter stemmte ihre Hände in die Hüften und runzelte im Spaß die Stirn. »Häng zuerst deinen Mantel auf, junger Mann, und dann kannst du mir was erzählen.«

Victor tat, was die Mutter ihm gesagt hatte, drehte sich dann um und rannte in ihre offenen Arme.

»Nun«, sagte die Mutter, indem sie ihn auffing und in ihren Armen behielt. »Was hast du heute in der Schule gelernt?«

»Hast du gewusst, dass die Menschen früher gedacht haben, dass die Welt eine flache Scheibe wäre?«, fragte Victor.

»Tatsächlich?«, fragte die Mutter schockiert.

Victor nickte. »Ja, wirklich!«, sagte er.

»Wenn sie nicht flach ist«, sagte die Mutter und ging dabei durch Küche und Esszimmer und den vorderen Raum des Hauses. »Welche Gestalt hat sie dann?«

»Sie ist rund«, sagte Victor, »das weißt du doch.«

»Stimmt«, gab die Mutter zu. Sie setzte sich auf einen Stuhl neben den Globus, der sich im vorderen Raum in einer Ecke befand. »Aber in all den Jahren, als die Menschen dachten, sie sei wie eine Scheibe, war sie da flach oder rund?«

Victor dachte einen Augenblick nach, sagte dann aber in festem Ton: »Rund.«

Die Mutter nickte. »Das ist richtig, Victor. Du siehst, was die Leute dachten, änderte nichts an dem, was *wahr* war, oder?«

»Nein«, antwortete Victor.

»Hmmm«, sagte die Mutter und nickte nachdenklich. »Also, während all der Jahre, in denen die Menschen dachten, die Welt sei eine Scheibe, hat sich die Wahrheit nicht geändert, oder?«

Victor schüttelte den Kopf.

»Dann möchte ich dich noch etwas fragen, bevor du raus zum Spielen gehst.« Die Mutter fuhr ihm mit den Fingern durchs Haar. »Manche Leute sagen, dass Gottes Wort nicht wahr ist.« Sie machte eine Pause. »Was denkst du darüber?«

Victor dachte über die Frage seiner Mutter lange nach, bevor er antwortete: »Was sie *denken*, spielt doch keine Rolle, Mama, oder?«

»Du hast Recht, Victor«, sagte die Mutter. »Weil sich die Wahrheit nie verändert.« Sie stand auf und setzte Victors Füße auf den Boden. »Aber ich möchte, dass du dich umziehst zum Spielen.«

»O.k.«, sage Victor und rannte die Treppe hinauf, um seine Schulkleidung auszuziehen.

Zur Diskussion: Welche Dinge ändern sich zum Beispiel? Und was ändert sich niemals?
Gebet: »Herr, unser Gott, erinnere uns daran, dass Wahrheit unveränderlich ist, weil du unveränderlich bist. Erinnere uns daran, dass die Wahrheit unveränderlich ist, weil dein Wort unveränderlich ist. Und hilf uns, nach deiner Wahrheit zu leben und nicht nach menschlichen Gefühlen und Meinungen.«

2. Mai

Die Wahrheitsbrille

Zu wissen, dass Gott entschieden hat, was »Recht« oder »Unrecht« ist, kann unsere Entscheidungen klarer und leichter machen.

Bibellese für den Tag: Matthäus 6,22-23
Tages-Vers: »Der Weg der Gottlosen aber ist vollkommene Finsternis. Die ihn gehen, erkennen nicht, worüber sie stolpern.« (Sprüche 4,19)

Manuela und Liz waren so enge Freundinnen, dass ihr Lehrer sie »Die Zwillinge« nannte. Sie waren gleich groß, ihr Haar hatte den gleichen

Schnitt und sie trugen Brillen mit dem gleichen Gestell. Manchmal beendete die eine den Satz der anderen beim Reden.

Als Manuela mit Liz den Schul-Bus bestieg, der sie zu einem Schulausflug mit Übernachtung in einem Natur-Schutzgebiet bringen sollte, sagte sie: »Das wird …«

»… richtig cool!«, sagte Liz. Die Mädchen schauten sich an und brachen in Lachen aus.

Mit der übrigen Klasse im Camp angekommen, machten Liz und Manuela die Hütte ausfindig, wo sie schlafen sollten und gewöhnten sich schon mal an die nebeneinander stehenden Feldbetten. Am nächsten Morgen lachten sie schon wieder zusammen, sobald sie die Füße auf den Boden gesetzt hatten. Mittags aber klagten beide Mädchen über Kopfschmerzen. Sie waren verdrießlich geworden und kritisierten alles, vom Essen bis zum Wetter. Beide Mädchen konnte sich nur schwer konzentrieren auf das, was sie lernen sollten.

»Jetzt muss ich heute schon zum dritten Mal meine Brille putzen«, klagte Liz.

»Findest du das nicht schrecklich?«, sagte Manuela. »Ich muss gewöhnlich meine Brille häufig putzen, aber…«

»Heute hast du sie noch kein einziges Mal geputzt«, sagte Liz.

Plötzlich schauten die Mädchen sich an. Ihre Augen wurden groß und der Mund blieb ihnen offen stehen. Sie nahmen ihre Brillen ab und tauschten sie tastend aus.

Und wieder lachten sie. Sie hatten an dem Morgen beide die Brille der anderen aufgesetzt und daher den ganzen Tag die falschen Gläser getragen!

»So geht es viel, viel besser«, sagte Liz.

»Ich weiß«, stimmte Manuela zu. »Ich wette, deswegen hatten wir auch Kopfschmerzen …«

»Und fühlten uns so mies«, fügte Liz hinzu. Sie schoben das Essen auf ihrem Teller hin und her. Sie hatten erst eine Nacht in diesem Lager verbracht, und Liz sehnte sich schon nach dem guten Essen in der Schule.

»Ich kann kaum glauben, dass etwas so Dummes wie falsche Brillengläser tragen einem so viel ausmachen kann«, sagte Liz.

»Ja«, sagte Manuela, »es ist als ob alles davon beeinflusst würde.«

»Ich hätte trotzdem sofort wissen müssen, dass etwas nicht stimmte«, sagte Liz.

»Warum?«, fragte Manuela.

»Weil unser Frühstück gar nicht so widerlich aussah!«, antwortete Liz lachend.

Zur Diskussion: Was bedeutete das Tragen der falschen Brille für Manuela und Liz? Was glaubst du, wie Gottes Wort unsere Entscheidungen klarer werden lässt?

Gebet: »Herr, wenn wir nicht wissen, wie wir uns entscheiden sollen, erinnere uns daran, dass wir jede Entscheidung dir unterwerfen sollten.«

3. Mai

Nichts als die Wahrheit

Gott will, dass wir die Wahrheit sagen, die ganze Wahrheit, und nichts als die Wahrheit.

Bibellese des Tages: 1. Könige 22,10.12-23

Tages-Vers: »Denn ich bin der Herr, der von Gerechtigkeit redet und verkündigt, was recht ist.« (Jesaja 45,19)

»Tom! Tanja!«, rief der Vater. »Kommt her, schnell!«

Tanja kam um die Ecke aus der Küche und ging zum Wohnzimmer, während ihr Zwillingsbruder aus dem Schlafzimmer die Treppe heruntergaloppierte.

»Was ist passiert?«, fragte Tanja ihren Vater.

»Nichts ist passiert«, sagte der Vater. »Ich wollte euch beiden nur das hier zeigen.« Er stellte die Fernbedienung auf den Bildschirm ein und drehte die Lautstärke auf. Eine Gerichtssaal-Szene erschien und in der Ecke des Bildschirms ein kleines Logo: »Fernseh-Gericht«. Eine Frau Mitte dreißig legte ihre Hand auf eine Bibel, als der Gerichtsschreiber sie aufforderte: »Schwören Sie, die Wahrheit zu sagen, die ganze Wahrheit und nichts als die Wahrheit, so wahr Ihnen Gott helfe?«

Die Frau antwortete: »Ich schwöre«, und nahm dann wieder Platz neben dem hohen holzgetäfelten Richtertisch.

Der Vater richtete die Fernbedienung auf den Schirm und drehte die Lautstärke wieder herunter.

»Habt ihr gehört, was der Mann gesagt hat?«, fragte der Vater die Zwillinge.

»Mmm«, sagte Tom mit einem Kopfnicken, »Er forderte von ihr, dass sie die Wahrheit, die ganze Wahrheit und nichts als die Wahrheit sagen sollte.«

Der Vater nickte Tom zu. »Das stimmt. Und warum? Warum sagte er nicht nur: ›Schwören Sie, die Wahrheit zu sagen?‹«

Die Zwillinge starrten den Vater einige Augenblicke verständnislos an. Schließlich sprach Tanja.

»Weil ein Mensch die Wahrheit sagen kann und doch nicht die ganze Wahrheit«, meinte sie. »Wie z.B. wenn Tom und ich Mama jeweils zwanzig Euro aus dem Geldbeutel stehlen würden. Dann, wenn du uns fragst, würde ich sagen ›Tom hat Mama bestohlen‹ und verschweigen, dass ich es auch getan hätte. Das wäre die Wahrheit, aber nicht die ganze Wahrheit.«

»Das stimmt genau«, sagte der Vater.

»Oder«, warf jetzt Tom ein, »ich könnte sagen: ›Ja, ich habe Mama bestohlen, aber ich nahm nur einen Euro, während ich in Wirklichkeit zwanzig genommen hätte. Das Erste wäre die Wahrheit gewesen, aber dann hätte ich eine Lüge angehängt, und so hätte ich nicht ›die ganze Wahrheit‹ gesagt.«

»Wieder richtig«, sagte der Vater. »Ihr beide seid ganz schön klug. Nun möchte ich euch noch eine Frage stellen: Was denkt ihr, was Gott von uns will – die Wahrheit, die ganze Wahrheit oder nichts als die Wahrheit?«

»Das ist leicht, Papa«, sagte Tom. »Er will alle drei Arten von uns!«

»Ja, weil er ein Gott der Wahrheit ist, oder, Papa?«, sagte Tanja. Der Vater nickte und lächelte seine Zwillinge an. »*Das ist* die Wahrheit!«

Zur Diskussion: Warum ist es wichtig, die Wahrheit zu sagen, die ganze Wahrheit und nichts als die Wahrheit?

Gebet: »Herr, wir brauchen den Mut von dir, um die Wahrheit zu sagen, die ganze Wahrheit und nichts als die Wahrheit.«

4. Mai

Deins, meins oder unsers?

Es ist einerlei, ob du etwas für falsch hältst oder nicht. Was zählt, ist nur: »Was denkt Gott darüber?«

Bibellese des Tages: Psalm 32,1-8
Tages-Vers: »Der Herr spricht zu mir: ›Ich will dir den Weg zeigen, den du gehen sollst. Ich will dir raten und dich behüten.‹« (Psalm 32,8)

»Linda, warte, bis du das tolle Programm sehen kannst, das ich gestern Abend auf meinem Computer installiert habe!«, sagte Tara zu ihrer Freundin. »Da gibt es einen Bildschirmschoner, der ist total cool! Da gibt's fliegende Schlösser und Ritter und alle möglichen tollen Dinge.«

»Oh ja, ich habe davon gehört«, antwortete Linda.

»Warum kommst du nach der Schule nicht rüber?«, schlug Tara vor.

Linda stimmte zu und ging nach den Hausaufgaben zu Tara. Die beiden Mädchen saßen nebeneinander an Taras Computer.

»Ich habe alle möglichen großartigen Sachen gestern von Mamas Büro mit nach Hause gebracht«, sagte Tara. »Sie hat noch spät gearbeitet, da bin ich hingegangen und habe alles kopiert, was ich brauchen konnte.«

Linda lächelte schwach und nickte ihrer Freundin zu. Tara klickte durch ein Dutzend Programme und zeigte ihrer Freundin dabei eine Menge neuer Spiele, Grafiken und andere Programme. »Du weißt aber, dass das keine kostenlosen Programme sind, oder?«, fragte Linda.

»Na klar«, antwortete Tara. »Wo ist das Problem?«

»Du darfst diese Programme nicht von anderer Leute Computern kopieren, das weißt du. Sie haben diese Programme *gekauft*.«

»Ja, aber was ist schon dabei? Ich würde diesen Kram niemals kaufen. Kopieren ist nicht wie Stehlen.«

»Wenn das kein Stehlen ist, was ist es dann?«, fragte Linda leise.

Taras Gesicht zeigte einen beleidigten Ausdruck. »Schau, solange ich diese Sachen nicht an andere Leute verkaufe, tue ich doch nichts Falsches. Ich benutze sie nur auf meinem Computer.« Sie blickte ihre

Freundin an, die nicht überzeugt schien. »Ich würde das Zeug niemals benutzen, wenn ich es kaufen müsste. Deshalb denke ich, dass ich nichts Unrechtes tue.«

»Es spielt keine Rolle, was du denkst, was Recht oder Unrecht ist«, sagte Linda. »Es kommt darauf an: ›Was denkt Gott?‹«

Tara löste sich von Lindas Blick und starrte auf ihren Monitor. Ein komischer grüner Drache rannte schreiend vor einem schmucken Prinzen in glänzender Rüstung weg. Ihr wurde klar, dass sie ihr Handeln gerechtfertigt und entschuldigt hatte, statt es Gottes Maßstäben von Ehrlichkeit zu unterwerfen. Sie ließ einen langen Seufzer hören.

»Überzeugt«, sagte sie. Sie begann, die Programme zu löschen, einschließlich des Bildschirmschoners, den sie so besonders liebte.

Zur Diskussion: Hat Tara falsch gehandelt, als sie die Computer-Software »auslieh«? Welche anderen Arten ähnlichen »Ausleihens« werden praktiziert? Ist z. B. das Kopieren von ausgeliehenen Video-Bändern falsch? Wie steht es mit Kassetten und CDs? Wie kann man wissen, ob man die Grenzlinie vom »Leihen« zum »Stehlen« überschritten hat?
Gebet: »Himmlischer Vater, manchmal kommen wir in Versuchung, zu stehlen oder es zu rechtfertigen, wenn wir etwas unberechtigt ausleihen. Hilf uns, in unseren Aktionen ehrlich zu sein.«

5. Mai

Wahr von Natur

Gott ist wahrhaftig. Es ist nichts *Falsches* in ihm.

Bibellese des Tages: Johannes 7,28-30
Tages-Vers: »Wer aber den Vater hört und von ihm lernt, der kommt zu mir.« (Johannes 6,45)

Abbys Mutter hörte einen lauten Knall und stürzte in das Wohnzimmer, wo Abby gespielt hatte. Sie fand dort Abby, die allein beim Fenster stand und die Hände hinter dem Rücken liegen hatte. Das Fenster hinter Abby war zersplittert, und die Mutter entdeckte sehr bald die Ursache dafür – das Ende eines Besenstiels ragte noch durch die zerbrochene Fensterscheibe.

»Abby«, sagte die Mutter ernst, »du hast das Fenster kaputtgemacht, nicht wahr?«

»Nein, Mama«, sagte Abby – ihr Gesicht und ihre Stimme süß wie Honig.

Die Mutter legte ihre Hände auf Abbys Lippen. »Also, Abby, ich bin nicht böse wegen des Fensters, aber ich möchte, dass du mir die Wahrheit sagst. Du hast das Fenster kaputtgemacht, nicht wahr?«

Abby schüttelte den Kopf. »Nein, Mama«, antwortete sie.

Die Mutter seufzte und hielt Abby ihre Hand hin. Abby nahm die Hand und zusammen gingen sie in die Küche. Die Mutter hob Abby auf den Arbeitstisch, sodass sie »Auge in Auge« miteinander reden konnte.

»Abby«, sagte die Mutter, »erinnerst du dich an das, was Gott über wahrhaftig sein sagt?«

Abby nickte mit großen Augen. »Er sagt, dass man nicht lügen darf«, sagte sie.

»Das ist richtig. Und erinnerst du dich auch, warum er das gesagt hat?«

Abby runzelte die Augenbrauen. »Weil er selbst niemals lügt«, sagte sie leise.

Die Mutter lächelte. »Sehr gut. Und weißt du auch, warum Gott niemals lügt?«

Abbys Augen gingen nach oben, als ob sie eine Fliege an der Decke beobachtete.

»Kann ich dir helfen, dich zu erinnern?«, fragte die Mutter.

Abby nickte. Ihr Blick hing immer noch an der Decke.

»Gott möchte nicht, dass wir lügen, weil er selbst wahrhaftig ist, Abby. Alles, was mit Gott zu tun hat, ist wahr. Und weil er immer wahrhaftig ist, möchte er, dass wir die Wahrheit sagen. Wenn wir die Wahrheit sagen, zeigen wir einander, wie Gott ist. Und das ist es, was er möchte.«

Abby knabberte an ihrer Unterlippe. »Ich wollte das Fenster nicht kaputtmachen, Mama«, sagte sie. »Ich habe mit dem Besenstiel gespielt und mich dabei umgedreht. Und dann war das Fenster eingeschlagen.«

»Ich weiß«, sagte die Mutter. Sie nahm Abby von der Küchentheke herunter und wirbelte sie in ihren Armen durch die Küche.

»Freust du dich, dass ich das Fenster kaputtgemacht habe, Mama?«, fragte Abby.

Die Mutter hielt inne. »Nein«, antwortete sie lächelnd. »Aber ich bin sehr froh, dass du die Wahrheit gesagt hast.«

Zur Diskussion: Warum möchte Gott, dass wir wahrhaftig sind? Was bewirkt es in uns, wenn wir die Wahrheit sagen?
Gebet: »Herr, wir möchten wahrhaftig sein, weil du wahrhaftig bist. Wir möchten die Wahrheit hoch einschätzen, weil du sie hoch bewertest.«

6. Mai

Laufen über dünnes Eis

Es kann schwer sein, den ehrlichen Weg zu gehen, aber auf lange Sicht ist es der bessere.

Bibellese des Tages: Psalm 1
Tages-Vers: »Über die Wege der Gottesfürchtigen wacht der Herr, die Wege der Gottlosen aber führen ins Verderben.« (Psalm 1,6)

Joe, Nick und Daniel kamen vom Schlittschuhlaufen. Sie waren unter den Letzten, die die Eisbahn verließen. Nur noch ein paar Mädchen waren zu sehen. Sie sammelten sich am anderen Ende des Gebäudes. Während sie die Schlittschuhe abschnallten und die Schuhe anzogen, unterhielten sich die Jungen über den Abend.

»Es hat riesigen Spaß gemacht, rückwärts laufen zu lernen«, sagte Joe. »Danke, dass du mir das beigebracht hast, Daniel.«

»Kein Problem«, antwortete Daniel, »wenn du es einmal kapiert hast, macht es wirklich Spaß.«

»Hey, schau doch mal!« Nick zeigte auf eine Bank in der Nähe. Er blickte sich um. »Jemand hat seine Schlittschuhe da liegen gelassen. Die sehen gut aus!«

Er machte einen Sprung auf die Bank, griff nach den verlassenen Schlittschuhen. »Die sind Größe 40«, sagte er. »Welche Größen habt ihr?«

»Das ist meine Größe«, sagte Daniel. »Sie sind ganz sicher wesentlich besser als meine ollen hier. Steck sie hier in meine Tasche. Ich werde meine dann offen über der Schulter heimtragen.«

»Bestimmt nicht«, sagte Joe. »Sie gehören doch irgendjemand. Es wäre Unrecht, wenn wir sie einfach mitnehmen würden.« Die anderen Jungen schauten Joe ungläubig an. »Was wäre, wenn du deine Schlittschuhe irgendwo liegen lässt?«, argumentierte Joe. »Du möchtest sie gerne zurückhaben. Wir müssen sie an der Kasse abgeben.«

»Joe, manchmal bist du ein richtig lästiger Kerl.« Daniel hatte die Schlittschuhe bereits in seiner Tasche. »Worum machst du dir Kummer? Kein Mensch wird das rausbekommen. Und du bist ja nicht derjenige, der sie nimmt. Ich bin es. Also misch dich nicht ein!«

»Wenn du dir zu gut bist, um mit uns gemeinsame Sache zu machen«, sagte Nick mit einem gewissen Sarkasmus, »bist du wohl gezwungen, dir andere Freunde zu suchen.«

»Wenn ihr die Schlittschuhe behaltet, wäre es wohl das Beste«, antwortete Joe. »Denn wenn ich an der Kasse sage, wie ihr euch verhalten habt, und sie dann die Polizei rufen, dann werden meine Eltern mir nicht mehr erlauben, mit euch zusammen zu sein.«

»O.k., Herr Ober-Tugendbold!« Daniel warf die Schlittschuhe nach Joe und verletzte ihn an der Brust. »Dann bring sie zu Kasse, mir ist es egal. Erwarte aber nicht, dass wir noch einmal etwas zusammen unternehmen.« Er und Nick gingen.

Joe saß allein auf der Bank und fühlte sich gleichzeitig froh und traurig. Er hatte den Eindruck, dass er gerade etwas verloren hatte. Aber andrerseits hatte er auch das Empfinden, irgendetwas durchgestanden zu haben.

Zur Übung: Was, glaubst du, hat Joe verloren? Und was, denkst du, hat er durchgestanden? Glaubst du, dass es leicht war für Joe, ehrlich zu sein? Warum oder warum nicht? Sollten wir ehrlich sein, auch wenn es schwer fällt? Warum oder warum nicht?
Gebet: »Wenn unsere Freunde uns ablehnen, weil wir etwas tun, was richtig ist, Herr, erinnere uns daran, dass du uns niemals zurückweist.«

7.
Mai

Die beste Taktik

Ehrlichkeit zieht das Vertrauen und den Respekt anderer Menschen auf sich.

Bibellese des Tages: 1. Samuel 12,1-5
Tages-Vers: »Aufrichtige Menschen lassen sich von ihrer Ehrlichkeit sicher leiten, das Leben der Betrüger aber wird durch Unehrlichkeit zerstört.« (Sprüche 11,3)

»Wer zählt die Punkte?«, fragte Marlene.

Marlene und einige ihrer Freunde hatten sich zu einer »Übernachtungs-Party« in Marlenes Haus verabredet. Sie bereiteten sich für eines ihrer beliebtesten Spiele vor, ein schnelles Spiel, zu dem eine Menge Rufen und Schreien gehörte.

»Ich mache es«, bot sich Carrie an und hob die Hand wie eine ängstliche Schülerin.

»Ach nö«, sagte jemand, »du hast letztes Mal geschwindelt! ... Wie wäre es mit Anne?«

Einige sprachen gleichzeitig und hatten Einwände gegen die Nominierung von Anne.

»Schon gut, wenn ihr darauf besteht«, sagte ein anderes Mädchen, »dann werde *ich* aufschreiben.«

»Na bravo!«, protestierte Carrie. »Wenn man *mir* nicht trauen kann, kann man es dir auch nicht!«

»Was soll das heißen?«

»Erinnerst du dich noch, als wir dich beim Kicken Schiedsrichter sein ließen?«, fragte Carrie. »Du hast immer positiv entschieden!«

Das andere Mädchen lächelte listig. »Nur wenn sie in meinem Team waren«, antwortete sie.

»Nun macht schon«, unterbrach Marlene sie. »Wählt einfach irgendjemand.«

»Marlene«, schlug Anne vor, »ich würde sagen, wir lassen Marlene zählen.«

»Jaaa«, stimmte Carrie zu und wandte sich an Marlene. »Du machst es.« Sie schaute alle anderen Mädchen im Raum an. Ihrem Blick begegnete nur Nicken.

»Ich möchte aber nicht«, jammerte Marlene.

»Du musst«, sagte Anne und drückte Marlene einen Stift und einen Schreibblock in die Hand. »Du bist die Einzige hier im Raum, die nicht betrügt wie verrückt. Tatsächlich habe ich noch nie gesehen, dass du bei irgendetwas betrogen hättest.«

»Stimmt«, sagte Carrie lachend. Sie schubste Marlene mit dem Ellenbogen in die Seite. »Hab aber eine Auge auf Anne«, sagte sie in einem spöttischen Flüsterton. »Das werde ich versuchen«, antwortete Marlene, »aber das wird nicht leicht sein.« Sie beugte sich zu Carrie hin und sagte ebenfalls in spöttischem Flüsterton: »Weil ich nämlich auch auf dich aufpassen muss!«

Zur Übung: Welchen Ruf hast du bei deinen Freunden? Woher weißt du das?

Gebet: »Herr, hilf uns immer daran zu denken, dass aufrichtige Wahrhaftigkeit die beste Taktik ist.«

8. Mai

Gute Gaben

Gott ist der Geber aller guten Gaben.

Bibellese des Tages: Jakobus 1,13-18

Gebet: »Ja, der Herr wird es uns gut gehen lassen.« (Psalm 85,13)

»Kann ich das aufmachen, Mama? Darf ich?«, bettelte Steven und sprang um den großen Karton, der gerade angeliefert worden war. Stevens Geburtstagsessen mit der Familie war für den Abend geplant. Er hoffte, dass das Paket etwas damit zu tun hatte.

»Nein«, antwortete die Mutter leise. »Ich denke, wir warten bis heute Abend mit dem Öffnen.«

Der Rest des Nachmittags verging für Steven sehr langsam. Er versuchte es mal mit Fernsehen und dann eine Weile mit Radfahren. Doch er konnte seine Gedanken nicht von dem großen Karton lösen, den er am Abend aufmachen durfte.

Endlich war es so weit, und die Mutter rief zum Geburtstagsessen. Er ging hinein und sah, dass seine Mutter das Esszimmer mit Papierschlangen und Ballons dekoriert hatte!

»Darf ich es jetzt öffnen, Mama?«, fragte er.

»Erst nach dem Essen«, sagte sie. »Aber ich kann dir schon verraten, dass deine Tante Kate das Paket gesandt hat.«

Das war der Clou! »Tante Kate!«, schrie Steven, und begann, Luftsprünge zu machen. »Tante Kate schickt die besten Geburtstagsgeschenke der Welt!«

Steven überstand schließlich auch die Essenszeit und das lange Warten, bis Vater und Mutter ihn endlich seine Geschenke aufmachen ließen. Natürlich war Tante Kates Geschenk der absolute Renner.

An jenem Abend, als die Eltern ihn ins Bett brachten, fragte ihn die Mutter, ob sein Geburtstag ihm Freude gemacht hätte.

»Oh ja!«, sagte er glücklich. »Vor allem Tante Kates Geschenk!«

»Tante Kate liebt dich sehr«, erklärte die Mutter. »Darum vergisst sie deinen Geburtstag nie. Aber weißt du, dass es jemand gibt, der noch bessere Geschenke macht als Tante Kate?«

Stevens Augen verengten sich misstrauisch. »Du schwindelst!«, sagte er.

Die Mutter lächelte. »Nein, tu ich nicht. Gott gibt noch bessere Gaben. Die Bibel sagt, dass alle guten Gaben von Gott kommen.«

»Du meinst, dass selbst Tante Kates Geschenk von Gott kommt?«, fragte Steven.

»In gewisser Weise ja«, antwortete die Mutter langsam. »Tante Kate hat dir zwar dieses Geschenk geschickt.« Sie zögerte einen Augenblick. »Aber wer hat dir Tante Kate gegeben?«

Steven blieb der Mund offen stehen, als ihm klar wurde, was die Mutter damit meinte. »Gott!«, sagte er.

»Richtig«, sagte die Mutter. »Tante Kate ist nur eine von Gottes vielen guten Gaben an uns, nicht wahr?«

»Stimmt!«, sagte Steven.

Zur Diskussion: Zählt Gottes gute und vollkommene Gaben an euch abwechselnd auf. Überlegt euch, wie ihr Gott dafür loben könnt.
Gebet: »Herr, du bist der Geber alles dessen, was gut ist. Danke für deine Treue uns gegenüber.«

9. Mai

Den Anweisungen folgen

Wenn wir wissen, dass wir auf dem falschen Weg sind, müssen wir das zugeben und umkehren.

Bibellese des Tages: 1. Timotheus 6,11-14
Tages-Vers: »Bemühe dich um ein Leben, so wie Gott es will.« (1. Timotheus 6,11)

»Der Mann hat gesagt, dass wir dort umkehren müssen, Papa«, sagte Kirsten.

»Ich habe gehört, was der Mann gesagt hat«, antwortete der Vater gelassen ohne umzuwenden.

Kirsten und ihre Familie hatten sich auf ihrem Weg zu einer Hochzeit verfahren. Nachdem sie eine Weile drauflos gefahren waren, hatte der Vater schließlich am Straßenrand gehalten und einen Mann nach dem Weg gefragt.

Der Mann hatte in einigen Sätzen eine sorgfältige Richtungsanweisung gegeben. Eine Weile hatte sich der Vater daran gehalten, doch plötzlich stoppte er.

»Warum fährst du nicht weiter, wie der Mann uns gesagt hat, Papa?«, fragte Kirsten.

»Ich denke, ich weiß, wo ich jetzt bin«, antwortete er.

Die Mutter warf einen unsicheren Blick auf den Vater, sagte aber nichts.

Nach einer relativ langen Zeit fuhr der Vater wieder an den Straßenrand und sprach eine Person auf dem Gehweg an. Als der Mann sich umdrehte, erkannten Vater, Mutter und Kirsten in ihm den gleichen, der ihnen vorher die genauen Anweisungen gegeben hatte. Verlegen stotterte der Vater etwas daher, als er den Mann bat, seine Anweisungen noch einmal zu wiederholen.

Als sie sich nach der Trauung auf dem Heimweg befanden, bat der Vater die Mutter, das Steuer zu übernehmen. Er selbst setzte sich zu Kirsten auf den Rücksitz.

»Meine Hartnäckigkeit ließ uns zu spät zu der Trauung kommen, nicht wahr?«, fragte der Vater.

Zögernd nickte Kirsten.

»Ich habe mich bereits bei Mutti entschuldigt«, sagte er. Der Vater atmete tief ein. »Kirsten, ich komme mir dumm vor wegen dem, was ich tat, aber das ist nicht so schrecklich schlimm. Doch manchmal machen wir das Gleiche mit den Anweisungen Gottes. Und dann können die Folgen sehr viel schlimmer sein, als einmal zu spät zu einer Trauung zu kommen.«

»Gottes Wegweisungen?«, fragte Kirsten.

Der Vater nickte. »Siehst du, Kirsten, Gott hat uns in seinem Wort deutlich gemacht, wie wir handeln und welchen Weg wir gehen sollen. Doch manchmal – wie ich heute Abend – ignorieren wir seine Anweisungen und gehen unseren Weg in dem Gedanken, dass wir mehr wissen als er.«

»Aber das stimmt doch nicht, Papa, oder?«

»Nein«, antwortete der Vater. »Wenn wir merken, dass wir in eine andere Richtung gehen als diejenige, in die Gott uns gewiesen hat, müssen wir umkehren. Wir können Gott deswegen um Vergebung bitten und ihn uns helfen lassen, auf den rechten Weg zu kommen.«

Kirsten schien mit ihren Gedanken woanders zu sein. »Der Mann muss uns für verrückt gehalten haben, Papa«, sagte sie.

Der Vater lachte. »Nein«, antwortete er und versuchte, seine Tochter zu necken, »nur mich.«

Zur Übung: Hefte eine Straßenkarte an euer »Schwarzes Brett« oder an den Kühlschrank, um alle Familienmitglieder daran zu erinnern, heute Gottes Anweisungen zu befolgen.

Gebet: »Herr, du hast versprochen, uns den Weg zu zeigen. Wir müssen deine Anweisungen befolgen, auch wenn wir glauben, selbst zu wissen, an welcher Stelle wir uns gerade befinden.«

10. Mai

Ähnlichkeit mit Gott

Je besser wir Gott kennen, desto leichter ist es »Recht« und »Unrecht« zu unterscheiden.

Bibellese des Tages: 2. Korinther 3,17-18
Tages-Vers: »Und der Geist des Herrn wirkt in uns, sodass wir ihm immer ähnlicher werden und immer stärker seine Herrlichkeit widerspiegeln.« (2. Korinther 3,18)

Sandy und Barbara verglichen die Bilder, die sie in dem Vergnügungspark gekauft hatten.

»Ich finde, meins sieht mir gar nicht ähnlich«, klagte Barbara. Sie und Sandy hatten jede zwanzig Euro für eine Kreidezeichnung bezahlt. Und Barbara war nun enttäuscht von dem Ergebnis.

»Ein bisschen sieht es dir ähnlich«, wollte Sandy den Eindruck abmildern.

»Na ja«, sagte Barbara und verdrehte die Augen, »es hat dunkles Haar, braune Augen und eine große Nase, so wie ich. Aber es sieht mir nicht ähnlich.«

»Das stimmt«, gab Sandy schließlich zu. »Aber eigentlich kann ich nicht erkennen, warum das so ist.«

»Vielleicht sind die Augen zu weit auseinander«, vermutete Barbara.

»Oder zu nah zusammen.«

»Irgendwie«, sagte Barbara und betrachtete das Bild eingehend, »stimmt es einfach nicht.«

»Ja«, stimmte Sandy zu, »es stimmt einfach nicht.«

Plötzlich sahen die beiden Mädchen sich an und brachen in Lachen aus. Sie hatten sich beide daran erinnert, was ihr Jugendpastor zwei Abende vorher in ihrer Gruppe gesagt hatte. »Wenn ihr vor einer schwierigen Wahl steht«, so sagte er, »überlegt euch genau, was ihr denkt und tun wollt und bewertet eure Entscheidung, indem ihr sie vor Gott vergleicht. Ist sie Gott ähnlich, dann ist sie in Ordnung. Ist sie es nicht, dann stimmt sie einfach nicht.«

Der Jugendpastor hatte die letzte Wendung: »Wenn sie Gott nicht ähnlich ist, stimmt sie einfach nicht«, so oft während seiner Ansprache gesagt, dass die Gruppe sie schließlich mit ihm zusammen ausgesprochen hatte.

»Warte ein Minute«, sagte Sandy und legte ihre Hand auf Barbaras Arm. »Das gehört noch zu dem, worüber Pastor Jim sprach.« Sie zeigte auf Barbaras Porträt. »Für den, der dich nicht kennt, mag es eine gute Zeichnung sein.«

»Ja«, sagte Barbara.

»Aber ich kenne dich, daher weiß ich, dass es dir wirklich nicht ähnlich ist.«

»Richtig«, sagte Barbara. »Und wie Pastor Jim sagte: Je besser wir Gott kennen und je näher wir ihm sind, desto leichter ist es, ›Recht‹ und ›Unrecht‹ zu unterscheiden.«

Sandy nickte. »Gerade wie ich weiß, dass das einfach nicht stimmt«, sagte sie und zeigte auf Barbaras Porträt.

Die beiden Freundinnen lachten. »Lass uns in eine Pizzeria gehn«, sagte Barbara.

Zur Diskussion: Nach Pastor Jims Aussage in der obigen Geschichte: Wie können wir wissen, ob unser Urteil über »Recht« und »Unrecht« stimmt, bei dem, was wir tun wollen? Wie können wir leichter richtige Entscheidungen treffen?
Gebet: »Herr, lehre uns, dein Bild mehr und mehr widerzuspiegeln in unserem Handeln und unseren Worten.«

11. Mai

Der unveränderliche Gott

Verlass dich nicht auf deine eigenen, sich ändernden Meinungen und Vorstellungen. Stattdessen verlass dich auf den unveränderlichen Gott.

Bibellese des Tages: Daniel 4,34
Tages-Vers: »Jesus Christus ist gestern, heute und in Ewigkeit derselbe.« (Hebräer 13,8)

Tamara stampfte den Gehweg entlang, vorbei an ihrer Mutter – die neben einem Blumenbeet kniete – und stürzte ins Haus.

Die Mutter ließ ihre Gartenarbeit ruhen und folgte Tamara ins Haus. »Was ist los mit dir?«, fragte sie und setzte sich neben ihre Tochter auf die Couch.

Tamara, die schon auf dem ganzen Weg von der Schule nach Hause Mühe gehabt hatte, ihr Gefühle unter Kontrolle zu behalten, brach jetzt in Tränen aus. »Diese schreckliche Frau Johnson!«, heulte sie, womit ihre Lehrerin gemeint war. Tamara wischte sich die dicken Tränen vom Gesicht. »Ich habe sie letzte Woche gefragt, ob Janine und ich manchmal die Hausaufgaben zusammen machen könnten, weil ihr doch das Lernen so schwer fällt, und sie hat ›ja‹ gesagt.« Sie zog die Nase hoch. »Normalerweise sollen wir unsere Hausaufgaben allein machen.«

Die Mutter nickte und ermutigte Tamara, weiterzuerzählen.

»Ja, und heute, als ich meinen Tisch neben den von Janine schob, um ihr zu helfen, schrie sie mich an und befahl mir, meinen Schreibtisch wieder dahin zu schieben, wo er hingehöre!«

»Hast du erklärt…?«, wollte die Mutter fragen, aber Tamara nickte schon mit dem Kopf.

»Ja«, sagte sie. »Ich versuchte, sie daran zu erinnern, was sie letzte Woche gesagt hatte, aber sie behauptete, das hätte sie niemals getan!«

Die Mutter legte einen Arm um Tamara und zog sie zu sich heran. »Mach dir keine Sorgen, Liebling«, sagte sie. »Ich werde Frau Johnson anrufen. Ich bin sicher, dass wir die Sache klären können.«

»Das stimmt einfach nicht«, sagte Tamara nach einer Pause. »Erst sagt sie mir, es wäre o.k., und dann reagiert sie, als ob ich ein Gesetzesbrecher wäre.«

Die Mutter strich ihr mit der Hand über die Schulter. »Ich weiß«, sagte sie.

»Es ist einfach nicht fair«, sagte Tamara.

Die Mutter nickte. »Nun, es könnte sein, dass Frau Johnson dich missverstanden hat, oder du sie, oder sie kann es vergessen haben«, sagte sie. »Deshalb hat Gott keine Menschen beauftragt, die uns sagen, was ›Recht‹ und ›Unrecht‹ ist – weil wir ständig unsere Ansichten ändern und Dinge vergessen.«

»Aber Gott – nun, das ist etwas anders. Er vergisst nichts. Er ändert seine Meinung oder seine Gebote auch nicht. Darum möchte ich, dass du dich immer auf ihn verlässt und darauf, was er sagt, was ›Recht‹ oder ›Unrecht‹ ist, und nicht darauf, was du denkst oder Freunde denken oder sonst irgendjemand denkt und sagt. O.k.?«

Tamara lächelte und nahm ihre Bücher von der Couch. »O.k., Mama«, sagte sie.

Zur Diskussion: Denk darüber nach, ob die Meinungsänderung von irgendjemand einmal deine Pläne durcheinander brachte oder deine Gefühle verletzte. Was hat das für dich bedeutet im Hinblick auf die Glaubwürdigkeit dieses Menschen?
Gebet: »Ewiger Gott, wir ändern uns oft. Unsere Haltung verändert sich, unsere Laune oder auch unsere Überzeugungen. Aber du bist unwandelbar. Hilf uns, uns nicht auf unsere eigenen veränderlichen Meinungen und Vorstellungen im Hinblick auf moralische Werte zu verlassen, sondern uns nach dir und deinem Wort zu richten.«

12.
Mai

Schlechte Gesellschaft

Mach nicht gemeinsame Sache mit Ungläubigen.

Bibellese des Tages: 2. Korinther 6,14-7,1
Tages-Vers: »Lasst euch nicht verführen ... denn schlechter Umgang verdirbt gute Sitten.« (1. Korinther 15,33)

»Lass mich erst erklären, Papa!«, sagte Marco, als er ins Auto stieg. Er hatte seinen Vater angerufen und gebeten, ihn abzuholen und ihm dabei nur die Adresse angegeben. Er wusste, dass sein Vater sich aufregen würde, wenn er sich plötzlich an einer dunklen Straßenecke vor einem Spirituosengeschäft in zweifelhafter Nachbarschaft vorfinden würde. Als sein Vater den Wagen wendete und die Heimfahrt antrat, erklärte Marco ihm, dass er mit einigen Freunden im Auto gesessen habe. Die anderen hätten beschlossen, den Versuch zu machen, Alkohol zu kaufen. Als Marco hörte, was sie vorhatten, hatte er zuerst versucht, es ihnen auszureden. Dann hatte er darauf bestanden, ihn aussteigen zu lassen, wenn sie es unbedingt tun wollten.

»Ich habe nichts Unrechtes getan, Papa«, erklärte er sich verteidigend. »Ich wollte keinesfalls mitmachen bei dem, was sie vorhatten.«

»Du hast recht daran getan, mich anzurufen, Marco«, sagte der Vater. »Dafür bin ich stolz auf dich. Aber was hast du vorher mit ihnen gemacht?«

Marco zuckte die Achseln. »Es sind einfach ein paar Freunde.«
»Was machst du mit solchen Freunden?«, fragte der Vater.

»Es sind keine engen Freunde von mir«, antwortete Marco. »Wir hängen nur manchmal zusammen rum.«

Der Vater fuhr eine Weile schweigend weiter. »Erinnerst du dich an unsere Ausflüge, die wir als Pfadfinder machten?«, sagte er nach einer Weile. »Erinnerst du dich an all die ›Dreibeinrennen‹, die wir zusammen gemacht haben?«

Marco warf einen fragenden Blick auf den Vater. »Natürlich.«

»Das war doch lustig, nicht wahr?«

Marco zuckte die Schultern, erleichtert, dass sein Vater offenbar das Thema gewechselt hatte.

Der Vater lachte vor sich hin. »Wir sind wer weiß wie oft hingefallen.« Er wechselte einen Blick mit Marco, der lächelte. »Wir haben es nie richtig geschafft. Wahrscheinlich, weil meine Beine zu lang waren im Vergleich mit deinen.« Der Vater schaute Marco nicht mehr an. Er redete nur weiter. »Wir passten sozusagen nicht zusammen – wie du und jene Freunde. Du hast eine gute Entscheidung getroffen, dass du nicht mitmachen wolltest bei dem, was sie vorhatten, Marco. Du bist Christ, sie nicht; du versuchst, auf Gott zu hören, sie hören auf die Stimme des Verführers.«

»Aber sollte ich nicht – sollte ich nicht versuchen, ihnen ein Zeugnis von Gott zu geben?«, fragte Marco.

»Sicher«, sagte der Vater. »Aber mache keine ›Dreibeinrennen‹ mit ihnen. Sie rennen nicht in die gleiche Richtung wie du.«

Zur Übung: Wenn das Wetter es erlaubt, macht als Familie heute ein »Dreibeinrennen« (entweder einer gegen jeden anderen oder um zu sehen, welches Team – Mutter/Vater, Mutter/Tochter, Vater/Sohn etc. die beste Zeit rausholt) als Warnung davor, sich nicht mit unklugen und gottlosen Gefährten zu verbinden. Oder zündet heute oder morgen eine Kerze während eurer Stillen Zeit an, als Mahnung, dass das Licht keine Gemeinschaft mit der Finsternis hat.

Gebet: »Herr, wir brauchen deine Hilfe zur Erinnerung daran, dass wir keine Gemeinschaft mit der Finsternis haben sollen. Hilf uns, weise zu sein und nicht unklug.«

13.
Mai

Ein gutes Gewissen

Ein gutes Gewissen ist eine Freude der Seele.

Bibellese des Tages: 2. Korinther 7,2-7
Tages-Vers: »Halte dabei an deinem Glauben an Christus fest und bewahre dir immer ein reines Gewissen.« (1. Timotheus 1,19)

Eine ganze Woche war vergangen, aber Christine hatte es nicht vergessen.

Sie hatte im Haus ihrer Freundin Karen gespielt. Karen hatte gerade ein neues Spiel aufgestellt mit Häusern und Autos und Menschen. Als es Zeit war, nach Hause zu gehen, hatte Christine heimlich eine von Karens Spielfiguren in ihre Tasche geschoben.

Eine weitere Woche später fühlte sich Christine ziemlich elend, weil sie eins der Spielteile genommen hatte, und wollte es gerne wieder in Karens Haus zurückbringen. Sie wusste aber nicht mehr, wo sie die Figur gelassen hatte. Sie hatte alle ihre Taschen umgedreht und nichts gefunden. Sie hatte sogar alles Spielzeug in ihrem eigenen Schlafzimmer durchsucht – sie war nicht da. Dann hatte sie versucht, die Geschichte zu vergessen, konnte aber nicht aufhören, an das Teil aus dem Spiel zu denken und zu wünschen, sie könnte es zurückgeben.

Endlich bedrückte sie ihre Tat so sehr, dass sie weinend zu ihrer Mutter lief.

»Mama, ich hab etwas Schlimmes gemacht, und nun tut es mir Leid. Aber ich kann es nicht mehr gutmachen!«, sagte sie.

Die Mutter kniete neben Christine auf dem Boden und fragte, was geschehen war. Christine erklärte die Sache, gab zu, dass sie eine Figur aus Karens Spiel genommen und jetzt auch noch verloren hätte.

»Nun weiß ich Bescheid«, sagte die Mutter mit ernstem Gesicht. »Was du getan hast, war Unrecht, Christine. Ist dir das klar?«

Christine nickte.

»Aber ich bin sehr froh, dass du es mir gesagt hast«, sagte die Mutter. »Ich muss dir etwas zeigen.« Die Mutter stand auf, nahm Christine an die Hand und ging mit ihr in die Waschküche. Sie nahm die vermisste Spielfigur von einem Wandbrett. »Das habe ich in der Wäsche gefunden, aber ich wusste, dass sie dir nicht gehörte. So beschloss ich, sie aufzuheben, bis ich herausfand, wem sie gehörte.«

Christine schlang die Arme um die Mutter und drückte sich fest an sie. »Danke, Mama!«, sagte sie. »Kann ich sie jetzt zu Karen zurückbringen?«

Die Mutter nickte. »Aber vergiss auch nicht, sie um Vergebung zu bitten, dass du sie mitgenommen hast. Du wirst dich dann viel besser fühlen.«

»Oh, das tue ich jetzt schon, Mama!«, sagte Christine und sprang mit der Figur in der Hand aus dem Haus.

Zur Übung: Könnten wir als Familie die Worte des Paulus geschrieben haben, wenn er sagt: »Wir haben niemand Unrecht getan«? Können wir behaupten: »Wir haben niemand in die Irre geführt«? Können wir sagen: »Wir haben niemand übervorteilt«?
Gebet: »Herr, hilf uns, ein reines Gewissen zu behalten.«

14. Mai

Die richtige Antwort

Wahre Reue schließt das Zugeben von Schuld, eine Bitte um Verzeihung und das Bemühen, wieder gutzumachen ein.

Bibellese des Tages: 2. Korinther 7,8-11
Tages-Vers: »Nun kehrt euch ab von euren Sünden und wendet euch Gott zu, damit ihr von euren Sünden gereinigt werden könnt.« (Apostelgeschichte 3,19)

Alex konnte seiner Mutter nicht in die Augen schauen.

Er und seine kleine Schwester Annie hatten sich gestritten. Alex war ärgerlich geworden und hatte Annie hart geschlagen, sodass sie auf den Boden fiel. Annies Schreie hatten die Mutter ins Spielzimmer stürzen lassen mit der Frage, was vorgefallen sei. Alex hatte zugegeben, was er getan hatte und gesagt, dass es ihm Leid tue.

»Sie macht mich wirklich verrückt«, sagte Alex.

Seine Mutter nahm Annie vom Boden auf und wiegte das schreiende Kind in ihren Armen. Sie warf einen schmerzlichen Blick auf Alex und trug Annie aus dem Zimmer.

»So schlimm habe ich sie gar nicht geschlagen«, erklärte Alex ein bisschen lahm und folgte seiner Mutter und seiner Schwester.

Die Mutter sagte immer noch nichts.

Alex seufzte. Er berührte seine Schwester am Arm. »Annie«, sagte er jetzt mit sanfterer Stimme: »Es tut mir Leid. Ich hätte das nicht tun dürfen. Willst du mir vergeben?«

Annies einzige Antwort war ein leises Schniefen. Die Mutter setzte Annie jetzt auf den Boden hinunter.

Alex kniete vor seiner Schwester. Er hob den Blick zum Gesicht der Mutter und meinte, einen leichten Schimmer von Zustimmung darin zu entdecken. »Ich meine es wirklich so, Annie. Es tut mir Leid. Wenn du mir vergeben willst, werde ich dir zeigen, wie Leid es mir tut.« Er hielt ihr die Hand hin.

Annie schniefte noch einmal und nahm die Hand des Bruders. Zusammen gingen sie wieder ins Spielzimmer.

Zur Diskussion: Denkst du, dass es genügt, wenn man »es tut mir Leid« zu Gott oder einem Menschen, dem man Unrecht getan hat, sagt? Was ist die richtige Reaktion, wenn man jemand Unrecht getan hat? Nach der heutigen Bibellese – welche anderen Dinge (zusätzlich zur Bitte um Verzeihung) sollte göttliche Reue in uns bewirken?
Gebet: »Herr, wenn wir jemand falsch behandelt haben, gib uns den Mut, zu sagen: ›Es tut mir Leid‹, und außerdem die Dinge in Ordnung zu bringen zwischen uns und der Person, die wir verletzt haben.«

15. Mai

Regeln haben ihren Sinn

Regeln haben ihren Sinn – wenn man sie versteht.

Bibellese des Tages: 5. Mose 11,1.26-28
Tages-Vers: »Hilf mir, nach deinen Geboten zu leben, denn das erfüllt mich mit Freude.« (Psalm 119,35)

Katie hatte vorher niemals in der Nähe von einem Teich gelebt.

Als Katie und ihre Familie in ihr neues Haus einzogen, hatten Vater und Mutter mit ihr und ihrem Bruder über den »Blueberry-Teich« gesprochen. »Keiner von euch darf ohne einen Erwachsenen dorthin gehen, weil es da sehr gefährlich ist«, hatte der Vater gesagt.

Aber eines Tages hatte Sarah, Katies beste Freundin, gesagt: »Lass uns am ›Blueberry-Teich‹ spielen. Ich will dir zeigen, wo die große alte Schildkröte lebt.«

»Ich darf nicht dorthin ohne einen Erwachsenen«, sagte Katie.

»Das ist doof«, sagte Sarah. »Wie gehen doch nicht in die Nähe des Wassers. Hast du Angst?«

»Nein«, sagte Katie. Plötzlich erschien ihr das Verbot ihrer Eltern dumm. »O. k.«, sagte sie langsam, »aber sag nur nichts meiner Mama.«

Sarah zeigte Katie die Wohnung der Schildkröte. Sie sprangen über Steine. Dann sahen sie ein Auto kommen. Katies Eltern stiegen aus und riefen: »Katie, komm sofort hierher!«

Katie sprang auf und ging zu ihren Eltern. Ihr Herz klopfte zum Zerspringen. »Es tut mir Leid! Es tut mir Leid!«, jammerte sie.

Mutter und Vater hatten enttäuscht die Stirne kraus gezogen, aber nach einer Weile nahmen sie Katie an die Hand und führten sie an den Rand des Teiches.

»Katie«, sagte der Vater, »weißt du, warum Mama und ich verboten haben, dass du ohne Erwachsene hierher gehst?«

Katie dachte einen Augenblick nach. »Weil ihr denkt, dass ich noch nicht groß genug dazu bin?«

»Nein«, sagte der Vater. »Wir haben das Verbot erteilt, um dich zu schützen.«

»Echt?«

Der Vater nickte. »Deine Mutter und ich lieben dich sehr, und die Regeln, die wir aufstellen, sind zu deinem eigenen Guten. Siehst du, als ich so alt war wie du, war ich einmal meinen Eltern ungehorsam und ging allein an einen Teich. Am schlammigen Ufer rutschte ich aus und fiel hinein. Der Teich war sehr tief und ich konnte noch nicht schwimmen. Ich glaubte, ertrinken zu müssen.«

Katie sah, dass Papas Lippen zitterten.

»Katie«, sagt die Mutter, »ungehorsam sein ist etwas sehr Ernstes. Es kostete Papa damals fast das Leben. Wir möchten nicht, dass dir das passiert.«

»Ich auch nicht«, sagte Katie mit Tränen in den Augen. »Es tut mir Leid, dass ich ungehorsam war. Regeln sind doch etwas Gutes, nicht wahr, Papa?«

Mutter und Vater schlossen Katie in ihre Arme. »Ja, das sind sie«, antwortete der Vater. »Vor allem dann, wenn sie von jemand aufgestellt wurden, der dich sehr liebt.«

Zur Diskussion: Warum sollte Katie nicht an den Teich gehen ohne die Begleitung eines Erwachsenen? Auch Gott stellt Regeln auf, um seine Kinder zu schützen. An welches Gebot Gottes kannst du dich erinnern? Auf welche Weise schützen uns Gottes Gebote?
Gebet: »Herr, lass uns den Weg deiner Gebote gehen, weil wir dort unser Glück finden.«

16. Mai

Wahr und nicht wahr

Jeder Mensch glaubt, dass es Wahrheit gibt, sonst würde er keine Frage stellen oder eine Aussage machen.

Bibellese des Tages: Psalm 119,30-32
Tages-Vers: »Ich habe mich entschlossen treu zu sein, ich habe mich entschieden, nach deinen Gesetzen zu leben.« (Psalm 119,30)

»Papa«, sagte Benjamin, »lass uns das ›Wahr und Unwahr‹-Spiel spielen!«

»Oh, ich bin so müde«, neckte der Vater ihn. Benjamin war an diesem Morgen mit dem Vater in sein Büro gekommen und war nun selbst müde vom Malen.

»Oh bitte, Papa«, bettelte der Junge. »Bitte.«

»Was ist das, das ›Wahr und Unwahr‹-Spiel?«, fragte David, einer von Papas Mitarbeitern.

»Es ist ein kleines Spiel, das wir jetzt eine Zeitlang mit Benjamin gespielt haben, um ihm verstehen zu helfen, was die Begriffe ›wahr‹ und ›unwahr‹ bedeuten.«

Papa hob den kleinen Benjamin auf seinen Schoß und begann mit dem Spiel. Er räusperte sich einmal und sagte dann: »Davids Haar ist blau.«

»Unwahr!«, rief Benjamin und zeigte auf Davids rotes Haar.

»Erdnussbutter macht man aus Küken!«

»Unwahr!«

»Hunde bellen!«

»Wahr!«

»Das ist mein Fuß!«, sagte der Vater und berührte sein Kinn.

»Unwahr!«

»Du bist ein sehr kluges Kind«, sagte der Vater lachend.

»Wahr!«, verkündete Benjamin stolz.

»Ich kann dich nicht hören!«

»Unwahr!«, sagte Benjamin, sprach aber lauter als vorher.

»Ich hab dich lieb!«

»Wahr!«

»Gott liebt dich!«

»Wahr!«

Das Spiel endete, als der Vater Benjamin an seiner kitzeligsten Stelle stupste, ihn von seinem Schoß herunterhob und auf den Boden stellte. David, der das Spiel die ganze Zeit lächelnd beobachtete, sah, wie Benjamin glücklich zu seinem Malbuch zurückkehrte.

»Wo hast du das Spiel her?«, fragte er Benjamins Vater.

Papa zuckte die Achseln. »Oh, das weiß ich nicht. Wir haben es nur immer gespielt.«

David brummte etwas vor sich hin. »Nun, ich kenne eine Menge von Erwachsenen, die könnten von einigen Runden von ›Wahr und Unwahr‹ profitieren.«

Papa lächelte und nickte. »Ich auch, David, ich auch«, sagte er.

Zur Übung: Spielt eure eigene Version von »Wahr und Unwahr«. Welche Tatsachen oder Konzepte sind immer »wahr« oder »unwahr«?

Gebet: »Herr, der ›Tagesvers‹ ist auch unser Gebet: ›Ich habe mich entschlossen treu zu sein, ich habe mich entschieden, nach deinen Gesetzen zu leben.‹«

17. Mai

Ninas Schatz

Habgier oder Knickerigkeit sind nicht nur abstoßend – sie sind falsch.

Bibellese des Tages: Prediger 5,10-14
Tages-Vers: »Es ist segensreicher zu geben als zu nehmen.« (Apostelgeschichte 20,35)

Andrew wartete aufgeregt, bis das Auto seiner Großeltern die Einfahrt hochfuhr. Der Besuch der Großeltern war immer ein frohes Ereignis. Sobald der Wagen hielt, rannte er hin, öffnete Omas Autotür, kletterte auf ihren Schoß und umarmte sie stürmisch.

Als sie alle im Haus angekommen waren, zog Oma zwei Schokoriegel aus ihrem Täschchen. Einen gab sie Andrew und den anderen seiner Schwester Nina. »Ihr könnt sie sofort essen, wenn ihr mögt«, sagte sie.

Andrew schüttelte den Kopf. »Ich möchte meinen für später aufheben«, verkündete er. Nina nicke zustimmend.

Später am Abend saß die Familie um den Küchentisch herum im Gespräch. Nina verschwand einen Augenblick und kehrte mit ihrem Schokoriegel zurück. Sorgfältig brach sie den Riegel in sechs gleiche Teile und dann legte sie ein Stück neben jeden, der am Tisch saß.

»Das ist sehr nett von dir, dass du deinen Riegel mit uns allen teilen willst«, sagte die Oma. Sie nahm das Stück, das Nina neben sie gelegt hatte und gab es ihr zurück. »Aber ich bin Diabetikerin, deshalb darf ich so etwas nicht essen.«

»Dann will ich es!«, sagte Andrew und im Handumdrehen nahm er das Stück aus Omas Hand und stopfte es sich selbst in den Mund. Die missbilligenden Blicke seiner Eltern schienen ihn nicht zu stören.

Spät am Abend ging Andrew in sein Zimmer, wo er seinen Schokoriegel unter seinem Kissen versteckt hatte. Er griff unter das Kissen – der Schokoriegel war weg! Er suchte im Bett und unter dem Bett und im ganzen Zimmer herum, konnte aber seinen kostbaren Riegel nicht finden. Endlich rannte er aus dem Zimmer und wollte gerade seiner Mutter rufen, als er Timmy, den Familienhund sah. Kleine Papierfetzen von der Schokoriegel-Verpackung lagen um den zufrieden aussehenden Hund herum, der sich noch das Maul leckte. Der Hund hatte gerade Andrews Schokoriegel verspeist, den er sich hatte aufheben wollen, um ihn ganz allein zu genießen!

Andrew erzählte seine Eltern von dem Streich, den der Hund ihm gespielt hatte, doch die schüttelten nur den Kopf und gaben ihm die Anweisung, die Unordnung, die Timmy hinterlassen hatte, zu beseitigen.

Am nächsten Tag kamen Mutter und Oma mit einer kleinen braunen Tasche vom Einkauf zurück, die Oma Nina gab. Diese schaute hinein und bekam vor Erstaunen ganz große Augen.

»Ein ganzer Beutel voller Schokoriegel!«, sage Nina. »Sind die für mich?«

Die Oma nickte. »Du kannst damit machen, was du willst.«

Nina umarmte die Oma und rannte davon, um mit ihrem Bruder Andrew zu teilen.

Zur Diskussion: Was glaubst du, warum Oma Nina einen ganzen Beutel voller Schokoriegel gab? Und warum, glaubst du, wollte Nina teilen?
Gebet: »Herr, hilf uns, großzügig zu sein. Zeige uns Wege, wie wir mit anderen teilen können, was wir besitzen.«

18. Mai

Teilen und so tun als ob

Entschuldigungen vorbringen bedeutet, dass du etwas tun willst an Stelle von dem, was Gott dir gesagt hat.

Bibellese des Tages: 1. Timotheus 6,17-19
Tages-Vers: »Sie sollen reich an guten Taten sein, die Bedürftigen großzügig unterstützen und immer bereit sein, mit anderen zu teilen.« (1. Timotheus 6,18)

Miguel ging gern zum Karneval. Er liebte die Geräusche, die Gerüche und den Geschmack, der damit zusammenhing.

Jetzt klimperte er mit den Münzen in seiner Tasche. Ein Junge kam vorbei mit einem langen Plastikrohr, das er durch die Luft wirbelte, um Geräusche in hohen Tönen hervorzubringen. Miguel wandte sich an seinen Freund Victor, der neben ihm ging.

»Sowas möchte ich auch haben«, sagte er zu Victor.

»Ich möchte auch eins«, sagte der.

»Wie viel Geld hast du?«

Victor blieb stehen und zählte seine Münzen. Es fehlten ihm nur ein paar Cent an der notwendigen Summe. Er sah enttäuscht aus.

Miguel begann schneller zu gehen, wobei er versuchte, Victors trauriges Gesicht zu ignorieren. »Es ist mein Geld«, sagte er zu sich selbst, »ich kann damit machen, was ich will. Es ist nicht meine Schuld, dass ich genug Geld habe und Victor nicht.«

Die beiden Jungen holten den Mann, der die Röhren verkaufte, ein und warteten eine Weile, während er einem anderen Kunden sein Wechselgeld herausgab. Miguel stellte dabei fest, dass es die Röhren in zwei verschiedenen Größen gab: die größere, die der Junge vorhin in der Hand gehabt hatte, und eine kleinere, die weniger kostete. Er wusste, dass er und Victor zusammen genug Geld hatten, um zwei der kleineren Röhren zu kaufen. Doch er wollte unbedingt für sich die große haben. »Ich werde mein Spielzeug mit ihm teilen«, sagte er zu sich. »Ich werde ihn manchmal damit spielen lassen«

Aber plötzlich fiel Miguel ein, was sein Vater ihm einmal gesagt hatte: »Wenn du dich jemals dabei ertappst, dass du dich zu überzeugen versuchst, warum etwas o.k. ist, was du tun willst, dann halte einen Augenblick inne und höre genau auf das, was du sagst. Wahrscheinlich suchst du Entschuldigungen, um etwas zu tun, was du dir wünschst, anstatt das zu tun, was Gott dich bereits geheißen hat.«

Miguel seufzte. Er wollte nicht mit Victor teilen. Aber er wusste auch, dass es besser wäre, das Geld mit seinem Freund zu teilen, so dass sie jeder eine Röhre haben konnten, statt dass er sich die große kaufte, die er gern gehabt hätte.

»Kann ich was für euch tun?«, sagte der Mann mit den Röhren zu Miguel.

»Ja«, sagte Miguel und lächelte Victor an. »Wir wollen zwei von den Röhren … von den kleineren.«

Victor blieb der Mund offen stehen. Dann grub er in seinen Taschen nach dem Geld. Miguel erkannte plötzlich, dass der Ausdruck, den Victor jetzt auf dem Gesicht hatte, mehr wert war als alle Plastikröhren der Welt.

Zur Übung: Startet ein Familien-Projekt der Großzügigkeit, indem ihr jeden Tag in dieser Woche irgendetwas weggebt. Z. B. könnt ihr Kleider, Spielzeug, kleine Geldmünzen, ein Lächeln oder ein freundliches Wort weitergeben.
Gebet: »Herr, wenn wir in Versuchung sind, selbstsüchtig zu sein, erinnere uns daran, wie großzügig du dich selbst für uns gegeben hast.«

19. Mai

Eine kleine Bitte

Gott gebietet Großzügigkeit, weil er selbst großzügig ist.

Bibellese des Tages: 5. Mose 15,10-11
Tages-Vers: »Gebt denen, die euch bitten, und kehrt denen nicht den Rücken, die etwas von euch borgen wollen.« (Matthäus 5,42)

»Jim-meee!« Karas kindliche Stimme zerteilte die Silben vom Namen ihres Stiefbruders Jimmy in zwei lang gezogene Laute. »Jim-mee! Ich auch! Bitte!« Sie streckte ihre kleine Hand aus.

Jimmy saß auf einem Stuhl am Fenster und beobachtete den Stadtverkehr vor ihrem Haus. Er hielt einen ungeöffneten Beutel mit Kaugummis in der Hand, und Kara hatte das bekannte Verpackungsmaterial erkannt.

»Jim-meee! Mir auch! Bitte!«, wiederholte sie.

»Nein, Kara«, antwortete Jimmy, »die hebe ich für später auf.«

Kara zog einen Schmollmund, drehte sich um und ging fort. Jimmy beobachtete sie, als sie wegging. Dann flüsterte er sich selbst zu, indem er den Beutel mit Süßigkeiten in seine Tasche schob: »Ich werde warten, bis ich sie allein essen kann.«

»Hallo, Sohn«, sagte in diesem Moment Jimmys Vater und schlug seinem Sohn auf die Schulter.

»Ich … ich wusste nicht, dass du schon zu Hause bist, Papa«, sagte Jimmy.

Der Vater nickte. »Bin auch erst vor ein paar Minuten gekommen«, sagte er. »Ich bin zur Hintertür hereingekommen, damit ich meine schmutzigen Schuhe draußen auf der Terrasse lassen konnte.« Der Vater war Bauarbeiter.

Jimmy warf einen besorgten Blick auf den Vater, erzählte aber nichts von seiner Begegnung mit Kara in der Hoffnung, dass der Vater nichts davon mitbekommen hatte. Als der Vater sich einen Stuhl heranzog und sich Jimmy gegenübersetzte, war ihm klar, dass seine Hoffnung vergeblich gewesen war.

Der Vater begann: »Ich denke, du liebst Kara und möchtest, dass sie lernt, was richtig ist, oder?«

»Schon.«

»Ich auch«, sagte der Vater. »Und eins von den Dingen, von denen ich möchte, dass sie sie lernt, ist, großzügig gegenüber anderen zu sein. Und willst du wissen, warum ich möchte, dass sie das lernt?«

Jimmy nickte.

»Weil Gott uns gebietet, großzügig zu sein, Jimmy. Jesus sagt: ›Gib dem, der dich bittet.‹ – und ich möchte, dass deine kleine Schwester ein Mensch wird, der Gott gehorcht. Möchtest du das nicht?«

Wieder nickte Jimmy.

»So«, sagte der Vater, stand auf und brachte seinen Stuhl wieder an seinen Platz, »alles, was du tun kannst, damit Kara lernt, Gott zu gehorchen und großzügig zu sein – nun, ich würde es toll finden, wenn du es tust.«

»Bestimmt, Papa«, sagte Jimmy.

Der Vater ging pfeifend fort. Jimmy saß noch eine Weile nachdenklich da. Endlich sprang er auf und rief nach seiner kleinen Schwester. »Kara! Ich hab was für dich!«

Zur Diskussion: Glaubst du, dass Jimmy unrecht gehandelt hat, als er die Süßigkeiten für sich selbst behalten wollte? Warum oder warum nicht? Hat es für dich Zeiten gegeben, wo du in Versuchung warst, nicht mit jemand anderem zu teilen? Was hast du gemacht?
Gebet: »Herr, hilf uns, dir die Ehre zu geben durch unsere Großzügigkeit.«

20.
Mai

Die Macht der Blumen

Gott gebietet Großzügigkeit, weil er sie schätzt.

Bibellese des Tages: Lukas 21,1-4
Tages-Vers: »Denn Gott liebt den Menschen, der gerne gibt. Er wird euch großzügig mit allem versorgen, was ihr braucht. Ihr werdet haben, was ihr braucht, und ihr werdet sogar noch etwas übrig behalten, das ihr mit anderen teilen könnt.« (2. Korinther 9,7-8)

Laura machte einen Besuch in dem Pflegeheim, in dem ihre Oma lebte. Eine der Patientinnen machte Laura plötzlich ein Kompliment wegen der frischen Blume, die sie sich angesteckt hatte.

»Die ist aber wunderschön«, sagte sie.

»Nun, dann ... (Laura machte eine Pause, um die Blume von ihrer Jacke loszunesteln) ... dann schenke ich sie Ihnen.« Sie begann die Blume am Kleid der Frau zu befestigen. Die Frau wollte Einwände machen, doch Laura bestand darauf und schließlich siegte sie in dem freundschaftlichen Streit. Als Laura sich dem Zimmer der Oma zuwandte, saß die alte Frau lächelnd da und streichelte die Blume, als ob sie aus Gold wäre.

»Das ist nun das dritte Mal, dass ich Sie so etwas tun sehe«, sagte eine der Schwestern, die hinter Laura aufgetaucht war, als sie die alte Frau verließ. »Was ist da los?«

Laura zuckte die Achseln und schaute ein bisschen verlegen aus. »Oh, das ist keine große Sache. Ich trug ein Blumensträußchen an der Jacke, das mein Vater mir schenkte, als ich zu Ostern meine Oma besuchte. Und Omas Freunde konnten gar nicht aufhören, es zu bewundern. Da habe ich es einer von ihnen geschenkt. Seitdem trage ich jedes Mal, wenn ich komme, eine Blume an der Kleidung. Wissen Sie, es macht so viel Freude, die Gesichter zu sehen, wenn ich sie dann verschenke.«

»Aber Sie müssen diese Blumen doch jedes Mal bezahlen, oder?«, sagte die Schwester.

»Klar, aber es sind doch nur ein paar Dollar. Und ich komme ja auch nicht jeden Tag.«

Die Schwester schüttelte verwundert den Kopf. »Sie sind eine Heilige«, sagte sie.

Laura verdrehte die Augen. »Meine Oma ist eine Heilige, ich nicht. Sie lehrte mich, dass Weitergeben an andere eine Menge Freude mit sich bringen kann. Sie sagt immer, wenn wir anderen etwas schenken, machen wir drei Personen eine Freude.«

»Drei Personen?«, wiederholte die Schwester.

Laura nickte. »Wir erfreuen die Person, der wir etwas geben und wir machen uns selbst eine Freude.«

»Sie sprachen von dreien«, erinnerte die Schwester.

»Oh ja«, sagte Laura. »Die dritte Person, der wir Freude machen, ist Gott. Er liebt es, wenn wir großzügig gegenüber anderen sind, weil er Großzügigkeit selbst schätzt. Oma sagt: ›Es ist etwas, das er wertschätzt‹, wissen Sie, wie wir Gold wertschätzen.«

»Oder Blumen«, sagte die Schwester.

Zur Diskussion: Gott gebietet uns, großzügig zu sein, weil er Großzügigkeit schätzt. Bewertest du sie auch so? Wenn ja, wie zeigst du das? Wie kannst du es sichtbar machen, dass dir Großzügigkeit wichtig ist?
Gebet: »Herr, wenn wir keine materiellen Güter besitzen, die wir weitergeben könnten, hilf uns, mit unserer Zeit, unserer Begabung und unseren Gefühlen für andere großzügig zu sein.«

21. Mai

Unser großzügiger Gott

Gott schätzt die Großzügigkeit, weil er ein schenkender, gnädiger Gott ist.

Bibellese des Tages: Psalm 65,1.9-13
Tages-Vers: »Teilt eure Gaben genauso großzügig aus, wie ihr sie geschenkt bekommen habt!« (Matthäus 10,8)

Jenny und ihre Freundin Chris und deren Mutter hielten sich an den Händen und neigten den Kopf. Jenny kam sich merkwürdig vor, als sie hörte, wie der Vater von Chris betete und Gott für das Essen auf dem Tisch und so viele andere guten Dinge dankte.

Als der Vater »Amen« sagte und alle wieder den Kopf hoben, lachte Jenny nervös. »Das machen wir zu Hause nicht«, sagte sie.

»Wir beten immer, besonders vor den Mahlzeiten«, sagte Chris. »Manchmal betet Papa stundenlang.

»Wirklich?«, fragte Jenny ernsthaft.

Chris und ihre Eltern lachten. »Nein«, sagte Chris. »Es kommt mir nur so vor.«

Jenny nahm eine Schüssel mit Gemüse an, die Chris' Mutter ihr reichte. Sie räusperte sich. »Warum tut ihr das?«

Chris und ihre Eltern schauten Jenny einen Augenblick überrascht an, bevor der Vater antwortete.

»Wir tun es, um Gott für die Nahrung und alles, was er uns sonst noch gegeben hat, zu danken«, sagte er.

»Gott ist so großzügig mit seinen Segnungen«, fügte die Mutter hinzu.

»Was meinen Sie damit?«, fragte Jenny. »Ihr habt doch die Lebensmittel bezahlt, oder?«

Der Vater nickte. »Ja, aber Gott gab mir die Fähigkeit, zu arbeiten, und ich denke, er gab mir auch die Arbeit, die ich habe.« Er hob ein Glas mit Wasser an den Mund und nahm einen Schluck. »Tatsächlich«, sagte er nachdenklich, »ist seine Großzügigkeit ein wichtiger Teil seines ganzen Wesens. Er ist nicht nur manchmal großzügig, wenn ihm danach zumute ist. Er ist ein gnädiger Gott, der immer schenkt.«

»Und er gibt uns eine Menge Dinge, die wir niemals verdienen können«, sagt die Mutter. »Wie den Sonnenaufgang, den Regen, die Vögel, die vor unserem Küchenfenster singen, unsere Familien … unsere Freunde.«

Chris stupste Jenny mit dem Ellenbogen. »Du hast wohl niemals gedacht, dass du eine Gabe Gottes sein könntest, oder?«

Jenny lächelte. »Nein«, antwortete sie. »Das habe ich noch nie. Ich will versuchen, mich daran zu erinnern.«

Zur Übung: Denke über Gaben nach, die du umsonst erhalten hast. Stelle eine Liste auf, die du beliebig verlängern kannst, wenn dir etwas einfällt. Befestige die Liste irgendwo, wo jeder sie erreichen und erweitern kann.

Gebet: »Herr, du bist ein gnädiger und großzügiger Gott. Du schenkst uns so viel, wir können dir nie genug danken dafür.«

22. Mai

Angelas Sieg

Großzügige Menschen wirken ansteckend auf andere.

Bibellese des Tages: Psalm 112,1-5
Tages-Vers: »Dem Großzügigen geht es gut und er ist zufrieden; wer anderen hilft, dem wird selbst geholfen werden.« (Sprüche 11,25)

Lydia und Susanna fuhren mit ihrer Freundin Angela zum Baseball-Spielfeld. Angela hatte sich angeboten, ihren kleinen Bruder zu seinem Baseball-Spiel zu bringen, und ihre Freundinnen hatten sich erboten, sie zu begleiten.

Sie beobachteten das Spiel ein paar Runden lang, dann schlenderten sie hinunter zu dem Eisstand, ein paar Blocks entfernt. Jedes Mädchen bestellte sein Eis und Angela wollte bezahlen.

»Du brauchst nicht für uns alle bezahlen«, protestierte Susanna.

»Natürlich tu ich das«, sagte Angela. »Ihr leistet mir ja Gesellschaft nur wegen Jasons Spiel.«

»Aber du hast schon letztes Mal, als wir zusammen weg waren, für mich bezahlt«, sagte Susanna.

»Nein, habe ich nicht«, sagte Angela. »Erinnere dich doch daran, dass du mir die Brezel gekauft hast an der Eisbahn.«

»Ja, aber du hast mir gestern in der Schule eine Limonade gekauft, erinnerst du dich?«

»Ihr zwei seid lustig!«, rief Lydia. »Ich kann kaum glauben, dass ihr euch darum streitet, wer bezahlen darf!«

»Du hast Recht, Lydia«, sagte Angela. Sie wandte sich an Susanna. »Siehst du, wie lächerlich du dich machst?«

»Nein, Angela, bitte nicht!«, sagte Susanna. Ihr Gesicht war ernst geworden. »Ich möchte wirklich bezahlen. Ich habe das Gefühl, dass du immer für mich bezahlst.«

»Ihr könnt einen wirklich in Verlegenheit bringen!«, rief Lydia jetzt frustriert.

»Ich habe eine Idee«, sagte Susanna. »Lasst uns eine Münze werfen und sehen, wer bezahlt.«

»O.k.«, sagte Angela, »und damit es fair zugeht, soll Lydia die Münze werfen.« Sie zeigte auf ein Stück Pflaster ein paar Schritte entfernt. »Du entscheidest, wenn sie in der Luft ist, Susanna.«

Susanna stellte sich neben Lydia auf, die ein 5-Cent-Stück in die Luft warf. Susanna rief »Kopf« und beobachtete, wie die Münze wieder aufs Pflaster schlug und herumrollte, bis sie einen Augenblick später liegen blieb. Es war: »Kopf«.

»Gewonnen!«, rief Susanna triumphierend aus. »Ich zahle!« Sie drehte sich zu Angela um. Diese hielt die Eistüten für ihre Freundinnen in den Händen.

»Ich habe schon bezahlt«, verkündete sie. »Während ihr beide nach der Münze schautet.«

Susanna stieß einen Ruf gutmütiger Frustration aus.

Lydia schüttelte den Kopf. »Ich habe die verrücktesten Freundinnen«, sagte sie.

Zur Diskussion: Kennst du Kinder, die — wie Angela und Susanna — einfach nur großzügig zu ihren Freunden sein wollen? Glaubst du, dass sie normalerweise belohnt oder bestraft werden für ihre Großzügigkeit?
Gebet: »Herr, wenn wir jemals versucht sind, Großzügigkeit als einen Wettbewerb anzusehen oder als ein Spiel: ›Wer kann es besser?‹ bitte, lass uns demütig bleiben.«

23. Mai

Schätze im Himmel

Großzügige Menschen sammeln sich Schätze im Himmel.

Bibellese des Tages: Lukas 12,27-34
Tages-Vers: »Doch euer Vater weiß, was ihr braucht. Er wird euch jeden Tag alles Nötige geben, wenn das Reich Gottes für euch das Wichtigste ist.« (Lukas 12,30-31)

Mark und Mary gingen Hand in Hand zu dem Geschäft. Jedes von ihnen hielt ein glänzendes Geldstück in der Hand, das die Mutter ihnen gegeben hatte.

»Während ich meine Einkäufe mache«, sagte die Mutter den Kindern, »könnt ihr euch ein bisschen umsehen und entscheiden, was ihr mit eurem Geld machen wollt.«

Sie waren vor dem Eingang des Geschäfts angekommen. Eine ältere Frau saß neben der Tür und hielt eine Sammelbüchse hoch, in der sie Spenden für eine Hilfseinrichtung der Stadt sammelte.

Mark wollte zuerst lächelnd an der alten Frau vorbeigehen, doch dann drehte er sich um und warf sein Geldstück in die Dose. Sie lächelte ihm warm zu und dankte ihm.

Mary beobachtete Mark mit großen Augen, sagte aber nichts, bis sie eine Reihe von Automaten hinter dem Eingang im Geschäft erblickte. Sie riss sich von der Hand der Mutter los, rannte zu den Automaten hin und nach einigen Minuten warf sie ihre Münze in einen der Automaten. Heraus kam eine Hand voll kleiner, farbiger Süßigkeiten, die Mary glücklich verzehrte, während sie mit der Mutter durch die verschiedenen Gänge des Einkaufszentrums schlenderte.

Mary schob den Einkaufswagen, als sie das Zentrum verließen. Die Frau saß noch am Eingang auf ihrem Stuhl und sammelte Spenden von den Vorübergehenden. Sie lächelte Mark an.

»Danke, nochmals, junger Mann«, sagte die Frau. »Gott möge dich segnen.«

Mark erwiderte ihr Lächeln und schien rot zu werden, als er zum Auto ging.

Mary konnte den befriedigten Ausdruck auf dem Gesicht ihres Bruder sehen. »Das ist nicht fair«, sagte sie.

»Was ist nicht fair?«, fragte die Mutter.

»Ich hätte mein Geld auch der alten Dame geben sollen«, antwortete sie.

»Und warum hast du's nicht getan?«

Mary dachte einen Augenblick nach. »Weil ich unbedingt etwas zum Naschen haben wollte. Aber jetzt sind die Süßigkeiten schon alle weg.«

»Aber Mark hat sein Geld für etwas ausgegeben, was länger anhält als Süßigkeiten«, sagte die Mutter.

»Hat er?«, fragte Mary.

»Habe ich?«, fragte Mark.

Die Mutter nickte. »Mark hat noch immer Freude an dem Geldstück, das er weggeben hat, nicht wahr?«, sagte sie zu Mary. »Und selbst wenn er es eines Tages vergessen haben wird, Gott wird sich immer daran erinnern.«

Mary schien angestrengt nachzudenken. Plötzlich erhellte sich ihr Gesicht. »Mama, können wir irgendwann nochmals hierher zurückkommen?« Die Mutter nickte. Sie ahnte, was Mary plante.

Zur Übung: Gib jedem Familienmitglied ein Geldstück und die Anweisung, dieses zu nutzen, um morgen irgendjemand gegenüber großzügig zu sein.
Gebet: »Herr, hilf uns, uns lieber Schätze im Himmel zu sammeln als auf der Erde.«

24. Mai

Eine Lektion zum Thema Prioritäten

Großzügige Menschen ernten auch die Frucht ihrer entsprechend angesetzten Prioritäten.

Bibellese des Tages: Lukas 12,13-15
Tages-Vers: »Das wahre Leben wird nicht daran gemessen, wie viel wir besitzen.« (Lukas 12,15)

»Wow!«, sagte der Vater zu Bea. »Nicht schlecht das Haus, in dem deine Freundin lebt!!« Er und Bea hatten gerade an einem Haus angehalten und eine Freundin von Bea nach einem Schulfest nach Hause gebracht.

»Du könntest Recht haben«, antwortete Bea.

»Ich könnte Recht haben? Dieses Haus hat mehr Räume als der Buckingham-Palast. Welchen Beruf haben die Eltern deiner Freundin?«

Bea zuckte mit den Achseln. »Ihr Vater scheint ein sehr bekannter Anwalt oder so etwas zu sein«, sagte sie.

»Würdest du gern in einem solchen Palast leben?«, fragte der Vater mehr sich selbst als Bea. Er warf noch einen sehnsüchtigen Blick auf das beeindruckende Haus, bevor es seiner Sicht entschwand.

»Nein«, sagte Bea sehr nachdrücklich.

»Bitte?«, fragte der Vater. Er war nicht sicher, ob Bea überhaupt zugehört hatte.

»Ich habe ›nein‹ gesagt. Ich hätte keine Lust, in einem solchen Palast zu wohnen.«

»Und warum nicht?«, fragte der Vater, plötzlich aufmerksam geworden.

»Weil es eine Menge Dinge gibt, die wichtiger sind als beeindruckende Jobs und fantastische Häuser und einen Haufen Geld, Papa.«

Bea hörte auf zu reden, aber der Vater sagte nichts. Er vermutete, dass Bea noch nicht fertig war mit dem, was sie sagen wollte.

»Die meiste Zeit«, fuhr Bea fort und bezog sich jetzt auf ihre Freundin, »sieht Rahel ihren Vater kaum. Er ist zu sehr damit beschäftigt, Geld zu verdienen. Sie sagt, dass er immer davon spricht, wie gut sie es haben wird nach seinem Tod. Sie würde sich nie mehr um irgendetwas Sorgen machen müssen. Aber Rahel wünscht sich, dass ihr Vater damit aufhören würde, so viel Geld wie möglich zu verdienen und stattdessen Zeit mit ihr verbringen würde.«

Bea weinte jetzt. »Weißt du, was ich denke? Ich glaube, dass Rahels Vater so sehr gefangen ist in dem Bestreben, viel Geld zu verdienen, dass er nicht mehr sehen kann, was wirklich wichtig ist. Ich glaube, wenn er jetzt aufhören würde, sich immerzu anzustrengen, das größte Haus und das schnellste Auto in der Welt zu besitzen, dann würde ihm vielleicht klar werden, dass er eine wirklich kluge, coole Tochter hat, die nur wissen möchte, dass ihr Papa sie liebt.«

Bea hörte nun auf zu reden, und eine Weile fuhren sie schweigend weiter. Es war der Vater, der die Stille endlich unterbrach.

»Weißt du, was ich denke?«, sagte er. »Ich denke, du bist die beste Freundin und – die beste Tochter – auf der ganzen Welt.«

Bea wischte ihre Tränen mit dem Handrücken weg und beugte sich zum Vater hinüber, um ihm einen Kuss zu geben. »Ich hab dich lieb, Papa«, sagte sie.

Zur Diskussion: Was denkst du, dass Jesus gemeint hat, als er sagte: »Das wahre Leben wird nicht daran gemessen, wie viel wir besitzen.« (Lukas 12,15)? Formuliere es so konkret wie möglich.

Gebet: »Herr, wir brauchen Hilfe, um unsere Prioritäten richtig zu setzen. Hilf uns, daran zu denken, dass das wahre Leben nicht am Besitz gemessen wird.«

25. Mai

Der Vater weiß es am besten

Gott ist klüger als wir. Darum sind wir klug, wenn wir tun, was er uns anweist.

Bibellese des Tages: Jesaja 40,28-31
Tages-Vers: »Weißt du nicht? Hast du nicht gehört? Der Herr, der ewige Gott, der die Enden der Erde geschaffen hat, wird nicht müde noch matt, sein Verstand ist unausforschlich.« (Jesaja 40,28)

Mary hielt ihr Mathematikbuch in der Hand, als sie zum Vater ging. »Papa, kannst du mir bitte bei meinen Hausaufgaben helfen?«, fragte sie.

Der Vater sagte: »Lass uns die Mama suchen, sie ist besser in Mathe als ich.«

Der Vater und Mary zeigten der Mutter, um was es ging. »Oh, ich sehe schon«, sagte sie nach einem schnellen Blick in das Buch. »Das sollte für dich eigentlich nicht zu schwer sein, Mary. Hat euer Lehrer es in der Klasse nicht erklärt?«

Mary schüttelte ein bisschen verlegen den Kopf. »Bella und ich haben es nicht mitbekommen«, erklärte sie und bezog sich dabei auf ihre beste Freundin, Bella. »Wir wurden ins Büro geschickt, um unser beider Hausaufgaben zu kopieren.«

»Was solltet ihr?«, fragten Mutter und Vater gleichzeitig.

Mary hob die Hände zu ihrer Verteidigung. »Wir konnten nicht rechtzeitig fertig werden«, erklärte sie. »Und da habe ich gesagt, sie sollte die zwanzig ersten Fragen beantworten und ich würde die zwanzig letzten erledigen. Und dann tauschten wir gegenseitig die Antworten aus. Ich habe gedacht, das wäre nicht so schlimm, dies eine Mal, da wir ja doch die Absicht hatten, die Hausaufgaben zu machen.«

Mutter und Vater starrten Mary einige Augenblicke an, bevor die Mutter anfing zu reden. »Denkst du nicht, dass du dich an die falsche Person gewandt hast?«

Mary schaute einen Moment verwirrt auf. »Was? Du meinst Papa? Darum sagte er wohl, wir sollten nach dir suchen, weil du besser in Mathe bist als er.«

»Das ist nicht das, was ich meine. Ich spreche davon, dass du entschieden hast, es würde nicht so schlimm sein, dies eine Mal zu betrügen«, sagte die Mutter.

»Oh«, sagte Mary und wurde rot. »Ich versuchte zu sagen, es würde dies eine Mal o.k. sein, statt … statt dran zu denken, dass nur Gott entscheidet, was ›Recht‹ oder ›Unrecht‹ ist.«

»Wenn du so etwas tust, Liebling, tust du zwangsläufig das Falsche«, sagte die Mutter.

»Ich weiß«, sagte Mary. »Wenn ich recht gehandelt hätte, hätte ich niemals versucht, eine eigene Entscheidung zu treffen, oder?«

Mutter und Vater lächelten und nickten. Der Vater legte seine Hand auf Marys Schulter. »Gott ist klüger als irgendeiner von uns, Mary. Darum müssen wir tun, was er sagt.«

»Ja, wie Mama besser ist in Mathe als du, nicht wahr, Papa?«

»Jaaa«, antwortete der Vater. »Genauso!«

Zur Diskussion: Zu wem gehst du, wenn du Hilfe brauchst? Warum gehst du zu dieser Person? Wann suchst du Hilfe bei Gott?

Gebet: »Herr, hilf uns, uns daran zu erinnern, zu dir zu kommen, wenn wir Hilfe für eine Entscheidung brauchen.«

26. Mai

Das Ebenbild Gottes

Menschliches Leben ist gut und kostbar, weil jedes menschliche Wesen nach dem Ebenbild Gottes geschaffen wurde.

Bibellese des Tages: 1. Mose 1,26-31

Tages-Vers: »Und Gott schuf den Menschen zu seinem Bilde, zum Bilde Gottes schuf er ihn; und schuf sie als Mann und Frau.« (1. Mose 1,27)

»Wie hast du dir sechzig Euro gespart?«, fragte Don seinen Freund Patrick.

Patrick zuckte die Achseln. »Mit Rasenmähen und Ähnlichem«, sagte er.

Die beiden Jungen gingen Seite an Seite die Gänge des Einkaufszentrums entlang, bis sie die Abteilung für Elektronik erreichten. »Welches Videospiel möchtest du dir kaufen?«, fragte Don. Er war genauso aufgeregt wie Patrick.

»Ich weiß nicht.« Er zeigte auf einen Stapel. »Ich denke, eins von diesen da.«

Don zog die Nase kraus. »Du hast doch schon ein Fußball-Spiel.« Er zeigte auf ein anderes Spiel. »Warum nimmst du nicht das ›Schlachthaus‹?«

»Neee«, antwortete Patrick.

»Warum nicht?«, drängte Don. »Es ist das coolste Spiel!«

»Meine Eltern möchten das nicht«, sagte Patrick. »Sie sagen, darin ist zu viel Gewalttätigkeit.«

»Gerade darum ist es ja so cool!«, schwärmte Don. »Deine Eltern sind doof.«

Patrick war nicht glücklich darüber, dass er das »Schlachthaus« nicht kaufen durfte, aber es gefiel ihm auch nicht, dass Don seine Eltern als doof bezeichnete. »Sie sind nicht doof; sie wollen nur nicht, dass ich ein solches Spiel spiele.«

»Was ist schon dabei?«

Patrick fand sich selbst in der ungewöhnlichen Situation, seine Eltern verteidigen zu müssen wegen einer Entscheidung, die er selbst nicht mochte. Er stellte die Basketball-Video-Spielkassetten zurück ins Regal und sah seinen Freund an. »Wie viele Menschen musst du im ›Schlachthaus‹ töten, um das Spiel zu gewinnen?«

Don zog wieder die Nase kraus. »Ich weiß es nicht«, sagte er. »Eine Menge jedenfalls. Was ist dabei?«

»Meine Eltern wollen nicht, dass ich denke, Menschen umbringen sei ein Spiel«, sagte Patrick.

»Das ist blöd«, antwortete Don. »›Schlachthaus‹ macht dich nicht zu einer Art Serien-Mörder.«

»Das ist nicht der entscheidende Punkt«, antwortete Patrick. »Vielleicht ist das keine große Sache, aber meine Eltern versuchen gerade, mich das Leben respektieren zu lehren, speziell menschliches Leben, weil Gott uns alle zu seinem Ebenbild geschaffen hat. Und ›Schlachthaus‹ ist sicher nicht geeignet, mich daran zu erinnern, oder?«

»O.k.«, sagte Don, »ich gebe auf! Kauf, was du willst. Ich kümmere mich nicht mehr darum.«

Patrick lächelte seinen Freund an. *Er ist kein schlechter Kerl,* dachte er. Schließlich hatte Don ihm geholfen, sich klar zu werden, wie weise seine Eltern sein konnten.

Zur Diskussion: Was macht menschliches Leben so wertvoll vor Gott? Für andere? Für dich? Denkst du, dass du diesen Wert jemals verlieren kannst? Warum oder warum nicht? Wie kannst du deinen Respekt für das menschliche Leben sichtbar machen?
Gebet: »Herr, lehre uns, den gleichen Respekt für das menschliche Leben zu haben, wie du ihn hast.«

27. Mai

Wunderbares Kunstwerk

Menschliches Leben ist für Gott in jeder Phase kostbar.

Bibellese des Tages: Psalm 139,13-16
Tages-Vers: »Ich danke dir, dass du mich so herrlich und ausgezeichnet gemacht hast!« (Psalm 139,14)

Eriks Mutter legte seine Hand auf ihren großen, runden Bauch und hielt sie dort fest. Sie blieb ganz still und schwieg. Nach einigen Augenblicken machten sie und Erik zu gleicher Zeit eine kleine Bewegung nach oben.

»Da!«, sagte die Mutter. »Hast du es gefühlt?«

Erik starrte mit großen Augen auf den Bauch seiner Mutter. Als er sprach, war es nur ein Flüstern: »Da ist ein Baby drin«, sagte er leicht lispelnd.

Die Mutter lächelte. Sie klopfte auf das Polster der Couch neben sich und Erik klettere hinauf. Er drängte sich eng an seine Mutter.

»Dieses Baby ist dein kleiner Bruder oder deine kleine Schwester«, erklärte die Mutter. »Es dauert nicht mehr lange, dann kannst du das Baby in deinen Armen halten und mir helfen, für es zu sorgen.«

»Schläft das Baby jetzt?«, fragte Erik.

Die Mutter beugte den Kopf zur Seite. »Ich weiß es nicht. Es schläft und wacht auf wie du auch. Ich weiß aber nicht, ob es gerade jetzt schläft oder wach ist. Gott weiß es.«

Erik legte seine Hand wieder leicht auf den Bauch der Mutter und streichelte ihn. »Weiß Gott schon, wie das Baby heißt?«

Die Mutter legte ihren Arm um ihr erstes Kind. »Ja«, antwortete sie. »Gott kennt das Baby schon seit acht Monaten, sogar aus der Zeit, bevor das kleine Herz anfing zu schlagen.« Sie klopfte leise auf ihren Leib. »Gott wusste schon vor acht Monaten, ob du einen kleinen Bruder oder eine Schwester haben würdest. Er wusste, welche Haar- und Augenfarbe das Baby haben würde, und ob es später klein oder groß sein wird.«

»Hat Gott mich auch gekannt, als ich noch in deinem Bauch war?«, fragte Erik.

Die Mutter seufzte. Sie wusste, dass Erik niemals aufhören wollte, Fragen zu stellen. »Ja, er kannte dich. Er kannte dich, bevor du geboren wurdest, und kümmerte sich um dich und half dir die ganze Zeit, in der du noch in meinem Bauch warst, wachsen.«

»Gott liebt mich, oder, Mama?«, fragte Erik.

Die Augen der Mutter füllten sich mit Tränen. »Ja«, antwortete sie. »Er hat dich immer geliebt. Du warst kostbar für ihn, sogar bevor deine Mama wusste, dass Gott dich in ihrem Leib geformt hat.«

Erik streichelte immer noch den Bauch seiner Mutter. Ihre Antwort schien alle seine Fragen zu befriedigen. Er und seine Mutter saßen schweigend nebeneinander auf der Couch, während das Baby, das das Murmeln ihrer Stimmen bis dahin gehört hatte, innen im Bauch der Mutter einschlief.

Zur Übung: Lest abwechselnd miteinander Psalm 139,13-16, ersetzt Gott und er für Pronomen, die sich auf Gott beziehen, und du oder einen Namen für Pronomen, die sich auf die Person beziehen.
Zum Beispiel: »Gott machte all die komplizierten inneren Organe deines Körpers und fügte dich zusammen im Bauch deiner Mutter.«, oder: »Gott machte all die komplizierten inneren Organe von Ramonas Körper.« Diskutiert darüber, wie du dich gefühlt hast, als du diese Worte auf dich angewandt hörtest.
Gebet: »Herr, hilf uns, uns daran zu erinnern, dass unser Leben kostbar ist vor dir seit dem Augenblick, in dem wir gestaltet wurden.«

28.
Mai

Eine Polizei-Geschichte

Gott gebietet uns, Leben zu schützen.

Bibellese des Tages: 1. Mose 9,1.5-6
Tages-Vers: »Wer Menschenblut vergießt, dessen Blut soll auch durch Menschen vergossen werden.« (1. Mose 9,6)

Der Vater kam durch die Hintertür herein. Die Mutter und Conny saßen in der Küche am Tisch und frühstückten miteinander.

»Da bist du ja!«, sagte die Mutter. Sie stand auf und half dem Vater, seine Polizeijacke auszuziehen, die in großen gelben Buchstaben auf dem Rücken die Aufschrift trug »Notfallseelsorge«. »Ist alles o.k.?«

Der Vater war freiwillig als Geistlicher dem städtischen Polizeirevier zugeteilt und verbrachte einige Nächte im Monat damit, mit einem Polizeioffizier im Streifenwagen durch die Stadt zu fahren. Normalerweise kam er um Mitternacht oder kurz danach wieder nach Hause. Heute war es aber viel später geworden als gewöhnlich. Er fiel auf einen Küchenstuhl und rieb sich das Gesicht mit beiden Händen. Er sah sehr müde und traurig aus. »Es gab eine Schießerei letzte Nacht«, sagte er.

»Oh nein!«, sagte die Mutter, setzte sich neben den Vater und streichelte mit einer Hand seine Schulter.

»Was ist passiert, Papa?«, fragte Conny.

Der Vater schüttelte langsam den Kopf, dann streckte er die Hände nach seiner Tochter aus, die von ihrem Stuhl herunterrutschte und auf Papas Schoß kletterte. »Zwei junge Leute bekamen Streit miteinander, Conny. Einer hatte eine Waffe, und jetzt ist der andere tot.«

»Kanntest du die beiden, Papa?«

»Nein, ich kannte sie nicht«, antwortete er.

»Warum bist *du* dann so traurig«, fragte Conny

Die Lippen des Vaters zitterten.

Die Mutter versuchte, Connys Frage zu beantworten. »Papa ist traurig, weil ... weil er nicht möchte, dass jemand so zu Tode kommt. Niemand will das.« Sie schob ihre Hände unter Connys Arm, hob sie von Vaters Schoß und stellte sie auf den Küchenboden. »Das Leben ist so kostbar, Conny; es ist eine Gabe Gottes. Und jeder, der einem anderen das Leben nimmt, zerstört den schönsten Teil von Gottes Schöpfung. Darum hat Gott uns das Gebot gegeben: ›Du sollst nicht töten.‹, weil jedes menschliche Wesen nach dem Ebenbild Gottes geschaffen ist.«

Conny warf einen scheuen Blick auf den Vater, Sorge stand auf ihrem Gesicht geschrieben. »Ich möchte auch nicht, dass jemand etwas zerstört, was ich gemacht habe«, sagte sie ernst.

Die Augen der Mutter füllten sich mit Tränen. »Das ist richtig«, sagte sie, ihre Tochter umarmend. »Und vor allem nicht, wenn es das Kostbarste, Unbezahlbarste war, was du je geschaffen hast.«

Die Mutter flüsterte ihrer Tochter etwas ins Ohr. Auf den Zehenspitzen schlich sich Conny hinaus, um sich für die Schule fertig zu machen. Dann umarmte Connys Mutter ihren Mann. Gegenseitig hielten sie sich schweigend an diesem frühen Morgen in der Küche umschlungen.

Zur Diskussion: Die Bibellese von heute nennt das menschliche Leben den schönsten Teil von Gottes Schöpfung. Glaubst du, dass das wahr ist? Wenn ja, warum? Warum gebietet uns Gott, das Leben zu schützen? (1. Mose 9,6 enthält einen guten Hinweis dazu.)
Gebet: »Herr, du hast uns gezeigt, dass das Leben eine kostbare Gabe ist. Hilf uns, unser eigenes Leben und das von anderen zu bewahren und zu schützen.«

29. Mai

Die Quelle des Lebens

Gott schätzt das Leben, weil er selbst die Quelle des Lebens ist.

Bibellese des Tages: 1. Mose 2,4-7
Tages-Vers: »Er ist der Gott, der die Welt und alles, was darin ist, erschuf... Er selbst gibt allem, was ist, Leben und Atem, und er stillt jedes Bedürfnis, das ein Mensch haben kann.« (Apostelgeschichte 17,24-25)

Tom half seiner Mutter, die letzten Handgriffe an der Vogelscheuche zu tun, die sie für ihren Gemüsegarten gebaut hatten. Papas Jeans und sein Hemd waren mit Stroh ausgestopft worden, und dann hatten sie ihr ›Kunstwerk‹ auf zwei Pfählen in T-Form aufgehängt. Da stand sie nun mitten im Garten und hielt Wache, um die Vögel und andere Schädlinge von ihren Karotten, dem Salat und anderem Gemüse fern zu halten. Für den Kopf hatten sie einen Fußball, aus dem die Luft raus war, mit einem Kartoffelsack ausgestopft. Tom hatte das Werk vollendet, indem er ihrer Schöpfung einen alten Filzhut übergestülpt hatte.

Jetzt trat Tom zurück, um ihr Werk zu bewundern. »Das sieht doch klasse aus, oder, Mama?

Die Mutter strich sich das Haar aus dem Gesicht und stieß einen schweren Seufzer aus. »Das tut es wirklich«, sagte sie.

»Jetzt kann ich mir vorstellen, wie Gott sich gefühlt haben muss, als er Adam und Eva geschaffen hatte«, sagte Tom stolz.

Erstaunt sah die Mutter Tom an. »Sag so etwas nicht.«

Tom warf einen seltsamen Blick auf seine Mutter. »Und warum nicht?«, sagte er.

Die Mutter wischte sich die Stirn mit der Hand, an der sie einen Handschuh trug. »Überleg mal, was du gerade gesagt hast. Ich denke, du weißt die Antwort«, schlug sie vor.

»Du musst nicht alles so ernst nehmen, Mama«, sagte er.

»Denkst du wirklich, du kannst das nachfühlen, was Gott empfunden hat, als er Adam und Eva machte?«

»Nein«, antwortete Tom, »ich vermute nicht.«

»Warum nicht?«, fragte die Mutter.

»Nun, weil dies hier bloß eine Vogelscheuche ist. Sie lebt ja nicht«, sagte er.

Die Mutter nickte. »Das stimmt. Als Gott den ersten Menschen machte, hauchte er ihm seinen Atem ein, den Atem des Lebens.«

»Ich weiß, was du meinst«, sagte Tom. »Außerdem, Gott machte uns nach seinem eigenen Bild, stimmt's?«

»Richtig. Er gab uns Menschen mehr von sich selbst, als er irgendeinem seiner anderen Geschöpfe mitgab. Deshalb schätzt er das menschliche Leben so hoch ein, Tom, weil er die Quelle des Lebens in jedem von uns ist.«

»Gott gebietet uns, das Leben zu respektieren, weil ihm selbst das menschliche Leben so wichtig ist«, sagte Tom. »Das liegt daran, dass er der lebendige Gott ist, der uns allen das Leben geschenkt hat.«

»Wow«, sagte die Mutter, offensichtlich beeindruckt von ihrem Sohn. Sie legte einen Arm um seine Schulter und ging mit ihm zurück zum Haus. »Ich denke, damit hast du dir ein großes Glas Limonade verdient.«

Zur Übung: Denk dir etwas aus, wie du deine Wertschätzung menschlichen Lebens sichtbar machen kannst. Du kannst es »ganz groß« tun, indem du z. B. eine Weile in einem Heim mitarbeitest, oder weniger aufwändig, indem du ein freundliches Wort für jemand hast.
Gebet: »Herr, wir schulden dir unser ganzes Leben. Hilf uns, dankbar dafür zu sein. Hilf uns auch, unser eigenes Leben und das anderer Menschen wert zu achten. Hilf uns, Leben zu respektieren und zu verteidigen.«

30. Mai

Scheffel der Liebe

Das Leben respektieren heißt, das Leben bereichern.

Bibellese des Tages: Matthäus 10,29-31
Tages-Vers: »Deshalb habt keine Angst; ihr seid Gott kostbarer als ein ganzer Schwarm Spatzen.« (Matthäus 10,31)

»Ich liebe dich – Umarmung und ein Küsschen«, sang Sara leise, als sie Großmutters Haar bürstete, »jetzt ein Küsschen jedenfalls und die Arme um den Hals.«

Sara stand hinter Großmutters Stuhl und strich behutsam mit der Bürste durch das graue Gewirr. »Erinnerst du dich, Oma, dass du dies Lied für mich gesungen hast?«, fragte Sara. Die Großmutter gab keine Antwort. Seit Monaten hatte sie nicht mehr mit Sara gesprochen. Sara wusste nicht einmal mehr, ob ihre Großmutter sie noch erkannte.

»Das Lied hast du mir immer wieder gesungen«, sagte Sara der Großmutter. »Und jetzt werde ich es immer wieder für dich singen.«

»Ich mag es, wenn ich dein Haar bürsten kann, Oma«, sagte Sara. »Ich erinnere mich, wie du mir erzählt hast – als ich noch ein kleines Mädchen war –, dass Gott sogar wüsste, wie viel Haare ich auf dem Kopf hätte. Und dann tatest du so, als ob du sie zählen wolltest. Erinnerst du dich noch daran?«

Die Großmutter saß teilnahmslos da und starrte nur auf die Wand ihres Schlafzimmers.

»Eins, zwei, drei ...«, begann Sara zu zählen. Ihr Augen füllten sich mit Tränen, als sie so tat, als ob sie die Haare auf Großmutters Kopf zählte. »Vier, fünf, sechs ...«

Sara öffnete die Augen und merkte plötzlich, dass sie geträumt hatte. Sie saß in Großmutters Schlafzimmer, in dem Stuhl – in dem die Großmutter so oft gesessen hatte, während Sara ihr Haar gebürstet und ihr etwas vorgesungen und erzählt hatte.

Die Großmutter war zu Saras Familie gezogen, als sie nicht mehr selbst für sich sorgen konnte. Sara, ihr Bruder und ihre Eltern wussten, dass dies ihr bisheriges Leben auf den Kopf stellen würde. Die Familienmitglieder kümmerten sich abwechselnd um die Großmutter, blieben bei ihr zu Hause und achteten auf sie.

Vor drei Wochen war die Großmutter nun gestorben. Sara vermisste sie noch immer und träumte von ihr. Aber Saras Träume waren glücklicher Natur, Träume, die in ihr ein warmes Gefühl der Dankbarkeit und des Glückes hinterließen. Die letzten Lebensjahre der Großmutter waren für die Familie nicht leicht gewesen. Für Sara waren sie aber trotzdem wertvoll gewesen, und sie hoffte, dass sie die Erinnerung daran für ihr ganzes zukünftiges Leben behalten würde. Ihre Augen füllten sich mit Tränen.

»Ich liebe dich – und jetzt ein Küsschen jedenfalls und die Arme um den Hals«, sang sie.

Zur Diskussion: Wenn du dich daran erinnerst, dass das Leben anderer Menschen unaussprechlich kostbar ist, dann kannst du auch leichter daran festhalten, dass dein eigenes Leben ebenfalls wertvoll ist. Was könnt ihr heute als Familie tun, um zu zeigen, wie sehr ihr menschliches Leben schätzt?

Gebet: »Herr, wir wissen, dass du uns mehr liebst, als mit einem Küsschen und einer Umarmung ausgedrückt werden kann. Hilf uns, unser Leben und das von anderen wertzuschätzen.«

31.
Mai

Weiße Kreuze

Ein Weg, um das Leben zu respektieren, ist, diejenigen zu ehren, die ihr Leben für andere hingegeben haben.

Bibellese des Tages: Johannes 15,9-13
Tages-Vers: »Die größte Liebe beweist der, der sein Leben für die Freunde hingibt.« (Johannes 15,13)

Steffen schaute aus dem Fenster des Autos auf viele Reihen einfacher weißer Kreuze, mit denen der grüne Hügel übersät war. Wortlos beobachtete er, wie seine Eltern den Wagen seitlich auf die Einfahrt zum Friedhof lenkten. Der Vater drückte auf einen Knopf und öffnete damit den Kofferraum des Wagens. Sie stiegen aus und gingen um den Wagen herum, wo sie einige Gartenwerkzeuge und drei kleine Blumen aus dem Kofferraum nahmen.

Jedes Familienglied trug eine Gartenschaufel. Nach Anweisung seines Vaters kniete Steffen an einem einfachen Grab und dann, indem er die Bewegungen seiner Eltern nachmachte, grub er in der Erde am Fuß des Grabkreuzes ein Loch. Steffens Eltern pflanzten drei Blumen in die Erde und halfen ihm dann, das Gleiche zu tun.

Die ganze Aktion dauerte nicht mehr als fünfzehn Minuten. Als sie sich aufrichteten, fragte Steffen: »Wer ist hier beerdigt, Papa?«

Der Vater nannte den Namen eines Mannes, den der Junge noch nie gehört hatte.

»Gehörte er zu unserer Familie?«, fragte Steffen.

»Nein«, sagte der Vater.

»Warum pflanzen wir dann Blumen auf sein Grab?«, fragte Steffen.

»Er war ein Soldat«, antwortete der Vater. Er machte eine umfassende Bewegung mit dem Arm, um auf die Reihe der weißen Kreuze zu zeigen. »Alle diese Menschen waren Soldaten.«

Steffen schaute auf die Grabsteine. Es waren zu viele, um sie zu zählen.

»Bevor du geboren wurdest«, sagte der Vater, »wurden deine Mutter und ich Bürger dieses Landes. Wir sind nicht hier geboren. Wir mussten nicht für die Freiheit kämpfen, die wir heute haben. Aber diese Soldaten gaben ihr Leben für dieses Land.« Er machte eine Pause. »Jedes Jahr kommen wir einmal hierher«, sagte er und zeigte auf das frisch geschmückte Grab, »um diesem Soldaten dafür zu danken, dass er sein Leben für unser Land gegeben hat.«

»Wie habt ihr ihn ausgesucht?«

Der Vater räusperte sich. »Wir fragten bei der Friedhofsverwaltung an.«

Steffen nickte feierlich. Sein Gesicht wurde plötzlich hell. »Dann haben wir ihn sozusagen adoptiert?«, fragte er.

Steffen wusste, dass seine Eltern ihn als Baby adoptiert hatten.

Der Vater lächelte. »Ja«, sagte er. »Es ist eine ganz kleine Möglichkeit, all die zu ehren, die ihr Leben für unser Land hingegeben haben.«

Steffen fasste die Hände der Eltern. Sie gingen zum Auto zurück und steckten die Werkzeuge wieder weg. Als sie abfuhren, warf Steffen wieder einen Blick durchs Autofenster auf die vielen Reihen einfacher, weißer Kreuze.

Zur Übung: Schmückt heute oder am Wochenende das Grab eines Familienangehörigen oder eines Soldaten.

Gebet: »Herr, hilf uns, diejenigen nicht zu vergessen, die ihr Leben im Dienst für andere hingaben. Wir denken vor allem an Jesus, den Erlöser, der sein Leben für uns alle hingab.«

Juni

1. Juni

Ein freigebiger Gott

Immer und immer wieder sagt Gott, dass er uns liebt und uns Gutes tun möchte.

Bibellese des Tages: Jesaja 65,1-2.12
Tages-Vers: »Wenn du deine Hand öffnest, stillst du den Hunger und Durst aller Geschöpfe.« (Psalm 145,16)

»Komm her, du kleiner Hund«, sagte Ines. Sie wedelte mit einem Hundekuchen vor der Nase des Tieres hin und her, das sich im Gebüsch des Vorgartens zusammengekauert hatte. Ines hatte den Welpen an diesem Nachmittag entdeckt, zusammengerollt in einem halbdemolierten Kasten, den ein Nachbar für die Müllabfuhr an den Bordstein gestellt hatte. Aus dem Kasten hatte sie ihn mit einer Schüssel mit Essensresten gelockt, die eigentlich für den Kühlschrank bestimmt gewesen waren. Doch der kleine Hund hatte sich ins Gebüsch neben den Stufen zur Haustür verkrochen und wollte nicht mehr hervorkommen.

Die Mutter beobachtete Ines, als sie sich Zentimeter um Zentimeter näher an das Gebüsch vorschob. »Sei vorsichtig!«, warnte die Mutter.

»Warum?«, fragte Ines, ohne ihre Augen von dem Hund zu lassen.

»Ich möchte nicht, dass er dich beißt«, sagte die Mutter.

»Ach, Mama«, sagte Ines, »es ist doch nur ein Welpe.«

Kaum hatte sie diese Worte ausgesprochen, als der junge Hund böse knurrte und nach der Hand von Ines schnappte. Sie sprang auf und ließ den Hundekuchen auf die Erde fallen.

Der Welpe kam unter dem Busch hervorgekrochen und schnappte blitzschnell nach dem Hundekuchen. Als er sich so bewegte, sah die Mutter, dass sein Fell eine verworrene und verfilzte Masse war.

»Ich wollte ihm doch nur helfen«, protestierte Ines. »Warum wollte er mich dafür beißen?«

»Vielleicht ist er verletzt«, antwortete die Mutter. »Oder sein Herr hat ihn schlecht behandelt.«

Ines brummte. »Aber ich wollte ihn doch nicht verletzen«, sagte sie. »Ich wollte ihm nur helfen.«

»*Ich* weiß das«, sagte die Mutter. »Aber *er* weiß es nicht. Er hat Angst vor dir.«

»Aber das ist doch dumm! Wenn er sich doch nur helfen ließe …«

Die Mutter nickte. Sie legte Ines eine Hand auf den Rücken. »Jetzt weißt du, wie Gott sich fühlt«, sagte sie.

»Was?«

»Nun weißt du, wie Gott sich fühlt«, wiederholte die Mutter, »wenn die Menschen ihn ablehnen und sich von seinen Geboten abwenden. Immer und immer wieder sagt er uns, dass er uns liebt und uns nur Gutes tun will. Aber wir hören nicht zu, oder glauben ihm nicht, oder vergessen alles.«

»Was sollte ich also tun?«, fragte Ines. Sie nickte zu dem Hund hin. »Wegen ihm, meine ich.«

Die Mutter zuckte die Achseln. »Was denkst du?«

»Ich könnte versuchen, das zu tun, was Gott mit uns macht«, sagte sie. »Ich könnte einfach geduldig sein und versuchen, ihm Liebe zu zeigen. Ob das wirkt?«

»Ich denke, dass es ein guter Anfang ist«, sagte die Mutter und gab Ines einen weiteren Hundekuchen.

Zur Übung: Wie hat Gott dir seine Freigebigkeit schon gezeigt? Wie kannst du freigebig sein nach diesem Vorbild?

Gebet: »Danke, Herr, für die Freundlichkeit, die du uns immer erwiesen hast. Hilf uns, sie niemals als selbstverständlich anzusehen.«

2. Juni

Der Ring des Versprechens

Der Same ehelicher Treue wird in der Jugend gelegt.

Bibellese des Tages: 1. Mose 2,8.18-23

Tages-Vers: »Das ist doch Bein von meinem Bein und Fleisch von meinem Fleisch; man wird sie Männin nennen, weil sie vom Manne genommen ist.« (1. Mose 2,23)

Grahams dreizehnter Geburtstag war endlich gekommen. Er und seine Eltern gingen zusammen in ein beliebtes Restaurant. Die kleine Schwester hatten sie mit einem Babysitter zu Hause gelassen.

Mutter und Vater überließen es Graham, zu bestellen, was er wollte. Als sie mit dem Essen fertig waren, zog der Vater ein kleines, in Geschenkpapier verpacktes Kästchen heraus. Grahams Augen glänzten, als der Vater ihm das Päckchen überreichte.

»Dies ist das kostbarste Geburtstagsgeschenk, das wir jemals für dich hatten«, erklärte der Vater. »Und das bedeutungsvollste.«

Graham schaute neugierig auf seine Eltern. Er hielt das Päckchen immer noch ungeöffnet in der Hand.

»Mach's auf«, sagte die Mutter.

Graham riss das Papier auseinander und sah eine Filzschachtel vor sich. Als er das Kästchen öffnete, lag ein schlichter goldener Ring darin.

Graham warf einen verwirrten Blick auf seine Eltern. Das hatte er tatsächlich nicht erwartet. Er nahm den Ring aus dem Kästchen und probierte ihn an. Er passte genau.

»Das ist ein Ring des Gelöbnisses«, erklärte die Mutter. »Papa und ich möchten, dass du ihn als Symbol der Treue gegenüber deiner Frau behältst.«

»Treue gegenüber meiner Frau?«, fragte Graham und überhörte alles andere, was noch gesagt wurde. »Was für eine Frau? Ich bin doch nicht verheiratet!«

»Jetzt noch nicht«, sagte der Vater. »Aber eines Tages wirst du es vielleicht sein. Und dann, hoffe ich, wirst du in der Lage sein, diesen Ring deiner Frau an eurem Hochzeitstag zu geben und ihr zu sagen, dass du ihn seit deinem dreizehnten Lebensjahr immer getragen hast. Dass er dich jeden Tag daran erinnern sollte, deiner Frau treu zu sein – und das schon, bevor du sie überhaupt kanntest!«

»Was meinst du mit ›treu sein meiner Frau gegenüber‹?«, fragte Graham.

»Nun«, sagte der Vater, »es bedeutet, sexuell rein zu bleiben und dich darauf vorzubereiten, ein guter Ehemann zu sein.«

»Auch wenn du nicht weißt, wer einmal deine Frau wird – Gott weiß es«, sagte die Mutter.

Graham legte seine Hand flach auf den Tisch und schaute den Ring mit neuem Interesse an. Dann schaute er auf. »Danke, Mama und Papa«, sagte er. »Das ist das beste Geburtstagsgeschenk, das ich jemals erhielt.«

Zur Übung: Macht »Treue-Andenken« für die ganze Familie. Macht Halsketten aus Garn für alle zum Umhängen der Andenken. Oder schreibt ein Treue-Versprechen und macht für jeden eine Kopie davon.
Tipp fürs Gebet: Betet für die Kinder in der Familie und für jeden ihrer zukünftigen Ehepartner. Bittet Gott, sie rein zu erhalten und sie zu guten Ehegatten und Eltern werden zu lassen.

3. Juni

Die positive Kraft des »Nein«

Die Dinge, denen gegenüber ich »Nein« sage, machen mein Leben reicher, nicht ärmer.

Bibellese des Tages: Johannes 10,7-10
Tages-Vers: »Mit Gnade und Treue leitet der Herr alle, die seinen Bund halten und seinen Geboten gehorchen.« (Psalm 25,10)

»Lass uns sehen, ob wir uns nicht irgendwie ins Kino hineinschleichen können!«, schlug Tina ihrer Freundin Anna vor. Sie standen auf dem Gehweg vor dem Gebäude.

Anna schüttelte den Kopf. »Das tun wir lieber nicht«, sagte sie. »Es wäre nicht recht. Es wäre wie stehlen.«

Tina warf in einer frustrierten Geste die Hände in die Luft. »Da fängst du schon wieder an mit deinem christlichen ›Dazu bin ich mir zu gut usw.‹!«

»Darum geht es nicht«, protestierte Anna, aber Tina unterbrach sie.

»Jedes Mal, wenn ich eine Idee habe, was wir tun könnten, sagst du Nein. Immer wieder geht es um das Christsein, als ob das nur aus einem Bündel von Vorschriften bestünde: ›Tu das nicht‹ und ›Tu jenes nicht‹ und ›Das kannst du nicht machen‹.«

»Das ist nicht wahr«, sagte Anna.

Schließlich mischte sich Helen in das Gespräch ein. »So sieht es aber aus, Anna.«

»Aber so ist es wirklich nicht«, sagte Anna. Sie schaute den Autos nach, die an ihnen vorbeifuhren, während sie sich unterhielten. »Es ist nur, als ob ihr sagt: Wenn ihr den Führerschein macht, so bedeute das, nichts mehr unternehmen zu können!«

»Wie?«, fragte Tina.

»Ja«, sagte Anna plötzlich leidenschaftlich. »So genau ist es. Wir können es kaum erwarten, unseren Führerschein eines Tages zu bekommen, nicht wahr? Das wird eine tolle Erfahrung sein, oder? Wir werden uns fortbewegen und viele Orte erreichen können, stimmt's?« Ihre Freundinnen nickten einmütig. »Aber was ist dann mit all den ›richtig‹ und ›falsch‹, die ihr vorher lernen müsst? Ihr müsst lernen, wie schnell ihr fahren dürft und was all die Verkehrszeichen und Signale bedeuten. Ist das nicht auch ein Bündel von Vorschriften, die besagen: ›Tu das nicht‹ und ›Das kannst du nicht machen‹?«

Helen zuckte mit den Schultern. »Das sind aber alles Dinge, die wir lernen, um den Führerschein zu bekommen.«

»Aber ihr seid bereit, diese Regeln zu akzeptieren«, sagte Anna, »weil ihr denkt, dass es die Sache wert ist, oder? Ihr seid nämlich wesentlich freier, wenn ihr den Führerschein besitzt, oder nicht?«

»Schon«, gab Helen zu.

»Das Gleiche gilt für ›recht‹ und ›unrecht‹ handeln«, sagte Anna. »Alle Dinge, zu denen ich ›Nein‹ sage, machen mein Leben reicher, nicht ärmer! Sie sind alle das ›Nein‹ wert, weil ich viel mehr vom Leben habe, wenn ich keine Angst zu haben brauche oder in Schwierigkeiten gerate oder alles Mögliche befürchten muss, was auch immer kommen mag.«

»Schon in Ordnung«, sagte Tina. »Wir werden uns nicht heimlich ins Kino schleichen.« Sie grinste schelmisch. »Wir werden jetzt ein Spirituosengeschäft plündern.«

»Tina!«, schrien Helen und Anna einstimmig.

Zur Übung: Wieso kann »Nein sagen« eine positive Sache sein? Wieso kann ein »Nein« zu unrechten Dingen dein Leben besser machen?
Gebet: »Herr, gib uns den Mut Nein zu sagen, wenn wir zur Sünde verleitet werden.«

4. Juni

Gib nicht so an!

Lobe dich nicht selbst, überlass das anderen.

Bibellese des Tages: Sprüche 27,1-2
Tages-Vers: »Lobe dich nicht selbst, lass das andere tun!« (Sprüche 27,2)

»Ich bin schneller als du! Ich bin schneller als du!«, spottete Adrian über seinen kleinen Bruder Alex. Hastig steckte er sein Hemd in die Hose. Jetzt musste er nur noch Socken und Schuhe anziehen. Dann würde sich seine Vorhersage erfüllen, dass er in dem Wettrennen, wer sich morgens am schnellsten anziehen konnte, Alex geschlagen hatte.

Alex Unterlippe schob sich vor, doch er weinte nicht. Er zog seine Hose an, aber sein T-Shirt verhakte sich, als er es über den Kopf ziehen wollte. Er kämpfte damit und schließlich rutschte es über seine Ohren. Doch Adrian hatte schon seine letzte Socke in der Hand. »Jetzt nur noch die Schuhe. Ich werde dich schlagen! Ich werde dich schlagen! Ich bin besser!«, sang Adrian.

Alex bedauerte, dass er sich auf dieses Wettrennen eingelassen hatte.

Adrian kroch jetzt auf dem Boden herum und suchte mit dem Arm unterm Bett. Er fand einen Schuh, konnte aber den anderen nicht entdecken. »Wo ist mein anderer Schuh?«, fragte er.

Alex zog seine Socken an.

»Wo ist mein anderer Schuh?«, fragte Adrian und schaute sich verzweifelt um.

Alex hatte jetzt einen Schuh an.

Adrian hörte das leise Geräusch der Klett-Verschlüsse am Schuh seines Bruders.

»Ich kann meinen Schuh nicht finden!«, rief er. »Das ist nicht fair!«

Alex schlüpfte in den zweiten Schuh, zog den Verschluss eng an und stand auf.

»Fertig!«, sagte er mit Siegermiene. »Ich habe gewonnen!«

»Das ist nicht fair!«, sagte Adrian.

Plötzlich kam Adrian eine Idee. »Wahrscheinlich hast du meinen Schuh versteckt, nicht wahr?« Er stampfte auf seinen kleinen Bruder zu.

Alex öffnete die Tür ihres gemeinsamen Schlafzimmers, wandte sich um und sah Adrian an. »Ich habe deinen Schuh niemals angerührt«, sagte er. »Er ist immer noch in dem Schrank, seit du ihn gestern Abend nach mir dorthin geworfen hast!«

Alex ging nach draußen. Adrian wandte sich um und warf einen Blick auf den Schrank von Alex, der auf der anderen Seite des Zimmers stand. Sein Schuh lag ganz offen auf einem Haufen Spielzeug, das Alex gehörte.

Zur Diskussion: Was glaubst du, warum Adrian damit angab, dass er besser sei als sein kleiner Bruder? Gibst du auch manchmal an? Wenn ja, warum? Wenn nicht, warum nicht? Hältst du Prahlen für etwas Gutes? Warum oder warum nicht? Warum ist es besser, wenn du anderen es überlässt, dich zu loben?
Gebet: »Herr, wir sind manchmal in Versuchung, uns selbst zu loben. Hilf uns, bescheiden zu sein.«

5. Juni

Bettina, sei nicht stolz

Sündiger Stolz ist schlimm; Bescheidenheit ist etwas Gutes.

Bibellese des Tages: Sprüche 21,2-4
Tages-Vers: »Ein stolzer Blick, ein selbstgerechtes Herz – alles, was die Gottlosen tun, ist Sünde.« (Sprüche 21,4)

»Jipiii!«, rief Bettina, als sie das Wohnzimmer der Familie betrat. »Ich habe die beste Note in meiner Klasse für den Bericht in Sozialkunde bekommen!«

»Gratuliere!«, sagte ihr großer Bruder Ted, dabei kaum vom Fernseher aufschauend.

»Ich wusste, dass ich sie bekommen würde«, sagte Bettina. Sie stolzierte durch den Raum wie bei einer Parade.

»Ja?«, fragte Ted. »Woher wusstest du das?«

»Wir mussten unseren Bericht in der Klasse laut vorlesen. Und ich kann dir sagen, meiner war der beste. Der von Jenny war dumm, und Howards Bericht war total langweilig!«

»Aber deiner war perfekt, nicht wahr?«, sagte Ted mit kaum verstecktem Sarkasmus.

»Klar«, antwortete sie, ohne es zu erfassen. »Ich bin ohne weiteres das klügste Mädchen unserer Klasse.« Sie fuhr sich mit der Hand durchs Haar, als ob sie für ein Bild posierte.

»Ich vermute, du hast nie die Geschichte von den zwei Hähnen gehört, oder?«, sagte Ted.

»Zwei Hähne? Was für eine Geschichte?«

Ted stellte den Ton am Fernseher ab. »Oh, es ist nur die Geschichte von zwei Hähnen. Beide behaupteten, sie seien der beste Hahn im Hof. Eines Tages begannen sie miteinander zu kämpfen. Der Hahn, der verloren hatte, rannte weg und versteckte sich in einer abgelegenen Ecke des Hofes. Der Hahn, der gewonnen hatte, kletterte auf die Spitze des Hühnerstalles, flatterte dort wild mit den Flügeln und begann zu krähen, wie gut er doch wäre. Er krähte so laut, dass ein Adler, der über ihn hinwegflog, es hörte. Der Adler stieß hinunter, trug den Hahn fort und hatte für den Abend ein herrliches Fressen.«

Bettina starrte Ted an. »Was soll diese Geschichte bedeuten?«

Ted zuckte mit den Achseln. »Ich denke, du weißt es«, sagte er.

Bettina schürzte die Lippen und war einen Augenblick still. »Ich vermute, ich war ein bisschen abgehoben«, sagte sie schließlich.

»Ein bisschen?«, antwortete Ted.

»O.k., ein bisschen viel«, gab Bettina zu.

»Es ist in Ordnung, wenn dir deine Leistungen Freude machen«, sagte Ted. »Aber die Bibel sagt, dass es Sünde ist, ein stolzes Herz zu haben. Es ist besser, bescheiden zu bleiben.«

»Kinder«, rief jetzt die Mutter, »es ist Zeit zum Mittagessen.«

»Was gibt es?«, fragte Bettina.

»Hähnchen«, antwortete die Mutter.

Bettina und Ted schauten sich an und brachen in lautes Gelächter aus.

Zur Diskussion: Was glaubst du, was der Unterschied ist zwischen Freude an der eigenen Leistung und sündigem Stolz? Wie kannst du dein Bestes tun bei all deinen Aufgaben und Tätigkeiten und trotzdem bescheiden bleiben?

Gebet: »Herr, wir wissen, dass du den Stolz unserer Herzen beobachtest. Halt uns vom Stolz fern und leite uns zur Bescheidenheit.«

6. Juni

Wahre Demut

Gott gebietet uns Demut, weil er Demut schätzt.

Bibellese des Tages: Römer 12,3-5
Tages-Vers: »Seid ehrlich in eurem Urteil über euch selbst und messt euch daran, wie viel Glauben Gott euch geschenkt hat.« (Römer 12,3)

Rahel kreuzte die Arme über der Brust und ließ sich auf ihren Stuhl fallen. Sie wandte sich an ihre Freundin Tracy. »Ich weiß nicht, warum Frau Stein Julia ausgewählt hat, um ein Solo zu singen«, sagte sie und bezog sich damit auf das Mädchen, das für den Wettbewerb auf der Bühne stand. »Du kannst sehr viel besser singen als sie.«

»Psst«, sagte Tracy. »Sie macht es großartig.«

Die beiden Mädchen saßen in der Aula der größten Schule des Bezirks und beobachteten die letzten Eintretenden zu dem staatlichen Gesangswettbewerb.

»Macht dich das nicht verrückt, dass Julia da oben steht und singt, wo jeder weiß, dass du die beste Solistin der ganzen Schule bist?«, fragte Rahel. »Ich hoffe, dass sie verliert.«

»Du solltest sie lieber anfeuern, dass sie gewinnt«, protestierte Tracy, »statt dich so aufzuregen. Sie ist die letzte Hoffnung für unsere Schule, um heute einen Preis zu gewinnen.«

»Wünschst du ihr nicht, dass sie verliert?«, gab Rahel zurück.

»Nein!«, sagte Tracy.

»Aber sie hat dir *dein* Solo weggenommen!«

»Es war nicht *mein* Solo. Es gehört überhaupt niemand.«

Rahel winkte mit der Hand. »Ach du naives Mädchen, du musst nicht immer so bescheiden auftreten!«

»Das hat nichts mit Auftreten zu tun«, sagte Tracy mit flammenden Augen. »Es ist einfach die Wahrheit. Ich möchte gar nicht besser von mir denken, als ich wirklich bin. Das ist alles, was hinter der Demut steckt. Und das ist die Art und Weise, wie Gott sagt, dass wir sein sollten.«

»Dann hat dir Gott gesagt, dass du Julia *dein* Solo singen lassen sollst?«, fragte Rahel und schaute skeptisch drein.

Tracy seufzte. »Schau, Gott möchte nicht, dass ich mich für eine ganz schlechte Sängerin halte, aber er will auch nicht, dass ich mich für besser halte, als ich bin. Die Bibel sagt, dass wir uns nicht für besser halten sollen als andere Leute, weil Gott Stolz nicht mag. Er liebt die Demut.«

Julia hatte ihr Solo beendet, und Tracy stimmte in den Applaus für ihre Darbietung ein.

»Du hoffst du wirklich, dass sie gewinnt?«, fragte Rahel, während ihre Brauen sich über ihren Augen wölbten wie zwei Zelte.

»Jaaa!«, sagte Tracy. »Und weißt du, was ich noch hoffe?«

»Was?«, fragte Rachel.

»Ich hoffe, dass du jetzt eine Weile ruhig bist, damit ich die anderen Sänger auch noch hören kann«, sagte sie und stupste ihre Freundin mit dem Ellenbogen.

Zur Diskussion: Was glaubst du, warum Gott die Demut wünscht? Was denkst du, was Demut bedeutet? Denkst du, dass Demut bedeutet, sich selbst nicht zu lieben? Denkst du, dass Demut bedeutet, dass du dich selbst für weniger gut hältst als andere Leute?
Gebet: »Jesus, danke, dass du uns hilfst, uns selbst ehrlich und realistisch zu sehen, nicht mit Stolz oder einem Gefühl der Minderwertigkeit. Beides gefällt dir nicht.«

7. Juni

Nicht zu stolz

Gott schätzt die Demut, weil er sich selbst demütigte.

Bibellese des Tages: Philipper 2,5-11
Tages-Vers: »Geht so miteinander um, wie Christus es euch vorgelebt hat.« (Philipper 2,5)

»Conny!« Stefans Ruf ließ alle Köpfe in dem Schnellimbiss in die Luft fahren, wo Conny mit verschiedenen Freunden beim Essen war. Der geistig behinderte Junge rannte mit ausgestreckten Armen quer durch das Restaurant.

»Stefan!«, antwortete Conny lächelnd.

Stefan umarmte sie, als ob er sie Jahre nicht gesehen hätte. In Wirklichkeit hatte er sie vor vier Tagen erst in der Kirche gesehen, in die ihre beiden Familien gingen. Conny und Stefan sprachen ein paar Minuten miteinander, wobei Stefans Stimme alle anderen Gespräche im Restaurant übertönte. Endlich drehte sich Conny zu ihren Schulfreunden um und stellte ihnen Stefan vor. Sie erklärte, dass er einer ihrer Freunde aus der Gemeinde sei.

»Ich werde jetzt gehen«, sagte Stefan endlich mit seiner lauten, stockenden Stimme. Er hielt eine Hand hoch in die Luft und Conny klatschte in gleicher Höhe pflichtschuldigst dagegen. »Wir sehn uns noch, Conny«, sagte er und rannte weg zu seinen Eltern, die an der Theke standen.

»Wie peinlich!«, sagte Kerri, eine von Connys Freundinnen, als Stefan weg war.

»Warum hast du ihm nicht einfach gesagt, er solle verschwinden?«

»Das hätte ich nicht tun können«, antwortete Conny in erschrockenem Ton. »Stefan ist mein Freund.«

»Im Ernst?«, fragte Kerri. »Ich dachte, du wolltest nur nett sein. Wie kannst du *ihn* zum Freund haben?«

»Was meinst du damit?«, fragte Conny.

»Na«, antwortete Kerri, »das ist doch demütigend. Er ist geistig behindert, nicht wahr?«

»Ja, und?«, sagte Conny.

»Ich denke nur, du hast es nicht nötig, *so verzweifelt* nach Freunden zu suchen«, entschied Kerri.

»Kerri, du bist Christ«, sagte Conny jetzt zu ihrer Freundin. Sie schaute eins der anderen Mädchen an. »Auch du bist Christin, Angela. Wie kannst du zu stolz sein, um Stefans Freundin zu sein? Ist Jesus zu stolz, um dein Freund zu sein? Hat Gott sich nicht auf unsere Ebene herabgelassen, als er Mensch wurde und für unsere Sünden starb?« Sie schüttelte den Kopf. »Wenn Demut dazugehört, um Stefans Freund zu sein, dann habe ich kein Problem damit. Vielleicht solltet *ihr* es auch einmal versuchen.«

Die Mädchen, die um den Tisch saßen, starrten Conny an. Dann tauschte Kerri verlegene Blicke mit Angela.

»Sie hat Recht«, sagte Angela sehr ruhig.

»Ich weiß«, antwortete Kerri. Sie lächelte Conny verlegen an. »Ich hasse es, wenn sie Recht hat.«

Zur Übung: Kopiere die Bibellese des Tages auf ein Blatt Papier. Gib das Blatt in der Familie herum und lass jedes Familienglied ein Wort einkreisen oder unterstreichen, das sich auf etwas bezieht, als Christus sich selbst gedemütigt hat.
Gebet: »Hilf uns, Herr, wenn wir dazu verleitet sind, gewisse Leute als nicht wert genug zu achten, dass wir sie schätzen. Erinnere uns daran, dass du dich selbst erniedrigt hast, um uns zu dir zu ziehen.«

8. Juni

Die »Ich«-Krankheit

Demut bewirkt Respekt; Stolz und Egoismus erzeugen Verachtung.

Bibellese des Tages: Jesaja 14,12-17
Tages-Vers: »Hochmut endet in Erniedrigung, aber Demut bringt Ehre.« (Sprüche 29,23)

Simon und sein Vater saßen zusammen beim Schulsportfest. Simons älterer Bruder, der im Basketball-Team der Schule gespielt hatte, gehörte zu den zwei Studenten, die eine Auszeichnung für ihre sportlichen Leistungen in der Schule erhalten sollten.

Der erste Sportler, dem ein Preis gegeben wurde, war der Star der Fußballmannschaft und des Baseball-Teams der Schule.

»Ich bedanke mich für diesen Preis«, sagte der junge Mann. »Ich möchte ein paar Erinnerungen an die Spiele weitergeben, die mich zu einem großen Sportler werden ließen.« Er sprach weiter von gelungenen Toren und von der Zeit, in der er in der Regional-Liga für sein Baseball-Team ausgeholfen hatte. »Ich möchte mich immer an Augenblicke wie diese erinnern, als ich die Chance hatte, etwas wirklich Großes für meine Schule zu erreichen. Danke.«

Simon und sein Vater stimmten in den höflichen Applaus mit ein, der der Ansprache des Jungen folgte. Als Nächstes wurde Simons Bruder angekündigt und seine Leistungen aufgeführt. Als ihm sein Preis ausgehändigt worden war, trat er lächelnd zum Mikrofon.

»Ich danke Ihnen«, sagte er. »Es ist wirklich eine große Sache, so geehrt zu werden, aber ich habe das Empfinden, dass die Menschen, die den Preis in Wirklichkeit verdienen, meine Mutter und mein Vater sind, meine Teamkameraden und meine Trainer. Sie sind diejenigen, die hart gearbeitet und mich Dinge gelehrt haben, die ich allein nie gelernt hätte. Deshalb möchte ich diesen Preis mit ihnen teilen. Danke.«

Die Zuhörer standen auf und applaudierten für Simons Bruder.

Einige Augenblicke später gingen der Vater und Simon mit Simons großem Bruder zusammen zum Auto. »Deine Ansprache war erheblich besser als die von deinem Kollegen«, sagte Simon.

Der Vater legte Simon die Hand auf die Schulter. »Da kann ich nur zustimmen«, sagte er. »Aber warum denkst du, dass sie besser war?«

»Ich weiß es nicht«, sagte Simon, »aber sie war es.« Eine Weile schwieg er. »Ich mochte die Rede von dem anderen nicht, weil er nur über sich selbst gesprochen hat.«

Der Vater nickte und sagte: »Er ist aufgetreten, als ob er einen schweren Anfall der ›Ich-Krankheit‹ gehabt hätte. Alles, worüber er sprach war: ›Ich tat dies‹ und ›Ich tat das‹. Deshalb hat er dich wahrscheinlich nicht beeindruckt. Dein Bruder hat eine bescheidene Einstellung gezeigt.«

»Ja!«, »sagte Simon. »Ich hoffe, dass ich nie von der ›Ich-Krankheit‹ befallen werde.«

»Das hoffe ich auch«, sagte der Vater lachend. »Das hoffe ich auch.«

Zur Diskussion: Was ist »Ich-Krankheit«? Woher weißt du, dass ein Mensch davon befallen wurde? Was ist das Heilmittel dafür?
Gebet: »Jesus, du bist der große Arzt, der uns von der ›Ich-Krankheit‹ heilt. Wenn du sie in unserem Leben feststellst, hilf uns, demütig genug zu sein, uns deiner Heilbehandlung zu unterwerfen.«

9. Juni

Das Gegenteil von Stolz

Demut gewinnt Freunde; Stolz erntet Feindschaft.

Bibellese des Tages: 2. Chronik 26,1.16-21
Tages-Vers: »Stolz wird in Schande enden, aus Demut aber folgt Weisheit.« (Sprüche 11,2)

»Du willst Brad einladen?«, fragte Micha seinen Freund. Die beiden Jungen saßen am Küchentisch. Tim plante seine Geburtstagsparty. Micha war herübergekommen, um zu helfen.

Tim zuckte die Achseln. »Meine Mutter sagt, ich solle alle Jungen aus meiner Klasse einladen«, erklärte er.

»Aber *Brad*?« Micha sprach den Namen aus, als wäre es ein Fluch.

»Was ist mit Brad nicht in Ordnung?«, fragte die Mutter.

Micha und Tim schauten plötzlich auf, als ob sie dadurch überrascht worden wären, dass Tims Mutter ihr Gespräch mit angehört hatte. Dann begann Tim zu sprechen.

»Keiner mag Brad«, erklärte er.

»Warum nicht?«, fragte die Mutter.

»Weil er ständig in Streitereien verwickelt ist und so ähnlich. Er ... er benimmt sich, als ob er was Besseres wäre als alle anderen. Er spricht immerzu davon, wie viel Geld sein Vater verdient ...«

»Und dass er klüger ist als alle anderen in unserer Klasse«, warf Micha ein.

»Ja«, sagte Tim, »wie zu der Zeit, als Micha den Wettbewerb in Rechtschreibung gewann.«

»Was ist damals passiert, Micha?«, fragte die Mutter.

»Nun, ich gewann den Test in meiner Klasse und dann noch den zweiten Platz für den ganzen Bezirk«, erklärte er. »Nachdem man mir den zweiten Platz zuerkannt hatte, fing Brad bei allen an zu prahlen, dass er den ersten Preis gewonnen hätte, wenn er in die Bezirksausscheidung gekommen wäre.«

Tim schaute seine Mutter an. »Solche Dinge sagt er dauernd. Er macht ständig die Leute verrückt.«

Die Mutter nickte. »Ich sehe das ein«, sagte sie.

»Muss ich ihn nun trotzdem einladen?«, fragte Tim.

»Das möchte ich dir überlassen«, antwortete sie.

»O.k.«, sagte Tim. Er machte eine Pause. Dann begann er eine Einladung mit Brads Namen zu adressieren.

Micha wartete, bis die Mutter das Zimmer verlassen hatte, dann beugte er sich zu Tim hinüber. »Warum schickst du ihm jetzt eine Einladung? Deine Mutter sagte, du könntest selbst darüber entscheiden!« »Ja«, sagte Tim und nickte. »Das sagt sie nur, wenn sie weiß, dass ich das Richtige tue.«

Zur Diskussion: Warum, glaubst du wohl, hatte Tim eine Reihe von Freunden? Und warum denkst du, dass Tim Brad nun doch zu seiner Geburtstagsparty einladen wollte. Hat Stolz deine Freundschaft schon einmal belastet? Was denkst du, wer gewöhnlich mehr Freunde hat: stolze oder demütige Menschen? Warum?
Tipp fürs Gebet: Wenn Stolz eine freundschaftliche Beziehung von dir oder einem Familienmitglied verletzt hat, nimm dir Zeit, um Gottes Vergebung zu erbitten und die Sache wieder gutmachen zu helfen.

10. Juni

Die erste Trompete

Demut bewahrt einen Menschen vor Verlegenheiten und fördert seine Ehre.

Bibellese des Tages: Lukas 14,7-11
Tages-Vers: »Denn die Stolzen werden gedemütigt, die Demütigen aber geehrt werden.« (Lukas 14,11)

Thomas holte seine glänzende Trompete aus dem mit Plüsch ausgeschlagenen Kasten und ging auf die Plätze der Spieler zu. Lange Zeit hatte er auf diesen Tag gewartet – seit Beginn der Proben der Konzert-Band.

Thomas wusste, dass sein Probespiel gut ausgefallen war. Er war aber den Rest des Nachtmittags im Aufenthaltsraum der Band geblieben und hatte sich von dort die übrigen Probespiele aus der Trompeten-Abteilung angehört. Am Ende des Tages glaubte er sicher zu wissen, wer den ersten Platz in der Konzert-Band besetzen würde. Er brauchte gar nicht mehr an der Wandtafel nach den ausgehängten Ergebnissen zu schauen.

Er balancierte seine Trompete in der Hand und fingerte lebhaft an den Klappen herum, als er zum Stuhl des ersten Trompeters ging. Er setzte sich und blickte sich im leeren Raum der Band um, er genoss den Anblick der Position, die er seit zwei Jahren ersehnt hatte: erster Trompeter.

Die Mitglieder der Band kamen nach und nach herein. Manche ignorierten ihn, andere bemerkten ihn und nickten. Und wieder andere warfen ihm einen merkwürdigen Blick zu. *Die sind wahrscheinlich neidisch,* überlegte er. Er lächelte bei sich selbst. *Das ist o.k., lass sie neidisch sein.*

Schließlich, als der Orchesterraum fast voll besetzt war, kam die Dirigentin, Frau Sawyer, herein und begegnete sofort Thomas Blick, als ob sie ihn schon gesucht hätte. Sie ging zu den Trompetern hinüber.

»Thomas«, sagte sie leise und räusperte sich, »hast du auf der Wandtafel die Sitzplätze kontrolliert, als du heute zur Generalprobe kamst?«

Thomas Augen weiteten sich in ehrlicher Überraschung. »Nein«, antwortete er.

Frau Sawyer räusperte sich noch einmal. »Das dachte ich mir«, sagte sie. »Du ... mmmhhh ... du sitzt auf dem falschen Platz. Du bist der zweite Trompeter. Der erste Stuhl gehört Simon.«

Thomas blieb der Mund offen stehen. Eine tiefe Röte zog ihm langsam vom Hals bis zum Haaransatz. Er biss sich auf die Lippen und murmelte eine Entschuldigung. Er hatte das Gefühl, als ob alle Augen im Raum an ihm hingen, als er Simon den ersten Platz frei machte.

Blöd, blöd, blöd, schalt er sich selbst. *Das ist ja so peinlich. Jeder denkt jetzt, wie blöd ich bin!*

Die Probe begann und allmählich legte sich Thomas Verlegenheit. Stattdessen kam ihm eine neue Erkenntnis: *Es wäre besser gewesen, wenn ich bescheidener gewesen wäre,* dachte er, *viel besser.*

Zur Diskussion: Auf welche Weise gleicht die Erfahrung von Thomas dem, was Jesus beschreibt. Kannst du dir andere Plätze (außer Festessen oder Konzertorchester) vorstellen, wo die Menschen sich um Ehrenplätze rangeln? Wie kann Bescheidenheit an solchen Orten einen Menschen vor Verlegenheiten schützen und seine Ehre fördern?

Gebet: »Herr, Gedemütigtwerden kann in Verlegenheit bringen. Hilf uns, nicht nach Ehrenplätzen Ausschau zu halten, sondern lass uns andere ehren.«

11. Juni

Eine Übung in Demut

Gott widersteht den Stolzen, aber den Demütigen gibt er Gnade.

Bibellese des Tages: Jakobus 4,4-10
Tages-Vers: »Wenn ihr eure Schuld vor dem Herrn eingesteht, wird er euch wieder aufrichten.« (Jakobus 4,10)

Jessicas und Katjas Sportlehrerin winkte sie zu sich an den Rand der Halle.

»Ich würde gerne mit euch beiden an einigen Problemen arbeiten, die ich bei euren Übungen bemerkt habe«, sagte sie. Indem sie Jessica vor einer Spiegelwand eine Hand an den Rücken legte und die andere auf ihren Knöchel, versuchte sie ihr zu zeigen, was sie falsch gemacht hatte.

»Ich weiß schon, wie man es macht!«, protestierte Jessica. Sie glitt unter den Händen ihrer Lehrerin weg und bestand darauf, die Bewegung selbst auszuführen.

Die Lehrerin schüttelte den Kopf. »Nein, meine Liebe, du machst immer noch den gleichen Fehler«, begann sie, aber Jessica unterbrach sie wieder.

»Ich kann's!«, sagte Jessica laut und machte weiter wie bisher. Die Lehrerin sah ihr eine Weile zu. Aber Jessicas Übung war noch nicht besser geworden.

Endlich wandte sich die Trainerin von Jessica ab. Sie atmete einmal tief auf und nickte dann Katja zu. Die Lehrerin half ihr, ihre Füße in die richtige Position zu bringen und dann, mit einer Hand an ihrem Rücken und der anderen auf Katjas Knöchel, zeigte sie ihr die gleiche Bewegung, die sie versucht hatte, Jessica beizubringen.

Katja hörte der Lehrerin aufmerksam zu und konzentrierte sich darauf, genau das zu tun, was ihr gesagt wurde. Gelegentlich fragte sie: »So?« oder »Hab ich's richtig gemacht?« oder »Ich habs nochmals gemacht, nicht wahr?« Die Lehrerin antwortete geduldig lächelnd.

»Oh«, rief Katja endlich aufgeregt, »ich denke, jetzt hab ich's kapiert!« Die Trainerin ging ein Stück zurück und beobachtete Katja, als diese die Übung durchführte, die sie ihr gezeigt hatte. »Wie war das?«, fragte Katja, als sie es geschafft hatte.

»Wunderbar!«, sagte die Lehrerin. »Das war hervorragend, Katja. Denk nur immer daran, dass du den Rücken gerade halten musst.«

»Das werde ich«, sagte Katja strahlend.

»Ich kann das auch«, sagte Jessica brummend, als sie Katjas fließende Bewegung beobachtete.

»Du könntest es auch«, sagte die Trainerin ernst, »wenn du nur eine Sache ändern würdest.«

»Und das wäre?«

»Deinen Stolz. Ich kann dir nicht helfen, solange du denkst, dass du keine Hilfe brauchst.«

Zur Diskussion: Was denkst du, war der Unterschied zwischen Jessica und Katja? Wie, glaubst du, widersteht Gott den Hochmütigen? Und wie, denkst du, schenkt er den Demütigen Gnade?

Gebet: »Herr, du sagst uns, dass du den Stolzen widerstehst und den Demütigen deine Gnade erweisest. Decke du die Bereiche unseres Lebens auf, wo wir stolz sind. Weise uns den Weg zur Demut.«

12. Juni

Wie ein Schutzschild

Gottes Gebote sollen uns vor Schaden bewahren.

Bibellese des Tages: Psalm 33,13-22

Tages-Vers: »Wir vertrauen auf den Herrn, denn nur er allein kann uns helfen und uns wie ein Schild beschützen.« (Psalm 33,20)

»Ach, Mama, muss das sein?«, jammerte Alex, als seine Mutter seinen Fahrradhelm unter seinem Kinn festmachte.

»Ja«, sagte die Mutter. »Ich fürchte, das muss sein.«

»Aber warum?«, protestierte Alex.

»Alex, du weißt es besser, als dass du mich so etwas fragen musst«, antwortete sie. Sie richtete sich auf und legte die Hände auf ihre Hüften. »Warum sagst *du mir* nicht, warum ich dich einen Helm aufziehen lasse, wenn du mit dem Fahrrad fährst?«

»Weil er mich schützt für den Fall, dass ich stürze«, leierte Alex die Antwort herunter.

»Also lasse ich dich einen Helm aufsetzen, weil ich dich hasse oder um dich unglücklich zu machen?«

»Nein«, antwortete Alex, immer noch genervt. »Du tust es, weil du mich liebst und mich schützen willst.«

»Sehr gut, *diese Klasse*«, sagte die Mutter lachend. Sie hatte jetzt ihren entschiedensten Lehrerinnenton angeschlagen.

»Aber kein anderes Kind muss einen Helm aufsetzen, ich komme mir vor wie ein Doofi«.

»Du bist aber kein Doofi«, sagte die Mutter und lächelte ihn liebevoll an.

»Kann ich jetzt gehen?«, fragte Alex. Es war ihm peinlich, dass seine Mutter ihm so viel Aufmerksamkeit widmete – obwohl gar niemand in der Nähe war.

»Du kannst jetzt gehen«, sagte sie. »Aber vergiss eins nicht …«

»Ich weiß«, unterbrach Alex sie, »du liebst mich.«

»Na ja, eigentlich hatte ich an etwas anderes gedacht.«

Alex drehte sich um und sah seine Mutter an. Die Ungeduld war auf sein Gesicht geschrieben.

»Dein Helm nützt dir überhaupt nichts«, sagte sie und tippte mit dem Zeigefinger auf seinen Kopf, »solange du deinen Kopf nicht unter dem Helm hast. O.k.?«

Alex verdrehte seine Augen. »O.k., Mama«, sagte er, »ich werde ihn aufbehalten.«

Zur Diskussion: Warum sollte Alex einen Helm beim Fahrradfahren tragen? In welcher Weise gleichen Gottes Gebote Alex Fahrradhelm?
Tipp fürs Gebet: Wandle den Tages-Vers in ein Gebet um: »Herr, wir sind davon abhängig, dass du allein uns rettest. Nur du kannst uns helfen und uns wie ein Schild beschützen.«

13.
Juni

Der Blick von oben herab

Wir sollten der Ansicht Gottes über ›Recht‹ und ›Unrecht‹ vertrauen.

Bibellese des Tages: 5. Mose 10,12-21
Tages-Vers: »Den Herrn, deinen Gott sollst du fürchten, ihm sollst du dienen…« (5. Mose 10,20)

Colin und seine Eltern standen am Bordstein und sahen der Parade zu, die vorbeizog. Colin liebte die Bands, die da in ihren schicken Uniformen vorbeimarschierten. Auch die Oldtimer-Autos, die mit lautem Hupen vorbeifuhren, waren toll. Er lachte über die Clowns, die umhersprangen und Kaugummi und Süßigkeiten in die Menge warfen. Aber allmählich wurde er ungeduldig und wollte wissen, was als Nächstes kam.

»Papa, was kommt als Nächstes dran?«, fragte er und gleichzeitig: »Mama, kommen noch mehr Clowns?«

Schließlich hatte Colins Vater eine Idee. Er schwang ihn durch die Luft und setzte ihn auf seine Schultern.

Dort oben hatte Colin das Gefühl, alles überblicken zu können. Er sah die Clowns noch, die gerade vorbeigekommen waren. Er sah die Feuerwehrautos, die noch einen halben Block entfernt waren. Und er sah den Landjugend-Club, der vor ihm vorbeimarschierte.

»Jetzt kann ich alles sehen«, jubelte Colin, »weil ich hoch oben bin!«

Als die Parade vorbei war, setzten sich Vater und Mutter an den Straßenrand, mit Colin zwischen sich. Sie warteten darauf, dass die Menge sich verlief.

»Du findest das gut, da oben auf Papas Schultern, oder, Colin?«, fragte die Mutter.

Colin nickte begeistert. »Ich konnte alles sehen!«, sagte er. Er erzählte noch ein bisschen von den Autos, den Clowns, den Feuerwehrautos und dem Jugend-Club. »Ich war höher als alle anderen!«, sagte er.

»Oh, ich weiß nicht, ob das stimmt«, sagte der Vater lächelnd. »Mir fällt jemand ein, der noch höher war als du.«

Colin runzelte die Stirn und dachte einen Augenblick nach. Dann erhellte sich sein Gesicht. »Ich weiß!«, sagte er. »Gott war noch höher als ich!«

»Das stimmt«, sagte der Vater lachend. »Denk doch nur, wie weit du schon auf meinen Schultern sehen konntest. Gott kann noch viel weiter schauen als du vorhin!«

»Er kann alle Wege überallhin sehen!«, sagte Colin.

»Richtig«, stimmte die Mutter zu.

»Gott kann immer und ewig sehen!«, stellte Colin fest.

Der Vater nickte. »Du hast Recht, Colin. Und das ist sehr gut. Gott kann zu jeder Zeit sehen, und er weiß, was als Nächstes passieren wird, und auch, was danach geschehen wird.«

»Darum sollen wir immer auf ihn hören und tun, was er sagt«, sagte die Mutter, »weil er ja unendlich viel mehr sehen kann als wir.«

»Sogar mehr, als ich von Papas Schultern aus«, sagte Colin feierlich.

»Ja, sogar mehr als das«, sagte der Vater.

Zur Diskussion: Glaubst du, dass Gott alles weiß und dein Leben unter Kontrolle hat? Spiegeln deine Entscheidungen diesen Glauben wider?
Gebet: »O Herr, erinnere uns daran, dass du höher und weiter sehen kannst als wir. Hilf uns, dir zu vertrauen und dir zu gehorchen.«

14. Juni

Respekt

Respekt ist eine gute Sache.

Bibellese des Tages: 3. Mose 19,1-3
Tages-Vers: »Ein jeder fürchte seine Mutter und seinen Vater.« (3. Mose 19,3)

Richy und Florian hatten gerade ihr Basketball-Spiel in der Jugendgruppe beendet, als die Mutter ankam und fragte, ob sie jetzt heimfahren könnten.

»Ja, aber bitte noch eine Minute«, antwortete Florian.

Die Jungen redeten noch eine Weile weiter mit ihren Freunden, während die Mutter wartete. Endlich unterbrach sie das Gespräch. »O.k., Jungs, jetzt ist es Zeit zu fahren.«

»Nur noch eine Sekunde!«, antwortete Richy ungeduldig.

Die Mutter schwieg. In dem Augenblick kam der Jugendpastor der Jungen, Pastor Ken, dazu. Er nickte Florian und Richy zu.

»Habt ihr Jungs eine Minute für mich? Ich möchte euch etwas sagen.«

Richy und Florian folgten dem Pastor in eine Ecke der Halle. Dieser legte eine Hand auf Richys Schulter und die andere auf Florians und sagte dann: »Jungs, seht ihr die Frau dort drüben?«

Richy und Florian schauten über die Schulter zurück. Die einzige Frau im Raum war ihre Mutter, die immer noch an der Tür stand.

»Diese Frau«, sagte Pastor Ken, »ist eure Mutter.«

»Ich weiß«, antwortete Richy in verwundertem Ton.

Florian seufzte und sah seinen Bruder an. »Er meint, wir sollten unsere Mutter anders behandeln, als wir es gerade getan haben. Ich denke, wir waren sehr respektlos, nicht wahr?«, fragte Florian nun den Pastor.

»Ein bisschen schon«, antwortete der Pastor, wobei seine Stimme von Sarkasmus erfüllt war.

»Aber sie erwartet immer, dass wir sofort kommen, wenn *sie* da ist«, protestierte Florian.

»Auf mich macht sie einen sehr geduldigen Eindruck«, sagte Pastor Ken. »Schaut doch mal, Jungs, Gott sagt nicht ›Ehre Vater und Mutter … wenn es leicht ist.‹ Wenn ihr in Versuchung seid, respektlose Dinge eurer Mutter gegenüber zu äußern, *dann* gilt es …«

»Was dann?«, fragte Richy.

Florian verdrehte seine Augen in Richtung auf seinen Bruder. »Nun, dann, wenn wir in Versuchung sind, Gottes Gebot abzuändern. Das ist dann Unrecht.«

»Richtig«, sagte Pastor Ken.

Florian nickte seinem Bruder zu. »Wir müssen gehen«, sagte er. Mit einem Blick auf Pastor Ken fuhr er lächelnd fort: »Unsere Mutter wartet.«

Auch der Pastor lächelte, als er die Zwillinge mit der Mutter aus der Tür gehen sah.

Zur Diskussion: Woher weißt du, dass Respekt gegenüber deinen Eltern angebracht ist? Wie kannst du diesen Respekt deutlich machen? Müssen

die Eltern sich diesen Respekt verdienen? Warum oder warum nicht? Darf ein Mensch aufhören, seinen Eltern Respekt zu erweisen, wenn er erwachsen wird? Warum oder warum nicht?
Gebet: »Herr, hilf uns deinem Gebot, die Eltern zu ehren, zu gehorchen.«

15. Juni

Wo der Respekt anfängt

Respekt vor anderen beginnt mit der Achtung vor Gott.

Bibellese des Tages: Maleachi 1,6.12-13
Tages-Vers: »Fürchte Gott und halte seine Gebote; denn das gilt für alle Menschen.« (Prediger 12,13)

»Komm mit!«, schrie Bobby, als er zwischen den Kirchenbänken im Gottesdienstraum herumflitzte.

Lukas hörte seinen Freund rufen, blieb aber auf seinem Platz in der letzten Bank sitzen.

»Auf, komm!«, wiederholte Bobby. »Was ist los mit dir?«

»Ich … ich darf in der Kirche nicht so herumrennen«, sagte Lukas.

Bobby schaute sich in der leeren Kirche um. »Es ist doch keiner da«, sagte er.

»Ich weiß …«

Boby schlug Lukas auf den Arm und rief: »Du bist!« Er tauchte zwischen den Kirchenbänken ab und begann auf dem Boden unter den Sitzen herumzurutschen. Endlich hielt er inne, steckte seinen Kopf in den Gang hinaus und fragte: »Warum hast du keine Lust zu spielen?«

»Das hätte ich schon«, sagte Lukas. »Aber wir sollten nicht in der Kirche herumrennen und -kriechen.«

Bobby stand vom Boden auf und klopfte sich den Staub von den Knien. Er schaute Lukas an und zuckte die Achseln. »Und warum nicht?«

»Nun«, sagte Lukas, »das hier ist Gottes Haus.«

»Das weiß ich«, sagte Bobby.

»Ja, aber meine Eltern sagen, wir sollten Gott unseren Respekt erweisen, indem wir nicht in der Kirche herumrennen usw.«

»Aber …«

»Mein Vater sagt, der einzige Grund, warum die Menschen sich gegenseitig nicht mehr respektieren, liege darin, dass sie Gott nicht mehr respektieren«, sagte Lukas.

»Du hast bloß Angst, deine Mutter käme herein und würde dich beim Rumrennen erwischen«, spottete Bobby.

»Das ist nicht wahr!«, sagte Lukas zuerst. Dann änderte er seine Meinung. »Na ja, das spielt auch eine Rolle. Wenn sie mich hier rumrennen sähe, obwohl ich weiß, dass ich es nicht darf, würde es bedeuten, dass ich auch sie nicht respektiere.«

»Das ist wohl das, was dein Vater sagt, oder?«, gab Bobby zu.

»Ich denke, ja.«

»Lass uns dahin gehen, wo wir ›Fangen‹ spielen können«, schlug Bobby vor.

»O.k.«, sagte Lukas. »Ich werde es meiner Mutter sagen.«

»Wer ist schneller …?«, rief Bobby und begann einen Wettlauf zur Kirchentür. Plötzlich stoppte er, drehte sich um und sah seinen Freund an. »Oh, ja«, sagte er, »ich habs vergessen – in Gottes Haus nicht rennen.«

Zur Diskussion: Auf welche Weise kannst du Respekt vor Gott bezeugen? Wieso beginnt der Respekt vor anderen mit der Achtung vor Gott?
Gebet: »Herr, wir wollen dir Respekt erweisen. Lehre du uns, deinen Namen zu ehren.«

16. Juni

Lass es uns nochmals versuchen

Gott gebietet Respekt.

Bibellese des Tages: 1. Petrus 2,13-17
Tages-Vers: »Achtet alle Menschen.« (1. Petrus 2,17)

Renata und ihre Mutter waren zum Mittagessen in einem Restaurant mit Kelly und ihrer Mutter.

»Das mag ich nicht!«, sagte Renata ungeniert laut und zeigte auf ihren Hamburger.

Die Mutter legte freundlich ihre Hand auf Renatas Unterarm und sagte: »Lass es uns nochmals versuchen, Renata.«

Renata runzelte die Stirn einen Augenblick und sagte dann: »Muss ich das essen?«

Die Mutter nickte. »Ich würde dir zumindest die Hälfte von deinem Hamburger und die Hälfte deiner Pommes Frites abnehmen.«

»Nein!«, rief Renata. »Ich will nicht.«

»Versuche es nochmals«, sagte die Mutter wieder.

Renata zog ihre Augenbrauen einen Moment hoch. »Kann ich ein Eis haben, bitte?«, sagte sie und betonte das letzte Wort ganz besonders.

Die Mutter sagte: »Wenn du deinen ganzen Hamburger isst und die Pommes frites dazu, dann kannst du ein Eis haben.«

Renata dachte einen Augenblick nach, dann begann sie glücklich ihren Hamburger zu verspeisen.

Nach dem Essen gingen die beiden Mädchen in den Spielbereich des Restaurants und überließen die Mütter ihren Gesprächen.

»Wo hast du dieses Verhalten gelernt?«, fragte Kellys Mutter die Mutter von Renata.

Renatas Mutter zuckte die Achseln. »Oh, das weiß ich nicht. Vor ein paar Wochen begannen wir ein neues Spiel: ›Lass es uns nochmals versuchen‹. Einiges an Renatas Verhalten und ihrem Handeln machte mir regelrecht Kummer und ich wollte ihr begreiflich machen, dass Gott uns gebietet, einander zu respektieren. Ich begann, ihr das zu erklären. Ich wünschte mir, ihr beibringen zu können, mehr Respekt vor anderen Menschen zu haben, weißt du – ›bitte‹ und ›danke‹ sagen usw. Jedes Mal, wenn sie ihre guten Manieren wieder vergisst oder etwas Unhöfliches oder Grobes sagt, gebe ich ihr die Chance, sich selbst zu korrigieren, indem ich sage: ›Lass es uns noch einmal versuchen.‹ Es scheint recht gut zu funktionieren.«

»Das tut es offensichtlich«, sagte Kellys Mutter. »Ich werde das mit Kelly auch probieren.«

»Das Spiel hat nicht nur Renata geholfen. Es hilft mir ebenfalls. Manchmal muss ich zu mir selbst sagen: ›Lass es uns nochmals versuchen‹, wenn ich irgendjemand gegenüber nicht genug Achtung aufbringe – selbst wenn es dabei um Renata geht. Dieses Spiel ist ein gutes Mittel, uns daran zu erinnern, dass Gott es uns gebietet, allen Menschen gegenüber angemessenen Respekt zu bezeugen – nicht nur den Eltern, der Regierung oder den geistlichen Führern ... sondern grundsätzlich allen Menschen gegenüber.«

»Mmmm«, sagte Kellys Mutter, als sie den letzten Bissen, den sie gerade im Mund hatte, runterschluckte. »Darüber muss *ich* auch nachdenken.«

»Wir würden gerne irgendwann das Spiel mit euch ausprobieren.«

Kellys Mutter lachte. »O.k., das ist ein Wort!«

Zur Übung: Spiele »Lass es uns nochmals versuchen« in den nächsten vierundzwanzig Stunden mit jemand aus deiner Familie. Wenn jemand etwas Respektloses sagt oder vergisst »bitte« oder »danke« zu sagen, gib dem Betreffenden eine Chance, um angemessen zu reagieren.
Gebet: »Danke, Herr, für die Gnade, dass wir es nochmals versuchen dürfen, wenn wir Dinge verpfuscht haben.«

17. Juni

Respekt vor Älteren

Gott gebietet Achtung voreinander, weil er selbst den Respekt schätzt.

Bibellese des Tages: 3. Mose 19,32; Sprüche 20,29
Tages-Vers: »Vor einem grauen Haupt sollst du aufstehen und die Alten ehren und dich fürchten vor deinem Gott; ich bin der Herr.« (3. Mose 19,32)

Jess und Katherina waren noch nie vorher bei einem so großen Familientreffen gewesen. Sie waren einige Stunden mit dem Auto unterwegs gewesen, um dorthin zu kommen. Als sie ankamen, konnten sie es kaum fassen, wie viele Menschen sich in dem Clubhaus versammelt hatten – und alle waren mit ihnen verwandt!

Jess und Katherina verbrachten den Nachmittag damit, Pfeilwerfen auf dem Rasen, Volleyball, Badminton und Fußball mit den anderen Kindern zu spielen, während die Erwachsenen im Park um die Picknick-Tische herum saßen und sich mit Essen beschäftigten oder sich unterhielten.

Gegen Ende des Nachmittags wurde Jess müde und beschloss, eine Pause einzulegen. Er setzte sich neben seine Eltern auf den offensichtlich einzigen freien Stuhl in dem ganzen Gebäude. Einige seiner Vettern saßen dort bereits und aßen Pastete und Kuchen.

Ein paar Augenblicke später sah Jess seine Großmutter ins Clubhaus humpeln. Sie ging zwischen den Reihen von Picknick-Tischen hindurch und schaute von einer Seite zur anderen.

»Hier, Oma!«, schrie Jess. Er sprang von seinem Stuhl neben seiner Mutter auf und spurtete an Großmutters Seite. »Du kannst meinen Platz haben.« Er nahm die Großmutter an der Hand und führte sie zu dem Stuhl, auf dem er gerade gesessen hatte. In den nächsten Minuten stand Jess an einem der Tische und hörte der Unterhaltung zu. Dann bemerkte er, wie seine Großmutter nach den Büfett-Tischen schaute. Er beugte sich zu ihrem Ohr herunter.

»Kann ich dir etwas zu essen besorgen, Oma?«, fragte er.

Die Großmutter lächelte fröhlich. »Danke, das ist lieb von dir«, sagte sie. »Ich würde gerne ein ganz kleines Stück von dem Apfelkuchen haben.«

Jess flitzte davon. Er schob ein großes Stück auf einen Teller – Großmutter liebte »winzige« Stückchen, die den ganzen Teller für sich beanspruchten – und brachte es ihr. Einige Augenblicke später kehrte Jess zum Spielplatz neben dem Clubhaus zurück und spielte weiter.

Abends auf dem Heimweg sprach der Vater Jess an.

»Mein Sohn, heute war ich stolz auf dich.«

»Warum?«, fragte Jess.«

»Wegen deines Benehmens Oma gegenüber«, antwortete der Vater. »Du hast ihr deinen Platz angeboten. Du hast ihr etwas zu essen besorgt. Du hast sie mit Respekt behandelt. Deswegen bin ich stolz auf dich.«

»Danke, Papa«, sagte Jess. Er lächelte. Es gab ihm ein gutes Gefühl, was der Vater da gesagt hatte – dass er stolz auf ihn war.

Zur Diskussion: Gott gebietet es, älteren Menschen Achtung zu erweisen, vor allem, wenn sie schon sehr alt sind. Da Respekt etwas ist, das Gott wertschätzt – wie kannst du Menschen Achtung bezeigen, die älter sind als du?

Gebet: »Wir schätzen Respekt, Herr, weil du es tust. Öffne uns die Augen für die Menschen um uns, denen wir Respekt schuldig sind.«

18. Juni

Jungen, Mädchen und Installateure

Gott schätzt die Achtung voreinander, weil jedes menschliche Wesen nach seinem Ebenbild geschaffen wurde.

Bibellese des Tages: Epheser 5,33-6,5.9
Tages-Vers: »Jetzt weiß ich, dass es wahr ist: Gott macht keine Unterschiede zwischen den Menschen. In jedem Volk nimmt er jene an, die ihn achten und tun, was gerecht ist.« (Apostelgeschichte 10,34-35)

»Mädchen sind dumm!«, rief Jeremy.

»Ach ja?«, antwortete seine Cousine Leah. »Nun, Jungen sind grob und eklig!«

»Ach ja?«, konterte Jeremy seinerseits. »Mädchen sind …«

»He!«, unterbrach Jeremys Vater den Schrei-Wettstreit. »Was geht hier vor?«

»Sie weiß nicht, wie man dieses Spiel richtig spielt«, beklagte sich Jeremy.

»Er ist nur ein dummer, grobklotziger *Junge!*«, antwortete Leah und spuckte das letzte Wort regelrecht aus, als ob es die schwerste Beleidigung wäre, die ein Mensch einem anderen entgegenschleudern könnte.

»Es hört sich an, als ob ihr beide Schwierigkeiten habt, miteinander zu spielen«, sagte der Vater. Er nahm die Kinder bei der Hand und ging mit ihnen zur Couch. »Ich mag es nicht, wenn ihr euch so tituliert und euch benehmt wie dumme Mädchen und ekelhafte Jungen.«

Der Vater machte eine Pause und drückte Leahs Hand ein wenig in der seinen. »Sag mir, Leah, wer hat dich gemacht? Wer hat entschieden, dass aus dir ein Mädchen wurde?«

Sie dachte einen Augenblick nach und antwortete dann halb fragend: »Gott?«

Der Vater nickte und wandte sich dann an Jeremy. »Und wer hat dich gemacht?«

»Gott«, antwortete Jeremy, und es hörte sich an, als ob er diese Frage für überflüssig gehalten hätte.

»Richtig«, sagte der Vater. »Und Gott machte dich nach seinem Bild« – damit zeigte er auf Leah, »und er machte dich nach seinem Bild« – damit zeigte er auf Jeremy. »Aber ich möchte euch noch etwas anders fragen«, fügte er hinzu. »Wie ist es mit dunkelhäutigen Menschen? Hat Gott sie gemacht?«

»Ja«, antwortete Jeremy.

»Und hellhäutige?«

»Auch sie hat Gott gemacht!«, sagte Leah.

»Und wie ist es mit Lehrern? Und Installateuren?«

»Gott hat sie alle gemacht, Papa!«, antwortete Jeremy.

»Das ist richtig. Er hat sie alle gemacht. Und er hat sie alle nach seinem Ebenbild gemacht. Das bedeutet, dass jeder von ihnen als menschliches Wesen, das nach dem Bild Gottes gemacht ist, respektiert werden muss. Und das heißt, dass du« – damit wandte er sich an seinen Sohn – »Mädchen respektieren musst. Und du« – so sagte er zu Leah – »solltest Jungen respektieren. Glaubt ihr, dass ihr das könnt?«

»Ich nehme an«, sagte Leah achselzuckend.

»Ich kann es besser als du!«, spottete Jeremy, als er von der Couch mit einem Satz aufsprang.

Der Vater seufzte. »Ein Schritt nach dem anderen«, sagte er in sich hineinlachend.

Zur Übung: Stellt abwechselnd Listen von Menschen auf, die es wert sind, respektiert zu werden (einschließlich verschiedener ethnischer Gruppen, Nationalitäten und beider Geschlechter). Tut das unbeschwert und mit Humor, aber auch mit Ernsthaftigkeit.
Gebet: »Herr, hilf uns, uns daran zu erinnern, dass jeder Mensch es wert ist, dass man ihn respektiert.«

19.
Juni

Gottes Meisterwerk

Selbstachtung hilft uns, andere zu respektieren.

Bibellese des Tages: Epheser 2,10-22
Tages-Vers: »Ich danke dir, dass du mich so herrlich und ausgezeichnet gemacht hast! Wunderbar sind deine Werke, das weiß ich wohl.« (Psalm 139,14)

Adam hatte einen harten Tag hinter sich. Er hatte eins seiner Lieblingsspielsachen kaputtgemacht. Lange Zeit hatte er dann versucht, ein einfaches Puzzle zusammenzusetzen, was er vorher schon viele Male ganz leicht geschafft hatte. Er hatte sogar die Baby-Milch seines kleinen Bruders umgestoßen und über den Tisch verschüttet. Und schließlich hatte er, wütend über den Tag, der so »daneben«-ging, seiner Mutter eine laute und respektlose Antwort gegeben, als sie ihn bat, ein paar seiner Spielsachen wegzuräumen.

Die Mutter setzte ihn eine Weile allein auf einen Stuhl, wo er über sich nachdenken konnte. Dann rief sie ihn zu sich und zeigte auf das Couchkissen neben sich. Sie hatte eine Stück Papier in der Hand.

»Adam«, sagte die Mutter, »ich möchte dir eine Liste von Namen zeigen, die ich nennen hörte von jemand.« Sie las die Namen einen nach dem anderen vor: »Döskopp. Blödmann. Dumpfbacke. Trottel.«

Sie schob das Papier auf Adams Knie. »Was hältst du von diesen Bezeichnungen?

»Sie sind nicht besonders schön«, sagte Adam.

»Was sollte jemand machen, wenn einer ihn so nennt?«

Adam zuckte mit den Achseln. »Ich denke, man sollte ihm sagen, dass er damit aufhört.«

»Wie wäre es, wenn ich dir die Person nennen würde, die dich so bezeichnet?«, sagte die Mutter.

Adams Augen wurden groß. »Ich habe nicht …«, begann er. Dann schoss ein Blitz des Erkennens über sein Gesicht. Er erinnerte sich, dass er all diese Bezeichnungen heute schon gebraucht hatte. Er schaute seine Mutter an. »Ich habe niemand anderen so genannt. Ich habe mit mir selbst gesprochen.«

»Wäre es o.k., wenn dich jemand anders so nennen würde?«, fragte die Mutter.

»Nein«, antwortete Adam.

»Warum nicht?«

»Weil das keine schönen Ausdrücke sind. Sie sind gemein.«

»Das ist richtig«, sagte die Mutter. »Sie sind respektlos. Niemand sollte dich so nennen. Du aber auch nicht. Ich möchte, dass du dich selbst achtest. Weißt du auch warum?«

Adam schüttelte den Kopf.

»Weil du mein Sohn bist«, sagte sie, »aber auch deshalb, weil du Gottes Meisterwerk bist! Gott hat dich nach seinem Ebenbild gemacht, als er dich zu einem Glied unserer Familie werden ließ. Und er gestaltete dich neu ins Bild seines Sohnes, als er dich zum Glied der Familie Gottes machte!«

Adam studierte das lächelnde Gesicht seiner Mutter ohne zu sprechen.

»Und wenn du dich selbst achtest, Adam, kannst du auch leichter andere respektieren. Aber wenn du dich selbst ›Blödmann‹ schimpfst, wirst du andere auch leichter so nennen.«

»Es tut mir Leid«, sagte er. Er umarmte seine Mutter. »Ich werde mich von jetzt an besser behandeln.«

»Gut«, sagte die Mutter, »das freut mich.«

Zur Diskussion: Wie zeigst du Selbstachtung? Warum glaubst du, hilft die Selbstachtung dazu, auch andere zu respektieren?
Gebet: »Herr, wenn es darum geht, andere zu respektieren, gib, dass wir uns selbst dabei nicht ausnehmen. Wir können andere gar nicht respektieren, wenn wir uns selbst nicht achten.«

20. Juni

Die neue Direktorin

Das Gute, das aus der Achtung vor anderen erwächst, zeigt sich nicht immer sofort. Aber auf lange Sicht wird es offenbar.

Bibellese des Tages: Römer 13,1-7
Tages-Vers: »Gebt jedem, was ihr ihm schuldig seid: Bezahlt eure Steuern genauso wie den Zoll und erweist allen Achtung und Ehre, denen dies zusteht.« (Römer 13,7)

Kay war entsetzt. Es waren erst zwei Schultage vorbei, und sie wurde bereits ins Büro der Direktorin bestellt. Die Leiterin der Cafeteria hatte sie beschuldigt, sie hätte hinter ihrem Rücken eine gemeine Geste gemacht. Kay war in Verlegenheit wegen der Anklage der Frau und sehr erschrocken, dass sie ins Büro der neuen Direktorin kommen musste. In der Schule sagten alle, sie sei besonders streng.

Kay betrat das Büro mit dem Stück Papier in der Hand, auf dem die Klage der Frau aus der Cafeteria im Einzelnen begründet war.

»Sie???«, fragte Kay. Das Wort kam aus ihrem Mund, bevor sie es abstoppen konnte.

»Hallo, Kay!«, sagte Frau White, ein offenes Lächeln im Gesicht, aber ebenso überrascht wie Kay.

Kay war der Mund offen stehen geblieben. Frau White war ihre Betreuerin im christlichen Sommerlager vom vorletzten Jahr gewesen. Kay hatte den Namen der neuen Direktorin zwar gehört, Frau White, hätte aber niemals gedacht, dass das die gleiche Person sein könnte wie ihre Betreuerin von damals.

Ein paar Minuten unterhielten sie sich über Alltägliches. Dann nahm Frau White Kay vorsichtig den Bericht aus der Hand. Kay wurde rot vor Verlegenheit, während die Direktorin ihn las. »Hast du das getan, was hier steht?«, fragte Frau White.

»Nein«, antwortete Kay. »Ich weiß nicht, warum sie das denkt, aber …«

Die Direktorin schwenkte das Papier langsam in der Luft hin und her. Sie schien nachzudenken. Endlich sprach sie. »Kay«, sagte sie sehr ernst, »damals im Sommer war ich deine Betreuerin und lernte dabei schätzungsweise mehr als hundert Mädchen kennen. Ich kann mich nicht an *eines* davon erinnern, das höflicher und respektvoller gewesen wäre als du.«

Kay lächelte die Direktorin scheu an.

»Das hat sich bis heute nicht verändert, oder?«, fragte Frau White.

»Nein, ich denke nicht«, sagte Kay.

Frau White schenkte ihr ein warmes Lächeln. »Ich glaube es auch nicht«, sagte sie. »Ich werde mit der Frau aus der Cafeteria sprechen.«

»Oh, danke, Frau White«, brach es aus Kay heraus. »Ich danke Ihnen vielmals.«

»Gerne. Und jetzt gehst du wohl besser in deine Klasse zurück.«

Kay nickte und drehte sich zur Tür um. Als sie die Tür öffnete, hielt sie noch einmal inne und wandte sich lächelnd der Direktorin zu: »Willkommen in unserer Schule«, sagte sie.

»Danke«, erwiderte die neue Direktorin.

Zur Diskussion: Denkst du, dass es immer leicht ist, anderen Respekt zu erweisen? Warum oder warum nicht? Denkst du, dass Respekt sich immer auszahlt? Warum oder warum nicht? Wie kannst du Autoritäten gegenüber Respekt zeigen (Schule, Regierung, Kirche usw.)?
Gebet: »Himmlischer Vater, hilf uns, Autoritäten, die uns vorgesetzt sind, zu respektieren, selbst wenn das gerade nicht leicht ist.«

21. Juni

Star-Kult

Respekt bewahrt uns davor, andere zu beleidigen und lässt uns selbst anziehender erscheinen.

Bibellese des Tages: Lukas 23,32-33.39-43
Tages-Vers: »Habt Freude daran, euch gegenseitig Achtung zu erweisen.« (Römer 12,10)

Mandy stand in der Schlange der Menschen, die bei den Aufnahmearbeiten für eine Fernseh-Show in einem Vergnügungspark zusahen.

»Ich kann kaum glauben, dass *er* es wirklich ist«, schwärmte sie ihrer Freundin Carla vor. »Wir werden tatsächlich Brad Jansen sehen!«

Manda und Carla hatten beide Poster von Brad Jansen, dem Teenager-Star der *Ventura-Highway*-Fernseh-Show in ihren Schlafzimmern an alle Wände geheftet. Sie hatten jede Episode seiner Show verfolgt und hielten ihn für den coolsten Jungen der Welt. Und jetzt hatten sie die Chance, ihm selbst zu begegnen und eventuell ein Autogramm zu bekommen!

Als sie so dastanden und warteten, kam eine junge Frau mit einem Tablett mit Sandwiches und platzierte sie neben dem Stuhl von Brad Jansen. Als die Aufnahmen einen Augenblick unterbrochen wurden, nahm sich Brad eines der Sandwiches und biss hinein.

»Nein! Nein!«, sagte er dann und spuckte das, was er abgebissen hatte, in seine Hand. Er schaute sich nach der Frau um, die die Sandwiches gebracht hatte, und sah sie auf einer Seite des Service-Tisches stehen. Er nahm das Tablett und stieß es der jungen Frau in die Magengegend.

»Ich hatte doch gesagt ›kein Käse!‹, nicht wahr?!«, rief er. Die Frau starrte ihn wortlos an, ihr Gesicht von verlegener Röte übergossen. »Können Sie nicht einmal eine einfache Sandwich-Bestellung richtig besorgen? Sind Sie total schwachsinnig?«

Er schrie sie noch eine Weile an, bevor er ihr befahl, andere Sandwiches zu bringen. »Und zwar sofort«, fügte er noch hinzu.

»Hast du das gesehen?«, flüsterte Carla Mandy zu, die immer noch auf den sich abwendenden Rücken des schmucken Schauspielers starrte.

»Jaaaah«, sagte Mandy. Sie schluckte schwer.

Die beiden Mädchen standen schweigend nebeneinander, als die Schauspieler von *Ventura Highway* die nächste Filmszene aufnahmen. Endlich brach Mandy das Schweigen.

»Denkst du das Gleiche wie ich?«, fragte sie.

»Ja«, sagte Carla mit schwacher Stimme.

Mandy stieß einen langen Seufzer aus und schüttelte den Kopf. Die beiden Freundinnen packten ihre Kulis und Taschenbücher zusammen und verließen die Schlange.

»Nun«, sagte Carla, als sie den Platz verließen, »das war verlorene Zeit.«

»Nicht unbedingt«, sagte Mandy. »Jetzt kann ich zu Hause aufräumen und für andere Poster Platz machen!«

»Ich auch!«, stimmte Carla lachend zu.

Zur Diskussion: Was denkst du, warum Brad Jansen plötzlich nicht mehr für Mandy und Carla interessant war? Wen bewunderst du in der Geschichte von der Kreuzigung von Jesus (die heutige Bibellese) mehr: den reuigen und respektvollen Verbrecher oder den, der über Jesus spottete? Warum? Auf welche Weise kann angemessener Respekt einen Menschen attraktiver und bewundernswerter für andere machen? Was denkst du darüber?
Gebet: »Herr, hilf uns, jeden anderen Menschen mit unserer Achtung zu ehren.«

22. Juni

Lob und Strafe

Respekt bewahrt uns vor Verurteilung und verhilft uns dazu, dass man uns lobt.

Bibellese des Tages: Römer 13,2-4
Tages-Vers: »Wer vorbildlich und gut handelt, braucht sich vor den Regierenden nicht zu fürchten, denn nur die müssen sich fürchten, die Unrecht tun. Deshalb tu, was richtig ist, und du wirst sogar noch dafür gelobt werden.« (Römer 13,3)

Der vierjährige Charlie rannte nach der Sonntagsschule in die Arme seiner Mutter.

»Mama!«, rief er. »Schau doch nur, was ich bekommen habe!« Er zeigte ihr einen glänzend gelben Sticker an seinem Shirt, auf dem in großen schwarzen Buchstaben stand: »Gute Leistung!«

»Wo hast du das her?«, fragte die Mutter.

»Die Lehrerin hat es mir gegeben«, sagte Charlie, »sie sagte, ich sei in dieser Woche der respektvollste Schüler in ihrer Klasse gewesen!«

»Respektvoll? Wunderbar!«, sagte die Mutter und klatschte in die Hände. »Was hast du getan, um diesen Sticker zu verdienen?«

Er erinnerte sich sofort. »Ich habe meine Stifte weggeräumt, so wie die Lehrerin es gesagt hat, und ich habe niemals gesprochen, wenn sie gesprochen hat – wie ich es manchmal tue.«

Die Mutter zauste ihn zärtlich im Haar. »Das ist wunderbar. Ich bin wirklich stolz auf dich.«

Gerade in diesem Augenblick kam Charlies achtjährige Schwester Penny herein. »Meine Lehrerin möchte dich sprechen«, sagte Penny. Sie hatte einen nörglerischen Ausdruck auf dem Gesicht.

»Warum?«, fragte die Mutter. Charlie hörte interessiert zu.

»Weiß ich nicht«, antwortete Penny. »Ich … ich habe vielleicht ein paar schlimme Dinge gesagt.«

»Was zum Beispiel, Liebling?«, fragte die Mutter.

Penny zuckte die Achseln. »Ich … ich habe vielleicht die Lehrerin eine gemeine alte Dame genannt.«

»Penny, das hast du doch wohl nicht!«

Penny nickte betrübt. »Es tut mir Leid, Mama! Ich dachte nicht, dass sie mich hören könnte.«

»Das spielt keine Rolle, Penny. Was du gesagt hast, war sehr respektlos.«

»Ich weiß«, murmelte Penny.

Die Mutter schaute von ihrem Sohn zur Tochter. »Ich möchte, dass ihr beide nie vergesst, wie ihr euch jetzt fühlt. Charlie, du fühlst dich glücklich und stolz, nicht wahr?«

Der Junge nickte.

»Du fühlst dich so, weil du respektvoll in deiner Sonntagsschulklasse gehandelt hast. Und Penny, du bist traurig und auch ein bisschen beschämt jetzt, nicht wahr?« Sie sah, dass Penny nickte. »Also«, fuhr die Mutter fort. »Was ist euch lieber – wenn ihr respektvoll gehandelt habt oder wenn ihr anderen gegenüber respektlos gewesen seid?«

»Lieber respektvoll!«, antworteten beide Kinder.

»Gut«, sagte die Mutter. Sie nahm die Hände ihrer Kinder in die ihren. »Jetzt, Penny, lass uns zu deiner Lehrerin gehen und um Verzeihung bitten.«

Zur Übung: Schreibe einen kurzen Brief, in dem du deine Wertschätzung ausdrückst, an jemand, der für dich eine Autorität darstellt (einen Vorgesetzten, einen Lehrer, einen Pastor o. Ä.). Sage dieser Person, was ihre Autorität über Jahre hinweg für dich bedeutet hat.

Gebet: »Vater im Himmel, danke, dass du uns daran erinnerst, dass der Respekt vor anderen uns vor schlechten Gefühlen bewahrt und uns Lob ernten lässt.«

23. Juni

Abstand halten

Respekt vor anderen bereichert unsere Beziehungen.

Bibellese des Tages: 2. Samuel 9,6-10
Tages-Vers: »Ein wahrer Freund ist treuer als ein Bruder.« (Sprüche 18,24)

Vanessa und Cora liefen zusammen Inliner im Stadtpark, als sie Stephanie sahen, eine ihrer Klassenkameradinnen. Die beiden Mädchen winkten ihr gleichzeitig, und Stephanie winkte zurück, quer über eine weite Rasenfläche.

»Wart ihr beide nicht Freundinnen, du und Stephanie?«, fragte Cora, als sie und Vanessa am Trinkbrunnen anhielten. Sie wollten eine Pause einlegen und ihre Riemen an den Inlinern wieder neu festschnallen.

»Das sind wir noch«, antwortete Vanessa.

»Ja, aber ich meine, wart ihr nicht sehr enge Freundinnen?«

»Ja, ich denke schon.« Cora hatte Recht. Vanessa und Stephanie waren sehr eng befreundet gewesen. Sie verbrachten fast ihre ganze Freizeit miteinander. Sie konnten sogar die angefangenen Sätze der anderen ohne weiteres ergänzen. Aber Stephanie hatte einige Gewohnheiten, die Vanessa störten. Sie machte sich vor anderen Freunden über sie lustig. Und häufig unterbrach sie Vanessa, wenn diese am Sprechen war. Wenn Vanessa sich dagegen wehrte oder sich aufregte, antwortete sie nur mit Bemerkungen wie: »Werde endlich erwachsen!«, oder »Stell dich nicht so an!« Stephanie zog sie sogar an den Haaren oder kniff sie in den Arm, wenn Vanessa etwas sagte oder tat, was ihr nicht gefiel.

Lange Zeit hatte Vanessa das Benehmen ihrer Freundin hingenommen. Als sie älter wurde, erkannte sie, dass Stephanies Verhalten respektlos war. Doch als sie ihrer Freundin sagte, wie sie empfand, wurde Stephanie ärgerlich und behandelte Vanessa noch grober als vorher.

Seit dieser Zeit hatte Vanessa zwar versucht, Stephanies Freundin zu bleiben, hatte es aber abgelehnt, sich so taktlos von ihr herumkommandieren zu lassen.

»Und was passierte dann?«, fragte Cora und unterbrach Vanessas Gedanken.

»Was?«, sagte Vanessa, bevor sie etwas verzögert Coras Frage verstand. »Oh«, antwortete sie, »wir gingen ein bisschen auf Abstand.«

»Warum?«, fragte Cora, die auf eine Antwort drängte.

»Ist es o.k., wenn ich diese Frage nicht beantworte?«

Cora zuckte mit den Achseln. »Natürlich«, sagte sie.

»Das dachte ich mir.« Vanessa lächelte ihre Freundin an. »Deshalb schätze ich deine Freundschaft wirklich. Du … du respektierst mich, und ich respektiere dich.«

»Na klar«, sagte Cora. »Sollte das bei Freunden nicht so sein?«

»Doch«, antwortete Vanessa. »Eben.«

Zur Diskussion: Wer respektiert in der heutigen Bibellese wen? Wie zeigte Vanessa in der obigen Geschichte Respekt für Stephanie, obwohl sie ihr nicht zustimmte? Wie zeigte Cora Respekt für Vanessa? Was denkst du, auf welche Weise Respekt anderen gegenüber deine Beziehungen zu ihnen stärkt und bereichert?
Gebet: »Herr, auch wenn wir mit Freunden nicht einer Meinung sind, hilf uns, sie zu respektieren.«

24. Juni

Bild dir eine Meinung

Das Rechte tun ist leichter, wenn man sich vorher eine Meinung gebildet hat.

Bibellese des Tages: Daniel 1,3-8
Tages-Vers: »Ich bin entschlossen, mich an deine Ordnungen zu halten bis ans Ende meines Lebens.« (Psalm 119,112)

David folgte seinen Kumpels um die Ecke herum und in die Gasse neben dem Waschsalon.

»Wo geht ihr hin?«, fragte er.

»Das wirst du sehen«, antwortete Neil.

»Jaah«, sagte Paul. Er warf einen verstohlenen Blick nach links, dann nach rechts. »O.k., zeig's ihm«, sagte er zu Neil.

Neil lächelte und griff in seine Tasche. Nach einem weiteren sorgfältigen Blick hinter sich zog er ein Päckchen Zigaretten heraus.

David blieb der Mund offen stehen. »Ihr Kerle wollt *Dampf* machen?«

»Nein«, antwortete Paul. »*Wir* rauchen.«

»Jaah«, sagte Neil. »Es ist wie ein Club, o.k.?«

David schüttelte den Kopf. »Nicht mit mir«, sagte er.

»Na komm schon«, sagte Neil, »du verrätst uns doch nicht, oder?«

»Nein«, sagte David achselzuckend. »Das werde ich nicht gerade tun.«

»Wie auch immer«, sagte Neil. Er zog eine Zigarette aus der Schachtel und steckte sie zwischen die Lippen. Dann bot er Paul eine an, der das Tun seines Freundes nachmachte.

»Wir sehen uns später wieder«, sagte David und wollte weggehen.

»Warte einen Augenblick«, sagte Neil und ließ die Zigarette aus dem Mund fallen, als er David nachrief. »Gehst du wirklich?«

David ging zwei Schritte zurück auf seine Freunde zu. »Ich habe mir vor langer Zeit schon vorgenommen, mit diesem Zeug nie anzufangen.«

»Dann gehst du einfach weg?«, sagte Paul. »Wenn ihr rauchen wollt, ja«, antwortete David.

Neil und Paul sahen sich an. Keiner hatte seine Zigarette bisher angezündet.

»Wo gehst du hin?«, fragte Neil.

»Weiß ich nicht«, antwortete David, »irgendwohin, weg von hier.« Er drehte sich wieder um und wollte gehen.

Neil und Paul wechselten noch einmal einen Blick. Nach einem Augenblick des Zögerns, zerdrückte Neil die Zigarettenpackung und warf sie in die Mülltonne. »O.k.«, sagte er und wandte sich Paul zu. »Lass uns gehen.«

»Wohin?«, fragte Paul.

»Irgendwohin«, antwortete Neil, als er hinter David herlief, um ihn einzuholen.

Zur Diskussion: Denkst du, dass es für David (in der obigen Geschichte) oder für Daniel (in der Bibellese) leicht war, für ihren Glauben einzustehen? Warum, oder warum nicht? Was hatte es für Daniel und David leichter gemacht, das Rechte zu tun?

Gebet: »Herr, wenn wir uns vor dem Reden fürchten, gib uns bitte den Mut, für unsern Glauben einzutreten.«

25. Juni

Das macht doch jeder!

Freunde, die dich zu falschen Entscheidungen überreden wollen, fügen dir eher Schaden zu, statt dir zu helfen.

Bibellese des Tages: 1. Petrus 4,1-5.19
Tages-Vers: »Und du selbst sei ihnen in allem ein gutes Vorbild und ein Beispiel für die Glaubwürdigkeit und Würde deiner Lehre.« (Titus 2,7)

John ging mit seinen Freunden Andy und Tom zum Weiher. »Geht nicht so schnell«, klagte John, »Ich komme sonst nicht mit.« Er musste sich mehr anstrengen als seine Freunde, weil sein linker Fuß in einer Gipsschiene steckte. Die Gipsschiene konnte er zum Duschen abnehmen, aber der Arzt hatte ihm strengstens verboten, zum Schwimmen zu gehen oder Sport zu treiben, bis sein Zeh, den er letzte Woche gebrochen hatte, völlig ausgeheilt sei. Andernfalls, so hatte der Arzt gesagt, würde der Zeh nicht korrekt heilen und wahrscheinlich eine Operation erforderlich machen.

Als sie näher an den Teich kamen, wurden Andys und Toms Schritte länger und John kam nicht mehr mit. Als er den Teich erreichte, sah er, dass seine Freunde ihre Handtücher, Schuhe und T-Shirts am Ufer abgelegt hatten und bereits im Wasser waren.

»Los, komm, John«, rief Tom. »Das Wasser ist herrlich.«

»Jaah«, sagte Andy. »Komm schon!« Er tauchte unter Wasser.

»Ich darf nicht«, antwortete John. »Ihr wisst doch, was der Arzt gesagt hat.«

»Ach, ein bisschen Wasser macht doch nichts«, sagte Andy und spritzte in Johns Richtung.

Der Tag war heiß, und John wusste, dass das Wasser eine Abkühlung bedeuten würde. Doch er schüttelte den Kopf. »Ich möchte keine Operation riskieren«, sagte er.

»Das brauchst du bestimmt nicht. Es ist doch bloß ein Zeh«, sagte Todd.

»Ja, sei doch bloß nicht so ein Angsthase«, sagte Andy.

John schaute auf das glitzernde Wasser. Der kleine Teich hatte noch nie so frisch und einladend ausgesehen. *Und Schwimmen war doch nicht viel anders als ein Bad zu nehmen, oder?,* so redete er sich selbst ein.

John schüttelte wieder den Kopf. »Ich bekomme Schwierigkeiten, wenn ich schwimmen gehe«, sagte er. »Meine Eltern bringen mich um.«

Andy schaute von einer Seite des Teichs zur anderen. »Ich sehe deine Eltern nicht, du etwa?«, fragte er sarkastisch.

John zögerte nur noch einen Moment, bevor er sich auf das Ufer setzte und vorsichtig seinen Gips abnahm. Als er das tat, schien er mit seinem Gewissen in Konflikt zu geraten. »Ich weiß, dass ich das nicht machen sollte«, flüsterte er. »Es wird mir Leid tun.«

Zur Diskussion: Denkst du, dass Johns Freunde in seinem Interesse handelten oder gegen sein Interesse? Warum? Haben deine Freunde dich jemals dazu verleitet, mit ihnen etwas Unrechtes oder Verletzendes zu tun? Waren sie sehr überrascht, dass du nicht mitmachen wolltest? Haben sie dir jemals böse Dinge nachgesagt, wenn du es abgelehnt hast an ihren Aktionen teilzunehmen (wie die Bibellese es erwähnt)? Was ist nach dieser Bibellese die angemessene Antwort, wenn so etwas passiert?

Gebet: »Hilf uns, Herr, die richtige Antwort zu geben, wenn Freunde uns Böses nachsagen. Hilf uns, dir nachzufolgen, auch wenn sonst niemand es tut.«

26. Juni

Hochspannung

Sexuelle Intimität ist eine ungeheuer starke Kraft, die der Beziehung zwischen Ehemann und Ehefrau vorbehalten sein sollte.

Bibellese des Tages: Hebräer 13,4
Tages-Vers: »Haltet die Ehe in Ehren und bleibt einander treu!« (Hebräer 13,4)

Samantha half dem Vater in ihrem Schlafzimmer eine Lampe anzubringen. »Sam«, so instruierte sie der Vater, »du musst immer sehr vorsichtig sein, wenn du mit Elektrizität umgehst.« Er schraubte die Fassung der elektrischen Birne heraus, schob die Kunststoffplatte beiseite, die die Drähte abdeckte und steckte dann seinen Schraubenzieher in eine der Schrauben hinein, womit die Drähte an ihrem Platz befestigt waren. »Autsch!«

Samantha sah plötzlich Funken. »Papa, geht's dir gut?«, fragte sie.

Der Vater schwenkte seine Hand in der Luft hin und her. »Ja, Sam, alles in Ordnung.« Der Vater schaute jetzt hinter Samanthas Nachttischchen und sah dann seine Tochter mit einem verlegenen Ausdruck an. »Ich habe vergessen, dir das Wichtigste zu sagen, an was du denken musst, wenn du mit Elektrizität umgehst.« Er griff hinter das Nachttischchen und zog den Stecker der Lampe aus der Wand. »Vergewissere dich immer zuerst, dass die Stecker draußen sind.«

»Bist du sicher, dass du nicht verletzt bist, Papa?«, fragte Samantha.

»Es ist alles in Ordnung. Aber es hätte etwas passieren können. Darum musst du immer vorsichtig sein mit Elektrizität.«

»Ich glaube, ich mag die Elektrizität nicht besonders«, sagte Samantha halb scherzend.

»Ich schon«, sagte der Vater. »Sie ist die Kraftquelle für unser Licht, deinen Ventilator und deinen CD-Spieler. Aber die gleiche Kraft, die das alles bewirkt, kann eben auch gefährlich werden.«

Der Vater konzentrierte sich einen Augenblick auf seine Arbeit und baute den Schalter wieder in Samanthas Lampe ein.

»So«, sagte er, »fertig.« Er steckte den Stecker wieder in die Dose und schaltete die Lampe an. »Alles wieder o.k. Elektrizität ist eine wunderbare Kraft, Sam, und in diesem Zusammenhang gleicht sie einer anderen Sache, über die ich noch mit dir sprechen möchte.«

Samantha schaute ihn neugierig an.

»Es wird nicht mehr lange dauern«, fuhr der Vater fort, »dann wirst du dich mit jungen Männern verabreden und vielleicht auch an Heirat denken und das, was damit zusammen hängt. Wenn es so weit ist, bitte ich dich, dass du an den Schock denkst, den ich eben bekommen habe. Ich möchte, dass du verstehst, dass sexuelle Intimität in mancher Hinsicht der Elektrizität gleicht. Es ist eine wunderbare Kraft, Sam, und es kann Wunderbares daraus entstehen, wenn du sie respektierst und in der Weise nutzt, die Gott dafür vorgesehen hat. Aber sie kann dich auch verletzen. Solange sexuelle Intimität zwischen Ehemann und Ehefrau bleibt, ist es eine wunderbare und Ehrfurcht gebietende Sache. Aber außerhalb der Ehe ist sexuelle Intimität noch gefährlicher und verletzender als Elektrizität.«

»O.k., Paps«, sagte Sam augenzwinkernd. »Ich werde daran denken. Ich habe keine Lust, mich zu verbrennen ..., wie du es getan hast!«

Zur Diskussion: Was gilt in der Gesellschaft heute im Hinblick auf sexuelle Intimität außerhalb der Ehe? Wieso steht diese Meinung in Konflikt zu den Wünschen Gottes?

Tipp fürs Gebet: Eltern können Folgendes beten: »Herr, hilf uns, unsere Ehe zu ehren und so respektvoll und sorgsam damit umzugehen, wie sie es verdient. Wir erkennen an, dass sexuelle Intimität in die Ehe gehört und nicht außerhalb von ihr praktiziert werden sollte. In Jesu Namen. Amen.«

27. Juni

Gott ist gut

Gott allein weiß, was gut ist.

Bibellese des Tages: 1. Mose 1,1-12

Tages-Vers: »Nur Gott allein ist gut.« (Markus 10,18)

»Nico, möchtest du eines von Mamas Eiern?«, fragte die Mutter ihren Zweijährigen.

»Ich mag keine Eier«, sagte Nico. Er saß mit Mutter, Vater und seiner Schwester Marlene am Frühstückstisch.

»Möchtest du ein Stück von Mamas Wurst?«, fragte die Mutter jetzt.

»Mag keine Wurst«, antwortete Nico.

»Es schmeckt aber richtig gut, Nico«, sagte der Vater. Mit einem Löffel schob er ein Stückchen vom Ei in seinen Mund, kaute, lächelte den Kleinen an und hob die Augenbrauen rauf und runter.

»Nein! Mag keine Wurst«, beharrte Nico.

»O.k.«, sagte die Mutter und schlug ihm vor: »Wie wär's mit einem Stück von Papas Toast?«

»Mag keinen Toast«, sagte Nico.

»Du möchtest heute Morgen gar nichts, oder?«, fragte die Mutter.

»Du weißt gar nicht, was gut ist«, spottete jetzt der Vater.

»Natürlich weiß er das nicht«, sagte Marlene. »Das weiß doch niemand außer Gott.«

Vater und Mutter hörten auf mit Essen und schauten Marlene an. Ihr Kommentar hatte sie verwundert.

»Stimmt doch!«, sagte Marlene sehr überzeugt. »Nur Gott weiß, was gut ist, nicht wahr, Papa?«

»Ja«, antwortete der Vater langsam. »Du hast Recht, Marlene. Wir sind vielleicht nicht einverstanden mit dem, was er für gut hält, aber letztlich ist er der Einzige, der zwischen ›gut‹ und ›schlecht‹ unterscheiden kann.«

»Wir müssen nur auf ihn hören und ihm in seinen Anweisungen folgen«, fügte die Mutter hinzu.

»Heißt das, dass Nico Eier und Wurst mögen muss?«, fragte Marlene.

Der Vater lachte. »Nico darf entscheiden, ob ihm Eier und Wurst *gut schmecken* oder nicht. Dabei geht es um Geschmack oder Meinung. Aber wenn es um moralische Entscheidungen geht – Recht und Unrecht – ist es keinem von uns erlaubt, über ›gut‹ und ›schlecht‹ zu befinden. Das kann nur Gott tun.«

Zur Diskussion: Was ist der Unterschied zwischen Geschmack (oder Meinung) und Recht oder Unrecht? Darfst du entscheiden, welche Speisen gut schmecken? Darfst du entscheiden, was richtig oder falsch ist? Was ist der Unterschied?

Gebet: »Herr, erinnere uns daran, dass nur du entscheiden kannst, was gut oder schlecht ist, recht oder unrecht. Hilf uns, uns nach dir zu richten und deinen Anweisungen zu folgen.«

28.
Juni

Es war gut

Gut sein heißt wie Gott sein.

Bibellese des Tages: 1. Mose 1,14-25
Tages-Vers: »Sie erhoben ihre Stimme und lobten den Herrn: Er ist gütig und seine Barmherzigkeit währet ewig ...« (vgl. 2. Chronik 5,13)

Tabea rannte so schnell in die Hütte, dass sie fast gestolpert und hingefallen wäre. »Schau, was ich gefangen habe!«, sagte sie.

Sie lief zu Rebecca, ihrer Betreuerin im Ferienlager, und öffnete behutsam ihre Hände.

»Ein Schmetterling!«, sagte Rebecca. »Er ist wunderschön, Tabea. Wo hast du ihn gefangen?«

»Am Bach.«

Sie öffnete ihre Hände ein bisschen weiter, sodass sie und Rebecca die lebhaften Farben und die komplizierte Zeichnung auf den Flügeln des Schmetterlings studieren konnten.

»Ist Gottes Schöpfung nicht unglaublich schön?«, flüsterte Rebecca. »Schau doch nur, wie vollkommen er aussieht.«

»Jaaa«, sagte Tabea zärtlich. »Das ist er wirklich.«

Rebecca griff ihre Bibel vom Tisch neben ihrem Feldbett und schlug das erste Kapitel im ersten Buch Mose auf. »Darf ich dir etwas aus der Bibel vorlesen?«, fragte sie.

»Natürlich«, sagte Tabea, immer noch mit den Augen bei dem Schmetterling.

Rebecca begann den Schöpfungsbericht zu lesen und machte jedes Mal bei den Worten: ›Und Gott sah, dass es gut war‹, eine Pause. Als sie zu Ende gekommen war, schloss sie die Bibel und sagte zu Tabea: »Als Gott diese Welt erschaffen hat – all die Berge und Meere und Bäume und Tiere – sagte er, dass es gut war.«

»Das ist es auch«, sagte Tabea.

»Ja«, antwortete Rebecca. »Aber was bedeutet das?«

Tabea warf einen verwirrten Blick auf Rebecca.

»Schau, Tabea, als Gott Himmel und Erde schuf, war der einzige Maßstab für ›gut‹ Gott selbst. Wenn er also seine Schöpfung ›gut‹

nannte, hieß das, dass sie seine eigene Güte widerspiegelte, weil es sonst nichts gab, womit sie verglichen werden konnte.«

»Aha«, begann Tabea und blickte hin und her zwischen Rebecca und dem Schmetterling, »wenn wir also sagen, dass etwas gut ist, dann sagen wir … wir sagen, dass es ähnlich wie Gott ist?«

»Ja!«, rief Rebecca. »Das stimmt. Gut sein heißt, Gottes Wesen widerspiegeln. Das ist es, was ›gut‹ bedeutet.«

Tabea nickte langsam. Sie lächelte Rebecca an. »Das ist gut«, sagte sie. »Das ist gut.«

Zur Diskussion: Sechsmal in den ersten sechsundzwanzig Versen von 1. Mose 1 nennt Gott seine Schöpfung »gut«. Was denkst du, warum er dieses Wort sechsmal gebrauchte?
Gebet: »Herr, wir erkennen an, dass du der einzige Maßstab für ›gut‹ bist, den es überhaupt gibt. Hilf uns, uns nicht auf unsere eigene Meinung zu verlassen, wenn wir moralische Entscheidungen treffen müssen.«

29. Juni

Gottes Ebenbild

Das Bild Gottes widerzuspiegeln bedeutet, das höchste Gute zu erreichen.

Bibellese des Tages: 1. Mose 1,26-31
Tages-Vers: »Und der Geist des Herrn wirkt in uns«, sodass wir ihm immer ähnlicher werden und immer stärker seine Herrlichkeit widerspiegeln.« (2. Korinther 3,18)

»Mach das noch einmal«, sagte die Großmutter.

»Was soll ich nochmals tun?«, fragte ihr Enkel Kevin.

»Wie du gerade gelacht hast«, antwortete die Großmutter. »Du siehst genau wie dein Vater aus, wenn du das tust.«

»Tatsächlich?«, fragte Kevin. Er sprang auf und rannte ins Badezimmer, um sich im Spiegel zu betrachten. Er studierte das, was ihm der Spiegel zeigte, von der Seite und aus jedem Winkel heraus und versuchte, das Lachen, das die Aufmerksamkeit seiner Großmutter erregt hatte, noch einmal zu wiederholen.

Ein paar Minuten später kehrte er zu ihr zurück und sagte: »Es klappt nicht.«

Die Großmutter lächelte. »Vielleicht funktioniert es nur dann, wenn du es nicht bewusst versuchst.«

»Außerdem«, sagte Kevin, »habe ich gedacht, dass ich immer Papa ähnlich sehe.«

»Das tust du auch«, gab die Großmutter zu, »aber wenn du bestimmte Dinge tust, ist die Ähnlichkeit noch größer.«

»Ist das so auch mit dem Bild Gottes?«, fragte Kevin.

»Was meinst du damit?«, fragte die Großmutter.

»Nun, du hast gesagt, dass ich immer Papa ähnlich sehe, aber dass ich ihm, wenn ich bestimmte Dinge tue, noch ähnlicher bin.«

»Stimmt«, sagte die Großmutter.

Kevin runzelte die Stirn, als ob er so angestrengt nachdächte, dass es ihm wehtat. »Die Bibel sagt, dass wir nach Gottes Ebenbild gemacht sind«, fuhr er fort. »Aber werden wir ihm besonders ähnlich, wenn wir auf bestimmte Weise handeln?«

Großmutters Mund öffnete sich ein wenig. Sie schaute überrascht auf. »Ja«, sagte sie »in gewisser Weise, denke ich, hast du Recht. Die Menschen sind nach dem Bild Gottes geschaffen. Aber wir benehmen uns nicht immer danach, nicht wahr?«

»Aber wenn wir Gutes tun«, meinte Kevin lächelnd, »dann ist die Ähnlichkeit stärker, wie du gesagt hast.«

»Da«, sagte die Großmutter, »da ist es wieder!«

»Was?«

»Die Ähnlichkeit mit deinem Vater.«

»Mit welchem – mit Gott oder Papa?«

»Mit beiden«, sagte die Großmutter augenzwinkernd.

Zur Diskussion: Was denkst du, warum Gott seine Schöpfung des Menschen »sehr gut« genannt hat. Was kannst du in dieser Woche tun, um Gottes Bild in deinem Tun widerzuspiegeln?

Gebet: »Herr, hilf uns, deine Güte in allem, was wir tun, zu reflektieren.«

30. Juni

Melindas Fehler

Es ist oft ein Unterschied zwischen einer unrechten Entscheidung und einer Unbesonnenheit.

Bibellese des Tages: Sprüche 10,19-21.31-32
Tages-Vers: »Die Worte der Gottesfürchtigen sind hilfreich, das Reden der Gottlosen aber verdreht die Wahrheit.« (Sprüche 10,32)

Die Mutter bemerkte, dass Melinda schlechte Laune hatte, als sie aus der Schule kam. Sie sagte aber nichts bis nach dem Essen, als Melinda sich allein in ihrem Zimmer befand.

»Ist etwas nicht in Ordnung?«, fragte die Mutter, als sie Melindas Zimmer betrat.

Melinda begann zu weinen. »Oh, Mama, warum muss ich nur immer einen so vorlauten Mund haben?«

»Was meinst du damit?« Die Mutter setzte sich neben Melinda aufs Bett.

»Jackie sagte mir, dass sie mein Sweatshirt besonders hübsch fände. Ich wurde verlegen, weil Jackie immer wirklich hübsche Klamotten hat und wusste gar nicht, was ich sagen sollte. Dann brach es einfach aus mir heraus: ›Oh, dieses olle Ding? Ich habe eine Menge Sweatshirts und Pullover, die viel schöner sind als dieser!‹ ... Ich hatte überhaupt nicht bemerkt, dass Hannah auch dort stand!«

Die Mutter nickte, aber es war Melinda klar, dass ihre Mutter die Bedeutung dessen, was sie gerade gesagt hatte, nicht verstanden hatte.

»Mama!«, sagte sie mit zitternder Stimme, »dieses Sweatshirt war ein Geschenk von Hannah!«

Die Augen der Mutter wurden groß und aus ihrem Mund kam ein fast unhörbares »Oh«.

»Ich habe mich bei Hannah entschuldigt, so gut ich konnte, aber ich hatte ihre Gefühle natürlich sehr verletzt ... ich wollte das doch nicht!«

Die Mutter legte ihre Arme um Melinda und streichelte liebevoll ihr langes schwarzes Haar. »Ich weiß, dass du das nicht beabsichtigt hattest«, sagte sie. »Wir alle machen Fehler. Aber es ist ein Fehler, aus dem du lernen kannst.«

Melinda schniefte, sagte aber nichts. Die Mutter merkte aber, dass sie zuhörte.

»Du hast vielleicht keine unrechte Entscheidung getroffen, wie es gewesen wäre, wenn du Hannah absichtlich verletzt hättest«, sagte die Mutter. »Du hast aber etwas Unbesonnenes getan. Siehst du, Melinda, gewöhnlich ist es besser zu schweigen, wenn wir nicht wissen, was wir sagen sollen ... oder in deinem Fall heute so wenig wie möglich zu sagen.«

»Ich hätte einfach ›danke‹ sagen können und sonst nichts, nicht wahr?«, meinte Melinda. »Dann würde ich mich jetzt nicht so erbärmlich fühlen.«

»Das stimmt«, sagte die Mutter. »Aber denk daran, dass es manchmal einen Unterschied gibt zwischen einer unrechten Entscheidung und einer Unbesonnenheit – diese ist nicht immer Sünde. Du kannst es jetzt nur bedauern, was du Hannah vermittelt hast, aber fühle dich nicht schuldig deswegen. Was du gesagt hast, war ein Fehler, aber keine Sünde.«

Melinda wischte die Tränen ab. »Danke, Mama«, sagte sie. »Ich werde Hannah anrufen und mich nochmals bei ihr entschuldigen. Und von jetzt an möchte ich immer daran denken, lieber den Mund zu halten, wenn ich nicht weiß, was ich sagen soll!«

Zur Diskussion: Wie hätte Melinda vermeiden können, Hannahs Gefühle zu verletzen? Warum ist es wichtig, erst nachzudenken, bevor man spricht?

Gebet: »Herr, hilf uns, andere nicht zu verletzen. Wenn wir aber einen Fehler machen und es doch tun, hilf uns, die Dinge in Ordnung zu bringen.«

Juli

1. Juli

Falsche Maßstäbe

Menschen, die sich nur an sich selbst messen und sich nur mit sich selbst vergleichen, sind nicht weise.

Bibellese des Tages: 2. Korinther 10,12-18
Tages-Vers: »Wenn ein Mensch sich selbst lobt, hat das nicht viel zu bedeuten. Doch wenn der Herr jemanden empfiehlt, ist es etwas anderes.« (2. Korinther 10,18)

Tim machte es Spaß, seinem Vater zu helfen. Der Vater war wirklich gut in der Konstruktion und dem Befestigen von Sachen. Tim war immer stolz und glücklich, wenn er und der Vater zusammen arbeiteten.

Und er freute sich auch, dass sein Vater ihm allmählich immer mehr an Verantwortung übergab. Im Augenblick installierten sie stabile Regale im Vorratsraum des Hauses. Der Vater ließ ihn an der Kreissäge arbeiten, mit der die Bretter geschnitten wurden.

»Tim«, murmelte der Vater durch einen Mund voller Nägel, »könntest du mir bitte drei Bretter bringen?«

»Natürlich, Papa«, antwortete Tim. Er sprang hinüber zu den kurzen Brettern, die er schon zurechtgeschnitten und gestapelt hatte und griff drei Stücke von oben herunter. Als er sie aufnahm, sah er entsetzt, dass sie alle verschiedene Längen hatten!

Er brachte sie seinem Vater: »Ich … ähm, ich hab sie nicht alle in der richtigen Größe geschnitten«, sagte er.

Der Vater nahm die drei Bretter und legte sie auf den Boden des Vorratsraumes. »Das stimmt allerdings«, sagte er und kratzte sich am Kopf. »Wo hast du denn Maß genommen?«

»Ich habe einfach ein Brett auf das gelegt, das ich gerade absägen wollte und habe einen Strich gezogen.«

Der Vater nickte. »Hast du jedes Mal das gleiche Brett genommen?«

Tim schüttelte den Kopf. »Nein«, antwortete er. »Aber sie sollten alle die gleiche Länge haben.«

Der Vater lächelte. »Da liegt dein Fehler«, sagte er gutmütig.

Tims Mund öffnete sich in schweigendem Bedauern. Er schlug

sich an die Stirn, als ob er längst hätte wissen müssen, was er falsch machte. Jedes Mal, wenn er ein Brett absägte, hatte er dieses dann als Maßstab für das nächste genommen. Und wenn das nur ein bisschen kleiner oder größer gewesen war, dann hatte er schließlich bei jedem Brett ein ganz anderes Maß als am Anfang.

»Es tut mir Leid, Papa«, sagte er.

»Das ist schon in Ordnung, mein Sohn«, antwortete der Vater. »Das ist ein Fehler, den wir alle einmal gemacht haben. Vergewissere dich nur, dass du *immer* das richtige Maß nimmst, wenn du sägst.«

Die Worte des Vaters klangen bekannt. Dann erinnerte sich Tim daran. »Es ist wie bei der Entscheidung über Recht und Unrecht«, sagte er zu seinem Vater. »Wir müssen unsere Entscheidungen immer an dem einzigen Maßstab festmachen, der Gültigkeit hat: dem Gottes, nicht wahr, Papa?«

»Das stimmt«, antwortete der Vater. »Immer am Original Maß nehmen.«

»Ich werde von jetzt an daran denken, das verspreche ich«, sagte Tim.

Zur Diskussion: An welchem Maßstab misst du gewöhnlich deine Entscheidungen über Recht und Unrecht? An dem, was deine Eltern sagen? Was deine Freunde sagen oder tun? Was das Gesetz besagt? Was du selbst denkst? Oder vergleichst du dein Tun mit Gott und seinem Wesen?
Gebet: »Herr, danke, dass du mich daran erinnerst, dass du der einzig wahre Maßstab für Recht und Unrecht bist.«

2. Juli

Mehr als eine Geschmackssache

Es gibt Dinge, die sind nicht unbedingt richtig oder falsch.

Bibellese des Tages: Römer 14,1-4
Tages-Vers: »Aus diesem Grund versuche ich immer, mir vor Gott und den Menschen ein reines Gewissen zu bewahren.« (Apostelgeschichte 24,16)

»Für dich ist alles schwarz oder weiß, nicht wahr?«, fragte Blair, als er neben Tina auf dem Dock saß. Ihre Angelruten hingen im Wasser unter der Anlegestelle.

»Was meinst du damit?«, fragte Tina.

»Nun, du sprichst immerzu von richtig und falsch.«

»Nun, ja«, sagte Tina, »aber es gibt eine Menge Dinge, die sind nicht unter Recht und Unrecht einzuordnen.

»Was zum Beispiel?«

»Na, ob jemand lieber Erdbeereis oder Vanilleeis isst. Das ist einfach eine Sache des unterschiedlichen Geschmacks.«

»Mmmh«, sagte Blair.

»Oder, angenommen deine Eltern lassen dich bis Mitternacht wegbleiben, und meine sagen, dass ich um elf Uhr zu Hause sein muss. Deine Eltern liegen damit nicht falsch und meine auch nicht. Sie versuchen, das Beste für ihre Kinder zu tun und zu entscheiden.«

»Wie nennst du dann den Unterschied?«, fragte Blair.

»Den Unterschied?«

»Ja, ich meine zwischen Dingen, die Recht oder Unrecht sind und solchen, die – du weißt schon – einfach Geschmackssache sind?«

Tina dachte einen Augenblick nach. »Nun«, sagte sie, »wenn die Bibel sagt, dass etwas falsch ist, dann ist es falsch. Wenn die Bibel etwas für richtig erklärt, dann ist es richtig.«

»Und wenn die Bibel nichts darüber sagt?« In Blairs Augen blitzte der Schalk. »Die Bibel sagt zum Beispiel nirgendwo: ›Du sollst Tina nicht in den Haaren ziehen‹!« Er packte einen Büschel ihrer Haare und zog daran.

»Autsch!«, sagte Tina, griff nach Blairs Handgelenk und hielt es fest, während er ihre Haare gepackt hielt. »Du hast Recht«, sagte sie und sprach sehr schnell dabei. »Aber wir wissen auch, dass etwas richtig ist, wenn es Gott ähnlich ist, und falsch, wenn es Gott nicht ähnlich ist. Und Gott ist Liebe, sagt die Bibel, und: ›die Liebe tut dem Nächsten nichts Böses‹. Und du tust mir weh, also lass los!«

Blair ließ ihr Haar los. »Du denkst, du bist so richtig klug, nicht wahr?«

Tina rieb sich den Kopf. »Klug genug, um eins zu wissen«, sagte sie.

»Und was?«, fragte Blair.

»Dass du gleich klatschnass bist!«, sagte sie und schubste ihn ins Wasser.

Zur Diskussion: Kannst du Dinge nennen, die eher eine Geschmacksfrage sind als eine von Recht und Unrecht? Kannst du Entscheidungen anführen, die ein kluges oder unkluges Handeln beinhalten, was aber nicht unbedingt in die Kategorie Recht und Unrecht gehört? Kannst du etwas nennen, das eine Wahl zwischen gut, besser und am besten zulässt, ohne dass es richtig oder falsch ist? Wie können wir den Unterschied bezeichnen zwischen solchen Dingen und der Frage nach Recht und Unrecht?
Gebet: »Herr, hilf uns, Wahrheit und Geschmack nicht zu verwechseln. Hilf uns, die Wahrheit zu erkennen und ihr zu folgen.«

3. Juli

Schützende Burgmauern

Gottes Gebote der Liebe schützen uns wie die Mauern einer Festung.

Bibellese des Tages: Psalm 31,20-22
Tages-Vers: »Lobt den Herrn, denn er hat mir seine Gnade bewiesen. Als meine Stadt angegriffen wurde, hat er mich sicher bewahrt.« (Psalm 31,22)

Kevin lag auf dem Bauch im Sand. Er strampelte mit den Füßen und starrte zufrieden auf die Sandburg, die er und sein Vater gerade vollendet hatten. An jeder Ecke hatten sie mit Hilfe von Kevins Sandeimer große Türme errichtet. Diese Türme waren durch vier dicke Mauern miteinander verbunden. Die Burg prunkte mit einem Flaggenmast aus einem Trinkstrohhalm und einer Fahne aus buntem Bonbonpapier.

»Es ist toll geworden«, sagte Kevin.

»Jaah«, sagte der Vater. Ihm schien die Sache genauso viel Spaß zu machen wie seinem Sohn.

»Wie lange braucht das Meer, um das wegzuschwemmen?«, fragte Kevin.

Der Vater drehte den Kopf, um die aufkommende Flut zu prüfen. »Sie erreicht unsere Burg nicht, solange wir noch hier sind.«

»Sehr gut.« Kevin streckte seine Hand aus, um den Fahnenmast gerade hinzustellen. Plötzlich leuchteten seine Augen auf und er lachte seinen Vater an. »Wäre das nicht eine tolle Sache, wenn wir Burgmauern um unser Haus herum hätten?«

Der Vater wollte schon antworten, aber Kevin fuhr fort: »Wir könnten eine Zugbrücke haben, die wir nur herunterlassen würden, wenn wir uns ganz sicher fühlen würden, und keiner käme herein, der nicht das geheime Passwort wüsste!«

Der Vater nickte lächelnd. Er stützte sich im Sand auf seinen Ellenbogen. »Du weißt doch, Kevin, dass wir eine Art Burgmauern um unser Haus haben.«

Kevin knabberte an der Unterlippe – was er öfter tat, wenn er nachdachte.

Der Vater fuhr fort. »Unser Heim ist geschützt durch Gottes Gebote«, sagte er.

Kevin blinzelte unsicher.

Der Vater rollte sich auf den Rücken und zog Kevin auf seine Brust. »Sieh, Kevin, Gott liebt uns. Und er gab seine Gebote zu unserem Besten, gerade wie Mama und ich euch sagen, dass ihr euer Gemüse essen oder nicht auf der Straße spielen sollt, weil wir euch lieb haben und gut für euch sorgen wollen. Gottes Gebote sind wie eine Schutzmauer um uns herum, wie die Wälle um eine Festung oder eine Burg. Das ist einer der Gründe, weshalb Gott uns seine Gebote gab – um uns vor einer Menge von schlimmen Dingen zu beschützen.«

»Ich wünschte immer noch, dass wir in einer Burg leben würden«, sagte Kevin.

Der Vater nickte. »Ja, dann könnte ich dich ins Verlies werfen, wenn du dein Gemüse nicht isst!«

»Ich würde dich ins Verlies werfen!«, gab Kevin zurück, als er und sein Vater sich im Sand herumrollten, lachend und gegenseitige Drohungen über Burgverliese usw. ausstoßend.

Zur Diskussion: Schützen die Mauern einer Burg oder einer Festung diejenigen, die beschließen, außerhalb dieser Mauern zu bleiben? Wen schützen sie? Wie kannst du innerhalb der Schutzmauern Gottes bleiben?
Gebet: »Vater im Himmel, danke für den Schutz deiner Gebote.«

4.
Juli

Begabt vom Schöpfer

Eine Regierung mag deine Grundrechte als Mensch achten, aber sie garantiert sie nicht – das tut Gott.

Bibellese des Tages: Psalm 82
Tages-Vers: »Glücklich ist das Volk, dessen Gott der Herr ist.« (Psalm 33,12)

»Papa, kannst du mir bei meinen Hausaufgaben helfen?«, fragte Juan José, als er das Wohnzimmer der Familie betrat, wo sein Vater am Computer saß.

»Gerne, Juan José«, sagte der Vater. Er drehte sich in seinem Computerstuhl um. »Um was geht es dabei?«

»Wir müssen die Unabhängigkeitserklärung auswendig lernen«, antwortete Juan José. Er gab seinem Vater das Textbuch.

»Lass mich hören, wie weit du sie schon kannst«, sagte der Vater.

»O.k.« Juan José atmete tief ein. Er begann zu sprechen und mit einem gelegentlichen Tipp oder einer Hilfe vom Vater zitierte er den ersten Satz. Er fuhr fort: »Wir halten diese Wahrheit für selbstverständlich, dass alle Menschen gleich geschaffen sind, dass sie von ihrem Schöpfer mit gewissen unveräußerlichen Rechten begabt sind …«

»Hervorragend!«, rief der Vater. »Ich möchte dich kurz unterbrechen. Das ist ein ganz wichtiger Teil der Unabhängigkeitserklärung. Ich möchte sicher sein, dass du auch verstehst, was du sagst.«

»Ich habe keinen Schimmer von dem, was ich da sage«, erklärte Juan José.

»Nun, es bedeutet, dass jeder Mann und jede Frau gewisse Rechte hat, die uns nicht von der Regierung gegeben worden sind, sondern von Gott, dem Gott, der uns geschaffen hat.«

»Aha«, sagte Juan José.

»Du siehst, mein Sohn, die eigentliche Basis dieser Idee von den persönlichen Rechten – dem Recht auf Leben oder Freiheit z. B. – ist die Tatsache, dass es einen Gott gibt, und der ist der eine, der durch sein eigenes Wesen definiert, was Recht und Unrecht ist. Eine Regierung mag deine Grundrechte als menschliches Wesen achten, garantiert sie aber nicht. Das tut nur Gott. Verstehst du, was ich dir zu sagen versuche?«

»Ich glaube nicht«, antwortete Juan José.

»Lass es mich anders sagen: Dein Recht zu leben oder dein Recht frei zu sein, ist dir von dem gerechten Gott gegeben, demjenigen, von dem alle moralischen Urteile – einschließlich der Menschenrechte – stammen. Das sage nicht nur ich. Das ist die Basis, auf der die Vereinigten Staaten von Amerika gegründet wurden.«

»Wow!«, sagte Juan José. »Ich hätte nicht gedacht, dass die Unabhängigkeitserklärung das alles umfasste.«

»Du bist da nicht der Einzige«, antwortete der Vater lächelnd. »Eine Menge Richter sind sich auch nicht im Klaren darüber!«

Zur Übung: Besorge dir eine Kopie der Unabhängigkeitserklärung von Amerika oder der Präambel des Grundgesetzes von Deutschland und hefte sie in dieser Woche an euer schwarzes Brett oder an den Kühlschrank, um dich daran zu erinnern, dass alle Männer und Frauen »von ihrem Schöpfer mit gewissen unveräußerlichen Rechten begabt wurden«.
Gebet: »Danke, Herr, für die Rechte und die Freiheit, die du uns gegeben hast.«

5. Juli

Eingebauter Radar

Das Auswendiglernen von Gottes Wort richtet ein inneres Radargerät ein, das uns den rechten Weg finden lässt.

Bibellese des Tages: Psalm 119,97-105
Tages-Vers: »Eine Leuchte für meinen Fuß ist dein Wort und ein Licht auf meinem Weg.« (Psalm 119,105)

»Oh!«, sagte Mark aufgeregt zu seiner Mutter, die neben ihm saß. »Wir sind in den Wolken!«

Die Mutter schaute an ihrem Sohn vorbei aus dem Fenster des Flugzeugs.

»Allerdings, das sind wir!«, sagte sie.

»Mama«, sagte Mark mit angstgeweiteten Augen, »stürzen wir ab?«

»Nein, Liebling, warum sollten wir abstürzen?«

»Weil der Mann, der das Flugzeug steuert, nicht sehen kann, wo wir sind.«

»Oh, da mach dir keine Sorgen, Mark«, sagte die Mutter. »Der Pilot hat ein Gerät, das man Radar nennt, und das sagt ihm, wo er hinfliegen muss, auch wenn er nichts sieht.«

»Gut«, sagte Mark. Er lächelte seine Mutter an und wandte sich dann zurück zum Fenster, um die vorbeiziehenden Wolken zu beobachten.

Die Mutter sah noch eine Weile zu ihm hin und wandte sich dann wieder ihrer Beschäftigung zu. Sie hielt einen Stapel von Karteikarten in der Hand. Vorne stand auf jeder Karte ein Bibelvers, und auf der Rückseite die Stelle, wo er zu finden war. Sie las eine Karte oder warf einen Blick darauf und versuchte dann, den Vers zu zitieren, ohne noch einmal auf das handgeschriebene Wort auf der Karte zu schauen.

»Mama«, sagte Mark und unterbrach ihre Bemühungen beim Auswendiglernen erneut, »was machst du da?« Als sie es ihm sagte, fragte er: »Warum?«

Sie dachte einen Augenblick nach und überlegte, wie sie ihrem jungen Sohn die Wichtigkeit des Auswendiglernens von Bibelstellen erklären sollte. Endlich kam ihr ein Gedanke.

»Du weißt, dass der Pilot dieses Flugzeuges ein Radargerät hat, so dass er selbst durch Wolken und bei Dunkelheit seinen Weg finden kann?«, fragte sie.

Mark nickte.

»Durch das Auswendiglernen der Bibelverse«, sagte sie und zeigte ihm ihre Karteikarten, »habe ich Teile des Wortes Gottes hier.« Mit den Zeigefingern tippte sie dabei auf ihre Schläfen. »Das vermittelt mir eine Art von eingebautem Radargerät. Selbst wenn dann Dinge in meinem Geist oder in meinem Leben neblig oder dunkel erscheinen, finde ich den richtigen Weg … indem ich Gottes Wort benutze.«

»Aha«, sagte Mark und war offensichtlich befriedigt. »Mama?«

»Ja, Liebling?«

»Kann dein Radar auch meine Schuhe finden?«

Die Mutter schaute auf Marks Füße. Beide Schuhe waren fort. Sie lachte. »Ich denke, das kann ich selbst«, sagte sie und löste ihren Sitzgurt, um unter den Sitzen nach Marks Schuhen zu suchen.

Zur Diskussion: Wie kann das Auswendiglernen von Gottes Wort dir helfen, richtige Entscheidungen zu treffen? Wie viele Bibelverse kennst du auswendig? Zitiert abwechselnd Bibelverse, bis einer stecken bleibt. (Kleineren Kindern kann man helfen oder sie den gleichen Vers mehr als einmal sagen lassen.)
Gebet: »Herr, unser Gott, ich brauche das »Radargerät«, das dein Wort und dein Geist zur Verfügung stellt, um jeden Tag meinen Weg zu finden.«

6. Juli

Familiengebote

Andere so behandeln, wie man selbst behandelt werden möchte, ist der Anfang von Gerechtigkeit.

Bibellese des Tages: Lukas 6,27-31
Tages-Vers: »Behandle andere so, wie du von ihnen behandelt werden möchtest.« (Lukas 6,31)

Vater und Mutter wiesen jedem einen Platz rund um den Esszimmertisch an. Es sollte ein Familienrat stattfinden.

»Ich denke, ihr seid alle alt genug, um Mama und mir zu helfen, ein paar Regeln für die Familie aufzustellen, mit denen jeder zurechtkommt.« Damit wandte sich der Vater an seine vier Kinder.

Plötzlich füllte sich der Raum mit Vorschlägen, weil Britta, Ken, Melissa und Michelle alle auf einmal reden wollten. Einer schlug als Regel vor: »Sprich nicht, solange ein anderer am Reden ist.« Britta empfahl: »Keiner sollte rechthaberisch auftreten.« Nach ungefähr dreißig Minuten hatte die Familie einundzwanzig »Gebote« zusammengetragen, von »Nicht schlagen« bis zu »Um Erlaubnis fragen, wenn man Dinge benutzen will«. Die Mutter brachte diese Regeln am Kühlschrank an.

Etwa zwei Wochen später meldete sich Britta am Mittagstisch zu Wort: »Wir haben zu viele Regeln, die kann ich nicht alle behalten«, sagte sie.

Ken fügte hinzu: »Gott gab uns Zehn Gebote, warum müssen wir einundzwanzig haben?«

Die Eltern lächelten und stimmten zu. Als das Mittagessen zu Ende war, hatte die Familie ihre »Gebote« auf fünf reduziert: »Sei nett« (kein Schlagen, Treten, Anschreien usw.); »Sei sauber« (an dir selbst, in deinem Zimmer, im Haus und im Garten); »Sei höflich« (unterbrich niemand, sag ›bitte‹ und ›danke‹ usw.); »Sei hilfsbereit« (mach deine Hausarbeiten usw.); »Sei gehorsam« (tu, was Papa und Mama sagen). Sie brachten nun die neuen Gebote am Kühlschrank an.

In dieser Woche hörten die Eltern, wie Michelle zu Britta sagte: »Sei höflich«, was Britta daran erinnern sollte, ihre ältere Schwester nicht zu unterbrechen. Ken erinnerte Michelle: »Sei sauber und ordentlich«, was heißen sollte, dass sie die Zeitschriften, die sie auf dem Wohnzimmerboden verstreut hatte, aufheben sollte. Auf einmal sprang Melissa von der Couch auf, verschwand für einige Minuten und als sie zurückkehrte, erklärte sie, dass sie »Sei hilfreich« vergessen hätte, nämlich ihre Verpflichtung zu gewissen häuslichen Arbeiten, wozu es auch gehörte, die Mülltonne rauszustellen.

Bald jedoch kam es dazu, dass Melissa am Mittagstisch einen anderen Vorschlag machte. »Erinnert ihr euch noch daran, wie wir einundzwanzig Familienregeln hatten und sie dann auf fünf zusammenschrumpfen ließen?« Die anderen nickten. »Nun«, sage sie, »ich denke, wir könnten es bei einer einzigen Regel belassen, in der dann alle anderen inbegriffen sind.«

Alle hörten auf zu essen und wollten Melissas Vorschlag hören. Stolz strahlte sie ihren Bruder, die Schwestern und die Eltern an.

»Na, und, was ist es?«, fragte Ken.

»Behandle andere so, wie du von ihnen behandelt werden möchtest.«

Die anderen schwiegen eine Weile. Endlich unterbrach die Mutter die Stille: »Du hast Recht«, sagte sie. »Wenn wir dieses Gebot befolgen, gehorchen wir auch allen anderen, nicht wahr?«

Zur Übung: Bringt eure eigenen Familienregeln am Kühlschrank an.
Gebet: »Herr, hilf uns, andere so zu behandeln, wie wir von ihnen behandelt werden möchten.«

7. Juli

Fehlende Marker

Aufrichtigkeit fragt: »Wie fühlst du dich?« Unaufrichtigkeit antwortet: »Das ist etwas anderes.«

Bibellese des Tages: Psalm 106,1-3
Tages-Vers: »Glücklich sind die, die seine Gebote halten und immer tun, was recht ist.« (Psalm 106,3)

Nadine zählte zum dritten Mal ihre Farbmarkierer in der Hoffnung, dass sie sich die beiden ersten Male vertan hatte. Aber sie hatte richtig gezählt. Zwei Markierstifte fehlten.

»Jemand hat meine Marker genommen!«, sagte sie zu ihrer Freundin Karen. Die Pause hatte gerade begonnen und die anderen Tische im Klassenzimmer waren bereits leer.

»Woher weißt du das?«, fragte Karen.

»Schau hier! Sie sind weg. Der rote und der – der dunkelblaue.«

»Bist du sicher, dass du sie nicht verloren hast?«, überlegte Karen.

»Nein«, antwortete Nadine mit flammenden Augen. »Jemand hat sie gestohlen!« Misstrauisch schaute sie sich im Klassenraum um. »Vielleicht war es Tanya. Nein, ich wette, es war Christopher.«

»Warum?«, fragte Karen.

»Weil er ein Dieb ist. Er stiehlt öfter mal.«

»Das ist nicht fair«, sagte Karen. »Du weißt es ja gar nicht.«

»Lass mich in Ruhe!«, schnauzte Nadine sie an. Ihre Brauen lagen dunkel über ihren Augen. »Ich sollte von jedem hier in der Klasse etwas nehmen«, murmelte sie. »Das würde sie lehren, sich nicht an meinen Markern zu vergreifen!«

»Das kannst du nicht machen!«, flüsterte Karen in bittendem Ton.

»Das kann ich doch!«, sagte Nadine.

»Du willst von jedem etwas nehmen, weil eine Person von dir etwas genommen hat?«

»Jaaah!«, antwortete Nadine. Sie ging zu dem Tisch in der Reihe vor ihr.

»Nadine!«, sagte Karen und stampfte mit den Füßen auf. »Wie würdest du dich fühlen, wenn jemand dein Eigentum nähme, weil jemand anderes etwas von ihm genommen hätte?«

»Das ist etwas anderes«, sagte Nadine.

»Wieso?«

»Weil meine Marker etwas Besonderes sind. Ich benutze sie nur für ganz bestimmte Dinge, wie …« Sie stoppte plötzlich, als ob sie sich an etwas erinnere. Sie ließ ihre Freundin stehen und ging hinüber zu dem Schrank, wo ihr Malkittel hing. Hastig wühlte sie in den tiefen Taschen und zog zwei Marker heraus – einen roten und einen dunkelblauen. Ihre Augen wurden groß, und verlegen schaute sie ihre Freundin an, die mit den Händen auf den Hüften an ihrem Platz stehen geblieben war.

»Komisch, was?«, sagte Nadine.

»Allerdings«, antwortete Karen und schüttelte den Kopf. »Wirklich sehr komisch.«

Zur Diskussion: Denkst du, dass es falsch von Nadine gewesen wäre, von jedem ihrer Klassenkameraden etwas wegzunehmen? Warum oder warum nicht? Wer entscheidet darüber, ob eine Sache fair ist oder nicht – du oder Gott?
Gebet: »Herr, wir möchten gerecht sein, weil du gerecht bist.«

8. Juli

Ich war Erster!

Gott gebietet uns, andere fair zu behandeln.

Bibellese des Tages: 3. Mose 19,13-16
Tages-Vers: »Was recht ist, dem sollst du nachjagen.« (5. Mose 16,20)

»Ich bin Erster!«, behauptete Torsten.

»Nein, bist du nicht! Ich bin Erste«, konterte Lisa.

»Ich bin's!«, sagte Torsten und schob Lisa aus dem Weg.

Lisa brummte und stieß zurück, wurde aber sofort von Brenda, ihrer Bibelschullehrerin daran gehindert.

»Er hat mir meinen Platz in der Reihe weggenommen!«, protestierte Lisa.

»Hab ich nicht«, sagte Torsten.

»Hast du doch!«, sagte Lisa.

»Hört sofort auf, ihr zwei«, sagte Brenda »Ihr habt in der Reihe für Einzelkämpfer zu warten. Wir können nicht aufs Spielfeld gehen, bis jeder an seinem Platz steht.«

»Aber ich war zuerst in der Reihe!«, sagte Lisa.

»Nein, warst du nicht«, sagte Torsten. »Ich war's.«

Brenda legte eine Hand auf Torstens Schulter und die andere auf Lisas Schulter. »Einer von euch ist nicht ehrlich, weil das Abwechseln und Warten, bis man an der Reihe ist, zum fairen Umgang mit anderen gehört. Wenn du dich vor einen anderen in die Reihe drängst, bist du nicht fair, und das ist Unrecht.«

Torsten schaute Lisa an, aber Lisa starrte auf die Bodenfliesen vor ihren Füßen.

»Nun, ich weiß nicht, wer von euch wirklich Erster war, aber denkt ihr, es wäre fair gegenüber der ganzen Klasse, die darauf wartet, aufs Spielfeld gehen zu können, während ihr beide euch darum streitet, wer Erster gewesen ist?«

»Nein«, antwortete Torsten.

»Nein«, sagte auch Lisa.

»So«, fuhr Brenda fort«, wenn ihr beide das nicht schnell beenden könnt, werde ich veranlassen, dass ihr diese Diskussion am Ende der Reihe fortsetzen könnt, sodass der Rest der Klasse nicht auf euch warten muss.«

Torsten schaute wieder zu Lisa hin, aber sie wich seinem Blick aus.

»In Ordnung«, sagte Brenda. »Geht jetzt ans Ende der Reihe.«

»Nein, warte«, sagte Lisa. »Torsten war vor mir. Er soll zuerst gehen.«

Brenda nickte befriedigt. »Danke, Lisa. Das ist nur fair, nicht wahr?«

Sie schaute auf die Mannschaftsaufstellung, wo die übrige Klasse in einer Reihe wartete. »Torsten, du kannst den Weg aufs Spielfeld jetzt anführen. Bitte gehen! Nicht rennen!«

Zur Diskussion: Ist das Abwechseln (und Warten in einer Reihe) eine Möglichkeit, fair zu anderen zu sein? Wenn nicht, warum nicht? Wenn ja, warum? Fallen dir noch andere Wege ein, anderen gegenüber fair zu sein?

Gebet: »Herr, manchmal möchten wir unsere eigenen Wege gehen. Wir wollen die Ersten sein. Hilf uns, deinen Willen über unsere Wünsche zu stellen.«

9. Juli

Fairness und Freundschaft

Gott gebietet uns, gerecht zu sein, weil er Gerechtigkeit schätzt.

Bibellese des Tages: 1. Mose 18,18-19
Tages-Vers: »Was recht ist, dem sollst du nachjagen.« (5. Mose 16,20)

»Papa, darf ich Jonas und Alex einladen, morgen Nacht hier zu bleiben?«, fragte André seinen Vater, der auf ihrer kleinen Veranda gerade beim Grillen fürs Abendessen war.

Der Vater dachte einen Augenblick nach und antwortete dann achselzuckend: »Sicher, wie ist es mit Ben?«

André rümpfte die Nase. »Ich denke nicht, dass ich ihn einladen sollte.«

»Warum nicht?«, fragte der Vater.

»Nun«, sagte André langsam, »er kommt nicht mit allen zurecht, so wie Alex und ich.«

»Oh«, sagte der Vater.

»Er will immer bei allem der Erste sein, und manchmal betrügt er beim Spielen – solche Sachen macht er.«

Der Vater nickte langsam. Er drehte einen brutzelnden Hamburger um. »Ich glaube, ich verstehe das«, sagte er.

Vater und Sohn standen schweigend einige Minuten zusammen, als eine leichte Brise den Rauch vom Grill von ihnen wegtrieb. Endlich brach der Vater das Schweigen. »Du schätzt deine Freundschaft mit Alex und Jonas sehr, nicht wahr?«

»Nun, ja«, sagte André. »Sie sind cool.«

»Warum?«, fragte der Vater.

»Nun … weil … weil sie die meisten Dinge mögen, die ich auch mag.«

»Wie Fairness z. B.?«, fragte der Vater.

André schaute seinen Vater von der Seite an, als ob diese Frage ihn überrasche. »Ja«, sagte er, »ich vermute.«

Der Vater nickte. »Gut. Fairness ist ein guter Maßstab, um einen Freund einzuschätzen.« Er wendete einen weiteren Hamburger um. »Das ist auch einer der Punkte, weshalb Gott seinen Freund Abraham schätzte. Das war einer der Gründe, weshalb Gott Abraham erwählte, dass er der Stammvater des ganzen Volkes Israel werden sollte. Er erkannte in Abraham einen Freund, der viele Dinge werthielt, die auch Gott hoch einschätzte.« Der Vater schwenkte die Grillzange durch die Luft, um seinen Worten Nachdruck zu verleihen. »Gott schätzt Gerechtigkeit, André. Darum gebietet er uns, fair und gerecht anderen gegenüber zu sein.« Er legte einen Augenblick eine Pause ein. »Ich denke, dass es gut ist, dass du auf Fairness Wert legst – und dass du dir Freunde aussuchst, die diesen Wert ebenfalls schätzen.«

Zur Diskussion: Möchtest du fair behandelt werden oder nicht? Kennst du irgendjemand, der das Unfaire vorziehen würde? Schätzen deine Freunde Fairness? Wie erkennst du das? Warum denkst du, dass Gott uns gebietet, andere fair zu behandeln? Gehst du mit anderen fair um?
Gebet: »Hilf uns, himmlischer Vater, anderen gegenüber fair zu sein.«

10. Juli

Ein gerechter Gott

Gott schätzt Fairness, weil er ein gerechter Gott ist.

Bibellese des Tages: Offenbarung 15,1-4
Tages-Vers: »Was recht ist, dem sollst du nachjagen.« (5. Mose 16,20)

Nicole rutschte hart in die zweite »Base« und wirbelte dabei eine Wolke von Staub und Schmutz auf.

»Du bist aus!«, bellte der Schiedsrichter.

Nicole sprang auf und starrte ungläubig auf den Schiedsrichter. »Aus?«, schrie sie. »Wie kannst du das sagen? Ich war drauf!«

Der Schiedsrichter schüttelte den Kopf. »Ich fürchte, nein, Nicole«, sagte er freundlich, aber fest.

Nicole schüttelte den Kopf und schlurfte vom Spielfeld. Diese Runde hatte das Spiel beendet und sie musste zu ihren Teamgenossen zurück, die sich aufstellten, um dem anderen Team zu gratulieren.

Johnny stand hinter ihr in der Reihe und flüsterte ihr mitleidig ins Ohr. »Ich kann es nicht glauben, dass dein eigener Vater das ›aus‹ festgestellt hat«, sagte er. »Bist du wütend darüber?«

Nicole schüttelte den Kopf. »Nein«, sagte sie. »Er ist immer fair. Ich hätte nicht versuchen sollen, zwei ›Bases‹ auf einmal erreichen zu wollen.«

Der Vater und Nicole gingen zusammen vom Spielfeld. »Das war ein hartes Spiel, was?«, sagte er. »Du bist nicht ärgerlich auf mich, oder?«

Nicole schüttelte den Kopf, sagte aber nichts.

»Ich musste dich als ›aus‹ bezeichnen«, erklärte der Vater. »Ich konnte dich nicht anders behandeln als die anderen Spieler.«

»Ich weiß«, sagte sie. »Du musstest fair sein.«

»Das stimmt«, sagte der Vater. »Weißt du auch, warum?«

»Weil es einfach nicht fair gewesen wäre«, sagte Nicole.

Der Vater lächelte. »Ja, aber warum ist Fairness richtig?«

»Nun«, sagte Nicole, etwas zögernd, »weil Gott sagt, dass wir fair sein sollen.«

Der Vater nickte. »Mmmh«, sagte er. »Warum sagt Gott, dass wir fair sein sollen?«

»Weil … weil er … Fairness liebt.«

»Richtig«, sagte der Vater. »Er schätzt Fairness. Aber warum tut er das?«

»Oh, das weiß ich nicht!«, sagte Nicole in einem frustrierten Ton, als sie ihren Baseball-Handschuh ins Führerhaus von Vaters LKW hineinwarf. »Weil er fair ist?«

»Absolut richtig!«, sagte der Vater lachend. »Das war eine sehr gute Vermutung.«

»Ja, ich denke, so war es, nicht wahr?«, sagte Nicole. Sie kletterte ins Führerhaus des LKWs und setzte sich. Der Vater stieg ebenfalls ein und setzte sich hinters Steuer. »Du, Papa?«

Er schaute zu ihr rüber. »Ja?«, sagte er.

»Du hattest Recht«, antwortete sie. »Ich war ›aus‹.«

Zur Übung: Stelle neue Regeln auf für ein beliebtes Spiel. Gib unfaire Regeln an. Spielt eine Weile nach der neuen Methode und dann wieder nach den alten Regeln. Welche Art macht mehr Spaß?
Gebet: »Herr, du allmächtiger Gott, groß und wunderbar sind deine Werke. Gerecht und treu sind deine Wege. Du bist gerecht und fair in allem, was du tust. Hilf uns, dein Wesen in unserem Handeln widerzuspiegeln, indem wir dir ähnlich zu werden versuchen, und indem wir anderen gegenüber fair sind« (nach Offenbarung 15,4).

11. Juli

Dem Recht sollst du nachjagen

Gerechtes Handeln gefällt Gott und fördert Freundschaft.

Bibellese des Tages: Jeremia 7,5-7
Tages-Vers: »Was recht ist, dem sollst du nachjagen.« (5. Mose 16,20)

Paula und Lilli waren beim Seilspringen auf dem Bürgersteig vor Paulas Haus, als ein Mädchen, deren Familie gerade hergezogen war, bei ihnen vorbeikam. Still beobachtete das Mädchen ihr Spiel eine Weile. Paula, die sie zuerst hatte kommen sehen, sagte schließlich: »Hi, hättest du Lust, mit uns Seilzuspringen?«

Das neue Mädchen nickte. Als Paula nach ihrem Namen fragte, kam die scheue Antwort: »Lucy.«

Lilly schlug vor, dass Lucy das eine Ende des Seils halten sollte und Paula das andere, sodass sie ›Double Dutch‹ spielen konnten. Die beiden Mädchen nahmen ihren Platz ein und Lilli sprang zwischen den rotierenden Seilen.

»O.k.«, sagte Lilli, nachdem sie gewechselt hatten, »jetzt bist du dran, Paula.«

Paula übergab die Seile an Lilli und versuchte ein paar Minuten, aber irgendwie schien sie sich immer in den Seilen zu verheddern.

»Macht nichts«, sagte Lilli, »lass mich nochmals versuchen.« Sie hielt die Seile Paula hin.

»Warte mal«, sagte Paula, »ich denke, jetzt wäre Lucy dran.«

»Ist schon in Ordnung«, sagte Lucy.

»Siehst du?«, sagte Lilli und hielt die Seile noch einmal Paula hin.

»Nein«, sagte Paula. Dann wandte sie sich an Lucy. »Du bist dran«, sagte sie freundlich. Sie nahm die Enden der Seile Lucy aus den Händen. Scheu lächelnd wartete Lucy, bis Lilli und Paula die Seile herumschwangen, und dann sprang sie zwischen ihnen auf und ab, vorwärts und rückwärts mit viel mehr Geschick als ihre beiden neuen Freundinnen. Es dauerte nicht lange, da lachten Paula und Lilli fröhlich und begeistert über Lucy Kunststücke.

Später am Abend kam der Vater in Paulas Zimmer, wo sie gerade irgendwelche Musik hörte. »Ich habe gesehen, wie du dich heute Nachmittag verhalten hast«, sagte er. Er erklärte, dass er vom Fenster aus gesehen hätte, wie Paula darauf bestand, dass Lucy an der Reihe sei. »Ich bin sicher, dass es Gott gefallen hat, dass du dafür gesorgt hast, dass das neue Mädchen fair behandelt wurde. Die Bibel sagt, dass Gott Fairness und Gerechtigkeit liebt, und du hast heute gerecht gehandelt.«

Paula lächelte. »Ich denke, Lucy und ich werden Freundinnen werden.«

Der Vater stand auf, um zu gehen. »Gut, das ist eine andere Art von Lohn für faires Verhalten. So hast du etwas getan, was Gott gefällt und gleichzeitig eine neue Freundin gewonnen, indem du selbst fair warst. Nicht schlecht.«

»Ich könnte mir noch eine andere Belohnung für faires Verhalten denken«, meinte Paula.

»Und, was wäre das?«

»Ich habe dich auch glücklich gemacht, oder?«

Der Vater lächelte und umarmte seine Tochter fest. »Das hast du wirklich«, sagte er.

Zur Diskussion: Bist du heute (oder diese Woche) schon jemand fair begegnet? Wenn ja, wie? Denkst du, dass dein Handeln Gott gefallen hat? Hast du sonst jemand damit eine Freude gemacht? Hat dein Verhalten eine Freundschaft beginnen lassen oder gestärkt? Kannst du dir eine andere Art von Belohnung denken, die dein Handeln bewirkt hat?
Gebet: »Heiliger Geist, bitte lehre uns, fair zu anderen zu sein.«

12. Juli

Das »Was wäre, wenn …«-Spiel

Wenn jeder nach dem Recht fragte und handelte, wäre die Welt schöner.

Bibellese des Tages: Psalm 11,4-7
Tages-Vers: »Denn der Herr ist gerecht, und er liebt die Gerechtigkeit. Die Aufrichtigen werden sein Angesicht sehen.« (Psalm 11,7)

»Wie lange dauert es noch, bis wir bei Oma sind?«, fragte Ron in ungeduldigem Ton.

Die Mutter drehte sich auf ihrem Platz im Auto um und sah Ron und seine Schwester Rahel auf dem Rücksitz an. »Liebling, wir sind erst eine halbe Stunde unterwegs, und Omas Haus ist noch ungefähr drei Stunden von uns entfernt.«

»Mir ist langweilig«, klagte Reed.

»Mama, Ron starrt mich immer an!«, jammerte Rahel. »Sag ihm doch, dass er damit aufhören soll!«

»Ich habe eine Idee«, sagte die Mutter. »Lasst uns spielen ›Was wäre, wenn …‹.«

»O.k.«, sagte Reed. »Ich möchte zuerst.«

Rahel protestierte. »Er kommt immer zuerst dran, Mama.«

»O.k., Rahel, du bist zuerst dran«, und bevor Ron noch protestieren konnte, hatte sie das Spiel schon begonnen. »Was wäre, wenn … alle Menschen auf der Welt fair spielen würden?«

»Ah, ich weiß!«, sagte Ron und hob seine Hand, als ob er in der Schule wäre.

»Ich bin dran«, sagte Rahel. »Wenn alle Menschen auf der Welt fair spielen würden« – sie lächelte in Richtung auf ihren Bruder – »würde Ron nicht immer zuerst dran kommen.«

»Wer wollte heute unbedingt zuerst?«, fragte Ron.

»Mama, er spottet wieder über mich«, sagte Rahel.

Die Mutter wandte sich an Ron. »Du bist dran«, sagte sie.

»Wenn alle Menschen in der Welt fair spielen würden«, antwortete Ron sehr schnell, »brauchten wir viele Dinge überhaupt nicht, wie Schiedsrichter und Ringrichter und solche Leute. Die Menschen würden einfach zugeben, wenn sie einen Fehler gemacht hätten, weil sie alle fair spielen würden.«

»Sehr gut«, sagte die Mutter. Sie wandte sich an Rahel. »Jetzt bist du wieder dran.«

Rahel runzelte die Stirn beim Nachdenken. »Die Leute würden auf dem Spielfeld nicht anfangen zu streiten.«

»Das ist hervorragend, Rahel«, sagte die Mutter. »Wenn alle fair spielen würden, würden sie viel besser miteinander auskommen, nicht wahr?«

»Ich bin dran«, sagte Ron. »Wenn alle auf der Welt fair spielen würden, würde Papa am Fernsehen nicht so viel schreien bei der Sportschau.«

»He!«, protestierte der Vater. »Das ist nicht fair, wenn ihr mich in das Spiel hineinbringt!« Mutter und Vater wechselten jetzt einen lächelnden Blick und die Mutter sagte: »Jetzt habe ich eine neue Frage: ›Was wäre, wenn … in unserer Familie alle fair spielen würden?‹«

»Ich weiß!«, riefen Ron und Rahel zur gleichen Zeit.

Ron schaute erst die Mutter und dann seine Schwester an. »Du zuerst!«, sagte er zu Rahel.

»Wir würden viel besser miteinander auskommen, nicht wahr, Mama?«

»Ja«, antwortete die Mutter. »Das würden wir sicher!«

Zur Übung: Spielt eure eigene Version von »Was wäre, wenn …«.
Gebet: »Herr Jesus, hilf uns, mit anderen fair umzugehen.«

13. Juli

Der Kampf am Mittagstisch

Andere fair behandeln bewirkt Schutz und Vorsorge, die aus dem Gehorsam Gott gegenüber entstehen.

Bibellese des Tages: Psalm 37,27-31
Tages-Vers: »Denn der Herr ist gerecht, und er liebt die Gerechtigkeit. Die Aufrichtigen werden sein Angesicht sehen.« (Psalm 11,7)

»Der Kampf am Mittagstisch!« Ray packte eine Hand voll Kartoffeln und warf sie über den Tisch hinweg auf B. J., der darauf reagierte, indem er seine Milchtüte Ray entgegenschleuderte. »Hört sofort auf, ihr Kerle!«, schrie Aaron. »Ihr bringt uns alle in Schwierigkeiten.«

Aber es war schon zu spät. Eine richtige Schlacht mit Essbarem war ausgebrochen, und alle am Tisch mit Ausnahme von Aaron waren darin verwickelt. Erbsen, Pudding, Hähnchenschenkel und Pizzastücke flogen über den Tisch, in die Haare, auf die Kleidung und auf unschuldige Zuschauer.

So schnell wie der ganze Spektakel begonnen hatte, war er auch beendet. Herr Sawyer tauchte auf – anscheinend aus dem Nichts – und legte eine Hand auf Rays Schulter und die andere auf die von B. J. Die dröhnende Stimme des Aufsehers brachte den Kampf mit dem Essen zum Stillstand und ließ alle an den Tischen erstarren.

»Ihr steckt jetzt alle in der großen Patsche fest«, sagte Herr Sawyer. »Ihr bringt die ganze Schweinerei hier in Ordnung und dann kommt ihr mit mir ins Büro des Direktors.« Ray, B.J., Aaron und ihre anderen Freunde am Tisch räumten schweigend den Schlamassel auf. Als sie fertig waren, brachte Herr Sawyer sie alle ins Büro des Direktors.

»Herr Sawyer«, sagte Ray, als sie sich dem Büro des Direktors näherten. »Aaron kann nichts dafür.«

Herr Sawyer schaute Ray an. »Warum?«

»Er hatte mit dem ›Kampf am Mittagstisch‹ nichts zu tun«, sagte er.

»Lass nur, es ist schon o.k., Ray«, sagte Aaron deprimiert.

»Er hat noch versucht, die Sache zu stoppen.« Ray ignorierte Aaron und bestand auf seiner Aussage.

Herr Sawyer blickte von Ray zu Aaron und dann auf die Gesichter der anderen Jungen. »Ist das wahr?«, fragte er. Alle Jungen nickten.

»O.k., Aaron«, sagte Herr Sawyer. »Es scheint so, als ob du aus dem Schneider bist. Du kannst gehen.«

Aaron drehte sich um und ging. Die anderen folgten Herrn Sawyer ins Büro des Direktors. Ray und einige der anderen kehrten später in die Klasse zurück. Als Ray sich neben Aaron an seinen Tisch setzte, lehnte Aaron sich zu ihm hinüber und flüsterte: »Danke.«

Ray schaute verlegen. Er zuckte die Achseln und sagte: »Ist schon o.k.«

»Warum hast du das getan?«, fragte Aaron.

Ray zögerte. Schließlich sagte er: »Erinnerst du dich an das Baseball-Spiel, wo der Trainer uns verwechselte und dir immerzu den Punkt geben wollte für etwas, was ich getan hatte? Du hast damals darauf bestanden: ›Nein Coach, das war Ray.‹ Du warst fair mir gegenüber und das wollte ich auch sein.«

Aaron lächelte. Ohne sich dessen bewusst zu sein, schickte er ein schnelles Stoßgebet zum Himmel. *Danke, Gott, dass du mich aus den Schwierigkeiten herausgehalten hast.*

Zur Diskussion: Wie hat Gott Aaron aus den Problemen herausgehalten? Auf welche Weise hat der Gehorsam gegenüber Gottes Gebot, andere fair zu behandeln, Aaron bewahrt und für ihn gesorgt? Wie kann man Gottes Schutz und seine Fürsorge gewinnen?
Gebet: »Herr, wir brauchen den Schutz und die Fürsorge, die dein Wort für uns bereithält. Hilf uns, Schwierigkeiten zu vermeiden, indem wir deinen Geboten gehorchen.«

14. Juli

Immer wieder anklopfen

Treue im Beten ist wichtig, um immer wieder richtige Entscheidungen zu treffen.

Bibellese des Tages: Lukas 11,5-10
Tages-Vers: »Bittet, und ihr werdet erhalten, um was ihr gebeten habt. Sucht, und ihr werdet finden. Klopft an, und die Tür wird euch geöffnet werden.« (Matthäus 7,7)

»He, Papa, pass auf!«, rief Mandy ihrem Vater zu, der gerade von der Arbeit nach Hause kam. Sie trippelte auf den Korbball-Ring in der Einfahrt los und – in einer eleganten Bewegung sprang der Ball hoch und tauchte durch den Korb.

»Extraklasse!«, sagte der Vater. »Du wirst allmählich wirklich gut, Mandy.«

»Das sollte ich wohl«, sagte Mandy, klemmte den Ball zwischen Hüfte und Unterarm und ging nun neben ihrem Vater her. »Ich übe jeden Tag. Manchmal bekomme ich auch Tipps von Brad, dem Jungen am Ende der Straße, der für die Oberschule spielt.«

»Bleib dran«, sagte der Vater. »Eines Tages wirst du seinen Rekord brechen.«

Mandy strahlte ihren Vater an und kehrte dann zur Einfahrt zurück, um noch mehr Bälle zu werfen. Der Vater ging ins Haus. Mandys Mutter begrüßte ihn lächelnd mit einem Kuss. Dann teilte sie ihm einige Neuigkeiten mit, die das Lächeln von seinem Gesicht verschwinden ließen. Mandy hatte schon wieder Probleme gemacht – indem sie ihre Mutter belogen hatte. Der Vater zog sich um und ging dann wieder hinaus zur Einfahrt, um mit Mandy zu sprechen.

»Mama hat mir gesagt, dass du sie schon wieder belogen hast«, sagte er.

Mandy nickte düster. »Ich versuche wirklich, gut zu sein, Papa«, sagte sie. Sie legte den Ball aufs Pflaster und setzte sich darauf. »Ich hab mich wirklich ganz arg bemüht. Es klappt einfach nicht.«

Der Vater hockte sich neben sie. »Das kommt daher, dass der Schlüssel, um richtige Entscheidungen zu treffen, nicht beim Versuchen liegt, Liebling.«

»Nun«, sagte Mandy und warf die Hände in die Luft, »ich habe auch versucht, dafür zu beten!«

»Das hast du?«

»Jaaa. Ich habe Gott gebeten, mir zu helfen, und nichts hat sich geändert.«

»Hast du immer wieder darum gebetet?«, fragte der Vater. Mandys Frage stand auf ihrem Gesicht geschrieben, und so fuhr er fort – er nickte zu dem Basketball-Ring hinüber: »Wie gut würdest du sein, wenn du einen oder zwei Versuche im Monat starten würdest?«

Mandy verdrehte die Augen. »Schrecklich, der Gedanke …«, sagte sie.

»Nun«, sagte der Vater, »vielleicht musst du deshalb so sehr kämpfen, deine Mutter nicht mehr zu belügen. Sicher, du hast dafür gebetet – einmal oder zweimal. Aber wenn du wirklich richtige Entscheidungen treffen willst, musst du beim Beten so treu und ausdauernd sein wie beim Trainieren für Basketball.«

»Du hast Recht«, sagte Mandy. »Ich werde von jetzt ab jeden Tag darum beten … und heute damit anfangen!«

»Sehr gut!«, sagte der Vater. »Wie wäre es jetzt mit einem Spiel ›Rund um die Welt‹?«

»Gerne«, sagte Mandy. »Aber zuerst muss ich mich bei Mama entschuldigen.«

Zur Diskussion: Denkst du, dass du leichter richtige Entscheidungen treffen kannst, wenn du jeden Tag betest? Warum oder warum nicht? Hast du Gott darum gebeten, dir zu helfen, richtig zu handeln? Was musst du tun, um richtige Entscheidungen treffen zu können?
Gebet: »Herr, wir möchten eine Gewohnheit daraus werden lassen, zu dir zu kommen und um Hilfe zu bitten, dass wir das Rechte tun. Wir sind abhängig von deinen Anweisungen.«

15. Juli

Quadrate und Rechtecke

Fehler sind nicht immer Sünde.

Bibellese des Tages: 2. Korinther 12,6-10
Tages-Vers: »Denn wenn ich schwach bin, bin ich stark.« (2. Korinther 12,10)

Die Mutter hielt Michas Schulbuch in der Hand. »Also gut«, sagte sie. »Was ist ein Quadrat?« Sie fragte ihn aus, um ihm ein wenig zu helfen, sich auf einen wichtigen Mathe-Test in der Schule vorzubereiten.

»Ein Parallelogramm mit vier gleichen Seiten und vier gleichen Winkeln«, antwortete Micha.

»Sehr gut«, sagte die Mutter. »Was ist ein Parallelogramm?«

»Ups«, sagte Micha, »das ist eine Figur, bei der die Seiten mit den jeweils gegenüber liegenden Seiten gleich sind.«

»Richtig«, sagte die Mutter. »Jede Seite verläuft parallel zu der gegenüberliegenden Seite. Was ist ein Rechteck?«

Micha dachte einen Augenblick nach. »Ein Parallelogramm mit vier gleichen Winkeln.«

»Gut!«, sagte die Mutter. »Ist ein Quadrat immer ein Rechteck?«

Micha nickte. »Jaaah!«

»Ist ein Rechteck immer ein Quadrat?«

»Nein«, sagte er sehr bestimmt.

Die Mutter klappte das Buch zu und sagte: »Ich denke, das reicht.«

»Ich hoffe auch«, sagte Micha. »Ich möchte nicht, dass die anderen Kinder wieder über mich lachen wie beim letzten Mal, als ich beim Quiz durchgefallen bin. Ich komme mir dann so ... so schuldig vor.«

Die Mutter schaute ihn mitleidig an. »Das kann ich verstehen. Es ist schwer, wenn andere sich über uns lustig machen. Und ich bin froh, dass du dich entschlossen hast, dein Bestes zu geben. Aber du brauchst dich nicht schuldig zu fühlen, egal was die anderen Kinder machen. Fehler sind nicht immer Sünde, weißt du.«

»Sind sie nicht?«

»Nein«, sagte die Mutter. Sie öffnete das Lehrbuch noch einmal bei den Abbildungen von Quadraten und Rechtecken. Sie legte das Buch vor Micha auf den Tisch. »Fehler und Sünden verhalten sich wie Rechtecke und Quadrate. Sünden gleichen Quadraten, sie sind immer Fehler. Wenn du sündigst, machst du auch Fehler.«

»So wie ein Quadrat immer ein Rechteck ist.«

»Richtig«, sagte die Mutter. »Aber Fehler sind nicht immer Sünden. Manchmal sind sie es, manchmal nicht. Wir alle machen Fehler, weil wir Menschen sind. Du kannst bei einem Quiz Fehler machen, oder wenn du vergisst, mir eine Telefonnachricht zu geben, oder wenn du ein Rennen nicht gewinnst. Aber das sind nicht unbedingt auch Sünden.«

»So wie Rechtecke nicht unbedingt Quadrate sind«, sagte Micha.

Die Mutter streichelte über Michas Kopf. »Richtig.«

Zur Diskussion: Was haben Fehler und Sünden miteinander zu tun? Machst du manchmal Fehler? Wie kannst du wissen, ob dein Fehler eine Sünde ist?

Gebet: »Herr, als Menschen versagen wir manchmal. Hilf uns, den Unterschied zu erkennen zwischen sündhaftem Versagen und Fehlern, die nicht schuldhaft sind. Und wenn wir sündigen, erinnere uns daran, dass wir deine Vergebung suchen müssen.«

16. Juli

Die Versuchung verhindern

Versucht werden, falsch zu handeln, ist keine Sünde; der Versuchung nachzugeben ist es jedoch.

Bibellese des Tages: Markus 1,9-13
Tages-Vers: »Dieser Hohe Priester versteht unsere Schwächen, weil ihm dieselben Versuchungen begegnet sind wie uns, doch er wurde nicht schuldig.« (Hebräer 4,15)

Die Mutter betrat Julias Schlafzimmer, um ihr ›Gute Nacht‹ zu sagen. Sie saß auf der Bettkante und sprach noch ein bisschen über die Ereignisse des Tages.

Als die Mutter aufstand, um zu gehen, griff Julia nach ihrem Handgelenk und zog leise daran. Das sollte wohl heißen, dass die Mutter noch bleiben sollte.

»Was ist, Liebling?«, fragte die Mutter.

Julia zögerte einen Augenblick wie jemand, der nicht genau weiß, was er sagen soll – oder ob er überhaupt reden soll. Schließlich sprach sie aber doch.

»Du weißt doch, wie sehr ich mir wünschte, diese neue ›Green Daze‹-CD zu kaufen, und wie du sagtest, ich sollte nicht?«

Die Mutter nickte.

»Nun, ich bin heute Abend in dein Zimmer geschlichen und habe in deinen Geldbeutel gegriffen. Ich war nahe daran, Geld rauszunehmen und die CD trotzdem zu kaufen.«

»Du hast Geld aus meinem Geldbeutel genommen!?«

»Nein«, antwortete Julia schnell. »Ich war nur nahe daran«, erklärte sie. »Ich habe hineingegriffen und fand das Geld und alles Mögliche …, aber ich habe das Geld zurückgelegt und den Geldbeutel wieder zugemacht.« Julias Augen füllten sich mit Tränen. »Es tut mir so Leid, Mama!«, weinte sie.

Die Mutter legte ihre Arme um die Tochter und drückte sie eine Weile an sich.

»Ich fühle mich so elend!«, murmelte Julia unter Tränen.

»O, Julia«, sagte die Mutter, »sei nicht traurig. Du hast die richtige Entscheidung getroffen. Du bist in Versuchung geraten, etwas Falsches zu tun, aber du hast das Rechte getan. Jeder von uns begegnet Versuchungen.«

»Aber ich fühle mich so elend!«, antwortete Julia.

»Ich weiß, Liebling, aber zu etwas verleitet zu werden, ist noch keine Sünde. Der Versuchung nachgeben, das ist Sünde. Du hast vielleicht ein bisschen länger gewartet, als nötig gewesen wäre, aber du hast dann die richtige Entscheidung getroffen.«

»Dann bist du nicht böse mit mir?«

Die Mutter lächelte. »Nein, mein Liebling. Wenn ich jedes Mal böse werden wollte, wenn du in irgendeine Versuchung gerätst, dann könnte ich mich dauernd aufregen, nicht wahr?«

»Ja«, sagte Julia lächelnd, »ich glaube schon.«

»Selbst Jesus wurde versucht«, sagte die Mutter, »aber er sündigte nicht.«

»Ich bin froh, dass ich den richtigen Entschluss gefasst habe, Mama«, sagte Julia.

»Ich auch«, antwortete die Mutter.

Zur Diskussion: Was ist der Unterschied zwischen Versuchung und Sünde? Denkst du, dass du jemals stoppen kannst, wenn du in die Versuchung gerätst, etwas Falsches zu tun? Denkst du, dass du der Versuchung widerstehen und dich entschließen kannst, das Rechte zu tun? Wenn nicht, warum nicht? Wenn ja, wie?

Gebet: »Herr, wie Jesus seine Jünger beten lehrte, so bitten wir: ›Führe uns nicht in Versuchung, sondern erlöse uns von dem Bösen.‹«

17. Juli

Schwachstellen

Die Versuchung zur Sünde ist oft am stärksten, wenn wir schwach sind.

Bibellese des Tages: Lukas 4,1-4

Tages-Vers: »Meine Gnade ist alles, was du brauchst. Meine Kraft zeigt sich in deiner Schwäche.« (2. Korinther 12,9)

Billy zerrte seinen Seesack aus dem Auto und folgte seinem Vater die Stufen hinauf. Sobald sie zur Tür hereinkamen, tauchte die Mutter auf, umarmte ihn und begrüßte ihn mit einem Kuss. Einen Augenblick später kam auch seine kleine Schwester, Sharon, herbei.

»Wie war's im Lager?«, fragte die Mutter.

Billys Augen strahlten augenblicklich. »Es war so cool, Mama«, antwortete er. »Ich kann es gar nicht abwarten, nächstes Jahr wieder hinzukommen.«

»Gut«, sagte die Mutter, »du musst uns allen davon erzählen.«

»Ja«, sagte Billy nickend. »Im Augenblick bin ich allerdings wirklich müde. Kann ich eine Weile in mein Zimmer gehen?« Billy hatte sich schon auf dem ganzen Heimweg von Camp auf einen langen Schlaf in seinem eigenen Bett gefreut.

Die Mutter griff nach seinem Seesack und nahm ihn aus seiner Hand. »Das werde ich alles in den Waschraum bringen«, sagte sie. »Geh du nur rauf! Ich werde dich rufen, wenn das Essen fertig ist.«

Müde stapfte Billy die Treppe hinauf. Sharon folgte ihm auf den Fersen. Als er sein Zimmer erreicht hatte und die Tür öffnete, wartete eine riesige Überraschung auf ihn. Ein großes Transparent hing über seinem Bett an der Wand. Mit einem Filzstift war in kindlichen Buchstaben eine Botschaft darauf gekritzelt: »Willkommen zu Hause, Billy«.

Billy drehte sich um und sah Sharon, stolz lächelnd über ihr Werk. Er lächelte zurück und wandte sich dann noch einmal dem Poster zu.

Doch da sah, er, dass Sharons Transparent mit einigen Pinnadeln auf der Wand befestigt war – von denen einige sein Lieblings-Fußballposter durchbohrt hatten.

Sie hat Löcher in mein bestes Poster gemacht, dachte er. *Sie hat es ruiniert – wirklich ruiniert.* Trotz seiner Müdigkeit stieg Ärger in ihm hoch, als er herumfuhr, um seine Schwester anzusehen.

»Wie konntest du?«, fragte er, wobei seine Stimme sich zum Schreien steigerte. Sofort – die Worte steckten ihm noch im Hals – verschwand das Lächeln von Sharons Gesicht.

Billy stoppte. Sharon zeigte einen Anblick von unschuldiger Verwirrung, als sich die Muskeln um Billys Unterkiefer strafften und der Ausdruck von Ärger auf seinem Gesicht durch einen anderen, weicheren ersetzt wurde.

Er atmete tief ein und langsam wieder aus. »Wie konntest du bloß etwas so Schönes für mich machen?«, fragte er und wurde umgehend belohnt, als das Lächeln auf Sharons Gesicht wiederkehrte.

»Es hat mir Spaß gemacht«, sagte sie. Sie umarmte ihren Bruder. »Ich habe dich vermisst«, sagte sie. Er drückte sie an sich. »Ich dich auch«, antwortete er.

Zur Diskussion: Kommst du schneller in Versuchung, wenn du dich müde, einsam oder schwach fühlst? Wenn ja, wie kannst du dich auf solche Zeiten vorbereiten?
Gebet: »Herr, bereite du uns vor für Augenblicke, in denen wir zur Sünde versucht werden. Hilf uns, dabei erfolgreich zu bleiben.«

18. Juli

Abkürzungen

Versuchungen, falsch zu handeln, kommen oft in Gestalt einer möglichen »Abkürzung«.

Bibellese des Tages: Lukas 4,5-8
Tages-Vers: »Ihr könnt das Reich Gottes nur durch das enge Tor betreten. Die Straße zur Hölle ist breit und ihre Tür steht für die vielen weit offen, die sich für den bequemen Weg entscheiden. Das Tor zum Leben dagegen ist eng und der Weg dorthin ist schmal, deshalb finden ihn nur wenige.« (Matthäus 7,13-14)

Sobald Holly und ihr Papa die Sitzgurte eingehakt hatten, lenkte der Vater das Auto vom Parkplatz der Kirche. Er stoppte an der Gasse hinter der Kirche und beugte sich nach vorn übers Steuer, um nach beiden Seiten zu schauen. Dann bog er in die schmale Straße ein.

»Papa!«, rief Holly. »Du bist auf dem falschen Weg!«

»Nein, bin ich nicht«, sagte der Vater.

»Aber auf dem Schild stand ›Einbahnstraße‹, und das zeigte in die andere Richtung«, bestand Holly auf ihrer Ansicht.

»Na ja«, sagte der Vater, »ich fahre doch nur bis zu der nächsten Straße hier rechts.«

»Aber ist das nicht gegen die Verkehrsregeln?«, fragte Holly.

»Genau genommen ja«, sagte der Vater. »Aber wenn ich da hinten gleich rechts gefahren wäre, hätte ich um den ganzen Block herumkurven müssen, um an die gleiche Stelle zu kommen wie jetzt.«

Er warf einen verstohlenen Blick auf Hollys Gesicht. Sie wirkte nicht überzeugt.

Der Vater fuhr fort: »Es hätte sehr viel länger gedauert, den anderen Weg zu nehmen, Holly, und ich bin in Eile.«

Der Vater wies auf ein Schild über der Straße hin. »Schau, hierher musste ich kommen, um die Schnellstraße zu erreichen.«

»Du darfst dich über die Verkehrsregeln hinwegsetzen, Papa, nicht wahr?«, sagte Holly in verständnisvollem Ton.

»Eigentlich nicht, Holly«, sagte er. »Ich muss die Verkehrsregeln genauso beachten wie andere. Aber wenn ich diese kleine Abkürzung nicht genommen hätte, wäre ich vielleicht zu spät gekommen, um deine Schwester von der Schule abzuholen.«

»So, also manchmal darf man sich über die Regeln hinwegsetzen«, fragte Holly tief in Gedanken.

»Nein«, sagte der Vater. »Ich möchte nicht, dass du das denkst.«

»Aber einige Regeln sind einfach blöd, nicht wahr, Papa?«

»Nein, Holly, so ist es auch nicht«, sagte der Vater. »Es ist nur so … nun«, sagte er und fühlte sich plötzlich ziemlich ungemütlich. Er wusste, dass es keinen Sinn hatte, das Thema zu wechseln. Er seufzte.

»Holly«, sagte er langsam, wobei er den Verkehr auf der Schnellstraße im Auge behielt, »dein Papa hat eben etwas Unrechtes getan. Ich war in Eile, und es schien mir schneller – leichter – zu sein, etwas Falsches zu tun. Aber ich habe mich über die Regeln hinweggesetzt, was ich nicht hätte tun dürfen. Es tut mir Leid.« Er schaute einen Augenblick vom Verkehr auf seine Tochter, um deren Reaktion auf sein Bekenntnis einzuschätzen, aber Hollys Kopf war gegen die Wagentür gesunken. Sie war eingeschlafen.

Der Vater lächelte und schüttelte seinen Kopf. »Aus dem Mund der Kinder und jungen Säuglinge …«, sagte er.

Zur Diskussion: Manchmal mögen Versuchungen an uns herankommen in Gestalt von sich anbietenden Abkürzungen, wie die Abkürzung auf dem Weg zur Macht, die der Teufel Jesus in der Wüste anbot. Beschreibe eine Zeit, in der du zur Sünde verleitet wurdest, weil dieser Weg schneller

oder einfacher erschien, als das Rechte zu tun. Wie kannst du gegen solche Versuchungen ankämpfen?
Gebet: »Heiliger Geist, wenn wir in die Versuchung geraten, den leichteren Weg zu gehen statt den rechten, hilf uns, der Versuchung nicht nachzugeben.«

19. Juli

Kraft-Training

Der Versuchung zu widerstehen, macht dich stärker.

Bibellese des Tages: Lukas 4,9-14
Tages-Vers: »Widersteht dem Teufel, und er wird euch verlassen.« (Jakobus 4,7)

Yvonne stapfte durch den Flur der Sporthalle und warf ihren Turnbeutel der Mutter vor die Füße.

»Ich bin so fertig«, sagte sie, »ich fühle mich, als ob ich keinen einzigen Schritt mehr gehen kann.«

Die Mutter lächelte. »Ich werde deinen Beutel tragen«, sagte sie. »Hat die Trainerin euch so hart rangenommen?«

»Die macht uns total fertig!«, sagte Yvonne. »Heute hat sie uns fünfundvierzig Minuten im Geräte-Raum trainiert.«

Die Mutter lachte und sagte: »Sie versucht nur, euch stärker werden zu lassen.«

»Stärker?«, kreischte Yvonne. »Stärker? Ich kann kaum meine eigenen Arme noch heben. Wie sollte ich dann noch springen und rennen?«

»Nun, jetzt bist du müde. Aber jedes Gewicht, das du hebst, macht es dir leichter, das nächste zu heben.«

»Ja, natürlich«, sagte Yvonne. Sie hatten jetzt das Auto erreicht, die Mutter öffnete für Yvonne die Tür und stellte den Turnbeutel auf den Boden.

»Es ist tatsächlich so«, bestand die Mutter auf ihrer Aussage und nahm auf dem Fahrersitz Platz. »Der Grund, warum eure Trainerin euch Gewichte heben lässt, ist wirklich, dass ihr stärker werdet und dann höher springen und schneller laufen könnt.«

»Mir wurden wieder Drogen angeboten«, sagte Yvonne mit leiser Stimme.

»Wie hast du reagiert?«, fragte die Mutter und ihre Stimme klang plötzlich besorgt. Drogen schienen in Yvonnes Schule so normal zu kursieren wie Wasser durch den Wasserhahn.

Yvonne zuckte die Achseln. »Ich habe ›Nein‹ gesagt, was sonst?«

»War es schwer?«

»Nein. Die ersten paar Male war es hart, weil ich dachte, alle würden mich für verrückt halten oder so. Aber heute fällt es mir leicht zu sagen: ›Keine Chance‹!«

Plötzlich wandte sich Yvonne lächelnd ihrer Mutter zu. »Vielleicht ist das ›Neinsagen‹ zu schlechten Dingen so ähnlich wie Gewichtheben.«

»Was meinst du damit?«, fragte die Mutter.

»Nun, du sagtest, die Trainerin wolle uns nur stärker machen dadurch, nicht wahr? Jedes Gewicht, das wir heben würden, mache das nächste Mal leichter.« Sie drehte sich so, dass sie der Mutter ins Gesicht sehen konnte. »Vielleicht werde ich jedes Mal, wenn ich zu der Versuchung ›Nein‹ sage, ein bisschen stärker. Am Anfang war ich verlegen, wenn ich die Drogen ablehnte, und jetzt sage ich einfach ›Nein!‹«

Die Mutter lächelte Yvonne an. Ihre Augen füllten sich mit Tränen. »Dann werde du nur immer stärker«, sagte sie. »Bleib dabei, einfach ›Nein‹ zu sagen.«

Zur Diskussion: Fällt dir eine Versuchung ein, bei der dir der Widerstand gewöhnlich schwer fällt? Denkst du, dass Widerstehen dich stärker gemacht hat? Welche Versuchung ist heute noch für dich eine schwierige Sache? Wie kannst du stärker werden im Kampf gegen diese Versuchung?
Gebet: »Herr, wir brauchen jeden Tag deine Kraft, um Versuchungen zu widerstehen. Hier legen wir dir das vor, zu dem wir ›Nein‹ sagen möchten.« (Jedes Familienmitglied sollte in der Stille für eine Versuchung beten, in der es gerade steckt. Nach der Gebetszeit könnt ihr über Wege sprechen, wie man Versuchungen widerstehen kann.)

20.
Juli

Kraftquelle

Die Kraft, um Versuchungen zu widerstehen, kommt von Gott.

Bibellese des Tages: Richter 16,4-20
Tages-Vers: »Vergesst nicht, dass die Prüfungen, die ihr erlebt, die gleichen sind, vor denen alle Menschen stehen. Doch Gott ist treu. Er wird die Prüfung nicht so stark werden lassen, dass ihr nicht mehr widerstehen könnt. Wenn ihr auf die Probe gestellt werdet, wird er euch eine Möglichkeit zeigen, trotzdem standzuhalten.« (1. Korinther 10,13)

»Das wird soooo cool!«, sagte Timo. Er und sein älterer Bruder Dustin packten gerade ihren neuen Computer aus und setzten ihn zusammen. »Ich habe das Gefühl, dass ich der letzte Jugendliche in meiner ganzen Schule bin, der einen Computer bekommt«, sagte er.

Während sie bei der Arbeit waren, erzählte Timo Dustin, dass er für eine Woche aus dem Schwimmbad verwiesen worden sei.

»Und warum?«, fragte Dustin.

»Ich habe Janet am tiefen Ende ins Wasser geschubst«, sagte er. Sein Bruder schaute von der Arbeit auf, als ob ihm klar wäre, dass das noch nicht das Ende der Geschichte war. »Sie war vollständig angezogen«, fuhr Timo fort. Er zögerte einen Augenblick, bevor er sagte: »Es war während der Pause, wenn nur Erwachsene und kleine Kinder schwimmen dürfen.«

»Warum hast du das getan?«, sagte Dustin, wobei seine Stimme seine Belustigung verriet.

»Ich weiß es nicht«, jammerte Timo. »Die anderen sagten immerfort, ich sollte es machen, und … es war einfach eine Versuchung für mich, weißt du?«

Dustin nickte lächelnd. »Du hättest nur ›Nein‹ zu sagen brauchen.«

»Ich weiß auch nicht, warum, aber ich kann anscheinend keiner Versuchung widerstehen. Wie machst du es?«

»Wie ich es mache?«, wiederholte Dustin. Er suchte hinter dem Computer nach Kabeln und schloss sie an.

»Nun«, sagte er. »*Ich* mache gar nichts.«

»Du machst nichts? Was soll das heißen?«, fragte Timo.

Dustin drehte den Monitor des Computers und setzte sich. »Ich habe gar nicht die Kraft, den Versuchungen zu widerstehen«, sagte er, »und du auch nicht. Diesen Versuch von sich aus zu unternehmen, wäre dasselbe, wie wenn du diesen Computer ohne Elektrizität zum Laufen bringen wolltest.«

»Aber was soll ich denn dann tun?«, fragte Timo.

»Die Kraft zum Widerstand kommt ganz allein von Gott«, sagte Dustin. »Du musst von ihm abhängig sein, jeden Tag, jeden Augenblick, damit er dir die Kraft gibt, die du brauchst. Wie es im ›Vaterunser‹ heißt: ›Führe uns nicht in Versuchung, sondern erlöse uns von dem Bösen.‹«

Timo nickte. »Aha«, sagte er. Er drückte den Startknopf am Computer, doch nichts passierte. »Was stimmt nicht?«, fragte er seinen Bruder.

»Das Gleiche, was dir Probleme verursacht«, sagte er. Er hielt den Stecker vom elektrischen Anschluss des Computers hoch. »Er war nicht am Stromnetz angeschlossen.«

Zur Diskussion: Was war die wahre Quelle der Kraft Simsons? Sein Haar oder der Herr? Wo liegt die Quelle deiner Kraft? Wie kannst du dich an Gottes Kraft »anschließen«, um den Versuchungen zu widerstehen, die dir begegnen?

Gebet: »Himmlischer Vater, nur du kannst uns helfen, Versuchungen zu widerstehen. Wir möchten uns nicht täuschen lassen, dass wir uns auf unsere eigene Kraft verlassen können. Führe uns, Herr, in deine Wahrheit.«

21. Juli

Wer ist der Boss?

Gott ist ein guter Chef.

Bibellese des Tages: 2. Mose 20,1-7

Tages-Vers: »Ich bin der Herr, dein Gott.« (2. Mose 20,2)

»Du hast einen Boss?«, Megans Augen weiteten sich vor Erstaunen.

Megans Mutter hatte sie zum ersten Mal mit zu ihrem Arbeitsplatz genommen und hatte sie den Männern und Frauen in ihrem Büro vorgestellt, wo sie als Buchhalterin arbeitete.

Als die Mutter sie Rahel Hardaway vorstellte und erklärte, dass Rahel ihr Boss sei, starrte Megan erschrocken auf ihre Mutter und sagte: »Ich habe nicht gewusst, dass Mama einen Boss hat!«

Die Mutter lachte. »Es gibt eine Menge Menschen, die einen Chef haben, Megan. Nahezu jeder hat einen.«

Megan zeigte auf Rahel Hardaway. »Hat *sie* auch einen Boss?«

Die Mutter nickte. »Ja. Und ihr Boss hat auch wieder einen Chef.«

Megan dachte angestrengt nach. »Nun«, sagte sie langsam, »und wer ist der Boss von all diesen Bossen?«

»Das ist eine sehr gute Frage«, antwortete die Mutter. »Was denkst du?«

»Der Präsident?«, mutmaßte Megan.

»Selbst der Präsident einer Gesellschaft hat einen Vorgesetzten«, sagte die Mutter.

Plötzlich leuchteten Megans Augen auf. »Ich weiß es!«, verkündete sie. »Gott ist der Boss!«

»Das ist richtig, Megan«, sagte die Mutter, sie umarmend und hochhebend. »Und weißt du auch, warum Gott der Boss von uns allen ist?«

Megans Gesicht wurde ernst. Sie dachte nach und schüttelte dann den Kopf.

»Weil«, so erklärte die Mutter, »weil Gott uns alle gemacht hat – und auch alles um uns herum.«

»Machen denn alle Menschen, was er ihnen sagt, dass sie tun sollen?«, fragte Megan.

»Nein«, sagte die Mutter. »Manche Leute geben nicht einmal zu, dass Gott ihr Boss ist. Sie denken, dass sie ihr eigener Chef sein können. Und sie versuchen, selbst zu entscheiden, was Recht und Unrecht ist.«

»Dann muss es eine Menge Menschen geben, die falsche Entscheidungen treffen.«

Die Mutter nickte traurig. »Wie sieht es bei dir aus, Megan? Möchtest du dein eigener Boss sein?«

Megans Gesichtsausdruck wurde entschlossen. »Nein, ich denke, dass Gott ein guter Boss ist.«

Die Mutter zog ihre Tochter enger an sich. »Er ist der beste, Megan, der allerbeste, den es gibt!«

Zur Diskussion: Wie sieht es bei dir aus? Gibt es Zeiten, in denen du in Versuchung bist, dein eigener Boss sein zu wollen? Wenn ja, was für Zeiten sind das? Warum denkst du, sagt Megan »Es ist gut, Gott als Boss zu haben!«? Stimmst du ihr zu oder nicht? Warum?
Gebet: »Herr, wenn wir unsere eigenen Wege gehen wollen, führe uns zurück auf deinen Weg.«

22. Juli

Wenn es nicht leicht ist

Wenn du das Rechte nur tun willst, wenn es leicht ist, wirst du es nicht allzu oft tun.

Bibellese des Tages: 1. Mose 6,5-22
Tages-Vers: »Und Noah tat alles, was ihm Gott gebot.« (1. Mose 6,22)

Jessica ließ den Kopf hängen. Sie hatte sich im ganzen Leben noch nie so beschämt gefühlt. Ihre Mutter hatte sie und einige ihrer Freundinnen beim Zigarettenrauchen ertappt. Auf dem freien Grundstück am Ende der Straße, in der sich ihr Mehrfamilienhaus befand.

»Jessica Marie«, sagte ihre Mutter, »ich kann es nicht glauben, dass du so etwas tust.«

»Es war nicht meine Idee«, sagte Jessica.

»Es ist gleichgültig, wessen Idee es war«, sagte die Mutter, »was eine Rolle spielt, ist, dass du etwas tatest, von dem du wusstest, dass es falsch war. Du warst ungehorsam mir gegenüber.«

»Ich weiß«, sagte Jessica. Sie hatte ihre Mutter bis jetzt noch nicht angesehen.

»Wo hattest du die Zigaretten her?«, fragte die Mutter.

»Susi hatte sie. Ich weiß nicht, woher sie sie bekommen hat.« Jetzt hob sie den Blick, um ihre Mutter anzusehen. »Ich wollte zuerst nicht mitgehen, wirklich, ich wollte nicht«, erklärte sie. »Aber alle lachten über mich!«

Der Mutter Gesicht war zuerst hart gewesen, doch nachdem sie einmal tief durchgeatmet hatte, lockerten sich ihre Züge. »Es kann manchmal schwer sein, das Rechte zu tun«, sagte die Mutter. »Wenn es immer leicht wäre, würden wohl alle so handeln. Aber wenn du es nur tun würdest, wenn es leicht ist, würdest du wohl nicht allzu oft das Rechte tun.«

»Ich hätte niemals auf Susi hören sollen«, sagte Jessica.

»Das stimmt«, sagte die Mutter. »Aber auf wen hättest du hören sollen?«

Jessica legte ihren Kopf zur Seite. Eine unausgesprochene Frage stand auf ihrem Gesicht geschrieben. Dann verschwand diese. »Ich hätte auf Gott hören sollen. Ich hätte das tun sollen, was er möchte, dass ich es tun soll.« Sie machte ein Pause. »Stimmt's?«

»Richtig«, sagte die Mutter. »Deine Freundinnen hätten vielleicht über dich gelacht. Deine Entscheidung wäre immer noch schwer gewesen ...«

»Aber ich würde mich jetzt nicht so erbärmlich fühlen«, sagte Jessica.

»Und du hättest auch kein Ausgehverbot bekommen«, fügte die Mutter hinzu.

»Ausgehverbot?«, fragte Jessica.

Die Mutter verdrehte die Augen gegen ihre Tochter. »Sag mir nur nicht, du hättest das nicht kommen sehen«, sagte sie.

»Eigentlich schon«, seufzte Jessica.

Zur Diskussion: Denkst du, dass es für Noah einfach war, immer dem zu gehorchen, was Gott ihm gebot? Denkst du, dass Noah froh war, dass er Gott gehorcht hatte? Warum oder warum nicht? Warum ist es manchmal so schwer, das Rechte zu tun? Warum denkst du, dass wir das Rechte tun sollen, auch wenn es schwer ist?

Gebet: »Himmlischer Vater, das Rechte zu tun, ist nicht immer leicht. Doch mit deiner Hilfe können wir richtige Entscheidungen treffen.«

23. Juli

Bewahrt durch Gottes Gebote

Regeln können wie eine Schutzmauer sein.

Bibellese des Tages: Galater 3,23-24
Tages-Vers: »Die Gebote des Herrn sind richtig ... Sie sind eine Mahnung an jeden, der sie hört, und wer ihnen gehorcht, den erwartet reiche Belohnung.« (Psalm 19,9.12)

Becky hielt sich an der Hand der Großmutter fest, als sie zusammen zum Schwimmbecken gingen. Der Weg führte um eine hohe Ziegelmauer herum, die das Gelände umgab. Dann kam man durch die Duschräume auf der Vorderseite der Anlage hinein.

»Es dauert ziemlich lange, bis man endlich am Schwimmbecken ist«, sagte Becky, wobei sie infolge eines fehlenden Zahnes leicht lispelte.

»Ja, das stimmt«, antwortete die Großmutter. »Es wäre nicht so weit, wenn wir nicht um diese ganze Mauer herumgehen müssten.«

»Warum machen sie die Mauer nicht einfach weg?«, fragte Becky, als sie in die Duschräume eintraten.

Die Großmutter zog ihre Sandalen aus. »Die Mauer ist da, um die Menschen zu schützen«, sagte sie. »Wenn sie nicht da wäre, könnte ein kleines Kind von zu Hause weglaufen und sich in den Bereich des Beckens verirren. Es könnte hineinfallen und sich verletzen.«

»Oder ertrinken!«, sagte Becky und hatte plötzlich ängstliche Augen.

»Ja.« Die Großmutter nickte ernsthaft. Gemeinsam saßen sie jetzt auf der Bank im Duschraum. »Oder ein älteres Kind könnte Lust bekommen, ins Wasser zu gehen, auch wenn kein Bademeister da ist. Das könnte auch sehr gefährlich sein. Das ist genauso wie die Regeln, die deine Eltern aufstellen, denen du gehorchen sollst, wie z.B. ›Spiel nicht mit Messern.‹«

»Oder ›spiel nicht auf der Straße‹.«

»Richtig«, sagte die Großmutter.

»Oder ›spiel nicht mit Streichhölzern‹.«

Die Großmutter zwinkerte ein bisschen mit den Augen. »Ich sehe, dass du deine Regeln recht gut kennst«, sagte sie. »Diese Regeln sind wie eine Mauer, die deine Eltern um dich herum aufgerichtet haben, um dich zu schützen.«

»Oder ›renn nicht so im Haus herum‹.«

»Oder ›steck dir keine Erbsen ins Ohr‹.«

»Oh, die ist gut!«, sagte die Großmutter lachend. »Du sollst nämlich deine Erbsen aufessen.«

Becky nickte feierlich. »Wir haben eine Menge Regeln zu Hause.«

»Das ist großartig«, sagte die Großmutter. »Weißt du auch, warum das großartig ist?«

»Warum?«, fragte Becky mit Funken von Neugier in den Augen.

»Weil es zeigt, dass deine Eltern dich sehr lieb haben. Sie stellen diese Regeln auf, damit sie dich schützen und dazu helfen, dass du groß und stark und glücklich wirst.«

Zur Diskussion: Auf welche Weise schützen dich die Regeln deiner Eltern? Wie können Gottes Regeln oder seine Gebote ein Schutzwall um dich herum sein? Wann hast du deinen Eltern das letzte Mal für ihren Schutz gedankt? Wann hast du Gott zum letzten Mal für seinen Schutz gedankt?
Gebet: »Danke, mein Gott, für deine schützenden Anweisungen.«

24. Juli

Wie freundlich

Freundlichkeit – selbst eine kleine Geste der Freundlichkeit – ist etwas Gutes.

Bibellese des Tages: 1. Thessalonicher 5,15-24
Tages-Vers: »Versucht immer, einander und auch allen anderen Gutes zu tun!« (1. Thessalonicher 5,15)

Peters Vater steuerte den Wagen in die Parklücke am Einkaufszentrum, stellte den Motor ab und öffnete seine Tür. Bis der Vater das alles bewerkstelligt hatte, war Peter längst aus dem Wagen heraus.

»Warte einen Moment, Peter«, sagte der Vater. »Steig nochmals ein.«

Peter tat, was sein Vater gesagt hatte, fragte aber »Warum?« beim Einsteigen.

»Bitte schließe die Tür«, sagte der Vater. Er ließ den Motor an und Peter schloss die Tür. »Ich habe schlecht eingeparkt«, erklärte der

Vater. »Als ich meine Tür öffnete, wurde mir klar, dass ich zwei Parklücken besetzt hatte.«

»Ach so«, antwortete Peter.

Der Vater fuhr zurück und wieder vor, und diesmal brachte er den Wagen sorgfältig in die Mitte der beiden gelben Linien, die jede Parklücke markierten. »Nun, mein Sohn, ich habe die engste Parklücke gewählt, die ich finden konnte, und direkt daneben war noch eine andere angezeigt. Wenn ich zwei Plätze belege, heißt das, dass jemand anders weiter laufen muss – vielleicht sehr viel weiter – bis er zum Einkaufszentrum kommt.«

»Schon«, sagte Peter, »aber das tun die Leute immer.«

»Ich weiß, aber als ich bemerkte, was ich getan hatte – meinst du nicht, es wäre unfreundlich gewesen, jemand anders weiter laufen zu lassen, nur weil ich nicht korrekt eingeparkt hatte?«

Peter zuckte die Achseln. »Aber du weißt nie, wer weiter laufen muss.«

Sie stiegen wieder aus und gingen in das Einkaufszentrum hinein.

»Die Tatsache, dass ich jemand nicht kenne, gibt mir nicht das Recht, unfreundlich zu sein«, fuhr der Vater fort.

»Ich denke, dass du Recht hast«, sagte Peter. »Aber es scheint doch nur eine Kleinigkeit zu sein.«

»Das ist es auch«, sagte der Vater. »Aber der Unterschied zwischen Freundlichkeit und Unfreundlichkeit liegt oft auch nur bei Kleinigkeiten.«

»Ich habe verstanden, was du sagen willst«, meinte Peter. »Es ist z. B. so etwas ...« Er sprang ein paar Schritte vor seinem Vater zum Eingang und öffnete ihm die Tür. Mit der linken Hand machte er eine großartige, weit ausholende Bewegung, während er mit der Rechten die Tür offen hielt.

»Danke, Peter«, sagte der Vater. »Wie freundlich von dir!«

Peter nickte und folgte dem Vater ins Innere des Einkaufszentrums. »Das habe ich auch gedacht«, sagte er.

Zur Übung: Sei in den nächsten vierundzwanzig Stunden wachsam für eine Gelegenheit, irgendjemand eine kleine Freundlichkeit zu erweisen.

Stell dich darauf ein, morgen deiner Familie von deinem Handeln zu berichten.
Gebet: »Herr, wir möchten freundlich und liebevoll sein. Zeige uns die Gelegenheiten, um das in dieser Woche zu praktizieren.«

25. Juli

Sei freundlich gegen jedermann

Entscheidest du, was recht ist, oder Gott?

Bibellese des Tages: Lukas 6,32-35
Tages-Vers: »Versucht immer, einander und auch allen anderen Gutes zu tun!« (1. Thessalonicher 5,15)

Sarah schaute den Gehweg entlang auf jemand, der da näher kam. Sie stand mit anderen Mitgliedern ihrer kirchlichen Jugendgruppe in der Stadt an den Straßenrändern und bot Gutscheine für kostenlose Eistüten an. Mit dem Angebot war gleichzeitig ein Projekt verbunden, mit dem man seinen christlichen Glauben weitergeben wollte. Wenn jemand anhielt und fragte, weshalb sie das Eis anboten, nutzten sie die Gelegenheit und sprachen mit den Leuten über Gottes Liebe und seinen Plan zur Erlösung der Menschen. Alles war bisher gut gelaufen und Sarah freute sich darüber – bis sie das Mädchen sah, das nun auf sie zukam.

»Es ist Hillary«, zischte sie zu ihrer Freundin Terry hinüber.

Terry drehte sich um und blinzelte gegen das helle Sonnenlicht. »Stimmt«, sagte sie, »sie ist es.«

»Ist das alles, was du sagen kannst?«

»Was sollte ich sonst noch sagen?«, fragte Terry.

»Es ist Hillary, über die wir reden – das Mädchen, das denkt, dass sie besser als alle anderen in unserer Klasse sei. Sie kommt gerade auf uns zu!«

»Also gib ihr einen Gutschein«, sagte Terry.

»Das werde ich nicht tun!« Sarahs Stimme war voller Empörung. »Sie behandelt uns immer wie den letzten Dreck!«

»Das bedeutet nicht, dass wir sie genauso behandeln müssen«, sagte Terry.

»Das heißt aber auch nicht, dass ich nett zu ihr sein muss«, konterte Sarah.

Terry beugte ihren Kopf zur Seite, als ob ihr gerade ein Gedanke käme. »Das denke ich tatsächlich doch«, sagte sie.

»Was meinst du damit?«, fragte Sarah und ihre Augen wurden misstrauisch.

»Jesus fragte, was gut daran wäre, wenn wir uns nur zu denen nett verhielten, die es auch uns gegenüber täten. Er sagte, wir sollten unsere Feinde lieben, erinnerst du dich?«

»Nein, das werde ich nicht tun«, entschied Sarah. »Ich muss nicht zu Hillary nett sein!«

»Du tust es nicht?«, fragte Terry. Sie gab gerade ihren letzten Gutschein einem Vorübergehenden. »Wer entscheidet dann, was richtig ist – du oder Gott?«

Sarah schaute hin und her von Terrys Gesicht zu der sich nähernden Gestalt Hillarys. »Weißt du«, sagte sie schließlich, »manchmal machst du mich verrückt.« Sie tat einen Schritt auf Hillary zu und reichte ihr einen Gutschein für kostenloses Eis.

Zur Diskussion: Denkst du, wir sollten nur zu denen freundlich sein, die es auch zu uns sind? Warum oder warum nicht? Denkst du, dass Freundlichkeit nur angebracht ist, wenn sie uns leicht fällt? Warum oder warum nicht? Ist es in Ordnung, auch dann freundlich zu sein, wenn es uns schwer fällt? Auch wenn uns nicht danach zumute ist? Auch wenn jemand es nicht verdient? Bist du jemand in den letzten vierundzwanzig Stunden freundlich begegnet? Wenn ja, erzähle den anderen von dieser Erfahrung.
Gebet: »Herr, hilf uns, freundlich zu sein zu jedermann, auch zu denen, bei denen es uns am schwersten fällt, sie zu lieben.«

26. Juli

Alle in der Familie

Gott gebietet uns, zu anderen freundlich zu sein.

Bibellese des Tages: Kolosser 3,12-15
Tages-Vers: »Strengt euch deshalb an, diese Zusagen Gottes in eurem Glauben zu leben. ... Aus der Ehrfurcht vor Gott entspringt die Liebe zu den Gläubigen, und aus dieser schließlich die Liebe zu allen Menschen.« (2. Petrus 1,5-7)

»Hey, du Dummi!«, sagte Josh, als er in die Garage ging und seinen kleinen Bruder, Tad, dort über sein Fahrrad gebeugt erblickte. Als er an ihm vorbeiging, streckte er die Hand aus und gab ihm einen Klaps auf den Kopf.

Tad ließ den Schraubenschlüssel fallen, mit dem er gerade seine Kette enger anziehen wollte und rieb sich den Kopf. »Das tut weh!«, sagte er.

»Na klar!«, antwortete Josh. »Das sollte es auch.« Er ging weiter durch die Garage und betrat das Haus, wo er sich dem Kühlschrank zuwandte.

Einige Augenblicke später kam die Mutter in die Küche, ebenfalls durchs Garagentor. Sie sah Josh vor dem Kühlschrank stehen und ein »Eis am Stiel« auswickeln. Sie setzte sich an den Küchentisch und schaute Josh eine Weile an.

»Was ist los?«, fragte Josh, als er merkte, dass seine Mutter sich mit ihm beschäftigte.

»Ich habe nur gerade überlegt, wo du es gelernt hast, deinen Bruder so zu behandeln«, sagte die Mutter. »Ich war im Garten am Unkrautjäten und habe gesehen, was du getan, und gehört, was du gesagt hast.«

Ein Ausdruck von Schuldgefühl flog über Joshs Gesicht.

»Wie kannst du nur so unfreundlich zu deinem Bruder sein?«, fragte die Mutter.

»Er ist schließlich mein Bruder, Mama«, sagte Josh mit einem Anflug von Verteidigung in der Stimme.

»Dann willst du mir damit sagen, in der eigenen Familie dürfte man unfreundlich sein?«

»Nein«, sagte Josh.

»Gut«, sagte die Mutter, »denn das ist auch nicht wahr. Gott gebietet uns, zu allen anderen Menschen freundlich zu sein, hat aber nie gesagt: ›mit Ausnahme von kleinen Brüdern‹.«

»Es tut mir Leid«, sagte Josh. Er ließ den Kopf hängen, sodass sein Haar seine Augen bedeckte.

Die Mutter nahm freundlich sein Kinn in die Hand und hob sein Gesicht, bis sie sich in die Augen sehen konnten.

Ihre Stimme war weich geworden. »Josh, eine Familie ist kein Platz, an dem wir Gottes Gebote ignorieren können, sondern ein Ort, an dem wir sie praktizieren sollen. Wenn es uns gelingt, Gottes Anweisungen in unserer eigenen Familie zu folgen, dann wird es uns leichter werden, uns auch in der übrigen Welt danach zu richten.«

Josh nickte. »Es tut mir Leid!«, wiederholte er noch einmal. »Ich will mich bemühen, freundlicher zu Tad zu sein.«

Die Mutter lächelte. Sie nickte zum Garagentor hin. »Da ist ein kleiner Junge, der versucht, sein Fahrrad in Ordnung zu bringen«, sagte sie.

Ein kleines Lächeln huschte über das Gesicht von Josh. »Ich denke, er könnte ein bisschen Hilfe gebrauchen, oder?«

»Ich wette, dass er das könnte«, sagte die Mutter.

Zur Diskussion: Gott gebietet uns, zueinander und zu allen Menschen freundlich zu sein. Was denkst du, wer dabei alles eingeschlossen ist? Kannst du dir jemand vorstellen, der bei diesen Wendungen ›zueinander‹ und ›zu allen Menschen‹ ausgeschlossen wäre? Auf welche Weise können wir den Mitgliedern unserer Familie freundlich begegnen?
Gebet: »Herr Jesus, wir wünschen uns, dass deine Liebe und Freundlichkeit durch uns sichtbar wird.«

27. Juli

Der kleine Racker und sein Dreirad

Gott gebietet Freundlichkeit, weil er Freundlichkeit schätzt.

Bibellese des Tages: Jeremia 9,23-24
Tages-Vers: »Wir haben uns bewiesen durch unseren guten Lebenswandel, unsere Einsicht, unsere Geduld, unsere Freundlichkeit, unsere aufrichtige Liebe und durch die Kraft des Heiligen Geistes.« (2. Korinther 6,6)

Die Mutter saß mit ihrer Schwester am Picknicktisch im Hof. Sie beobachteten Evan und seinen Vetter, die in der Zufahrt spielten. Evans neues rot-weißes Dreirad glänzte in der Sonne, als er in der Einfahrt herumfuhr. Sein Vetter Vincent saß auf der niedrigen Ziegelmauer, die den Zufahrtsweg säumte. Endlich hielt Evan sein Dreirad an, das er gerade zum Geburtstag bekommen hatte. Er trottete quer über den Weg zum Zaun und langte darüber hin, um den Hund der Familie ein bisschen zu streicheln. Dabei sah er jedoch, dass Vincent langsam von der Mauer herunterrutschte, zum Dreirad hinschlenderte und sich dann darauf setzte.

»Nein!«, schrie Evan. Er vergaß den Hund und rannte zu seinem Dreirad. »Ich bin noch nicht fertig mit Fahren«, sagte er und wartete darauf, dass Vincent wieder abstieg.

Die Mutter wartete einige Augenblicke, dann ging sie hinüber zu Evan, der wütend auf dem Dreirad in kleinen Kreisen herumfuhr.

»Das ist wirklich ein hübsches Dreirad, nicht wahr?«, sagte die Mutter.

Evan nickte und hörte auf, die Pedale zu treten. »Ich kann ganz schnell damit fahren«, sagte er.

»Du magst es wohl sehr, nicht wahr?«, fragte die Mutter.

Evan nickte wieder. »Es ist das beste Geburtstagsgeschenk, das ich je bekommen habe!«

Die Mutter hockte sich neben das Dreirad und nahm eine von Evans Händen in die ihre. »Du weißt, was dir dieses Dreirad wert ist, wie toll du es findest?«

Evan nickte.

»Nun«, fuhr die Mutter fort, »Gott schätzt auch manche Dinge, so wie wir es tun. Aber weißt du, was er für noch viel besser und toller hält als ein Dreirad?«

Evan rührte sich nicht. Er schaute neugierig auf die Mutter.

Diese lächelte. »Gott liebt vor allem Freundlichkeit, Evan«, sagte sie. »Er denkt, freundlich zu anderen Menschen zu sein, ist wirklich ganz, ganz toll – wie du dieses Dreirad für ganz toll hältst.«

Als die Mutter aufstand, fuhr sie dem Jungen ein bisschen durchs Haar. Dann ging sie zum Picknicktisch und zu ihrer Schwester, Vincents Mutter, zurück. Bevor sie noch den Tisch erreichte, sah sie ein Lächeln über das Gesicht ihrer Schwester gleiten. Sie drehte sich um und schaute auf Evan. Der Kleine fuhr mit seinem Dreirad zu der Ziegelmauer, wo Vincent noch saß.

»Wollen wir abwechselnd auf meinem tollen Dreirad fahren?«, fragte Evan. Vincent lächelte und sprang von der Mauer herunter.

Zur Übung: Klebe ein Blatt Papier an den Kühlschrank. Jedes Familienmitglied sollte dann eine Hausarbeit oder eine Aufgabe darauf schreiben, bei der Hilfe benötigt wird. Die ganze Familie kann sich in Freundlichkeit üben, indem sie in dieser Woche einem anderen etwas abnimmt von seinen Aufgaben.

Gebet: »Herr, wir wissen, dass du uns gebietest, freundlich zu sein, weil du die Freundlichkeit liebst. Hilf uns, untereinander und zu allen anderen Menschen – auch wenn es uns schwer fällt – freundlich zu sein, weil wir wissen, dass es dir gefällt.«

28. Juli

Die Freundlichkeit Gottes

Gott schätzt die Freundlichkeit, weil er selbst freundlich ist.

Bibellese des Tages: Psalm 145,17-21

Tages-Vers: »Da Gott euch erwählt hat, zu seinen Heiligen und Geliebten zu gehören, seid voll Mitleid und Erbarmen, Freundlichkeit, Demut, Sanftheit und Geduld.« (Kolosser 3,12)

Janna prüfte ihr Spiegelbild in der Umkleidekabine. Dann trat sie durch die Vorhänge nach draußen, um sich ihren Freundinnen zu zeigen.

Tammy schüttelte lächelnd ihren Kopf. »In dem Kleid siehst du aus wie deine Mutter!«, sagte sie und versuchte ein Kichern zu unterdrücken.

Janna schaute verwirrt drein. »Was meinst du damit?«, sagte sie. Sie trat vor einen anderen Spiegel. »Ich denke, meine Mutter ist eine hübsche Frau!«

»Jaaa«, sagte Gitta, »aber wer möchte schon wie seine Mutter aussehen?«

»Es könnte schlimmer sein«, sagte Tammy. »Das letzte Kleid, das sie anprobiert hat, ließ sie wie ihr Vater aussehen!« Beide Mädchen lachten jetzt.

Janna schüttelte den Kopf und wandte sich zur Seite, um ihr Spiegelbild aus einem anderen Winkel heraus zu betrachten. »Mir gefällt es. Ich werde es kaufen.«

An diesem Abend erzählte Janna ihrem Vater von den Vorfällen in dem Geschäft.

»Du hattest Recht«, sagte der Vater. »Deine Mutter ist eine sehr schöne Frau.«

»Ich weiß«, sagte Janna. »Sie haben sich nur lustig gemacht.«

»Du siehst wirklich deiner Mutter ähnlich, weißt du«, sagte der Vater. »Ihr seid beide hübsch.«

Janna lächelte scheu. »Ein bisschen sehe ich dir auch ähnlich, Papa. Alle sagen, dass ich deine Nase habe.«

Der Vater fuhr sich mit der Hand über seinen kahlen Schädel. »Du hast wenigstens nicht meine Frisur!«, sagte er lachend. Dann wurde sein Gesicht ernst. »Ich freue mich, dass du das gute Aussehen deiner Mutter geerbt hast. Aber weißt du, was ich mir wünschte, wem du noch mehr ähneln solltest?«

»Wem?«, fragte Janna.

»Deinem Vater – deinem himmlischen Vater. Ich denke, du wirst ihm jeden Tag immer ähnlicher, und das macht mich wirklich glücklich. Ich denke, du warst ihm sogar in jenem Modegeschäft ähnlich, als du es ablehntest, unfreundliche Dinge über deine Mutter oder deinen Vater zu sagen.« Er zwinkerte Janna liebevoll zu. »Siehst du, Janna, Gott ist freundlich. Freundlichkeit ist ein Teil seines Wesens. Die Bibel sagt, dass seine Freundlichkeit ewig währt. Sie ist einfach ein

Teil von dem, was er selbst ist. Und wenn du freundlich bist – ob zu deinen Eltern oder deinen Freunden oder zu sonst jemand, den du vielleicht gar nicht kennst – ähnelst du ihm und handelst wie er ... einerlei, was deine Freundinnen über deine Kleider sagen!«

Janna lächelte. Sie legte ihren Kopf auf die Brust ihres Vaters. »Danke, Papa«, sagte sie.

Zur Übung: Benutze Psalm 136 als eine Art Refrain. Zählt abwechselnd viele Dinge auf, die die Freundlichkeit Gottes sichtbar machen. (Z. B. »Gott gab mir liebevolle Eltern«, worauf die Familie antworten kann: »Denn seine Güte währet ewiglich.« Jemand kann sagen: »Er sandte Jesus, dass er für meine Sünden starb«, und alle antworten: »Denn seine Güte währet ewiglich.«)
Gebet: »Herr, danke für deine Freundlichkeit, mit der du uns Jesus sandtest, damit er für uns starb. Hilf uns, diese Woche auf manche praktische Weise freundlich zu sein.«

29. Juli

Meisterschaftsspiele

Freundlichkeit wirkt ansteckend.

Bibellese des Tages: 2. Samuel 10,1-2
Tages-Vers: »Versucht immer, einander und auch allen anderen Gutes zu tun!« (1. Thessalonicher 5,15)

»Wow!«, schrie Nathan, »was für ein Spiel!«

Er und sein Vater waren im Baseball-Stadion von ihren Plätzen aufgesprungen, als ihre Lieblingsmannschaft von hinten aufgeholt hatte – zweimal –, um das Spiel noch zu gewinnen.

»Es war großartig, nicht wahr?«, sagte der Vater.

»Danke, dass du die Karten gekauft und mich mitgenommen hast, Papa«, sagte Nathan.

»Bitte, mein Sohn, aber ich habe die Karten nicht gekauft.«

»Du nicht?«, fragte Nathan.

Der Vater schüttelte den Kopf. »Die Tickets hat mir Herr Grant gegeben.«

»Einfach so gegeben?«

Der Vater nickte lächelnd. »Aus seinem guten Herzen heraus«, sagte er.

»Wow«, sagte Nathan. »Das ist wirklich cool.«

»Wir müssen ihm auf jeden Fall sagen, wie viel Freude uns das gemacht hat, und wie sehr wir ihm für seine Freundlichkeit danken.«

In dem Augenblick, als sie das Stadion durch das Tor verließen und auf den großen Platz hinaustraten, erspähte Nathan einen Mann, der Sport-Wimpel verkaufte. »Kann ich einen kaufen, Papa?«, fragte er.

Der Vater nickte und Nathan suchte in seinem Geldbeutel nach Geld. Er rannte zu dem Mann hinüber und kaufte einen Wimpel, der das Logo der heimatlichen Mannschaft trug. Dann rannte er zum Vater zurück und gemeinsam gingen sie zum Auto.

»Was willst du damit machen?«, fragte der Vater. »Willst du ihn in deinem Schlafzimmer an die Wand hängen?«

Nathan schwenkte den Wimpel in der Hand. »Nein«, antwortete er. »Den werde ich Herrn Grant geben.«

Vaters Augen wurden groß und er lächelte fröhlich. »Ich denke, das ist eine wundervolle Idee«, sagte er. »Eine glänzende Idee.«

Zur Diskussion: Obwohl Nahaschs Freundlichkeit gegenüber David belohnt wurde, indem David sich bemühte, Nahaschs Sohn, Hanun, freundlich zu begegnen, wurde Davids Bemühung um Hanun von diesem nicht belohnt. (Der Rest der Geschichte von David und den Ammonitern findet sich 2. Samuel 10,3-19.)
Das geschieht manchmal. Freundlichkeit wird in diesem Leben nicht immer belohnt. Aber was denkst du, wirkt sich im Allgemeinen positiver aus: Freundlichkeit oder Unfreundlichkeit? Warum?
Gebet: »Herr, hilf uns zu sehen, auf welche Weise unsere Freundlichkeit anderen gegenüber oft Freundlichkeit zu uns zurückbringt.«

30.
Juli

Ein freundliches Herz

Ein freundlicher Mensch tut sich selbst wohl und anderen auch.

Bibellese des Tages: Sprüche 11,16-17
Tages-Vers: »Versucht immer, einander und auch allen anderen Gutes zu tun!« (1. Thessalonicher 5,15)

»Meine Süßigkeiten!«, sagte Wanja. Sie hielt den durchsichtigen Beutel mit Bonbons fest.

»Nein«, sagte die Mutter, als sie neben Wanja kniete. »Ich bat dich, die Bonbons so lange zu halten, bis wir zu dem Pflegeheim kämen. Jetzt sind wir da, jetzt braucht Mama die Süßigkeiten.«

»Ich will nicht«, sagte Wanja mit weinerlicher Stimme.

»Aber Wanja, Liebling, das sind Süßigkeiten für Diabetiker. Sie sind speziell für solche Menschen, die normales Süßes nicht essen dürfen.«

Wanja gab keine Antwort, ließ aber auch den Beutel nicht los.

»Warum sollte ich dich nicht die Süßigkeiten austeilen lassen?«, überlegte die Mutter.

Wanja nickte ernsthaft, drückte aber immer noch den Beutel an ihre Brust. Die Mutter erhob sich nun und ging mit ihr durch die offene Tür in das Pflegeheim. Gleich am Eingang trafen sie eine weißhaarige Dame in einem Rollstuhl. »Möchten Sie ein Stückchen Süßes haben?«, fragte die Mutter und erklärte: »Wanja würde gern mit Ihnen teilen, nicht wahr, Wanja?«

Wanja war immer noch nicht davon überzeugt, ihre Schätze weggeben zu müssen, sie griff aber in den Plastikbeutel und zog zwei glänzend eingewickelte Stücke heraus. Langsam überreichte sie diese der Dame.

»Oh, vielen, vielen Dank«, sagte die Frau. Sie nahm die Bonbons ohne ihre Blicke von Wanjas Gesicht abzuwenden. »Du bist so ein nettes kleines Mädchen.«

Wanja lächelte inzwischen, als sie der Mutter auf die Pflegestation folgte, die sich im Hintergrund des Foyers befand. Als ihre Mutter mit der diensthabenden Schwester ein Gespräch begann, schlenderte

Wanja weiter und kam zu einem hageren runzligen Mann, der am Fernseher einen Spielfilm verfolgte. Wanja griff in ihren Beutel und bot ihm eine Hand voll ihrer Süßigkeiten an.

Der Mann streckte ihr eine zittrige Hand entgegen und nahm die Bonbons von ihr an. »Danke«, sagte er, wobei seine Sprache kaum zu verstehen war, aber seine Augen lächelten und strahlten.

Wanja rannte nun zu ihrer Mutter. »Mehr, Mama«, sagte sie, »ich möchte noch mehr weggeben.«

Die Mutter lächelte und in den nächsten fünfundvierzig Minuten führte sie Wanja in die verschiedensten Räume des Pflegeheimes. Wanja verschenkte ihre Süßigkeiten, wo immer sie jemanden sah. Endlich hatte sie nur noch ein paar Stücke übrig.

»Wir sind fertig«, erklärte die Mutter. »Danke für deine Hilfe.«

»Das war lustig«, antwortete Wanja mit funkelnden Augen. »Können wir das nochmals machen?«

Die Mutter nickte. »Bald«, sagte sie. »Schon ganz bald werden wir das wieder tun.«

Zur Diskussion: Was veränderte Wanjas Einstellung im Hinblick auf die Weitergabe der Süßigkeiten? Was denkst du, hat ihr mehr Freude gemacht: den Beutel mit Süßigkeiten zu besitzen oder dass sie anderen etwas schenken konnte? Bist du schon einmal gesegnet worden, weil du einem Menschen freundlich begegnet bist? Wenn ja, berichte davon.
Gebet: »Herr, unser Gott, deine täglichen Freundlichkeiten, die wir erfahren, machen uns Mut, freundlich zu sein. Danke, Herr, für die Gelegenheiten, die du uns gibst, anderen gegenüber freundlich zu sein.«

31. Juli

Der alte Elmer

Freundlichkeit bewirkt einen guten Ruf und ehrt Gott.

Bibellese des Tages: Sprüche 14,21-22.31
Tages-Vers: »Wer den Armen unterdrückt, beleidigt seinen Schöpfer, wer aber dem Armen hilft, ehrt Gott.« (Sprüche 14,31)

»Oma, Oma!« Thomas rannte in den Vorratsraum des kleinen Restaurants, das seiner Großmutter gehörte und das sie betrieb, so lange er sich erinnern konnte.

»Thomas«, sagte die Großmutter, »wer achtet auf die Kasse?« Normalerweise sollte Thomas die Kasse bedienen. Manchmal half er nach der Schule seiner Großmutter.

»Ich habe Holly gebeten, mal schnell für mich einzuspringen«, erklärte er. »Oma, dieser Mann – der mit dem langen Bart – der ist rausgegangen, ohne zu bezahlen.«

»Na und?«, sagte die Großmutter. Es klang ziemlich uninteressiert.

»Soll ich ihn stellen? Soll ich die Polizei rufen? Was soll ich tun?«, stammelte er in verzweifeltem Ton.

»Bitte?«, fragte die Großmutter, und bevor er seine Fragen nochmals wiederholen konnte, sagte sie: »Oh, ich habe nichts dagegen.«

»Aber du kannst ihn doch nicht laufen lassen, ohne dass er bezahlt!«

»Er bezahlt niemals«, sagte die Großmutter.

»Was?«, schrie Thomas. »Willst du sagen, dass er das schon mal gemacht hat?«

Die Großmutter ließ einen Augenblick von ihrer Arbeit ab. Sie hatte Dosen gezählt. Jetzt nahm sie Thomas Gesicht in ihre beiden Hände. »Das ist der alte Elmer«, sagte sie. »Er ist ein alter Mann, der keine Familie und kein Geld hat. Er kommt zwei- oder dreimal in der Woche und holt sich eine Schüssel mit Suppe und ein paar Cracker. Er kam schon hierher, als dein Opa noch lebte.«

»Du lässt ihn einfach essen, ohne dass er bezahlt?«, fragte Thomas.

»Ja, sicher«, sagte die Großmutter. »Würdest du das nicht tun?«

»Aber Oma, du kannst es dir doch nicht leisten, Essen einfach umsonst abzugeben«, protestierte Thomas. »Du hast schließlich ein Geschäft, für das du verantwortlich bist.«

»Und ich bin doch bisher immer gut zurechtgekommen, nicht wahr?«, antwortete sie. »Der alte Elmer wird mich nicht bankrott essen. Außerdem: ich kann nicht anders. Wenn ich ihn da an dem Ecktisch seine Suppe essen sehe, am selben Tisch, jedes Mal, wenn er kommt – dann habe ich den Eindruck, dass ein Lächeln Gottes gerade über diesem Platz liegt. Mein Herz wird davon reicher, wenn ich weiß, dass ich dem alten Elmer helfe.«

Thomas Augen hingen an seiner Großmutter. Er hatte sie immer geliebt und respektiert, aber noch nie mehr als in diesem Augenblick.

Er verstand jetzt mehr denn je, warum so manche Leute zu denken schienen, dass seine Großmutter etwas Besonderes sei.

Weil sie es nämlich wirklich war.

Zur Diskussion: Was bedeutete Großmutters freundliches Handeln für den alten Elmer? Welches Ergebnis brachte dieses Tun für sie selbst? Wieso ehrt Freundlichkeit gegenüber Bedürftigen Gott? Auf welche Weise bringt Freundlichkeit einen guten Ruf ein? Welche anderen positiven Folgen und Segnungen entstehen aus freundlichem Handeln?

Gebet: »Herr Jesus, wir möchten deinem Namen Ehre bereiten, indem wir allen Menschen, die uns begegnen, Freundlichkeit entgegenbringen.«

August

1. August

Vertraue auf Gott

Wir gehorchen Gottes Geboten nicht, indem wir sie ausprobieren, sondern indem wir vertrauen.

Bibellese des Tages: Sprüche 3,5-8
Tages-Vers: »Vertraue von ganzem Herzen auf den Herrn und verlass dich nicht auf deinen Verstand. Denke an ihn, was immer du tust, dann wird er dir den richtigen Weg zeigen.« (Sprüche 3,5-6)

»Entspanne dich!«, sagte Susanne. Sie stand mit ihrer Freundin Linda bis zur Taille in einem großen Schwimmbecken. Susanne streckte mit einer bittenden Geste ihre Hände aus, wobei sie die Handflächen nach oben hielt. »Du wirst niemals schwimmen lernen, solange du gegen das Wasser kämpfst. Du musst dich einfach entspannen und vom Wasser tragen lassen.«

»Ich weiß«, gab Linda zu. »Aber ich habe – ich denke, ich habe einfach Angst, unterzugehen.«

»Willst du die Übungen, dich treiben zu lassen, nochmals machen?«, fragte Susanne. Sie war die Leiterin der Schwimmgruppe der Schule und gab jeden Sommer Schwimmunterricht.

»Nein«, sagte Linda. »Ich weiß, dass ich nicht untergehen würde.« Sie atmete tief ein. »Lass es uns nochmals versuchen.«

Susanne legte ihre Hände unter Lindas Magen, als diese sich auf der Oberfläche des Wassers lang ausstreckte. Linda begann nun, Arme und Beine zu bewegen, wie Linda sie gelehrt hatte. Nach einer Weile zog Susanne ihre Hände weg und Linda machte die Schwimmbewegungen, bis sie am Rand des Beckens angekommen war.

»Ich hab's geschafft!«, rief Linda. »Ich hab's geschafft, nicht wahr?«

Susanne lachte. »Ja«, sagte sie, »das hast du.«

Als Lindas Unterricht vorüber war, ging sie mit Susanne zu dem Spind-Raum.

»Du wirst im Handumdrehen besser schwimmen als ich«, sagte Susanne.

»Bestimmt!«, sagte Linda lachend.

»Das würde mich nicht überraschen. Du machst alles andere besser als ich.«

»Was zum Beispiel?«

»Nun … du bist eine gute Christin. Du tust oder sagst niemals etwas Unrechtes.«

»Das ist nicht wahr«, sagte Linda.

»Doch, das ist es«, bestand Susanne auf ihrer Aussage. »Ich sage das ganz im Ernst«, meinte sie. »Wie bekommst du das nur hin, immer das Richtige zu tun?«

Linda kratzte sich am Kopf. Sie konnte sehen, dass es Susanne ernst war. »Ich weiß es nicht«, sagte sie. »Es gleicht … es gleicht in vielem dem Schwimmen. Du hast immer gesagt, ich soll mich nicht so sehr anstrengen und statt dessen das Wasser mich tragen lassen, nicht wahr?«

»Ja«, sage Susanne. »Also?«

»Das ist nicht allzu weit entfernt davon, wie man Gott gehorchen muss und tun, was er sagt. Es geht nicht so sehr darum, dass ich *versuche*«, ›recht‹ zu tun und ›gut‹ zu sein und so weiter. Ich bleibe nur, so nahe wie ich kann, bei Gott, und vertraue ihm, dass er alles macht. Es geht mehr ums Vertrauen als ums Versuchen, weil ich gar nicht die Kraft habe, das Gute zu tun – aber er hat sie. So vertraue ich ihm einfach Tag für Tag, dass er mir hilft, das Richtige zu tun.«

Zur Diskussion: Wieso ähnelt das Treffen richtiger Entscheidungen dem Schwimmenlernen? Wie kannst du durch dein Handeln zeigen, dass du Gott von ganzem Herzen vertraust?
Gebet: »Herr, hilf uns, dir zu vertrauen. Durch deinen Geist, der in uns lebt, willst du es uns möglich machen, das Richtige zu tun.«

2. August

Ich verstehe es nicht

Den Geboten Gottes gehorchen – auch wenn wir sie nicht verstehen – ist klug.

Bibellese des Tages: Josua 6,1-16.20
Tages-Vers: »Vertraue von ganzem Herzen auf den Herrn und verlass dich nicht auf deinen Verstand. Denke an ihn, was immer du tust, dann wird er dir den richtigen Weg zeigen.« (Sprüche 3,5-6)

Molly und James lehnten sich aufgeregt nach vorn. Sie befanden sich auf dem Weg zum neuen Haus ihrer Verwandten irgendwo auf dem Land.

»Ich kann es nicht erwarten, die Tiere zu sehen, die sie dort haben«, sagte Molly. Die Cousins und Cousinen hatten von ihren Ställen erzählt, in denen sie viele verschiedene Tierarten hielten.

»Ich wünschte, sie hätten auch Pferde«, sagte James.

»Na ja, das scheint die einzige Tierart zu sein, die sie nicht besitzen«, antwortete Molly. »Papa, was ist ein Rhea?«

Der Vater schaute von der Karte auf, die er in der Hand hielt, als er vor der Ampel stand und auf ›Grün‹ wartete. »Ich weiß es nicht, Liebling. Es ist ein Vogel. Jedenfalls eine Art von Vogel.«

Die Ampel wechselte auf ›Grün‹, der Vater fuhr über die Kreuzung und dann an den Rand der Straße. Sie befanden sich in einer kleinen Stadt. »Das ist merkwürdig«, sagte er zu seiner Frau. »Pat sagte, an der Ampel müssten wir uns rechts halten.«

»Und was ist daran merkwürdig?«, fragte die Mutter.

»Auf der Karte sieht das wie ein langer Umweg aus. Ich könnte danach einfach dieser Landstraße folgen«, sagte er auf die Karte zeigend. »Es sieht aus, als ob dieser Weg viel leichter und schneller zum Ziel führte.«

»Aber Pat sollte diesen Weg auch kennen, meinst du nicht?«

Der Vater antwortete nicht. Er fuhr ein Stück zurück und dann noch einmal vor, dieses Mal nach der Karte und nicht nach der Anweisung seines Bruders. Nachdem sie ungefähr fünfzehn Minuten unterwegs waren, musste der Vater an einer Kreuzung stoppen. Vor ihnen war die Straße gesperrt. Die Eltern saßen schweigend und starrten auf die Barriere.

»Sind wir da?«, fragte James.

»Nein«, sagte die Mutter. »Jetzt sind wir noch nicht da.«

»Haben wir uns verfahren?«, fragte Molly.

»Nein«, antwortete der Vater. »Wir haben nur entdeckt, warum Onkel Pat uns die andere Richtung angegeben hatte.« Er lenkte den Wagen zurück in die Richtung, aus der sie gekommen waren. Er faltete die Karte zusammen und legte sie weg. »Ich hätte mich von Anfang an an seine Anweisung halten sollen«, sagte er.

Zur Diskussion: Hast du dich jemals verfahren oder dich verirrt, weil du Anweisungen nicht befolgt hast? Denkst du, dass Josua und die Israeliten die Anweisungen, die Gott ihnen zur Eroberung Jerichos gab, vollkommen verstanden hatten? Hat Josua Gottes Anordnung befolgt? Verstehst du Gottes Gebote immer? Denkst du, dass es besser ist, sie zu befolgen, auch wenn du sie nicht verstehst? Warum oder warum nicht?
Gebet: »Hilf uns, Herr, dass unser Stolz uns nicht im Wege steht, deinen Anweisungen zu gehorchen.«

3. August

Bejahe Gottes Willen

Bist du entschlossen, das zu tun, was vor Gott richtig ist?

Bibellese des Tages: 2. Timotheus 1,8-12
Tages-Vers: »Vertraue von ganzem Herzen auf den Herrn und verlass dich nicht auf deinen Verstand. Denke an ihn, was immer du tust, dann wird er dir den richtigen Weg zeigen.« (Sprüche 3,5-6)

Chrissy und ihre Freundin Mary hatten den ganzen Nachmittag im Sandkasten im Schatten ihres Hauses zusammen gespielt.

»Ich habe Durst«, verkündete Mary jetzt.

»Ich werde meine Mama fragen, ob wir einen Schluck Wasser bekommen können«, schlug Chrissy vor.

»Ich mag kein Wasser. Ich möchte etwas, das gut schmeckt.«

»Vielleicht gibt sie uns ein bisschen Zitronensaft.«

»Jaaah«, sagte Mary, wobei ihre Augen aufleuchteten. »Oder eine Brauselimonade!«

Chrissy stand auf und klopfte sich den Sand von der Hose. »Ich werde fragen.«

»Warte! Bitte sie doch auch um ein paar Kekse.«

Chrissy kratzte sich am Kopf. »Die wird sie uns sicher nicht geben, weil bald Essenszeit ist.«

»Sag einfach, wir brauchten die Kekse für ein bestimmtes Spiel.«

Chrissy schüttelte den Kopf. »Das wäre eine Lüge. Ich kann meine Mama nicht belügen.«

»Warum nicht?«

»Ich«, erklärte Chrissy, »möchte meine Mama nicht belügen, weil es nämlich unrecht wäre, und weil es ihre Gefühle verletzen würde. Und weil ich das eben niemals tun möchte.«

»Dann lügst du *niemals*?«, fragte Mary ungläubig.

»Na ja«, sagte Chrissy zögernd, »ich versuche, es nicht zu tun. Und besonders gilt das meiner Mama gegenüber.«

»Wie sollen wir dann Kekse bekommen?«

Chrissy zuckte die Achseln. »Ich weiß es nicht.« Sie dachte einen Moment nach und hörte dann plötzlich ihre Mutter vom Fenster über ihrem Kopf nach ihr rufen.

»Chrissy, würdet ihr beide bitte in die Küche kommen?«

Chrissy und Mary rannten zusammen ins Haus und trafen die Mutter in der Küche.

Zwei Tassen mit Limonade standen auf der Küchentheke und zwei große Schokoladenplätzchen lagen auf einer Serviette daneben.

»Ihr könnt jede einen Keks haben«, sagte die Mutter mit den Augen zwinkernd, »auch wenn es bald Mittagszeit ist.« Sie küsste ihre Tochter. »Ich bin so froh, dass mein kleines Mädchen immer die Wahrheit sagen will.« Sie lächelte und verließ die Küche. Die beiden Mädchen sahen ihr nach.

»Was *das* auch immer heißen mag«, sagte Chrissy.

Zur Diskussion: Eine Verpflichtung ist wie ein Versprechen. Fühlst du dich verpflichtet, nach Gottes Willen zu fragen und das Rechte zu tun? Welche besonderen Verpflichtungen bist du eingegangen (Versprechen)? (Z. B.: die Wahrheit sagen, keine Drogen nehmen usw.)

Gebet: »Herr, wir haben uns verpflichtet, deinen Weg zu gehen.«

4. August

Er wird dir den Weg zeigen

Gottes Geboten gehorchen bringt dein Leben auf den richtigen Weg.

Bibellese des Tages: Jesaja 26,3-7
Tages-Vers: »Vertraue von ganzem Herzen auf den Herrn und verlass dich nicht auf deinen Verstand. Denke an ihn, was immer du tust, dann wird er dir den richtigen Weg zeigen.« (Sprüche 3,5-6)

Der Pfad schien am Bach zu enden. Lauren, Julian und ihr Vater hatten vor drei Stunden von ihrem Auto aus eine Wanderung mit Rucksack begonnen, doch der Pfad war teilweise ausgewaschen gewesen, und die Dunkelheit war hereingebrochen, bevor sie ihren Lagerplatz bei einem breiten Bach am Fuß des Canyons gefunden hatten. Der Vater suchte die dunklen Ufer des reißenden Baches nach dem Platz ab, konnte ihn aber nicht finden.

»O.k.«, sagte er und schaute seine zwei Kinder an, »den Lagerplatz finden wir nicht. Aber wir wissen doch den Weg zurück zu unserem Auto.«

Der Vater, Lauren und Julian nahmen ihre Rucksäcke auf die Schultern und begannen den mühsamen, dreistündigen Marsch zurück den Berg hinauf. Der Pfad war nun völlig in Dunkelheit gehüllt.

»Julian«, sagte der Vater, als sie den Canyon wieder hinaufzusteigen begannen, »fass den Rucksack deiner Schwester an und halte dich daran fest. Lauren, du kannst dich an meinem festhalten.« Er richtete seine Taschenlampe auf den Pfad. »Und, Lauren, geh nur unmittelbar hinter mir her.« Er drehte sich um und begann langsam den Aufstieg. Da sie so dicht hintereinander hergingen, konnte der Vater häufig den Schein seiner Lampe auf einen glitschigen Stein oder eine herausragende Wurzel fallen lassen.

»Seid hier vorsichtig«, sagte er dann und wies mit der Lampe auf die gefährliche Stelle.

Dann richtete Lauren ihre Taschenlampe auf die Stelle und drehte sich um, um sich zu vergewissern, dass ihr Bruder die Gefahr sehen konnte. »Papa sagt, da müssten wir aufpassen«, waren ihre Worte.

Drei Stunden später kamen sie mit ihren Rucksäcken wieder auf dem Parkplatz an. Sie waren müde, nass und schmutzig, aber unverletzt. Lauren und Julian ließen ihre Rucksäcke auf das Pflaster neben dem Auto fallen und umarmten ihren Vater.

»Das war unheimlich«, sagte Julian.

»Ja«, fügte Lauren hinzu, »aber wir haben es geschafft, nicht wahr, Papa?«

»Das stimmt, Lauren«, sagte der Vater. »Wir haben es sicher und unverletzt geschafft. Wollt ihr den Hauptgrund wissen, warum wir es ohne Probleme geschafft haben?«

Sie nickten.

»Weil ihr mir auf jedem Schritt gefolgt seid und konsequent alles getan habt, was ich euch sagte«, fuhr der Vater fort. »Wenn ihr versucht hättet, auf eigene Faust loszurennen, könnte es sein, dass wir immer noch in der Dunkelheit herumirrten – oder es wäre noch Schlimmeres passiert.«

Die Kinder umarmten ihren Vater noch einmal. »Ich bin froh, dass wir hinter dir hergegangen sind, Papa«, sagte Julian.

»Ich auch«, antwortete der Vater. »Ich auch!«

Zur Diskussion: Hast du jemals versucht, auf eigene Faust loszurennen, statt dem Gebot Gottes zu folgen? Wenn ja, was geschah dann? Ist das Leben immer leicht, wenn Gott deinen Weg führt? Warum oder warum nicht?
Gebet: »Himmlischer Vater, wir wollen dir folgen auf dem Weg, den du uns für uns wählst.«

5. August

Cindys Ausflug

Selbst deine Freunde können dich zum Stolpern bringen.

Bibellese des Tages: Sprüche 13,14-20
Tages-Vers: »Wer sich mit den Weisen trifft, wird weise; wer sich mit den Narren einlässt, wird sich selbst schaden.« (Sprüche 13,20)

»Ich sehe nicht ein, warum ihr nicht wollt, dass ich mit Steffi zusammen bin«, protestierte Cindy. Sie kreuzte ihre Arme und starrte auf ihren leeren Teller. »Warum hasst ihr sie so sehr?«

»Wir hassen sie überhaupt nicht«, antwortete der Vater ruhig. »Aber Steffi handelt nicht immer klug.«

»Und wir möchten nicht, dass sie deine Entscheidungen beeinflusst«, fügte die Mutter hinzu.

»Das würde sie nicht«, beharrte Cindy. »Ich tue doch nicht alles, was *sie* sagt.«

»Das ist gut«, sagte der Vater, »wir denken aber trotzdem, dass es das Klügste ist, wenn du nicht so viel mit ihr zusammen bist.«

Cindy sagte eine Weile nichts mehr. Endlich fragte sie, ob sie vom Tisch aufstehen dürfe. Ihre Eltern erlaubten es.

Cindy ergriff ihren Teller und ihr Besteck vom Esstisch, um es in die Küche zur Spüle zu bringen. Sie drehte sich um und machte ein paar Schritte auf die Küche zu.

Als sie aufgestanden war, hatte sich aber auch Buster, der Hund der Familie, von seinem Platz neben Cindys Stuhl erhoben und folgte ihr in die Küche. An der Küchentür drängte sich Buster vor, um zuerst hineinzukommen, und geriet in Konflikt mit Cindys Beinen. Buster ließ ein schmerzliches Geheul hören. Cindy verlor das Gleichgewicht, stieß einen erschreckten Schrei aus und taumelte auf den Boden.

Mutter und Vater sprangen vom Tisch auf und rannten zur Küchentür. Cindy lag auf dem Boden und um sie herum waren Besteck und Teller verstreut. Buster hatte bereits unter dem Küchentisch Zuflucht gesucht.

»Cindy«, rief die Mutter, »bist du in Ordnung?«

Cindy rieb ihren Ellenbogen. Sie nickte. »Ich glaube, ich habe mir nur den Ellenbogen angeschlagen.«

Der Vater schaute sich den Arm an. Er nickte. »Nichts Ernstes. Tut es weh?«, fragte er.

»Nein, ich bin o.k.«, sagte Cindy. »Wirklich. Buster kam mir nur zwischen die Beine und brachte mich zu Fall.« Sie rief den Hund zu sich, der in ihre Arme lief. »Er wollte mir nicht wehtun.«

Plötzlich schaute Cindy vom Vater zur Mutter.

»Ich denke, das war ein bisschen wie die Sache mit Steffi und mir, nicht wahr?«, sagte Cindy. Die Eltern hörten aufmerksam zu. »Sie hat nicht die Absicht, mich zu verletzen, aber – aber ich denke, selbst unsere Freunde können uns manchmal zum Stolpern bringen, oder?«

Die Mutter nickte. »Darum musst du eben vorsichtig sein, wo du hingehst.«

»Und mit wem du gehst«, sagte der Vater. Er streichelte Buster über den Kopf, und dann half er Cindy wieder auf die Füße.

Zur Diskussion: Hast du irgendwelche Freunde, die dir manchmal »ein Bein stellen« mit ihrem schlechten Einfluss? Bist du schon mal ein schlechter Einfluss für deine Freunde? Wie kannst du in Zukunft vorsichtiger sein, um zu vermeiden, dass du sie zum Stolpern bringst oder sie dich?
Gebet: »Herr, wir möchten unsere Freunde nicht zum Schlechten beeinflussen. Und wir möchten auch nicht durch den schlechten Rat eines Freundes selbst ins Stolpern geraten. Hilf uns, kluge Entscheidungen zu treffen.«

6. August

Wenn eine Gelegenheit uns verführt

Vergeltungsstreben wird rechtfertigen, was ein Geist der Liebe als falsch erkennt.

Bibellese des Tages: 3. Mose 19,16-18
Tages-Vers: »Sag nicht: ›Dieses Unrecht werde ich heimzahlen.‹ Warte, bis der Herr die Sache in die Hand nimmt.« (Sprüche 20,22)

Monika drehte sich zu ihrer Mutter um und schrie: »Halt an!!!«

Frau Jackson trat ruckartig auf die Fußbremse und schaute in den Rückspiegel, wo sie sah, dass ein rostiger, brauner Pick-up gerade noch rechtzeitig stoppte, um eine Kollision zu vermeiden. Sie drehte sich zu ihrer Tochter um, die neben ihr auf dem Beifahrersitz saß.

»Was ist los?« Frau Jackson erwartete, dass Monika sagen würde, dass sie beinahe ein Tier überfahren hätte o. Ä. Aber Monika presste ihr Gesicht gegen das Fenster und zeigte auf die Warteschlange vor dem Kino.

»Da ist Jimmy«, flüsterte sie, »dort in der Schlange steht er mit Susan Brock.«

Frau Jacksons Augen weiteten sich. »Du willst damit sagen, dass ich fast einen Verkehrsunfall verursacht hätte, weil du einen alten Freund sahst, der mit jemand anderem ins Kino gehen wollte?«

Monika verdrehte die Augen, ohne die Mutter anzusehen. Sie verstand es einfach nicht. Jimmy war nicht nur »irgend so ein alter Freund«. Es war jetzt einige Monate her, dass ihre frühere Freundin, Gina, dazwischengekommen war und ihr Jimmy gestohlen hatte. Seitdem waren Jimmy und Gina immer zusammen gegangen. Und jetzt stand er plötzlich in der Schlange vor dem Kino mit der hübschen Susan Brock.

»Monika Jackson!« Ihre Mutter kochte innerlich immer noch wegen des Beinahe-Unfalls. »Tu das nie wieder, hörst du?!!!«

»Ja, Mama«, murmelte Monika, die immer noch Jimmy und Susan beobachtete. »Es tut mir Leid.«

Jimmy, der vor Susan in der Schlange stand, hatte sich von ihr abgewandt und unterhielt sich nun mit Nate und Alex, zwei seiner engsten Kumpel. Als ihre Mutter sich wieder in den Verkehr einfädelte, sah Monika, dass Jimmy mit seinen Freunden in der Schlange wartete, und Susan von ihren Eltern begleitet wurde. Die beiden waren dort gar nicht zusammen gewesen.

Schade, dachte sie, als sie sich wieder zurückdrehte und in ihrem Sitz zurechtsetzte. *Dann hätte Gina nämlich zu wissen bekommen, wie es ist, wenn jemand einem seinen Freund stiehlt.*

Ein Gedanke setzte sich in ihrem Kopf fest. Schließlich *hatte sie* Jimmy am Kino mit Susan gesehen. Sie würde nicht lügen, wenn sie ihrer früheren Freundin mitteilen würde, was sie gesehen hatte. Und wenn Gina dann *vermutete*, dass Jimmy sich von ihr abgewandt hätte … Monika lächelte. Es war eine geradezu goldene Gelegenheit. *Außerdem muss sie wissen, wie sehr sie mich verletzt hat. Dann denkt sie vielleicht zweimal darüber nach, ehe sie es nochmals tut.*

Zur Diskussion: Monika hat nicht die Absicht, ihre frühere Freundin zu belügen. Sie plant nur, Gina zu sagen, was sie gesehen hat – dass Jimmy und Susan zusammen in der Schlange vor dem Kino standen. Sind Monikas Absichten Unrecht oder in Ordnung? Erkläre es.

Gebet: »Herr, hilf uns, unsere unfreundliche Haltung zu erkennen, wenn sie in unserem Herzen und in unserem Geist aufsteigt. Und bitte, hilf uns, uns für eine Reaktion in Liebe gegenüber anderen zu entscheiden.«

7. August

Liebes Tagebuch

Versuche nicht, liebloses Verhalten zu rechtfertigen oder zu entschuldigen.

Bibellese des Tages: Römer 12,9.17-21
Tages-Vers: »Lass dich nicht vom Bösen überwinden, sondern überwinde das Böse durch das Gute!« (Römer 12,21)

Monika sagte ihrer Mutter »Gute-Nacht« und schloss ihre Schlafzimmertür. Sie griff in die Schublade ihres Nachttischchens, zog ihr Tagebuch heraus und begann zu schreiben:

»Sah heute Jimmy in der Schlange vor dem Kino. Er sprach mit Susan Brock. Er war mit Freunden dort und Susan mit ihren Eltern.

Ich kann es kaum erwarten, morgen Gina zu sehen. Ich werde lächeln, als ob wir noch Freundinnen wären, und ihr sagen, dass ich Jimmy und Susan zusammen in der Schlange vor dem Kino gesehen habe. Ich werde ihr sagen, wie hübsch Susan ausgesehen hat, und wie dicht sie beieinander standen. Das wird Gina einiges zu denken geben. Mit ein bisschen Glück wird sie bei Jimmy einen ihrer Wutausbrüche bekommen. Und dann wird er endlich sehen, wie sie in Wirklichkeit ist. Vielleicht wird sie sogar ausrasten und wird die Beziehung lösen.

Das Beste an der Sache ist, dass ich nur die Wahrheit sage. Ich tue nichts Unrechtes damit. Ich erteile nur meiner früheren besten Freundin eine Lektion.«

Sie machte Schluss mit Schreiben, legte ihr Tagebuch auf ihren Nachttisch, schaltete das Licht aus und drehte sich auf die andere Seite, um zu schlafen. Doch der Schlaf wollte nicht kommen. Irgendetwas beunruhigte sie. Nachdem sie sich eine lange Zeit umhergewälzt hatte, schaltete sie das Licht wieder an und starrte eine Weile auf die mit Postern bedeckten Wände.

Ich weiß, dass Gott sagt, dass wir einander lieben sollen, dachte sie. Sie fühlte sich, als ob sie nicht nur zu sich selbst, sondern auch zu jemand anderem spräche. *Aber das ist etwas anderes.*

Sie runzelte die Stirn. *Ich meine, Jimmy war zuerst mein Freund. Gina hatte kein Recht, das zu tun, was sie getan hat.* Für einen Augenblick stand sie auf, dann ließ sie sich wieder auf ihre Bettkante fallen. *Es war Unrecht von ihr, was sie getan hat, und das, was ich tun werde, ist es für mich nicht.*

Sie machte das Licht aus, legte sich wieder in ihr Bett und wartete auf den Schlaf.

Zur Diskussion: Stimmst du dem zu, dass Monika nichts Unrechtes tat, wenn sie ihren Plan ausführte? Warum oder warum nicht? Welches Gebot vergisst Monika dabei? Was hätte Monika deiner Meinung nach tun sollen? Was würdest du tun?
Gebet: »Herr, wir brauchen deine Kraft, damit das Böse nicht über uns Gewalt gewinnt. Möchten wir doch das Böse mit Gutem überwinden!«

8. August

Die Konfrontation

Gott gebietet uns, einander zu lieben.

Bibellese des Tages: 1. Korinther 13,1-5.13
Tages-Vers: »Glaube, Hoffnung und Liebe, diese drei bleiben. Aber am größten ist die Liebe.« (1. Korinther 13,13)

Monika wälzte sich aus ihrem Bett und rieb sich den Schlaf aus den Augen. Es war ihr endlos lange vorgekommen, bis sie letzte Nacht endlich eingeschlafen war. Die halbe Nacht hatte sie damit verbracht, über ihren Plan nachzudenken. Sie wollte Gina – ihrer früheren Freundin, die ihr ihren Freund Jimmy gestohlen hatte – mitteilen, dass sie Jimmy und Susan Brock am Kino gesehen hätte. Dabei wollte sie nicht erwähnen, dass Jimmy mit ein paar Freunden und Susan mit ihren Eltern in der Warteschlange gestanden hatte.

Stundenlang hatte sie sich innerlich damit herumgeschlagen, ob ihre Entscheidung richtig oder falsch sei. Schließlich war sie eingeschlafen mit dem Entschluss, sich mit Gina auszusöhnen.

Ich habe meine Entscheidung gefällt, sagte sie zu sich selbst, während sie sich anzog. Hastig frühstückte sie und kam gerade in dem Augenblick in der Schule an, als Gina in der Nähe des Chemie-Arbeitsraumes stand. Sie warf einen Blick in jede Richtung des Flures, um zu sehen, ob Jimmy in der Nähe war. Die Luft war rein.

»Hi, Gina«, sagte sie in ihrem süßesten Ton.

Gina bekam große Augen bei Monikas Begrüßung. »Ich muss dir unbedingt etwas sagen.« Monika tat einen tiefen Atemzug. »Ich war wirklich ärgerlich auf dich, weil du plötzlich mit Jimmy gingst. Ich habe dir die Schuld gegeben, weil du Jimmy und mich auseinander gebracht hattest, und ich habe über Wege nachgedacht, wie ich dir das heimzahlen könnte. Doch schließlich musste ich zugeben, dass das falsch gewesen wäre, weil – nun, weil ich Christ bin und Gott von mir möchte, dass ich dich liebe.« Monika wurde rot. »Außerdem, mir wurde gerade heute Morgen klar, dass du eine der besten Freundinnen warst, die ich jemals hatte. Und ich möchte wirklich, dass wir das wieder werden. Was denkst du darüber?«

Es klingelte zum ersten Mal. »Wie werden uns noch sehen, oder?«, fragte Monika und gratulierte sich innerlich zu der Wirkung, die ihre Worte offensichtlich auf Gina gehabt hatten. Ginas Augen hatten sich mit Tränen gefüllt, als ob sie nicht glauben könnte, was sie gehört hatte. Monika hüpfte fast durch den Flur vor Zufriedenheit.

Den ganzen Tag über dachte sie über diese Begegnung nach. Sie wusste, dass sie die richtige Entscheidung getroffen und vielleicht eine gute Freundschaft gerettet hatte. In ihrem Herzen wusste sie aber, dass sie, obwohl sie den Plan gehabt hatte, Gina eine Lektion zu erteilen, in Wirklichkeit sich selbst eine vermittelt hatte. Und von jetzt an würde sie sich daran erinnern, wie Gottes Liebe wirklich aussah.

Zur Diskussion: Was denkst du, dass Monika gewonnen hätte, wenn sie Gina »eine Lektion erteilt« hätte? Denkst du, dass sie mehr oder weniger davon hatte, dass sie ihr stattdessen freundlich begegnete? In 1. Korinther 13,5 steht, dass die Liebe das Böse nicht nachträgt. Was soll das heißen? Hast du jemals an bösen Dingen festgehalten, die jemand dir gegenüber verübt hat? Müsstest du einiges in deiner Haltung oder deinem Handeln ändern, um Gottes Gebot zu gehorchen, nämlich einander zu lieben (selbst die, die dich verletzt haben)?
Gebet: »Himmlischer Vater, wenn Menschen uns zornig machen, möchten wir ihnen das manchmal heimzahlen. Zeige uns, wie wir deine Liebe widerspiegeln können, statt uns zu rächen.«

9.
August

Hab mich lieb!

Gott gebietet uns Liebe, weil er die Liebe schätzt.

Bibellese des Tages: 1. Johannes 4,7-11
Tages-Vers: »Liebe Freunde, lasst uns einander lieben, denn die Liebe kommt von Gott.« (1. Johannes 4,7)

Helen und Roberta saßen mit ihren Eltern im großen Wohnzimmer.

»Helen«, sagte die Mutter, »würdest du bitte dem kleinen Jan zeigen, wo die Spielzeugkiste ist?«

Die Mutter nickte dem kleinen Dreijährigen zu, der mit seinen Eltern zu Besuch da war.

»Natürlich«, sagte Helen und sprang auf.

»Ich werde auch mitgehen«, sagte Roberta. Sie streckte Jan eine Hand hin. Er lächelte und ergriff die Hand und gemeinsam mit Helen verließen sie das Zimmer.

Die Mutter und der Vater unterhielten sich lange mit den Eltern von Jan und vergaßen darüber die Zeit. Schließlich schaute Jans Vater auf die Uhr.

»Ach du meine Güte«, sagte er. »Schaut mal, wie spät es ist – schon lange Zeit für Jan, dass er ins Bett kommt.«

Sie standen zusammen auf und Mutter und Vater führten die Gäste den Flur hinunter zum Spielzimmer. Helen und Roberta saßen in der Mitte des Raumes, von Spielzeug umgeben, während Jan immer noch mehr Spielzeug aus der Kiste – die nun fast leer war – herbeibrachte oder wegschleppte.

»Wie geht's euch?«, fragte Jans Mutter die Mädchen.

»Oh, prima«, antwortete Helen.

»Ja«, stimmte Roberta zu. »Wir hatten viel Spaß, nicht wahr, Jan?«

Der Junge nickte glücklich und hopste mitten im Raum auf und ab, als ob er eine der Figuren aus der Spielzeugkiste wäre.

»Aber eine Frage habe ich doch noch«, sagte Helen und hob einen Finger wie in der Schule.

»Gerne«, sagte Jans Vater.

»Jan sagt immerzu etwas, und wir können nicht herausbekommen, was er meint.«

»Oh?«, sagte der Vater des Jungen. »Und was sagt er?«

»Es hört sich an wie ›hab mich lieb‹ oder so ähnlich.«

Jans Mutter und sein Vater tauschten einen lächelnden Blick. »Oh, *das*! Das ist genau das, was er sagt.«

»Und was bedeutet das?«, fragte Roberta.

»Das heißt, dass er in den Arm genommen werden möchte«, antwortete seine Mutter. »Das ist alles. ›Hab mich lieb!‹ bedeutet: ›Ich möchte umarmt werden.‹«

»Oh!«, sagten Helen und Roberta gleichzeitig. Sie lachten und streckten die Arme aus. Jan fiel hinein und beide umarmten ihn.

Zur Diskussion: Obwohl Jan ein kleines Kind war, hatte er schon gelernt, Liebe und ihre Ausdrucksweisen wie Umarmen und Küssen zu schätzen. Darum sagte er immer wieder ›Hab mich lieb‹. Kannst du sagen, dass Gott die Liebe schätzt durch das, was er in seinem Wort mitteilt? Wenn ja, wie? Wenn nicht, warum nicht? Denkst du, Gott würde uns gebieten, einander zu lieben, wenn er nicht die Liebe für gut und wichtig hielte? Auf welche Weise kannst du am besten deine Liebe zeigen?
Gebet: »Herr, zeige uns die vielen Möglichkeiten, bei denen wir als Familie anderen deine Liebe nahe bringen können, vor allem denen, die weniger glücklich sind als wir.«

10. August

Liebe kommt von Gott

Gott schätzt die Liebe, weil er die Liebe ist.

Bibellese des Tages: 1. Johannes 4,16-19
Tages-Vers: »Gott ist Liebe.« (1. Johannes 4,16)

»Mutti, Colin hat mich gestoßen!«, schrie Tina, als sie ins Haus stürzte.

»Hab ich nicht!«, protestierte Colin, der ihr dicht auf den Fersen folgte.

»Hast du doch!«, sagte Tina, die kaum noch die Tränen in ihren Augen zurückhalten konnte. »Ich hasse dich!«

»Schluss jetzt«, sagte die Mutter. »Jetzt reicht's. Ihr beide kommt nun hier an den Tisch.« Die Kinder saßen sich auf ihren Stühlen am Küchentisch gegenüber.

»Tina«, sagte die Mutter, »du hasst deinen Bruder doch nicht! Wenigstens hoffe ich, dass du es nicht tust.«

»Na, ja«, sagte Tina zögernd, »ich liebe ihn aber auch nicht.«

»Das solltest du«, sagte die Mutter, »weil Liebe das ist, was recht ist vor Gott. Du weißt das. Gott gebietet uns, einander zu lieben, weil er die Liebe schätzt. Und er schätzt sie so hoch ein, weil *er* selbst die Liebe ist.«

»Das weiß ich«, sagte Tina. Sie wagte einen Blick über den Tisch auf Colin. »Ich versuche, ihn zu lieben, Mama, wirklich. Aber dann geht er und macht irgendetwas ganz Gemeines.«

»Und du, Colin«, sagte die Mutter, indem sie sich an ihren Sohn wandte, »du solltest deine Schwester lieben.«

Colin sagte: »Das kann ich nicht, Mama. Sie ist meine *Schwester.«* Er sprach das Wort mit einem knurrenden Ton.

»Nun, ihr habt Recht«, sagte die Mutter, »in gewisser Weise. Keiner von euch beiden kann den andern lieben … wenigstens nicht aus eigener Kraft.«

»Was meinst du damit?«, fragte Tina.

»Nun, die Liebe kommt nicht von uns«, sagte die Mutter, »folglich können wir sie auch nicht produzieren und ausüben. Sie kommt von Gott.« Sie streckte die Hand aus und ergriff Tinas Hand – » … so wie diese Flecken an deinen Händen vom Himbeerstrauch kommen.«

Tina warf einen schuldbewussten Blick auf die Mutter. »Wir waren wieder in den Himbeeren.«

»Ich weiß«, sagte die Mutter. »Ich kann noch zwei und zwei zusammenzählen. Wenn ihr in den Himbeeren wart, tragt ihr die Spuren davon an euch. Der Beerensaft färbt einfach ab, nicht wahr?«

Colin und Tina nickten.

»Genauso ist es, wenn man jemand lieben soll, wenn es einem nicht leicht fällt. Wünschen hilft nicht in dem Fall. Und versuchen hilft auch nicht. Liebe kommt nur von Gott, weil er die Liebe ist. Wenn ihr also jemand lieben wollt, müsst ihr Gottes Liebe auf euch abfärben lassen. Wenn ihr mit Gott lebt – und ich weiß, das tut ihr beide – müsst ihr der Liebe Gottes die Chance geben, dass sie in euch wächst. Zum Beispiel geschieht das durch tägliches Gebet und durch Bibellesen. Je mehr Zeit ihr mit Gott verbringt, desto mehr wird sich eure Haltung untereinander verändern.«

»Ich denke, wir sollten jetzt unsere Hände waschen, nicht wahr?«, fragte Colin.

Die Mutter nickte. »Du solltest auch sonst noch etwas tun, Colin.«

Colin schaute von der Mutter zu seiner Schwester. »Es tut mir Leid«, sagte er zu Tina gewandt.

»Mir auch«, antwortete Tina. Sie stand auf. »Lass uns gehen«, sagte sie zu Colin.

Zur Diskussion: Wie kannst du jemand lieben, den du von Natur aus nicht magst? Hilft wünschen oder versuchen? Warum oder warum nicht?
Gebet: »Liebender Gott, wir geben zu, dass wir von uns aus niemand lieben können. Danke, dass du uns dabei hilfst.«

11. August

Geheimdienst

Liebe erzeugt Genugtuung, keine Erschöpfung.

Bibellese des Tages: Hebräer 13,1-3
Tages-Vers: »Liebt einander mit aufrichtiger Liebe.« (Hebräer 13,1)

»Wollen wir etwas Lustiges machen?«, fragte die Mutter.

Die kleine Judy nickte lebhaft mit dem Kopf. Ihr älterer Bruder und die Schwester gingen beide schon in die Schule. Und so war sie jeden Tag allein mit der Mutter zu Hause.

»Du und ich«, flüsterte die Mutter, obwohl sonst niemand im Haus war, »wir spielen *Geheimdienst.*«

Judy machte große Augen. Sie flüsterte jetzt auch. »Was ist das?«

»Das wirst du sehen«, sagte die Mutter. »Komm mit.«

Die Mutter führte sie in die Küche. Sie erklärte Judy, dass sie beide den Tag damit zubringen würden, dass sie heimliche Taten der Liebe für andere ausführen würden. Und das taten sie auch.

Zuerst backten sie ein Blech voller Schokoladenplätzchen, wickelten sie in Geschenkpapier und banden sie mit glänzendem roten Band zusammen. Dann legten sie ein Päckchen davon auf jedes Kopfkissen – einschließlich ihres eigenen. »Damit das Geheimnis gewahrt bleibt«, sagte die Mutter.

Judy kicherte fröhlich, als sie als Nächstes auf Zehenspitzen auf die abgeschirmte Veranda des Nachbarhauses schlichen und ein Päckchen mit Plätzchen an der Tür von Frau Hastings niederlegten, die dort ganz allein lebte.

Endlich versteckten sie noch ein Päckchen in ihrem Briefkasten. Dann saßen sie im Wohnzimmer auf dem Sofa und warteten auf den Postboten. Als der Wagen vor ihrem Briefkasten hielt, um die Post auszuliefern, versteckten Mutter und Judy sich schnell hinter den Vorhängen und schauten sich lachend an: das war noch einmal ihr Geheimdienst gewesen.

»Das macht so viel Spaß, Mama«, sagte Judy.

»Ja, das stimmt«, sagte die Mutter. »Weißt du auch, warum das so ist?«

»Weil ...«, sagte Judy und dachte nach. »Weil es einfach lustig ist.«

Die Mutter lächelte wieder. »Das ist richtig«, sagte sie, »weil es wirklich Spaß macht, anderen etwas Liebes zu erweisen. Aber siehst du, Liebe weggeben ist nicht wie Plätzchen verschenken. Jetzt hast du nämlich weniger Plätzchen als am Anfang, oder?«

Judy nickte.

»Aber«, fuhr die Mutter fort, »wenn du Liebe weitergibst, verlierst du nichts dabei. Du hast hinterher nicht weniger Liebe als vorher, sondern mehr!«

»Können wir morgen wieder *Geheimdienst* spielen?«, fragte Judy.

Die Mutter nickte. »Solange du noch genug Liebe übrig hast!«

»Ich habe noch eine Menge und noch viel mehr«, sagte Judy. »mehr als vorher, so wie du gesagt hast.«

Zur Übung: Startet euren eigenen Geheimdienst. Du könntest ein Zimmer putzen, ein Bild malen, einen Hund ausführen, den Großeltern neue Socken oder Pantoffeln schicken – ohne Absender natürlich, – was dir nur immer einfällt. Lass es dein Ziel sein, deinen Geheimdienst irgendwann in den nächsten acht Tagen einzurichten.

Gebet: »Himmlischer Vater, du hast deine Liebe in der Welt ausgegossen, indem du deinen Sohn Jesus gesandt hast, um für uns zu sterben. Wir wollen mit unserer Liebe für andere großzügig sein in dieser Woche.«

12. August

Liebe auf den zweiten Blick

Liebe weckt Liebe, Hass stößt die Liebe zurück.

Bibellese des Tages: Galater 5,13-15
Tages-Vers: »Liebt einander mit aufrichtiger Liebe.« (Hebräer 13,1)

»Papa! Papa, schau dir diesen an! Er ist so süß!« Nach Wochen des Bettelns hatte Margie endlich ihren Vater davon überzeugt, dass sie in der Lage war, einen jungen Welpen zu versorgen. Er hatte sie daraufhin zu einem Tierheim mitgenommen, um zu sehen, ob sie da einen geeigneten jungen Hund fänden.

Margie zeigte auf einen sandfarbenen Welpen mit braunweißer Zeichnung in einem Käfig. »Sieht der nicht prächtig aus?«, schwärmte sie.

»Ja, das tut er«, antwortete der Vater, »abgesehen davon, dass es eine ›Sie‹ ist und kein ›Er‹.

Margie streckte ihren Finger durch das Käfiggitter und streichelte das lange, lockige Haar des Hundes.

»Wie wäre es mit diesem da?«, fragte der Vater. Er zeigte auf einen anderen Käfig mit einem Welpen. »Ich denke, er ist sogar noch schöner als der andere.«

Margie schüttelte den Kopf. »Den mag ich nicht so gern«, sagte sie.

Des Vaters Augen verrieten Sachkenntnis. »Warum nicht?«

»Weil ...«, sagte sie zögernd, »weil ich ihn beobachtet habe. Schau nur hin«, sagte sie und zeigte auf das Tier, das den Welpen neben ihm anknurrte. »Und ständig hat auch er die beiden anderen angeknurrt und sie aus dem Weg geschubst. Er scheint mir irgendwie ... irgendwie gemein zu sein, verstehst du?«

Der Vater nickte. »Ja«, sagte er, »ich denke, du hast Recht.« Sie blieben noch ein paar Minuten und schauten sich die anderen Hunde an. Aber als sie das Tierheim verließen, hielt Margie den sandfarbenen Welpen in ihren Armen.

»Ich denke, du hast eine gute Entscheidung getroffen«, sagte der Vater. Er streichelte den Kopf des Hundes. Als sie ins Auto einstiegen und sich auf den langen Heimweg machten, lenkte der Vater das

Gespräch auf ein anderes Thema. »Weißt du, Margie, ich denke, diese Welpen in dem Tierheim können uns heute einiges lehren. Du hast diesen ausgesucht, weil er liebevoller und gutmütiger erschien als der schwarz-weiße, nicht wahr?«

Margie nickte. »Der schien mir etwas gemein«, sagte sie.

»Aber er hat sich um deine Aufmerksamkeit bemüht, das war deutlich«, meinte der Vater.

»Ja, aber zu den anderen Hunden war er eklig«, sagte Margie.

»Dann hat dieser Hund nun bekommen, was der andere gern gehabt hätte, weil er dir gutmütiger erschien?«

»Ja«, sagte Margie. »Ich denke, so ist das mit der Liebe, oder, Papa? Ich denke, wenn die Menschen gemein und gehässig sind, kommt das gewöhnlich daher, dass sie etwas Bestimmtes wollen. Aber solche Leute bekommen am Ende nicht das, was sie sich wünschten. Aber liebevollen Menschen – und gutmütigen Welpen – geht es am Ende oft weit besser.«

Der Vater lächelte. »Vermutlich ja«, sagte er nickend, »das ist genau das, was ich auch gedacht habe.«

Zur Diskussion: Was denkst du über das, was Margie sagte? Stimmst du ihr zu oder nicht? Warum? Wie machst du deinen Glauben, dass eine liebevolle Haltung und das entsprechende Handeln besser sind als gemeines und gehässiges Verhalten und dementsprechende Aktionen, sichtbar?
Gebet: »Gnädiger Gott, du gebietest uns, andere zu lieben. Herr, durch deine Gnade können wir echtes Mitleid und echte Liebe erweisen.«

13. August

Früchte der Liebe

Liebe schützt uns vor Streit und schenkt uns friedliche Beziehungen.

Bibellese des Tages: Sprüche 10,11-12
Tages-Vers: »Hass bewirkt Streit, doch Liebe deckt alle Vergehen zu.« (Sprüche 10,12)

Trudy ließ sich im Schulbus auf einen Platz neben ihrer Freundin Anja fallen. Sie beugte sich über Anja weg und spähte aus dem Fenster. Dabei starrte sie plötzlich auf ein Mädchen, das an der Schlange der Schulbusse vorbeiging. »Sie ist schon wieder aus dem Bus rausgeschmissen worden.«

»Warum?«, fragte Anja.

»Warum?«, wiederholte Trudy die Frage. »Anja, das ist Jackie Kayliss, über die wir sprachen.« Trudy verdrehte die Augen, als sie Anjas verständnislosen Blick sah. »Sie hat heute Morgen im Bus einen riesigen Krach inszeniert. Sie und Bobby Marshall wurden handgreiflich wie zwei Boxer im Ring.«

»Tatsächlich?«, fragte Anja. Sie schüttelte den Kopf, während sie beobachtete, wie Jackie um die Ecke des Schulgebäudes herum verschwand.

»Was ist los?«, fragte Trudy, indem sie Anja auf ihren traurigen Gesichtsausdruck ansprach.

»Ich weiß nicht«, sagte Anja. »Es tut mir einfach Leid für Jackie.«

»Du bedauerst Jackie?«, fragte Trudy. »Jackie Kayliss?«, wiederholte sie noch einmal.

Anja zuckte die Achseln, als sich die Türen des Schulbusses schlossen. »Warum nicht?«

»Anja, sie ist schon in mehr Streitereien hineingeraten als sonst irgendjemand in der ganzen Schule.«

Anja beugte ihren Kopf mit einem etwas verwirrten Ausdruck zur Seite. »Zu mir ist sie immer nett gewesen«, sagte sie.

»Natürlich war sie zu dir nett. Es ist gerade, als ob du alle Welt liebst.«

»Das tut mir Leid«, sagte Anja in sarkastischem Ton. »Ich sollte wohl versuchen, mit anderen Menschen nicht so gut zurechtzukommen – ist es das, was du meinst?«

»Nein«, antwortete Trudy. »Du weißt doch, was ich meine. *Natürlich* mag *dich* Jackie Kayliss – du bist wahrscheinlich der einzige Mensch in der ganzen Schule, der *sie* nicht hasst.«

Nachdenklich schaute Anja auf ihre Freundin. »Das sollte dir eigentlich zu denken geben«, sagte sie. »Wenn du andere liebst, tust du nicht nur ihnen etwas Gutes an, du tust es für dich selbst ebenso … Hass verursacht nur Probleme und Streitereien. Liebe verhindert eine Menge davon.«

»So habe ich es noch nie gesehen«, sagte Trudy.

»Vielleicht sagt uns Gott aus diesem Grund, dass wir einander lieben sollen, Trudy«, meinte Anja, »weil er weiß, dass es viel besser für uns ist, wenn wir andere Menschen lieben.«

»Ich denke, er müsste es wissen, nicht wahr?«

Anja nickte lächelnd. »Ja«, sagte sie.

Zur Übung: Schließt ein Familien-Abkommen, einander mit Worten der Liebe zu begegnen, um friedliche Beziehungen zu fördern.
Gebet: »Vater im Himmel, hab Dank für die Weisheit deiner Gebote. Erinnere uns immer wieder daran, dass sie uns zu unserem eigenen Besten gegeben wurden. Hilf uns zu sehen, auf wie vielfältige Weise die Liebe uns schützt und für uns sorgt. Und hilf uns, deinem Gebot, einander zu lieben, immer mehr zu gehorchen.«

14. August

Angenehme Überraschung

Allen Menschen mit Liebe zu begegnen kann angenehme Überraschungen hervorrufen.

Bibellese des Tages: Jakobus 2,1-9.12-13
Tages-Vers: »Wirklich gut handelt ihr, wenn ihr dem königlichen Gebot unseres Herrn gehorcht, wie es in der Schrift steht: ›Liebe deinen Nächsten wie dich selbst.‹« (Jakobus 2,8)

»Ich kann es kaum glauben, dass ich bei unserem Konzert neben Leon stehen soll!«, sagte Celine. Sie saß am Tisch und half ihren Eltern, Geschenke für die Geburtstagsparty ihres Bruders einzupacken.

»Was ist dabei so schlimm?«, fragte die Mutter.

Celine stieß einen hoffnungslosen Seufzer aus. »Er ist nur der hoffnungsloseste Außenseiter in unserer ganzen Schule!« Sie schaute ihre Eltern an und entdeckte auf ihrem Gesicht keinerlei Verständnis. »Wenn ich neben ihm stehe, könnten die Leute denken, dass ich ihn mag!«

»Wäre das so schrecklich?«, fragte der Vater.

»Er ist ein langweiliger Computer-Freak, Papa«, sagte Celine. »Ich möchte nicht, dass die Leute denken, dass ich ihn sympathisch finde.«

Der Vater wandte sich der Mutter zu und lächelte. »Ich bin froh, dass du nicht solche Gefühle hast«, sagte er.

»Ich auch«, sagte die Mutter. Sie beugte sich über den Tisch und die beiden küssten sich.

»Hört auf damit«, sagte Celine. Sie hatte ihre Eltern schon oft ermahnt, sich nicht in ihrer Gegenwart zu küssen. Sie griff jetzt nach dem Tesafilm. »Was soll das alles?«, fragte sie.

Der Vater lächelte. »Wenn deine Mutter nicht nett zu solchen ›Außenseitern‹ gewesen wäre, dann wärst du heute nicht hier.«

»Was meinst du damit?«, fragte Celine.

»Deine Mutter war eins der beliebtesten Mädchen der ganzen Schule«, erklärte der Vater. »Und ich war einer der zuerst genannten Art.«

»Eine Art nur?«, spottete die Mutter.

»O.k.«, sagte der Vater lachend, »ich *war* so ein weltfremder Trottel. Ich war nicht im mindesten beliebt, schon gar nicht bei den Mädchen. Deine Mutter war einer der wenigen Menschen in der Schule, der wirklich nett zu mir war.«

»Als es so weit kam, dass wir uns anfreundeten«, sagte die Mutter, »stellte ich fest, dass er einer der klügsten und lustigsten Menschen war, denen ich je begegnete.« Sie beugte sich über den Tisch und flüsterte Celine leise zu: »Und als ich ihm beigebracht hatte, wie er sich anziehen sollte, sah er auch gar nicht mehr schlecht aus!«

Celine lachte. »Das ist zu viel auf einmal!«, rief sie. »Papa war ein weltfremder Trottel.«

»Das Entscheidende ist«, sagte die Mutter, »wenn ich mich entschlossen hätte, ihm gehässig zu begegnen, wäre ich an dem großartigsten Mann der Welt vorbeigegangen.«

»Wenn du *allen Menschen* mit Liebe begegnest«, erklärte der Vater, »statt nur den allgemein bekannten oder liebenswerten, kannst du öfter angenehme Überraschungen erleben.«

»Das heißt also, dass ihr meint, ich solle mich nicht so aufregen, dass ich neben Leon stehen muss«, sagte Celine. Ihre Eltern gaben keine Antwort auf ihre Frage und auch Celine schwieg eine Weile. Schließlich gab sie zu: »Er kann wirklich ein netter Mensch sein. Aber ich muss ihn doch nicht heiraten, oder?«

Mutter und Vater lachten. »O.k.«, sagte der Vater. »Damit sind wir einverstanden.«

Zur Diskussion: Hast du solche angenehmen Überraschungen auch schon mal erlebt, wenn du jemand mit Liebe begegnet bist? Wenn ja, beschreibe sie. Denkst du, wir sollten nur die allgemein anerkannten Menschen lieben, die uns am meisten ähneln? Oder alle anderen? Gibt es jemand, dem du mehr Liebe entgegenbringen solltest als bisher?
Gebet: »Herr, hilf uns, andere zu lieben, einerlei wie sie sind, statt nur diejenigen, von denen wir denken, dass sie es wert sind.«

15. August

Tatsachen und Gefühle

Recht und Unrecht wird nicht nach unseren Gefühlen entschieden.

Bibellese des Tages: 1. Korinther 13,4-13
Tages-Vers: »Herr, lass uns deine Gnade erfahren, denn du allein bist unsere Hoffnung.« (Psalm 33,22)

Die Mutter hob ihren Blick von der Zeitung und schaute ihre Tochter an, die an der Küchentheke saß und ihr Müsli aß. »Tara«, sagte sie, »lebt deine Freundin Janet nicht in der Morgan-Straße?«

»Sie ist nicht mehr meine Freundin«, murmelte Tara.

Die Mutter wiederholte ihre Frage. »Lebt ihre Familie in der Morgan-Straße?«

Tara zuckte die Achseln. »Ja«, antwortete sie. »Warum?«

»Letzte Nacht hat es in der Straße ein Feuer gegeben«, erklärte die Mutter und legte die Zeitung auf die Theke. »Zwei Familien haben dabei ihr Zuhause verloren.«

»Ist jemand gestorben?«, fragte Tara.

»Nein, alle konnten noch rechtzeitig das Haus verlassen. Eine von den Familien heißt Turner.«

»Das ist Janets Familie«, sagte Tara. »Das muss sie sein.«

Die Mutter schüttelte traurig ihren Kopf. »Wir müssen sehen, wo und wie wir helfen können. Ich bin sicher, dass wir ein paar überzählige Decken und Kleidungsstücke und Sonstiges haben, was sie brauchen können. In der Zeitung steht, dass dieses Haus komplett zerstört wurde.«

»Müssen wir das unbedingt?«, fragte Tara.

Die Mutter schaute ihre Tochter mit einem Ausdruck von Verwirrung an. »Was meinst du damit?«

Tara seufzte. »Es ist nur so, dass Janet in diesem Jahr in der Schule wirklich ekelhaft zu mir und meinen Freundinnen war, und ... ich fühle mich durchaus nicht danach, ihr zu helfen. Das ist alles.«

Die Mutter nickte ernst. »Es tut mir Leid, zu hören, dass sie so eklig zu euch gewesen ist«, sagte sie mit leiser Stimme. »Ich denke, dass ich deine Gefühle verstehen kann. Aber Gefühle dürfen nicht darüber entscheiden, was Recht oder Unrecht ist. Das tut und darf allein Gott.«

»Du meinst, obwohl sie das ganze Jahr so gehässig zu mir und meinen Freundinnen war, müsste ich trotzdem ... nett zu ihr sein?«

»Nur dann, wenn du dich dazu entscheidest, das zu tun, was vor Gott richtig ist«, antwortete die Mutter.

»Egal ob ich mich danach fühle oder nicht«, fragte Tara.

»Egal ob du dich danach fühlst oder nicht«, antwortete die Mutter, »Gefühle können nicht über Recht und Unrecht entscheiden...«

»Ja, ich weiß«, unterbrach Tara sie, »das tut Gott.« Sie aß den Rest von ihrem Müsli und stand auf. »Ich denke, ich habe ein paar T-Shirts und Pullover, die ich für Janet einpacken kann.«

Die Mutter räumte das leere Geschirr von ihrer Tochter in die Spüle. »Ich wusste, du würdest das Richtige tun«, sagte sie.

Zur Diskussion: Denkst du, dass der Entschluss, Janets Familie zu helfen, Tara leicht gefallen ist? Warum oder warum nicht? Wer oder was entscheidet über Recht und Unrecht? Lassen deine Gefühle es dir manchmal schwer werden, das Rechte zu wählen? Solltest du dich trotzdem für das Richtige entscheiden, auch wenn es schwer ist?

Gebet: »Unsere Gefühle wollen uns manchmal dazu verleiten, einen leichten Ausweg zu wählen, wenn wir Menschen liebevoll begegnen sollen, die wir nicht mögen. Herr, gib uns die Kraft, das Richtige zu tun.«

16. August

Für den Glauben kämpfen

Seid allezeit bereit, für euren Glauben einzutreten.

Bibellese des Tages: Judas 1-3
Tages-Vers: »Und wenn man euch nach eurer Hoffnung fragt, dann seid immer bereit, darüber Auskunft zu geben.« (1. Petrus 3,15)

Bo stapfte in die Garage, wo sein Vater am Auto der Familie arbeitete.

»Was ist los?«, fragte der Vater.

»Dieser Coach!«, sagte Bo und bezog sich dabei auf den Trainer seines Schwimm-Teams. »Er weiß, dass ich Christ bin und ruft mir ständig solche Dinge nach wie ›Bo, der Heilige‹ oder ›Kommando Gott‹ o. Ä.«

Der Vater wischte seine Hand an einem grauen Lumpen ab und lehnte sich gegen das Auto. Nachdenklich nickte er, als Bo weiterberichtete.

»Es ist, als ob er absichtlich versucht, mich verrückt zu machen und mich dahin zu bringen, etwas Falsches zu tun, weißt du. Als ob er es wollte, dass ich reinfalle.«

Wieder nickte der Vater. »Es sieht so aus, als ob er versucht, deinen Glauben auf die Probe zu stellen.«

»Ja«, sagte Bo, als ob er überrascht wäre, dass sein Vater Verständnis für die Situation hatte.

»Es erinnert mich an dein erstes Sommerspiel in der Kleinen Liga«, sagte der Vater.

»Tatsächlich?«, fragte Bo, »wieso?«

Der Vater lächelte. »Du gingst zur ›Home Plate‹ hin und dein Trainer begann, Bälle zu werfen. Du holtest aus und verfehltest den Ball dreimal. Schließlich rief der Schiedsrichter: ›Schlag drei! Du bist aus!‹ Und dann drehtest du dich um, ohne ›Home Plate‹ zu verlassen, fingst an zu weinen und nach mir zu rufen: ›Papa! Er will mich nicht treffen lassen!‹«

Bo lächelte das erste Mal, seit er in die Garage gekommen war. »Das hab ich gemacht?«

»Ja, so war es«, sagte der Vater und lächelte auch. »Natürlich musste ich dich vom Feld bringen und dir erklären, dass der ›Werfer‹ nicht die Aufgabe hatte, dich treffen zu lassen. ›Seine Aufgabe ist es, den Ball zu werfen‹, sagte ich, ›und deine ist es, ihn zu treffen. Das ist Baseball.‹«

Bo rieb sich das Kinn und lehnte sich neben seinem Vater an das Auto.

»Manchmal«, fuhr der Vater fort, »machen wir den gleichen Fehler, wenn es um unseren Glauben geht. Wir vergessen, dass der Teufel unseren Glauben angreifen will – und manchmal tut er das durch Menschen, sogar durch solche, die normalerweise nette Leute sind.«

»So ist das also«, sagte Bo, »es ist die Aufgabe des Teufels, meinen Glauben anzugreifen.«

Der Vater nickte. »Darauf kannst du dich verlassen. Er wird das an jedem Tag deines Lebens auf die eine oder andere Weise tun.«

»Mein Job«, sagte Bo langsam, »ist es dann, für meinen Glauben einzustehen und den Coach sehen zu lassen, was ein Christ ist.«

Der Vater gab ihm einen Schlag auf den Rücken. »Das ist in Ordnung! Du wirst nicht jedes Mal ›einen Treffer landen‹, aber bleib nur auf deinem Platz und ›mach deine Schwünge‹, dann wirst du es richtig machen.«

Zur Diskussion: Haben die Menschen dich schon mal verspottet, weil du Christ bist, oder weil du versuchtest, etwas Richtiges zu tun? Wie reagierst du, wenn Menschen versuchen, deinen Glauben zu testen? Gibt es gute und schlechte Wege, für den Glauben einzutreten? Kannst du Beispiele nennen?
Gebet: »Herr, es ist nicht immer leicht, für unseren Glauben einzustehen. Gib uns deinen Mut, wenn unser Glaube auf dem Prüfstand steht.«

17. August

Wie pures Gold

Moralische Reinheit ist etwas Gutes.

Bibellese des Tages: 2. Mose 37,1-24
Tages-Vers: »Bemüht euch deshalb .... ein reines und tadelloses Leben im Frieden mit Gott zu führen ...« (2. Petrus 3,14)

»Denk dran«, sagte Todd zu seinem Neffen Kenny, »das musst du für dich behalten.« Todd öffnete die Tür zu dem Juweliergeschäft und trat zurück, um Kenny zuerst hineingehen zu lassen.

»Das werde ich«, versprach Kenny. »Ich bin gut im Bewahren von Geheimnissen.«

Todd und Kenny traten an die Theke und erklärten dem Verkäufer, dass Todd sich nach einem Verlobungsring umschauen wollte. Der Mann gratulierte ihm zunächst, zog dann ein Tablett mit goldenen Ringen hervor und begann, sie Todd im Einzelnen zu zeigen.

Kenny kletterte auf einen Polsterstuhl und beugte sich über den gläsernen Schaukasten. »Die sind sehr schön«, sagte er.

Todd nahm einen Ring von dem mit Samt ausgeschlagenen Tablett. Er drehte das Preisschild um und verzog das Gesicht. »Er darf nicht so viel kosten wie dieser hier, das ist klar.«

Kenny zeigte auf ein Schild, das von einem der Ringe herabhing. »Was bedeutet 14K?«

Todd sah sich nach dem Angestellten um, aber der hatte sich gerade einem anderen Kunden zugewandt. »Ich denke, es gibt Auskunft darüber, wie hoch der Goldgehalt in dem Ring ist.«

»Sind sie nicht ganz aus Gold?«, fragte Kenny. Die Ringe sahen für ihn alle so aus.

»Nun, so ähnlich. Wenn da steht ›14K‹, dann heißt das ›14 Karat‹ und bedeutet, dass mehr Gold darin ist, als wenn es heißt 12K oder eine noch niedrigere Zahl.«

»Das stimmt«, sagte der Verkäufer, als er zu ihnen zurückkehrte. »Zwanzig Karat ist reines Gold.«

»Reines Gold«, wiederholte Kenny in ehrfürchtigem Ton.

»Und reines Gold ist das Beste«, erklärte Todd seinem Neffen, als er einen anderen Ring heraussuchte. »Das bedeutet, dass nichts als Gold darin ist. Kein anderes Material.«

»Ich mag pures Gold«, sagte Kenny.

Todd lachte. »Du bist nicht der Einzige. Aber das kann ich nicht bezahlen.« Er legte den Ring auf das Tablett zurück. Dann warf er noch einen Blick auf ein paar andere Ringe, bedankte sich bei dem Verkäufer und verließ mit Kenny das Geschäft.

»Cassie mag auch pures Gold, nicht wahr, Todd?«, fragte Kenny.

Todd nickte. »Ich bin sicher, dass sie das tut. Jeder liebt reines Gold. Wenn etwas rein ist, ist es umso mehr wert. Es ist einfach besser.«

»Wie reines Gold?«, fragte Kenny.

»Ja«, antwortete Todd, »wie reines Gold.«

Zur Diskussion: Kannst du einige reine Dinge nennen, die du magst (reines Gold, reine Milch, reine Schokolade, reines Wasser)? Gott möchte, dass wir rein sind. Er möchte nicht, dass unser Leben von allen möglichen Dingen wie Sünde usw. verunreinigt wird. Wir schaffen das nicht allein, aber Gott kann uns rein machen.
Gebet: »Herr, lehre uns, uns auf deine Hilfe zu verlassen, wenn unser Leben rein bleiben soll.«

18. August

Jennas Perspektive

Wer entscheidet über Recht und Unrecht? Gott – und nur Gott allein.

Bibellese des Tages: 1. Mose 39,1-10
Tages-Vers: »Bemüht euch deshalb darum ... ein reines und tadelloses Leben im Frieden mit Gott zu führen ...« (2. Petrus 3,14)

»Ich kann es nicht glauben, dass du mich diese Sendung sehen lässt, Papa!« sagte Jenna.

»Ich kann es auch nicht verstehen«, sagte die Mutter.

Der Vater lächelte. Er saß auf der Couch und hatte den Arm um seine Frau gelegt. Jenna hatte sich vor der Couch auf den Boden gehockt, als der Themen-Song zu dem Fernseh-Hit »Hollywood Boulevard« ertönte.

»Warum sehen wir uns diese Show an?«, fragte Jenna. Sie wusste, dass es um die Episode ging, in der Marla, eine der Hauptdarstellerinnen, eine Beziehung zu Brant eingehen würde.

»Wir wollen uns nur gerade dies hier ansehen«, sagte der Vater.

Die Show war halb vorüber, als Werbung kam und der Vater die Pause nutzte, um den Ton abzustellen und sich auf der Couch zurechtzusetzen. »Was denkst du, Jenna, was Marla jetzt gleich tun wird?«, fragte er seine Tochter.

Jenna hustete nervös. Sie erwartete, dass der Vater jetzt den Fernseher abstellen würde. »Ich denke, sie wird ... sie wird mit Brant ins Bett gehen.«

»Aber sie sind nicht verheiratet, oder?«, fragte der Vater.

Jenna schüttelte den Kopf.

»Du denkst, Marla hält ihr Tun für richtig?«

Jenna nickte. »*Sie* denkt das, weil sie sagte, sie hätte gewartet, bis Brants Scheidung endgültig war, sodass nichts mehr zwischen sie und den Mann, den sie liebte, kommen konnte.«

»Wie denkst du darüber?«, fragte der Vater.

»Es ist Unrecht«, sagte Jenna.

»Warum?«, fragte der Vater.

»Weil sie und Brant nicht verheiratet sind.«

»So?«, fragte der Vater. »Wer bist du, dass du sagen kannst, Marla dürfte das nicht tun, was sie für richtig hält?«

Jenna schaute geschockt aus. »Aber ich bin nicht die Person, die es sagt«, antwortete sie. »Gott sagt es. Er sagt, wir sollen rein sein, und was Marla im Begriff ist zu tun, ist nicht rein. Nur weil sie selbst sagt, dass es richtig ist, wird es nicht richtig. Was Gott dazu sagt, das zählt.«

Der Vater lehnte sich auf der Couch zurück und griff nach der Fernbedienung. »Du hast Recht«, sagte er. »Du hast absolut Recht. Tatsächlich wirst du einige Freunde haben, die morgen in der Schule etwas von der Perspektive Gottes hören sollten im Hinblick auf die Episode von ›Hollywood Boulevard‹ von heute Abend.« Er lächelte und drehte die Lautstärke am Fernseher wieder hoch.

Zur Diskussion: In der heutigen Bibellese versuchte Potifars Frau Josef zu verführen. Wie reagierte Josef? Versuchte er, Recht und Unrecht nach eigenem Gutdünken zu entscheiden, oder richtete er sich nach dem Willen Gottes?
Gebet: »Himmlischer Vater, wir lieben dich. Wir verehren dich, und wir beten dich an. Wir möchten deinem Namen Ehre geben, indem wir dich um Hilfe bitten, ein reines und tadelloses Leben führen zu können.«

19. August

Der Hammer traf daneben

Gott gebietet Reinheit in Gedanken, Worten und Taten.

Bibellese des Tages: Epheser 4,29; 5,1-4
Tages-Vers: »Verzichtet auf schlechtes Gerede, sondern was ihr redet, soll für andere gut und aufbauend sein, damit sie im Glauben ermutigt werden.« (Epheser 4,29)

Simon hielt das Brett fest, während der Vater den Nagel hielt, den er mit dem Hammer in das Brett schlagen wollte. Das Brett sollte ein Teil vom Dach der Hundehütte werden, die sie gerade bauten. Der Vater hob den Hammer hoch in die Luft und ließ ihn nach unten sausen – teilweise auf den Nagel und teilweise auf seine Hand. Dabei stieß er einen Schrei aus, und der Hammer fiel auf den Boden.

»Ist alles in Ordnung?«, fragte Simon mit besorgter Stimme.

Der Vater schwenkte seine Hand kräftig in der Luft hin und her. »Ja«, sagte er. Er atmete einmal scharf ein – die Luft pfiff durch die Zähne. »Tut nur ziemlich weh«, sagte er.

Ein paar Minuten später hob der Vater den Hammer schon wieder und arbeitete weiter. Er gab jetzt den Hammer an Simon und ließ ihn den letzten Nagel einschlagen. Als sie das Dach hochhoben und dabei waren, es auf die Hütte zu setzen, stellte Simon dem Vater eine Frage.

»Papa«, begann er, »hast du jemals ein böses Wort gesagt? Jemals?«

Der Vater hörte auf zu arbeiten und studierte das Gesicht seines Sohnes. Er wusste, was ihn zu der Frage veranlasst hatte – *seine* Reaktion auf den Schmerz, ohne dass ein Fluch über seine Lippen gekommen war, als er seine Hand mit dem Hammer getroffen hatte. Er schüttelte den Kopf. »Nicht mehr, seit ich ein kleiner Junge war«, sagte er.

»Warum?«, fragte Simon.

»Nun«, sagte der Vater, »weil Gott uns sagt, dass er wünscht, dass wir rein sein sollen – in Gedanken, Worten und Taten. In seinem Wort heißt es: ›Verzichtet auf schlechtes Gerede.‹«

»Was soll das heißen?«

»›Schlechtes Gerede‹ bedeutet böse Worte, gemeine Dinge, die man über jemand anderen sagt, Geschwätz und Ähnliches.«

»Herr Henderson sagt manchmal schlimme Worte«, sagte Simon und bezog sich dabei auf einen von Vaters Freunden.

Der Vater nickte. »Ich weiß«, sagte er. »Und du?«

Simon dachte einen Augenblick nach. »Ich habe es einmal getan. Aber ich mochte es nicht.«

»Ich freue mich zu hören, dass du es nicht gut findest«, sagte der Vater lächelnd. »Es ist viel besser, Gutes zu sagen, statt schlimme Worte zu brauchen, nicht wahr?«

»Ja«, stimmte Simon lächelnd zu. »Selbst dann, wenn du dir mit dem Hammer auf die Hand geschlagen hast, was, Papa?«

Der Vater erwiderte sein Lächeln. »Auch dann, mein Sohn«, sagte er. Er hob den Hammer und traf den Nagel diesmal genau auf den Kopf.

Zur Übung: Lege einen Hammer auf den Küchentisch, um alle in der Familie daran zu erinnern, dass Gott Reinheit in Gedanken, Worten und Taten fordert.
Gebet: »Herr, wir möchten rein sein in Gedanken, Worten und Taten.«

20. August

Motorrad-Wahnsinn

Gott gebietet uns Reinheit, weil er Reinheit schätzt.

Bibellese des Tages: Philipper 1,9-11
Tages-Vers: »Bin ich gewandelt in Falschheit, oder ist mein Fuß geeilt zum Betrug? Gott möge mich wiegen auf rechter Waage, so wird er erkennen meine Unschuld!« (Hiob 31,5-6)

Grant stürzte nach einem hitzigen Fußballspiel, das er im Hof mit einigen seiner Freunde ausgetragen hatte, zur Hintertür herein.

»Durstig?«, fragte die Mutter.

»Jaaah«, antwortete er. »Ich sterbe gleich vor Durst.«

»Wie ist es mit einem Glas Eiswasser?«, fragte die Mutter. Sie hielt schon ein Glas in der Hand.

Grant streckte die Hand aus und ergriff das Glas. »Danke, Mama«, sagte er. Er hob es zum Mund, hielt aber plötzlich inne, bevor er trank.

»Was ist das?«, fragte er. Er hielt das Glas in Augenhöhe vors Gesicht.

»Da ist Schmutz im Wasser!«

»Oh, das macht nichts«, sagte die Mutter, »es ist doch schön kühl und nass, nicht wahr?«

»Schon, aber das möchte ich nicht trinken ...« Plötzlich flog ein wissender Ausdruck über Grants Gesicht. »Was soll das bedeuten, Mama?«

Die Mutter griff nach einem Magazin, das auf der Küchentheke gelegen hatte und setzte sich an den Tisch, Grant gegenüber. »Ich habe heute Nachmittag dein Schlafzimmer geputzt und fand dies unter deinem Schreibtisch«, sagte sie.

Grant wurde rot. Es war ein Exemplar von »Motorrad-Wahnsinn«, ein Magazin, das ihm ein Freund gegeben hatte. Es zeigte Bilder von Motorrädern und halbnackte Frauen.

»Ich habe mir gedacht«, sagte die Mutter, »dass es dir nichts ausmachen würde, deinem Körper unsauberes Wasser zu geben, da es dir offensichtlich auch nichts ausmacht, Unreinheiten in Geist und Herz eindringen zu lassen.«

»Oh«, murmelte Grant, und sah plötzlich einen Zusammenhang zwischen dem schmutzigen Wasser, das seine Mutter ihm angeboten hatte, und den Bildern, die er sich angesehen hatte.

»Grant«, sagte die Mutter, »die Bilder zeugen nicht gerade von Reinheit, oder?«

Grant schüttelte den Kopf. »Nein«, antwortete er, »das kann man nicht sagen.«

»Ich möchte, dass du rein bleibst, Grant«, fuhr die Mutter fort. »Ich schätze Reinheit ... weil Gott sie schätzt. Darum gebietet er uns, rein zu sein, ein reines und untadeliges Leben zu führen, weil er weiß, dass Reinheit etwas Gutes ist, eine wertvolle Sache.«

»Ja«, sagte Grant. »Es tut mir Leid, Mama.« Er drehte das Glas mit schmutzigem Wasser in der Hand. »Ich glaube, dass ich die Reinheit auch schätze.«

»Gut«, sagte die Mutter. »Möchtest du jetzt ein Glas mit sauberem Wasser?« Sie nahm das Magazin in die Hand und brachte es zum Mülleimer, in dem es verschwand.

Grant nickte: »Ja, bitte.« Er schaute dem Magazin nach, das auf Kaffeesatz, Eierschalen und anderem Abfall im Mülleimer lag. »Danke, Mama«, sagte er.

Zur Diskussion: Warum gebietet uns Gott, dass wir ein reines Leben führen sollen? Wie macht dein Leben sichtbar, dass du Reinheit in Gedanken, Worten und Taten schätzt?
Gebet: »Herr, hilf uns, dass der Geist Christi in uns wohnt, wenn es um unsere Gedankenwelt geht. Wir möchten mit dir einen Bund schließen, dass du uns bewachst in dem, was wir sehen, hören und reden.«

21. August

Gott ist rein

Gott schätzt die Reinheit, weil er rein ist.

Bibellese des Tages: Jesaja 6,1-7
Tages-Vers: »Heilig, heilig, heilig ist der Herr Zebaoth, alle Lande sind seiner Ehre voll!« (Jesaja 6,3)

Monika und Anne spielten zusammen Kricket im Hof hinter Monikas Haus. Monikas Vater stand am Grill auf der hinteren Veranda und bereitete das Abendessen vor.

Anne stieß ihren Ball gegen den von Monika, sodass der irgendwo weit entfernt vom nächsten Tor landete. Monika beobachtete, wie ihr Ball weiter und weiter rollte, und schließlich sagte sie völlig frustriert ein Wort, das sie Anne schon manches Mal hatte sagen hören, wenn sie zornig war.

Monika hatte das Wort nicht sehr laut gesagt, erschrak aber plötzlich, als sie die Stimme ihres Vaters von der Veranda her rufen hörte.

»Monika, Anne«, rief er, »würdet ihr beide für eine Minute herkommen?«

Die Mädchen kamen zum Grill, wo der Vater stand. Er zeigte auf ein Würstchen, das er auf die Holzlatten der Veranda hatte fallen lassen. »Wer von euch möchte dieses Würstchen?«, fragte er.

»Iiiih, eklig!«, sagte Anne. Monika rümpfte die Nase und schüttelte den Kopf.

»Warum denn?«, fragte der Vater.

»Es ist dreckig«, antwortete Monika.

»Oh«, sagte der Vater, »ihr habt Recht. Es ist nicht sehr sauber. So wie eure Sprache vorhin. Seht ihr, ihr Mädchen«, sagte der Vater, »Reinheit spielt nicht nur eine Rolle bei den Dingen, die ihr in den Mund steckt; sie gilt auch für die Dinge, die aus eurem Mund herauskommen. Reinheit ist richtig und Unreinheit ist falsch. Wisst ihr, warum Reinheit richtig ist?«

Beide Mädchen schüttelten den Kopf.

»Weil Gott uns gebietet, rein zu sein«, antwortete der Vater. »Und das tut er, weil er die Reinheit schätzt. Wisst ihr, warum Gott die Reinheit schätzt?«

Wieder schüttelten sie die Köpfe.

»Weil Gott selbst rein ist«, sagte er. Er nahm eine rotglühende Kohle vom Grill und hielt sie in einer Zange, wie er es ihnen in der Geschichte von Jesaja im Tempel erzählt hatte. »Als Jesaja die Heiligkeit und Reinheit Gottes sah, war er entsetzt wegen seiner eigenen Unreinheit und Sündhaftigkeit, bis ein Engel seine Lippen mit einer heißen Kohle berührte und ihm sagte, dass seine Sünden und seine Schuld von ihm genommen seien. Daran sieht man, wie rein Gott ist«, erklärte der Vater, »so rein, dass nichts Unreines in seiner Gegenwart überleben kann. Darum ist Reinheit richtig …«

»Und Unreinheit falsch«, sagte Monika, indem sie den Satz des Vaters beendete. »Es tut mir Leid, Papa.«

»Sollen wir es machen wie bei Jesaja«, fragte der Vater und hielt seiner Tochter die rauchende Kohle hin, wobei er einen spöttischen Blick in den Augen hatte.

»Nein!«, schrie Monika, als sie und Anne lachend wegrannten.

Zur Diskussion: Warum war Jesaja beschämt? Welche Gefühle weckt die Erkenntnis von Unreinheit in uns?

Gebet: »Herr, du bist rein und heilig, und du gebietest uns, rein zu sein. Bitte reinige du unsere Gedanken, Herr. Reinige unsere Worte. Und reinige unser Leben, sodass wir dir gefallen in allem, was wir tun.«

22. August

Rauchmelder

Das Rechte tun ist leichter, wenn man sich einmal verpflichtet hat, Gottes Wege zu gehen.

Bibellese des Tages: Psalm 119,9-16
Tages-Vers: »Wie kann ein junger Mensch in seinem Leben rein von Schuld bleiben? Indem er sich an dein Wort hält und es befolgt.« (Psalm 119,9)

Onkel Jims trockener Husten lärmte durch das kleine Haus, als Peter sich durch die Haustür hereindrückte und versuchte, ins Bad zu schleichen.

»Peter!«, rief Onkel Jim. Er erschien ganz plötzlich vor Peter.

»Hi, Onkel Jim«, sagte Peter.

»Wo bist du gewesen, Junge?«, fragte Onkel Jim. Peter hatte versprochen, nach der Schule bei Onkel Jims Haus vorbeizukommen und ihm zu helfen, einige Fensterläden aufzuhängen.

»Ich … ach, ich bin nach der Schule noch bei ein paar Freunden hängen geblieben«, sagte Peter.

»Oh«, sagte Onkel Jim, »riechst du deshalb so nach Zigarettenrauch?«

»Jaaa«, murmelte Peter, wobei er dem Blick des Onkels auswich, »ich vermute. Die Jungs spielten einfach so herum, weißt du?«, sagte er. »Ich schämte mich, Nein zu sagen.«

»Du hättest dich schämen sollen, Ja zu sagen«, bellte Onkel Jim, was einen langen Hustenanfall zur Folge hatte.

»Onkel Jim, du weißt doch, wie das ist«, sagte Peter in bittendem Ton. »Du hast als Kind mit Rauchen angefangen, oder?«

»Ja!«, antwortete der Mann laut. »Und es hat mich fünfunddreißig Jahre gekostet, damit wieder aufzuhören. Und all der Müll, den ich in meinen Lungen aufgenommen habe, bringt mich jetzt um – langsam, aber sicher. Ich möchte nicht, dass du den gleichen Fehler machst.«

»Ich weiß«, sagte Peter. »Es ist nur, nun … die Jungs …«

»Ich weiß, was mit den Jungs los ist«, sagte Jim. »Sie denken, dass es ›cool‹ ist, wenn man raucht. Sie stellen dich auf die Probe und bringen dich in Versuchung und wollen, dass du den gleichen Dreck in deinen Körper bekommst wie sie.« Er hustete wieder. »Ich weiß, dass es schwer ist, Peter, aber es ist viel leichter, wenn du vorher die Entscheidung triffst, dass du rein bleiben willst an Seele *und* Körper.«

»Aber wie soll ich das machen, Onkel Jim?«

Onkel Jim seufzte. »Das Richtige tun ist leichter«, sagte er, »wenn du deinen Entschluss bereits gefasst hast, bevor dich die Versuchung trifft. Du musst vorher wissen, wie deine Antwort ausfallen wird, wenn die ›Freunde‹ dir eine Zigarette anbieten. Verpflichte dich jetzt, dem Wort Gottes zu gehorchen und seinen Geboten zu folgen. Vertraue ihm jeden Tag, dass er dir die Kraft schenkt, Versuchungen zu meiden oder, wenn sie denn kommen, ihnen zu widerstehen.«

»Ich vermute, dass ich das nie wirklich getan habe«, sagte Peter.

»Jetzt ist die Zeit so gut wie jede andere, um in Gottes Wege einzuwilligen«, antwortete Onkel Jim.

Peter schaute mit ernstem Gesicht auf seinen Onkel. »O.k.«, sagte er.

Onkel Jim nahm Peters Schulter mit festem Griff und beide schlossen ihre Augen, während Peter betete und sich verpflichtete, Gottes Wegen zu folgen.

Zur Diskussion: Bist du jemals dazu verleitet worden, unreine Dinge zu denken, zu sagen oder zu tun? Hast du dich entschlossen, Gottes Wegen zu folgen, wenn die Versuchung dir begegnete? Wie kannst du das tun?
Tipp fürs Gebet: Betet abwechselnd und versprecht Gott, dass ihr das befolgen wollt, was er als richtig bezeichnet, und dass ihr rein bleiben wollt, indem ihr seinem Wort gehorcht und seine Regeln einhaltet.

23. August

Reine Hände und Herzen

Reinheit schützt uns vor Schuld und schenkt uns geistliche Frische.

Bibellese des Tages: Psalm 24,3-6
Tages-Vers: »Wie kann ein junger Mensch in seinem Leben rein von Schuld bleiben? Indem er sich an dein Wort hält und es befolgt.« (Psalm 119,9)

Die Mutter rief nach ihrer Tochter, die im Nachbargarten spielte. »Sheila! Es ist Essenszeit!«

Einige Augenblicke später kam Sheila herein und wollte sich gerade an ihren gewohnten Platz neben dem Vater setzen, der immer am Kopfende der Tafel saß.

»Sheila, Liebling«, sagte die Mutter, »bitte wasch dir zuerst die Hände.«

»Muss das sein?«, fragte sie.

»Ja«, antwortete der Vater. »Bitte, beeil dich«, fügte er noch hinzu.

Sheila kehrte bald wieder mit gewaschenen Händen zurück, und die Familie nahm ihr Mittagessen ein. Nach dem Essen griff der Vater zur Bibel und öffnete sie bei Psalm 24, um die Andacht zu halten. »Wer darf den Berg des Herrn besteigen?«, las er. »›Wer darf an seinem heiligen Ort stehen? Nur die Menschen, deren Hände und Herzen rein sind, die keine Götzen anbeten und keinen falschen Eid schwören. Sie empfangen den Segen des Herrn und Gerechtigkeit von Gott, ihrem Retter.«

»Ich weiß, warum du das gelesen hast«, sagte Sheila, als er geendet hatte.

»Warum?«, fragte der Vater neckend.

»Weil ich mir vor dem Essen die Hände nicht gewaschen hatte.«

Er lächelte. »Das stimmt«, sagte er und zwinkerte seiner Tochter zu.

»Siehst du, Liebling«, brachte die Mutter nun vor, »wir möchten, dass du dir die Hände vor dem Essen wäschst, damit nicht Schmutz und andere unreine Dinge wie Bakterien dich krank machen können.«

»Könnten sie das?«, fragte Sheila.

Der Vater schloss die Bibel und stellte sie wieder an ihren Platz auf dem Sideboard. »Darum bestehen wir darauf, dass du mit sauberen Händen an den Tisch kommst. Und aus einem ähnlichen Grund möchte Gott, dass wir reine Herzen haben.«

»Werde ich krank, wenn ich kein reines Herz habe?«, fragte Sheila naiv.

»In gewisser Weise, ja«, sagte die Mutter. »Wenn du in deinem Leben irgendetwas Unreines festhältst, kann es dir Schuld- und sogar Schamgefühle verursachen. Und dann hast du den Eindruck, von Gott weit weg zu sein.«

»Ich möchte aber nicht weit weg sein von Gott«, sagte Sheila.

»Das wünschen wir auch nicht«, sagte die Mutter. »Und auch Gott will das nicht.«

»Reine Herzen sind etwas sehr Wichtiges, nicht wahr?«, sagte Sheila.«

Der Vater nickte und die Mutter fügte hinzu: »Und reine Hände auch!«

Zur Diskussion: Welches Gute, sagt uns die heutige Bibellese, erleben denjenigen, die ›reine Hände und Herzen‹ haben. Wie schützt uns Gottes Gebot, rein zu sein, vor Schuld und Scham? Jedes Mal, wenn du dir in dieser Woche die Hände wäschst, denk daran, wie wichtig neben reinen Händen auch reine Herzen sind.
Gebet: »Hilf uns, himmlischer Vater, vor dir reine Herzen zu haben.«

24. August

Innere Reinheit

Reinheit schützt uns gegen Korruption und macht uns fähig zu guten Werken.

Bibellese des Tages: Titus 1,15-16
Tages-Vers: »Für Menschen, die ein reines Gewissen haben, ist alles rein. Doch für die Verdorbenen und Ungläubigen ist überhaupt nichts rein.« (Titus 1,15)

»Danke, dass du rübergekommen bist, Rudi«, sagte Daniela, als sie ihrem Freund die Tür öffnete. »Ich weiß nicht, was damit nicht in Ordnung ist. Manchmal funktioniert er wunderbar und manchmal spielt er total verrückt.« Sie führte ihn durchs Haus in das Arbeitszimmer der Familie. »Da steht er«, sagte sie, als sie die Tür öffnete und auf den Computer zeigte, der dort auf dem Schreibtisch stand.

Rudi rieb sich die Hände und setzte sich auf den Schreibtischstuhl vor den Computer. »Na dann«, sagte er, »wir wollen sehen, was wir hier für ein Problem haben.«

Er begann Programme und Dateien zu öffnen und zu schließen, und benutzte abwechselnd die Tastatur und die Maus, um den Cursor auf dem Bildschirm zu kontrollieren. Nach etwa fünfzehn Minuten stellte er den Computer ab. Dann stand er auf, räumte den Bildschirm beiseite und begann, den Rechner selbst zu öffnen.

»Kannst du mir sagen, was nicht stimmt?«, fragte Daniela, die sich über Rudi gebeugt hatte, wie eine besorgte Glucke.

»Nun«, sagte er, als er die Abdeckung entfernte, wo Chips, Platinen und andere Bestandteile des ›Innenlebens‹ des Computers sichtbar wurden, »hier könnte schon ein Teil deiner Probleme liegen.«

Daniela starrte in das staubige Innere des Computers, um zu sehen, ob etwas abgebrochen oder eine Verbindung lose war. »Was denn?«, fragte sie. »Ich sehe nichts.«

»Hast du einen Staubsauger?«, fragte Rudi. »Möglichst mit einer ganz kleinen, schmalen Düse!«

Daniela verschwand und kam kurz darauf wieder mit einem Staubsauger, der ein dünnes, flaches Ansatzstück an seinem Schlauch besaß.

Rudi nahm ihr den Schlauch aus der Hand. »Computer neigen dazu, Staub und andere Dinge anzuziehen«, erklärte er.

»Du willst damit sagen, dass mein Computer nur eine Staubsaugerbehandlung braucht?«, fragte Daniela.

Rudi zuckte die Achseln. »Staub und andere kleine Schmutzpartikel können in deinen Computer gelangen und ihn in Unordnung bringen. Es gibt eine Menge von sehr sensiblen Teilen bei einem Computer. Staub und Schmutz kann ihn wirklich ruinieren und seine Funktionen teilweise außer Kraft setzen.«

»Wow«, sagte Daniela. »Ich habe nie daran gedacht, meinen Computer innen zu reinigen.«

Rudi verbrachte die nächste halbe Stunde damit, den Computer seiner Freundin wieder funktionsfähig zu machen. Als sie ihn wieder zusammensetzten und einen Test starteten, arbeitete er wieder viel besser als vorher. »So, das dürfte alles gewesen sein, was er brauchte«, sagte er. »Wenn er aber immer noch nicht richtig arbeitet, müsstest du ihn mal von einem Fachmann untersuchen lassen.«

»O.k.«, sagte Daniela, »ich hatte keine Ahnung, dass die ›innere‹ Reinigung so wichtig sein könnte.«

Zur Diskussion: Welche Auswirkung hatten die inneren Verschmutzungen von Danielas Computer auf seine Funktionen? Denkst du, dass Unreinheiten in deinem ›Innenleben‹ ebenfalls Auswirkungen haben? Welche? Auf welche Weise kann das Reinbleiben in Gedanken, Worten und Taten dein Leben besser machen?
Gebet: »Herr, wir brauchen es, dass du uns im Hinblick auf unsere geistliche Haltung – von innen her – testest. Entferne du alles Unreine, das sich in uns findet.«

25. August

Eine reine Welt

Die Segnungen der Reinheit sind zahlreich.

Bibellese des Tages: Psalm 51,12-14
Tages-Vers: »Gott, erschaffe in mir ein reines Herz und gib mir einen neuen aufrichtigen Geist.« (Psalm 51,12)

Die Mutter, Carrie und Antonio standen auf der Bank in einer Schlange.

»Diese Schlange ist zu lang«, jammerte Antonio. Er prüfte die anderen Reihen, um zu sehen, ob eine kürzere dabei wäre, aber sie sahen alle gleich lang aus.

»Ich habe eine Idee!«, kündete Carrie an. »Lasst uns ›Was wäre wenn?‹ spielen.«

»O.k.«, sagte die Mutter. »Was wäre, wenn … alle Menschen in der Welt ›rein‹ wären in Gedanken, Worten und Taten?«

Carrie und Antonio waren plötzlich still geworden und hatten die lange Schlange vergessen. Sie konzentrierten sich auf die Vorstellung einer Welt, in der jeder ›rein‹ war.

»Ich weiß!«, sagte Carrie. »Wir könnten in jeden Film gehen, den wir sehen wollten, weil alle Filme ›jugendfrei‹ wären.«

Die Mutter lachte. »Sehr gut, Carrie«, sagte sie.

»Ich weiß auch etwas«, kündigte Antonio an. »Die Menschen würden nicht mehr all die schlimmen Worte an die Mauern neben unserer Schule schmieren.«

»Ja«, stimmte Carrie zu. »Und ich könnte jede Show am Fernsehen genießen, ohne euch erst fragen zu müssen!«

Die Mutter nickte. »Ich denke, ihr habt beide Recht«, sagte sie. »Sonst noch was?«

Antonio legte seinen Finger in einer nachdenklichen Geste ans Kinn. »Sie müssten nicht mehr diese Sticker auf die CDs kleben!«

»Das ist richtig«, stimmte die Mutter zu. »Und wir brauchten keine Sticker für ›elterlichen Rat‹ mehr, nicht wahr?«

»Bobby Nelson würde nicht mehr ständig in Schwierigkeiten geraten, weil er in der Schule schmutzige Witze erzählt«, sagte Carrie und runzelte in offensichtlichem Missfallen an Bobbys Betragen die Stirn.

»Entschuldigen Sie bitte«, sagte jetzt ein Mann in der Uniform eines Polizeioffiziers, und trat dann an ihre Reihe heran.

»Oh, es tut mir Leid«, sagte die Mutter. »Sind wir zu laut?«

»Nein«, sagte der Mann schnell, »durchaus nicht. Ich habe nur gerade ihr kleines Spiel mitgehört – ich konnte es nicht vermeiden – und möchte gerne mitmachen.« Er wandte sich an Carrie und Antonio. »Wenn in der Welt alle rein wären in Gedanken, Worten und Taten, würde das meinen Job einen guten Teil leichter machen. Ich könnte vielleicht sogar schon früher in Pension gehen!«

Carrie und Antonio lächelten. Die Mutter sagte: »Danke!«

Er nickte lächelnd. »Ich danke *Ihnen*!«

Zur Übung: Spielt euer eigenes »Was wäre, wenn …«-Spiel mit dem Thema ›Reinheit‹. Überlege, was du zu Carries und Antonios Ideen noch beitragen kannst.

Gebet: »Herr, wir können uns kaum vorstellen, dass diese Welt rein wäre. Hilf uns, daran zu denken, dass das Erreichen dieses Ziels damit beginnen würde, dass wir unseren Anteil dazu beitragen würden, rein zu bleiben. Bitte hilf uns, rein zu sein in Gedanken, Worten und Taten.«

26.
August

Der Wagen und das Pferd

Gottes Geboten zu gehorchen, schenkt uns nicht die Erlösung, aber der (erlösende) rettende Glaube ruft Gehorsam hervor.

Bibellese des Tages: Galater 3,10-11; 5,16
Tages-Vers: »... der Gerechte aber wird durch seinen Glauben leben.« (Habakuk 2,4)

Kerstin kam weinend in das Klassenzimmer ihrer christlichen Schule. Alle andern Kinder waren noch auf dem Spielplatz.

»Was ist los, Kerstin?«, fragte ihre Lehrerin, Frau Stacy. Sie legte liebevoll die Hände auf Kerstins Schultern und zog sie zu sich heran.

Kerstin kämpfte mit ihrem Schluchzen und endlich konnte sie eine Erklärung abgeben. »Ich habe mit Betty ›Himmel und Hölle‹-Hüpfen gespielt, und dann – dann bin ich gefallen und habe ein schlimmes Wort gesagt.«

»Hast du dich verletzt?«, fragte Frau Stacy.

»N-n-nein«, antwortete Kerstin. »Aber jetzt komme ich nicht in den Himmel!«

»Wie bitte?«, fragte Frau Stacy, immer noch mit sanfter Stimme. »Wie kommst du darauf?«

»Meine Mama und mein Papa haben mich gelehrt, wie ich richtig handeln soll. Aber jetzt habe ich etwas Schlimmes getan, und ich komme nicht mehr in den Himmel.«

Frau Stacy nahm Kerstin in ihre Arme und strich ihr liebevoll übers Haar. Sie lächelte leicht. Sie kannte Kerstins Eltern und wusste, dass sie auf keinen Fall diesen Eindruck in ihrer Tochter hatten erwecken wollen. »Oh, Kerstin, das ist nicht wahr!«, sagte sie.

»Ist nicht ... nicht wahr?«, sagte Kerstin. Ihr Weinen ließ nach, und sie schaute mit großen runden Augen zu Frau Stacy auf.

»Nein«, sagte die Lehrerin und wurde ernst. »Durchaus nicht. Du willst den Wagen haben, bevor du das Pferd hast.«

»Ich will was?«, fragte Kerstin.

Frau Stacy nickte. »Hast du Jesus nicht gebeten, in deinem Herzen zu leben?«, fragte sie.

Kerstin schniefte und nickte feierlich.

»Und liebst du Jesus nicht?«

»Oh doch!«, antwortete Kerstin. Sie wischte sich mit dem Handrücken die Tränen fort.

»Kerstin, *das* ist es, was dich zum Christen macht. Darum wirst du einmal in den Himmel kommen.«

Kerstin schwieg, aber ihre Tränen hatten aufgehört zu fließen.

»Dass man ein schlimmes Wort sagt, ändert nichts daran. Aber Gott lieben und ein Christ sein, sollte dich wünschen lassen, gute Dinge zu tun und keine schlimmen.«

»Oh, das will ich«, sagte Kerstin. Ihr Gesicht war plötzlich hell geworden. »Ich möchte gut sein … für Jesus!«

Frau Stacy lachte und umarmte Kerstin noch einmal. »Ich weiß, dass es so ist, Kerstin. So geht es uns allen.«

Zur Diskussion: Wie würdest du die Fragen beantworten, die Frau Stacy Kerstin stellte (»Hast du Jesus gebeten, in deinem Herzen zu leben?« und »Liebst du Jesus?«)? Denkst du, das Rechte tun, rettet uns oder bringt uns in den Himmel? Denkst du, der rettende Glaube an Jesus Christus hilft uns zu den richtigen Entscheidungen? Erkläre.

Tipp fürs Gebet: Betet nach der obigen Diskussion abwechselnd für Familienmitglieder und Freunde, die die Wahrheit der Liebe von Jesus noch nicht kennen.

27. August

Der Gebetsplan

Das Gebet ist ein Schlüssel für richtige Entscheidungen.

Bibellese des Tages: 2. Thessalonicher 1,3-4.11-12

Tages-Vers: »Und wir beten, dass Gott eure guten Absichten und das, was ihr aus dem Glauben heraus tut, mit seiner Kraft erfüllt.« (2. Thessalonicher 1,11)

»Was ist das?«, fragte Mika seinen Freund Daniel. Er zeigte auf ein Stück Papier in der Größe eines Briefumschlages, das an der Kühlschranktür in der Küche von Daniels Haus befestigt war.

»Das«, sagte Daniel, »das ist unser Gebetsplan.« Auf dem Papier waren zwei Säulen zu sehen. Auf der linken Seite des Papiers eine Zahlenreihe von eins bis einunddreißig. Auf der rechten Seite – gegenüber jeder Zahl – ein kurzes Wort oder eine Redewendung.

»Was ist ein Gebetsplan?«, fragte Mika.

Daniel zuckte mit den Achseln. »Es ist etwas, was wir als Familie zusammen machen.« Er kratzte sich am Kopf. Er war nicht sicher, ob Mika es verstehen würde, deshalb wollte er die Sache erklären, so gut er konnte. »Meine Eltern wünschen, dass meine Schwester und ich mit dem Wissen um die Liebe Gottes und die Liebe zu ihm aufwachsen und dann richtige Entscheidungen in unserem Leben treffen. Deshalb versuchen sie uns zu lehren, welche Dinge richtig und welche falsch sind.«

Mika nickte.

»Aber wenn wir wirklich lernen wollen, wie wir in allen Lagen entscheiden sollen, braucht es noch mehr als das. Deshalb beten wir, das heißt ich, meine Schwester und meine Eltern, füreinander, dass Gott uns recht führt.« Er zeigte auf die Nummer 1 auf dem Gebetsplan. »Also, z. B. am ersten eines Monats beten wir darum, dass wir alle unserer Erlösung gewiss sind.«

Er bewegte seinen Finger weiter auf die Nummer 2 der Liste. »Am zweiten Tag jedes Monats beten wir füreinander, dass wir uns und anderen liebevoll begegnen. Am dritten« – er schob seinen Finger wieder ein Stück weiter – »beten wir füreinander, dass wir uns respektieren.«

»Oh, jetzt hab ich's verstanden«, sagte Mika. Er schaute auf das letzte Stichwort auf dem Papier. »Am 31. eines Monats betet ihr füreinander, dass euch Liebe zum Wort Gottes geschenkt wird.«

Daniel nickte. »Genau, das ist unser Gebetsplan.«

»Es ist wie ein Spiel!«, sagte Mika.

Daniel hatte ihren Gebetsplan bisher nie als Spiel angesehen. »Vielleicht so etwas Ähnliches«, gab er zu. »Es macht Freude. Aber es ist auch ernst.«

»Mir gefällt euer Gebetsplan«, sagte Mika.

»Mir auch«, stimmte Daniel zu.

Zur Übung: Nehmt euch ein paar Minuten Zeit, um euch euren eigenen Gebetsplan einfallen zu lassen, der euch helfen soll, in der Familie füreinander zu beten. Vielleicht schließt ihr dabei die geistlichen Tugenden ein, über die wir in diesem Buch schon gesprochen haben – wie Gerechtigkeit, Barmherzigkeit, Reinheit, Großzügigkeit usw., ebenso wie die Früchte des Geistes, die in Galater 5,22-23 genannt werden, oder auch andere Werte oder Überzeugungen, die ihr einander wünscht.
Gebet: »Herr, hilf uns, treu zu sein in unserem Gebetsleben.«

28.
August

Ehrfurcht vor Gott

Unsere Ehrfurcht vor Gott sollte in uns Furcht davor wecken, ihm ungehorsam zu sein. Unsere Liebe zu Gott sollte uns wünschen lassen, ihm zu gehorchen.

Bibellese des Tages: 5. Mose 31,9-13
Tages-Vers: »Und ich will einen ewigen Bund mit ihnen schließen, dass ich nicht ablassen will, ihnen Gutes zu tun, und will ihnen Furcht vor mir ins Herz geben, dass sie nicht von mir weichen.« (Jeremia 32,40)

»Dein Vater ist ja ein ›Riese‹!«, sagte Daisy, als sie und Sonja die Stufen von Sonjas Haus hinabgingen, um einkaufen zu gehen.

Sonja lächelte. Sie war es gewöhnt, bei ihren Freundinnen überraschte Gesichter zu sehen, wenn diese das erste Mal ihrem Vater begegneten. »Ja«, antwortete sie, »er war ein Profi-Footballspieler.«

»Meinst du etwa richtiges Football?«, fragte Daisy.

Sonja nickte. »Er ist jetzt nicht mehr aktiv, aber er hat für eine Reihe von verschiedenen Teams gespielt.«

»Wow!« Daisy dachte eine Augenblick nach. »Hast du keine Angst vor ihm?«

»Angst?«, wiederholte Sonja. »Warum sollte ich Angst vor ihm haben?«

Daisy beugte sich herunter und hob einen kleinen Zweig vom Bürgersteig auf. »Weil er dich zerdrücken könnte« – sie zerbrach den Zweig zwischen ihren Fingern – »so wie dies hier!«

Sonja lachte und schüttelte ihren Kopf. »Nein«, sagte sie, »ich fürchte nicht, dass er mich verletzen könnte. Ich meine, er ist groß und stark, aber er ist wirklich auch liebenswert. Ich liebe ihn, wenn wir zusammen schmusen, und wenn er mich auf seinem Schoß sitzen lässt.«

»Ein so großes Mädchen wie du?«, sagte Daisy. »Du sitzt auf seinem Schoß?«

»Mhmhmhm«, antwortete Sonja. Sie waren an der Ecke gegenüber von dem Geschäft angekommen und warteten auf den Wechsel an der Ampel.

»Willst du sagen, dass dein Vater dir gegenüber niemals wütend wird oder sonst irgendwie ähnlich reagiert?«, sagte Daisy.

Sonja dachte einen Augenblick nach. »Doch, manchmal wird er schon wütend. Aber weißt du, was ich sehr viel mehr hasse, als wenn er sich über mich aufregt? Wenn ich weiß, dass ich ihn enttäuscht habe … oder gar verletzt. Davor fürchte ich mich. Ich glaube, ich habe Angst, ihn zu verletzen. Ich fürchte mich, ihm ungehorsam zu sein und ihn zu enttäuschen.«

»Davor würde ich mich auch fürchten, wenn mein Vater so groß wäre wie ein Haus!«

Die Ampel hatte auf ›Grün‹ gewechselt und die Mädchen gingen über die Straße. »So ist es nicht«, beharrte Sonja. »Ich weiß, dass mein Vater mich liebt, und ich liebe ihn. Aus dem Grund fürchte ich mich, ihm ungehorsam zu sein, ja, aber es ist so, … so, dass mein Respekt vor ihm mich zu dieser Einstellung bringt … und meine Liebe lässt mich *wünschen*, ihm zu gehorchen.«

Zur Diskussion: Ähnelt Sonjas Beziehung zu ihrem Vater deinen Gefühlen deinen Eltern gegenüber? Wenn ja, wie? Wenn nicht, in welcher Weise sind deine Gefühle anders? Denkst du, dass Sonjas »Respekt« ihrem Vater gegenüber etwas Ähnliches ist, wie die »Furcht vor Gott?« Wenn ja, inwiefern? Wenn nicht, wo liegt der Unterschied? Lässt dein Respekt vor Gott dich fürchten, ihm ungehorsam zu sein? Lässt seine Liebe zu ihm dich wünschen, ihm zu gehorchen?

Gebet: »Herr, wir möchten dich fürchten, aber nicht in Angst, sondern in Respekt. Wir möchten dich aber auch lieben, und ›Abba‹ – Vater sagen.«

29. August

Lass dich nicht verführen

Wenn wir eine falsche Entscheidung treffen, dann gewöhnlich nicht, weil wir nicht wüssten, was richtig wäre, sondern weil wir das Falsche wollen.

Bibellese des Tages: Jakobus 1,12-16
Tages-Vers: »Handle nicht wie die Gottlosen und entscheide dich nicht für den Weg der Bösen.« (Sprüche 4,14)

Heidis große Augen schauten auf ihre Mutter mit einer Mischung aus Angst und Traurigkeit. Sie stand auf der obersten Stufe zu ihrem Haus und blickte zur Haustür, die ihre Mutter gerade geöffnet hatte. Zwei Polizeibeamte standen dahinter.

»Was soll das bedeuten?«, fragte die Mutter.

»Entschuldigen Sie«, sagte eine Polizistin, »aber diese junge Dame hat versucht, einige Sachen aus McCracken's Department-Geschäft zu stehlen.«

Die Mutter schaute von der Polizeibeamtin zu ihrer Tochter. »Ist das wahr, Heidi?«, fragte sie.

Heide nickte ernst. »Ja«, flüsterte sie.

»Wenn es Ihnen recht ist«, sagte die Beamtin, »werden wir sie jetzt Ihrer Obhut übergeben, da sie hierbei das erste Mal mit dem Gesetz in Konflikt geraten ist.«

»Ja«, sagte sie. »Ich danke Ihnen.«

Die Mutter und Heidi gingen die wenigen Schritte zur Treppe, wo sich die Mutter auf die zweite Stufe setzte.

»Was hast du genommen?«, fragte sie ihre Tochter.

»Tja«, sagte Heidi, »ich sah nur diesen wirklich coolen Pullover, und ich wusste, wir würden niemals genug Geld haben, um ihn zu kaufen.« Sie hielt inne. »Es tut mir Leid.«

»War dir klar, dass es falsch war, was du tatest?«

Heidis Blick ging zum Boden. »Ja«, antwortete sie.

»Wenn du wusstest, dass es falsch war, warum hast du es trotzdem getan?«, fragte die Mutter.

Heidi öffnete den Mund mehrere Male und schloss ihn ebenso oft wieder. Endlich schüttelte sie den Kopf und sagte: »Ich wollte ihn einfach haben, Mama. Es tut mir Leid. Ich fühle mich schrecklich.«

Als die Mutter aufschaute, glänzten Tränen in ihren Augen. »Heidi«, sagte sie, »ich weiß, dass es manchmal schwer ist, das Richtige zu tun – vor allem, wenn der verkehrte Weg so attraktiv und leicht scheint. Aber der Weg derer, die ihn gehen, führt zu Enttäuschungen und zur Zerstörung.«

»Ich weiß, Mama«, sagte Heidi. »Ich möchte nicht noch einmal etwas so Schreckliches erleben.«

Die Mutter nickte. »Gut. Der Teufel will, dass du denkst, dass böse Wünsche, die zu falschen Entscheidungen führen, dir das bringen, was du dir wünschst. Aber glaube das nicht! Die Bibel sagt, dass böse Wünsche zu bösen Taten führen, und böse Taten letztendlich zum Tod.«

»Ich glaube es«, sagte Heidi. »Ich habe meine Lektion gelernt.«

»Ich hoffe es«, sagte die Mutter. Sie legte den Arm um Heidi und zog sie an sich. »Ich hoffe es wirklich.«

Zur Diskussion: Wenn du eine falsche Entscheidung triffst, geschieht es gewöhnlich, weil du dir nicht im Klaren darüber bist, dass es falsch ist, oder weil du das Rechte nicht tun willst? Haben falsche Entscheidungen dir jemals das gebracht, was du dir gewünscht hast? (Bitte sei aufrichtig!) Sind Dinge, die du durch unrechte Entscheidungen bekommst, befriedigend? Warum oder warum nicht? Wie kannst du Versuchungen besser widerstehen?

Gebet: »Herr, es scheint so schnell zu unrechtem Tun zu kommen. Wir fühlen uns aber sehr elend, wenn wir der Sünde nachgegeben haben. Vergib uns, Herr, wenn wir Fehler machen. Hilf uns, uns immer wieder für den rechten Weg zu entscheiden.«

30.
August

Rolands Reue

Wenn wir falsche Entscheidungen treffen, sollten wir sehr bald den Weg der Reue finden und Gottes Vergebung suchen.

Bibellese des Tages: 1. Johannes 1,8-2,3
Tages-Vers: »Doch wenn wir ihm unsere Sünden bekennen, ist er treu und gerecht, dass er uns vergibt und uns von allem Bösen reinigt.« (1. Johannes 1,9)

Roland und Matt wussten nicht, dass sie beobachtet wurden.

Die beiden Brüder spielten zusammen im seitlich gelegenen Garten. Ihr Onkel beobachtete sie vom Haus aus durch das große Fenster, von wo dieser Teil des Gartens eingesehen werden konnte.

Plötzlich griff Roland mit der linken Hand nach dem Baseball-Schläger aus Plastik. Gleichzeitig hatten sich aber Matts Finger um das andere Ende geklammert.

»Ich möchte ihn haben«, sagte Roland.

»Ich hatte ihn zuerst«, protestierte Matt.

»Nein, das stimmt nicht«, wandte sein Bruder ein.

Anstatt sich noch weiter zu streiten, schloss Roland seine rechte Hand zur Faust, holte aus und versetzte Matts Gesicht von der Seite her einen kräftigen Schlag. Beide Jungen ließen sofort den Schläger los, der auf den Boden fiel. Matts Augen wurden groß vor Schmerz und er presste seine Hand auf die rot anlaufende Stelle im Gesicht.

Roland schluckte und noch bevor der erste Schrei seines Bruders durch die Luft hallte, stürzte er ins Haus. Er lief ins Wohnzimmer, wo sein Vater im Gespräch mit Onkel Dan saß. Roland schwang sich auf den Schoß seines Vaters und seufzte: »Es tut mir Leid, Papa, es tut mir wirklich sehr, sehr Leid.«

Roland überstürzte sich dann fast mit einem überraschend genauen Bericht dessen, was er getan hatte, und gerade, als er damit zu Ende war, stolperte ein tränenüberströmter Matt ins Zimmer – immer noch die Hand fest aufs Gesicht pressend.

Keiner der Jungen wusste, dass der Vater das Geschehen bereits in allen Einzelheiten kannte. Onkel Dan hatte ihm als Augenzeuge alles erzählt. Doch der Vater nahm nun Matt und Roland in seine Arme, wobei er sich die anschwellende Spur des Faustschlages auf Matts Gesicht prüfend ansah.

»Roland«, sagte er, »hast du Matt gesagt, dass es dir Leid tut?«

Roland schaute seinen Bruder mit großen Augen an. »Es tut mir wirklich sehr, sehr Leid«, sagte er.

Matt sagte nichts, schniefte aber und nickte leicht, offensichtlich als Zeichen, dass er die Entschuldigung seines Bruders akzeptierte.

Der Vater wandte sich an Roland. »Du hattest einen bösen Entschluss gefasst, Roland«, sagte er, »aber du hast recht gehandelt, als du zu mir kamst und mir die Wahrheit über das Vorgefallene sagtest. Ich vergebe dir, und ich denke, dein Bruder vergibt dir auch.« Er umarmte seine Söhne. »Und jetzt, Roland, möchte ich, dass du mit Matt nach oben gehst und ihm, so gut du kannst, hilfst, sich zu säubern, o. k.?« Roland nickte und wandte sich zum Gehen, aber der Vater hielt ihn noch einmal auf. »Und Roland«, sagte er, »tu es nicht nochmals, o. k.?«

»Ist klar, Papa«, sagte Roland.

Zur Diskussion: Welche falsche Entscheidung hat Roland getroffen? Was war gut an dem, was er nachher tat? Wie könnten wir Roland nachahmen, wenn wir etwas Falsches getan haben?

Gebet: »Herr, hilf uns, dass wir nicht lange warten mit dem Bekennen unserer Schuld, und hilf uns, dass wir uns dann davon abwenden.«

31. August

In Gottes Wort verankert

Die Bibel hilft uns, das Richtige zu erkennen und zu tun.

Bibellese des Tages: Psalm 119,57-64

Tages-Vers: »Ich habe dein Wort in meinem Herzen bewahrt, damit ich nicht gegen dich sündige.« (Psalm 119,11)

Großvater und Nolan suchten mit den Augen den Hafen ab, der von Booten und Schiffen aller Größen erfüllt war. Der Wind fuhr durch ihr Haar, und die Wellen klatschten und spritzten gegen die Pfähle des Kais, auf dem sie standen.

»Wie nennt man dieses Schiff dort, Opa?«, fragte Nolan.

»Das ist ein Cargo-Schiff«, sagte der Großvater. »Und das rechts dahinter ist ein Öltanker.«

»Schau, wie das dort loszischt!«, rief Nolan. Ein Rennboot, von den Wellen gehoben und gestoßen, schnitt durch das Wasser. Schweigend beobachteten sie eine Weile, was im Hafen geschah. Dann sah Nolan ein einzelnes Boot, das allein auf dem Wasser lag, weit entfernt von den Docks. »Was ist das für ein Boot, Opa?«, fragte Nolan und zeigte dorthin.

Der Großvater spähte hinaus. »Das ist eine Yacht, ein großes Luxusschiff.«

»Was macht es da draußen?«

»Nun«, sagte der Großvater, »sie wartet vielleicht darauf, dass das Wasser ruhiger wird.«

Nolan starrte auf die Yacht. »Treibt der Wind sie nicht hin und her und irgendwohin?«, fragte er.

Der Großvater schüttelte den Kopf. »Nein«, sagte er, »weil der Anker sie an ihrem Platz festhält.«

Er zeigte auf einen riesigen Anker, der von einem der Frachter herabhing, der in der Nähe angelegt hatte. »Siehst du den Anker da vorn an dem Schiff?«, sagte er zu Nolan. »Auch die Yacht dort draußen hat einen Anker. Sie hat den Anker heruntergelassen und liegt dort fest, hebt und senkt sich zwar mit dem Wasser, bewegt sich aber nicht von ihrem Platz.«

»Oh«, sagte Nolan, ohne seine Augen von der Yacht abzuwenden. »Die ist aber sehr schön.«

»Ja, das ist sie«, sagte der Großvater. Er drehte sich um und schaute eine Weile in Nolans Gesicht.

»Denk mal darüber nach, Nolan«, sagte er, »du hast auch einen Anker.«

»Ich?«, fragte Nolan und richtete jetzt seine Augen auf den Großvater.

»Ja«, sagte dieser. Tief atmete er die salzige Seeluft ein. »Manchmal geht es dir wie dem Boot da draußen. Stürme werden in deinem Leben aufkommen, Probleme werden dich vorwärts und rückwärts stoßen und bedrängen. Andere Menschen werden dich zur Sünde zu verleiten versuchen. Zu manchen Zeiten wird es schwer erscheinen, zu wissen, was richtig und falsch ist.« Der Großvater blickte Nolan jetzt fest an. »Wenn du aber deinen Anker fest in Gottes Wort versenkt hast – wenn du gelesen und gelernt hast, was Gott über richtig und falsch sagt – dann wird dir das helfen, die Stürme zu überdauern und dir helfen zu erkennen – und zu entscheiden –, was richtig ist.«

»Deshalb liest du wohl so viel in der Bibel, nicht wahr, Opa?«, fragte Nolan.

Der Großvater nickte.

»Ich möchte die Bibel auch lesen«, sagte Nolan, »gerade wie du.«

Zur Diskussion: Wie können wir in Gottes Wort verankert sein? Auf welche Weise hilft uns das, das Richtige zu erkennen und zu tun?
Tipp fürs Gebet: Betet die heutige Bibellese als Antwort, indem jeder einen Vers oder einen Satz sagt und ihr die Worte des Psalmisten, wenn ihr mögt, in eigene Worte fasst.

September

1. September

Sei kein Faulpelz

Bequemlichkeit mag der leichtere Weg sein, aber bereitwillige und sorgfältige, fleißige Arbeit erweisen sich als die bessere Lösung.

Bibellese des Tages: Sprüche 6,6-11
Tages-Vers: »Faule Menschen haben einen tiefen Schlaf – und müssen hungern.« (Sprüche 19,15)

Willy und Richard starrten auf das Feuerholz, das in der Einfahrt lag. Ihr Vater hatte ihnen die Anweisung gegeben, das Holz zum Hintereingang zu bringen und dort in zwei Reihen aufzustapeln.

»Das sind mindestens eine Million Stücke«, murrte Richard.

Willy seufzte, zog sich ein Paar Handschuhe über und meinte: »Fangen wir einfach an.«

»Fang du schon mal an, ich bin gleich wieder da«, sagte Richard.

Willy begann, Holzstücke in die Schubkarre zu werfen, die er sich aus dem Schuppen geholt hatte. Als die Karre voll war, schob er sie zur Hintertür und fing an, das Holz zu stapeln. Als er zu dem Holzhaufen zurückkam, um die zweite Ladung zu holen, saß Richard darauf und hatte den Kopfhörer seines Discman aufgesetzt.

»Wo bist du gewesen?«, fragte Willy.

Richard zuckte die Achseln. »Ich habe meinen Discman geholt.«

»Und warum sitzt du jetzt ausgerechnet da?«

»Du hattest die Schubkarre. Ich musste doch warten, bis du wieder da bist«, antwortete Richard.

Willy rollte mit den Augen und warf von neuem Holzstücke in die Schubkarre. Richard zog sich seine Arbeitshandschuhe an und beugte sich hinunter, um zu helfen. Doch die Bewegung brachte die Kopfhörer ins Rutschen. Bis er sie neu platziert hatte, hatte Willy die Schubkarre zum zweiten Mal voll beladen.

Willy warf seinem Bruder einen empörten Blick zu und schob auch diese Ladung hinters Haus. Richard half ihm nun beim Stapeln der Holzstücke, doch schaffte er in der gleichen Zeit nur halb so viel wie

Willy. In den darauf folgenden Stunden arbeitete Willy kontinuierlich weiter, während Richard häufig Pausen einlegte. Schließlich warfen sie die letzten Brocken in die Karre und setzten sie oben auf den Stapel, den Willy am Anfang aufzuschichten begonnen hatte. Plötzlich tauchte der Vater an der Hausecke auf.
»Seid ihr fertig?«, fragte er, als er näher kam.
Willy schaute seinen Vater an. Sein Gesicht zeigte deutliche Spuren der Müdigkeit. »Ja«, antwortete er.
Der Vater musterte die verschwitzte Kleidung und das schmutzige Gesicht Willys und die saubere Erscheinung von Richard. »Danke«, sagte er, wobei seine Augen sich mit denen von Willy trafen. »Ich weiß, was das für eine harte Arbeit war.«
Der Vater ging ins Haus und Richard wandte sich an Willy. »Das hörte sich so an, als ob er nur mit dir gesprochen hätte.«
Willy packte die Griffe der Schubkarre, um sie zurück in den Schuppen zu bringen. Er lächelte dabei. »Vielleicht hat er das tatsächlich.«

Zur Diskussion: Wie hättest du dich gefühlt, wenn du mit Richard gearbeitet hättest? Warum? Hättest du anders darauf reagiert? Wenn ja, warum? Was war falsch an Richards Verhalten? Was war lobenswert an Willys Haltung?
Gebet: »Herr, hilf uns, in unserer Arbeit treu zu sein.«

2. September

Nicos erster Kunde

Gott gebietet uns, zu arbeiten und nicht faul zu sein.

Bibellese des Tages: 1. Thessalonicher 4,11-12
Tages-Vers: »Ein fauler Mensch ist genauso schlecht wie ein zerstörerischer.« (Sprüche 18,9)

»Lass uns eine Fahrt auf dem ›Destroyer‹ machen!«, sagte Nobby.

Nico schaute auf seine Uhr. »Ich kann nicht weg«, sagte er, »ich muss meiner Mutter helfen.«

Nico verbrachte dieses Wochenende mit seiner Familie auf dem großen Rummelplatz, wo sie mit einer Imbissbude einiges für ihren Lebensunterhalt verdienten. Seine Eltern hatten bestimmt, dass er jeden Tag einige Stunden mithelfen sollte. Er musste den Boden reinigen, die Theken abwischen und Vater und Mutter helfen, die Kunden zu bedienen. In der übrigen Zeit konnte er Karussell fahren oder herumlaufen und sich mit seinem neuen Freund Nobby, den er kennen gelernt hatte, auf dem Rummelplatz amüsieren. Nobbys Eltern führten ihre Pferde auf der Ausstellung vor.

»Warum wollen deine Eltern, dass du jeden Tag arbeiten musst?«, fragte Nobby. »Meine Eltern verlangen das nicht.«

Nico zog die Nase kraus. »Ich weiß es nicht«, sagte er, »sie tun es einfach.« Er versprach, sich mit Nobby zu treffen, sobald er mit seiner Arbeit fertig sein würde. Dann ging er zu dem Zeltdach, unter dem sich der Stand seiner Eltern befand. Er zog sich eine Schürze an und begann mit der Arbeit ein paar Minuten früher als sonst.

Lange Zeit arbeitete er mit seiner Mutter zusammen, um alle Kunden zu bedienen. Endlich, als kein Mensch mehr an der Theke stand, wandte er sich an seine Mutter.

»Mama«, sagte er, »warum lasst ihr mich arbeiten – Papa und du? Nobby muss seinen Eltern nie helfen.«

Die Mutter wischte ihre Hände an der Schürze ab. »Ich weiß nicht, warum Nobbys Eltern ihn nicht zur Mithilfe anstellen, aber dein Vater und ich haben verschiedene Gründe dafür.«

»Und die wären?« Nicos Ton war nur neugierig, nicht trotzig.

»Nun«, sagte die Mutter, »wir brauchen deine Hilfe wirklich. Du gehörst zu unserer Familie, und ohne deine Mitarbeit können wir das Geschäft nicht führen.«

Nico nickte. Er wusste, dass seine Eltern wirklich hart arbeiteten. Manchmal wünschte er sich, dass sie mehr Leute zum Helfen hätten.

»Außerdem«, fuhr seine Mutter fort, »möchten Papa und ich dich arbeiten lehren. Wir möchten nicht, dass du faul und träge in den Tag hineinlebst. Das gefällt uns nicht und Gott auch nicht.«

Nico dachte über die Worte seiner Mutter nach. Er hatte keine Lust, als Faulpelz aufzuwachsen. Er wollte hart arbeiten lernen, so wie seine Eltern es auch taten.

In diesem Augenblick trat noch ein Kunde an ihren Stand heran. Nico wandte sich an seine Mutter: »Kann ich das allein erledigen?«, fragte er.

Die Mutter nickte. Nico wischte die Hände an der Schürze ab und ging zur Theke.

Zur Diskussion: Warum ist es für den Menschen besser, zu arbeiten, als seine Tage mit Nichtstun zu verbringen? Zähle einiges auf, was du diese Woche getan hast. Was glaubst du, warum es deinen Eltern gefällt, wenn du ernsthaft arbeitest? Und warum denkst du, dass es dem Willen Gottes entspricht?
Gebet: »Herr, bewahre uns vor dem Hang zur Trägheit.«

3. September

Austräger des Jahres

Gott gebietet uns zu arbeiten, weil er die Arbeit schätzt.

Bibellese des Tages: 2. Thessalonicher 3,6-12
Tages-Vers: »Tut eure Arbeit mit Eifer und Freude, als würdet ihr Gott dienen und nicht Menschen.« (Kolosser 3,23)

Mandy rannte ihrem Bruder an die Haustür entgegen. Chris war einige Jahre älter als sie. Er ging zur Oberschule und besaß bereits einen Führerschein.

»Schau doch nur, Chris!«, sagte sie und wedelte mit einer Seite der Lokalzeitung vor seinem Gesicht herum. »Schau, was ich bekommen habe!«

Chris schloss die Tür hinter sich und nahm Mandy die Zeitung aus der Hand. Er warf einen Blick auf die Kopfzeile und dann auf seine Schwester.

»Schau doch«, sagte sie, da sie bemerkt hatte, dass ihr Bruder ihr Bild unten am Ende der ersten Seite nicht gesehen hatte. Sie zeigte mit dem Finger auf die Stelle.

Endlich entdeckte er ihr Foto unter der Überschrift: »Austrägerin des Jahres«.

»Wow«, sagte er. »Das ist ja großartig, Schwesterchen.« Er las die kurze Notiz unter ihrem Bild, worin gesagt wurde, warum Mandy als die »Austrägerin des Jahres« gewählt worden war.

»Da steht, dass du eins der tüchtigsten Kinder bist, die jemals diese Zeitung ausgeliefert haben«, sagte Chris lächelnd. »›Ein wertvolles

Mitglied unseres Teams‹, heißt es dort. Das ist ja ganz toll, Schwesterchen«, wiederholte er.

»Ich habe einen Zwanzig-Dollar-Gutschein für das Lokal ›Mama Mia‹ bekommen«, sagte sie.

Der Vater kam dazu und legte einen Arm um ihre Schultern. »Ich denke, das hat sie verdient«, sagte er, »sie arbeitete hart dafür.«

»Stimmt«, sagte Mandy und strahlte vor Glück. »Manchmal tun mir die Hände wirklich weh von all dem Falten und Rollen dieser Zeitungen. Und die Beine schmerzen mich meistens vom vielen Fahrradfahren beim Ausliefern!«

»Aber ich freue mich wirklich, dass du es tust«, sagte der Vater. »Und ich denke, Gott freut sich auch darüber.«

»Er?«, fragte Mandy. »Warum?«

»Nun«, sagte der Vater, »weil Gott ernsthafte Arbeit ebenso schätzt wie wir ... mehr noch, vermute ich. Darum gebietet er uns, mit unseren Händen zu arbeiten und nicht träge zu sein.« Der Vater lächelte. »Na, Mandy, wirst du jemand zu ›Mama Mia‹ mitnehmen?«

»Ja, dich und Mama *und* Chris«, sagte sie.

»Das könnte aber mehr als zwanzig Dollar kosten«, warnte der Vater.

»Macht nichts«, sagte Mandy. »Ich habe noch ein bisschen Geld in der Sparbüchse, um den Rest zu bezahlen.«

»Da habe ich einen besseren Vorschlag«, meinte der Vater. »Ich bezahle den Rest als Belohnung für dich *Schwerarbeiter des Jahres.*«

»O.k.«, sagte Mandy.

Zur Diskussion: Wenn deine Familie einen solchen Orden verteilen würde, was denkst du, wer ihn bekommen würde? Warum? Warum möchte Gott, dass wir arbeiten?

Gebet: »Herr, lehre uns die Arbeit so schätzen, wie du es tust.«

4.
September

Unermüdlich tätig sein

Gott schätzt die Arbeit, weil er selbst immer am Wirken ist.

Bibellese des Tages: Johannes 5,1-17
Tages-Vers: »Bemüht euch, ein ruhiges Leben zu führen, kümmert euch um eure eigenen Angelegenheiten und – wie schon gesagt – seht zu, dass ihr euch von der Arbeit eurer eigenen Hände ernähren könnt.« (1. Thessalonicher 4,11)

»Tami!«, sagte die Mutter, als sie ins Zimmer ihrer Tochter hineinschaute, »es ist Schlafenszeit.«

»Aber Mama, ich habe mein Zimmer noch nicht fertig aufgeräumt.«

Die Mutter runzelte die Stirn. »Ich habe dir schon vor sehr langer Zeit gesagt, dass du dein Zimmer aufräumen sollst, Tami.«

»Ich weiß«, sagte Tami, »ich habe auch damit angefangen, aber dann fand ich das hier!« Sie hielt ein sprechendes Stofftier hoch, das sie schon verloren geglaubt hatte. »Es war unter meinem Bett.«

Die Mutter lächelte und schüttelte den Kopf. »Na ja, ich bin froh, dass du dein Spielzeug wiedergefunden hast, Tami. Aber jetzt ist es wirklich Zeit, ins Bett zu gehen. In ein paar Minuten bin ich wieder da, um mit dir zu beten.«

Die Mutter verließ das Zimmer und kehrte bald wieder zurück, nachdem Tami den Schlafanzug angezogen und die Zähne geputzt hatte. Tami kniete nun an ihrem Bett nieder, und die Mutter kniete neben ihrer Tochter.

»Bist du bereit zum Beten?«, fragte die Mutter.

Tami zog die Augenbrauen zusammen. »Mama«, sagte sie nachdenklich, »ist Gott auch nach der Zeit, ins Bett zu gehen, noch wach?«

Die Mutter lächelte. »Ja, Gott ist auch dann noch wach. Die Bibel sagt, dass er ›niemals schläft noch schlummert‹. Er ist immer bereit, unsere Gebete zu hören.«

»Dann hat er vierundzwanzig Stunden am Tag geöffnet!«, sagte Tamika. »Wie das Geschäft an der Ecke.«

Die Mutter lachte. »Ich vermute, dass es so ist«, sagte sie.

»Wird er niemals müde?«

»Nein«, sagte die Mutter, »weil er Gott ist. Er wacht immer, hört immer auf deine Gebete, ist immer tätig, immer bereit, dir zu helfen.« Die Mutter schaute sich im Zimmer um, wo noch das Chaos herrschte. »Und er hört nie auf zu arbeiten«, sagte sie und zwinkerte mit den Augen, »nur weil er ein altes Spielzeug gefunden hat!«

Tami zwinkerte mit den Augen. »Ich werde morgen mein Zimmer wirklich richtig gut in Ordnung bringen, Mama.«

»O. k.«, sagte die Mutter. Sie küsste Tami auf die Wange. Dann falteten beide die Hände und neigten den Kopf, während Tami zu beten begann.

Zur Diskussion: Hört Gott niemals auf zu wirken? Ist er niemals ohne Verbindlichkeit? Warum gebietet uns Gott zu arbeiten? Warum schätzt Gott die Arbeit? Im Gegensatz dazu werden wir manchmal müde. Gott möchte auch, dass wir Pausen einlegen, dass wir uns von der Arbeit ausruhen, aber auch dass wir unsere Ruhezeiten beenden, um wieder an die Arbeit zu gehen! Denkst du, dass harte Arbeit in Ordnung ist? Warum oder warum nicht?

Gebet: »Himmlischer Vater, wir brauchen deine ausgeglichene Haltung im Hinblick auf Arbeit und Ruhe. Hilf uns, die richtige Balance zu finden.«

5. September

Besser als Langeweile

Arbeit ist bei weitem besser als Untätigkeit.

Bibellese des Tages: Sprüche 24,30-34

Tages-Vers: »Faule Menschen werden schnell arm, fleißige Menschen jedoch werden reich.« (Sprüche 10,4)

Lorena erblickte Charlotta am ersten Schultag im Foyer.

»Charlotta!«, rief sie. Sie hatte ihre Freundin seit dem Beginn der Sommerferien nicht mehr gesehen. Sie holte Charlotta ein und gemeinsam gingen sie zur Cafeteria.

»Wie war der Sommer für dich?«, fragte Lorena.

»Ach!«, antwortete Charlotta und machte ein Gesicht, als ob sie gerade in eine Zitrone gebissen hätte. »Es war schrecklich!«

»Warum?«, fragte Lorena.

»Es war so langweilig«, antwortete Charlotta. »Und wie war's bei dir?«

»Großartig!«, antwortete Lorena in ihrer üblichen heiteren Art.

»Wie – großartig?«

Lorena zuckte die Schultern. »Ich habe so eine Art Job bei meinem Onkel in seinem Tierheim gehabt, Böden aufgewischt und Abfallkörbe geleert und Ähnliches.«

»Das ist ein Witz!«, sagte Charlotta. »Das klingt nicht gerade sehr lustig.«

»Na ja, wenigstens war es nicht langweilig!«, sagte Lorena.

Charlotta fragte: »Macht dir das Spaß, Böden aufzuwischen und Müll zu entsorgen?«

»Nicht unbedingt«, sagte Lorena. »Aber mein Onkel hat mich dafür bezahlt.«

»Wie viel hast du bekommen?«

»Nun, es war nicht die große Masse, aber ich habe etwas davon gespart. Außerdem war es entschieden besser, als nur zu Hause zu sitzen und Computerspiele zu machen!«

Charlotta verdrehte ihre Augen. »Das glaube ich dir«, sagte sie. »Ich habe mich so gelangweilt, dass ich es nicht mehr aushalten konnte! Es gab absolut nichts, das man tun konnte!«

Lorena lächelte. »Ich werde nächsten Sommer wieder arbeiten. Soll ich meinen Onkel fragen, ob du auch helfen kannst?«

Charlottas Augen glänzten. »Würdest du das tun? Das wäre super!«, sagte sie.

Zur Diskussion: Ein bekanntes Gedicht in einem alten amerikanischen Schulbuch endete so: »Vielleicht werden wir müde, und ich denke, Arbeit ist eine trockene Sache. Aber viel schlimmer ist es, wenn man nichts zu tun hat.« Glaubst du, dass das stimmt? Wenn ja, warum? Was denkst du, wer bessere Sommerferien hatte, Lorena oder Charlotta? Warum?

Gebet: »Manchmal geraten wir in die Versuchung, träge zu sein. Heiliger Geist, hilf uns, harte Arbeit zu schätzen.«

6. September

Holzhacken

Harte Arbeit kann ihren Lohn in sich tragen.

Bibellese des Tages: Sprüche 14,20-23
Tages-Vers: »Arbeit bringt Gewinn, bloßes Gerede aber führt in die Armut!« (Sprüche 14,23)

Lukas schaute seinem Vater beim Holzspalten zu. Er schwang eine große, zweischneidige Axt in kreisförmigen Bewegungen und entwickelte dabei einen Rhythmus, der seinen Sohn nahezu hypnotisierte.

»Schwung! Schlag! Krach!«, wiederholte sich das Geräusch von der Tätigkeit seines Vaters. Von Zeit zu Zeit lächelten sich Vater und Sohn zu. Beide schienen glücklich zu sein. Lukas machte das Zusehen Spaß und dem Vater offensichtlich das Arbeiten. Er benutzte einen großen, oben flachen Holzklotz als Grundlage. Darauf setzte er die Stücke, die er spalten wollte. Mit einer federnden Aufwärtsbewegung schwang er die Axt über seinen Kopf und ließ sie mit aller Kraft ins Holz krachen. Viele der Stücke waren mit einem Schlag völlig entzwei. Bei anderen drang die Axt tief in den Kern und blieb stecken. Ohne sie herauszuziehen, hob der Vater sie noch einmal hoch und knallte beides erneut auf den großen Klotz, wo das Stück nun sauber in zwei Teile zerfiel.

Bei den größten Holzbrocken schaffte er zunächst nur einen Riss, in den er einen Metallkeil hineintrieb. Dann legte er die Axt beiseite und nahm einen Vorschlaghammer, wobei er den Keil mit den gleichen schwingenden Bewegungen tief in das Holz hineintrieb.

»Papa«, fragte Lukas, als sein Vater endlich eine Pause bei seiner Arbeit einlegte. »Hackst du gerne Holz?«

Der Vater wischte sich mit dem Arm den Schweiß von der Stirn. Er atmete tief, lehnte seinen Vorschlaghammer gegen den Hauklotz und setzte sich neben seinen Sohn auf einen Holzhaufen. »Ja«, sagte er, »das Holzhacken macht mir Spaß.«

»Ist es schwere Arbeit?«, fragte Lukas.

Der Vater nickte. »Ja, das ist es wirklich.«

»Warum tust du es dann gern?«

»Ich nehme an«, antwortete der Vater, »gerade weil es harte Arbeit ist. Du magst noch zu jung sein, um das zu verstehen, Lukas, aber schwere Arbeit kann sehr befriedigend sein. Es gibt ein gutes Gefühl, wenn man arbeitet. Manchmal macht es regelrecht froh.«

»Wirklich?«, fragte Lukas erstaunt.

»Klar«, sagte der Vater, »wenn ich so richtig in einen Rhythmus komme beim Schwingen der Axt oder des Vorschlaghammers, kann die Bewegung und die Anstrengung bei der Arbeit so viel Freude machen wie das Rudern eines Bootes.«

»Papa?«, sagte Lukas und über sein Gesicht flog dabei ein Schimmer von Hoffnung, »kann ich mit dir Holz hacken ... wenn ich größer bin?«

Der Vater nickte. »Ich hoffe, dass du es dann noch willst, mein Sohn«, sagte er.

Zur Diskussion: Hat dir jemals die Arbeit um ihrer selbst willen Freude gemacht? Wenn ja, erzähle davon. Was war daran erfreulich oder befriedigend? Welche von allen Arbeiten, die du verrichten musst (Zimmer aufräumen, Müll wegbringen usw.), macht dir am meisten Spaß? Wie kannst du es erreichen, dass du auch das andere mit mehr Freude tust? Ist es befriedigender für dich, wenn du deine Arbeit ordentlich machst oder wenn du sie nur gerade ›so eben‹ erledigst? Warum?

Gebet: »Himmlischer Vater, bitte schenke uns die Befriedigung, zu wissen, dass wir unsere Aufgaben gut erledigt haben.«

7. September

Die zerbrochene Lampe

Wenn du einen Fehler gemacht oder unklug gehandelt hast, bring keine Entschuldigungen vor. Gib stattdessen zu, was du falsch gemacht hast und bitte um Vergebung.

Bibellese des Tages: Psalm 32,1-6

Tages-Vers: »Doch endlich gestand ich dir meine Sünde und gab es auf, sie zu verbergen. Ich sagte: ›Ich will dem Herrn meine Auflehnung bekennen.‹ Und du hast mir vergeben und meine Schuld weggenommen!« (Psalm 32,5)

Jenny und ihre Freundin Christy spielten im Wohnzimmer ein wildes Spiel mit Jennys Katze. Jenny war eigentlich klar, dass sie aufhören und sich etwas anderes ausdenken sollten, aber sie hatten so viel Spaß dabei.

Plötzlich rollte Christy den Ball der Katze zwischen Jennys Beine. Jenny sprang auf die Füße, und durch diese Bewegung warf sie eins der Beistelltischchen neben der Couch um. Innerhalb von Sekunden war das Tischchen auf die Seite gekippt und die gläserne Lampe, die darauf gestanden hatte, lag in Scherben auf dem Boden. Jennys Vater, der den harten Schlag gehört hatte, kam ins Zimmer, wo Jenny und Christy sich erschrocken anstarrten.

»Was ist passiert?«, fragte der Vater beim Eintreten. Er sah die Stücke der Lampe auf dem Boden. »Seid ihr beide unverletzt?« Er schaute von Jenny zu Christy. Die beiden nickten.

»Es war nicht meine Schuld, Papa«, rief Jenny, »ehrlich!«

Der Vater kniete neben dem Tischchen. »Tretet nicht in die Scherben«, ordnete er an.

»Es war ein Unfall, Papa«, sagte Jenny, um sich zu verteidigen. »Es war nicht meine Schuld.«

Der Vater nickte und las die größeren Scherben dabei auf. Schließlich hob er den Blick und schaute Jenny an. Sein Gesichtsausdruck war freundlich. »Ich weiß, dass es ein Unfall war«, sagte er, »aber das ist es nicht, was ich von dir hören möchte, Jenny.«

»Du möchtest, dass ich sage, dass ich es mit Absicht gemacht habe?«, fragte Jenny und schaute verwirrt aus.

»Nein, das meinte ich nicht«, antwortete der Vater. »Ich habe bis jetzt das wichtigste Wort noch nicht gehört, das gesagt werden muss, wenn so etwas passiert.«

»Ich habe doch gesagt, dass ich es nicht mir Absicht getan habe«, sagte Jenny sich rechtfertigend.

»Aber das ist nicht das Gleiche wie ›Es tut mir Leid‹«, sagte der Vater. Er sah, wie Jennys Ausdruck von Verwirrung zu Verlegenheit wechselte. »Wenn du etwas Falsches getan hast, oder selbst wenn du einen Unfall verursacht hast, ist das wichtigste Wort nicht ›Es war nicht meine Schuld‹ oder ›Ich hatte nicht die Absicht‹. Das Wichtigste ist, zuzugeben, was man getan hat und die Verantwortung dafür zu übernehmen – und dann um Vergebung zu bitten.«

»Es tut mir … es tut mir Leid, Papa«, sagte Jenny. Sie schaute auf die Scherben der Lampe, die eins von Mutters Lieblingsstücken gewesen war. »Wirklich, es tut mir Leid.«

»Das ist mehr das, was ich meinte«, sagte der Vater. Dann lächelte er. »Ich denke, wir sollten jetzt gemeinsam aufräumen.«

Zur Diskussion: Hast du Schwierigkeiten damit, zuzugeben, wenn du etwas Falsches gemacht hast? Versuchst du, Entschuldigungen anzubringen, oder übernimmst du gewöhnlich die Verantwortung? Was ist das Wichtigste, das du sagen oder tun musst, wenn du einen Fehler gemacht hast, selbst dann, wenn es ein Unfall war? Was glaubst du, warum das so wichtig ist?
Gebet: »Herr, wenn wir sündigen, selbst wenn es unbewusst geschieht, hilf uns, dafür die Verantwortung zu übernehmen und zuzugeben, dass wir auf falschem Weg waren.«

8. September

Du musst Recht und Unrecht unterscheiden und dann das Rechte tun

Die Wahrheit ist nutzlos, wenn man ihr nicht gehorcht.

Bibellese des Tages: Römer 2,5-10
Tages-Vers: »Deshalb lügen wir, wenn wir sagen, dass wir mit Gott Gemeinschaft haben, aber weiter in der Finsternis leben. Wenn wir das tun, leben wir nicht in der Wahrheit.«
(1. Johannes 1,6)

Die Mutter und der Vater hörten das Öffnen des Garagentors. Als sie die Tür zwischen Küche und Garage öffneten, sahen sie, dass ihre Tochter Robin ihr Fahrrad an seinen Platz stellte.

»Wo bist du gewesen?«, fragte die Mutter. »Wir waren krank vor Sorge um dich!«

»Die Straßenlampen brennen schon seit langem«, sagte der Vater.

Robin wusste, dass sie zu Hause sein sollte, bevor die Straßenbeleuchtung anging. Sie lächelte etwas verlegen. »Ich habe mich auf dem Heimweg von Jannas Haus verirrt«, erklärte sie.

Die Eltern tauschten etwas verwirrte Blicke, als sie sich umdrehten und ins Haus zurückgingen. Robin folgte ihnen.

»Du kennst den Heimweg von Jannas Haus«, sagte die Mutter.

»Schon«, sagte Robin, »aber ich war ohnehin spät dran und ich dachte, ich könnte Zeit sparen, wenn ich einen anderen Weg benutzte.« Sie ließ sich in einen Sessel neben dem Küchentisch fallen. »Es hat aber nicht geklappt. Bekomme ich nun deswegen Schwierigkeiten?«

»Robin«, sagte der Vater, »du kennst die Regeln. Es kommt nichts dabei heraus, wenn man den richtigen Weg kennt und ihn dann nicht benutzt, oder?«, sagte er.

Robin forschte in seinem Gesicht. Es sah so aus, als ob er über mehr sprechen wollte als nur über das späte Heimkommen.

»Mama und ich sind froh, dass du heil heimgekommen bist«, sagte er. »Aber wir möchten dich daran erinnern, dass mehr dazu gehört, das Richtige zu tun, als nur den rechten Weg zu kennen. Man muss sich auch dafür entscheiden, *diesen Weg zu gehen.*«

»Mama, Papa«, sagte Robin nun, »wovon sprecht ihr eigentlich?«

Die Mutter seufzte und schaute ihrer Tochter in die Augen. »Das hier haben wir heute in deinem Zimmer gefunden«, erklärte sie. Sie legte eine leere Packung auf den Tisch.

Robin schaute die Hülle an. Sie sah einer Zigarettenpackung sehr ähnlich. Robins Gesicht wirkte geschockt, dann begann sie zu lachen. »Es tut mir Leid, Mama und Papa. Ich kann einfach nicht fassen, dass ihr dachtet, dass das wirklich Zigaretten wären. Es ist eine leere Kaugummi-Packung.«

Die Mutter schien erleichtert. »Da bin ich aber froh«, sagte sie.

»Ich wüsste was Besseres als das«, sagte Robin. »Außerdem, ich denke, Tabak ist ekelhaft.«

Der Vater lächelte und seufzte. »Ich freue mich, das von dir zu hören«, sagte er. »Aber tu mir einen Gefallen: Kaufe nie wieder diese Art von Kaugummi«, sagte er.

Zur Diskussion: Hat das Kennen des richtigen Heimweges Robin irgendwie geholfen? Warum nicht? Garantiert das Wissen um das, was Recht und Unrecht ist, dass wir uns auch für das Richtige entscheiden? Was ist außerdem noch nötig?

Gebet: »Herr, hilf uns, zu erkennen, was richtig ist, und es dann auch zu tun.«

9. September

Wessen Regeln gelten?

Unser Handeln in eigener Regie zu gestalten – statt nach Gottes Weg zu fragen –, kann uns eine Menge Schwierigkeiten bringen.

Bibellese des Tages: 1. Mose 4,1-7
Tages-Vers: »Ist's nicht also? Wenn du fromm bist, so kannst du den Blick frei erheben. Bist du aber nicht fromm, so lauert die Sünde vor der Tür, und nach dir hat sie Verlangen; du aber herrsche über sie.« (1. Mose 4,7)

Paul hörte lauten Lärm im Garten hinterm Haus. Er rannte in Richtung des Geräuschs und sah seinen kleinen Bruder, der neben dem Rasenmäher kniete.

»Was ist los?«, fragte Paul, als er bei seinem Bruder stehen blieb.

Gregor runzelte die Stirn. »Ich bin über einen dicken Ast gefahren.« Er hob das eine Ende desselben auf. Das andere war im Messer des Rasenmähers stecken geblieben.

Paul kippte den Rasenmäher auf die Seite und schaute darunter. Ein wirres Gemisch von Holz und Metall wurde sichtbar. Er pfiff durch die Zähne. »Wie konnte es geschehen, dass du das Ding nicht gesehen hast?«

Gregor zuckte mit den Schultern. »Ich weiß es nicht«, sagte er.

Paul legte seinen Kopf auf eine Seite. »Du *hast* nach Steinen und Ästen geschaut, bevor du mit dem Mähen anfingst, nicht wahr?«

Gregor sah aus, als ob er keine Lust hätte, eine Antwort zu geben. »Ich mach meine Arbeit auf meine Art.«

Paul wusste, dass sein Bruder nicht, wie der Vater es angeordnet hatte, vor dem Mähen durch den Garten gegangen war, um Steine und Äste aufzusammeln. »Nun, ›deine eigene Art‹ hat den Rasenmäher so demoliert, dass es fraglich ist, ob ich ihn nochmals hinbekomme.«

Die Brüder trugen den Rasenmäher in die Werkstatt ihres Vaters und versuchten, ihn zu reparieren. Sie waren noch bei der Arbeit, als der Vater heimkam. Der Vater war ärgerlich wegen des Rasenmähers, beruhigte sich aber, als Paul und Gregor ihm erklärten, was vorgefallen war und warum das passiert war. Stattdessen legte er seinen Arm um den jüngeren Sohn.

»Gregor«, sagte er, »ich verstehe, dass du auf deine eigene Art bei der Arbeit vorgehen willst. Wir alle wollen das am liebsten. Das ist nur natürlich. Das kann man zurückverfolgen bis zu den Tagen von Kain und Abel, als Kain versuchte, Gott auf seine eigene Art zu verehren, während Abel bestrebt war, das Wohlgefallen Gottes zu finden. Ich mache es oft genauso. Meistens, wenn ich eine falsche Entscheidung treffe, geschieht es nicht deshalb, weil ich den rechten Weg nicht wüsste, sondern weil ich die Dinge auf ›meine Art‹ erledigen möchte, statt nach Gottes Willen zu fragen.«

Gregor betrachtete das zerfranste Messer des Rasenmähers. »Dinge ›auf unsere eigene Art‹ zu erledigen, kann uns tatsächlich eine Menge Schwierigkeiten einbringen«, sagte er.

Der Vater lächelte reumütig. »Ja«, sagte er. »Ein- oder zweimal habe ich das auch feststellen müssen.«

Zur Übung: Brich einen Zweig in kleine Stücke. Lass jedes Familienmitglied eins davon heute in seiner Tasche oder seiner Geldbörse mit sich tragen zur Erinnerung daran, dass das Handeln auf ›unsere eigene Weise‹ – statt nach Gottes Weg zu fragen – uns eine Menge Schwierigkeiten bereiten kann.
Gebet: »Abba, Vater, hilf uns, unser Leben nach deinem Willen zu führen, statt nach selbst vorgegebenen Regeln.«

10. September

Lauras Aufgabe

Treue ist gut, Untreue ist etwas Schlimmes.

Bibellese des Tages: Lukas 16,10-12
Tages-Vers: »Nun erwartet man von einem Menschen, dem ein Amt anvertraut wurde, dass er treu ist.« (1. Korinther 4,2)

»Muss ich das machen?«, jammerte Laura.

Die Mutter schaute überrascht auf. »Laura, du weißt, dass wir alle unsere Pflichten in diesem Haus haben. Das gehört dazu, wenn man Mitglied einer Familie ist.«

Laura ließ den Kopf hängen. »Ich bin es einfach leid, immer den

Müll rauszubringen. Warum kann das nicht mal jemand anders machen?«

Mutters Gesicht zeigte einen ernsten, aber freundlichen Ausdruck. »Wir haben alle unsere bestimmten Aufgaben, Laura. Ich kümmere mich um die Wäsche und den größten Teil des Kochens. Dein Vater spült das Geschirr und macht die Gartenarbeit. Dein Bruder putzt die Böden und füttert den Hund. Aber ein treuer, zuverlässiger Mensch zu werden, das geschieht nicht über Nacht.«

»Dann soll ich also etwas dabei lernen, wenn ich euern Müll rausbringe?«, fragte Laura.

Die Mutter lachte offen und sagte: »Wir möchten, dass du lernst, wie man zuverlässig wird, wie man einer Verantwortlichkeit gerecht wird, wie man ein Mensch wird, auf den man immer zählen kann.«

»Das habe ich bisher bei meinen Aufgaben nicht geschafft, nicht wahr?«, fragte Laura.

Die Mutter schüttelte den Kopf. »Bis jetzt noch nicht«, antwortete sie und lächelte.

Laura atmete einmal tief auf. »O.k.«, antwortete sie. »Von jetzt an kannst du auf mich zählen. Ich werde der beste ›Müllentsorger‹ sein, den es je gegeben hat.« Sie salutierte wie ein Soldat.

Die Mutter erwiderte ihren Gruß. »Hervorragend!«, sagte sie.

Zur Diskussion: Wie kannst du deine Pflichten Zuhause so erledigen, wie man es von dir erwartet, damit aus dir ein zuverlässiger Mensch wird?
Gebet: »Hilf uns, Herr, in allem treu zu sein, was in dieser Woche zu unseren Aufgaben gehört.«

11. September

Wichtigere Dinge

Gott gebietet uns, treu zu sein.

Bibellese des Tages: Matthäus 23,23.37
Tages-Vers: »Nun erwartet man von einem Menschen, dem ein Amt anvertraut wurde, dass er treu ist.« (1. Korinther 4,2)

Florian saß auf der Couch, richtete die Fernbedienung auf den Bildschirm und zappte von einem Kanal zum anderen. Sein älterer Bruder John kam ins Zimmer.

»He, Florian«, sagte John, »bist du bereit, dass ich dich zu Simons Haus fahre?«

»Nee«, antwortete Florian. Er fuhr fort, durch die verschiedenen Programme zu zappen.

»Nun komm schon«, sagte John. »Wir kommen sonst zu spät.«

Florian wandte die Augen nicht vom Bildschirm ab. »Ich gehe nicht«, sagte er.

John starrte seinen kleinen Bruder einige Minuten lang schweigend an. Endlich sagte John: »Ich dachte, du hättest Simon gesagt, dass du mit ihm und seinen Eltern zum Rummelplatz gehen wolltest.«

»Das habe ich auch«, sagte Florian, »aber jetzt habe ich keine Lust mehr dazu.«

»Dann lässt du deinen Freund einfach so sitzen?«

»Das ist keine schlimme Sache«, sagte Florian. »Außerdem mache ich mir nichts aus dem Rummelplatz. Es ist einfach doof da.«

»Darum geht's nicht, Florian. Du hast Simon versprochen, dass du mit ihm hingehst.«

»Ich werde ihn anrufen und ihm sagen ... ich wäre krank oder so etwas.«

»Deinen Freund zu belügen ist keine Lösung.«

»Was ist dann die Lösung, Herr Oberlehrer?«

John setzte sich neben seinen Bruder auf die Couch. Als er die Frage seines Bruders beantwortete, war seine Stimme freundlich und geduldig. »Florian, du hast deinem Freund gesagt, dass du mit ihm gehst. Es mag dir nicht als eine große Sache erscheinen, aber ich wette, dass Simon es anders sieht. Er verlässt sich auf das, was du ihm gesagt hast, und ich denke, wenn du ihn im Stich lässt, triffst du meiner Ansicht nach eine schlechte Entscheidung.«

Florian verdrehte die Augen. »Warum lässt du mich nicht in Ruhe? Das geht nur mich und Simon etwas an.«

John zögerte einen Augenblick, dann antwortete er: »Es geht dich und Simon an, aber es steht auch zwischen dir und Gott.«

»Wie?«, fragte Florian.

Jetzt zuckte John die Achseln. »Gott gebietet uns, treu zu sein. Als Jesus einmal mit den Pharisäern sprach, bezeichnete er Gottes Gebot, treu zu sein, als eines der wichtigsten im Gesetz – zusammen mit

Gerechtigkeit und Barmherzigkeit.« Er machte eine Pause. Sein Bruder schaute nicht mehr auf den Bildschirm.

Florian warf einen Blick auf die Uhr. »Ich vermute, ich schaffe es noch zu Simon«, sagte er. Zum ersten Mal während ihres Gesprächs sah er John in die Augen. »Bist du immer noch bereit, mich hinzubringen?«

»Ich habe die Jacke schon an«, antwortete John.

Zur Diskussion: Was bedeutet es, seinen Freunden gegenüber zuverlässig zu sein? Wer sind deine treusten Freunde? Woher wissen deine Freunde, dass sie sich auf dich verlassen können?
Gebet: »Herr, wir möchten in unseren Beziehungen und bei unseren Aufgaben zuverlässig sein. Mach du uns zu treuen Menschen, Herr.«

12. September

Ein treuer Priester

Gott gebietet uns Treue, weil er die Treue schätzt.

Bibellese des Tages: 1. Samuel 2, 27-30.35
Tages-Vers: »Nun erwartet man von einem Menschen, dem ein Amt anvertraut wurde, dass er treu ist.« (1. Korinther 4,2)

Die Mutter und der Vater saßen in der Aula der Schule und warteten gespannt darauf, dass Sam aufstehen würde. Sam hatte den Auftrag erhalten, als einer von drei Studenten in einem besonderen Programm aufzutreten, das durch eine regionale Aktion gegen Drogen gesponsert wurde.

Sie beobachteten Sam, der auf der Bühne auf seinem Stuhl nervös hin- und herrutschte, während die erste Rednerin, eine Schülerin der vierten Klasse, aufstand und ihre kurze, vorbereitete Ansprache ablas. Sie sprach darüber, dass sie keine Drogen nehmen wollte, weil sie die Absicht hätte, einmal Sportlerin zu werden, und dass sie ihren Körper nicht durch Drogen ruinieren wolle.

Dann stand einer aus der fünften Klasse auf. Er sagte, dass er Drogen ablehne, weil sie »schädlich« seien und »einen zu allen möglichen dummen Dingen verleiten« würden.

Endlich, nach langem, in nervöser Unruhe verbrachtem Warten – es war ihm wie Stunden vorgekommen – trat Sam an den Rand der kleinen Schulbühne und entfaltete ein einzelnes Blatt Papier, das er seit dem Beginn der Veranstaltung in der Hand gehalten hatte.

»Ich möchte keine Drogen nehmen, weil mein Eltern mich gelehrt haben, zwischen Recht und Unrecht zu unterscheiden, und ich weiß, dass Drogen etwas Unrechtes sind. Würde ich Drogen nehmen, würde das meine Eltern sehr enttäuschen, und es würde ihnen schwer fallen, mir in Zukunft noch zu vertrauen. Drogen zu nehmen, wäre auch unrecht, weil Gott gebietet, unseren Körper sorgsam zu behandeln, da dieser sein Tempel sein soll, wenn er in unseren Herzen lebt. Ich möchte Gott treu sein, und deshalb niemals Drogen nehmen.«

Als die Veranstaltung zu Ende war, gingen Mutter und Vater zur Bühne und umarmten ihren Sohn.

»Ich bin so stolz auf dich«, sagte die Mutter.

»Ich auch«, fügte der Vater hinzu. »Du hast deine Sache großartig gemacht. Weißt du, was mir am meisten Freude gemacht hat bei dem, was du sagtest?«

Sam lächelte. »Du hast dich gefreut, dass ich euch nicht enttäuschen möchte, nicht wahr?«

Der Vater lächelte. »Das auch«, gab er zu, »aber vor allem hat mich deine Aussage froh gemacht, dass du deshalb keine Drogen nehmen wolltest, weil du Gott treu sein möchtest. Ich bin sicher, deine Ansprache hat auch Gott gefallen – weil er die Treue schätzt.«

»Danke, Papa«, sagte Sam. »Danke, Mama.«

Die Eltern lächelten. »Danke, dass du so ein zuverlässiger Sohn bist«, sagte die Mutter, als sie zusammen zum Büfett gingen.

Zur Diskussion: Die heutige Bibellese zeigt, dass Gott die Treue schätzt, weil er forderte, dass Eli ein treuer Priester sein sollte. War Eli das? Denkst du, dass Elis Söhne treue Priester waren? Was beschloss Gott zu tun, als Eli und seine Söhne sich als nicht zuverlässig erwiesen? Kannst du dich an jemand erinnern, der ein treuer Priester war (s. Hebräer 2,17-3,1)? Hat dich schon mal jemand als treu bezeichnet?

Gebet: »Herr, hilf uns, Treue hoch zu bewerten, weil wir wissen, dass du sie schätzt.«

13. September

Treu für immer

Gott schätzt die Treue, weil er selbst treu ist.

Bibellese des Tages: Psalm 146,1-6
Tages-Vers: »Der Herr aber, der selber vor euch hergeht, der wird mit dir sein und wird die Hand nicht abtun und dich nicht verlassen. Fürchte dich nicht und erschrick nicht!« (5. Mose 31,8)

»Ich verstehe sie nicht«, sagte Margarete, als sie den Telefonhörer auflegte.

»Wer war das?«, fragte die Mutter. Sie stand am Küchentisch und schnitt Gemüse.

»Ach«, sagte Margarete, »das war Stacy, ein Mädchen aus der Schule, die eigentlich meine Freundin ist.«

»Ich erinnere mich an Stacy«, sagte die Mutter. »Sie ist das Mädchen, das zu Hause im Garten ein Trampolin stehen hat. Was meinst du damit, dass sie ›eigentlich‹ deine Freundin ist?«

»Ich habe versucht, mit ihr die Freundschaft zu halten«, antwortete Margarete, »aber es ist so, als ob Stacy ihre Freunde schneller wechselt als ich meine Socken! Sie war die ›beste Freundin‹ von Helen, aber jetzt kommen sie nicht mehr miteinander zurecht. Dann begann sie eine Freundschaft mit Janet, doch nun kann sie sie nicht mehr ertragen. Und jetzt sagt sie, dass sie auch *meine* Freundin nicht mehr sein kann.«

»Und warum nicht?«

Margarete verdrehte die Augen. »Weil ich noch mit Janet befreundet bin!«

»Ich verstehe«, sagte die Mutter.

Margarete schaute ihre Mutter an. »Also … ich verstehe es nicht! Wie kann ein Mensch an einem Tag dein Freund sein und am nächsten Tag nicht mehr?«

»Ich bin froh, dass du das nicht verstehst«, sagte die Mutter.

»Das bist du?« Margaretes Gesicht war Ausdruck einer einzigen Verwirrung. »Warum?«

Die Mutter legte ihr Messer nieder und stützte sich mit beiden

Händen auf die Küchentheke. »Der Grund, warum du Stacys Verhalten nicht verstehst, liegt darin, dass du eine treue Freundin bist, Margarete. Weil du es selbst bist, schätzt du auch die Treue bei anderen. Deshalb kannst du die Menschen nicht begreifen, die nicht so denken.«

Margarete nickte nachdenklich und die Mutter fuhr fort:

»Und wenn du treu bist, Margarete, bist du Gott ähnlich. Er ist der treuste Freund, den du jemals finden kannst. Selbst wenn alle irdischen Freunde dich verlassen, liebt Gott dich immer noch und will dein Freund sein – einerlei, was geschieht.«

»Eine solche Freundin möchte ich auch sein«, sagte Margarete.

Mutter und Tochter schwiegen eine Weile, bis Margarete fragte: »Warum ist Stacy so, wie sie ist?«

»Ich weiß es nicht«, sagte die Mutter. »Aber ich weiß etwas anderes.«

»Und das wäre?«

»Ich bin froh, dass *du* bist, wie du bist!«

Zur Diskussion: Hast du auch solche Freunde wie Margarete? Wer ist der treuste Freund oder die treuste Freundin, die du hast? Hast du Freunde, die treuer sind als Gott? Denkst du, dass Gott jemals aufhören wird, dein Freund zu sein? Warum gebietet Gott Treue? Warum schätzt er sie? Warum findest du es richtig, selbst treu und zuverlässig zu sein?
Gebet: »Herr, hab Dank für deine Treue. Lehre uns, unseren Freunden gegenüber treu zu sein und dir darin nachzufolgen.«

14. September

Ein treuer Mann

Treue bringt Segen von Gott und anderen.

Bibellese des Tages: Sprüche 28,14-20
Tages-Vers: »Ein zuverlässiger Mensch wird reichen Lohn erhalten. Wer aber um jeden Preis reich werden will, der wird sich in Schuld verstricken.« (Sprüche 28,20)

Norman war total aufgeregt – sein Großvater hatte ihn an diesem Morgen zum Frühstück eingeladen! Norman wusste, dass der Großvater jede Woche einmal sein Frühstück in einem Restaurant einnahm, aber er hatte Norman bisher noch nie mitgenommen. Kaum war Norman wach, war er auch schon aus dem Bett und angezogen und wartete dann am Fenster schon etwa eine halbe Stunde, bevor der Großvater kam, um ihn abzuholen.

Beim Restaurant angekommen war Norman erstaunt, dass Großvater ihn zu einem Ecktisch führte, wo schon mehrere Leute saßen. Sie waren alle etwa in dem Alter des Großvaters! Dieser stellte Norman jedem Einzelnen vor, und die Freunde lachten ihn an und sprachen mit ihm und unter sich, wie alte Freunde es oft tun.

Als sie das Restaurant verließen und zum Auto gingen, fragte Norman: »Opa, frühstückst du jede Woche mit diesen Leuten?«

Der Großvater nickte. »Das tun wir nun schon über dreißig Jahre lang.«

»Wow!«, sagte Norman. »Sind sie alle so alt wie du?«

Der Großvater lachte, als er und Norman in das Führerhaus seines alten LKWs kletterten. »Jaaah«, sagte er. Mit einem Augenzwinkern fügte er hinzu: »Einige sind sogar noch älter!«

»Hast du sie im Restaurant kennen gelernt?«, fragte Norman.

»Nein«, sagte der Großvater. »Ich kenne diese Leute schon viele Jahre. Charly war schon auf meiner Hochzeit.« Norman erinnerte sich an Charly, einen großen Mann im Overall. »Dan und ich sind zusammen zur Schule gegangen. Ed und ich haben zusammen in der Mühle gearbeitet – vor mehr als dreißig Jahren.«

»Und so lange sind sie schon deine Freunde?«, fragte Norman.

»Einige sogar noch länger«, sagte der Großvater. Er machte eine Pause und starrte durch die Windschutzscheibe des LKWs. Noch hatte er den Motor nicht angelassen. Er schaute Norman auch nicht an, als er weitersprach: »Sei deinen Freunden treu, Norman«, sagte er. In seine Augen trat ein Blick, der in weite Fernen ging. »Charly hat mir meine erste Bibel gegeben. Meine Eltern waren keine Christen, und wir sind kaum jemals in die Kirche gegangen. Charly kam jeden Sonntag vorbei, und über sechzig Jahre haben wir beide nun zusammen den Gottesdienst besucht. In der Mühle hat Ed mir einmal das Leben gerettet. Und Dan – nun, Dan ist der lustigste Mann, den ich kenne. Sein Sinn für Humor hat mich über einige schrecklich harte

Zeiten meines Lebens hinweggebracht.« Der Großvater seufzte und griff nach dem Schlüssel.

»Ich mag deine Freunde, Opa«, sagte Norman.

»Ich auch!«, sagte der Großvater.

Zur Diskussion: Denkst du, dass der Großvater ein treuer Mann war? Wenn nicht, warum nicht? Wenn ja, warum? Hat die Treue gegenüber seinen Freunden dem Großvater Segen gebracht? Worin bestand dieser? Glaubst du, dass Treue gegenüber Gott und anderen Menschen dir Segen einträgt? Warum oder warum nicht?

Gebet: »Wir wünschen uns den Segen, der aus Treue und Zuverlässigkeit entspringt. Mit deiner Hilfe, Herr, wollen wir Menschen werden, die für ihre Treue bekannt sind.«

15. September

Vertrauen verdienen

Zuverlässigkeit weckt Vertrauen.

Bibellese des Tages: Nehemia 13,11-14

Tages-Vers: »Nun erwartet man von einem Menschen, dem ein Amt anvertraut wurde, dass er treu ist.« (1. Korinther 4,2)

»Katja«, sagte die Mutter, als sie mit Armen voller Lebensmitteltüten zur Haustür hereinkam, »was tust du zu Hause? Ich dachte, du solltest heute Nachmittag bei den Johnsons als Babysitter sein?«

Katja schaute auf die Uhr. »Das sollte ich!«, sagte sie. »Aber ich habe mit Felicia telefoniert, und dann … habe ich es vergessen.«

»Oh, Katja!«, sagte die Mutter und legte die Tüten und Pakete auf der Küchentheke ab. »Frau Johnson macht sich wahrscheinlich Gedanken, was dir passiert sein könnte. Hat sie nicht angerufen?«

Katja lächelte verlegen. »Vielleicht«, sagte sie. »Ich war ja am Telefonieren.«

»Nun«, sagte die Mutter seufzend und einen Blick auf die Uhr werfend: »Du wirst dich jetzt am besten bei ihr melden.«

Katja nahm das Telefon in die Hand und wählte die Nummer von Frau Johnson. Einige Minuten später legte sie auf und wandte sich an ihre Mutter. »Sie sagte, dass ihr Arzttermin inzwischen schon vorüber sei, und dass sie mich nun nicht mehr nötig hätte.«

Die Mutter seufzte noch einmal. »Hast du dich entschuldigt?«

»Ja«, sagte Katja. »Sie sagte, dass sie mir verzeihen würde. Aber ich fühle mich immer noch ganz schrecklich.«

Die Mutter legte die Arme um Katja. »Das kann ich mir vorstellen«, sagte sie.

»Glaubst du, dass Frau Johnson mich noch einmal fragen wird, wenn sie einen Babysitter braucht?«, fragte Katja. Katja erinnerte sich daran, dass ihre Eltern ihr erst vor kurzem erlaubt hatten, einen Job als Babysitter anzunehmen. Die Kinder der Johnsons waren eine ideale Gelegenheit zum Anfang, weil sie gut erzogen waren und nur wenige Häuser entfernt wohnten.

»Ich weiß es nicht«, sagte die Mutter aufrichtig. »Du wirst dir vielleicht ihr Vertrauen erst wieder verdienen müssen.«

»Vielleicht sollte ich sie nochmals anrufen«, sagte Katja.

»Und was möchtest du sagen?«, fragte die Mutter.

»Ich würde ... ich würde ihr sagen, dass ich wirklich, ganz im Ernst mir wünschte, ihr Vertrauen wiederzugewinnen, und wenn sie mir eine neue Chance gegen würde, dass ich mich sehr bemühen würde, wirklich zuverlässig zu sein.«

»Ich denke, das ist eine gute Idee, Katja. Frau Johnson wird das vermutlich positiv aufnehmen.«

»Und ich könnte anbieten, dass ich das nächste Mal die Aufgabe umsonst übernehmen würde«, fügte Katja noch hinzu.

Die Mutter lächelte. »Das ist ein noch besserer Gedanke«, sagte sie. »Ich bin sicher, dass Frau Johnson *das* zu schätzen wüsste!«

Zur Diskussion: Warum wählte Nehemia Schelemja, Zadok, Pedaja und Hanan (nach der heutigen Bibellese), um über die Tempelvorräte zu wachen? Was glaubst du, warum die Menschen dazu neigen, solchen Leuten zu vertrauen, die sich in der Vergangenheit als zuverlässig erwiesen haben? Hast du dir schon einmal durch deine Treue das Vertrauen anderer erworben? Warum oder warum nicht?

Gebet: »Herr, wir wünschen uns alle, dass man uns vertraut. Bitte gib uns die Gelegenheiten, uns als zuverlässig zu erweisen. Und wenn wir unserer Verantwortlichkeit nicht gerecht werden, gib uns die Demut, zu versuchen, das verlorene Vertrauen zurückzugewinnen.«

16. September

Wie Daniel

Der Herr bewahrt die Treuen.

Bibellese des Tages: Psalm 31,21-25
Tages-Vers: »Der Herr beschützt die, die ihm treu sind, aber die Stolzen bestraft er.« (Psalm 31,24)

»Wie erinnerst du dich jeden Tag ans Beten?«, fragte Kara ihren Freund Bonnly.

Bonnly blinzelte Kara ein bisschen zu, als ob er die Frage nicht verstanden hätte. Bonnly und seine Familie hatten Kambodscha, sein Heimatland, erst vor wenigen Jahren verlassen, aber er sprach schon sehr gut Englisch. »Wie ich daran denke, jeden Tag zu beten?«, wiederholte er die Frage.

»Jaaah«, sagte Kara. »Weil ich das nämlich meistens vergesse. Weißt du, entweder habe ich noch Hausaufgaben zu machen, oder es gibt gerade eine wirklich gute Sendung im Fernsehen, oder eine meiner Freundinnen kommt vorbei. Und dann vergesse ich das Beten. Ich will das natürlich nicht. Aber du hast mir gesagt, dass du jeden Tag betest.«

Bonnly schaute immer noch etwas verwirrt drein. »Ja, das vergesse ich nicht«, erklärte er, »weil Beten für meine Familie etwas sehr Wichtiges ist.«

»Na, ja«, sagte Kara und sah ein bisschen verlegen aus, »für mich ist Beten auch wichtig.«

»Schau«, sagte Bonnly, »als ich noch sehr klein war, musste meine Familie unser Haus in Kambodscha verlassen, weil die Soldaten meine Eltern nicht mochten. Sie wollten nicht, dass wir beteten und sagten, wenn wir damit nicht aufhörten, würden sie uns das Haus wegnehmen.«

Kara hörte mit weit geöffneten Augen fasziniert zu. Sie wusste, dass ihr Freund von weit her gekommen war, aber sie hatte nicht gewusst, dass seine Familie aus der Heimat vertrieben worden war.

»Doch mein Vater sagte, damit könnten wir niemals aufhören. Er versuchte, den Soldaten etwas von Christus zu erzählen, und dass sie ihn auch nötig hätten. Sie wollten ihm aber nicht zuhören.«

»Wow«, sagte Kara, »gerade wie bei Daniel! Haben sie euch in einen Löwengraben geworfen?«

Bonnly lächelte etwas scheu. »Nein, aber wir mussten unser Haus verlassen, um den Soldaten zu entgehen.«

»Wollten sie euch umbringen?«, sagte Kara, und hatte plötzlich ein ernstes Gesicht.

Bonnly zuckte mit den Achseln. »Ich weiß es nicht. Ich kann mich nicht mehr daran erinnern. Aber ich kann mich noch an das Flüchtlingslager erinnern, in dem wir lebten, bevor wir in dieses Land kamen.«

»Also«, sagte Kara, und ihre Stimme war plötzlich von großem Respekt erfüllt, »ihr habt euer Haus und alles verloren, weil ihr mit dem Beten nicht aufhören wolltet?«

»Stimmt, das wollten wir nicht«, antwortete Bonnly lächelnd. »Vater sagt, dass wir deshalb in dieses Land geflüchtet sind. Er sagt auch, dass Gott unsere Gebete beantwortet hat, viel ...«, er schwieg, als ob er das nächste Wort nicht finden könnte »... viel großartiger, als wir es uns vorstellen konnten.«

Bonnly lächelte wieder. »Wir beten immer noch jeden Tag«, sagte er.

Jetzt lächelte auch Kara. Sie sagte nichts, musste aber ständig denken: *Ich möchte in meinem Beten auch treuer sein – wie Bonnly und seine Familie.*

Zur Diskussion: Wie hat Gott die Treue von Bonnly und seiner Familie belohnt? Bist du selbst treu im Beten? Vergisst du es manchmal? Möchtest du, wie Kara, darin zuverlässiger werden? Wenn ja, wie kannst du das in die Tat umsetzen?
Gebet: »Herr, danke, dass du die Treuen bewahrst.«

17. September

Entfache die Flammen

Das tägliche Gebet und das Lesen der Bibel sind Brennstoff für den Gehorsam Gott gegenüber.

Bibellese des Tages: 2. Timotheus 1,3-6
Tages-Vers: »Seid wachsam und betet, sonst wird euch die Versuchung überwältigen.« (Markus 14,38)

Dylan und sein Vater waren auf Campingtour in den Wäldern. Sie waren früh am Morgen aufgebrochen und etwa 18 Kilometer in die Wälder hineingewandert, als sie ihre Rucksäcke absetzten und ein Lager aufschlugen. Gemeinsam stellten sie das Zelt auf und dann zündete der Vater ein Feuer an.

»Ein Feuer ist eine wichtige Sache auf so einem Weg«, sagte der Vater zu Dylan. »Es kann aus einem kalten, dunklen Lagerplatz vorübergehend ein Zuhause machen.«

»Außerdem kocht unser Essen darauf!«, meinte Dylan.

»Das ist wahr«, stimmte der Vater zu, und es dauerte nicht lange, da saßen beide am prasselnden Feuer. Der Vater hängte einen Wasserkessel darüber, und bald schmeckten ihnen die Nudeln, und der Vater schlürfte seinen Kaffee.

»Was passiert, wenn das Feuer ausgeht, Papa?«, fragte Dylan.

Der Vater zuckte die Achseln. »Wie müssten es eben wieder neu anzünden«, antwortete er. »Es ist aber viel leichter, das Feuer am Brennen zu halten, als es wieder ganz neu in Brand zu bekommen.«

Dylan nickte und schluckte an seinen Nudeln. »Aber solange wir aufpassen und immer wieder Äste nachlegen, klappt es doch, oder Papa?«

Der Vater lächelte und nickte. Dann wurde sein Gesicht ernst, als ob er über etwas nachdächte. »Weißt du, Dylan, in gewisser Weise geht es uns im Leben auch so«, sagte er.

Dylan blinzelte zu seinem Vater hinüber. »Was meinst du damit?«

»Nun, du möchtest doch Gott gehorchen und ihm gefallen, oder?«

»Klar«, antwortete Dylan.

»Aber du weißt auch, dass du es allein nicht schaffst.«

Dylan nickte. »Ich brauche Gottes Hilfe dazu.«

»Das stimmt«, sagte der Vater. »Siehst du, Dylan, deinem Herzen geht es wie dem Feuer. Wenn du wachsam bist, und ihm ständig neue Nahrung gibst, dann entsteht daraus der Gehorsam Gott gegenüber, wie die Flammen aus dem brennenden Holz.«

Dylan griff nach einem trockenen Stock, der neben dem Feuer auf dem Boden lag, und warf ihn in die Flammen. »Nur dass ich nicht gerade Holzstücke in mein Herz stecke!«, sagte er.

Der Vater lachte. »Nein.«

»Aber ich kann jeden Tag beten, nicht wahr, Papa?«

»Richtig, und das Lesen der Bibel wird dir auch helfen, Gott zu gehorchen«, sagte der Vater.

Dylan nickte. Er hatte verstanden. Dann warf er ein neues Stück Holz in die Glut.

»Ich möchte nicht, dass es ausgeht.«

»Ich auch nicht«, antwortete der Vater.

Zur Diskussion: Kannst du aus eigener Kraft Gott gehorchen und ihm gefallen? Warum oder warum nicht? Wessen Hilfe brauchst du? Denkst du, dass tägliches Beten und Bibellesen dir hilft, richtige Entscheidungen zu treffen? Warum oder warum nicht?
Gebet: »Herr Jesus, wir möchten dir gefallen. Manchmal denken wir, dass wir alles allein machen müssten. Herr, erinnere uns an die täglichen Hilfen, die du uns zur Verfügung stellst.«

18. September

Das gemeinste Kind

Gott entscheidet, was Recht und Unrecht ist.

Bibellese des Tages: 1. Petrus 3,8-12
Tages-Vers: »Seid barmherzig.« (1. Petrus 3,8)

Tabea konnte ihren Augen nicht trauen. Kevin, der Junge von nebenan, saß weinend auf der Treppe vor dem Haus. Ein paar Minuten beobachtete sie ihn und versuchte, sich darüber klar zu werden, was sie tun sollte.

Normalerweise wäre Tabea sofort hingerannt, um zu trösten, wenn sie jemand weinen sah. Aber mit Kevin war es etwas anders.

Kevin war wohl der gemeinste Mensch, den sie kannte. Er war grausam zu den eigenen Haustieren und reizte ständig Tabeas Hund. Er machte auch ihre Puppen kaputt. Aus diesen und ähnlichen Gründen versuchte Tabea, kein Mitleid in sich aufkommen zu lassen.

Während sie ihn beobachtete, schien das Weinen noch lauter zu werden, als ob er wüsste, dass sie ihm zusah. *Warum sollte ich ihn bedauern?*, fragte sie sich. Aber noch während sie nachdachte, wusste sie, dass es verkehrt war, wenn sie ihm seine Gemeinheiten zurückzuzahlen versuchte.

Endlich ging sie zu Kevin hinüber. »Etwas nicht in Ordnung?«, fragte sie.

»Verschwinde!«, schrie Kevin.

Tabea drehte sich um und ging. Ihre Gefühle waren verletzt. Doch nach einem Augenblick kam sie zurück und setzte sich neben Kevin auf die Treppe.

»Was ist los?«, fragte sie.

Kevin zog laut die Nase hoch und wischte sich mit dem Arm die Tränen ab. »Du würdest es nicht verstehen.«

»Vielleicht ja doch«, sagte sie.

»Ich habe mich selbst aus unserem Haus ausgeschlossen«, sagte er, »und meine Eltern sind den ganzen Tag nicht zu Hause.«

»Du bist allein zu Hause?«, fragte Tabea. Als er daraufhin nickte, fühlte sie tatsächlich Mitleid mit ihm. Sie überlegte, ob dies wohl das erste Mal war, dass er den ganzen Tag allein verbringen musste. »Du musst nicht hier sitzen bleiben«, sagte sie. »Meine Mutter ist zu Hause. Du kannst rüberkommen zu uns, bis deine Eltern wieder da sind.«

Kevin schaute Tabea überrascht an. »Das darf ich?«, sagte er, als ob er ihr nicht glaubte. Sie nickte. Er wischte sich das Gesicht mit dem Ärmel ab. »Ist deine Mutter damit einverstanden?«

Tabea stand auf. »Wir können sie fragen.«

Kevin lächelte. »Gut«, sagte er.

Er folgte Tabea ins Haus. Tabea bemerkte, wie zuerst ein erschreckter Ausdruck über das Gesicht ihrer Mutter flog, als sie eintraten. Doch der verschwand sehr schnell wieder. Nachdem Tabea erklärt hatte, was vorgefallen war, sah sie, wie Mutters Gesicht froh und ein wenig stolz wurde. Dieser Blick machte ihr klar, dass sie das

Richtige getan hatte, als sie freundlich zu dem gemeinsten Jungen, den sie kannte, gewesen war.

Zur Diskussion: Denkst du, dass Tabea richtig gehandelt hat? Warum oder warum nicht? Glaubst du, dass es ihr leicht gefallen ist, Kevin gegenüber mitleidig zu sein? Warum oder warum nicht? Denkst du, dass Tabeas Handeln ihrer eigenen Entscheidung über Recht und Unrecht entsprach, oder weil sie die Entscheidung Gottes anerkannte? Wer sagt, dass wir mitleidig sein sollen?
Gebet: »Herr, wir sind auf deine Barmherzigkeit angewiesen, dass du uns damit füllst gegenüber denjenigen, die es am meisten brauchen.«

19. September

Gut für etwas

Gott gebietet uns, barmherzig zu sein.

Bibellese des Tages: Epheser 4,32-5,2
Tages-Vers: »Seid stattdessen freundlich und mitfühlend zueinander und vergebt euch gegenseitig, wie auch Gott euch durch Christus vergeben hat.« (Epheser 4,32)

Peter saß neben seiner kleinen Schwester Nina auf dem mittleren Sitz des Mini-Van und spielte mit ihr. Sie war auf ihrem Babysitz gut untergebracht. Als sie den Heimweg vom Schulkonzert seiner älteren Geschwister hinter sich hatten, begann er leise zu weinen.

»Was ist los, Peter?«, fragte sein Vater, als er im Rückspiegel die Tränen seines Sohnes bemerkte.

Peter schüttelte den Kopf. Er wollte nicht darüber sprechen. Doch die Mutter drehte sich auf ihrem Platz um und drängte ihn, doch zu sagen, was die Ursache seiner Tränen war.

»Ich bin zu nichts gut«, sagte er zwischen einigen Seufzern. »Ellen spielt Klavier und Tobi Saxophon«, sagte er, wobei er das Wort »Sassophone« aussprach. »Aber ich tauge zu gar nichts.«

»Oh, Peter«, sagte die Mutter. »Das stimmt überhaupt nicht. Nur weil du bisher noch keinen Musikunterricht hattest, heißt das doch nicht, dass du gar nichts kannst.«

»Doch, so ist es«, sagte Peter. Seine Unterlippe schob sich schmollend vor.

»Nein, so ist es nicht«, antwortete die Mutter. »Ich denke sogar, dass du bei etwas der Beste in der Familie bist.«

Peters Seufzer beruhigten sich und seine Unterlippe kehrte wieder in den Normalzustand zurück. »Wirklich?«, fragte er.

Die Mutter nickte. »Du bist der Mitleidigste in der ganzen Familie.«

»Was bedeutet das?«, fragte Peter jetzt mit zweifelnder Miene.

»Wer schafft es besser, dass die kleine Nina aufhört zu weinen, als alle anderen?«, fragte die Mutter.

»Ich«, antwortete er leise.

»Und wer kuschelt sich in Mamas Schoß, wenn eine Fernsehsendung oder ein Brief ihr Tränen entlocken?«

»Ich!«, antwortete Peter, wobei sich seine Stimmung schon aufhellte.

»Und«, ließ sich Ellen vom Platz hinter Grant und dem Baby vernehmen, »wer bedauert immer streunende Tiere und Vögel mit gebrochenen Flügeln?«

»Ich!«, antwortete Peter.

»Das stimmt«, sagte die Mutter. »Du bist ein sehr barmherziger junger Mann. Darin bist du wirklich gut.«

»Und das ist ein wichtiger Faktor, wenn man das von jemand sagen kann«, fügte der Vater hinzu, »weil Gott will, dass wir alle barmherzig sein sollen.«

»Und das bin ich!«, sagte Peter. Seine Tränen und sein Schniefen waren verschwunden und er lächelte glücklich.

Zur Diskussion: Die heutige Bibellese enthält eine von Gottes vielen Anweisungen, barmherzig zu sein. Was bedeutet es, barmherzig zu sein? Hast du heute schon irgendetwas auf dieser Ebene getan? Wenn ja, was? Und gestern? Wenn ja, was? Denkst du, dass du morgen in der Hinsicht etwas unternehmen kannst? Wenn ja, wie?

Gebet: »Herr, hilf uns, darin Fortschritte zu machen, mit anderen mitleidig und barmherzig umzugehen.«

20. September

Verkehrsstau

Gott gebietet Barmherzigkeit, weil er die Barmherzigkeit schätzt.

Bibellese des Tages: Lukas 10,30-37
Tages-Vers: »Richtet recht und ein jeder erweise seinem Bruder Güte und Barmherzigkeit.« (Sacharja 7,9)

»Das ist ja ein schrecklicher Stau, nicht wahr, Papa?«, sagte Dan.

Der Vater seufzte und klopfte mit seinem Daumen auf das Lenkrad. »Ja, Dan«, antwortete er. »Und das bedeutet, dass wir spät nach Hause kommen.«

»Schau dort, Papa!« Dan zeigte nach vorn, über zwei Verkehrsspuren hinweg.

Der Vater blickte in die angegebene Richtung. Eine Frau stand dort hinter ihrem Wagen, der offensichtlich mit einer Panne auf der Überholspur der dreispurigen Autobahn liegen geblieben war. Sie ging hinter dem Wagen hin und her und hielt sich mit besorgtem Ausdruck auf dem Gesicht die Stirn.

»Deshalb kommen wir nicht vorwärts!«, sagte Dan. Andere Fahrer hupten oder schimpften mit der Frau, als sie vorbeifuhren. Plötzlich schaltete der Vater seine Warnblinkanlage ein und lenkte seinen Wagen auf den Seitenstreifen.

»Was machst du?«, fragte Dan.

»Bleib im Wagen«, sagte der Vater, »ich bin gleich wieder da.«

Der Vater sprang aus seinem Auto und schob sich durch den im Schneckentempo kriechenden Verkehr zum Wagen der Frau. Dan beobachtete fasziniert, wie sein Vater erst auf den Wagen der Frau und dann zum Straßenrand zeigte, wo Dan saß. Die Frau setzte sich hinter das Steuer ihres Wagens, den der Vater jetzt Schritt für Schritt quer über zwei Verkehrsspuren hinüberschob, bis er vor seinem eigenen Wagen stand. Dan bemerkte, dass die Frau unter Tränen lächelte, und dass ihr Mund leise »danke« formte, als der Vater zu ihm zurückkam und einstieg.

»Ich werde am nächsten Telefon, das ich finde, die Autobahnpolizei benachrichtigen«, sagte er zu seinem Sohn, als er den Motor anließ und sich wieder in den Verkehr einfädelte, der allmählich ein bisschen schneller floss.

Dan half dem Vater an der nächsten Ausfahrt bei der Suche nach einem Telefon. Sobald der Anruf getätigt war, hatte Dan noch eine Frage an seinen Vater:

»Papa, warum hast du angehalten und der Frau noch geholfen, wo wir doch sowieso schon so spät dran waren?«

Der Vater lächelte über die Frage seines Sohnes. Er dachte einen Augenblick nach, bevor er antwortete. »Du weißt doch, was die Geschichte vom barmherzigen Samariter uns lehrt, oder?«

Dan nickte. »Dass es richtig ist, anderen Menschen zu helfen.«

»Ja«, sagte der Vater, »*und* sie zeigt uns außerdem, dass Gott die Barmherzigkeit schätzt. Wir hätten uns verhalten können wie jener Priester in der Geschichte oder der andere Mann, der vorbeiging, ohne zu helfen. Es ist aber sehr viel besser, mitleidig zu sein, wenn man die Gelegenheit dazu hat.«

Dan dachte noch darüber nach, was sein Vater getan hatte. »Ich bin froh, dass wir angehalten haben«, sagte er lächelnd. »Das war schön!«

Zur Übung: Schaut euch nach Möglichkeiten um, als Familie barmherzig zu sein. Vielleicht kannst du Bewohner eines Altenheims besuchen oder für eine viel beschäftigte Familie einmal kochen und ihnen das Essen servieren.
Gebet: »Vater im Himmel, erinnere uns heute – und jeden Tag –, dass du Mitleid schätzt. Hilf uns, unserer Umgebung freundlich und barmherzig zu begegnen.«

21. September

Bettys Puppe

Gott schätzt die Barmherzigkeit, weil er selbst barmherzig ist.

Bibellese des Tages: Psalm 103,8-13
Tages-Vers: »Barmherzig und gnädig ist der Herr, geduldig und voll großer Gnade.« (Psalm 103,8)

»Marion, willst du meine Puppe für mich halten?«, fragte Betty ihre große Schwester.

»Pst!«, antwortete Marion. »Ich bin sehr beschäftigt.«

»Aber sie möchte, dass du sie mal nimmst«, bettelte Betty. Marion warf einen ärgerlichen Blick auf ihre Schwester. »Ich sehe gerade meine Lieblingsserie im Fernsehen. Lass mich in Ruhe!«

Betty trottete fort – leise weinend, aber Marion ignorierte es. Ein paar Augenblicke später kam die Mutter ins Zimmer mit Bettys Puppe in der Hand. Sie setzte sich neben Marion auf die Couch.

»Was siehst du dir da an?«, fragte sie.

»*Frontier Doctor*«, antwortete Marion. »Wusstest du, dass der Schauspieler, der den Lukas spielt, ein bewusster Christ ist? Ich habe einiges über ihn in einer Zeitschrift gelesen.«

»Da ist ja interessant«, sagte die Mutter.

Marion wandte sich wieder dem Bildschirm zu. »Ich denke, es ist richtig cool.«

»Warum?«

»Nun, weil, weißt du – er ist ein Christ, wir sind Christen ...«

»Oh«, sagte die Mutter, »du, nun ... du hast es gern, wenn du entdeckst, dass andere deinen Glauben teilen.«

»Ja«, sagte Marion, »das ist es.«

Die Mutter blieb einen Augenblick still, bis das Programm durch eine Werbesendung unterbrochen wurde. Dann sagte sie: »Erinnerst du dich daran, was du mir eben über den Schauspieler gesagt hast?« Sie wartete, bis Marion nickte. »Ich denke, Gott empfindet genauso wie du.«

»Was willst du damit sagen?«

»Du hast etwas mit dem Schauspieler gemeinsam, weil ihr beide Christen seid, nicht wahr?«, sagte die Mutter. Marion nickte wieder. »Gut, Gott liebt es, wenn du es zeigst, dass du etwas mit ihm gemeinsam hast. Die Bibel sagt z. B. dass er ein mitleidiger Gott ist, der langsam zum Zorn ist und dessen Liebe überfließt. So freut er sich natürlich, wenn du auch mitleidig bist. Man kann sagen, dass er die Barmherzigkeit schätzt.«

Marion bemerkte plötzlich die Puppe ihrer Schwester in den Armen der Mutter. Sie wurde rot. »Ich denke, ich war nicht sehr nett zu Betty, oder?«

Die Mutter lächelte geduldig. »Du hättest barmherziger sein können.«

Marion erhob sich aus ihrem Sessel. »Kann ich die Puppe mal haben?«, fragte sie. Dann nahm sie diese aus den Armen der Mutter, ging zum Fernseher und stellte ihn ab. Sie zuckte mit den Achseln. »Wahrscheinlich schaue ich manchmal zu viel fern.«

Zur Diskussion: Warum gebietet uns Gott, barmherzig zu sein? Warum schätzt Gott das Mitleid? Ist Gott selbst barmherzig? Wenn ja, woher weißt du das? Möchtest du selbst barmherziger sein, um ihm ähnlich zu sein? Wie kannst du das anfangen?
Gebet: »Herr, wir möchten barmherziger sein, weil du die Barmherzigkeit schätzt, und weil du selbst barmherzig bist.«

22. September

Segen und Barmherzigkeit

Barmherzigkeit fördert den Segen Gottes.

Bibellese des Tages: 1. Mose 1,8-17.20-21
Tages-Vers: »Da Gott euch erwählt hat, zu seinen Heiligen und Geliebten zu gehören, seid voll Mitleid und Erbarmen, Freundlichkeit, Demut, Sanftheit und Geduld.« (Kolosser 3,12)

Andrea ging auf den Zehenspitzen ins Schlafzimmer ihrer Mutter. Die Mutter saß auf der Bettkante und weinte. Ihre Hände bedeckten das Gesicht und dämpften ihr Seufzen. Ihr Rücken war der Tür zugekehrt, sodass sie Andreas leises Nähertreten nicht bemerkte.

»Mama?«, flüstere Andrea. »Weinst du?«

Die Mutter richtete sich mit einem Ruck auf. Sie nahm ein Papiertaschentuch und wischte sich die Augen. »Andrea!«, sagte sie, »wann bist du hereingekommen?«

Andrea gab keine Antwort. »Was ist los?«, fragte Andrea. »Warum bist du so aufgeregt?«

Die Mutter wischte sich wieder über die Augen. »Oh, ich bin nicht aufgeregt«, sagte sie.

»Natürlich bist du das«, bestand Andrea auf ihrer Aussage, »sonst würdest du nicht weinen.«

Die Mutter schüttelte den Kopf. »Ich bin nicht erregt oder traurig.« Sie wies mit der Hand auf ihr Bett, um Andrea aufzufordern, sich neben sie zu setzen. Dann atmete sie einmal tief ein, bevor sie anfing, zu sprechen. »Ich habe diesen Nachmittag in einem Heim für behinderte Kinder zugebracht.« Andrea wusste, dass die Mutter einige Tage im Monat ehrenamtlich mit Behinderten arbeitete.

»Da war ein junges Mädchen, das sehr schwer behindert war.« Die Mutter machte eine kleine Pause, dann lächelte sie und fuhr fort: »Sie hat ein sehr schweres Leben gehabt bisher. Jeder im Heim wusste, dass sie lange Zeit kein einziges Wort gesprochen hat – vielleicht schon jahrelang.«

Andrea legte ihrer Mutter die Hand auf die Schulter.

»Irgendwie geschah es dann heute«, fuhr die Mutter fort, »dass ich das junge Mädchen beim Mittagessen fütterte, weil sie nicht in der Lage ist, allein zu essen. Ein wenig von der Suppe lief ihr am Kinn herunter, und als ich ...« – die Mutter hob ihr Taschentuch zum Mund und machte nochmals eine Pause – »als ich ihr das Kinn abwischte, sagte sie ›danke‹!«

Wieder begann die Mutter zu weinen, und auch Andreas Augen füllten sich mit Tränen. Andrea legte den Arm um ihre Mutter und zog sie zu sich heran.

»Das ist wirklich cool, Mama«, sagte Andrea.

»Ja, das ist es«, sagte die Mutter. »Es ist einfach so – so wunderbar, wenn so etwas geschieht.« Sie richtete sich wieder gerade auf und schaute ihrer Tochter in die Augen. »Andrea, wenn du Gott gehorchst, indem du anderen dienst, dann segnet er dich viel mehr, als du anderen jemals an Gutem erweisen kannst.«

Zur Diskussion: Wie belohnte Gott die hebräischen Hebammen für ihr Mitleid mit den israelitischen Babies in Ägypten? Wie belohnte Gott Andreas Mutter für ihr Mitleid? Denkst du, dass das stimmt, was die Mutter sagte (»Wenn du Gott gehorchst, indem du anderen dienst, wird er dich mehr segnen, als du jemals anderen an Gutem erweisen kannst«)? Hast du jemals etwas Ähnliches erlebt?

Gebet: »Heiliger und gnädiger Gott, hülle uns von Kopf bis Fuß in dein Erbarmen ein. Lass uns auch ein Kleid des Lobpreises tragen.«

23. September

Freude und Mitleid

Barmherzigkeit kann Freude sein.

Bibellese des Tages: Apostelgeschichte 3,1-11
Tages-Vers: »Selbst in der Finsternis wird es für den Gottesfürchtigen hell. Er ist gnädig, barmherzig und gerecht.« (Psalm 112,4)

Tanja war die Erste, die den Mann sah. Sie und ihr Bruder Ben kamen gerade mit ihrem Vater aus dem Kaufhaus. Auf dem Gehweg saß ein bärtiger alter Mann in schmuddeliger Kleidung. Ein umgedrehter Hut lag neben ihm auf dem Pflaster und ein Stück Pappe bettelte mit der Aufschrift: »Helfen Sie den Obdachlosen.«

Ben wurde stocksteif und Tanja versteckte sich hinter dem Vater. Zu ihrer Überraschung hielt der jedoch an. Er beugte sich herunter und streckte dem Mann seine Hand entgegen.

Der Mann schaute zuerst misstrauisch auf, dann aber reichte er langsam seine Hand hin und schüttelte die des Vaters. Der Vater stellte sich und seine Kinder mit Namen vor und sagte dann: »Wir waren gerade dabei, hier einen schnellen Imbiss einzunehmen – dort in dem Café am Ende der Straße. Wir würden uns freuen, wenn wir Sie dazu einladen dürften.«

Der Mann schaute vom Vater auf Tanja, dann zu Ben und wieder zum Vater zurück.

»Sicher«, antwortete er mit einem Achselzucken, »warum nicht?«

Der Vater lächelte und half dem Mann auf die Füße. Die vier gingen nun zu dem Café. Während sie aßen, zog der Vater den Mann in ein Gespräch über sein Leben. Der Mann bekannte, dass er mit einem Alkoholproblem kämpfe und warnte Ben und Tanja davor, mit dem Trinken anzufangen. »Für mich ist niemals etwas Gutes dabei herausgekommen«, sagte er.

Als sie ihre Mahlzeit beendet hatten, zahlte der Vater, und dann standen sie draußen vor dem kleinen Café und verabschiedeten sich von dem Mann. Der schüttelte die Hand des Vaters, bedankte sich, lächelte Ben und Tanja zu und drehte sich dann um, um zu seiner Ecke zurückzugehen.

»Das war richtig cool, Papa«, sagte Ben aufgeregt. »Er war ein netter Mann.«

»Ich hatte den Eindruck, dass er dich und Tanja auch mochte«, sagte der Vater.

»Es war so toll, von all den Plätzen auf der Welt zu hören, wo er gelebt hatte«, sagte Tanja. Sie schüttelte vor Erstaunen den Kopf. »Gewöhnlich lebte er in …?«

»Argentinien«, ergänzte Ben.

»He, Papa«, sagte Ben. »Können wir ihn nochmals einladen, wenn wir wieder in dieses Geschäftsviertel kommen?«

Der Vater nickte. »Wir können es versuchen«, sagte er und fügte hinzu: »Warum?«

Ben legte den Kopf schief. »Ich weiß es nicht«, antwortete er. »Ich würde es gerne tun.«

»Ja«, stimmte Tanja zu, »es hat Spaß gemacht.«

Der Vater lächelte. »Ich freue mich, dass ihr so denkt«, sagte er.

Zur Diskussion: Denkst du, dass es Petrus und Johannes Freude gemacht hat, den Bettler an der Tempeltür zu heilen? Warum? Glaubst du, dass es Ben, Tanja und ihrem Vater Freude gemacht hat, den obdachlosen Mann zum Mittagessen einzuladen? Warum? Hast du schon mal Freude erlebt, wenn du mitleidig gewesen bist? Wenn ja, erzähle davon.
Gebet: »Möchte doch deine Freude, Herr, eine Flutwelle von Barmherzigkeit in uns aufkommen lassen.«

24. September

Schönheit und Barmherzigkeit

Mitleid kann etwas Wunderschönes sein!

Bibellese des Tages: Römer 15,1-3
Tages-Vers: »Wir sollen uns so verhalten, dass es dem andern hilft und er dadurch im Glauben ermutigt wird.« (Römer 15,2)

Ronitas Sonntagsschulklasse wurde durch die Ankunft eines neuen Schülers unterbrochen, der vom Leiter der Sonntagsschule begleitet wurde.

Wie alle anderen in der Klasse auch bemerkte Ronita, dass der neue Junge nur einen Arm hatte – der linke fehlte ihm. Niemand sagte etwas, als der Junge sich auf den Platz rechts neben Ronita setzte. Ronita lächelte ihn an, während die Lehrerin mit dem Erzählen der begonnenen biblischen Geschichte fortfuhr.

Nach einigen Minuten schien in der Klasse die Normalität zurückgekehrt zu sein. Die Lehrerin wirkte zuerst nervös, als sich aber alle normal verhielten statt den Jungen anzustarren oder über ihn zu sprechen, schien sie sich auch wieder zu entspannen.

Endlich schaute die Lehrerin auf die Uhr an der Wand. »Oh«, sagte sie, »es ist längst Zeit, Schluss zu machen.« Sie schloss ihr Buch und lächelte die Schüler an. »Danke, dass ihr so gut zugehört habt«, sagte sie. Sie faltete ihre Hände. »Nun lasst uns zusammen das tun, was wir immer am Ende tun.«

Ronita blieb plötzlich der Mund offen stehen, als sie sah, wie die Lehrerin mit der Schlusszeremonie der Klasse wie jede Woche begann.

»Jetzt wollen wir unsere Kirche darstellen«, sagte die Lehrerin, legte ihre Hände zusammen und streckte den Zeigefinger stracks hoch, um den Kirchturm anzudeuten. »Hier ist die Kirche, und hier ist der Kirchturm«, begann sie und hörte dann abrupt auf, weil ihr klar wurde, was sie angestellt hatte. Sie hatte den neuen Jungen, und dass er nur einen Arm hatte, total vergessen! Ihr Gesicht wurde flammend rot, als sie erkannte, dass aus ihrem Handeln etwas Schreckliches und Schwieriges für den Neuankömmling entstanden war.

Ronita aber hatte plötzlich eine Idee. Sie hielt ihre linke Hand vor den neuen Jungen hin. »Hier«, sagte sie fröhlich, »wir können unsere Kirche zusammen bauen!«

Der Junge blinzelte Ronita einen Augenblick an und lächelte dann. Er hob seine rechte Hand und verflocht seine Finger mit den Fingern von Ronitas linker Hand. Zusammen streckten sie ihre Zeigefinger zur Form des Kirchturms hoch und stimmten in den Reim der Lehrerin ein: »Hier ist die Kirche und hier ist der Turm. Öffnet die Türen und seht all die Menschen.«

Die Lehrerin lächelte Ronita und dem neuen Jungen zu. Die Sonntagsschule war nie schöner und bedeutungsvoller gewesen.

Zur Übung: Verbinde deine Hände mit denen deines Nächsten, formt Kirche und Kirchturm und zitiert den Vers: »Hier ist die Kirche und hier ist der Kirchturm. Öffnet die Türen und seht all die Menschen.«
Gebet: »Herr, als Menschen der Barmherzigkeit lass uns hinter das Äußere einer Person sehen und lass uns stattdessen mit ihrem Herzen in Verbindung treten.«

25. September

Gott und Eiscreme

Gottes Gebote zeigen uns, was er liebt und was er hasst, was er für gut hält, und was für schlecht.

Bibellese des Tages: Psalm 119,65-68
Tages-Vers: »Du bist gut und handelst gut; lehre mich deine Ordnungen.« (Psalm 119,68)

Leo stand mit seinem Vater und Pastor Martin an der Eisbude. Sein Vater und der Pastor waren gute Freunde, und Leo hatte es gern, wenn sie ihn einluden, mit ihnen etwas gemeinsam zu machen.

»Welche Sorte möchtest du, Leo?«, fragte der Pastor. »Ich lade dich ein.«

Pastor Martin und der Vater stritten ein Weile in aller Freundschaft miteinander, doch Pastor Martin behielt die Oberhand und wiederholte seine Frage an Leo.

»Schokolade bitte«, sagte Leo lächelnd, während ihm das Wasser im Mund schon zusammenlief.

Einige Augenblicke später hatte jeder eine Eistüte in der Hand und sie setzten sich auf eine Bank.

Eine Weile ging das Gespräch zwischen dem Vater und Pastor Martin hin und her, bis dieser sich an Leo wandte. »Weißt du, Leo, ich ahne einfach, welches Eis du am liebsten magst.«

Leo lächelte und hob den Ärmel seines Shirts hoch, um sich die Schokolade vom Mund abzuwischen.

»Schokolade, stimmt's?«, sagte Pastor Martin.

Leo nickte. »Das ist einfach, weil ich gerade Schokoladeneis esse«, sagte er.

Pastor Martin nickte. »Zum Teil ist das der Grund«, gab er zu. »Aber ich habe *jedes Mal*«, wenn du dir ein Eis bestellt hast, bemerkt, dass es Schokoladeneis war. Weißt du, genauso kann ich feststellen, was Gott liebt.«

Leo runzelte die Stirn und warf einen verdutzten Blick auf den Pastor. »Du weißt, welche Geschmacksrichtung Gott mag?«

Der Pastor und der Vater lachten. »Nein«, sagte der Pastor, »aber ich kann erkennen, was er liebt, wenn ich aufmerksam beobachte, welche ›Order‹ er gibt.«

Leo sagte nichts mehr, aber sein Ausdruck verriet, dass er nicht verstanden hatte, was der Pastor sagen wollte. »Wenn du Schokoladeneis bestellst«, sagte dieser jetzt, »ist mir klar, dass du es magst. Nun, wenn Gott seinen Menschen sagt, dass sie sich lieben sollen …«

»… wird daran sichtbar, dass er die Liebe schätzt!«, sagte Leo, den Satz des Pastors beendend.

»Das stimmt!«, antwortete der Pastor. »Und wenn Gott uns sagt, dass wir einander vergeben sollen …«

»… zeigt das, dass Gott die Vergebung liebt!«

»Genau. Siehst du jetzt, was ich meine?«

Leo nickte. Er leckte an seiner Eistüte. »Ich denke, dass Gott auch Schokoladeneis liebt«, sagte er.

Pastor Martin lachte. »Wahrscheinlich tut er das, Leo.«

Zur Diskussion: Welches Eis magst du am liebsten? Kannst du dir andere Dinge vorstellen (neben Liebe und Vergebung), die Gott liebt, indem du dich an seine Gebote erinnerst, die er uns gegeben hat?
Gebet: »Allmächtiger Gott, wenn wir mehr von dir hören, erfahren wir auch mehr von den Dingen, die du liebst oder hasst. Danke für diese Einsichten in dein Wesen.«

26. September

Gurken und Erdbeeren

Wir werden ernten, was wir gesät haben.

Bibellese des Tages: Galater 6,7-10
Tages-Vers: »Deshalb werdet nicht müde zu tun, was gut ist.« (Galater 6,9)

Lisa schlenderte in die Scheune und ließ sich auf einen Heuballen fallen. Ihre Mutter füllte gerade einen Eimer mit Wasser.

»Hi, Lisa«, sagte die Mutter fröhlich, »was machst du so?«

Lisa schaute ihrer Mutter eine Weile bei der Arbeit zu, bevor sie antwortete. Ihr Gesicht hatte einen mürrischen Ausdruck. »Sharon will dieses Jahr nicht zu meiner Geburtstagsfeier kommen.«

»So, sie will nicht?«, sagte die Mutter.

Lisa schüttelte den Kopf. »Sie sagt, dass sie woanders eingeladen ist. Aber ich denke, dass sie einfach nicht kommen will.«

»Ist das die gleiche Sharon, die dir diesen Pullover letztes Jahr schenkte, den sie selbst gestrickt hatte?«, fragte die Mutter. Sie stellte den Eimer auf den Boden und füllte einen zweiten.

Lisas Gesicht wurde noch um einen Schein dunkler. »Ja«, sagte sie. Sie hatte gehofft, dass ihre Mutter das vergessen hätte, doch sie schien niemals etwas zu vergessen. Lisa hatte den Pullover ausgepackt, zu lachen begonnen und sich über den Pullover lustig gemacht. Sie hatte ihn sogar als »blöd« bezeichnet. Alle anderen auf der Party hatten ebenfalls gelacht, außer Sharon.

Die Mutter nahm die beiden Eimer auf. »Kannst du mir mal helfen?«, fragte sie Lisa.

Lisa und ihre Mutter gingen nun zu dem alten Bauernhaus, in dem sie lebten.

»Würdest du mir bitte eine Hand voll Erdbeeren von dieser Rankpflanze dort pflücken?«, fragte die Mutter.

Lisa ging in den Garten und beugte sich nieder, bevor ihr klar wurde, was ihre Mutter gesagt hatte. »Mama«, sagte sie und richtete sich wieder auf, »das sind doch Gurken«.

»Oh, ich weiß, dass ich da Gurken gesät habe, aber ich dachte, vielleicht würdest du es irgendwie schaffen, mir ein paar Erdbeeren von dort zu bringen.«

»Wovon sprichst du, Mama?«, fragte Lisa. »Ich kann doch keine Erdbeeren von Gurkenpflanzen ernten.« Eine plötzliche Veränderung im Gesichtsausdruck der Mutter löste in Lisas Gedanken eine Erkenntnis aus. »Oh«, sagte sie, »jetzt weiß ich, worauf du hinauswillst.«

»Auf was?«, fragte die Mutter mit unschuldiger Miene.

»Das Ganze hat etwas mit mir und Sharon zu tun, nicht wahr?« Ihre Mutter lächelte. »Du willst damit sagen, dass ich bekomme, was ich verdient habe, stimmt's?«

Die Mutter schüttelte den Kopf. »Nein«, sagte sie, »ich bin nur der Ansicht, dass du das erntest, was du gesät hast. So sagt es die Bibel schon. Du kannst nicht erwarten, dass du Freundlichkeit und Freundschaft erntest, wenn du nicht den Samen dazu selbst aussäst.«

»Du hast Recht, Mama«, sagte Lisa. Sie wollte aus dem Garten hinausgehen.

»Warte einen Augenblick«, sagte die Mutter. »Schau mal nach, ob es reife Gurken an der Ranke dort gibt. Das Reden über Früchte hat mich hungrig gemacht!«

Zur Übung: Wenn du das nächste Mal Gurken oder Erdbeeren isst, erinnere dich daran, dass du immer ernten wirst, was du gesät hast, und bitte Gott um Hilfe, dass du so leben kannst, wie es dem Geist Gottes gefällt.
Gebet: »Herr, hilf uns, so zu leben, wie es dir Freude macht.«

27. September

Tolle Storys

Wenn wir Gott die Ehre geben, werden wir daran erinnert, dass er ein guter Gott ist, der auch gut zu uns ist.

Bibellese des Tages: Markus 7,31-37
Tages-Vers: »Ehre und Ruhm gehören Gott allein, dem ewigen König, dem Unsichtbaren, der nie stirbt und der allein Gott ist, in alle Ewigkeit.« (1. Timotheus 1,17)

Frank und sein Freund Jim saßen zusammen am Tisch, als Franks Mutter die Suppe vor sie hinstellte.

»Diese Suppe mag ich nicht«, sagte Franks kleine Schwester Alicia mit weinerlicher Stimme.

»Es tut mir Leid, Alicia«, sagte die Mutter. »Aber die haben wir nun mal zum Mittagessen.«

Alicia hörte auf zu weinen, aber sie hatte einen nörglerischen Ausdruck auf dem Gesicht. Als die vier mit Essen fertig waren, begann Alicia wieder zu jammern.

»Ich will heute Mittag nicht schlafen, ich bin jetzt zu groß für einen Mittagsschlaf«, sagte sie.

Frank und Jim wechselten einen lächelnden Blick. »Es hört sich aber so an, als ob du den Mittagsschlaf wirklich nötig hättest, Alicia«, sagte Frank.

»Hab ich nicht!«, antwortete Alicia trotzig.

»Auf deinem Gesicht sehe ich tatsächlich so etwas, Alicia«, sagte die Mutter. Sie zwinkerte Frank zu. »Vielleicht ist es gerade Zeit für eine ›tolle Story‹.«

»Was ist das?«, fragte Jim.

»Das ist einfach nur etwas, was in unserer Familie üblich ist«, erklärte Frank. »Wenn einer von uns anfängt, mürrische oder traurige Gefühle oder Ähnliches hochkommen zu lassen, dann beschäftigen wir uns mit einer solchen ›tollen Story‹.«

»Aber was ist das nun?«, wiederholte Jim seine Frage.

»Es ist eine Geschichte, die Gott die Ehre gibt«, erklärte die Mutter. »Es ist wie ein Zeugnis, das wir einer dem anderen sagen, wenn einer in negative Gedanken oder Gefühle hineinrutscht. Gott die Ehre geben, erinnert uns daran, dass er ein guter Gott ist, der auch zu uns gut ist.«

»Ich möchte so eine ›tolle Story‹ erzählen«, bot Frank an. Er schaute auf seine Schwester. »Ich erinnere mich daran, dass du einmal am Strand verloren gegangen warst, und ich wirklich sehr, sehr besorgt um dich war, weil ich doch meine kleine Schwester nicht verlieren wollte. So betete ich intensiv beim Suchen nach dir, und dann fand Mama dich in der Rettungsstation am Strand.«

Alicia bekam große Augen. »Ich habe auch einen furchtbaren Schrecken bekommen! Aber Gott half uns, dich wiederzufinden«, sagte die Mutter. »Ich will dir auch eine ›tolle Story‹ erzählen«, fügte sie hinzu. »Du musstest eine Operation über dich ergehen lassen, als du noch ein ganz kleines Baby warst. Wir alle haben gebetet, dass die Operation erfolgreich sein möge.« Sie streckte ihre Hand hinüber zu Alicia und streichelte ihre Wange. »Und ich bin so dankbar, dass das damals gelungen ist.«

»Hast du's gesehen«, sagte Frank und wandte sich an seinen Freund, »das war eine ›tolle story‹.«

Jim nickte und schaute Alicia an. Sie hatte aufgehört, zu jammern. Sie – und alle anderen am Tisch – strahlten.

Zur Übung: Erzählt euch gegenseitig eure eigenen ›tollen Storys‹, um euch daran zu erinnern, dass Gott ein guter Gott ist, der auch gut zu euch ist.

Gebet: »Gnädiger Gott, du bist gut zu uns. Wir preisen heute deinen Namen. Dir gebührt alle Ehre und aller Ruhm.«

28. September

Spielplatz — Kampfplatz

Wenn man das Rechte tut, macht man sich manchmal unbeliebt.

Bibellese des Tages: Daniel 3,1-12

Tages-Vers: »Siehe, Gott ist mein Heil, ich bin sicher und fürchte mich nicht; denn Gott, der Herr, ist meine Stärke und mein Psalm und ist mein Heil.« (Jesaja 12,2)

Janina hatte alles gesehen. Sie war auf dem Spielplatz der Schule von den Schaukeln zu den Turnstangen gegangen. Plötzlich boxte Markus John in den Rücken.

»Geh mir aus dem Weg!«, brüllte Markus. Er versetzte John einen heftigen Stoß, sodass dieser von der Turnstange fiel und mit einem dumpfen Geräusch auf dem Boden aufschlug.

Janina rannte hinüber zu John. Der lag da wie ein Häufchen Elend – zusammengekrümmt und weinend. Janina schaute Markus an, der mit trotzigem Gesicht auf der Turnstange saß.

Eine Lehrerin kam dazu und untersuchte John: »Was ist passiert?«, fragte sie.

»Er hat mich runtergestoßen!«, weinte John und zeigte auf Markus.

»Hab ich nicht!«, antwortete Markus. Er richtete einen unschuldigen Blick auf die Lehrerin. »Ich habe ihn überhaupt nicht berührt!«

Janina schaute ungläubig von Markus zu John.

»Hat jemand gesehen, was geschehen ist?«, fragte die Lehrerin.

Janina sah auf die anderen Kinder, die um sie herumstanden. Alle hatten gesehen, was da passiert war, aber keiner wollte etwas sagen. Sie schaute auf Markus, der drohend in die Menge starrte. Sie wusste, dass er sie zusammenschlagen konnte. Er war der größte und tyrannischste Kerl ihrer Klasse.

»Ich habe es gesehen«, sagte Janina endlich, nachdem sie auf die schweigenden Gesichter in der Runde geschaut hatte. Sie seufzte, als ob sie sich nun selbst in Schwierigkeiten brächte. In gewisser Weise war sie es vielleicht schon. »Markus und John kletterten beide an den Turnstangen hoch«, sagte sie dann sehr ruhig. »Markus sagte plötzlich: ›Geh mir aus dem Weg‹ und schubste John.« Sie sah beim Sprechen nur die Lehrerin an. Erst, als sie am Ende war, schaute sie auch zu John hin.

Dessen Gesicht war von Schmutz und Tränen verschmiert, aber er lächelte. Janina erwiderte sein Lächeln. Die Lehrerin forderte Markus auf, im Zimmer des Direktors zu erscheinen, während sie John zur Erste-Hilfe-Station der Schule brachte. Dann wandte sie sich an Janina.

»Ich danke dir, dass du die Wahrheit gesagt hast«, erklärte sie. »Ich weiß, dass das nicht leicht war.«

Zur Diskussion: Die heutige Bibellese berichtet von drei jungen Männern, die das Rechte taten, obwohl sie das beim König in Schwierigkeiten brachte. Wieso gleicht das der Geschichte von Janina? Wo unterscheidet sich der eine Bericht vom anderen? Hast du schon jemals zum Recht gestanden, obwohl es dich unbeliebt machte? Wenn ja, erzähle davon. Hat Janina richtig gehandelt? Warum oder warum nicht. Was hättest du in der Situation von Janina getan? Sollten wir nach Recht und Unrecht nur dann fragen, wenn es der Mehrheitsmeinung entspricht? Warum oder warum nicht?

Gebet: »Herr, unser Gott, hilf uns das Rechte zu tun, selbst in schwierigen Situationen.«

29. September

Aber wenn nicht ...

Das Rechte tun ist auch dann richtig, wenn es schwer erscheint oder nicht belohnt wird.

Bibellese des Tages: Daniel 3,13-18
Tages-Vers: »Wenn unser Gott, den wir verehren, will, so kann er uns erretten.« (Daniel 3,17)

»Schau!«, sagte Manny. Mit großen Augen sah er seinen Freund David an. Seine Hände hielten eine Brieftasche hoch, die er in der Gasse hinter der Siedlung, wo sie beide lebten, gefunden hatte.

»Wo hast du die gefunden?«, fragte David in einem heiseren Flüsterton.

»Genau hier!«, antwortete Manny. »Direkt hier lag sie auf dem Boden.«

»Wie viel ist drin?«, fragte David.

Manny zählte flüchtig die Scheine nach. »Mindestens zweihundert Euro.« »Da ist noch mehr drin«, entgegnete David. Er steckte einen Finger in das offene Scheinfach. »Das sind – über vierhundert Euro!«

Die Jungs tauschten ein breites Grinsen aus.

Manny blätterte durch die Kreditkarten und fand einen Führerschein. Er zeigte ihn seinem Freund. »Wir müssen es zurückgeben«, sagte er. »Es gehört nicht uns.«

»Jetzt doch!«, behauptete David. »Denk doch an all die Dinge, die wir uns mit dem Geld kaufen können.«

»Aber es gehört *ihm*«, sagte Manny und zeigte auf das Foto in dem Führerschein.

»Manny«, sagte David mit bittender Stimme, »das ist mehr Geld, als wir jemals in unserem ganzen Leben gesehen haben! Denk doch nur, was wir damit alles machen könnten.«

Manny nickte. »Ich weiß das, aber ich denke, wir müssen es zurückgeben.«

David schloss die Augen und ließ seinen Kopf zurücksinken. »Ich kann es nicht glauben.«

Manny klappte die Brieftasche zusammen und steckte sie in seine Jacke.

»Weißt du«, sagte David, »der Kerl, der sie verloren hat, wird sie wahrscheinlich nicht einmal vermissen.«

»Natürlich wird er das«, sagte Manny. »Seine Kreditkarten und sein Führerschein sind ja darin.«

»Wir könnten ihm einfach die Brieftasche zurückgeben und sagen, dass wir sie leer gefunden haben. Er wird froh sein, die Brieftasche wiederzuhaben und das Geld nicht vermissen.«

Manny schüttelte den Kopf.

»Er wird uns vermutlich nicht einmal einen Finderlohn geben, weißt du«, sagte David bitter, als er neben seinem Freund herging.

»Vielleicht nicht«, sagte Manny. »Aber es würde trotzdem nicht richtig sein, wenn wir die Brieftasche behalten würden, oder?«

»Vermutlich nicht«, sagte David traurig.

Zur Diskussion: Menschen, die das Richtige tun, werden nicht immer dafür belohnt, wenigstens nicht in diesem Leben. Die heutige Bibellese erzählt von drei jungen Männern, die entschlossen waren, das Rechte zu tun, selbst wenn es sie das Leben kosten würde. Wo erinnert das an die Geschichte von Manny? Wo unterscheidet sich die eine Geschichte von der anderen? Was denkst du, was Manny und David mit dem Geld hätten machen sollen? Warum? Denkst du, dass wir richtig handeln sollten, auch wenn es schwer ist oder keine Belohnung dafür in Aussicht ist? Warum oder warum nicht?

Gebet: »Herr, du gebietest uns, richtig zu handeln, selbst wenn der richtige Weg hart ist. Sei in solchen Zeiten bei uns, Herr.«

30. September

Durchs Feuer

Gott verspricht uns nicht, dass wir keine Schmerzen oder harte Zeiten ertragen müssten, wenn wir den rechten Weg wählen, aber er verspricht, bei uns zu sein.

Bibellese des Tages: Daniel 3,19-27

Tages-Vers: »Wenn du durch Wasser gehst, will ich bei dir sein, dass dich die Ströme nicht ersäufen sollen; und wenn du ins Feuer gehst, sollst du nicht brennen, und die Flamme soll dich nicht versengen.« (Jesaja 43,2)

Susanne stampfte ins Haus und die Treppen hinauf. Sie ging durch jeden Raum des Hauses und blieb schließlich vor der Tür von Ludmillas Zimmer stehen. Ludmilla war eine Austauschstudentin, die einige Monate bei Susannes Familie gelebt hatte. Als Ludmilla erschienen war, um das Schuljahr über bei ihnen zu bleiben, hatten Susanne und ihre Familie hocherfreut festgestellt, dass Ludmilla eine bewusste Christin war.

Susanne klopfte an Ludmillas Tür.

»Herein!«, rief Ludmilla.

Susanne öffnete die Tür und steckte ihren Kopf ins Zimmer. Ludmilla saß mit gekreuzten Beinen auf ihrem Bett und hatte ein offenes Buch auf ihrem Schoß. »Wo ist Mama?«, fragte Susanne.

Ludmilla lächelte. »Ich nehme an, sie hat Carrie zur Ballettstunde gebracht«, sagte sie und bezog sich dabei auf Susannes Schwester.

Susanne stöhnte und kam nun vollends in das Zimmer des älteren Mädchens.

»Was ist los?«, fragte Ludmilla.

»Ich musste nach der Schule noch nachsitzen«, sagte sie und ließ sich auf Ludmillas Bett fallen. »Meine Lehrerin musste das Klassenzimmer mal verlassen, und als sie zurückkam, fand sie die Klasse lärmend und mit Papierkügelchen schießend vor. Dann hieß es, dass wir alle nach der Schule dableiben müssten.«

»Oh«, sagte Ludmilla, »jetzt verstehe ich.«

»Aber ich war überhaupt nicht an diesen Dingen beteiligt. Ich wollte es schon, aber ich blieb auf meinem Platz sitzen, weil um mich herum alle verrückt spielten.« Sie war ärgerlich. »Ich habe überhaupt nichts Böses getan und bin mit allen anderen bestraft worden.«

»Du hast dich richtig verhalten«, sagte Ludmilla, »und bist irgendwie doch mitbestraft worden.«

Susanne nickte. »Ja!«, sagte sie. »Es ist nicht fair. Ich habe gedacht, wenn man das Richtige tut, bleiben einem Schwierigkeiten erspart.«

Ludmilla lächelte. »Manchmal stimmt das auch. Aber Gott hat uns nicht versprochen, dass das richtige Verhalten das Leben immer leichter macht. Er hat uns nur zugesagt, dass er immer bei uns sein will, auch wenn es hart hergeht im Leben.«

»Auch wenn wir nachsitzen müssen?«

»Ja«, sagte Ludmilla, »auch wenn wir nach der Schule noch nachsitzen müssen.«

Zur Diskussion: In der heutigen Bibellese hören wir, wie Schadrach, Meschach und Abed-Nego in den Feuerofen geworfen wurden, obwohl sie nichts ›Unrechtes‹ getan hatten. War Gott bei ihnen? Wie hat Gott ihnen geholfen? Hat Gott versprochen, dass wir niemals Probleme haben werden, wenn wir richtige Entscheidungen treffen? Was hat er zugesagt?
Gebet: »Herr, du versprichst, immer bei uns zu sein. Du versprichst auch, dass wir uns in deiner Gegenwart freuen können. Diese Freude brauchen wir, wenn wir harte Zeiten durchleben müssen. Danke, Herr.«

Oktober

1. Oktober

Zu gefährlich!

Der Zweifel an Gottes Güte ist oft der erste Schritt in die falsche Richtung.

Bibellese des Tages: 1. Mose 3,1-6
Tages-Vers: »Der Herr wird denen nichts Gutes vorenthalten, die tun, was recht ist.« (Psalm 84,12)

Alle in der Familie lachten über Dani, das Baby. Sie saß auf Mutters Schoß und bemühte sich, die Peperoni zu erreichen, die sie in Vaters Hand sah.

»Nein, Dani«, sagte die Mutter. »Das willst du bestimmt nicht, was Papa da hat.«

Die anderen lachten über die Hartnäckigkeit des Kindes. Dani sah den Vater die Pfefferschote essen und wollte auch etwas davon.

»Warum gibst du ihr nicht eine, Papa?«, schlug Diana vor. »Lass sie doch mal probieren.«

Der Vater schüttelte den Kopf und schraubte das Glas mit den Peperoni zu. »Nein«, sagte er, »ich weiß, dass sie sie will, aber es wäre grausam, sie ihr zu geben.«

»Du könntest sie doch mal probieren lassen«, sagte Diana.

»Diana«, sagte die Mutter und schüttelte den Kopf, »möchtest du, dass deine kleine Schwester den ganzen Nachmittag schreit? Wenn Papa nur ihre Zunge mit der Peperoni berühren würde, wäre sie für den Rest des Tages davon verletzt!«

»Sie will sie aber doch unbedingt!«, protestierte Diana.

»Sie *denkt*, dass sie sie will«, sagte der Vater. »Aber sie *weiß* es einfach nicht besser.«

Der Vater stand auf und stellte das Glas mit den Peperoni in einen Schrank.

Dann setzte er sich neben seine ältere Tochter. »Manchmal benehmen wir uns alle so wie Dani«, sagte er.

»Was meinst du damit?«, fragte Diana.

»Wir alle verlangen nach Dingen, die Gott uns untersagt hat. Manchmal denken wir, dass er nur geizig ist und uns hasst, wenn er uns nicht gibt, was wir uns wünschen – oder wir denken, dass wir es haben wollen.«

»Während Gott uns die ganze Zeit liebt und nicht will, dass wir Schaden nehmen«, ergänzte die Mutter. »Aber wir zweifeln immerzu und bedrängen ihn mit Fragen, als ob er uns mit Absicht verletzen würde.«

»Aber wenn wir uns daran erinnern würden, dass er uns liebt, wie ihr Dani liebt«, sagte Diana, »dann wären wir viel besser dran, nicht wahr, Papa?«

Der Vater und die Mutter lächelten Diana an.

»Das wären wir bestimmt«, antwortete der Vater. Er wandte sich dem Baby zu und berührte ihre Nase. »Wie Dani besser dran ist, wenn sie keine Peperoni bekommt!«

Zur Diskussion: Hast du schon mal wegen Dingen gequengelt, die Gott dir vorenthalten wollte? Denkst du manchmal, dass er geizig oder böse ist, wenn er dich nicht deinen eigenen Weg gehen lässt? Hast du dir schon mal Dinge gewünscht, von denen dir später klar wurde, dass sie nicht gut für dich waren? Denkst du, dass es leichter wäre, Gott zu gehorchen, wenn wir den Tages-Vers von heute glauben würden? Warum oder warum nicht?
Gebet: »Herr, wenn wir in Versuchung geraten, an deiner Güte zu zweifeln, führe uns zurück zur Wahrheit.«

2. Oktober

Serienmäßige Ausstattung

Das Rechte tun ist keine Sache der Wahlfreiheit, sondern von entscheidender Wichtigkeit.

Bibellese des Tages: Hebräer 12,14-17
Tages-Vers: »Versucht, mit allen Menschen in Frieden zu leben, und bemüht euch, ein heiliges Leben nach dem Willen Gottes zu führen, denn wer nicht heilig ist, wird den Herrn nicht sehen.« (Hebräer 12,14)

Der Vater und Shelly waren zum Autohändler gegangen, um das neue Auto abzuholen. Das alte wollte der Vater dafür in Zahlung geben.

»Dies ist der erste Neuwagen, den ich jemals besessen habe«, sagte der Vater beim Einsteigen.

Shelly holte einmal tief Luft. »Es riecht so gut!«, sagte sie. Dann schaute sie sich die Musik- und Lautsprecheranlage an. »Ich weiß immer noch nicht, warum wir keinen CD-Spieler bekommen konnten.«

»Ich habe dir doch gesagt, Shelly, dass ein CD-Spieler mehr Kosten verursachen würde. Radio und Kassettenrekorder gehören zur serienmäßigen Ausstattung, aber der CD-Spieler ist ein Sonderwunsch. Der müsste extra bezahlt werden.«

»Gabis Auto hat einen CD-Spieler«, verkündete Shelly und bezog sich dabei auf eine ihrer Freundinnen.

»Ich weiß«, sagte der Vater und fuhr den Wagen aus dem Parkplatz heraus. »Aber wir können nicht alles haben, was wir haben möchten, nicht wahr?«

»In unserer Familie nicht!«, entgegnete Shelly, wobei eine Spur Sarkasmus in ihrer Stimme mitschwang.

»Das erinnert mich an etwas, Shelly«, sagte der Vater. »Mama sagte mir, dass Gabis Sprache allmählich auf dich abzufärben beginnt.«

Shelly schnalzte mit der Zunge und verdrehte die Augen. »Ich habe nur ein paar Mal geflucht, Papa. Ich habe nicht die Absicht, ein Gewohnheit daraus zu machen.«

»Das hoffe ich, Shelly. Du weißt, wie Mama und ich über solche Worte denken.«

»Ich weiß nicht, was daran so schlimm ist«, sagte Shelly. »Ich bin immer noch Christ. Ein paar schlimme Worte werden mich nicht gerade aus dem Himmel verbannen.«

»Das stimmt«, antwortete der Vater. »Aber ich möchte nicht, dass du den Fehler machst zu denken, dass richtige Entscheidungen ›Sonderwünsche‹ sind. Das Rechte zu tun, ist etwas anderes als die Sache mit dem CD-Spieler im Auto. Es geht eher um so etwas wie ein Lenkrad oder einen Motor. Das ist keine Sache der Wahl, das ist die serienmäßige Ausstattung. Wir können nicht einfach entscheiden: ›Nun ja, ich komme in den Himmel, da macht es nichts aus, wie ich handle‹ oder ›Ich kann das und das tun, weil ich weiß, dass Gott mir vergeben wird‹.«

»Das tue ich doch gar nicht«, protestierte Shelly.

»Vielleicht nicht, aber ich habe nicht den Eindruck, dass du deine Sünde sehr ernst nimmst«, sagte der Vater. »Ich bin froh, dass du eine Christin bist, Shelly, das weißt du. Aber das Christsein heißt nicht, dass ein reines und heiliges Leben dann überflüssig wäre … es wird erst möglich dadurch!«

Shelly schüttelte den Kopf. »Es tut mir Leid, Papa«, sagte sie. »Ich werde mich von jetzt an bessern.«

Der Vater lächelte. »Ich bin überzeugt, dass du das kannst«, sagte er.

Zur Diskussion: Ist es für einen Christen o.k., wenn er sündigt? Warum oder warum nicht? Ist es für uns o.k., wenn wir sündigen, solange wir die Absicht haben, Gott später um Vergebung zu bitten? Warum oder warum nicht? Wie können wir ein gottgefälliges Leben führen?
Gebet: »Herr, hilf uns, daran zu denken, dass du uns Gehorsam gebietest. Hilf uns, ein reines und heiliges Leben zu führen.«

3. Oktober

Die Ziellinie

Ausdauer haben bedeutet, auch dann das Rechte tun, wenn es schwer ist oder wenn wir müde sind.

Bibellese des Tages: Galater 6,4-5.9-10
Tages-Vers: »Deshalb werdet nicht müde, zu tun, was gut ist. Lasst euch nicht entmutigen und gebt nie auf, denn zur gegebenen Zeit werden wir auch den entsprechenden Segen ernten.« (Galater 6,9)

Kira ließ sich auf den Küchenboden fallen. »Ich habe keine Lust, sauber zu machen!«, sagte sie.

Die Mutter lächelte. Sie und Kira hatten den ganzen Nachmittag Plätzchen und Kuchen für den Gemeinde-Basar gebacken. Sie hätte jetzt denken können, dass ihre Tochter natürlich müde war, und wäre in Versuchung gekommen, ihr die Arbeit zu erlassen. Stattdessen setzte sie sich neben Kira auf den Boden.

»Wir haben wirklich schwer gearbeitet«, sagte die Mutter.

Kira runzelte die Stirn. »Und ich habe keine Lust, jetzt noch aufzuräumen und zu putzen«, wiederholte sie.

»Aber das gehört zu der Arbeit, die wir getan haben«, antwortete die Mutter. »Meinst du nicht, wir sollten so lange weitermachen, bis wir mit der Sache wirklich fertig sind?«

»Ich mag nicht«, sagte Kira und schlug mit der Hand auf den Boden. Damit hatte sie ein Wolke von Mehlstaub aufgewirbelt, der den Boden wie ein feiner Film bedeckte.

Die Mutter lachte und klatschte ihrerseits nun auch auf den Boden, was eine zweite Wolke auslöste. Kira antwortete darauf, indem sie mit beiden Händen auf den Boden schlug. Bald waren sie am Lachen und wälzten sich miteinander auf dem mit Mehl bedeckten Boden, sodass beide nun von Kopf bis Fuß damit bestäubt wurden. Die Mutter sagte: »Kira, weißt du, warum ich wollte, dass du mir noch hilfst, die Küche zu säubern?«

»Weil du es nicht allein machen wolltest!«, antwortete Kira mit blitzenden Augen.

Die Mutter lächelte. »Teilweise stimmt das«, gab sie zu. »Es macht viel mehr Spaß, etwas mit dir zusammen zu machen, als wenn ich es allein tue. Aber außerdem wünschte ich es, weil ich dich Ausdauer lehren wollte.«

»*Was* wolltest du mich lehren?«, sagte Kira.

»Ich möchte, dass du Ausdauer lernst. Das heißt, das, was du tun solltest, auch dann zu tun, wenn es dir schwer fällt oder wenn du müde bist. Das heißt, eine begonnene Arbeit auch zu Ende führen.«

»Du hast auch nicht immer diese Ausdauer«, sagte Kira.

»Was meinst du damit?«, fragte die Mutter.

»Du hast meinen neuen Rock noch nicht fertig genäht«, sagte sie.

Die Mutter schaute überrascht auf. Kira hatte Recht. Sie hatte versprochen, ihrer Tochter einen neuen Rock zu machen und ihn seit Wochen nicht mehr angerührt. Sie lächelte. »Erwischt«, sagte sie. »Ich schlage dir einen Handel vor. Wenn du mir hilfst, die Küche aufzuräumen, lasse ich dich auch helfen, deinen Rock fertig zu machen!«

»O.k.«, antwortete Kira, plötzlich fröhlich geworden. »Ich wollte dir sowieso helfen«, flüsterte sie vertraulich.

Die Mutter lachte und rollte Kira auf dem mehlbestreuten Boden herum.

Zur Diskussion: Ist es gut, Arbeiten zu beenden, die man angefangen hat? Warum oder warum nicht? Was bedeutet Ausdauer haben? Fühlst du dich manchmal entmutigt und so, dass du aufgeben möchtest? Wie kannst du das tun, was du tun solltest, selbst wenn es schwer ist oder du müde bist?
Gebet: »Herr, wir brauchen deine Hilfe, um die nötige Ausdauer zu haben, wenn uns schwere Aufgaben begegnen.«

4. Oktober

Petrus, Johannes und Denny

Der Ausdauernde gehorcht Gott mehr als den Menschen.

Bibellese des Tages: Apostelgeschichte 4,1-3.16-20
Tages-Vers: »Man muss Gott mehr gehorchen als den Menschen!« (Apostelgeschichte 5,29)

»Versuchst du, uns alle in ein schlechtes Licht zu rücken?«, fragte Michael, der Größte in der Klasse, und schaute Denny drohend an.

»Was willst du damit sagen?«, fragte Denny mit unschuldiger Miene. Er warf einen Blick auf Tom und Claus, zwei von Michaels Freunden.

Michael stieß seinen Finger Denny in die Brust. »Du bekommst eine Eins bei allen Arbeiten, die wir schreiben«, sagte er. »Der Rest von uns erhält nur Dreien und Vieren. Wenn du nicht da wärst, würde Frau Preston die Arbeiten vielleicht leichter machen. Aber du musst unbedingt alle Übrigen dumm dastehen lassen. Du tätest besser daran, uns bei der nächsten Klassenarbeit nicht in ein so schlechtes Licht zu rücken. Hast du verstanden?«

Michael und seine Freunde gingen fort und Denny saß mit gekreuzten Beinen auf dem Spielplatz. Was sollte er tun? Seine Eltern hatten ihm immer gesagt, dass er in der Schule sein Bestes geben sollte, aber er wollte von Michael und seinen Freunden nicht zusammengeschlagen werden. Und er wusste, wenn er Frau Preston oder seinen Eltern etwas davon sagen würde, dann würde ihm dieses Schicksal blühen.

Ich kann nur versuchen, eine Zwei zu bekommen, dachte er. *Das wäre vielleicht nicht so schlimm. Vielleicht würde Michael mich dann nicht zusammenschlagen.* Aber obwohl er nach einer Lösung suchte, wusste er, dass er diesem brutalen Kerl nicht nachgeben konnte. Seine Eltern hatten ihm gesagt, dass er seine Arbeiten immer so gut wie möglich machen sollte, und er wusste, dass es falsch wäre, den Drohungen Michaels gegenüber nachzugeben.

Denny stand auf und suchte auf dem Spielplatz nach Michael. Endlich erblickte er ihn, wie er mit Tom und Claus am Trinkbrunnen zusammenstand. Er atmete einmal tief ein und ging hinüber zu ihnen.

»Michael«, sagte er, »du kannst von mir aus verrückt spielen, aber ich werde nicht versuchen, mir deinetwegen schlechte Noten einzuhandeln.« Sein Mund war so trocken, als ob er sich in der Wüste befände. Er leckte sich die Lippen. »Es ... es wäre nicht richtig.«

Michael lächelte süßlich. »Du hast Recht, Denny«, sagte er. »Es wäre nicht recht. Was lässt dich denken, dass ich mir wünschte, dass du schlechte Noten bekommst.«

Denny blinzelte zu Michael hin. Was ging hier vor? Er schaute von Michael zu Tom und Claus. Sie schauten hinter ihn. Er drehte sich um. »Frau Preston«, stammelte Denny, »ich ... ich wusste nicht, dass Sie hier waren.«

»Gibt es ein Problem, Denny?«, fragte sie.

Denny drehte sich um und schaute Michael an, dann Tom und Claus. »Nein, Frau Preston«, sagte er.

Frau Preston blickte jetzt Michael an. Er lächelte. »Absolut kein Problem, Frau Preston.«

»Gut«, antwortete die Lehrerin. »Ich werde aufpassen, um sicher zu gehen, dass ihr das einhaltet.«

Zur Diskussion: Petrus und Johannes bewiesen Ausdauer und Standhaftigkeit und taten das Richtige auch angesichts von Verfolgung. Inwieweit ähnelte Dennys Situation der ihren? Wo unterscheidet sie sich davon? Hatten Petrus und Johannes Recht mit dem, was sie taten? Warum oder warum nicht? Was können wir von Petrus und Johannes lernen – und auch von Dennys Beispiel?
Gebet: »Herr, wenn andere versuchen, uns von deinem Willen abzubringen, hilf uns, unseren Blick auf dich gerichtet zu halten und standhaft zu bleiben.«

5. Oktober

Auf Adlersflügeln

Die Kraft zum Durchhalten kommt von Gott.

Bibellese des Tages: Jesaja 40,27-31
Tagesvers: »Männer werden müde und matt, und Jünglinge straucheln und fallen; aber die auf den Herrn harren, kriegen neue Kraft ... « (Jesaja 40,30-31)

Bernd saß neben seiner Mutter und hörte aufmerksam dem Missionar zu, der in der Gemeinde über seine Erfahrungen in Japan berichtete. Sieben Jahre hatte der Missionar dort auf dem Missionsfeld gearbeitet. Er sprach über einige kulturelle Unterschiede. Er erzählte auch davon, dass er erst vor kurzem erlebt hätte, dass ein Japaner durch seine Verkündigung zum Glauben an Jesus Christus gekommen wäre! Dann legte er seine Hände zusammen, verbeugte sich leicht und sagte, er sei nun bereit, Fragen aus der Versammlung zu beantworten.

Ein Mann aus der zweiten Reihe vor Bernd hob seine Hand. »War es schwer, fast sieben Jahre lang zu arbeiten, ohne ein Ergebnis zu sehen?«

Der Missionar nickte. »Oh ja«, sagte er. »Ich wusste schon vor meiner Ankunft in Japan, dass mein Beruf schwer sein würde. Die Japaner sind immer sehr höflich, aber die meisten auch sehr ablehnend dem Evangelium gegenüber. Es war manchmal hart, ›am Ball zu bleiben‹.«

Bernd tippte seiner Mutter auf den Arm. »Kann ich eine Frage stellen?«, flüsterte er.

»Natürlich«, flüsterte die Mutter zurück.

Verschiedene andere stellten noch Fragen, bevor Bernd an der Reihe war.

Bernd stand auf und sagte: »Wie haben Sie es fertig gebracht, immer wieder einen neuen Versuch zu machen, wenn niemand Ihnen ernsthaft zuhörte?«

Der Missionar schaute Bernd mit offener Wertschätzung an. »Das ist eine sehr gute Frage, junger Mann«, sagte er. »Es kann sehr schwer sein, weiterzumachen, selbst wenn du davon überzeugt bist, dass dein

Tun richtig ist.« Er räusperte sich. »Ich denke, das Einzige, was mich die ersten sechseinhalb Jahre durchhalten ließ, war die Kraft Gottes. Ich blieb Gott sehr nahe und glaube aufrichtig, dass sein Geist mir die Fähigkeit zum Durchhalten gegeben hat. Andernfalls hätte ich wahrscheinlich vor sechs Jahren aufgegeben!«

Der Missionar wandte sich dann anderen zu, um deren Fragen zu beantworten, doch dann hielt er nochmals inne und schaute Bernd wieder an. »Wenn ich darüber nachdenke«, fuhr er fort, »gilt das für alle von uns. Es ist schwer, angesichts von Härten oder Verfolgungen am Guten festzuhalten. Es ist nur natürlich, dass wir müde werden und am liebsten aufgeben wollen. Aber in der Bibel steht, wenn wir auf den Herrn warteten, würde er uns Kraft geben und uns helfen, die Müdigkeit zu überwinden und ›am Ball zu bleiben‹. Das gilt nicht nur für Missionare in Japan«, sagte er, »sondern auch für euch alle.«

Bernd lächelte den Missionar an, als er sich wieder auf seinen Platz neben der Mutter setzte. Der Missionar erwiderte sein Lächeln.

Zur Diskussion: Woher kommt die Kraft zum Durchhalten? Wer findet nach der heutigen Bibellese neue Kraft? Was denkst du, was das heißen soll: »Auf den Herrn harren«? Hast du im Augenblick Ausdauer nötig? Wie kannst du weitermachen, wenn du müde bist und am liebsten aufgeben möchtest?

Gebet: »Herr, wir sind kein ›perpetuum mobile‹, das immer unentwegt weiterläuft. Wir werden manchmal müde. Gib du uns deine Kraft, Herr, wenn es so ist.«

6. Oktober

Carls Sieg

Gott fordert uns auf, Ausdauer zu beweisen.

Bibellese des Tages: Hebräer 12,1-3

Tages-Vers: »Und was euch betrifft, liebe Brüder, so hört nicht auf damit, Gutes zu tun.« (2. Thessalonicher 3,13)

Carl warf seine Turnschuhe auf den Vordersitz und stieg in den Wagen ein. »Ich kann es nicht fassen, dass du mich das tun lässt«, sagte er zu seinem Vater.

»Ich habe dich nicht dazu veranlasst, mein Sohn« antwortete der Vater. »Du hast dem zugestimmt, als du dich im Leichtathletik-Team aufstellen ließt.«

»Ich weiß, aber ich habe keine Lust mehr, darin zu bleiben. Ich habe es satt! Ich habe kein einziges Rennen gewonnen. Aber du lässt mich nicht aufhören!«

Der Vater fuhr schweigend eine Weile weiter, während Carl den Kopf hängen ließ. Endlich räusperte der Vater sich. »Carl«, sagte er, »wie viele Modelle hast du auf dem Regal in deinem Zimmer?«

Carl war verwundert über den Themenwechsel, aber er schloss seine Augen, um im Geist sein Zimmer zu überprüfen. Er zählte die Auto-, Schiffs- und Flugzeugmodelle, die er mit seinem Vater zusammen gebaut hatte – eine Sammlung, auf die er stolz war. »Ich weiß es nicht genau«, antwortete er schließlich, »um die neunzehn oder zwanzig.«

»Wie viele von denen wären fertig geworden, wenn ich dich hätte aufhören lassen, jedes Mal, wenn du es wolltest?«, fragte der Vater.

Carl war klar, was sein Vater ihm sagen wollte. »Ich weiß es nicht«, sagte er, wobei der mürrische Ton wieder in seiner Stimme auftauchte.

»Nun«, sagte der Vater, »ich glaube, ich weiß es. Ich denke, du hättest nicht ein einziges Modell dort stehen, wenn ich nicht darauf bestanden hätte, dass du jedes einzelne zu Ende gebaut hättest.«

Eine Weile fuhren sie schweigend weiter. Dann sagte der Vater: »Carl, ich möchte dich lehren, ausdauernd zu sein ... nicht nur beim Modellbau, sondern auch beim Wettlauf und bei deinen Schularbeiten – und besonders in der Nachfolge von Jesus.« Der Vater atmete einmal tief ein und sehr langsam aus. »Gott gebietet uns, Ausdauer zu haben. Er möchte, dass wir ihm gehorchen, egal ob es uns schwer fällt oder leicht. In einer Mannschaft durchzuhalten, ist eine gute Übung, um zu lernen, auch im Glauben beständig zu sein ... verstehst du das?«

Carl lächelte nicht, aber sein Ton war sanfter geworden. »Ich vermute«, sagte er, als der Vater am Sportgelände einen Parkplatz ansteuerte. Er stieg aus und lehnte sich zurück in den Wagen, um seine Laufschuhe zu holen. »Ich muss es aber doch nicht gern tun, oder?«

Der Vater lächelte etwas sarkastisch. »Nein«, sagte er mit einem Seufzer. »Das musst du nicht.«

Der Vater traf seinen Sohn, als das Rennen beendet war, am Auto. Carl war verschwitzt und schmutzig, aber er lachte. »Ich habe den 50-Meter-Lauf gewonnen, Papa«, sagte er. »Ich habe tatsächlich gewonnen!«

»Ich weiß«, sagte der Vater lächelnd. »Ich sah es. Aber sei vorsichtig, mein Sohn.«

»Warum?«, fragte Carl, und das Lachen verschwand von seinem Gesicht.

»Bei dem Rennen sah es so aus, als ob du es gern tätest!«, grinste der Vater.

Zur Übung: Denkt euch ein Projekt für die Familie aus — ein Modell miteinander zusammenbauen oder ein Puzzle — etwas, das Geduld und Ausdauer verlangt, und macht es auch zusammen fertig. Wenn ihr bei dieser gemeinsamen Arbeit seid, sprecht über Ausdauer und warum sie so wichtig ist.

Gebet: »Himmlischer Vater, hilf uns niemals müde zu werden, Gutes zu tun.«

7. Oktober

Carls Belohnung

Gott gebietet Ausdauer, weil er die Geduld schätzt.

Bibellese des Tages: Offenbarung 2,1-3

Tages-Vers: »Und was euch betrifft, liebe Brüder, so hört nicht auf damit, Gutes zu tun.« (2. Thessalonicher 3,13)

Carl saß neben seiner Mutter und seinem Vater beim jährlich stattfindenden Sportfest. Er beobachtete, dass einige seiner Mannschaftskameraden Preise bekamen. »Ich habe nichts gewonnen«, flüsterte er seiner Mutter zu. »Warum nicht?«, fragte sie.

»Ich habe im ganzen Jahr nur ein einziges Rennen gewonnen!«, antwortete er, als ob seine Mutter eine dumme Frage gestellt hätte. Aber obwohl er gerade mit seiner Mutter geflüstert hatte, hörte er, dass sein Name aufgerufen wurde.

Carl stand auf und ging nervös in der Festhalle nach vorn. Der Raum war angefüllt mit Jugendlichen aus Carls Schule, die irgendwelchen Sport trieben. Dazu waren ihre Eltern und sogar einige ihrer Großeltern anwesend. Carl schaute verwirrt um sich, als er seinen Platz neben dem Trainer Watkins einnahm.

»Es gibt viele junge Männer und Frauen in unseren verschiedenen Sport-Teams, denen man diesen Preis geben könnte«, sagte der Trainer, »aber ich kann mir keinen vorstellen, der ihn mehr verdient, als dieser junge Mann. Dies war das erste Jahr, in dem Carl zur Mannschaft gehörte. Er hat jedes Rennen mitgelaufen, und obwohl seine Leistungen nicht schlecht waren, schien immer jemand ein paar Schritte vor ihm im Ziel zu sein. Aber Carl hat niemals aufgegeben, und er hat das erste Mal in diesem vorletzten Rennen des Jahres gewonnen. Daher geht unser ›Preis für Ausdauer‹ an Carl!«

Die Menge brach in Beifall aus. Carl sagte ein schnelles »danke« und kehrte mit der Trophäe, die der Trainer ihm ausgehändigt hatte, zu seinem Tisch zurück.

Als sie abends auf dem Heimweg waren, schaute Carl immer wieder seine Trophäe an, als ob er es nicht glauben könnte, dass sie tatsächlich ihm gehörte.

»Wir sind stolz auf dich, Carl«, sagte der Vater.

»Und was noch wichtiger«, warf die Mutter ein, »ich denke, dass Gott auch stolz auf dich ist.«

Carls Gesicht spiegelte seine Verwirrung.

»Denk darüber nach«, sagte die Mutter. »Einen Preis gibt man nur für Dinge, die es wert sind. Die Tatsache, dass der Trainer dir einen Preis für Ausdauer gegeben hat, zeigt, dass er es für wichtig ansieht, wenn jemand trotz Schwierigkeiten an einer Sache festhält.«

»Ich hätte es fast nicht getan«, sagte Carl und tauschte einen Blick mit seinem Vater.

»Aber du hast es getan«, sagte die Mutter. »Und das ist es, was zählt. Aber ich denke, dass Gott auch stolz auf dich ist, weil ich weiß, dass er Ausdauer ebenfalls schätzt. Er hat den Menschen und den Gemeinden in der Bibel immer wieder gesagt, dass er sich über ihre Standhaftigkeit freut.«

»Darüber habe ich noch nie nachgedacht«, sagte Carl leise. Er sah im Rückspiegel seinem Vater in die Augen. Der Vater hatte seinen Blick auf die Straße gerichtet. »Papa«, sagte er. Der schaute im Spiegel zu seinem Sohn hin. »Danke, dass du mich vor dem Aufgeben bewahrt hast.«

Zur Diskussion: Die heutige Bibellese enthält ein Lob für die Gemeinde von Ephesus. Wofür spricht der Herr es aus? Wie wird daran sichtbar, was er schätzt? Hältst du Ausdauer für etwas Gutes? Versuchst du dich anzustrengen und nicht aufzugeben, wenn du etwas angefangen hast? Kannst du ein Beispiel dafür erzählen?
Gebet: »Herr, danke für die Zeiten, in denen du mir nicht erlaubt hast, aufzugeben.«

8. Oktober

Karins Frage

Gott schätzt die Ausdauer, weil er selbst mit uns geduldig und ausdauernd ist.

Bibellese des Tages: 5. Mose 31,1-6
Tages-Vers: »Die Liebe erträgt alles, verliert nie den Glauben, bewahrt stets die Hoffnung und bleibt bestehen, was auch geschieht.« (1. Korinther 13,7)

Die Mutter hatte Karin zu Bett gebracht und setzte sich noch ein Weile zu ihr.

»Mama«, fragte Karin, »bist du es jemals leid gewesen, eine Mutter zu sein?«

Die Mutter hob die Augenbrauen bei der interessierten Frage ihrer Tochter – besonders, weil sie die Frage am Ende eines Tages stellte, der schwer und ermüdend für sie gewesen war. »Na ja«, antwortete die Mutter aufrichtig, »manchmal bin ich es müde, immer wieder Mittagessen zu kochen, die Wäsche zu besorgen und die Betten zu machen.«

»Ich habe gedacht, dass du diese Dinge gern machst«, sagte Karin naiv.

»Nein, Liebling«, lachte die Mutter. »Zu manchen Zeiten fällt es mir schwerer als zu anderen, aber Waschen und Bettenmachen war noch nie das, was ich mir als Hobby ausgesucht hätte.«

»Warum machst du es dann?«

»Weil diese Dinge getan werden müssen«, antwortete die Mutter. »Aber auch wenn ich davon wirklich mal genug habe – ich bin es noch nie müde gewesen, deine Mama zu sein.«

»Das warst du nie?«

Die Mutter schüttelte den Kopf und spielte mit einer Haarsträhne von Karin. »Karin«, sagte sie weich, »denkst du, dass Gott jemals müde wird, Gott zu sein?«

Karin blieb der Mund offen stehen, als ob die Frage sie sehr überrascht hätte. In Gedanken runzelte sie die Stirn und ihre Nase begann zu zucken wie immer, wenn sie über etwas nachdenken musste. »Ich könnte mir vorstellen, dass er uns leid ist, weil wir immer wieder schlimme Dinge tun und böse Worte äußern«, sagte sie mit schwacher Stimme. Einen Augenblick machte sie Pause, fuhr dann aber fort: »Aber ich kann mir nicht vorstellen, dass er es müde wird, Gott zu sein.«

Die Mutter nickte und lächelte. »Das glaube ich auch nicht«, sagte sie, »und wenn er es würde, so würde er doch nicht aufgeben, weil er uns liebt. Die Bibel sagt, dass die Liebe alles überdauert.«

»Was bedeutet das?«, fragte Karin.

»Das bedeutet, dass Gott uns niemals verlassen wird. Er wird niemals müde, Gott zu sein und wird uns nicht aufgeben.«

»Da bin ich froh darüber«, sagte Karin, »Wenn er nämlich aufgeben würde, wer würde dann an seine Stelle treten?«

»Das weiß ich nicht«, sagte die Mutter lachend, »das weiß ich wirklich nicht.«

Zur Diskussion: Der Bibelvers, auf den sich die Mutter bezog, ist der Tages-Vers von heute. Wie kann man noch zum Ausdruck bringen, dass Gott geduldig ist und Ausdauer hat? (Er gibt niemals auf und wird uns nicht verlassen noch vergessen.) Welches Gefühl vermittelt es dir, zu wissen, dass Gott für dich und mit dir Ausdauer beweist?
Gebet: »Danke, Gott, dass du niemals aufhörst, dich um uns zu kümmern.«

9. Oktober

Jennys Reife

Ausdauer bringt Reife.

Bibellese des Tages: Jakobus 1,2-4.12
Tages-Vers: ».. . wenn in schwierigen Situationen euer Glaube geprüft wird, dann freut euch darüber. Denn wenn ihr euch darin bewährt, wächst eure Geduld.« (Jakobus 1,2-3)

»Achte nicht auf sie«, sagte Chrissy zu dem Mädchen im Rollstuhl. Sie warf einen Blick auf die Jugendlichen in der Ecke der Cafeteria, die sich über das neue Mädchen lustig machten. »Weil dies hier eine christliche Schule ist, bedeutet das noch nicht, dass alle Schüler Christen sind.«

Das Mädchen lächelte. »Oh, das weiß ich!«, sagte sie. »Ich heiße übrigens Jenny.«

»Und ich bin Chrissy.« Dann ging sie neben ihrer neuen Freundin die Eingangshalle entlang. »Es muss schwer sein, immer so im Rollstuhl zu sitzen«, sagte sie.

Jenny zuckte mit den Schultern. »Manchmal, aber ich habe mich daran gewöhnt.«

»Wie lange sitzt du schon im Rollstuhl?«

»Seit ich ein kleines Kind war. Ich litt damals an einer Knochenkrankheit«, antwortete Jenny.

»Das ist schade«, sagte Chrissy. Langsam setzten sie ihren Weg fort. *Sie ist so nett,* dachte Chrissy. *Und normal.* Sie dachte wieder an die Teenager, die sich über Jenny in der Cafeteria lustig gemacht hatten. »Passiert dir das oft wie eben mit den Jugendlichen?«

Jenny schüttelte den Kopf. »Nicht allzu oft. Meist meiden sie mich, als ob sie Angst hätten, mich anzusehen oder mit mir zu reden. Aber das macht mir nicht allzu viel aus ... Ich denke, dass ich wahrscheinlich genauso wäre, wenn ich nicht im Rollstuhl säße.«

Sie kamen am Klassenzimmer von Jenny an. Sie nickte zur Tür hin. »Ich muss jetzt in meine Klasse gehen«, sagte sie. »Danke, dass du mit mir gegangen bist.«

Chrissy lächelte und wandte sich ihrem eigenen Klassenraum zu. »Klar doch«, sagte sie. »Wir sehen uns später wieder.« Als sie den Gang überquerte, sah sie Herrn Sanders, einen ihrer Lehrer.

»Ich sah, dass du mit Jenny gegangen bist«, sagte Herr Sanders.

Chrissy lächelte. »Ja«, sagte sie, »sie ist echt cool.«

»Das ist sie wirklich«, sagte Herr Sanders.

»Ja«, antwortete Chrissy. »Sie scheint so ... ich weiß nicht, wie ich es sagen soll ... so erwachsen für ihr Alter.«

Herr Sanders nickte. »Sie ist durch ihre Behinderung ein ganzes Stück erwachsen geworden. Sie hat manche harte Zeiten hinter sich. Dinge, die einer Menge Menschen den Glauben erschüttern würden. Aber sie hat das alles ›aufrecht‹ durchgestanden, und das hat ihr eine viel größere Reife gegeben, als sie sonst bei Kindern ihres Alters zu finden ist.«

»Ja«, sagte Chrissy mit einer Spur von Bewunderung in der Stimme. »Ich hoffe, davon färbt etwas auf mich ab.«

Zur Diskussion: Was glaubst du, warum Chrissy Jenny bewundert? Denkst du, dass die Ausdauer von Jenny etwas zu tun hat mit ihrer Reife? Wenn ja, warum? Die Bibel sagt, dass ihr durch die Geduld »zur vollen Reife« gelangt und »vollkommen« seid und »euch nichts fehlen wird« (Jakobus 1,4). Was denkst du, was das bedeutet? Ist dein Glaube schon mal auf dem Prüfstand gewesen? Wenn ja, erzähle davon. Was sollen wir tun, wenn unser Glaube einem Test unterzogen wird?

Gebet: »Herr, hilf uns Ausdauer zu bewahren, damit wir Reife in Christus erlangen.«

10. Oktober

Jamals Charakter

Ausdauer bringt Persönlichkeiten hervor.

Bibellese des Tages: Römer 5,1-5

Tages-Vers: »Wir freuen uns auch dann, wenn uns Sorgen und Probleme bedrängen, denn wir wissen, dass wir dadurch lernen, geduldig zu werden. Geduld aber macht uns innerlich stark, und das wiederum macht uns zuversichtlich in der Hoffnung auf die Erlösung.« (Römer 5,3-4)

»Ich habe eine Idee!«, kündigte Lukas an. Er stand mit seinem Fahrrad bei seinen Freunden Bobby und Jamal, die auf ihren Rädern saßen.

»Lasst uns in Potters Grundstück schleichen und ein paar Äpfel stehlen.«

»Potter hat ein Gewehr«, entgegnete Bobby.

»Hast du Angst?«, fragte Lukas.

»Nein, aber …«

»Ich gehe nicht«, sagte Jamal jetzt entschieden.

»Warum nicht?«, fragte Lukas. »Hast du auch Angst?«

Jamal schüttelte den Kopf. »Nein«, antwortete er. »Ich möchte nur nicht stehlen, das ist alles. Du solltest das auch wissen, Lukas.«

»Gut, ich gehe«, kündete Lukas an. Er wandte sich an Bobby. »Gehst du mit?«

Bobby schaute von Lukas zu Jamal und zögerte.

Jamal wendete sein Fahrrad. »Komm mit, Bobby«, sagte er. Er fuhr los. Lukas begann zu schreien. »Feigling«, rief er ihm nach.

Jamal hatte nur ein paar Mal in die Pedale getreten, als er Bobbys Stimme hörte.

»Ich komme mit!«, sagte Bobby. Jamal bremste und drehte sich um. Er wollte auf Bobby warten.

Bobby keuchte heran, völlig außer Atem, als er sein Fahrrad neben das von Jamal lenkte. Jamal nickte seinem Freund schweigend zu. Als sie aufs Neue losfuhren, hielt Bobby ihn noch einmal an.

»Warte«, sagte er, wobei er immer noch keuchte. »Wie hast du es so leicht fertig gebracht, Lukas zu widerstehen?«

»Na ja«, sagte Jamal. Er zuckte mit den Achseln, als ob das keine große Sache gewesen wäre. »Ich habe schon so manches Mal Lukas gegenüber ›Nein‹ gesagt, es kostet mich heute keine Mühe mehr.«

»Aber ist das nicht schwer?«, fragte Bobby. »Er bringt es fertig, dass man sich so … so blöd vorkommt, wenn man nicht tut, was er sagt.«

Wieder zuckte Jamal mit den Schultern. »Ich glaube, es war nur die ersten paar Mal schwer. Ich bin aber dabei geblieben, gegebenenfalls ›Nein‹ zu sagen. Ich tat es auch, wenn er sich über mich lustig machte oder sich total verrückt gebärdete.« Er lächelte. »Wahrscheinlich würde er eine Herzattacke bekommen, wenn ich heute zu einer von seinen verrückten Ideen ›Ja‹ sagen würde!«

»Das denke ich auch!«, stimmte Bobby zu, als er und Jamal sich auf den Heimweg machten.

Zur Diskussion: Wieso hat Jamal das Richtige getan, als er Lukas ein ›Nein‹ entgegenhielt? Auf welche Weise hat Jamals Ausdauer zur Entfaltung seines Charakters geführt (der Kraft, das Richtige zu tun)? Was hätte passieren können, wenn Jamal nicht durchgehalten hätte mit seinem ›Nein‹ zu falschen Entscheidungen?
Gebet: »Herr, keiner leidet gern. Aber du sagst uns in deinem Wort, dass Leiden Geduld hervorbringt, und dass Ausdauer Persönlichkeiten schafft. Wir wollen Christus in seinem Wesen widerspiegeln!«

11. Oktober

Sammys Erfolg

Ausdauer führt zum Erfolg.

Bibellese des Tages: Hebräer 11,24-27
Tages-Vers: »Mose hatte keine Angst vor dem König, sondern ging unerschütterlich weiter, weil er den Blick fest auf den richtete, der unsichtbar ist.« (Hebräer 11,27)

Sammy knirschte mit den Zähnen und hatte Mühe, die Tränen zurückzuhalten, als er in der Schulsporthalle in der letzten Reihe der Zuschauerplätze saß. Er hatte es zum fünften Mal nicht geschafft, im Sportunterricht das Tau hochzuklettern. Er war der Einzige in seiner Klasse, der das Tau nicht hochkam.

Als der Lehrer die übrige Klasse entlassen hatte, rannten sie alle zu Sammy. Einige machten unfreundliche Bemerkungen, wie Wolfi, der sagte: »He, Sammy, wie fühlt man sich als Schlappschwanz?«

Sammys Freund, Bernd, sagte: »Mach dir nichts draus, Sammy. Das ist nicht so schlimm.«

Für Sammy war es aber eine schlimme Sache. Er wartete, bis seine Klassenkameraden im Duschraum verschwunden waren, bevor er zu seinem Lehrer ging.

»Herr Jacobs«, sagte er. Der Lehrer drehte sich zu ihm um. »Kann ich … können Sie … gibt es eine Möglichkeit, dass ich ein bisschen Extra-Unterricht im Tau-Klettern bekommen kann?«

Herr Jacobs dachte über Sammys Bitte nach. »Du musst das ja nicht unbedingt machen, Sammy«, sagte er schließlich. »Wir werden jetzt nicht mehr Tau-Klettern üben, weil wir keinen Fitnesstest mehr machen.«

»Das weiß ich. Ich möchte aber den Klettertest bestehen.«

Der Lehrer schien ›Nein‹ sagen zu wollen. Doch dann meinte er: »Ich werde die Taue noch eine Woche länger hängen lassen. Was hältst du davon?«

»Danke, Herr Jacobs«, sagte Sammy. Als er zum Duschraum ging, hatte er ein schwaches Lächeln auf dem Gesicht.

In dieser Woche ging Sammy jeden Tag nach der Schule zur Sporthalle. Er hing an den Tauen, bis seine Hände rot waren und ihm der Schweiß auf der Stirn stand. Nach drei Tagen schaffte er es nur, sich etwa 2-3 m über den Boden hochzuziehen. Seine Schultern und Arme taten ihm so weh, dass er glaubte, aufgeben zu müssen. Als er am vierten Tag trotzdem wieder einen Versuch machte, waren seine Arme so müde, dass er das Tau kaum halten konnte. Er klemmte seine Füße fest, um sein Gewicht damit zu halten, sodass er sich einen Augenblick ausruhen konnte. Dann holte er tief Atem und schob seinen Körper mit den Beinen das Tau hoch.

Plötzlich wurden Sammys Augen groß. Er schaute hinab auf die Stellung seiner Füße. Dann wurde ihm klar, dass er sich tatsächlich mit den Armen hochgezogen hatte, statt sein Gewicht mit den Beinen zu schieben! Er kletterte weiter bis zu dem Knoten am Ende des Taus und ließ sich dann Stück für Stück runterrutschen. Er hatte es geschafft! Er war das Tau hochgeklettert.

Er stieß seinen rechten Arm in die Luft. »Jaaah!«, schrie er. »Jaaaaah!«

Zur Diskussion: Weißt du, wie oft Mose zum Pharao gehen musste, bevor der ägyptische König die Israeliten ziehen ließ? (Zehnmal, s. 2. Mose 7-12.) Denkst du, dass Mose auch manchmal nahe am Aufgeben war? Was half sowohl dem Mose als auch Sammy zum Erfolg? Denkst du, dass der Erfolg die Anstrengung bei Mose wert war? Bei Sammy? Wie kannst du (nach Hebräer 11,27) durchhalten, wenn es hart wird?
Gebet: »Herr, hilf uns zu lernen, dass wir uns in Geduld und Ausdauer üben müssen, wenn wir Erfolg haben wollen.«

12.
Oktober

Gottesfurcht

Warum sagt uns die Bibel, dass wir Gott fürchten sollen?

Bibellese des Tages: 1. Samuel 12,1.14-18
Tages-Vers: »Nur fürchtet den Herrn und dienet ihm treu von ganzem Herzen; denn seht doch, wie große Dinge er an euch getan hat.« (1. Samuel 12,24)

»Papa, eins verstehe ich nicht«, sagte Tristan, als er seinem Vater half, die Koffer aus dem Auto auszuladen. Sie waren gerade am Haus von Tristans Cousine angekommen, wo sie einen Wochenendbesuch machen wollten. »Warum steht in der Bibel, dass wir Gott fürchten sollen? Ich denke, Gott liebt uns, oder?«

Der Vater nickte, während er und sein Sohn an Tristans kleinem Bruder Klaus vorbeigingen. Klaus stand unmittelbar vor dem Bernhardiner seines Cousins. »Du brauchst keine Angst zu haben, Klaus«, sagte der Vater, als Klaus das Tier mit großen Augen anstarrte. »Er ist gutmütig. Er tut dir nichts. Streichle ihn einfach.«

Zögernd streichelte Klaus das Fell des großen Tieres. Als der Vater und Tristan mit den Koffern die Veranda erreicht hatten, hatte Klaus aber bereits seine Arme um den Hals des Hundes gelegt.

Als sie die Koffer im Haus abgesetzt hatten, wandte sich der Vater an Tristan. »Ich habe deine Frage nicht vergessen, Tristan«, sagte er. »Wir sollen Gott fürchten, *wie die Bibel* sagt. Manche Menschen haben vor Gott überhaupt keine Furcht. Sie stellen ihn sich wie einen senilen alten Großvater vor, der sie machen lässt, was sie wollen. Andere Leute vergessen, dass Gott sie liebt. Sie fürchten ihn, als ob er ein gemeiner Diktator wäre.«

Plötzlich hörten Tristan und der Vater draußen einen Schrei. Sie liefen zur Tür und sahen Klaus, der sich zitternd gegen die Autotür drückte. Onkel Dave hielt den Bernhardiner am Halsband.

»Was ist passiert?«, fragte der Vater.

»Es ist alles o.k.«, erklärte Onkel Dave. »Klaus streichelte den Bernhardiner und lief dann auf das Auto zu.« Dave zuckte mit den Schultern. »Der Hund ist ein freundliches Tier, aber er mag es nicht, wenn die Menschen von ihm weglaufen. So trottete er hinter Klaus her und knurrte ihn an. Natürlich erschreckte das Klaus – nicht wahr, kleiner Spatz?« Klaus nickte.

Der Vater kniete neben Klaus auf dem Pflaster. »Der Hund wollte dir nicht wehtun, mein Sohn; er möchte dein Freund sein. Wahrscheinlich würde er dein Gesicht lecken, wenn du ihn ließest.«

Klaus lächelte scheu. »Das hat er schon getan«, sagte er.

Der Vater zwinkerte ihm zu. »Sei nur vorsichtig und lauf nicht vor ihm weg, o.k.?«

Einige Augenblicke später spielte Klaus schon wieder mit dem Bernhardiner. Der Vater und Tristan räumten das Auto weiter aus.

»Nun«, sagte der Vater, »du hast gesagt, du verständest nicht, was Gottesfurcht bedeutet.«

»Ich denke, dass ich es jetzt weiß, Papa.« Tristan beobachtete die überschwängliche Liebe des Bernhardiners für den kleinen Klaus. »Ich denke, das habe ich wirklich.«

Zur Diskussion: Was glaubst du, hat Tristan geholfen, »Gottesfurcht« zu verstehen? Wieso ist Klaus' Furcht vor dem Hund der Furcht vor Gott ähnlich? Denkst du, dass Gott deshalb will, dass wir ihn fürchten, damit wir ihm nicht weglaufen? Glaubst du, dass wir gleichzeitig Gott fürchten und ihn lieben können? Wenn nicht, warum nicht? Wenn ja, wie?
Gebet: »Ehrfurcht gebietender Gott, wir achten dich und möchten dir aufrichtig dienen.«

13. Oktober

Onkel Jack und Gott

Wir wissen, dass wir Gottes Befehlen trauen können, weil wir wissen, dass er vertrauenswürdig ist.

Bibellese des Tages: Psalm 78,1-7
Tages-Vers: »Vertraue auf den Herrn und tue Gutes ...« (Psalm 37,3)

»Heute muss ich früh ins Bett gehen«, sagte Melissa zu ihrer Mutter, »Onkel Jack will mich nämlich morgen zum Fischen mitnehmen.«

»Wirklich?«, fragte die Mutter.

Melissa nickte ernsthaft. »Er sagte, wir müssten aus dem Haus, wenn es draußen noch dunkel ist!« Melissa war offensichtlich aufgeregt durch die Aussicht, noch vor Sonnenaufgang das Haus zu verlassen, um fischen zu gehen.

Die Mutter setzte sich an ihr Bett. »Wieso denkst du, dass Onkel Jack dich morgen zum Fischen mitnehmen will?«, sagte sie mit einem neckischen Unterton.

»Weil er es gesagt hat!«

»Aber warum glaubst du, was Onkel Jack sagt?«, fragte die Mutter, plötzlich mit einem ernsten Ausdruck auf dem Gesicht.

»Nun, darum ...«, antwortete Melissa, als ob damit jede Diskussion beendet wäre.

»Wieso darum?«, drängte die Mutter weiter.

Melissa seufzte dramatisch auf. »Weil Onkel Jack nicht sagen würde, dass wir fischen gehen wollten, wenn er mich dann nicht dazu mitnehmen würde!«

Die Mutter nickte. »Du hast Recht«, sagte sie. »Das würde er niemals tun.« Sie nahm Melissa nochmals auf ihren Schoß. In einer festen Umarmung drückte sie ihre Tochter an sich. »Du weißt, dass du dem trauen kannst, was Onkel Jack sagt, weil er vertrauenswürdig ist, nicht wahr?«

Melissa lächelte, nickte und erwiderte die Umarmung ihrer Mutter.

»Nun, ich möchte, dass du weißt, Melissa, dass das Gleiche auch für Gott gilt«, sagte die Mutter. »Du kannst ihm vertrauen. Er ist ein wunderbarer Gott, der dich liebt und niemals etwas tun würde, was dir schadet.«

Melissa schloss ihre Augen und kuschelte sich behaglich in Mutters Schoß.

»Und«, fuhr die Mutter fort, »weil du Gott trauen kannst, kannst du auch seinen Geboten trauen. Wenn Gott sagt, dass du etwas tun oder nicht tun sollst, dann kannst du dich darauf verlassen, dass sein Gebot gut ist, weil er selbst gut ist. Verstehst du das?«

Die Mutter wartete einen Augenblick auf eine Antwort von Melissa, doch es kam keine. Sie hob den Kopf ihrer Tochter ein bisschen in die Höhe und schaute ihr ins Gesicht. Melissa war eingeschlafen. Die Mutter küsste sie und ließ sie sanft in ihr Bett gleiten. »Schlaf gut«, flüsterte sie, »und träume davon, dass du eine Menge Fische fängst!«

Zur Übung: Liebe Eltern, erzählt euren Kindern eine Geschichte aus eurem Leben (nicht zu lang), die anschaulich macht, warum ihr Gott und seinen Geboten traut.
Gebet: »Wir wissen aus Erfahrung, dass wir dir vertrauen können, Herr. Aber manchmal vergessen wir diese Erlebnisse aus der Vergangenheit. Herr, erinnere uns immer wieder daran, dass du glaubwürdig bist.«

14. Oktober

Dem Blick entzogen

Wir brauchen uns nicht zu überlegen, was Recht oder Unrecht ist; Gott hat beides klar zum Ausdruck gebracht.

Bibellese des Tages: Römer 12,14-16
Tages-Vers: »Ihr alle sollt einander demütig dienen, denn Gott stellt sich den Stolzen entgegen, den Demütigen aber schenkt er Gnade.« (1. Petrus 5,5)

»Schnell! Versteck dich!« Linda stieß Tracys Kopf nach unten hinter die Regale des Musikgeschäftes und zog gleichzeitig Kara am Arm auf den Boden herunter.

»Was soll das?«, flüsterte Kara, als sie sich hinter die Ständer mit den CDs duckte.

»He«, sagte Tracy mit lauter Stimme, »würdest du bitte meinen Kopf loslassen?«

»Pst!«, sagte Linda. »Sei ruhig und bleib unten.«

»Warum?«, fragte Tracy und stellte sich aufrecht, unbesorgt über Lindas warnende Stimme.

»Würdest du bitte runterkommen?«, zischte Linda und zog Tracy in eine geduckte Haltung hinter einem Ständer herunter. »Sie sieht uns sonst!«

»Wer?«, fragte Tracy. Wieder sprang sie auf, um über den Ständer hinwegzuschauen, was Linda veranlasste, sie an den Beinen zu ziehen. Beide Mädchen fielen lachend übereinander auf den Boden.

»Vor wem verstecken wir uns eigentlich?«, flüsterte Kara, als die beiden Freundinnen kichernd am Boden lagen.

»Das möchte ich auch wissen«, sagte Tracy, immer noch in ihrer gewohnten Lautstärke.

»Pst!«, wiederholte Linda. »Es geht um Andrea Peters«, antwortete sie schließlich mit einem Kopfnicken zum Eingang des Geschäftes hin, der ihrem Blick verborgen war, »dieses sonderbare Mädchen aus der Gemeinde.«

»Aber warum verstecken wir uns?«, fragte Tracy.

»Wenn sie uns sieht«, antwortete Linda, »kommt sie zu uns und will mit uns reden!«

»Na und«, sagten Tracy und Kara einmütig.

»Ihr wisst doch!«, jammerte Linda. »Sie ist *seltsam*. Ich möchte nicht mit ihr gesehen werden.«

Tracy schüttelte den Kopf. »Wie kannst du dich nur so anstellen, Linda?«, fragte sie.

»Wie kann *ich* …?« Linda starrte ihre Freundin an. »Ich mag einfach nicht mit Andrea Peters zusammen sein. Da ist doch nichts Unrechtes dabei!«

Tracy starrte zurück. »Das ist es doch!«, sagte sie. »Das nennt man dünkelhaft. Du denkst, dass du zu gut für sie bist. Vielleicht bist du das auch, aber ich nicht.« Tracy sprang vom Boden auf, klopfte sich den Staub von ihrer Hose und ging weg.

»Tracy, warte!«, zischte Linda. Sie streckte den Arm aus, um ihre Freundin festzuhalten, doch Tracy war schon außer Reichweite. Sie und Kara sahen nun zu, wie Tracy lächelnd auf Andrea zuging, ohne noch nach Linda und Kara zurückzuschauen.

Linda atmete einmal tief auf und seufzte. Es war zu spät, um jetzt noch ein Wort mit Andrea zu wechseln, es sei denn, dass sie ihren Stolz runterschluckte. Das aber wollte sie nicht, so schauten sie und Kara nur zu, wie Tracy und Andrea miteinander das Geschäft verließen.

Zur Diskussion: Hatte Linda Recht, als sie sagte: »Ich mag einfach nicht mit Andrea Peters zusammen sein. Da ist doch nichts Unrechtes dabei?« Warum oder warum nicht? Was bedeutet »sich zu gut für jemand vorkommen«? Haben wir zu entscheiden, ob dies richtig oder falsch ist? Warum oder warum nicht?

Gebet: »Herr, hilf uns, uns daran zu erinnern, dass Entschuldigungen unser Benehmen niemals rechtfertigen.«

15. Oktober

Papas Geheimnis

Gott gebietet uns, demütig zu sein und nicht stolz.

Bibellese des Tages: Epheser 4,1-3

Tages-Vers: »Ihr alle sollt einander demütig dienen, denn Gott stellt sich den Stolzen entgegen, den Demütigen aber schenkt er Gnade!« (1. Petrus 5,5)

»Mein Papa ist besser als deiner!«, sagte der kleine Ken. Er saß auf seinem Fahrrad vor dem Haus des Nachbarn. Seine Freundin Rahel versperrte ihm den Weg.

»Das stimmt nicht!«, entgegnete Rahel. »Mein Papa kann deinen zusammenschlagen!«

»Nein, kann er nicht!«, sagte Ken. »Und dein Fahrrad ist alt und hässlich. Meins ist besser!«

»Das stimmt nicht!«, wiederholte Rahel. »Mein Fahrrad fährt viel schneller als deins!«

»Eben nicht«, bestritt Ken die Aussage.

»Doch!«, sagte Rahel. Dann, wie um ihre Worte zu beweisen, drehte sie ihre Lenkstange um und sauste den Bürgersteig hinunter. »Bis zur Ecke kann ich dich schlagen.«

»Das ist nicht fair!«, rief Ken ohne sich zu bewegen. »Du hattest einen Vorsprung!« Plötzlich fiel ein Schatten auf den Bürgersteig. Er drehte sich um und sah seinen Vater neben sich stehen.

»Was sollte das bedeuten?«, fragte der Vater.

»Ich habe Rahel nur gesagt, dass mein Papa besser ist als ihrer.« Ken schaute lächelnd auf.

Der Vater hockte sich neben Ken. »Und was hat Rahel dazu gesagt?«

Kens Lächeln verschwand. »Sie sagte, ihr Papa könnte dich zusammenschlagen.«

Der Vater lachte und legte Ken eine Hand auf die Schulter. »Vielleicht könnte er das, aber das ist für mich nicht so wichtig wie das, was du gesagt hast.«

»Du meinst, als ich sagte, du wärst besser als ihr Vater?«

Der Vater nickte. »Und dass du sagtest, dein Fahrrad wäre besser als ihres. Weißt du, was du tust, wenn du solche Dinge sagst?«

»Nein«, sagte Ken ehrlich.

»Du prahlst, mein Sohn«, sagte der Vater. »Und weißt du, was Gott vom Prahlen denkt?« Ken schüttelte den Kopf. »Er mag das nicht«, antwortete der Vater. »Gott sagt, dass wir demütig sein sollen. Das heißt, dass wir nicht prahlen sollen, und wir sollen nie so tun, als ob wir besser oder wichtiger wären als jemand anders.«

Ken schaute auf und sah Rahel auf dem Bürgersteig zurückradeln – gerade auf ihn zu. »Muss ich mich bei Rahel entschuldigen?«, fragte er.

»Ich denke, das solltest du«, sagte der Vater lächelnd. Er stand auf und reckte sich.

»Na gut«, sagte Ken. »Aber ich denke immer noch, dass du der beste Papa der Welt bist.«

Der Vater lachte und strich Ken über den Kopf. »Ich freue mich, wenn du dieses Gefühl hast«, sagte er, »aber lass das unser Geheimnis sein, o.k.?«

»O.k.«, antwortete Ken.

Zur Diskussion: Kennst du Leute, die so tun, als ob sie wichtiger sind als jeder andere? Was glaubst du, welche Gefühle das in anderen weckt? Was glaubst du, wie Gott darüber denkt? Was ist besser, Stolz oder Demut? Warum?

Gebet: »Herr, vergib uns unser Prahlen und den Versuch, uns als bedeutend hinzustellen. Wir möchten dir gefallen mit unseren Worten und Taten.«

16. Oktober

In Papas Knien knackt es!

Gott gebietet Demut, weil er die Demut mag.

Bibellese des Tages: Jesaja 66,1-2
Tages-Vers: »So spricht der Herr: ›Ich sehe aber auf den Elenden und auf den, der zerbrochenen Geistes ist und der erzittert vor meinem Wort.‹« (Jesaja 66,1-2)

»Amen!«, sagte Tim, als er den Kopf nach dem Abendgebet hob.

»Amen!«, sagten Mutter und Vater gleichzeitig, die neben ihm knieten.

»Nun ab ins Bett«, erklärte die Mutter.

Tim sprang auf und kuschelte sich unter seine Bettdecke.

Als der Vater aufstand, schauten die drei sich erstaunt an, weil seine Knie ziemlich laut dabei knackten.

»Tut das weh, Papa?«, fragte Tim.

Der Vater lächelte. »Nein«, sagte er. »Das bedeutet nur, dass ich alt werde.«

»Das ist o.k., Papa«, sagte Tim mit tröstender Stimme. »Irgendwie bist du ja schon alt.«

Die Mutter und der Vater lachten beide, und der Vater streckte eine Hand aus, um der Mutter zu helfen, von den Knien aufzustehen. Als sie mit einem etwas übertriebenen Stöhnen schließlich stand, fragte Tim: »Mama, Papa – warum knien wir eigentlich beim Beten?«

»Das ist eine gute Frage, mein Sohn«, sagte der Vater. »Wir müssen nicht unbedingt knien. Wir können auch beten, wenn wir irgendwo gehen oder liegen oder sogar beim Autofahren.«

»Aber wir knien beim Beten, wenn wir es irgend ermöglichen können«, fügte die Mutter hinzu, »weil wir damit unserem Respekt vor Gott sichtbaren Ausdruck verleihen können. Es ist eine Möglichkeit, uns vor Gott zu demütigen.«

»Was heißt das?«, fragte Tim.

»Sich zu demütigen bedeutet, nicht stolz zu sein«, erklärte die Mutter. »Es bedeutet, zuzugeben, dass du nicht die größte oder wichtigste Persönlichkeit der Welt bist.«

»Das ist Gott!«, sagte Tim.

»Das stimmt«, nickte der Vater. »Darum gebietet er uns, demütig zu sein, weil wir damit zugeben, dass er größer ist als wir. Und dass auch andere Menschen wichtiger sind als wir.«

»Gott mag es, wenn wir demütig sind«, sagte die Mutter. »Darum gebietet er uns die Demut.«

»Und darum knien wir beim Beten«, sagte Tim.

Die Mutter nickte. »Wir knien vor ihm, weil er unser König ist, und wir knien, um sichtbar zu machen, welche Bedeutung wir ihm zumessen.«

»Und dabei wird auch offenbar, wie alt Papas Knie sind!«, fügte Tim hinzu.

Der Vater lachte. »Stimmt«, gab er zu.

Zur Übung: Statt heute beim Beten zu sitzen oder zu stehen, kniet in einem Kreis und haltet euch an den Händen, wenn ihr euch vor Gott demütigt und ihn bittet, euch Demut zu lehren. Achtet sorgfältig beim Aufstehen darauf, ob bei jemand die Kniegelenke knacken!
Gebet: »Herr, unser Gott, wir müssen bekennen, dass wir es manchmal an Demut fehlen lassen. Wir vergessen hin und wieder, dass du Gott bist und wir deine Geschöpfe. Vergib uns, Herr, und nimm alle verborgenen Ansätze von Stolz in unserem Leben weg.«

17. Oktober

Aktion Gartenarbeit

Gott schätzt die Demut, weil er sich in Christus selbst demütigte.

Bibellese des Tages: Matthäus 11,28-30
Tages-Vers: »Nehmt mein Joch auf euch. Ich will euch lehren, denn ich bin demütig und freundlich, und eure Seele wird bei mir zur Ruhe kommen.« (Matthäus 11,29)

»Auf geht's«, sagte der Jugendleiter seinen Gruppenmitgliedern, die sich zum jährlichen Einsatz für Gartenarbeit versammelt hatten. »Denkt daran, dass ihr nicht nur eure Gemeinde repräsentiert, sondern auch Jesus Christus. Seid dessen sicher, was Jesus tun würde und wie er an eurer Stelle handeln würde.« Er las Matthäus 11,28-30 und betete dann. Als er Amen sagte, brachen die Jugendlichen in fröhlichen Beifall aus.

»Ich liebe diesen Einsatz«, sagte Amy zu ihrer Freundin Martha, als sie sich mit ihren Harken in einen Kombi drängten. »Es macht so viel Spaß.«

»Stimmt«, stimmte Martha zu. »Ich freue mich auf die Gesichter der alten Leute, wenn wir ihre Gärten umsonst rechen.«

Amy, Martha und drei andere Jugendliche wurden von den Eltern eines der Jugendlichen zu einem nahe gelegenen Gelände in der Nachbarschaft gefahren. Sie hatten die Anweisung bekommen, bei einem Haus gegenüber der »First Church« zu stoppen. Im Hinblick auf diese Kirche bestanden bei den Jugendlichen gewisse Rivalitäten, da sie von deren Mitgliedern fast regelmäßig in Volleyball und Softball geschlagen wurden. Selbst bei den Sonntagsschul-Wettbewerben ging es meist so aus.

Über eine Stunde verbrachten die Jugendlichen nun damit, für eine ältere Frau, die gegenüber der Kirche wohnte, das Laub zusammenzurechen. Dann gingen sie weiter zu anderen Gärten. Als sie sich später bei ihrer Kirche wieder trafen, fragte der Jugendleiter sie, wie die Aktion gelaufen sei.

»Es hat so viel Spaß gemacht!«, sagte Amy.

»Ja«, stimmte Martha zu. Dann lachte sie und fügte hinzu: »Als wir mit dem ersten Garten fertig waren, lud uns die Frau des Hauses zu einem Glas Apfelsaft ein.«

»Ja«, sagte Amy. »Und sie hörte nicht auf, sich bei uns zu bedanken und zu sagen, wie großartig wir alles gemacht hätten, und dass sie sich freute, dass wir jungen Leute alle zur ›First Church‹ gehörten!«

»Sie dachte, ihr würdet von der ›First Church‹ kommen?«, fragte der Jugendleiter. »Und was hat sie gesagt, als sie erfuhr, dass ihr von unserer Kirche kommt?«

Martha und Amy wechselten einen Blick. »Wir haben es ihr gar nicht erst gesagt«, erklärten sie lachend.

»Und warum nicht?«, wollte der Jugendleiter wissen.

Die Mädchen zuckten die Achseln. »Du hast gesagt, wir sollten tun, was Jesus tun würde«, sagte Martha.

»Jesus wäre demütig genug gewesen, um der ›First Church‹ die Anerkennung zu lassen.«

Amy und Martha grinsten. Der Jugendleiter schüttelte erstaunt den Kopf. »Es scheint so«, sagte er mit einer Stimme, in der das Erleben von etwas Wunderbarem mitschwang, »dass ihr wirklich genau zuhört, wenn ich etwas sage.«

Zur Diskussion: Gott schätzt die Demut, weil er sich selbst in der Person von Jesus Christus demütigte. Hältst du für gut, was Amy und Martha taten? Warum oder warum nicht? Wie kann Jesus dich heute lehren, demütig und freundlich zu sein?
Gebet: »Herr, wenn wir vergessen, demütig zu sein, erinnere uns an das Beispiel von Jesus.«

18. Oktober

Die Gefahren des Stolzes

Der Stolz verschließt dein Herz gegen Gott; Demut öffnet es für ihn.

Bibellese des Tages: 5. Mose 8,6-14
Tages-Vers: »Hüte dich, dass dein Herz sich nicht überhebt und du den Herrn, deinen Gott, vergisst«. (5. Mose 8,14)

Pfarrer White schloss die Haupttür der Kirche hinter sich ab, während seine Familie auf den Stufen zum Eingang auf ihn wartete.

»Das war eine gute Predigt, Papa«, sagte Stephen.

»Ja!«, stimmte seine Schwester Mary zu. »Ich mochte die Geschichten, die du erzählt hast.«

Der Vater lachte. »Na, dann dankt Gott dafür.«

Langsam schlenderten sie den Bürgersteig zwischen der Kirche und ihrem Haus entlang.

»Warum sagst du immer ›dankt Gott‹, wenn jemand kommt und sagt, dass deine Predigt ihm gefallen hat?«, fragte Stephen.

Der Vater schaute Stephen an. »Das hast du bemerkt?«, fragte er. Der Vater beugte sich herunter und nahm Mary in seine Arme. »Ich tue das aus einem sehr guten Grund«, sagte er.

»Als ich noch ein junger Mann war«, fuhr der Vater fort, »bevor einer von euch geboren war, studierte ich, um Pfarrer zu werden.«

»Da hast du dann Mama getroffen, oder?«, fragte Mary.

Der Vater nickte. »Das stimmt. Und als Mama und ich in unsere erste Gemeinde kamen, war ich entschlossen, die beste Predigt zu halten, die diese Leute jemals gehört hatten, und zwar an meinem allerersten Sonntag.«

»Und hast du das getan?«, fragte Mary.

»Ich dachte, dass es so gewesen wäre«, antwortete der Vater lächelnd. »Ich war sicher, dass es eine Predigt war, die sie niemals vergessen würden. Und ich war sehr stolz auf meine Arbeit.«

Er setzte Mary auf der Veranda des Hauses ab und öffnete für seine Frau und die Kinder die Haustür. Dann ging er hinter ihnen her ins Haus.

»Als ich geendet hatte«, sagte der Vater, »rannte ich förmlich zum Ausgang, um den Menschen die Hand zu geben und ihre Glückwünsche entgegenzunehmen für die wundervolle Predigt, die ich ihnen gehalten hatte. Die erste Person, die mir begegnete, war eine alte Frau – jeder in der Gemeinde nannte sie ›Grandma Andrews‹ –, die sagte: ›Pastor, das war eine ganz großartige Predigt.‹ Ich lächelte und dankte ihr, doch dann fügte sie leise noch hinzu: ›Aber Gott kann einen demütigen Prediger besser gebrauchen als die beste Predigt der Welt.‹«

»Das hat sie wirklich gesagt?«, fragte Stephen.

Der Vater nickte. »Allerdings! Das ist der Grund, weshalb ich seitdem versuche, Gott zu gefallen, statt die Menschen zu beeindrucken. Und ich versuche, ihm die Ehre zu geben, statt sie für mich selbst in Anspruch zu nehmen.«

Zur Diskussion: Was sagt die heutige Bibellese im Hinblick auf die Gefahren von üppiger Behaglichkeit und Stolz? Kannst du dir noch andere Gefahren vorstellen? Was glaubst du, kann Gott mehr gebrauchen, Stolz oder Demut? Und was glaubst du, zieht dich näher zu Gott?

Gebet: »Herr, bewahre uns vor Stolz und anderen ›feurigen Pfeilen‹ des Feindes.«

19. Oktober

Blockierung

Stolz blockiert die Flut von Gottes Segen. Demut öffnet die Fenster für Gebet und Segen.

Bibellese des Tages: 2. Chronik 7,11-14
Tages-Vers: »Und wenn dann mein Volk, über das mein Name genannt ist, sich demütigt, dass sie beten und mein Angesicht suchen und sich von ihren bösen Wegen bekehren, so will ich vom Himmel hören und ihre Sünde vergeben und ihr Land heilen.« (2. Chronik 7,14)

»Habt ihr Mädchen alles für eure Jugendfreizeit gepackt?«, rief die Mutter Dani und Leslie zu.

Die Mädchen erschienen, jede schleppte einen Seesack. »Ja, wir sind fertig«, sagte Dani.

»Vergesst eure Noten nicht«, sagte die Mutter. Der Jugendpastor hatte Dani und Leslie gebeten, während des Wochenendes zwei Duette zu singen.

»Ja, wenn wir sie vergessen würden, müsste er vielleicht Belinda bitten, zu singen«, sagte Dani.

Leslie lachte. »Das wäre schrecklich!«

Die Mutter öffnete den Mund, um etwas zu sagen, behielt es aber dann doch für sich. Dann zeigte sie auf das Familienwohnzimmer. »Warum seht ihr nicht noch ein bisschen fern, bis es Zeit zum Gehen ist?« Dani und Leslie ließen sich auf die Couch fallen. Bald waren sie mit ihren Gedanken ganz und gar bei dem TV-Programm.

Plötzlich erschien die Mutter mit einem Staubsauger und begann mit der Arbeit. Der Raum war bald vom Lärm des Gerätes erfüllt und mit dem Fernsehen war es praktisch vorbei.

»Mama! Kannst du damit nicht warten, bis wir weg sind?«

Die Mutter stellte den Staubsauger ab. »Stört euch das?«, fragte sie mit ihrer freundlichsten Stimme.

»Klar«, sagte Dani. »Wir können nichts mehr hören.«

»Stimmt eigentlich«, sagte die Mutter. Sie zuckte mit den Achseln. »Ich vermute, dass das Fernsehen wichtiger ist als eure Freizeit.«

»Was? Wovon sprichst du?«, sagte Dani.

Die Mutter setzte sich auf einen Sessel gegenüber der Couch. »Der Staubsauger macht euch Kummer, weil er euch beim Fernsehen stört«, sagte sie. »Ihr solltet euch aber besser Gedanken machen wegen eurer Haltung im Hinblick auf dieses Wochenende.«

»Wie bitte?«, fragte Dani, und auch Leslie schaute verwirrt drein.

Die Stimme der Mutter war freundlich. »Ich denke, dass es für euch eine große Sache ist, dass der Pastor euch beide gebeten hat, an diesem Wochenende zu singen. Aber überlegt euch mal, ob euer Stolz auf eure musikalische Begabung euch nicht daran hindert, das zu tun, was Gott von euch an diesem Wochenende erwartet. Stolz kann den Segen abwürgen, den Gott über euch ausgießen will. Wenn ihr aber in diese Freizeit mit einem demütigen Herzen geht, ist es für Gott viel leichter, euch anzusprechen und euch zu segnen.« »Du hast Recht, Mama«, sagte Dani. Sie schaute auf Leslie. »Wir wollen an diesem Wochenende nichts blockieren. Ich denke, wir haben uns gerade ein bisschen aufgeblasen benommen.« Sie stellte den Fernseher ab. »Du kannst weitermachen mit deinem Staubsauger. Wir müssen nicht unbedingt fernsehen.« »Oh, ist schon o.k.«, sagte die Mutter lächelnd. »Ich habe hier gestern erst gesaugt!«

Zur Diskussion: Welche vier Dinge nannte Gott seinem Volk als Bedingung, wenn er ihnen vergeben und ihr Land heilen sollte? Was denkst du, weshalb Gott demütige Menschen segnet?
Gebet: »Herr, wir wünschen uns deinen Segen und dass du unser Volk heilst. Wir möchten auch ausdauernd darin sein, uns selbst zu demütigen und dich zu suchen.«

20. Oktober

Quarterback Jack

Stolz zieht Verderben auf sich. Demut führt zu Weisheit.

Bibellese des Tages: Sprüche 11,2; 16,18-19
Tages-Vers: »Stolz kommt vor dem Verderben und Hochmut vor dem Fall.« (Sprüche 16,18)

»Nun komm schon, Trainer!«, schrie Jack von seinem Platz auf der Bank aus. »Bring mich rein! Ich bin als Quarterback besser als Glenn!«

Der Trainer schien diese Worte nicht zu hören, dafür aber die anderen Spieler.

»Gib's auf, Jack«, sagte Jason. »Der Coach wird dich nicht einwechseln.«

»Aber ich bin besser als Glenn«, beharrte Jack. »Er will mir nur keine Chance geben!«

Selbst Glenn, der augenblickliche Quarterback, hörte Jack von der Seitenlinie her rufen. Er warf einen Fehlwurf beim dritten Down und verließ das Feld, während der Rest der Mannschaft blieb, um den Ball an die andere Mannschaft zu übergeben.

»Du meinst, du könntest es besser?«, fragte Glenn Jack.

»Bestimmt«, antwortete Jack, indem er stolz sein Kinn hob.

Ein paar Minuten später schaute Jack von seinem Platz auf der Bank auf und war überrascht, den Trainer vor sich stehen zu sehen.

»Du möchtest eine Chance haben?«, fragte er Jack. »Setz deinen Helm auf und wärme dich auf.«

Jack sprang von der Bank auf und setzte seinen Helm auf den Kopf. Er nahm einen Ball auf und bat Jason, mit ihm den Ball hin- und herzuzuwerfen. Jason schüttelte den Kopf. Dann fragte er verschiedene andere auf der Bank, ob sie ihm helfen würden beim Aufwärmen, aber alle lehnten ab.

Schließlich rief der Trainer ihn und Jack rannte aufs Feld. Beim ersten Spiel – statt den Ball seinem Mitspieler zu übergeben – versuchte Jack, selbst zu laufen und wurde aufgehalten, ohne einen Fußbreit an Boden zu gewinnen. Beim nächsten Spiel versuchte er einen Pass, doch der Ball fiel auf den Boden, bevor er seinen Mitspieler erreichte. Beim dritten Down warf Jack den Ball wieder. Der Ball wurde aufgefangen – aber von einem Mitglied der gegnerischen Mannschaft, das mit dem Ball an Jack vorbeirannte und über die Ziellinie hinaus zu einem »Touchdown«.

Jack stapfte nach seinem erfolglosen Auftritt als Quarterback zur Seitenlinie zurück.

Als er seinen Helm auf den Boden warf und sich auf die Bank setzte, kam sein Trainer zu ihm.

»Du hast da draußen nur einen einzigen Fehler gemacht, Jack«, sagte er.

Jack schaute ihn ungläubig an. »Nur einen? Ich habe eine Menge Fehler gemacht!«

»Ich weiß«, sagte der Trainer. »Sie waren aber alle die Folge jenes ersten Fehlers.«

»Und das war …?«, fragte Jack.

»Du hast dir zu viel auf dich eingebildet und deine Teamkameraden nicht hoch genug eingeschätzt«, sagte der Trainer. »Bei einem eingebildeten jungen Mann, wie du einer bist, lässt der Reinfall nicht lange auf sich warten, mein Sohn. Ich hoffe, dass du dich das nächste Mal, wenn du eine Chance bekommst, daran erinnerst.«

Als der Trainer sich wieder entfernte, seufzte Jack auf: »Das werde ich ganz sicher«, sagte er mit ernstem Gesicht.

Zur Diskussion: Was war Jacks größter Fehler? Der Coach sagte: »Bei einem eingebildeten jungen Mann, wie du einer bist, lässt der Reinfall nicht lange auf sich warten.« Denkst du, dass das stimmt? Wenn ja, warum?

Gebet: »Herr, hilf uns, uns vor jeder Neigung zu sündigem Stolz zu hüten.«

21. Oktober

Waldwanderung

Der Heilige Geist führt uns in alle Wahrheit.

Bibellese des Tages: Johannes 14,15-17

Tages-Vers: »Und ich werde den Vater bitten, und er wird euch einen anderen Ratgeber geben, der euch nie verlassen wird. Es ist der Heilige Geist, der in alle Wahrheit führt.« (Johannes 14,16-17)

Diana saß auf einem gefällten Baum am Weg.

»Komm mit«, sagte ihre Freundin Joyce. »Wir sollten bei der Gruppe bleiben.«

»Ich weiß«, antwortete Diana. »Ich möchte mich nur eine Minute ausruhen. Ich kann sie wieder einholen.«

»Aber unser Gruppenleiter sagt, wir sollten ihn nie aus den Augen verlieren«, protestierte Joyce.

Diana winkte ab. »Mach dir keine Sorgen«, sagte sie.

Joyce zuckte mit den Achseln, dann trabte sie los, um den Anschluss an die Gruppe wieder zu bekommen.

Diana sah sich von ihrem bequemen Sitz auf dem Stamm aus nach allen Seiten um. Sie wusste, dass der Führer ihrer Wanderung sie ermahnt hatte, alle nahe beieinander und auch nahe bei ihm zu bleiben. Doch sie ging lieber ihre eigenen Wege und bevorzugte auch ihr eigenes Tempo. Sie liebte es, irgendwo im Wald allein zu sitzen. Vom Zwitschern der Vögel und dem Rauschen der Blätter umgeben zu sein, war ein so großer Unterschied zu dem Leben in der Stadt.

Plötzlich sprang Diana auf. Sie konnte nichts mehr hören als den Gesang der Vögel und das Rascheln der Blätter an den Bäumen! Die Geräusche, die ihre Freunde und der Wanderführer verursacht hatten, waren verschwunden! Sie rannte den Weg aufwärts, den sie Joyce hatte fortgehen sehen und kam bald an eine Abzweigung. Drei Pfade trafen hier zusammen. Obwohl sie sorgfältig jeden einzelnen mit den Blicken verfolgte, konnte sie nicht erkennen, welchen ihre Freunde gegangen waren.

»Ich wünschte, ich hätte mich nicht dorthin gesetzt«, sagte sie sich. »Ich hätte bei dem Führer bleiben sollen, wie er es angeordnet hatte.« Sie geriet in Panik, als sie nicht wusste, welchen Weg sie gehen sollte. Schließlich entschloss sie sich, den Pfad rechts von ihr einzuschlagen und rannte darauf weiter in der Hoffnung, dass es der richtige war. Bald lichteten sich die Bäume vor ihr und sie erblickte einen mit Kies bestreuten Weg. »Danke, Gott!«, sagte sie. Sie hatte erkannt, dass es der Rückweg zum Lager war. Nach einer Weile fand sie den Rest der Gruppe und schloss sich ziemlich atemlos hinter Joyce den anderen wieder an.

»Diana ist wieder da!«, rief Joyce dem Führer zu.

Dieser ließ alle anhalten und ging zurück zu Diana, die erleichtert und verlegen vor ihm stand. »Diana«, fragte er, »wo warst du?«

»Ich ... ich habe mich da hinten mal hingesetzt, und dann konnte ich euch nicht mehr sehen und wusste nicht, welcher Weg der richtige war.« Der Führer der Wanderung legte Diana freundlich die Hand auf die Schulter. »Denk immer daran«, sagte er, »dass die beste Art und Weise, sicher zu sein, welcher Weg der richtige ist, darin besteht, dass man bei jemand bleibt, der den Weg weiß. O.k.?«

Diana lächelte und nickte und gelobte sich, das niemals zu vergessen.

Zur Diskussion: Worin ähnelt das ›Hinter-einem-Wanderführer-hergehen‹ dem Geführtwerden durch den Heiligen Geist?
Gebet: »Heiliger Geist, halte uns nahe bei dir. Bewahre uns davor, unsere eigenen Wege zu gehen.«

22. Oktober

Liebesbriefe

Gottes Gebote sind einer der Wege, auf denen er seiner Liebe zu uns Ausdruck verleiht.

Bibellese des Tages: Johannes 14,18-21
Tages-Vers: »Wer meine Gebote kennt und sie befolgt, der liebt mich.« (Johannes 14,21)

Teddy öffnete die Frühstücksdose und nahm ein belegtes Brot, einen Plastikbeutel mit Keksen, einen Apfel und ein Getränk heraus.

»Was ist das?«, fragte sein Freund Kevin, der neben ihm saß. Kevin deutete auf einen gelben Zettel, der innen auf dem Deckel der Dose klebte.

Teddy lächelte. »Das ist eine Notiz von meiner Mama.«

»Warum?«

»Sie tut so etwas gerne«, antwortete Teddy. Er machte den Zettel los und zeigte ihn Kevin. »Da steht: ›Ich liebe dich‹.«

»Ich sehe, was da steht«, sagte Kevin, »ich kann ja schließlich lesen.«

Eine Zeitlang aßen die beiden schweigend ihr Frühstück. Schließlich begann Kevin wieder. »Die einzige Gelegenheit, wenn meine Mama mir Zettel schreibt, ist dann, wenn sie mich an etwas erinnern will. Sie weist mich dann an: ›Bring deine Handschuhe wieder mit nach Hause‹, oder: ›Füttere den Hund‹ oder Ähnliches.«

»Das tut meine Mama auch manchmal«, sagte Teddy.

»Aber meine Mama schreibt niemals: ›Ich liebe dich‹ oder so etwas, wie deine Mama es tut«, sagte Kevin.

»Natürlich tut sie das«, meinte Teddy.

»Nein, tut sie nicht.«

»Doch, sie tut es. Wenn sie z. B. sagt, du sollst deine Handschuhe wieder heimbringen – sie möchte doch nur, dass du Handschuhe hast, weil sie dich liebt, oder?«

Kevin rümpfte die Nase, als ob Teddy etwas Seltsames gesagt hätte. Dieser fuhr fort:

»Wenn sie dich nicht lieb hätte, wäre es ihr gleichgültig, ob du Handschuhe hast oder nicht«, erklärte er. »Wenn du dich aber erkälten würdest, wäre sie traurig, weil sie dich eben lieb hat.«

Wieder rümpfte Kevin die Nase.

»Sicher«, beharrte Teddy auf seiner Meinung. »Genauso ist es, was meine Mama von den Geboten Gottes sagt. Sie sagt mir, dass ihre Anweisungen an mich nur den Hintergrund haben, dass sie mich liebt – wie Gott uns seine Gebote gibt, weil er uns liebt. Ich wette, dass das bei deiner Mama auch so ist.«

»Vielleicht«, sagte Kevin.

»Ich habe eine gute Idee!«, sagte Teddy.

»Was?«, fragte Kevin. »Warum schreibst du deiner Mama nicht mal so einen ›Liebesbrief‹? Vielleicht bekommst du darauf dann eine Rückmeldung.«

»Gute Idee«, meinte Kevin.

Zur Übung: Gott zeigt seine Liebe zu uns auf verschiedene Weise. Eine davon sind seine Gebote, hinter denen seine Liebe steht. Um Liebe zu demonstrieren, könntest du in dieser Woche andere Familienglieder mit solchen kleinen Notizen an irgendwelchen unerwarteten Stellen überraschen (Frühstücksdosen, Aktentaschen, Schulbüchern, Spiegeln im Bad usw.).

Gebet: »Danke, Herr, für deine unendliche Liebe. Hilf uns, andere zu lieben, wie du uns liebst.«

23. Oktober

Weniger als fünf Tage

Richtige Entscheidungen lohnen sich.

Bibellese des Tages: Sprüche 9,9-12
Tages-Vers: »Wenn du weise wirst, dann ist das zu deinem eigenen Vorteil. Wenn du die Weisheit verachtest, wirst du allein die Folgen tragen müssen.« (Sprüche 9,12)

»Hallo, Pastor!«, rief Joel. Er kam im Fastfood-Restaurant an den Tisch von Pastor Brown.

»Hallo, Joel«, sagte der Pastor. Hinter einem breiten Lächeln zeigte sein Gesicht auch Überraschung. »Was tust du hier mitten an einem normalen Schultag?«

Joels Augen blitzten. »Der Tag heute heißt: ›Weniger als fünf Tage‹«, sagte er stolz.

»›Weniger als fünf Tage‹?«, wiederholte Pastor Brown. »Was ist das?«

»Unsere Schule hat ein Punkte-System«, erklärte Joel. Er warf einen Blick auf seine Kumpel, die noch in einer langen Schlange an der Theke warteten. »Wenn wir irgendwelche Probleme verursachen, bekommen wir einen Minuspunkt; für manche Dinge – wirklich schlimme Sachen – gibt es auch mehr als einen Punkt. Wenn wir gar zu viele Punkte ansammeln, kann es passieren, dass wir vorübergehend oder auch ganz von der Schule ausgeschlossen werden.«

»Aha, ich verstehe«, sagte der Pastor.

»Wenn wir aber weniger als fünf Punkte in einem Halbjahr haben«, fuhr Joel fort, »dann gibt es diese ›Weniger als fünf Tage‹-Regelung. Letztes Frühjahr z. B. durften wir uns … *während der Schulstunden* … einen Videofilm ansehen!«

Pastor Brown lachte. »Ich verstehe«, sagte er, »und heute kamst du in den ›Hamburger-Himmel‹, weil du weniger als fünf Punkte hattest, nicht wahr?«

»Stimmt«, sagte Joel. Er lächelte stolz. »Ich habe bis jetzt *überhaupt keinen* Punkt!«

»Na, dann gratuliere ich dir«, sagte Pastor Brown. »Ich freue mich, das zu hören, Joel. Ich möchte dir einen Rat geben: Erinnere dich daran, welche Freude du jetzt hast.«

»Warum?«, fragte Joel.

»Weil dieses System – ›Weniger als fünf Tage‹ – nur einer der Wege ist, um zu zeigen, dass richtige Entscheidungen zu treffen, sich gut zu benehmen und fleißig zu sein sich lohnt. Vielleicht lohnt es sich im Augenblick nicht, aber die Menschen, die Gott gehorchen und richtig handeln, haben oft sehr viel mehr Freude als solche, die Böses beabsichtigen und sich selbst in Schwierigkeiten bringen. Das gilt auch dann noch, wenn du die Schule einmal hinter dir hast.«

»Vielleicht sollten *Sie* auch einmal einen ›Weniger als fünf Punkte‹-Tag bekommen!«, meinte Joel.

Der Pastor zwinkerte mit den Augen und sagte: »Das ist es, was mich heute hierher geführt hat!«

Zur Diskussion: Was glaubst du, wer mehr Freude hat: diejenigen, die immerzu Schwierigkeiten verursachen, oder solche, die sich an die Regeln halten? Wie wird ein Mensch weise – nach der heutigen Bibellese? Haben sich für dich richtige Entscheidungen schon mal gelohnt? Erntest du im Augenblick gerade etwas Derartiges? Wenn ja, erzähle davon.

Gebet: »Herr, danke für alles Gute, das du uns schenkst, wenn wir richtige Entscheidungen treffen.«

24. Oktober

Sich an ein Vorbild halten

Gottes Wesen ist das Vorbild für alles, was gut und richtig ist.

Bibellese des Tages: Jesaja 46,3-5.9-10

Tages-Vers: »Herr, kein anderer Gott ist dir gleich und niemand kann tun, was du tust.« (Psalm 86,8)

Selbst durch die geschlossene Tür ihres Nähzimmers konnte die Mutter hören, wie Becky ihren kleinen Bruder anschrie.

Sie öffnete die Tür. »Becky!«, rief sie. »Würdest du bitte herkommen?« Sie hörte, wie Becky ihrem Bruder noch ein paar Drohungen entgegenschleuderte, bevor sie die Treppe heraufstapfte. Becky betrat nun das Nähzimmer ihrer Mutter und schloss die Tür hinter sich.

»Ich brauche deine Hilfe, um nach einem Schnittmuster Stoff zurechtzuschneiden«, sagte die Mutter freundlich. Ein großes Stück Stoff war auf dem Teppich ausgebreitet und ein Schnittmuster für ein Kleidungsstück war darauf geheftet.

Becky kniete bei dem Schnittmuster und hielt es fest, während die Mutter zu schneiden begann.

»Es hört sich an, als ob du und dein kleiner Bruder ein Problem miteinander hätten«, sagte die Mutter.

»Ich wusste, dass du mit mir darüber sprechen wolltest«, antwortete Becky. »Ich weiß, dass ich ihn nicht so anschreien sollte, aber er geht mir wirklich auf die Nerven! Wenigstens bin ich nicht so schlimm wie Fran«, sagte sie, wobei sie sich auf eine ihrer Freundinnen bezog. »Sie schlägt sich sogar mit ihren Brüdern.«

Die Mutter schnitt schweigend eine Weile an dem Schnittmuster entlang. Dann schaute sie lächelnd zu Becky auf. »Ich denke, dass dies ein schöner Wintermantel für deinen Vater wird, nicht wahr?«

Beckys Blick huschte vom Gesicht ihrer Mutter zu dem Schnittmuster. »Mama«, sagte sie, »das ist aber ein Muster für ein *Kleid.*«

»Oh, ich weiß. Aber ich denke trotzdem, dass ich einen schönen Mantel daraus machen kann.«

»Du kannst hiervon keinen Mantel machen! Das ist einfach die falsche Schablone, das falsche Schnittmuster.«

Die Mutter hielt ihren Blick fest auf die Tochter gerichtet und sagte: »Wenn du keinen Mantel nach einer Kleiderschablone machen kannst, wieso denkst du dann, dass du richtige Entscheidungen treffen kannst, wenn du falsche Muster benutzt?«

»Was tue ich?«, antwortete Becky.

»Du versuchst, dein Verhalten zu erklären, indem du sagst, dass du wenigstens nicht so schlimm wie Fran bist. Aber Fran sollte nicht dein Vorbild sein, sondern Gott.«

»Oh«, sagte Becky plötzlich verstehend, »ich sollte mich nicht zu entschuldigen versuchen, indem ich mein Verhalten mit Frans vergleiche.«

Die Mutter nickte lächelnd. »Sie ist nämlich nicht dein ›Schnittmuster‹, dein Maßstab für das, was richtig oder falsch ist – Gott ist es. Er ist der Einzige, an dessen Wesen du dein Verhalten ausrichten solltest.«

Becky lächelte ihre Mutter an. »Du hattest meine Hilfe in Wirklichkeit gar nicht nötig, oder?«

Zur Übung: Kopiere den Tagesvers auf eine Merkkarte und hefte sie an eine gut sichtbare Stelle als Erinnerung daran, dass Gott der Maßstab für alle Dinge in Bezug auf Recht und Unrecht ist.
Gebet: »Himmlischer Vater, hilf uns, immer daran zu denken, dass du der einzige wahre Maßstab für das, was gut und recht ist, bist. Hilf uns, unser Tun damit zu vergleichen und uns nicht damit zu entschuldigen, dass wir unser Verhalten an anderen messen.«

25. Oktober

Das, was du tust

Liebe ist immer richtig, weil Gott die Liebe ist.

Bibellese des Tages: Psalm 145,8-13
Tages-Vers: »Eure Liebe zueinander wird der Welt zeigen, dass ihr meine Jünger seid.« (Johannes 13,35)

»He«, sagte Joey, »mach das nochmals!« Joey saß im naturwissenschaftlichen Unterricht an einem Tisch mit Britta. Joey lebte auch nur zwei Häuser entfernt von Britta und spielte manchmal mit ihrem Bruder.

»*Was* nochmals machen?«, fragte Britta.

»Du hast gerade mit deinem Mund eine bestimmte Bewegung gemacht«, erklärte Joey. »Ich habe das schon mal bei jemand gesehen. Wer war das bloß?«, sagte er und tippte sich an die Stirn, als ob er die Erinnerung aus seinem Gehirn herausklopfen könnte.

»Ich weiß nicht, wovon du redest«, sagte Britta.

An diesem Abend erzählte Britta ihren Eltern und ihrem Bruder von dem Gespräch mit Joey. Mutter und Vater tauschten ein Lächeln aus.

»Was ist so lustig daran?«, fragte Britta.

»Wir wissen sehr genau, wovon Joey spricht, nicht wahr, Liebling?«, sagte die Mutter zum Vater.

Der Vater lachte und nickte. »Joey hat vermutlich bei deinem Bruder die gleiche Beobachtung gemacht.«

»Was?«, wollte Britta wissen. »Würde mir bitte jemand sagen, wovon ihr sprecht?«

»Papa macht das Gleiche«, fügte die Mutter hinzu. »Es handelt sich um eine kleine Angewohnheit, die ihr von eurem Vater geerbt habt. Manchmal, wenn ihr kaut oder auf eine bestimmte Art lacht, kräuseln sich bei euch die Lippen leicht – es erinnert ein bisschen an Elvis Presley.«

»Wirklich?«, sagte Britta lachend. »So etwas mache ich auch? Ich habe es bei Papa und Eli beobachtet, aber ich wusste nicht, dass ich es auch tue.« Der Vater nickte. »Es hat Leute gegeben, die mir sagten, dass sie dich bei dieser Beobachtung als meine Tochter erkannt hätten«, sagte er.

»Das erinnert mich an einen Bibelvers«, sagte die Mutter.

»Oh, Mama«, jammerte Eli. »*Alles* erinnert dich an einen Bibelvers.«

Die Mutter beachtete Elis Einwurf nicht, sondern schlug Johannes 13,35 auf. Sie las: »›Eure Liebe zueinander wird der Welt zeigen, dass ihr meine Jünger seid.‹ Ich hoffe, dass ihr diesen Wesenszug beide von eurem *himmlischen Vater* geerbt habt.«

»Stimmt«, sagte der Vater. »Nichts würde eure Mutter und mich glücklicher machen, als wenn ihr Kinder das Wesen Gottes widerspiegeln würdet, so wie eure Lippen den Menschen zeigen, dass ihr meine Kinder seid.«

Britta versuchte, ein Kichern zu unterdrücken, schaffte es aber nicht. Die anderen am Tisch zeigten auf sie.

»Siehst du!«, sagte der Vater. »Jetzt hast du es wieder gemacht!«

Zur Übung: Schreib auf ein Blatt Papier die Namen von drei oder vier Personen, die du jeden Tag siehst. Schreib neben jeden Namen wenigstens eine Tat, womit du in dieser Woche dem Betreffenden deine Liebe zeigen kannst. Notiere Johannes 13,35 auf einen kleinen Zettel und trag das Papier als Erinnerung in deiner Tasche etc.

Gebet: »Herr, wir möchten unsere Liebe zu anderen auf praktische Art zeigen. Lass uns erkennen, was wir diese Woche tun könnten.«

26. Oktober

Struwwelpeter

Die Wahrheit hat keinen Wert, solange man ihr nicht gehorcht.

Bibellese des Tages: Jakobus 1,19-25
Tages-Vers: »Aber es reicht nicht, nur auf die Botschaft zu hören – ihr müsst auch danach handeln! Sonst betrügt ihr euch nur selbst.« (Jakobus 1,22)

Bob war der Letzte der Familie, der zum Frühstück am Tisch erschien. Als er den Raum betrat, sah er, dass seine beiden Brüder und seine Eltern bereits auf ihn warteten. Er setzte sich schweigend hin, faltete seine Serviette auf dem Schoß auseinander und neigte den Kopf zum Zeichen, dass er zum Beten bereit sei.

»Bob«, sagte seine Mutter, »hast du eventuell mal in den Spiegel geschaut heute Morgen?«

Bob hob den Kopf und schaute die Mutter an. »Klar«, sagte er achselzuckend, »warum?«

Bobs Brüder begannen zu lachen.

»Du musst noch am Schlafen gewesen sein, als du in den Spiegel schautest«, meinte der Vater, »deine Haare sehen aus wie bei Struwwelpeter.« Als Bob die Hand hob, um sein Haar ein bisschen zu glätten, fuhr der Vater fort: »Warum gehst du nicht kurz ins Bad, nachdem wir gebetet haben, und bearbeitest deine Haare mit dem Kamm und ein wenig Wasser?«

Bob nickte. Die Familie betete, und als er dann an den Tisch zurückkam, hatte sich sein Aussehen wesentlich gebessert.

Als sie das Frühstück beendet hatten, griff der Vater zur Bibel.

»Ich denke, ich lese heute ein paar Verse aus dem ersten Kapitel des Jakobusbriefes«, sagte er mit einem Augenzwinkern. Er las die Worte des Jakobus im Hinblick auf Gottes Gebote. »Aber es reicht nicht, nur auf die Botschaft zu hören – ihr müsst auch danach handeln! Sonst betrügt ihr euch nur selbst. Denn wer ihr nur zuhört und nicht danach handelt, ist wie ein Mensch, der sich im Spiegel betrachtet. Er sieht sich, geht weg, und vergisst, wie er aussieht.«

Bob lächelte verlegen, als sein Vater das las. Und seine Brüder stießen sich mit den Ellenbogen an und versuchten, nicht zu kichern. Der Vater lächelte und las weiter. »›Wer aber ständig auf das vollkommene Gesetz Gottes achtet – das Gesetz, das uns frei macht – und befolgt, was es sagt, und nicht vergisst, was er gehört hat, den wird Gott segnen.‹« Der Vater schloss die Bibel. »Nun«, sagte er und schaute in die Runde auf seine drei Söhne. »Was bedeuten diese Verse?«

»Dass wir uns die Haare kämmen sollen, bevor wir zum Frühstück an den Tisch kommen«, sagte Bobs jüngerer Bruder Billy.

Der Vater lächelte. »Nicht ganz«, sagte er. »Sie bedeuten, dass es nicht genug ist, zu wissen, was Gott uns gebietet, sondern wir müssen es auch tun. Wenn wir Gottes Gebote nur auswendig lernen und ihnen nicht gehorchen, lassen wir die wichtigste Arbeit ungetan.«

Bob lächelte seinen Vater an. Er wollte demonstrieren, dass er kein Spielverderber war. »Wie einer, der in den Spiegel schaut, ohne sich die Haare zu kämmen!«

Zur Übung: Kopiere den Tagesvers auf verschiedene Zettel und kleb einen davon auf jeden Spiegel im Haus, um alle daran zu erinnern, dass man Gottes Gebote lernen und tun muss!
Gebet: »Herr, gib uns einen Plan, der uns hilft, Täter deines Wortes zu sein und nicht nur Hörer.«

27. Oktober

Nicht durch eigene Kraft

Wir können nicht ständig richtige Entscheidungen treffen aus unserer eigenen Kraft.

Bibellese des Tages: Psalm 44,1-8
Tages-Vers: »Es soll nicht durch Heer oder Kraft, sondern durch meinen Geist geschehen, spricht der Herr Zebaoth.« (Sacharja 4,6)

»Papa, kann ich heute die Bohnermaschine bedienen?«, fragte Elena. Ihr Vater war der Hausmeister an der Schule, die sie besuchte. Sie ging oft mit ihm am Wochenende mit, um die Böden aufzuwischen und zu wachsen.

»Wir wollen sehen«, sagte er. »Aber zuerst müssen wir putzen und den Müll aufsammeln.« Er und Elena gingen durch den Raum, sammelten Papier, Verpackungen von Süßigkeiten und andere Sachen auf, die die Schüler zurückgelassen hatten. Elena las eine bunte Haarklammer auf und ging auf eine große Mülltonne auf Rädern zu.

»Du wirst das doch nicht wegwerfen, oder?«, fragte der Vater. »Das sollten wir in die Kiste der Fundsachen bringen. Wem es auch immer gehört, die Betreffende wird es wiederhaben wollen.«

»Ich weiß, wem es gehört«, sagte Elena.

»Nun, warum nimmst du es dann nicht mit und gibst es ihr am Montag zurück?«

»Es gehört Gabriele«, sagte sie. »Die ist … nun die ist nicht gerade nett. Ich werde es nur in die Fundsachenkiste bringen.«

Als der Boden sauber geputzt war, trug der Vater eine Wachsschicht auf. Nachdem das Wachs trocken war, bat Elena wieder den Vater, ihr die Bohnermaschine zu überlassen, die dem Boden einen strahlenden Glanz verlieh. Der Vater schloss den Stecker an und Elena hielt die Griffe in der Hand. Sie kämpfte sich mit dem rotierenden Fuß der Maschine über den Boden. Nach wenigen Minuten taten ihr schon die Arme weh von ihrem Kampf gegen die Maschine.

Der Vater lächelte, als sie eine Pause einlegte. »Ziemlich schwere Arbeit, nicht wahr?«

Elena nickte. »Ich fürchte, ich bin nicht stark genug für diesen Job«, sagte sie.

»Du brauchst gar nicht stark zu sein«, sagte der Vater. »Du musst die Maschine die Arbeit nur machen lassen. Du versuchst, die Polierscheibe mit deinen Muskeln zu steuern. Dafür hast du nicht genug Kraft. Du kannst das Ding aber mit einem Finger steuern, wenn du nicht mit deiner Kraft versuchst, es dahin zu bringen, wohin du es haben möchtest.« Er machte es nun vor, indem er den Griff behutsam hob, wenn er die Polierscheibe nach rechts zu führen wünschte und drückte den Griff nach unten, wenn sie nach links gleiten sollte. Die rotierende Bewegung des Polierfußes machte die Arbeit von allein.

»Weißt du, Elena«, sagte er nach dieser kurzen Demonstration, »das ist nicht viel anders, als wenn jemand unfreundlich zu uns ist. Du hast nicht genug Kraft, um diese Person zu lieben.« Er zeigte mit dem Finger auf ihre Brust. »Als Christin hast du aber Gottes Geist, der in dir lebt. Er kann durch dich hindurch Wege finden, dass du freundlich zu Gabriele sein kannst, wenn du willig bist dazu.«

Elena nickte. »Ich vermute, ich fange es nicht richtig an«, sagte sie. »Und ich werde Gottes Hilfe brauchen, um Gabriele zu lieben – das stimmt sicher!«

Zur Diskussion: Keiner von uns ist stark genug, um immer die richtigen Entscheidungen zu treffen. Darum sind wir auf Gottes Hilfe angewiesen. Lebt Gottes Geist in dir? Wie kannst du so von Gott abhängig sein, dass er die rechten Entscheidungen durch dich trifft?
Gebet: »Herr, erinnere uns daran, dass wir von uns aus nichts können. Wir brauchen deinen Geist.«

28. Oktober

Kein Trick dabei

Du kannst nicht erwarten, richtige Entscheidungen wie aus Zauberhand zu treffen.

Bibellese des Tages: Judas 20-21.24-25
Tages-Vers: »Ihr dagegen, liebe Freunde, sollt euer Leben auf dem Fundament eures heiligen Glaubens aufbauen. Bleibt im Gebet und lasst euch darin vom Heiligen Geist leiten.« (Judas 20)

»Warum bin ich durchgefallen?«, fragte Chris seine Mutter.

»Chris, du hast in der Schule Schwierigkeiten gehabt. Du weißt doch, welche Konsequenzen das hat, wenn man eine falsche Entscheidung trifft wie in dieser Sache.«

»Es tut mir Leid«, sagte er mit hängendem Kopf. »Ich weiß, dass ihr euch wünscht, dass ich richtige Entscheidungen treffe, aber ich kann das einfach nicht. Ich versuche es wirklich, aber ich kann es einfach nicht.«

Später ging Chris in den Keller, um sich mit Video-Spielen zu beschäftigen. Nach einer Weile kam der Vater herein und zog aus einem Wandschrank einen alten Koffer heraus. Chris erkannte den »Schrank-Koffer«. Darin steckte Vaters Sammlung von Zaubertricks. Sein Vater war so etwas wie ein »evangelistischer Zauberer«, der »Magie mit einer Botschaft« vorführte.

»Papa«, sagte Chris, »du hast mir schon vor langer Zeit versprochen, dass du mir eines Tages zeigen würdest, was hinter einigen deiner ›Tricks‹ steckt. Vielleicht kann ich dann auch mit Gospel-Magie beginnen. Kannst du mir jetzt was zeigen? Bitte?«

Der Vater lächelte, als er einige bunte Seidentaschentücher über den Deckel des Schrankkoffers hängte.

»Als Erstes musst du wissen, dass es wirklich keine ›Magie‹ bei diesen ›magischen Tricks‹ gibt.«

»Gibt es nicht?«, fragte Chris.

»Nein«, antwortete der Vater. Er zog einen zusammenklappbaren Seidenhut aus dem Koffer. »Ich könnte niemals ein Kaninchen aus diesem Hut hervorzaubern«, sagte er, indem er ein ausgestopftes Kaninchen aus dem Koffer nahm, »wenn ich nicht vorher eins in den Hut gesteckt hätte.«

»Du zeigst aber doch den leeren Hut, bevor du das Kaninchen herausholst!«, protestierte Chris.

Der Vater lächelte. »Richtig, aber da ist innen noch eine kleine Tasche«, sagte er und drehte den Hut so, dass Chris hineinsehen konnte.

Chris Gesicht leuchtete auf, als er den Hut näher untersuchte. »Oh«, sagte er, »das ist ein ganz spezieller Hut!«

»Richtig«, sagte der Vater. »Weißt du, mein Sohn, richtige Entscheidungen zu treffen, funktioniert so ähnlich. Du kannst nicht erwarten, richtige Entscheidungen wie aus Zauberhand zu treffen. Du musst sozusagen ›das Kaninchen‹ erst in den Hut hineinstecken.«

»Was soll das heißen?«, fragte Chris.

»Nun, du musst erst die entsprechenden Vorbereitungen treffen – durch Gebet, Anbetung und tägliche Bibellese. Wenn du deinen Glauben aufbaust, indem du diese Dinge in dein Leben aufnimmst, wird Gott dir helfen, die richtigen Entscheidungen ›aus‹ deinem Leben herauszuziehen!«

Chris nickte. »Du hast Recht, Papa. Willst du mir helfen?«

»Natürlich will ich.«

Zur Diskussion: Hast du auch schon versucht, die richtigen Entscheidungen irgendwie zu treffen? Warum, oder warum nicht? Warum ist das tägliche Beten und Bibellesen wichtig?
Gebet: »Herr, wir wissen, dass reifer Glaube nicht magisch entsteht. Hilf uns, treu zu sein im Beten und Lesen deines Wortes.«

29. Oktober

Versuchung vermeiden

Richtige Entscheidungen beginnen damit, dass man Versuchungen vermeidet.

Bibellese des Tages: Sprüche 4,14-15
Tages-Vers: »Aber du, Timotheus, gehörst Gott; deshalb sollst du dich davon fernhalten. Bemühe dich um ein Leben, so wie Gott es will.« (1. Timotheus 6,11)

»Mama«, sagte Alyssa, »du siehst wundervoll aus!«

Die Mutter lächelte. Sie hatte sich gerade ihr Haar beim Frisör zurechtmachen lassen. »Danke, Alyssa«, sagte sie. Die Mutter nahm Alyssas Hand, als sie zusammen den Frisörsalon verließen.

»Wohin gehen wir jetzt, Mama?«, fragte Alyssa.

»Nach Hause«, antwortete die Mutter.

»Aber unser Auto steht doch in der Richtung dort«, sagte Alyssa und zeigte mit dem Finger hinter sich.

»Ich weiß, Liebling.« Die Mutter stoppte an der Kreuzung und wartete auf den Wechsel an der Ampel. Dann überquerte sie die Straße und ging zurück in Richtung auf ihr Auto.

»Warum gehen wir auf dieser Straßenseite, Mama?«

Die Mutter seufzte und schüttelte den Kopf. »Du bist heute voller Fragen, nicht wahr?«, sagte sie lächelnd. »Du weißt doch, dass ich gerade eine Diät mache, oder?«

Alyssa nickte.

»Und manchmal gerate ich in Versuchung, Dinge zu essen, die ich nicht essen sollte.«

Wieder nickte Alyssa. Die Mutter zeigte auf ein Gebäude, das nur ein paar Häuser vom Frisör entfernt war. »Siehst du jenes Haus dort?«, fragte sie.

»Das mit dem Donut-Bild auf dem Fenster?«, fragte Alyssa.

»Ja«, antwortete die Mutter lachend. »Nun, das ist eine Bäckerei, und es gibt dort alle Sorten von köstlichen Donuts und Berliner und anderem Feingebäck.« Sie leckte sich die Lippen.

»Können wir was kaufen?«, fragte Alyssa unschuldig.

»Nein!«, sagte die Mutter. »Aus diesem Grund gehen wir auf dieser Straßenseite, Alyssa. Ich möchte die Versuchung vermeiden, hineinzugehen und alles zu kaufen, was ich gerade sehe.«

»Oh«, sagte Alyssa, »aber kannst du nicht einfach dort vorbeigehen?«

»Manchmal kann ich das, aber zu anderen Zeiten rieche ich die Donuts und kann nicht widerstehen.«

»Wenn du also auf dieser Straßenseite gehst, brauchst du keine Donuts zu essen?«

»Richtig«, sagte die Mutter. »Ich versuche, an der Versuchung vorbeizusteuern. Wenn ich dem Geschäft nicht zu nahe komme, brauche ich nicht gegen den Wunsch, hineinzugehen, anzukämpfen!«

»Aha«, sagte Alyssa wieder. »Du bist nun nicht gefährdet, all die guten Donuts in dem Laden essen zu wollen, oder, Mama?«

Die Mutter schüttelte den Kopf mit einer hoffnungslosen Geste. »Wenn du noch immer weiter davon redest, muss ich bestimmt gleich einfach rübergehen und das Zeug runterschlingen!«, sagte sie. »Können wir *bitte* von etwas anderem reden?«

Zur Diskussion: Ein wichtiger Schritt, um rechte Entscheidungen zu treffen, besteht darin, dass man bestimmte Umstände vermeidet. Wie vermied die Mutter in obiger Geschichte die Versuchung? Wodurch machte Alyssa es ihr schwer? Welchen Versuchungen begegnest du häufig? Kannst du solche Dinge vermeiden, bevor sie dir zur Versuchung werden? Wie?

Gebet: »Herr, bitte hilf uns, Dinge zu vermeiden, die uns zur Sünde verführen wollen.«

30. Oktober

Finsternis und Licht

Wenn du richtig handelst, musst du dich nicht verstecken.

Bibellese des Tages: Johannes 3,16-21
Tages-Vers: »Wer sich aber nach der Wahrheit ausrichtet, tritt ans Licht und jeder kann sehen, dass er in Verantwortung vor Gott handelt.« (Johannes 3,21)

»He«, sagte Larry, »mach die Tür zu!«

Stan trat in das Schlafzimmer ein, das er mit seinem Bruder Larry teilte, und schloss schnell die Tür hinter sich.

»Was machst du?«, fragte er Larry.

»Nichts«, antwortete dieser.

Stan ging langsam auf das Bett zu, wo Larry einen Stapel von Baseball-Karten zählte. »Wo hast du die alle her?«, fragte Stan.

Larry zuckte mit den Achseln. »Ich habe sie gefunden.«

»Wo hast du die gefunden?« Stans Ton verriet, dass er seinem Bruder nicht glaubte.

»Einfach so.« Larry starrte seinen Bruder an. »Ich habe nichts Unrechtes getan. Ich habe nur ein Bündel von Baseball-Karten gefunden und will einige davon an Joey verkaufen.«

»Wenn du nichts Unrechtes getan hast, dann dürfte es dir nichts ausmachen, dass ich die Tür offen lasse, während ich ein bisschen rausgehe, oder?« Stan ging auf die Tür zu und griff nach der Klinke.

»Nein!«, schrie Larry. Er beugte sich über die Karten, als ob er sie mit seinem Körper decken müsste. »Nein, ich möchte, dass die Tür zu bleibt.«

Stan ließ die Klinke los und schaute seinem Bruder ins Gesicht. »Wenn du nichts Unrechtes tätest, würdest du dir keine Gedanken darüber machen, ob die Tür zu ist oder nicht. Wenn du etwas tätest, was in Ordnung ist, brauchtest du es nicht zu verstecken.«

Larry starrte Stan einige Zeit lang an. Schließlich senkte er seinen Kopf leicht und seufzte. »Ich habe sie in Papas Schrankkoffer unten im Keller gefunden.«

»Und du wolltest sie gerade an Joey verkaufen, ohne Papa etwas zu sagen?«

»Nur diejenigen, die noch etwas wert sind«, sagte Larry.

»Oh, natürlich«, sagte Stan sarkastisch, »das ist nicht ganz so schlimm.«

Die beiden Brüder starrten sich eine lange Zeit an, bevor Larry anfing zu lachen. »Mir ist klar, was du meinst«, sagte er. Auch Stan lachte jetzt. »O.k.«, sagte Larry schließlich. »Ich werde sie wieder dahin zurückbringen, wo ich sie gefunden habe.«

Zur Diskussion: Was war falsch an dem, was Larry plante? Was hätte ihm helfen sollen, sich darüber klar zu werden, dass er falsch handelte? Tust du manchmal Dinge, von denen du nicht möchtest, dass andere Leute es sehen oder darum wissen? Wenn du nach Gottes Willen handelst, würdest du vermutlich nichts verbergen müssen, oder? Was kannst du aus dem Beispiel von Larry lernen?
Gebet: »Herr, lass uns gut und richtig handeln, sodass wir uns nicht verstecken müssen.«

31.
Oktober

Trick oder Überraschung

Der Satan versucht, uns hereinzulegen, indem er falsche Entscheidungen in gutem Licht darstellt und richtige Entscheidungen schwer erscheinen lässt.

Bibellese des Tages: Hebräer 10,32-36
Tages-Vers: »Was ihr jetzt braucht, ist Geduld, damit ihr weiterhin nach Gottes Willen handelt. Dann werdet ihr alles empfangen, was er versprochen hat.« (Hebräer 10,36)

Sara konnte ihr Glück nicht fassen! Sie und ihre Freundin Chris befanden sich im Umkleideraum der Mädchen, am Nachmittag vor einem regionalen »Cheerleader«-Wettbewerb.

»Schau«, sagte Chris. »Das ist Tammys Uniform!«

Sara blickte ungläubig auf die zusammengefaltete Uniform, die auf der Bank des Umkleideraums lag. Sie drehte den Kopf von einer Seite zur anderen und stellte fest, dass sie und Chris allein waren.

»Das ist deine Chance!«, sagte Chris.

Sara wusste sehr genau, was Chris meinte. Tammy war diejenige, die einen Streit angefangen hatte mit der Folge, dass Sara von der

Schule vorübergehend suspendiert worden war – und unter Hausarrest gestellt – unmittelbar vor der Abschlussfeier.

Sara hatte sich seitdem gewünscht, ihrer Rivalin das heimzahlen zu können. Dies war nun die Chance, auf die sie gewartet hatte.

»Alles, was du zu tun hast«, flüsterte Chris, »ist doch nur, mit Tammys Uniform hier herauszugehen. Wenn ihre Uniform verschwindet, ist sie vom Wettbewerb ausgeschlossen!«

»Es würde ihr recht geschehen für alles, was sie mir angetan hat, nicht wahr?«, sagte Sara. Es war eine große Versuchung für sie. Es würde so gut tun, Tammy die Sache heimzuzahlen.

Chris sagte: »Wenn du das jetzt nicht machst, wirst du es für immer bedauern.«

Sara zögerte noch. Sie wusste, das Verstecken von Tammys Uniform würde sie befriedigen – eine Weile wenigstens. Wenn sie es nicht tat, würde sie vermutlich eine solche Chance nie wieder bekommen. Aber es gab da eine andere Überlegung. Sie wusste auch, dass das Unrecht war.

»Ich weiß nicht ...«, sagte sie und schüttelte den Kopf.

»Sei doch nicht so dumm!«, sagte Chris. »Du weißt genau, dass Tammy das mit dir machen würde, wenn sie die Gelegenheit dazu hätte. Los, mach schon!«

Sara streckte die Hand nach Tammys Uniform aus und hob sie auf. *Es würde so gut tun, Vergeltung an Tammy zu üben,* dachte sie. Aber dann ließ sie die Uniform fallen, als ob sie in Flammen stünde.

»Ich kann es nicht tun«, sagte sie zu Chris.

»Wie kannst du eine solche Chance auslassen?«, kritisierte Chris.

Sara wusste, dass die Aussicht, eine neue Gelegenheit zu bekommen, an ihrer Rivalin Vergeltung zu üben, eins zu einer Million stand. Sie wusste, dass Chris sie wahrscheinlich für verrückt hielt. Aber sie wusste auch, dass es trotz der kurzfristigen Befriedigung Unrecht gewesen wäre. So drehte sie sich um und verließ den Umkleideraum.

Zur Diskussion: Denkst du, dass Sara richtig entschieden hat? Wenn ja, warum? Manchmal scheinen falsche Entscheidungen uns ein gutes Gefühl zu vermitteln, und richtige sehr hart zu sein. Warum ist das wohl so?

Welche guten oder schlechten Folgen wären für Sara vielleicht entstanden, wenn sie Tammys Uniform versteckt hätte? Welche guten oder schlechten Folgen könnten aus Saras richtiger Entscheidung kommen?
Gebet: »Der Gedanke an irgendwelches Unrecht scheint manchmal so attraktiv zu sein, lieber Herr. Wir brauchen deine Perspektive und Kraft, um zur Sünde ›Nein‹ zu sagen.«

November

1. November

Fototermin

Oft gibt es für richtige Entscheidungen nicht nur einen Grund.

Bibellese des Tages: Philipper 2,12-15
Tages-Vers: »Denn Gott bewirkt in euch den Wunsch, ihm zu gehorchen, und er gibt euch auch die Kraft zu tun, was ihm Freude macht.« (Philipper 2,13)

Emily prüfte mit ihrem Freund David das Seitenlayout für das Jahrbuch der Schule.

»Wann machen wir das Foto der Schulleitung?«

David hob den Blick zur Zimmerdecke. »Wie wär's mit morgen Nachmittag?«

»Morgen Nachmittag?«, fragte Emily. »Warum so plötzlich?«

David zuckte mit den Achseln, lächelte aber etwas hintergründig. »Oh, ich weiß nicht«, sagte er. »Vielleicht hat es etwas mit dem Ausflug der Band zu tun.«

Sofort wusste Emily, wovon David sprach. Wenn sie das Foto morgen Nachmittag machen würden, würde Lana nicht darauf zu sehen sein. Sie befand sich mit der Konzert-Band auf einem viertägigen Ausflug. David und Lana waren nicht unbedingt Feinde, aber sie hatten Probleme, miteinander auszukommen, vor allem seit Lana zur Herausgeberin des Jahrbuchs gewählt worden war und David ihr Assistent war.

»David«, sagte Emily in tadelndem Ton.

David streckte die Hände in einer gewissen Hilflosigkeit in die Luft, als ob er nichts mehr machen könnte. »Ich habe es schon für morgen angesetzt«, sagte er.

»Das kannst du nicht tun, David«, sagte Emily. »Du weißt, dass es Unrecht ist.«

»Was ist dabei nicht richtig?«, fragte David. »Es ist doch nur ein Bild.«

»Was dabei falsch ist?«, wiederholte Emily und hielt ihre Hand mit ausgestrecktem Zeigefinger hoch. »Erstens ist es nicht fair. Jedem anderen gegenüber – mit Ausnahme von Lana – würdest du das nicht tun.« Dann hielt sie zwei Finger hoch. »Zweitens ist es unfreundlich. Eine gemeine und grausame ›Masche‹ ist das.« Dann hob sie einen dritten Finger. »Es ist auch lieblos. Ich weiß, dass du und Lana eure Differenzen miteinander hattet, David. Aber von dir nimmt man an, dass du ein Christ bist. Und was du da vorhast, ist Unrecht, weil es einfach lieblos ist!«

»In Ordnung«, sagte David und hob die Hände in einer Geste der Ergebung. »Du hast gewonnen! Es ist ja auch keine große Angelegenheit, sondern nur ein olles Jahrbuch-Foto.«

Emily war erleichtert und schüttelte den Kopf. »Für Lana wäre es eine große Sache gewesen, nicht wahr?«, sagte sie, wobei ein leichtes Lächeln auf ihrem Gesicht erschien.

David lächelte ebenfalls. »Ja«, gab er zu. »Du hast Recht. Ich habe offensichtlich nicht richtig nachgedacht.«

Sie schlug ihm scherzhaft auf die Schulter. »Du hast schon nachgedacht – nur in die falsche Richtung!«

Zur Diskussion: Was hielt Emily an Davids Plan für unrecht? Denkst du, eine falsche Entscheidung kann aus mehr als einem Grunde unrecht sein? Wenn ja, nenne einige Beispiele.

Gebet: »Herr, gib uns die Kraft, richtige Entscheidungen in die Tat umzusetzen.«

2. November

Tugenden und Werte

Manche Menschen sagen, dass es Recht oder Unrecht nicht gibt; aber Gott sagt: Tue Gutes und meide das Böse.

Bibellese des Tages: Jesaja 64,4-5

Tages-Vers: »Du begegnetest denen, die Gerechtigkeit übten und auf deinen Wegen deiner gedachten.« (Jesaja 64,4)

Der Vater und Mandy saßen zusammen auf der Couch.

»Ich kann es nicht fassen, dass ich als Hausaufgabe ›Fernsehen‹ muss!«, sagte Mandy. Sie hatte den Auftrag erhalten, sich eine Sendung anzusehen und einen Bericht darüber zu schreiben. Ihr Vater hatte vorgeschlagen, dass sie es sich zusammen ansehen wollten, da es sich um einen Musik-Video-Kanal handelte, der Mandy normalerweise nicht erlaubt war.

Die Sendung – unter dem Titel: »Tugenden und Werte« – brachte kurze Video-Clips von ganz gewöhnlichen Leuten und berühmten Stars, die sich über ihre »Wertvorstellungen« unterhielten.

Ein Mann, dessen Nasenring durch eine silberne Kette mit seinem Ohrring verbunden war, sagte: »Wir müssen alle unsere eigenen Wertvorstellungen finden, wissen Sie? Das gehört zur Freude des Erwachsenwerdens!«

Eine Frau in schicker Kleidung für ihren beruflichen Alltag sagte: »Es gibt wirklich kein ›richtig‹ oder ›falsch‹ mehr. Macht geht vor Recht. Wer den Krieg gewinnt, schreibt die Geschichtsbücher.«

Eine ältere Frau schaute nachdenklich in die Kamera und sagte: »Ich habe meine Kinder immer gelehrt, dass die Hauptaufgabe fürs Erwachsenwerden darin besteht, dass sie ihr eigenes Wertesystem aufbauen … Ich wollte ihnen niemals meine Vorstellungen von Recht und Unrecht aufzwingen.«

Als die Sendung zu Ende war, schaltete der Vater den Fernseher aus.

»Was denkst du darüber?«, fragte der Vater.

»Ich weiß es nicht«, antwortete Mandy. Ihr Ring-Notizblock lag offen auf ihrem Schoß.

»Stimmst du mit einer von diesen Aussagen überein?«

»Ich weiß es nicht«, sagte Mandy. »Manches klang ganz vernünftig und einleuchtend.«

Der Vater nickte. »Warst du mit irgendetwas nicht zufrieden, was da gesagt wurde?«

Mandy nickte. »Ja. Ich meine keiner von ihnen hat etwas von Gott gesagt. Es ist, als ob sie alle über Werte und Recht und Unrecht und alles Mögliche reden, aber sie tun dabei so, als ob es nur darauf ankäme, was *sie* denken. Sie handeln, als ob Gott niemals gesagt hätte: ›tut das‹, und ›tut das nicht‹. Es ist gerade, als ob sie noch nie von den ›Zehn Geboten‹ gehört hätten!«

»Oder sie versuchen, das zu überhören, was Gott gesagt hat«, meinte der Vater.

»Ja«, antwortete Mandy. »Aufs Ganze gesehen kommt dabei also heraus, dass entweder die Menschen ›auf dem Holzweg‹ sind – oder Gott ist es!«

Der Vater lächelte. »Für welche Sicht wirst du dich entscheiden?«

Mandy reagierte, als ob sie von dieser Frage überrascht wäre. »Nun …«, sagte sie, »*natürlich* werde ich auf Gottes Stimme hören.«

»Gut«, sagte der Vater. »Warum schreibst du das nicht in deinem Bericht?«

Mandy nahm ihren Füller auf und machte sich Notizen. »Ich denke, das werde ich tun!«, antwortete sie.

Zur Diskussion: Manche Menschen denken, dass es die Frage nach Recht und Unrecht nicht gibt. Andere meinen, dass sie darüber selbst zu entscheiden hätten. Was denkst du davon? Glaubst du, dass der einzelne Mensch entscheiden kann, was richtig und was falsch ist? Wenn nicht, wer entscheidet dann darüber? Wenn du den Bericht von Mandy schreiben müsstest, wie würde er ausfallen?
Gebet: »Herr, wir glauben, dass du Maßstäbe für Recht und Unrecht gegeben hast. Wir wollen deinen Geboten gehorchen.«

3. November

Der falsche Messbecher

Gott ist der Maßstab dafür, was Recht ist.

Bibellese des Tages: Psalm 1
Tages-Vers: »Über die Wege der Gottesfürchtigen wacht der Herr, die Wege der Gottlosen aber führen ins Verderben.« (Psalm 1,6)

Terry ließ in der Küchenmaschine die verschiedenen Zutaten gründlich durcheinander rühren, während die Mutter die Backbleche für die Plätzchen einfettete.

»Ich habe festgestellt, dass du wieder Telefonanrufe von Tom bekommen hast«, sagte die Mutter.

Terry warf einen schnellen Blick auf die Mutter und fuhr fort, das Rührwerk zu bedienen. »Ja«, sagte er nur.

»Was wollte er?«, fragte die Mutter.

Terry zuckte mit den Achseln. »Er möchte nur, dass wir Freunde sind, Mama, das ist alles. Du kennst doch Tom.«

»Mmmmh«, sagte die Mutter. »Ich kenne Tom ganz gut. Arbeitet er noch für diese Männer an der Straßenecke?«

Terry hörte auf mit Rühren und stellte die Schüssel auf den Arbeitstisch. Er seufzte. »Mama, er tut doch nur einige Dinge für diese Männer.«

»Du weißt, dass diese Leute Rauschgifthändler sind«, sagte die Mutter.

»Aber Tom hat noch niemals Drogen angerührt. Weißt du, er läuft nur für sie in ein Geschäft und holt eine Dose Bier oder Limo oder bringt Briefe zur Post. Solche und ähnliche Dinge. Er sagt, dass nichts Unrechtes dabei ist, weil er Drogen nicht einmal anrührt, und dass seine Familie das Geld einfach braucht.«

»Das ist das, was Tom sagt«, antwortete die Mutter. Sie nahm einen Messbecher in die Hand, mit dem sie Mehl und Zucker abgemessen hatte. »Es klingt für mich so, als ob Tom den falschen Messbecher benutzt.«

»Was willst du damit sagen, Mama?«

»Tom sagt, dass nichts ›Unrechtes‹ bei dem ist, was er tut. Aber diese Aussage basiert auf dem, *was er denkt* … oder auf dem, was diese Drogenhändler ihm erzählen. Wie auch immer – das ist kein Weg, um richtig und falsch zu erkennen. Das ist, als ob du einen alten Schuh benutzt, um abzumessen, wie viel Mehl und Zucker in das Rezept für die Kekse gehört. Was Tom tun sollte, ist, seine Entscheidungen auf Gott und was der sagt, zu gründen. Gott ist der Maßstab, um ›gut‹ und ›böse‹ zu unterscheiden, und nicht, was Tom sagt oder denkt oder tut. Und Gott sagt: ›Glücklich ist der Mensch, der nicht auf den Rat der Gottlosen hört, der sich am Leben der Sünder kein Beispiel nimmt und sich nicht mit Spöttern abgibt.‹ Tom sollte auf das hören, was Gott sagt, und nicht auf das, was diese Männer an der Ecke sagen.«

»Ich weiß, Mama.«

»Ich hoffe, dass du das tust, mein Sohn«, sagte die Mutter. »Ich hoffe, dass es so ist.«

Zur Übung: Such dir einige Messbecher und -löffel und leg sie zusammen mit einer Bibel auf euren Esstisch oder auf die Küchentheke. Benutze das als Demonstrationsobjekt zur Erinnerung für jeden, dass Gott der Maßstab, das »Messgerät« für richtig und falsch ist, und dass wir uns auf ihn und sein Wort verlassen sollten, und nicht auf unsere eigenen Vorstellungen oder die von anderen.
Gebet: »Herr, unser Gott, wir erkennen an, dass dein Wort der Maßstab unseres Lebens ist. Hilf uns, richtige Entscheidungen auf der Basis deiner Gebote zu treffen.«

4.
November

Backpulver

Richtige Entscheidungen zahlen sich vielleicht nicht sofort aus, aber Gott will sie zu unserm Guten benutzen.

Bibellese des Tages: Römer 8,28-30
Tages-Vers: »Und wir wissen, dass für die, die Gott lieben und nach seinem Willen zu ihm gehören, alles zum Guten führt.« (Römer 8,28)

Die Mutter hatte mit Terry über seinen Freund Tom gesprochen. Kurz danach zog sie ein Blech mit duftenden Schokoladenplätzchen aus dem Ofen. »Riechen die nicht herrlich?«, fragte sie Terry. »Um zurück zu Tom zu kommen: er sollte sich etwas Besseres einfallen lassen, als dich zu bitten, Botengänge für diese Drogenhändler von der Ecke zu machen, meinst du nicht?«

Terry kratzte sich nervös am Kopf. »Deswegen hat er mich ja angerufen, Mama. Er möchte, dass ich ihm helfe.«

»Mmh«, sagte die Mutter. »Und du hast ›Nein‹ gesagt, oder?«

»Bis jetzt noch nicht.«

»Noch nicht?«, fragte die Mutter entsetzt. »Terry, du gehst sofort zum Telefon und sagst Tom, dass du keinesfalls dort an die Ecke kommst.«

»Mama«, sagte Terry jetzt in bittendem Ton, »er wird denken, ich wäre ein kleines Kind. Und er wird meinen Ruf an der Schule kaputtmachen.«

»Das Rechte zu tun, ist nicht immer leicht, aber der Herr wird alles zum Guten wenden.«

»Das sagst du immer, Mama, und ich weiß nicht einmal, was das bedeutet.«

Terry hatte Recht. Sie zitierte Römer 8,28 häufig, und sie hatte immer vorausgesetzt, dass er wüsste, was sie damit meinte. Sie nahm einen Teelöffel und tauchte ihn in die kleine Dose mit Backpulver, die auf der Theke stand. Dann hielt sie den Teelöffel Terry an den Mund. »Hier«, sagte sie, »probier das mal.«

Terry verzog sofort das Gesicht. »Bäh!«, sagte er. »Das ist ja grässlich!«

»O.k.« Sie nahm ein noch warmes Plätzchen vom Tablett. »Versuch das jetzt.«

Terry kaute. »Das ist besser. Gib mir bloß nicht nochmals dieses grauenhafte Zeug.«

Die Mutter nickte. »Das ist es, was Römer 8,28 meint. Das Backpulver schmeckt nicht gerade gut. Rührst du es aber zusammen mit Eiern und Zucker und Schokoladestückchen, dann kommt was Feines dabei heraus, oder? Richtige Entscheidungen haben nicht immer angenehme Konsequenzen. Aber Gott mischt das alles durcheinander wie einen Klumpen Plätzchenteig und segnet die richtige Entscheidung, die wir getroffen haben, auch wenn sie für sich genommen nicht gerade ›gut schmeckt‹.«

Terry seufzte, als er durch die Küche ging und den Telefonhörer aufnahm. Die Mutter brauchte nicht zu fragen, was er tat. Sie wusste, dass er Tom anrufen und ihm sagen würde, dass er nicht bereit sei, ihm zu helfen und Botengänge für die Männer »an der Ecke« zu machen.

Zur Diskussion: Denkst du, dass richtige Entscheidungen manchmal unangenehme Konsequenzen haben? Warum denkst du das? Findest du, dass wir trotz dieser Möglichkeit uns für das Rechte entscheiden sollen? Warum oder warum nicht?

Gebet: »Himmlischer Vater, dein Wort sagt uns, dass du alle Dinge zum Guten werden lässt für diejenigen, die dich lieben. Vater, hilf uns, das zu glauben – auch wenn wir voller Angst sind oder uns traurig fühlen.«

5. November

Jodies Schrei

Selbstbeherrscht zu sein heißt, seinen Zorn zu beherrschen, statt sich vom Zorn beherrschen zu lassen.

Bibellese des Tages: Epheser 4,26-27.31-32
Tages-Vers: »Sündigt nicht, wenn ihr zornig seid. Nehmt euch eine Nacht Zeit, um darüber nachzudenken und verhaltet euch ruhig.« (Psalm 4,5)

»Auuu!«, schrie Jodie. Sie griff mit ihrer rechten Hand nach ihrem linken Arm und starrte ihren Bruder an, der gerade mit einem Gummiband nach ihr geschossen hatte. Plötzlich stieß sie einen markerschütternden Schrei aus – mitten in der Bibliothek.

Jodies Mutter, die den Schrei gehört hatte, kam sofort angelaufen. »Jodie«, sagte sie und nahm ihre kleine Tochter in ihre Arme. »Bist du verletzt?«

Jodie heulte und schrie und die Mutter wurde zunehmend verzweifelt. Sie wandte sich an ihren Sohn Mark. »Was ist passiert?«, fragte sie, indem sie versuchte, Jodies lautes Weinen zu übertönen.

Mark warf seiner Mutter einen schuldbewussten Blick zu. »Ich habe hier bloß mit einem Gummiband gesessen«, sagte er.

Die Mutter nahm ihm das Band aus den Händen und brachte Jodie dann zur Toilette. Als sie die Tür hinter sich geschlossen hatte, setzte sie Jodie auf das Waschbecken.

»Jetzt ist's genug, mein Fräulein«, sagte sie mit ruhiger Stimme.

Jodie hörte sofort auf zu weinen. Ihr Gesicht war stark gerötet und von Tränen überströmt. Die Mutter hielt das Gummiband hoch. »Hat Mark dich damit getroffen?«, fragte sie.

Jodie nickte ärgerlich und sah aus, als ob das Geschrei gleich wieder losgehen sollte.

»Hat dich das wütend gemacht?«

Jodie zog die Lippen kraus und nickte mit dem Kopf.

»Was Mark getan hat, war nicht richtig, aber was du gemacht hast, war auch nicht richtig.«

Jodie schaute verwirrt auf. »Es war ... es war ...?«

Die Mutter nickte in Richtung auf die Bibliothek draußen. »Als du dort anfingst zu schreien, hast du deinen Ärger über dich herrschen lassen. Das ist nichts Gutes. Gott möchte, dass du lernst, deine Wut unter Kontrolle zu bringen.«

»Aber Mark hat mich getroffen!«, sagte Jodie entrüstet.

»Das weiß ich«, antwortete die Mutter. »Und es war auch nicht in Ordnung, dass er das getan hat. Aber kannst du dir vorstellen, dass du auch etwas anderes hättest tun können, als so loszuschreien?«

Jodie nickte. »Ich hätte es dir sagen können.«

Die Mutter lächelte. »Das stimmt. Wenn du das getan hättest statt des ganzen Auftritts, hättest du mir gezeigt, dass du allmählich ein großes Mädchen bist, das seine Gefühle beherrschen kann.«

»Ich *bin* ein großes Mädchen«, sagte Jodie.

»O.k.«, räumte die Mutter ein und hob Jodie vom Waschbecken herunter. »Du bist ein großes Mädchen.«

Zur Diskussion: Die heutige Bibellese mahnt dich, dich nicht vom Zorn beherrschen zu lassen. Erzähl ein Beispiel, als du ärgerlich geworden bist. Ist der Ärger über dich Herr geworden oder hast du ihn unter Kontrolle gebracht? Was ist besser? Warum?
Gebet: »Herr, es passiert so leicht, dass unser Zorn außer Kontrolle gerät. Erinnere uns daran, Herr, dass wir selbst entscheiden können, ob wir unsere Wut beherrschen oder es ihr gestatten, uns zu beherrschen.«

6. November

Wünschen und Warten

Selbstbeherrschung besitzen bedeutet, unsere Wünsche und Vorlieben unter Kontrolle zu haben, statt uns von ihnen beherrschen zu lassen.

Bibellese des Tages: 1. Petrus 1,13-16
Tages-Vers: »Bemüht euch daher um ein klares, nüchternes Denken und um Selbstbeherrschung. Setzt eure ganze Hoffnung auf die Gnade, die euch bei der Wiederkehr von Jesus Christus erwartet.« (1. Petrus 1,13)

»Mama, bitte, bitte, bitte!« Erik legte seine Hände zusammen, als ob er am Beten wäre, und hüpfte vor seiner Mutter im Gang des Supermarktes auf und ab.

»Nein, Erik«, sagte sie. »Bis zu deinem Geburtstag sind es noch zwei Wochen.«

»Aber ich möchte das ›Super-Graphics-Game-System‹ *jetzt* haben!«, sagte Erik. »Kannst du es mir nicht gleich heute kaufen?«

Die Mutter schüttelte den Kopf.

»Was macht das für einen Unterschied?«, fragte Erik, wobei in seiner Stimme ein ungeduldiger Ton mitschwang. »Es ist doch einerlei, ob du es mir jetzt kaufst oder später.«

»Vielleicht nicht«, sagte die Mutter achselzuckend. »Vielleicht macht es aber doch einen großen Unterschied.«

»Wieso?«, fragte Erik.

»Es ist ein Teil meiner Aufgabe als Mutter, dir zu helfen, dass du einmal ein verantwortungsbewusster junger Mann wirst. Ich möchte, dass du lernst, deine Wünsche und deinen Appetit auf etwas unter Kontrolle zu halten.«

»Was meinst du mit ›Appetit‹? Ich bin doch gar nicht hungrig! Ich möchte nur ein ›Super-Graphics-Game-System‹ haben!«

»Ich weiß, und du willst es *gerade jetzt* haben, nicht wahr?«

»Ja!«

»Aber wenn ich dir das Spiel jetzt kaufe, helfe ich dir nicht dazu, zu lernen, auf Dinge zu warten, die du dir wünschst, und wie man Selbstbeherrschung gewinnt.«

»Oh, Mama, komm … du willst mich nur quälen!«

»Nein«, sagte die Mutter lachend. »Ich versuche bestimmt nicht, dich zu quälen, sondern nur, dich Selbstbeherrschung zu lehren – dass du lernst, deine Wünsche unter Kontrolle zu halten, statt dass sie dich beherrschen. Das ist eine sehr wichtige Lektion fürs Leben.«

Erik verdrehte die Augen. »Na bravo«, sagte er. »Was ist, wenn ich dir verspreche, dass ich wirklich von jetzt an selbstbeherrscht sein will?«

Die Mutter zuckte die Achseln. »Gut, dann kaufe ich dir vielleicht ein ›Super-Graphics-Game-System‹.«

»Wirklich?«

Die Mutter lächelte hintergründig. »Für deinen Geburtstag – in zwei Wochen.«

Erik seufzte und schüttelte den Kopf. »O.k.! Du hast gewonnen. Ich werde warten.«

Zur Diskussion: Bei welchen Dingen fällt es dir schwer — wie Erik — warten zu müssen, bis du sie bekommst? Müssen wir immer auf Dinge warten, die wir uns wirklich wünschen? Warum oder warum nicht? Was können wir durch das Warten lernen?
Gebet: »Gott, wir wissen, dass du möchtest, dass wir selbstbeherrscht sind. Hilf uns, unsere Wünsche unter Kontrolle zu halten, statt uns von ihnen beherrschen zu lassen. Und lehre uns, ein heiliges Leben zu führen, weil du heilig bist.«

7. November

Blitz und Donner

Selbstbeherrschung bedeutet auch, unsere Sorgen und Ängste unter Kontrolle zu bekommen, statt sie uns beherrschen zu lassen.

Bibellese des Tages: Markus 4,35-41
Tages-Vers: »Wenn ich Angst habe, vertraue ich dir.« (Psalm 56,4)

»Mama!«, schrie Jeremy. Er versuchte, durch die Dunkelheit zu spähen. Das weiche, gelbe Licht seiner Nachtlampe war ausgegangen. Die leuchtend roten Zahlen der Uhr neben seinem Bett waren ebenfalls verschwunden.

Er konnte den Wind draußen an seinem Schlafzimmerfenster rütteln hören, und alle Augenblicke fuhren Blitz und Donner über den Himmel. Wieder schrie er auf, fühlte aber bald die Gegenwart seiner Mutter neben sich. Er streckte seine Arme nach ihr aus, als sie an seinem Bett saß und eine Taschenlampe in der Hand hielt.

»Ich habe Angst, Mama«, sagte er.

»Ich weiß, Liebling, aber das ist nur ein Gewitter.«

»Hast du niemals Angst?«

»Jeder Mensch hat Angst, Liebling«, sagte die Mutter. »Aber wenn ich Angst habe, bete ich und bitte Gott um seine Hilfe. Sollen wir das jetzt zusammen tun?«

Jeremy nickte und schloss die Augen, während seine Mutter ein kurzes Gebet sprach. Als er die Augen wieder öffnete, schaute seine Mutter ihn schon an. »Fühlst du dich ein bisschen besser?«

»Ein wenig«, antwortete er.

»Weißt du, was ich außerdem tue?«, fragte sie. Jeremy schüttelte den Kopf. »Ich versuche, meine Angst unter Kontrolle zu bekommen, statt dass sie mich beherrscht.«

»Wie machst du das?«

»Nun, einmal durch Beten ... und indem ich einiges tue, das mir hilft, meine Furcht zu vergessen.«

»Was zum Beispiel?«

»Ich habe gerade eine Idee«, sagte die Mutter. Sie übergab die brennende Taschenlampe an Jeremy. »Warum machen wir nicht ein Spiel daraus? Jedes Mal, wenn du einen Blitz über den Himmel zucken siehst, versuch einmal, die Taschenlampe auszuschalten, bevor der Donner kommt. Wenn du ihn aber hörst, dann schalte die Taschenlampe wieder ein bis zum nächsten Blitz! Pass auf, wie oft du schneller bist als der Donner!«

»O. k.«, sagte Jeremy. Ruhig wartete er auf den nächsten Blitz. Als der kam, erschrak er ein bisschen, bis ihm einfiel, dass er die Taschenlampe ausschalten sollte. Eine oder zwei Sekunden später hörte er den Donner. »Ich hab gewonnen!«, sagte er. Das machte er noch ein paar Mal so, während die Mutter an seinem Bett saß. Endlich wandte er sich an die Mutter: »Kann ich noch ein bisschen weiterspielen?«, fragte er.

Die Mutter nickte. Dann stand sie auf und verließ den Raum, während Jeremy aufrecht saß und aus dem Fenster schaute, und angestrengt auf den nächsten Blitz wartete.

Zur Diskussion: Selbstbeherrscht sein, heißt, zu lernen, deine Sorgen und Ängste zu kontrollieren, statt dich durch sie beherrschen zu lassen. Hast du manchmal Angst? Wann? Wie reagierten die Jünger von Jesus (in der heutigen Bibellese) auf ihre Ängste? Wie bekamen die Mutter und Jeremy (in der obigen Geschichte) ihre Furcht unter Kontrolle? Was denkst du, wie du Herr über deine Ängste werden kannst?
Gebet: »Wenn wir uns fürchten, Herr, erinnere uns daran, dass du bei uns bist, und dass wir uns dafür entscheiden können, der Furcht nicht nachzugeben.«

8. November

Selbstbeherrschung

Gott gebietet uns Selbstbeherrschung, weil er diese mag.

Bibellese des Tages: 1. Petrus 4,7-11
Tages-Vers: »Das Ende der Welt kommt bald. Seid deshalb besonnen und klar in euren Gebeten!« (1. Petrus 4,7)

Der Vater stand mit seinen Töchtern Patsy und Amy vor dem Buckingham-Palast.

»Danke, Papa, dass du uns zu dieser Reise mitgenommen hast«, sagte Patsy. »Das ist wirklich cool.«

Der Vater lächelte. Seine Firma hatte ihn gebeten, für vier Tage nach England zu fliegen. Er hatte sich gefreut, dass man ihm erlaubt hatte, seine Töchter mitzunehmen.

Jetzt beobachteten sie fasziniert, wie die Palastwache kerzengrade und steif ihren Posten bezog und dann wie steinerne Schildwachen an den Toren stand. Ab und zu näherte sich immer mal wieder ein Tourist den Toren und unternahm das bekannte Spiel, einen der Wachleute zum Lachen oder Zusammenzucken zu bringen.

»Wie können sie nur so still stehen?«, fragte Amy ohne ihre Augen von den Soldaten abzuwenden.

Der Vater zuckte die Achseln. »Sie sind darauf trainiert, in Hab-Acht-Stellung zu bleiben und sich durch nichts von ihrer Pflicht ablenken zu lassen.«

Schweigend schauten sie noch eine Weile zu. Die Soldaten schienen nicht einmal zu blinzeln.

Amy schüttelte den Kopf. »Das ist wirklich cool«, sagte sie.

»Das denke ich auch«, meinte der Vater. »Aber sag mir doch bitte, warum du das denkst.«

»Nun, weil ...«, sagte Amy, »es ist einfach cool, dass sie das fertig bringen, so still zu stehen und nicht in Lachen auszubrechen, wenn die Leute vor ihnen Grimassen schneiden.«

Der Vater nickte. »Es ist wirklich bewundernswert, nicht wahr? Wisst ihr auch, warum es bewundernswert ist?«

»Nun, weil ...«, Patsy machte eine Pause. »Weil ... ach, ich weiß es nicht.«

Der Vater lachte. »Ich denke, es ist darum bewundernswert, weil wir Selbstbeherrschung bewundern.«

Die Mädchen schwiegen eine Weile und beobachteten die Palastwache weiter.

»Stimmt«, sagte Amy schließlich.

»Und ich denke, dass wir es tun, weil wir wissen, dass das eine gute Sache ist«, fuhr der Vater fort.

»Und weil es so schwer ist«, meinte Patsy.

»Für manche Menschen«, sagte Amy neckend zu ihrer Schwester.

»Aber als Christen«, fuhr der Vater fort, »wissen wir auch, dass Gott uns Selbstbeherrschung gebietet. Das tut er, weil er sie hoch bewertet.«

»Dann muss Gott diese Leute wirklich besonders lieb haben«, sagte Patsy und zeigte auf die steinernen Gesichter der Wachen.

Der Vater lachte. »Vielleicht«, sagte er.

Zur Diskussion: Kennst du jemand, der viel Selbstbeherrschung zeigt? Wenn ja, wer? Bewunderst oder magst du Selbstbeherrschung? Hast du es nötig, in irgendwelchen Bereichen deines Leben mehr Selbstdisziplin zu üben? Wenn ja, in welchen? Wie kann deine Familie dir dabei helfen? Wie kann Gott dir dabei helfen?

Gebet: »Herr, unser Gott, du kennst uns innerlich und äußerlich. Du kennst auch unsere schwächsten Stellen. Danke für deinen Heiligen Geist, der es uns möglich macht, selbstbeherrscht zu sein.«

9. November

Ronnie und Gott

Gott schätzt die Selbstbeherrschung, weil er sie selbst praktiziert.

Bibellese des Tages: Hesekiel 20,13-17

Tages-Vers: »Der Herr ist geduldig und von großer Barmherzigkeit und vergibt Missetat und Übertretung.« (4. Mose 14,18)

Der Vater holte Veronika an der Schule ab und hielt sie an der Hand, während sie zusammen die Straße überquerten. Dann gingen sie die drei Blocks weiter zu ihrem Haus.

»Ich habe heute mit deiner Lehrerin gesprochen«, sagte der Vater.

»Wirklich?« Veronikas Augen wurden groß.

Der Vater nickte. »Sie hat mir gesagt, dass du dich heute auf dem Spielplatz sehr gut verhalten hättest.«

»Das hat sie gesagt?«, fragte Veronika.

Der Vater lächelte. Sie überquerten eine andere Straße.

»Es war nicht mein Fehler, Papa«, sagte sie. »Wesley hat mich umgeworfen.« Sie blieb stehen und drehte ihre Hand aus der des Vaters. Dann hielt sie beide Hände hoch; die Innenflächen waren schlimm aufgeschürft.

»Ich weiß«, sagte der Vater. »Aber deine Lehrerin sagte mir auch, was du getan hast, als du wieder auf den Füßen standest.«

»Er hat mich wütend gemacht, Papa.«

Der Vater lächelte und nahm erneut Veronikas Hand in seine. Sie gingen weiter. »Ich bin sicher, dass er das tat. Aber deine Lehrerin sagte, dass du ihn nicht geschlagen oder zurückgestoßen hast.«

Veronika schüttelte den Kopf. »Ich wollte es eigentlich«, sagte sie.

»Aber du hast es nicht getan. Das ist das, was zählt, Ronnie«, sagte er und benutzte seinen Kosenamen für sie. »Du hast deinen Zorn unter Kontrolle behalten. Ich finde, das war wirklich großartig.«

»Denkst du?«

Der Vater nickte. »Und weißt du, wer es noch für großartig hält? Gott freut sich darüber, dass du dich dafür entschieden hast, deine Gefühle zu beherrschen, weil du nach seinem Willen gehandelt hast.«

»Hab ich das?«, fragte Veronika. Ein leichtes Lächeln flog über ihre Züge.

»Vor langer Zeit, nachdem Gott sein Volk aus Ägypten herausgeführt und ihnen die Zehn Gebote gegeben hatte, wurden sie ihm ungehorsam und behandelten ihn schlimmer, als Wesley dich behandelt hat. Aber Gott vernichtete sie nicht, obwohl er zornig war. Er behielt seinen Zorn unter Kontrolle, so wie du es heute getan hast.«

»Das war toll«, sagte Veronika und machte einen kleinen Luftsprung.

»Das denke ich auch«, sagte der Vater.

Zur Diskussion: Warum ist Selbstbeherrschung richtig? Warum mag Gott sie. Kannst du dich an irgendwelche anderen Beispiele erinnern, in

denen Gott eine solche Beherrschung praktizierte? Glaubst du, dass er auch manchmal mit dir solche Geduld übt? Warum oder warum nicht?
Tipp fürs Gebet: Nehmt euch eine Zeit zum stillen Gebet, sodass jeder die Gelegenheit hat, für sich persönlich mit Gott über Bereiche zu reden, in denen es ihm an Selbstbeherrschung mangelt. Dann sollte einer mit einem lauten Gebet die Gebetszeit abschließen.

10. November

Den ersten Platz anstreben

Selbstbeherrschung zahlt sich kurzfristig und langfristig aus.

Bibellese des Tages: 1. Korinther 9,24-27
Tages-Vers: »Jeder Athlet übt strenge Selbstdisziplin. Er tut das allerdings, um einen Preis zu erringen, dessen Wert verblassen wird – wir aber tun es für einen ewigen Preis.« (1. Korinther 9,25)

»Ich hätte nie gedacht, dass es so viel Regeln für ein olles Leichtathletik-Team gibt!«, sagte Manny, als er und Billy das Vorbereitungstreffen für dieses Ereignis der Schule verließen.

»Wie welche?«, fragte Billy.

»Diese hier z.B.!«, antwortete Manny und zog eine zerknitterte Packung mit Zigaretten aus seiner Manteltasche. »Der Trainer sagte, wenn er uns rauchen sehen würde, würden wir aus dem Team rausfliegen.«

Billy lächelte. »Tja, so läuft die Sache.«

»Du hast es leicht. Du rauchst ja nicht.«

Billy zuckte die Achseln. »Der Trainer sagt, wenn du gewinnen willst, darfst du dir dieses Zeug nicht in die Lungen ziehen.« Sie standen jetzt vor Billys Spind. Er holte seine Büchertasche heraus und schlug dann die Spindtür zu. Dann machten sie sich auf den Weg zum Hauptausgang der Schule.

Manny schielte zu Billy hin, als er fragte: »Denkst du wirklich, dass es einen Unterschied macht? Dass ich schneller laufen kann, wenn ich das Rauchen aufgebe?«

»Glaubst du, dass Atmen etwas mit dem Laufen zu tun hat?«, fragte Billy.

»Ja, schon«, gab Manny zu, »du hast ja Recht ... es ist nur so schwer, damit aufzuhören.«

»Aber wenn du gewinnen willst, musst du schon einige Selbstdisziplin aufbringen, und ...«

»Ha ha«, unterbrach ihn Manny. »Du brauchst ja nicht aufzuhören. Du hast keine Ahnung, was das bedeutet.«

»Ich hätte das nicht nötig?«, fragte Billy. »Glaubst du, dass es leicht ist, so viel Selbstbeherrschung aufzubringen, um Nein zu sagen, wenn alle deine Freunde dich mit Zigaretten und Drogen konfrontieren? Meinst du, es braucht keinen Mut, erst gar nicht anzufangen? Denkst du, du bist der Einzige, der etwas Schwieriges schaffen muss?«

»Nein, das denke ich nicht«, sagte Manny und streckte seine Hände in die Luft, als ob Billy ihm eine Pistole auf die Brust gesetzt hätte. »Ich meine nur, dass du bereits Selbstbeherrschung hast. Du bist bereits in Form für das Wettrennen. Ich muss damit erst irgendwie anfangen.«

»Ich werde dir helfen«, sagte Billy. »Gib mir deine Zigaretten.«

»Jetzt gleich?«, fragte Manny.

»Klar«, antwortete Billy. »Wie du selbst gesagt hast, du musst damit anfangen, ›in Form‹ zu kommen.«

Manny verdrehte die Augen, aber er gab Billy die Zigarettenpackung.

Zur Diskussion: Welche zwei Arten von Preisen können Menschen – nach der heutigen Bibellese – bekommen, wenn sie Selbstbeherrschung üben? Was denkst du, welchen Preis Manny sich wünschte? Und nach welchem Preis streckte sich Billy aus? Wem ähnelst du mehr – Manny oder Billy? Warum?

Gebet: »Herr, wenn es um Selbstbeherrschung geht, geraten wir oft an einen toten Punkt. Hilf uns, vorwärts zu ›laufen‹, um den ewigen Preis zu gewinnen, den du versprochen hast.«

11.
November

Gesunde Entscheidungen

Selbstbeherrschung fördert die Gesundheit und Lebensfreude.

Bibellese des Tages: Daniel 1,3-15
Tages-Vers: »Ein Mensch ohne Selbstbeherrschung ist so schutzlos wie eine Stadt mit eingerissenen Mauern.« (Sprüche 25,28)

»Papa«, sagte Meggi, als sie ihn beobachtete, wie er Gemüse fürs Mittagessen schnitt, »du wirst wirklich immer schlanker.« Sie saß auf einem Hocker, während ihr Vater am Arbeitstisch in der Küche stand.

»Weshalb – aber danke, Meggi«, sagte der Vater. »Ich habe tatsächlich einiges an Gewicht verloren.«

»Ist das schwer?«

Der Vater unterbrach seine Tätigkeit und neigte den Kopf zur Seite. »Ja, das ist es. Es braucht Selbstbeherrschung – so viel ist sicher.«

»Was ist Selbstbeherrschung?«

»Nun«, sagte der Vater nachdenklich, »man muss ›Nein‹ sagen können zu einigen Dingen, die man gern hat, um anderer Dinge willen, die man noch lieber haben möchte.«

»Selbstbeherrschung macht nicht gerade Spaß, nicht wahr, Papa?«

Der Vater hörte auf mit Gemüseschneiden und schaute Meggi an. »Manchmal wirklich nicht«, sagte er, »aber dafür können einem dann andere Dinge schon mal Freude machen.«

»Wie was z.B.?«

Der Vater räusperte sich. Meggis Fragen konnten einem manchmal schon leicht nerven. Plötzlich kam ihm eine Idee. Er öffnete den Kühlschrank und zog ein übrig gebliebenes Würstchen in einem Plastikbeutel heraus.

»Pass auf!«, sagte er. Er rief Cody, den Familienhund, der in die Küche getrottet kam und sofort das Würstchen in Vaters Hand sah. Der Vater warf dem Hund das Würstchen zu, der es mitten in der Luft aufschnappte und es in einem Haps verschlang. Der Vater wandte sich Meggi zu. »Glaubst du, dass der Hund sich über das Würstchen gefreut hat?«

Meggi kicherte. »Er hat es gefressen, ohne nur ein einziges Mal zu kauen.«

Der Vater nickte. »So habe ich früher immer gegessen, Meggi.« Er lachte nun auch. »Ich habe das Essen hastig hinuntergeschluckt und oft nicht einmal einen Geschmack davon gehabt. Doch seit ich meine Essgewohnheiten geändert habe, habe ich mehr Freude beim Essen. Weil ich es sorgfältig kaue, schmecke ich mehr davon. Außerdem ernähre ich mich heute gesünder, sodass ein bisschen Selbstbeherrschung mich sowohl glücklicher als auch gesünder macht.«

Meggi kletterte von ihrem Stuhl herunter und schaute zu ihrem Vater auf. »Papa, können wir jetzt essen? Ich werde allmählich hungrig!«

Der Vater lachte wieder. »Ich auch, Meggi, ich auch!«

Zur Übung: Macht einen Imbiss aus Gemüse und Wasser als Erinnerung an die Selbstbeherrschung Daniels am Hof in Babylon. Sprecht darüber, wie seine Selbstbeherrschung ihn (und Meggis Vater) glücklicher und gesünder leben ließ.
Gebet: »Herr, gib uns die Kraft, die wir brauchen, um selbstbeherrscht zu sein.«

12. November

Schulfest

Selbstbeherrschung gewinnt die Achtung und den Respekt anderer.

Bibellese des Tages: Titus 2,11-14
Tages-Vers: »Jetzt, in dieser Welt sollen wir besonnen, gerecht und voller Hingabe an Gott leben.« (Titus 2,12)

Robbie und George waren stundenlang auf dem Schulfest herumgebummelt. Die Flure und Klassenräume waren erfüllt von lärmenden Schülern, die Spiele machten, ihre Gesichter anmalten, Limonade tranken und Hamburger, Hot Dogs und Gebäck aßen.

»Schau dort!« Robbie zeigte auf einen Stand mit Lichtern und lauter Musik. »Ich werde Herrn Thompsons Spiel ausprobieren!«

George folgte Robbie zum Stand von Herrn Thompson. Hinter diesem sahen sie eine Reihe von bemalten Kaffeedosen auf einer

Kiste stehen. Robbie bezahlte und bat um sechs Bälle, mit denen er versuchen wollte, die Dosen herunterzuwerfen.

Herr Thompson wandte sich an George, bevor er Robbie die Bälle aushändigte. »Möchtest du es auch probieren, George?«, fragte er.

George befühlte das Geld in seiner Tasche. »Nein, danke«, sagte er.

Robbie warf und fegte alle Dosen außer einer von der Kiste herunter. Herr Thompson gab ihm einen Plastik-Schlüsselring als Preis.

Spät am Nachmittag saßen die beiden Jungen auf der Ziegelmauer vor der Schule und warteten auf Georges Eltern, die sie abholen wollten.

»Hast du noch Geld übrig?«, fragte Robbie.

George nickte. »Ich habe nur Geld für einen Hot Dog und eine Limo ausgegeben. Und du?«

Robbie runzelte die Stirn und schüttelte den Kopf. »Nein. Ich wünschte, ich hätte noch was übrig. Ich würde gerne das Spiel mit dem Münzenwerfen nochmals spielen. Wie kommt es, dass du nicht ein einziges Spiel probiert hast?«

George zuckte die Achseln. »Ich hätte es schon gern getan. Aber ich möchte diese Geld für ein ›Turbo-Jam‹-Auto mit Fernbedienung aufheben. Ich habe schon wochenlang dafür gespart.«

»Oh, Mann! Ein ›Turbo-Jam‹ habe ich mir schon immer gewünscht. Du kannst dich freuen.«

»Warum hast du nicht auch dafür gespart wie ich?«

Robbie schüttelte den Kopf und runzelte die Stirn. »Ich könnte das niemals. Ich bin in solchen Dingen nicht so gut wie du. Ich wünschte, ich wäre es.«

»Ich denke, du könntest es auch, wenn du es ernsthaft versuchen würdest«, schlug George vor.

»Meinst du?«, fragte Robbie. Ein träumerischer Ausdruck trat in seine Augen. »Das wäre einfach cool«, sagte er. Er zog seine neue Plastik-Schlüsselkette aus der Tasche. »Das wäre besser als diese blöde Schlüsselkette, das ist sicher.«

Zur Übung: Startet ein Sicherungs-Projekt für die Familie zur praktischen Anwendung der Kontrolle von Wünschen. Bestimmt eine gewisse Zeitspanne für dieses Projekt, eventuell einen Monat. Jeder sollte das Geld,

das er normalerweise für Süßigkeiten etc. oder zur Unterhaltung ausgibt, sparen. Legt am Ende der ausgemachten Zeitspanne euer Geld zusammen und verwendet es für irgendetwas Schönes für die ganze Familie.
Gebet: »Herr, wir wissen, dass Selbstbeherrschung etwas Gutes ist, und wir wissen, dass du uns segnen kannst, wenn wir dir gehorchen. Hilf uns, in dieser Welt mit Selbstdisziplin, richtigem Verhalten und mit Hingabe an dich zu leben.«

13. November

Fernbedienung

Selbstbeherrschung kommt, wie alle wahren Tugenden, von Gott.

Bibellese des Tages: Römer 8,5-14
Tages-Vers: »Ihr aber werdet nicht mehr von eurer sündigen Natur, sondern vom Geist Gottes beherrscht, wenn Gottes Geist in euch lebt.« (Römer 8,9)

Georges Vater hatte ihn aus der Garage reingerufen. Er hatte draußen über eine Stunde mit seinem ferngelenkten Auto gespielt. »Es ist Zeit, um sich fürs Mittagessen die Hände zu waschen«, sagte der Vater.

George stoppte etwas zögernd sein batteriebetriebenes Auto und setzte seinen neuen ›Turbo-Jam‹ neben dem Garagentor ab. Ein paar Minuten später saß er am Mittagstisch.

Nachdem die Familie zusammen gebetet hatte, erzählte George von seinem neuen Auto. Er berichtete seinen Eltern von der Reaktion seines Freundes Robbie auf seinen Kauf.

»Robbie sagte, er wünschte sich, ebenso sparen zu können wie ich«, sagte er stolz. »Er denkt, dass ich wirklich cool bin, weil ich sparen kann für bestimmte Dinge, statt mein Geld sofort, wenn ich es in der Hand habe, wieder auszugeben, wie er es tut.«

Der Vater sagte: »George, wollen wir beide ein bisschen mit dem neuen Auto zusammen spielen?«

»Wirklich?«, fragte George, wobei seine Stimme vor Erregung vibrierte. »Das wäre cool!«

Einige Augenblicke später hielt der Vater die Fernbedienung zu Georges neuem Auto in der Hand, während George ihm zeigte, wie sie funktionierte. Endlich nickte der Vater zum Zeichen, dass er verstanden hätte. Er legte die Fernbedienung auf das Werkzeugregal an der Garagenwand und kniete neben dem Auto nieder. Er drehte an dem Schalter unter dem Auto und setzte es auf den Garagenboden. »Wir wollen sehen, was es kann«, sagte er.

»Du brauchst die Fernbedienung dazu«, sagte George und zeigte auf das Regal.

Der Vater zuckte die Achseln. »Ich dachte, wir versuchten es mal ohne die Fernbedienung.«

Georges Stirn zog sich verwirrt zusammen. »Es geht nicht ohne das Steuerungselement. Von da geht jede Bewegung aus.«

Der Vater machte keinen Schritt zum Regal hin, sondern heftete stattdessen seine Augen fest auf George. Er nickte. »Das habe ich mir gedacht«, sagte er. Er legte George eine Hand auf die Schulter. »Und das Gleiche gilt auch für dich und für mich, mein Sohn.« Er stand auf. »Ich finde, dass es großartig war, dass du Geld gespart hast, statt es auszugeben. Und ich bin auch nicht überrascht, dass Robbie sich wünschte, er könnte dir ähnlich sein. Aber ich möchte, dass du verstehst, dass wahre Selbstkontrolle wirkliche ›Fernbedienung‹ ist … weil sie durch den Geist Gottes geschieht. Das heißt, dass er uns die Kraft gibt, *selbst*-beherrscht zu sein – «

»Und wir sollen uns nicht einbilden, dass wir das alles aus uns selbst heraus könnten, Papa, oder?« ergänzte George.

»Stimmt«, sagte der Vater lächelnd. »Das war der Punkt, um den es mir ging.«

»Verstanden«, sagte George. »Es tut mir Leid. Möchtest du noch weiterspielen?«

»Natürlich, unbedingt!«, sagte der Vater und griff nach der Fernbedienung.

Zur Diskussion: Vervollständige diese Aussage: »Die heutige Bibellese sagt, dass wir durch den Geist Gottes kontrolliert werden, wenn …« Wie können wir dem Geist Gottes diese Kontrolle mehr und mehr überlassen?
Gebet: »Herr, danke, dass du uns in die Lage versetzt, ein Leben unter der Kontrolle des Heiligen Geistes zu führen.«

14. November

Streben nach dem Guten

Nütze jede Gelegenheit, das Richtige zu tun.

Bibellese des Tages: Epheser 5,10-16
Tages-Vers: »Nutzt jede Gelegenheit aus, in diesen üblen Zeiten Gutes zu tun.« (Epheser 5,16)

Toby saß allein auf einem Holzpferd und hörte dem Großvater zu, der auf dem Pferd neben ihm saß. Der Großvater hielt Conny, Tobys kleine Schwester vor sich fest. Toby liebte das Fahren auf dem »Karussell« auf der Strandpromenade des Ferienortes an der See, wo die Großeltern lebten.

»Als ich in deinem Alter war«, sagte der Großvater, »hatte ein Karussell gewöhnlich einen glänzenden Messingring, der an einem Band vom Dach herunterhing. Wenn wir mit den Pferden unsere Runden drehten, versuchten wir, diesen Ring vom Band abzureißen.« Er beschrieb, wie sie gerade bis zum richtigen Moment gewartet hatten und dann im Vorbeireiten versucht hatten, den Ring zu erwischen. »Es gab nur eine bestimmte Anzahl von Chancen, den Ring zu bekommen, sodass wir danach griffen, wann auch immer sich die Gelegenheit dazu bot, weil derjenige, der das Glück hatte, einen besonderen Preis bekam!«

»Was war das für ein Preis?«, fragte Conny.

»Oh, nichts von der Art des Spielzeugs, das ihr heute bekommt«, sagte der Großvater und zwinkerte mit den Augen. »Nur ein kleines billiges Schmuckstück; vielleicht auch eine Zinntrompete oder eine kleine Holzeisenbahn. Aber in jenen Tagen war das schon etwas Besonderes.«

»Ich wünschte, dieses Karussell hätte auch einen Ring«, sagte Toby, als die Drehung langsamer wurde und sie sich darauf vorbereiteten, abzusteigen. »Ich würde *hochspringen* sooo – «, dabei stieß er sich selbst vom Rücken des Pferdes ab und streckte den Arm in die Luft – »und ich würde ganz sicher den Preis gewinnen.«

»Ich würde mich nicht wundern, wenn du das schafften würdest«, sagte der Großvater lächelnd.

Als sie das Karussell verließen, erblickte der Großvater eine Frau in einem Rollstuhl. Sie war allein und rollte sich selbst zu der steilen Rampe hin, die zur Strandpromenade hinaufführte.

»Wartet hier auf mich«, sagte der Großvater.

Toby und Conny sahen zu, wie der Großvater die Frau begrüßte, dann hinter den Rollstuhl trat und sie die Rampe emporschob. Sie dankte ihm, dann kam der Großvater zu Toby und Conny zurück.

»Warum hast du das getan, Opa?«, fragte Conny.

»Ich glaube, ich weiß es!«, sagte Toby. »Es ist wie die Sache mit dem Ring, den man ergreifen will, nicht wahr, Opa? Du sahst, dass sie Hilfe brauchte, und du wolltest die Chance, ihr zu helfen, nutzen, oder?«

Der Großvater lächelte erstaunt. »Ich denke, dass du Recht hast«, sagte er. »Ich habe nie in der Weise darüber nachgedacht, aber die Bibel sagt uns, dass wir allen Menschen Gutes tun sollen, wenn wir die Gelegenheit dazu haben. Du bist ein schlauer junger Mann, Toby.«

»Aber Opa«, fragte Conny, »du bekommst keinen Preis dafür, dass du der Frau geholfen hast, nicht wahr?«

»Oh doch, das tue ich«, sagte der Großvater lächelnd, »aber ich weiß nicht, was es ist, bis ich in den Himmel komme!«

Zur Übung: Gebt als Familie ein Versprechen, nach Gelegenheiten Ausschau zu halten – und sie zu nutzen – um in den nächsten 24 Stunden Gutes zu tun. Gebt morgen eine Rückmeldung, was ihr erlebt habt.

Gebet: »Vater im Himmel, zeige uns die Gelegenheiten, wo wir anderen Gutes tun können.«

15.
November

Neue Brillen

Die Bibel hilft uns, richtige Entscheidungen klarer zu erkennen und sie öfter zu treffen.

Bibellese des Tages: Psalm 119,129-133

Tages-Vers: »Leite meine Schritte sicher durch dein Wort. Lass nicht zu, dass ich vom Bösen überwältigt werde.« (Psalm 119,133)

»Was liest du da?«, fragte der Arzt, als er das Untersuchungszimmer betrat und Tanja mit einem offenen Buch auf dem Schoß antraf.

Tanja errötete leicht. »Das ist – äh – die Bibel.«

»Oh«, sagte der Arzt und nahm eine Brille aus einem Plastikbeutel. »Ich wusste nicht, dass es die jetzt auch als Paperback gibt!«

»Doch«, antwortete Tanja.

»Warum liest du darin?«, fragte der Arzt. Dann, bevor Tanja noch antworten konnte, fuhr er fort: »Ich meine, mit all den verschiedenen Büchern, die sie enthält – ich denke, ein so altes Buch, das nicht mehr zeitgemäß ist, müsste schrecklich langweilig sein.«

»Aber nein«, sagte Tanja, »ist sie nicht. Sie hilft mir wirklich ... nun, es ist wie ... ich weiß nicht ... « Tanja fühlte sich frustriert, weil sie nicht zum Ausdruck bringen konnte, was sie dachte.

Der Arzt hob die neue Brille, die er aus dem Beutel genommen hatte, hoch. Tanja legte ihre alte Brille weg und er hielt ihr die neue vors Gesicht und kontrollierte hinter den Ohren, ob sie passte.

»Wow!«, sagte Tanja sofort. »Was für ein Unterschied!«

Der Arzt lächelte. »Du hattest keine Ahnung, was dir mit der alten Brille entging, nicht wahr?«

»Nein«, sagte Tanja und drehte den Kopf, um ihre ganze Umgebung neu wahrzunehmen. »Alles ist jetzt so scharf und klar.« Plötzlich kam ihr ein Gedanke. »He«, sagte sie, »gerade das ist es, warum ich die Bibel lese!«

Der Arzt sagte nichts, aber auf seinem Gesicht drückte sich eine Frage aus.

»Das Lesen der Bibel setzt mir gewissermaßen eine Brille auf und lässt mich Dinge sehen, die ich sonst nicht erkennen würde. Wenn ich die Bibel lese – und vor allem, wenn ich Verse auswendig lerne – hilft sie mir, klarer zu sehen. Sie hilft mir zu unterscheiden, was richtig oder falsch ist, und sie hilft mir, die Kraft zu finden, das Richtige zu tun.«

»So etwas bringt das Lesen der Bibel wirklich fertig?«, fragte der Arzt.

Tanja nickte lebhaft. »Sie sollten es tatsächlich mal versuchen«, sagte sie ihm.

Er schwenkte ihre alte Brille in der Hand hin und her. »Vielleicht tue ich das wirklich«, antwortete er.

Zur Diskussion: Denkst du, dass das Lesen der Bibel dir helfen kann, richtige Entscheidungen zu treffen? Wenn nicht, warum nicht? Wenn ja, wie? Kannst du ein Beispiel erzählen von einer Gelegenheit, wo die Bibel dir geholfen hat, eine richtige Entscheidung zu treffen?
Gebet: »Herr Jesus, danke für den Heiligen Geist, den du gesandt hast, damit er uns an dein Wort erinnert. Hilf uns, dass wir nicht vom Bösen überwunden werden.«

16. November

Putztag

Vergebung ist richtig, weil Gott selbst vergibt.

Bibellese des Tages: Psalm 86,5-11
Tages-Vers: »Seid nachsichtig mit den Fehlern der anderen und vergebt denen, die euch gekränkt haben. Vergesst nicht, dass der Herr euch vergeben hat, und dass ihr deshalb auch anderen vergeben müsst.« (Kolosser 3,13)

Die Mutter zog eine Angelrute aus dem Schrank im Flur. »Beni«, sagte sie, »warum ist dieses alte Ding immer noch hier?«

Beni schaute von seinem Videospiel auf, mit dem er sich gerade beschäftigt hatte. Er zuckte mit den Achseln, als er die Angelrute sah.

»Nun, ich werde sie jetzt wegwerfen«, kündigte die Mutter an.

»Nein!«, rief Beni. Er hätte fast die Video-Fernbedienung auf den Boden geworfen, als er aufsprang und einen Satz auf die Mutter zumachte, um seinen Anspruch auf die Angelrute geltend zu machen. »Ich will nicht, dass du sie wegwirfst.«

»Und warum nicht?«, fragte die Mutter. »Du benutzt sie doch nie.«

»Sie ist ja zerbrochen«, sagte Beni stirnrunzelnd. »Matt hat sie letzten Sommer kaputtgemacht.«

»Also, entweder repariere sie oder entsorge sie«, sagte die Mutter.

»Ich kann sie nicht mehr reparieren«, jammerte Beni. »Sie taugt nichts mehr. Ich werde immer noch wütend, wenn ich darüber nachdenke.«

Die Mutter schüttelte den Kopf. »Mir scheint, dass die Angelrute nicht das Einzige ist, das du loswerden solltest.«

»Was meinst du damit?«

»Hat Matt nicht damals gesagt, dass es ihm Leid täte, dass er deine Rute zerbrochen hat?«, fragte die Mutter.

»Schon«, sagte Beni. »Aber trotzdem ist sie immer noch kaputt.«

»So ist deine Haltung auch! Du hältst an deiner Unversöhnlichkeit ebenso fest wie an der alten Angelrute! Und keins davon tut dir in irgendeiner Weise gut!«

Die Mutter und Beni hatten einige Augenblicke den Blick fest aufeinander geheftet ohne zu sprechen. Endlich sagte Beni: »Was soll ich tun?«

»Das musst du mir sagen«, erklärte die Mutter lächelnd.

Beni ließ den Kopf hängen. »Du hast Recht«, sagte er. »Ich war nur so wütend über ihn, weil er meine Angelrute kaputtgemacht hatte.«

»Nun, ich weiß nicht, wie es dir geht, aber ich habe im Leben viel Schlimmes gemacht, Beni. Und Gott hat mir vergeben.«

»Ich weiß«, sagte Beni. »Mir hat er auch vergeben.« Er schaute auf seine Angelrute, die er in der Hand hielt. Es schien ihm so dumm zu sein, den Groll gegen seinen Freund festzuhalten wegen so einer zerbrochenen Rute. Er drehte sich um und brachte sie zum Müllcontainer.

Die Mutter lächelte. »Das ist gut jetzt, Beni«, sagte sie.

Zur Diskussion: Warum ist es richtig, anderen zu vergeben? Gibt es jemand, dem du vergeben müsstest? Wenn ja, warum tust du es nicht sofort? Gibt es jemand, den du um Vergebung bitten solltest? Wenn ja, warum nicht sofort?
Gebet: »Herr, wir brauchen Mut und Liebe von dir, um anderen zu vergeben. Hilf uns, allen Groll loszulassen, den wir vielleicht noch hegen.«

17. November

Die Lese-Couch

Respekt gegenüber Gott ist richtig.

Bibellese des Tages: Prediger 12,1.13-14
Tages-Vers: »Fürchte Gott und halte seine Gebote, denn das gilt für alle Menschen.« (Prediger 12,13).

Cora und Alan saßen in ihrer christlichen Schule in der »Leseecke« des Klassenzimmers. Jeder von ihnen hatte sich eine »stille Lesezeit«

verdient, indem sie der Lehrerin geholfen hatten, Papiere auszugeben und das Klassenzimmer aufzuräumen. Jetzt saßen sie an den entgegengesetzten Enden einer alten, weichen Couch und lasen beide das gleiche Buch.

Plötzlich legte Alan das Buch nieder und sagte: »O Gott«, als ob es ein Fluchwort wäre. Dann sagte er: »Du glaubst nicht, was in Kapitel 6 passiert!«

Cora blieb der Mund einen Augenblick offen stehen. »Ich habe Kapitel 6 schon gelesen«, sagte sie und fügte dann hinzu: »und du solltest das nicht sagen!«

»Was sagen?«, fragte Alan.

»Du hast gerade ›O Gott‹ gesagt!«

»So? Du hast es auch gesagt.«

»Aber nicht so wie du. Du hast es wie ein Fluchwort ausgesprochen.«

»Oh«, sagte Alan und verdrehte die Augen, »was ist dabei falsch? ›Gott‹ kann doch kein böses Wort sein!«

»In der Art, wie du es ausgesprochen hast, war es schlimm«, sagte Cora.

»Warum?«, fragte Alan trotzig. »Was war verkehrt bei dem, was ich gesagt habe?«

»Nun …«, begann Cora, hielt aber inne, weil sie unsicher war, was sie sagen sollte.

»Habt ihr etwas dagegen, wenn ich diese Frage beantworte?«, fragte Frau Evans, ihre Lehrerin, die plötzlich hinter der Couch aufgetaucht war. Sie kniete auf dem Boden und stützte ihre Unterarme und ihr Kinn gegen die gepolsterte Rückwand der Couch. Sie schaute von einem zum anderen. »Nein, bestimmt nicht, Frau Evans«, sagte Cora.

Die Lehrerin lächelte. »Ich denke, dass du Recht hast, Cora«, sagte sie. »Und ich denke, dass du auch Recht hast, Alan.«

»Wie können wir beide Recht haben?«, fragte Alan.

»Nun«, sagte Frau Evans und schaute Alan an, »du hast Recht damit, dass das Wort ›Gott‹ kein schlimmes Wort ist. Es ist ja einer der Namen, die wir für unseren überaus guten und heiligen Gott gebrauchen.«

Alan schaute Cora an und hob sein Kinn in ihre Richtung, als ob er sagen wollte: »Hast du's gehört!«

»Aber Cora hat auch Recht«, fügte die Lehrerin hinzu, ohne ihren Blick von Alan abzuwenden. »Die Art, wie du das Wort benutzt hast, ist nicht sehr respektvoll. Die Bibel sagt uns, dass wir Gott gegenüber immer ehrfürchtig sein sollen.«

Cora lächelte. »Das war es, was ich eigentlich sagen wollte«, verkündete sie.

Frau Evans lächelte und stand auf. »Das dachte ich mir«, sagte sie.

Zur Diskussion: Gehst du respektvoll mit der Nennung des Namens Gottes um? Gibt es noch andere Möglichkeiten, deine Ehrfurcht vor ihm zu zeigen? Nenne einige. Wie kannst du heute Gott gegenüber deinen Respekt beweisen?
Gebet: »Herr, unser Gott, wir bedauern, wenn wir manchmal deinen Namen in einer Weise benutzt haben, die die nötige Achtung vermissen ließ. Wir möchten deinen Namen nutzen, wie du es verdienst.«

18. November

Mamas Memory-Spiel

Die Achtung vor den Eltern ist gottgewollt.

Bibellese des Tages: Epheser 6,1-3
Tages-Vers: »Ihr Kinder, gehorcht euren Eltern in allem! Denn das freut den Herrn.« (Kolosser 3,20)

Die Mutter saß an Stefans Bett und zog ihm die Decke bis ans Kinn.

»Ich bin nicht müde, Mama«, jammerte Stefan.

»Das kann sein, aber es ist Zeit, ins Bett zu gehen«, beharrte die Mutter.

»Aber ich kann einfach noch nicht schlafen. Kann ich bitte noch ein kleines bisschen aufbleiben?«

»Nein«, sagte die Mutter freundlich und stand auf. Dann hielt sie inne und setzte sich noch einmal. »Ich habe eine Idee«, sagte sie. »Sollen wir noch eine Runde Mamas Memory-Spiel spielen?«

»Wie spielt man das?«

»Also, ich sage einen Bibelvers, der mir gerade einfällt, und dann sagst du einen, der dir in den Sinn kommt. Wir erinnern uns abwechselnd an so viele Verse, wie wir können. Ich wette, wenn wir alle Verse genannt haben, die wir kennen, bist du dem Einschlafen nahe.«

»Das ist nicht fair«, sagte Stefan. »Du kennst viel mehr als ich.«

Die Mutter lächelte. »Sei da nicht so sicher«, sagte sie und blinzelte ihrem Sohn zu. »Aber für alle Fälle werde ich dir helfen, wenn du stecken bleibst. Ja?«

»O.k., ich werde anfangen. ›Denn Gott hat die Welt so sehr geliebt, dass er seinen einzigen Sohn hingab, damit jeder, der an ihn glaubt, nicht verloren geht, sondern das ewige Leben hat.‹«

»Sehr gut!«, sagte die Mutter und klatschte in die Hände. »Jetzt bin ich dran: ›Freut euch im Herrn. Ich betone es noch einmal: Freut euch!‹«

Ein enttäuschter Blick glitt über Stefans Gesicht. »Das wollte ich auch gerade sagen«, jammerte er.

Die Mutter lächelte. »In Ordnung, das gilt dann für dich, und ich sage ein anderes Wort.« Sie lächelte wieder, während Stefan befriedigt nickte. »›Ihr Kinder sollt euren Eltern gehorchen, weil ihr dem Herrn gehört, denn so handelt ihr richtig‹.«

Stefans Augen verengten sich zu Schlitzen. »Das ist nicht fair! Das hast du dir ausgedacht!«, sagte er anklagend.

Die Mutter kicherte über Stefans misstrauische Reaktion. »Nein, wirklich nicht, es steht in der Bibel. Soll ich dir sagen wo? Epheser 6, 1.«

Stefan schien das Gesicht seiner Mutter nach Anzeichen von Täuschungsabsichten zu prüfen. Schließlich änderte sich sein Ausdruck. »Gut«, sagte er schließlich. »Ich glaube dir.«

Die Mutter sagte: »Es steht in der Bibel, weil Gott wünscht, dass wir alle unsere Eltern respektieren. Und ein Weg, auf dem wir das tun, ist, dass wir ihnen gehorchen.«

Stefan nickte durch schwere Augenlider. »O.k., Mama, aber können wir das Spiel morgen fertig machen? Ich glaube, ich schlafe gleich.«

Zur Diskussion: Warum ist es richtig, die Eltern zu respektieren? Wie zeigst du deine Achtung vor ihnen?

Gebet: »Herr, hilf uns, unsere Eltern und auch andere Familienmitglieder, die an uns wie Eltern gehandelt haben, zu respektieren.«

19.
November

Der letzte Sitz im Bus

Respekt vor älteren Menschen ist richtig.

Bibellese des Tages: 1. Timotheus 5,1-2
Tages-Vers: »Vor einem grauen Haupt sollst du aufstehen und die Alten ehren und sollst dich fürchten vor deinem Gott.« (3. Mose 19,32)

Nadia saß neben ihrem Vater im Bus und beobachtete durchs Fenster die vorübergleitenden Gebäude. Sie sah, dass immer mehr Leute einstiegen, und dass schließlich alle Plätze besetzt waren.

Als der Bus wieder einmal hielt, um noch mehr Leute hereinzulassen, beugte sich Nadia vor und flüsterte ihrem Vater zu: »Papa, wo sollen die noch alle sitzen?«

Der Vater schaute auf Nadia und dann den Gang im Bus entlang. Er zuckte mit den Schultern und beugte sich dicht zu Nadias Ohr hin. »Meistens stehen sie und halten sich an diesen Stangen oder Schlaufen fest«, sagte er und zeigte auf die silbernen Haltestangen und Vorrichtungen, die von der Decke herabhingen.

Während der Vater und Nadia die Szene weiter beobachteten, stieg eine grauhaarige Frau ein und ging langsam durch den Bus. Sie wandte den Kopf von einer Seite zur anderen und hielt nach einem leeren Platz Ausschau. Schließlich erreichte sie auch die Reihe von Nadia und ihrem Vater.

»Entschuldigen Sie«, sagte der Vater, »möchten Sie diesen Sitz hier haben?«

Die Frau schaute einen Augenblick verblüfft auf den Vater. »Es ist lange her, seit ein Gentleman mir einen Sitz angeboten hat«, sagte sie. »Vielen Dank!«

Einige Zeit später hatten Nadia und ihr Vater ihre Haltestelle erreicht.

»Papa«, sagte sie, als sie auf dem Gehweg weitergingen, »warum hast du das getan?«

»Was getan?«, fragte er. Dann, plötzlich verstehend, was Nadia meinte, fügte er hinzu: »Du meinst, meinen Platz der alten Dame anbieten?«

Nadia nickte.

»Sie war schon älter, und ich habe ihr meinen Respekt bewiesen, indem ich ihr meinen Platz anbot.«

»Kanntest du sie?«, fragte Nadia.

»Nein«, sagte der Vater. »Aber wir können Menschen, die älter sind als wir, unsere Achtung zeigen, auch wenn wir sie nicht kennen. In der Bibel steht, dass die Ehrfurcht vor alten Menschen Gottes Wille ist.«

»Wenn wir das nächste Mal mit einem Bus fahren«, sagte Nadia, »möchte ich meinen Platz auch einer alten Dame geben.«

Der Vater lachte. »Das fände ich sehr schön«, meinte er. »Aber tu mir einen Gefallen, ja?«

»Was?«, fragte Nadia.

»Sag der Person, der du deinen Platz anbietest, nicht, dass sie eine alte Dame ist.«

»O.k.«, sagte Nadia.

Zur Übung: Denkt euch Wege aus, wie ihr (als Familie oder als Einzelne) in dieser Woche/diesem Monat oder immer Älteren gegenüber Respekt zeigen könnt.

Gebet: »Himmlischer Vater, hilf uns, daran zu denken, Menschen, die älter sind als wir, Achtung zu beweisen. Möge dein Name durch unser Handeln geehrt werden.«

20. November

Die Vertretung

Respekt vor Vorgesetzten ist richtig.

Bibellese des Tages: Titus 3,1-2.8

Tages-Vers: »Erinnere alle daran, sich der Regierung und ihren Vertretern unterzuordnen. Sie sollen gehorsam und zum Guten bereit sein.« (Titus 3,1)

Tess stürmte in ihr Schlafzimmer, das sie mit ihrer älteren Schwester Karen teilte, und warf ihre Bücher aufs Bett. Karen saß am Schreibtisch und machte Hausaufgaben.

»Wie war es in der Schule?«, fragte Karen ein bisschen geistesabwesend, ohne von ihrer Arbeit aufzuschauen.

»Es war super!« Damit fiel Tess auf ihr Bett, faltete die Hände hinterm Kopf und lehnte sich gegen die Wand. »Wir hatten heute eine Vertretungslehrerin.«

Karen schaute kurz auf, lächelte und wandte dann ihre Aufmerksamkeit wieder dem dicken Textbuch zu, das offen auf ihrem Schreibtisch lag.

»Wir haben heute alles Mögliche gemacht«, fuhr Tess fort. »Marcy sagte ihr, dass wir unsere Hausaufgaben nur freitags abgeben müssten, und dass unsere normalen Lehrer uns jederzeit, wenn wir es wollten, zum Trinkbrunnen gehen ließen. Ben saß den ganzen Tag neben Jerry, obwohl das gar nicht sein Platz ist.«

Karen hob den Kopf und schaute Tess an, die aufgeregt immer weitererzählte.

»Und alle haben wirklich laut gelacht, als ich sie Frau Hogü genannt habe! Ihr Name ist in Wirklichkeit Frau Hogue – hast du's verstanden?«

»Das hast du wirklich getan?«, fragte Karen.

»Ja, richtig cool, nicht wahr?«, antwortete Tess.

»Findest du es cool, respektlos zu sein?«

Tess hielt plötzlich inne und antwortete zögernd: »Nun, sie war doch nur eine Vertretungslehrerin.«

»Denkst du nicht, dass auch eine Vertretungslehrerin Respekt verdient?«

»Na ja … ich vermute schon. Ich habe nicht gedacht, dass es eine solche Rolle spielt.«

Karen wandte sich wieder ihrem Textbuch zu, aber ihre Gedanken waren noch bei ihrer Schwester. »Gott sagt, dass es eine Rolle spielt. In der Bibel heißt es, dass wir Menschen respektieren sollen, die eine gewisse Autorität über uns haben, ob es nun geistliche oder politische Leiter sind oder auch Vertretungslehrer, weil Gott es ist, der ihnen Autorität über uns verliehen hat.«

Tess dachte über das nach, was ihre Schwester gesagt hatte. Karen gab vor, ihr Textbuch zu lesen, während sie auf eine Antwort von Tess wartete.

Endlich sagte Tess: »Ich hoffe, wir haben morgen nochmals bei Frau Hogue Vertretung.«

»Warum?«

»Dann kann ich mich entschuldigen«, sagte Tess.

Karen lächelte und wandte sich wieder ihren Hausaufgaben zu.

Zur Diskussion: Nennt abwechselnd Namen von so viel Leuten, wie euch einfallen, die Autorität über euch besitzen – zum Beispiel Lehrer, Polizeibeamte, Pfarrer, Älteste, Minister und andere. Erweist du allen Respekt? Führe einige Möglichkeiten an, wie du diesen Autoritäten Achtung zeigen kannst.

Gebet: »Herr, lehre uns die Menschen zu respektieren, denen eine gewisse Autorität über uns verliehen worden ist.«

21. November

Die alte Frau Marcum

Respekt anderen gegenüber ist immer richtig, unabhängig von Rasse, Geschlecht, Alter oder Status.

Bibellese des Tages: 1. Petrus 2,12-17

Tages-Vers: »Achtet alle Menschen. Liebt eure Geschwister im Glauben. Fürchtet Gott.« (1. Petrus 2,17)

Hannah öffnete die Haustür und ließ ihre Freundin Bea ein. Sie setzten sich beide an den entgegengesetzten Enden der Couch im Wohnzimmer nieder. Hannah stellte den Fernseher an.

»Was glaubst du, wen ich auf dem Weg hierher gesehen habe?«, flüsterte Bea.

»Wen?«, fragte Hannah.

»Die alte Frau Marcum«, antwortete sie. »Sie führte diesen gemeinen kleinen Hund aus, der ihr gehört.«

»Hat sie irgendetwas gesagt?«

»Willst du mich auf den Arm nehmen?«, antwortete Bea. »Was sollte sie zu mir sagen?«

»Sie hätte dich verfluchen können«, meinte Hannah. »Ich hörte, dass sie ihren Hund wie ein kleines Kind behandelte, das ihr unerlaubt über den Rasen gelaufen war!«

Die beiden Mädchen lachten so laut, dass sie nicht bemerkt hatten, dass Hannahs Vater ins Zimmer gekommen war und sich auf einem Schemel niedergelassen hatte.

Der Vater wartete eine Weile, bis sie aufhörten zu lachen. Dann fragte er: »Habt ihr was dagegen, wenn ich euch eine Geschichte erzähle? Sie dauert nicht lang«, versprach er.

»Vor einigen Jahren gab es hier in der Nachbarschaft einen Jungen, der nur wenig Freunde hatte. Eines Tages« – jetzt wurde sein Ton etwas unheimlich – »ging dieser Junge in den Garten von der alten Frau Marcum. Er lief übers Gras und setzte sich sogar auf die Veranda – alles, ohne zu fragen. Es dauerte nicht lange, da öffnete sich die Tür und die alte Frau Marcum stand da. Sie lächelte den Jungen an und lud ihn ein, ins Haus zu kommen und – ob ihr's glaubt oder nicht – er betrat dieses unheimliche alte Haus. Und als sie ihn dort allein hatte, was meint ihr, was sie mit ihm machte?«

»Was?«, flüsterten die Mädchen gleichzeitig.

Der Vater lehnte sich zurück und nun veränderte sich sein Ton. Da war nichts Gruseliges mehr darin. »Sie gab ihm Milch und Schokoladenplätzchen und bat ihn, wiederzukommen, so oft er wollte. Und das tat er auch, etwa einmal in der Woche, einige Jahre lang, bis er wegging, um am College zu studieren.«

»Der kleine Junge warst du, nicht wahr, Papa?«, fragte Hannah.

Der Vater nickte.

»Und Sie meinen, wir sollten nichts Böses über die alte Frau Marcum sagen«, fügte Bea hinzu.

Der Vater lächelte. »Ich denke, ihr solltet über niemand etwas Gemeines oder Böses sagen, ob der Betreffende nun alt oder jung ist, weiß oder schwarz, kahlköpfig oder dick. Auch Menschen, die anders sind als wir, verdienen euren Respekt, weil die Bibel sagt, dass wir jedermann angemessene Achtung zeigen sollen.«

»Ist gut, Papa«, sagte Hannah, »es tut uns Leid.«

»Gut«, sagte der Vater. Er stand auf, blieb aber noch einen Augenblick da. »Ach, und bei der Gelegenheit …«, sagte er, »sie hat den Hund aus dem Tierheim geholt – nur für den Fall, dass ihr euch wundert.«

Zur Übung: Denkt euch Wege aus, auf denen eure Familie mehr über andere Kulturen lernen kann, die euch fremd sind. Vielleicht probiert ihr mal andere Kochrezepte aus oder geht in ein Museum, das Dinge ausstellt, die zu einer besonderen Kultur gehören.

Gebet: »Herr, hilf uns, deinem Gebot zu gehorchen, dass wir jedermann angemessenen Respekt bezeigen sollen. Erinnere uns vor allem daran, dass wir jene achten sollen, die anders sind als wir.«

22. November

Das Spiel mit dem Respekt

Selbstachtung ist etwas Gutes.

Bibellese des Tages: 1. Johannes 3,1-2
Tages-Vers: »Seht, wie viel Liebe unser himmlischer Vater für uns hat, denn er erlaubt, dass wir seine Kinder genannt werden – und das sind wir auch.« (1. Johannes 3,1)

»Was ist los, Papa?«, fragte Kirsten. »Du siehst traurig aus heute.«

Der Vater legte am Tisch seine Gabel neben seinen Teller und seufzte, wobei er sich den Mund mit seiner Serviette abwischte. »Ich glaube, ich bin tatsächlich ein bisschen traurig, Kirsten«, sagte er.

»War der Arbeitstag heute hart?«, fragte die Mutter freundlich.

Der Vater nickte. »Larry kam heute in mein Büro«, sagte er und bezog sich dabei auf seinen Vorgesetzten. »Er startete einen seiner üblichen Temperamentsausbrüche, wobei er mir eröffnete, dass er allen Respekt vor mir verloren hätte. Ich hatte nämlich einer neuen Firmenpolitik gegenüber Einwände gehabt, weil ich sie für falsch hielt. Von daher bin ich vermutlich ein bisschen ›fertig‹.«

»Ich habe aber immer noch Achtung vor dir, Papa«, sagte Kirsten.

»Ich auch, Papa«, fügte ihre kleine Schwester Sandra hinzu.

»Kinder«, sagte die Mutter, »sollen wir eine oder zwei Runden von unserem Respekt-Spiel spielen?«

»Kann ich anfangen?«, fragte Sandra. Die Mutter nickte und Sandra schaute den Vater an: »Ich respektiere dich, weil … weil du ein guter Papa bist!«

Der Vater setzte nun zu einer Aussage an, aber Kristen unterbrach ihn: »Du kennst die Regeln, Papa; du darfst nichts sagen, bevor wir nicht fertig sind.«

Der Vater nickte und legte seine Hand auf den Mund.

»Ich respektiere dich«, sagte Kirsten, »weil du wirklich hart arbeitest.«

Die Mutter streckte ihre Hand aus und streichelte den Handrücken des Vaters. »Ich respektiere dich, weil du ein wundervoller Vater von zwei wunderbaren Kindern bist … und weil du immer das tust, was du vorher gesagt hast.«

»Nicht fair!«, sagte Sandra. »Du hast zwei Dinge auf einmal gesagt.«

Die Mutter lachte. »In Ordnung, Sandra, du darfst dann, wenn du an der Reihe bist, auch zweimal etwas sagen.«

Die nächsten Minuten fuhren sie in diesem Sinn fort und sagten dem Vater auf die verschiedenste Weise, weshalb sie ihn respektierten. Endlich beschlossen sie, aufzuhören.

In den Augen des Vaters standen Tränen, als er sagte: »Danke, meine Damen, das hatte ich heute Abend wirklich nötig.«

»Ist schon gut, Papa«, sagte Kirsten, als sie von ihrem Stuhl aufstand, zum Papa hinüberging und ihre Arme fest um seinen Hals legte. »Du machst es ja mit uns genauso, wenn wir eine Erinnerung daran nötig haben, dass wir uns auch selbst achten müssen.«

»Ich will auch eine Umarmung!«, rief Sandra. Sie sprang von ihrem Sitz auf und umarmte den Vater von der anderen Seite.

Zur Diskussion: Hältst du es für eine gute Sache, Selbstachtung zu haben? Wenn ja, warum? Welchen guten Grund gibt uns die heutige Bibellese für Selbstachtung. Wie kannst du in der Zukunft mehr Achtung vor dir selbst haben? Denkst du, dass Selbstachtung dir helfen kann, auch andere zu respektieren? Wenn ja, wie?
Gebet: »Herr, manchmal vergessen wir, dass wir auch Selbstachtung nötig haben. Hilf uns, Herr, uns selbst und andere zu respektieren.«

23. November

Einzigartiger Wert

Respekt ist etwas Gutes, weil wir alle nach dem Bild Gottes geschaffen sind.

Bibellese des Tages: 1. Mose 1,26-27
Tages-Vers: »Und Gott schuf den Menschen zu seinem Bilde, zum Bilde Gottes schuf er ihn; und schuf sie als Mann und Frau.« (1. Mose 1,27)

Walter fand seinen Vater endlich in der Keller-Werkstatt. »Ich habe dich überall gesucht«, sagte er. »Du glaubst nicht, was mir heute in der Schule passiert ist.«

Der Vater schaute von seiner Arbeit auf. Er entfernte gerade vorsichtig die Klammern von Streichholzbriefchen. Danach wird er die Streichhölzer entfernen und das Deckblatt auf dem Tisch glätten. Später wird er dann die Deckblätter seiner Sammlung hinzufügen.

»Heute haben wir in der Turnstunde Squaredance gemacht«, fuhr Walter fort, »und was glaubst du, wer mein Partner war – Belinda!«

»Wer ist Belinda?«, fragte der Vater.

Walter verdrehte die Augen. »Sie ist eine Zurückgebliebene, Papa!«

»Walter«, sagte der Vater streng, »das ist nicht sehr nett.«

»Aber es ist tatsächlich so. Ich sage ihr damit nichts Böses nach. Sie ist wirklich geistig behindert. Hier oben ist sie sehr langsam«, sagte er und tippte sich mit dem Finger an die Schläfe.

Das Gesicht des Vaters zeigte einen ernsten Ausdruck. Er räusperte sich. »Walter, könntest du mir bitte diese beiden Deckblätter von den Streichholzbriefchen geben?«, fragte er und zeigte quer durch den Raum. Walter sah die Briefchen auf einem kleinen Tisch innen in der Werkstatt. Er gab sie seinem Vater.

»Warum sammelst du dieses Zeug?«, fragte Walter. »Werden sie eines Tages eine Menge Geld wert sein?«

Der Vater lachte und schüttelte den Kopf. »Nein, wahrscheinlich nicht«, sagte er. »Aber sie sind für mich etwas wert.« Er drehte die Seiten eines Albums und zeigte auf eine Stelle. »Dies hier ist von dem Gasthaus, wo Mama und ich die beiden ersten Nächte unserer Flitterwochen verbrachten, und das hier – ist aus Luxemburg, von einer Reise nach Europa, die ich mit der Konzert-Band unserer Junior-Highschool gemacht habe.« Er zuckte die Achseln. »Sie sind für mich wertvoll, wenn auch nicht für irgendjemand anderen ... wie Belinda.«

»Was hat Belinda mit deinen Streichholzbriefchen zu tun?«

Wieder räusperte sich der Vater. »Auch wenn sie dir nicht in irgendeiner Weise wertvoll erscheint, so ist sie es doch für Gott. Ob sie nun behindert ist oder nicht, sie ist immer noch nach dem Bild Gottes gemacht. Und als einzigartiges Kind Gottes verdient sie Respekt wie jeder andere auch, der nach dem Bild Gottes gemacht ist.«

»So habe ich das noch nie gesehen«, gab Walter zu.

»Deshalb bin ich ja da«, sagte der Vater augenzwinkernd, »um dir beim Denken zu helfen!«

Zur Übung: Leg heute ein Streichholzbriefchen an einen ins Auge fallenden Platz (wie z. B. auf den Mittagstisch), um dich an den unermesslichen Wert jedes menschlichen Wesens zu erinnern.
Gebet: »Herr, danke für den unendlichen Wert, den du jedem von uns beimisst.«

24. November

Respekt und Beziehungen

Respekt fördert gesunde Beziehungen.

Bibellese des Tages: 1. Mose 32,3-7; 33,1-4
Tages-Vers: »Liebt einander mit aufrichtiger Zuneigung und habt Freude daran, euch gegenseitig Achtung zu erweisen.« (Römer 12,10)

Joni und Mia spielten miteinander im Garten hinterm Haus, als die Mutter nach ihnen rief.

»Mittagessen ist fertig«, sagte sie. Joni hatte gefragt, ob ihre Freundin Mia zum Mittagessen dableiben könnte, und die Mutter hatte zugestimmt, Mias Lieblingsgericht zu machen – Pfannkuchen.

Als die beiden Mädchen sich der Schiebetür näherten, trat Joni zur Seite und machte eine Handbewegung: »Geh du zuerst.«

Im gleichen Augenblick war jedoch Mia von der Tür zurückgetreten und sagte: »Nach dir bitte.«

Die beiden lachten sich an und gingen nun miteinander durch die breite Türöffnung. Nachdem sie ihre Jacken aufgehängt und ihre Hände gewaschen hatten, saßen sie an der Küchentheke, um ihre Pfannkuchen zu essen.

»Jessica mag keine Pfannkuchen«, sagte Mia während des Essens.

Die Mutter, die in der Küche arbeitete, während die Mädchen aßen, fragte: »Mia, spielst du noch mit Jessica? Ich habe euch schon eine ganze Weile nicht mehr zusammen gesehen.«

Mia und Joni tauschten einen Blick aus. »Meine Mutter meinte, ich würde mal ein bisschen Abstand von Jessica benötigen«, sagte Mia.

»Oh«, antwortete die Mutter, »warum?«

Mia schluckte den Bissen hinunter, an dem sie gerade kaute. »Jessica tut Dinge, von denen meine Mutter sagt, sie seien respektlos«, sagte sie. »Sie tituliert mich manchmal mit allerhand Namen und behandelt mich so, als ob sie etwas Besonderes wäre und ich nicht.«

»Ich verstehe«, sagte die Mutter. »Macht sie es mit dir genauso, Joni?«

Joni nickte. »Das tut sie bei allen.«

»Das ist allerdings sehr schade«, sagte die Mutter. »Aber es sollte euch etwas lehren.«

»Was?«, fragten die beiden Mädchen gleichzeitig.

Die Mutter wartete, bis die beiden aufhörten, zu kichern, bevor sie fortfuhr: »Es sollte euch deutlich machen, warum es gut ist, andere respektvoll zu behandeln und schlecht, ihnen die Achtung zu verweigern. Wenn Jessica andere mit mehr Respekt behandeln würde, hätte sie vermutlich auch mehr Freundinnen – Freundinnen, die wahrscheinlich gern mit ihr zusammen sein würden.«

Mia nickte leidenschaftlich. »Sie kann so lustig sein, wenn sie ordentlich mit den Menschen umgeht.«

»Wie ihr beide«, sagte die Mutter. »Ich mag das sehr.«

Joni und Mia lächelten sich an. »Wir auch!«, sagten sie gleichzeitig.

Zur Diskussion: Wie zeigte Jakob nach der heutigen Bibellese Respekt vor seinem Bruder Esau? Denkst du, dass das für ihre Beziehung hilfreich war oder sie verletzte? Warum? Denkst du, Jessicas Verhalten ihrer

Freundschaft nützte oder verletzte sie? Warum? Glaubst du, dass es gute Beziehungen fördert, wenn man andere Leute mit Respekt behandelt? Wenn nicht, warum nicht? Wenn ja, wie?
Tipp fürs Gebet: Betet abwechselnd für die Menschen, die ihr achtet. Dankt Gott für jede einzelne Person.

25. November

Die richtige Entscheidung

Respekt fördert die Bewunderung und Wertschätzung anderer.

Bibellese des Tages: Römer 13,2-3
Tages-Vers: »Deshalb tu, was richtig ist, und du wirst sogar noch dafür gelobt werden.« (Römer 13,3)

Bruce drängte sich mit dem Rest seiner Mannschaft zusammen. Ihre kirchliche Jugendgruppe hatte sich in zwei Gruppen geteilt, um »Touch Football« zu spielen. Bruce war der Kapitän seiner Mannschaft. Ihr Jugendpastor, Paul, war der Kapitän des anderen Teams. Das Team von Bruce hatte Vorsprung. »Ich habe eine gute Idee«, sagte Dylan, während Bruce und die anderen einen engen Kreis bildeten, um ihr nächstes Spiel zu planen. Er lächelte boshaft. »Beim nächsten Spiel werden Kevin und ich direkt auf Pastor Paul zurennen … und ihm die Hosen runterziehen!« Bruce hob den Kopf und überflog mit einem Blick die große Gruppe von Jungen und Mädchen, die selbst spielten und dem Spiel zuschauten. »Das könnt ihr nicht machen!«, sagte Bruce.

»Warum nicht?« Dylan grinste niederträchtig. »Hoffentlich hat er eine saubere Unterhose an!«

»Nein, keinesfalls«, sagte Bruce und schüttelte den Kopf. »Das ist nicht richtig.«

»Ach, komm schon«, sagte Dylan. »Sei nicht so stur. Das ist doch nur ein harmloser Streich.«

»Es wäre nicht in Ordnung«, wiederholte Bruce. »Pastor Paul ist ein cooler Kumpel, und er kann eine Menge Spaß vertragen, aber er ist immer noch unser Jugendpastor. Ich finde, es wäre respektlos.«

»Nein, wäre es nicht«, sagte Dylan, aber die anderen Gesichter im Kreis um ihn schienen mehr Zustimmung für Bruce auszudrücken. »Na gut«, sagte er stirnrunzelnd, »dann spielen wir eben normal.«

Das Spiel ging weiter. Obwohl Pastor Pauls Team aufholte, gewann das Team von Bruce schließlich.

Später, als die meisten Jugendlichen schon gegangen waren, kam Pastor Paul zu Bruce und legte ihm eine Hand auf die Schulter.

»He, Bruce«, sagte er lächelnd. »Ich habe gehört, dass Dylan ein Komplott geschmiedet hatte, mir beim Spiel die Hosen herunterzuziehen.«

»Ja«, sagte Bruce nickend.

»Ich habe auch gehört, dass du ihm sagtest, er solle das vergessen, weil das respektlos wäre.«

»Stimmt.«

Pastor Paul klopfte Bruce auf den Rücken. »Danke, Amigo«, sagte er. Die beiden sahen sich in die Augen. »Du hast die richtige Entscheidung getroffen, und ich bin wirklich sehr froh darüber.«

Pastor Paul ging seines Weges, aber seine Worte hinterließen ein warmes Gefühl im Herzen von Bruce.

Zur Diskussion: Denkst du, dass Bruce die richtige Entscheidung getroffen hat? Auf welche Weise zeigst du Respekt für deine kirchlichen Leiter und andere Personen mit Autorität? Was glaubst du, warum Pastor Pauls Worte in Bruce ein warmes Gefühl hinterließen? Glaubst du, dass Menschen, die respektvoll handeln, im Allgemeinen mehr Bewunderung und Wertschätzung erfahren als solche, die sich respektlos benehmen? Warum oder warum nicht?
Gebet: »Herr, öffne uns die Augen dafür, dass Respekt anderen gegenüber für uns selbst Segen bedeutet.«

26. November

Zehn Regeln über Respekt

Respekt ist die Grundlage für eine moralische Haltung gegenüber Menschen.

Bibellese des Tages: 2. Mose 20,3-17
Tages-Vers: »Achtet alle Menschen.« (1. Petrus 2,17)

Steffi rannte zur Haustür, sobald sie hörte, dass ihre Eltern den Schlüssel ins Schloss steckten. Sie und ihr kleiner Bruder, der noch nicht in die Schule ging, waren mit einem Babysitter zu Hause geblieben, während Vater und Mutter bei einem Elternabend in der Schule gewesen waren. »Was hat sie gesagt?«, fragte Steffi, noch bevor Mutter und Vater ihren Mantel ausgezogen hatten. »Hat sie euch gezeigt, was ich in Kunsterziehung gemacht habe? Habt ihr an meinem Tisch gesessen?«

Die Mutter und der Vater lachten über Steffis Erregung, baten sie aber, zu warten, bis sie ihre Mäntel ausgezogen und den Babysitter bezahlt hätten. Als der Babysitter fort war, setzten sich Mutter und Vater im Wohnzimmer auf die Couch, jeder auf eine Seite von Steffi.

Dann begannen sie, ihre Fragen zu beantworten und schließlich sagte der Vater: »Wir sind sehr stolz auf dich, Steffi. Deine Lehrerin hat viele gute Dinge über dich gesagt. Aber ahnst du, was uns am besten dabei gefallen hat?« Als Steffi den Kopf schüttelte, fuhr der Vater fort: »Sie sagte, dass du diejenige Schülerin bist, die am meisten Respekt zeigt.«

Steffi lachte fröhlich, als die Mutter hinzufügte: »Das hat uns am meisten gefreut von allem, was deine Lehrerin gesagt hat, weil Respekt etwas so Wichtiges … und Seltenes ist in dieser Zeit.«

»Ich habe eine Idee!«, kündigte Steffi an. »Lasst uns das ›Was wäre, wenn …-Spiel spielen!«

»In Ordnung«, sagte die Mutter achselzuckend und tauschte einen lächelnden Blick mit dem Vater. »Was wäre, wenn alle Menschen in der Welt andere Leute mit Achtung behandeln würden?«

Steffi hüpfte auf und ab. »Niemand würde mehr die Zehn Gebote brechen.«

»Wo kommt diese Aussage her?«, fragte die Mutter überrascht von Steffis unerwarteter Antwort.

»Warte einen Augenblick«, sagte der Vater, in dessen Augen Verständnis aufgeblitzt war. Er schaute auf Steffi. »Steffi, du hast absolut Recht.« Dann wandte er sich an seine Frau. »Denk darüber nach. Man kann die Zehn Gebote unter dem Aspekt sehen, dass sie zum Respekt auffordern. Das erste Gebot verlangt von uns, Gott zu respektieren. Das zweite sagt, dass wir seine Einzigartigkeit respektieren sollen. Das dritte und vierte fordert, dass wir Gottes Namen und seinen Ruhetag respektieren sollen.«

Die Mutter schaute vom Vater auf Steffi. »Respektiere deine Eltern«, fügte sie hinzu. »Respektiere das Leben, die Ehe, das Eigentum anderer … du hast Recht! Wenn wir andere respektieren, dann würden wir niemals die Zehn Gebote brechen – gerade wie Steffi sagte!«

Steffi strahlte beide Eltern an. »Habe ich eine gute Antwort gegeben?«, fragte sie.

»Das hast du ganz bestimmt«, sagten Mutter und Vater gleichzeitig.

Zur Diskussion: Auf welche Weise fördern die Zehn Gebote den Respekt? Welche anderen Gebote kennst du, die die Achtung gegenüber anderen fördern?

Gebet: »Himmlischer Vater, hilf uns, einzusehen, wie wichtig Respekt ist. Hilf uns, zu erkennen, dass der Respekt vor dir und vor anderen deinem Willen entspricht. Und hilf uns, zu sehen, dass Achtung vor anderen es uns leichter macht, richtige Entscheidungen zu treffen.«

27. November

Tommys Gefühlsausbruch

Gottes Gebote sind nicht dazu da, uns unglücklich zu machen, sondern damit es uns gut geht.

Bibellese des Tages: 5. Mose 6,20-25
Tages-Vers: »Und der Herr hat uns geboten, nach all diesen Rechten zu tun, dass wir den Herrn, unsern Gott, fürchten, auf dass es uns wohlgehe unser Leben lang, so wie es heute ist.« (5. Mose 6,24)

»Ich *hasse* Trainer Burns!«, sagte Tommy, als er nach dem Football-Training seine Eltern beim Auto traf.

»Tommy!«, tadelte ihn die Mutter.

»Das ist keine besonders freundliche Art, von jemand zu reden«, fügte der Vater hinzu. »Ich hoffe, dass das nicht dein Ernst ist.«

Tommy öffnete die Autotür und warf seinen Helm hinein. Dann ließ er sich selbst daneben auf den Sitz fallen. »Na ja«, sagte er, »ich vermute, dass ich ihn nicht gerade hasse, aber ich finde, dass er schrecklich gemein ist.«

»Warum?«, fragte der Vater.

»Weil …«, jammerte Tommy, »weil er Dinge tut, nur um uns zu schikanieren.«

»Was zum Beispiel?«, fragte der Vater, während er die Beifahrertür für seine Frau öffnete.

»Z. B., dass wir zweimal am Tag trainieren sollen«, antwortete er und bezog sich dabei auf das Training, das der Trainer samstags zur Vorbereitung zum regionalen Meisterschaftsspiel angeordnet hatte.

Der Vater lachte. »Und du denkst, nur dieses ›zweimal am Tag‹ wäre schon gemein?«

»Ja«, sagte Tommy mürrisch.

»Ich weiß, dass du jetzt müde bist«, sagte der Vater, »aber ich denke, du solltest es besser wissen. Trainer Burns hat wahrscheinlich hundert Dinge, die er tun könnte, statt am Samstag nahezu den ganzen Tag sich anzuhören, was du und deine Mannschaftskameraden ihm vorjammern, wie gemein er wäre. Du weißt genau, dass er euch deshalb hart trainiert, damit ihr besser spielt.«

»Hm«, machte Tommy.

Die Mutter drehte sich auf ihrem Platz nach Tommy um. »Hast du in dieser Saison Freude am Spielen gehabt?«

Tommy nickte.

»Bist du gespannt auf dieses regionale Champion-Spiel?«

Wieder nickte er. »Spielst du gern?«

»Ja«, gab Tommy zu.

»Dann solltest du Trainer Burns dankbar sein. Wenn er nicht eure Höchstleistung herausgefordert hätte, wäre eure Spielsaison bereits vor einigen Wochen zu Ende gewesen.«

Tommy saß sehr still auf dem Rücksitz und starrte aus dem Fenster. Er mochte es nicht, wenn seine Eltern Recht hatten.

Zur Diskussion: Warum dachte Tommy, dass Trainer Burns ihn schikanieren wollte? Glaubst du, dass Tommy Recht hatte mit seiner Behauptung über Trainer Burns oder nicht? Viele Menschen denken ähnlich von Gott. Sie glauben, dass er uns Gebote gegeben hat, um uns unglücklich zu machen oder um uns zu schikanieren. Was sagt die heutige Bibellese dazu? Sollen die Gebote uns dienen oder uns verletzen? Sollen wir uns gegen Gott auflehnen wegen seiner Gebote oder ihm dafür dankbar sein?

Gebet: »Herr, du weißt, wie leicht wir zu jammern beginnen. Danke, dass du mit uns Geduld hast und uns daran erinnerst, dass deine Gebote zu unserem Besten sind.«

28. November

Die Spur der Luftballons

Gottes Wort und seine Gebote sollen uns zu einer Beziehung mit ihm führen.

Bibellese des Tages: Jesaja 55,6-7
Tages-Vers: »Suchet den Herrn, solange er zu finden ist; ruft ihn an, solange er nahe ist.« (Jesaja 55,6)

»Kann ich ein paar von den Luftballons tragen, Papa?«, fragte Valerie.

Der Vater trennte vorsichtig die Stricke, die das Bündel von Luftballons zusammenhielten, auseinander und übergab fünf seiner Tochter.

»Lass sie nur nicht los!«, warnte er sie.

Valerie nickte und presste ihre Faust um die Stricke, während sie aus der Haustür traten und den Gehweg entlanggingen. Valerie beobachtete, dass der Vater fünf Ballons am Briefkasten vor dem Haus befestigte. Dann nahm er Valeries freie Hand in seine und sie gingen weiter bis zum nächsten Abschnitt. Am Ende des Blocks befestigte der Vater die letzten fünf Ballons an der Ecke am Pfosten mit dem Straßennamen.

»Papa«, fragte Valerie, »warum lassen wir die Ballons hier an den verschiedenen Stellen? Warum können wir sie nicht zu Hause behalten und damit spielen?«

Der Vater brummte ein bisschen von der Anstrengung, die Stricke hoch oben am Pfosten der Straßenbezeichnung festzumachen. »Nun, weil die Ballons dazu dienen sollen, unser Haus zu finden. Du möchtest doch nicht, dass deine neuen Freunde sich verirren, wenn sie zu deiner Geburtstagsparty kommen wollen, oder?«

»Wie sollen sie wissen, dass sie hierher kommen müssen?«, fragte Valerie, plötzlich besorgt.

»Als ich ihren Eltern erklärt habe, wie sie unser neues Haus finden könnten, habe ich gesagt, sie sollten nach den Luftballons schauen.«

Valerie blickte jetzt auf die Ballons in ihrer Hand. »Und wofür sind die hier?« fragte sie.

Der Vater beugte sich zu ihr herunter und tippte ihr leicht auf die Nase. »Die sind für dich!«

An jenem Abend, nach einer sehr erfolgreichen – und ermüdenden – Geburtstagsparty las der Vater Valerie noch aus der Bibel aus dem Buch Jesaja vor. Er las die Worte: »Suchet den Herrn, solange er zu finden ist; ruft ihn an, solange er nahe ist.«

Als er mit Lesen fertig war, sagte Valerie: »Vielleicht braucht Gott ein paar von unseren Ballons!«

»Warum das?«, fragte der Vater.

»Sodass die Leute ihn finden können, wie meine Gäste die Party.«

Der Vater dachte einen Augenblick nach. Endlich meinte er: »Weißt du, Valerie, ich finde, dass du Recht hast. Nur denke ich, dass Gott sein Wort benutzt statt Luftballons. Er gab seinem Volk Gebote, um ihnen zu zeigen, wie sie ihn finden und ihm folgen könnten. Darum möchte er, dass wir sein Wort lesen und seine Weisungen befolgen – auf diese Weise können wir ihn finden und nahe bei ihm bleiben.«

»Die Bibel ist wie eine Spur aus Geburtstagsluftballons, nicht wahr?«, fragte Valerie.

Der Vater nickte. »Ein bisschen schon. Wenn wir der Spur folgen, kommen wir Gott immer näher.«

Zur Übung: Befestige heute einen Ballon an eurer Familienbibel, um euch daran zu erinnern, den Herrn durch das Lesen und Befolgen seines Wortes zu suchen.

Gebet: »Herr, du sagst uns: wenn wir dich suchen, wirst du dich von uns finden lassen. Wir wollen dich heute und immer wieder suchen.«

29. November

Der Weg nach unten

Demut ist der Weg Gottes, denn er demütigte sich selbst in Christus.

Bibellese des Tages: Philipper 2,3-11
Tages-Vers: »Stolz kommt vor dem Verderben und Hochmut vor dem Fall.« (Sprüche 16,18)

»Ich kann besser Skifahren als du!«, prahlte Oliver vor seiner älteren Schwester Amanda. Er stand oben an der »roten Piste«. »Ich bin zuerst unten!«

Amanda ließ eine leichte Unmutsäußerung hören und verdrehte ihre Augen gegenüber ihrem Bruder. »Es geht nicht immer um einen Wettkampf, Oliver.«

»Ha ha ha!«, gackerte Oliver. »Du weißt, dass du verlieren würdest!«

»Ich kann nicht verlieren«, antwortete sie, »weil ich nicht einmal an ein Rennen denke.«

»Fertig?«, fragte Oliver. »Los!«

Oliver schoss den Abhang hinab. Obwohl Amanda nicht die Absicht gehabt hatte, mit ihm um die Wette zu fahren, startete sie nur eine Sekunde nach dem Bruder. Während der Fahrt nach unten entschloss sie sich jedoch, ihren Bruder zu überholen und ihn bis zum Ende der Piste zu schlagen.

Amanda wurde schneller und schneller und hielt ihre Augen fest auf Oliver gerichtet, der sich alle Augenblicke umdrehte, um seine Schwester dicht hinter sich zu sehen. Dann jedoch wurden ihre Augen weit vor Besorgnis. Sie sah zwei Skifahrer vor Oliver, die auf der Bahn stehen geblieben waren, um miteinander zu reden, und urplötzlich war ihr klar, was passieren würde. Sie wusste, dass Oliver nicht den allgemein verbindlichen Abstand von den Stehengebliebenen einhalten würde. Entsetzt beobachtete sie, wie Oliver den beiden zu nahe kam.

Amanda war einige Sekunden später an der Stelle, wo Oliver in die beiden hineingefahren war. Alle drei wälzten sich auf dem Boden. »Seid ihr unverletzt?«, fragte sie. Sie war erleichtert, als sie die Fremden lachen sah. Doch dann blickte sie ihren Bruder an, während sie ihm half, wieder auf die Füße zu kommen.

Die beiden anderen Skifahrer halfen sich gegenseitig beim Aufstehen. »Ich habe das kommen sehen«, sagte der eine zu seinem Partner.

Der andere Mann wandte sich an Oliver. »Du solltest auf der Piste etwas vorsichtiger sein, junger Mann.«

Oliver nickte – sein Gesicht zeigte Verlegenheit. Er entschuldigte sich bei dem Mann, und er und Amanda fuhren den Hang weiter abwärts … langsam.

»Auf die beiden habe ich bestimmt Eindruck gemacht«, meinte Oliver kleinlaut.

»Ja – aber einen falschen!«, sagte Amanda.

»Es tut mir Leid, Schwesterchen«, sagte Oliver. »Ich denke, ich war eine bisschen großspurig.«

»Ein bisschen?«, spottete Amanda. »Dann vermute ich, dass der Mount Everest ein kleiner Hügel ist, oder?«

Zur Diskussion: Was war falsch am Verhalten von Oliver? Warum sind Stolz und Prahlerei falsch und Bescheidenheit richtig (s. die Bibellese von heute)? Hatte die Angeberei von Oliver gute oder schlechte Folgen? Hast du dich schon mal so benommen wie Oliver? Warum oder warum nicht?

Gebet: »Herr Jesus, danke, dass du dich selbst gedemütigt hast, um für unsere Sünden zu sterben. Hilf uns, an dein Beispiel zu denken, wenn wir in Versuchung geraten, stolz zu sein.«

30. November

Fahrrad-Köder

Nur Narren sagen sich: Es gibt keinen Gott und gehorchen ihm nicht.

Bibellese des Tages: Psalm 14,1-5
Tages-Vers: »Gott steht denen bei, die ihm gehorchen.« (Psalm 14,5)

Wendy war klar, dass Josua nichts Gutes vorhatte. Sie sah ihn durchs Tor in ihren Garten hinterm Haus kommen. Er ging sehr schnell und schaute sich um, als er auf sie zutrat.

»Hi, Josua«, sagte sie. Sie und Josua spielten manchmal zusammen. Und sie hatten sogar schon ein einfaches ›Clubhaus‹ in den Wäldern hinter ihrem Haus gebaut.

»Stell dir vor«, sagte Josua flüsternd – er fuhr fort, ohne auf ihre Antwort zu warten. »Jemand hat ein neues Mountainbike in der Gasse hinter ›Papas Pizza‹ stehen lassen.«

»Ein neues Mountainbike« klang wirklich verführerisch. Wendy zuckte mit den Schultern. »Es wird ja irgendjemand gehören.«

»Na und?«, antwortete Josua. »Aber wer auch immer es dort stehen ließ – er hat es nicht abgeschlossen.«

»Und?«

»Wir könnten es nehmen und in unserem Clubhaus unterstellen. Auf diese Weise würde es uns beiden gehören.«

Wendy blitzte Josua aufgebracht an, als ob sie nicht glauben könnte, dass er so einen Vorschlag machen würde. »Josua, das wäre Diebstahl!«

»Ach was!«, sagte er. »Aber woher wissen wir, dass die Person, die es dort stehen ließ, es nicht auch gestohlen hat?«

Wendy runzelte die Stirn in einem Ausdruck von Verwirrung. »Was für einen Unterschied macht das? Außerdem«, sagte sie, »verbietet Gott das Stehlen.«

Jetzt war es an Josua, verwirrt auszuschauen. »Ach komm, Wendy«, sagte er, »ich glaube nicht an all den ›Gott und Sonntagsschule-Kram‹. Willst du mir nun helfen oder nicht?«

Wendy warf Josua einen entrüsteten Blick zu. »Nein!«, sagte sie leidenschaftlich.

»Ach, du bist so ein Feigling!«, sagte er, als er davonging.

Wendy war froh, dass er fort war. Sie spielte noch eine Weile für sich und ging dann ums Haus in den Vorgarten, wo sie Hundegebell hörte. Es kam irgendwoher von der Straße. Der Mund blieb ihr offen stehen, als sie ein Polizeiauto vor dem Haus von Josua stehen sah. Ein Polizeibeamter brachte Josua die Stufen zu dessen vorderer Veranda hoch.

Sie erinnerte sich an das Gespräch, das sie eben mit Josua gehabt hatte und wusste plötzlich, was passiert war. Sie betete. »Es tut mir Leid, Herr, dass Josua jetzt in Schwierigkeiten steckt«, sagte sie, »aber ich bin wirklich froh, dass ich dir gehorcht habe.«

Zur Diskussion: Warum war Wendy in der Lage, die Entscheidung zu treffen, die sie tatsächlich fällte? Bist du schon mal in einer ähnlichen Situation gewesen? Was hast du getan?
Gebet: »Himmlischer Vater, bitte hilf uns, daran zu denken, dass es dumm ist, dich zu leugnen oder dir nicht zu gehorchen. Wir brauchen deine Hilfe, um die richtigen Entscheidungen zu treffen, Vater. Bitte hilf uns, das Richtige zu wählen und uns vom Bösen fern zu halten, weil wir wissen, dass du mit denen bist, die dir gehorchen.«

Dezember

1. Dezember

Glaube und Taten

Wir sind von der Gnade durch den Glauben gerettet, aber unser Glaube sollte die richtigen Entscheidungen bewirken.

Bibellese des Tages: Jakobus 2,14-20
Tages-Vers: »Und wenn wir mit unserem Gott und Vater über euch sprechen, denken wir an alles, was ihr im Glauben tut …« (1. Thessalonicher 1,3)

»Es gibt einiges, das ich nicht verstehe, Papa«, sagte Joel. Sein Vater und er arbeiteten zusammen im Obstgarten der Familie. Der Vater fuhr den Traktor zwischen den Reihen der Obstbäume, während Joel hinter ihm auf dem Traktor balancierte und sich an Vaters Schulter festhielt. »Du erinnerst dich daran, dass Mama und du mit mir heftig geschimpft habt, weil ich Geld aus Mamas Geldbeutel genommen habe, um mit Randy einkaufen zu gehen?«

»Mm«, sagte der Vater nickend. »Was hast du daran nicht verstanden?«

»Na ja, ich sehe nicht ein, weshalb das eine so große Sache sein soll. Ich weiß natürlich, dass ich das nicht hätte tun sollen, aber ihr tut so, als ob ich kein Christ wäre, wenn ich mal einen Fehler mache.«

Der Vater sagte nichts. Er hielt mit dem Traktor vor einem abgestorbenen Orangenbaum und stellte den Motor ab. Dann kletterte er vom Traktor herunter und ging zu dem Baum.

»Siehst du den Baum hier?«, fragte der Vater und zog eine Axt aus seinem Gürtel.

Joel stand daneben mit den Händen in den Taschen seiner Jeans. »Ja, warum?«

»Ich will ihn fällen«, sagte der Vater. »Glaubst du, dass das richtig ist?«

Joel zuckte wieder mit den Schultern. »Ja«, sagte er, »er ist tot.«

»Woher weißt du das?«

»Schau dir das doch an! Der ist schon seit der letzten Saison abgestorben.«

»Du hast Recht«, sagte der Vater. »Er trägt keine Früchte mehr.« Er begann am Fuß des Baumes zu hacken. Nach einigen Minuten anstrengenden Tuns gab er dem Baum einen Stoß, der dann gegen den Traktor hin umkippte. Joel half ihm nun, den Baum hochzuheben und ihn hinter dem Traktor auf den Anhänger zu laden.

Als der Vater wieder auf den Traktor kletterte und sich setzte, begann Joel wieder zu sprechen. »Ich denke, ich habe verstanden, was du sagen wolltest, Papa«, meinte er. Er war an die einzigartige Methode seines Vaters gewöhnt, sachliche Themen anschaulich darzustellen und darüber eine Lektion zu erteilen.

Der Vater drehte sich um und lächelte seinen Sohn an. »Du hast Recht, wenn du meinst, dass ›das Richtige tun‹ keinen Christen ausmacht«, sagte er. »Das kann nur Gottes Gnade bewirken, wie auch nur Gott einen Orangenbaum wachsen lassen kann. Aber ein Christ sollte versuchen, richtige Entscheidungen zu treffen und richtig zu handeln, gute Dinge zu tun und keine schlimmen – gerade wie ein Orangenbaum Orangen wachsen lassen sollte. Wenn dieses Ergebnis nicht sichtbar wird, dann weiß ich, dass irgendetwas nicht stimmt.« Der Vater drehte den Zündschlüssel und der Motor des Traktors sprang an.

»Ich mag es nicht, wenn ich es zugeben muss«, sagte Joel durch den Lärm des Traktors hindurch, »aber du hast Recht.«

Der Vater streckte den Arm aus, ohne sich umzudrehen und boxte seinen Sohn in die Rippen. »Mittlerweile solltest du daran gewöhnt sein«, neckte er ihn.

Zur Diskussion: Bist du ein Christ? Wenn ja, wurdest du es durch irgendwelche guten Taten oder indem du darauf vertraut hast, dass Christus dich aus Gnade gerettet hat? Bedeutet es, wenn du Christ bist, dass du dir keine Gedanken mehr zu machen brauchst, ob du richtig oder falsch handelst? Warum oder warum nicht?

Gebet: »Herr, deine Gnade, und nur deine Gnade, rettet uns. Bitte hilf uns, darauf mit liebendem Gehorsam zu antworten.«

2.
Dezember

Ellens Pakt

Zuverlässigkeit ist richtig, weil Gott selbst zuverlässig ist.

Bibellese des Tages: 1. Mose 40,1-23
Tages-Vers: »Die Güte des Herrn ist's, dass wir nicht gar aus sind, seine Barmherzigkeit hat noch kein Ende ... und deine Treue ist groß.«
(Klagelieder 3,22-23)

»Lass uns einen Pakt schließen«, schlug Kelly vor.

»Einen was?«, fragte ihre Freundin Ellen. Sie saßen zusammen draußen auf den Bänken vor der Schulsporthalle. Sie hatten sich beide als Teilnehmer für die Theateraufführung der Schule beworben.

»Weißt du, wenn zwei Menschen übereinkommen in einer Sache, das ist ein Pakt«, sagte Kelly. »Lass uns einen Pakt schließen, dass, wenn einer von uns eine Rolle in dem Spiel übernehmen soll und der andere nicht, dass wir dann trotzdem einer dem anderen helfen, seine Rolle zu lernen usw.«

»O.k.«, meinte Ellen achselzuckend.

Kelly hielt ihren kleinen Finger hoch in die Luft. Ellen bog ihren kleinen Finger darum herum und beide gaben sich die Versicherung darauf. »Abgemacht?«, fragte Kelly.

»Abgemacht!«, bestätigte Ellen.

Am folgenden Montag war die Rollenverteilung an der Tür zur Sporthalle angeschlagen.

»Ich kann nicht hinsehen«, sagte Kelly. Sie hielt sich mit der Hand die Augen zu. »Hab ich's geschafft?«

Es dauerte einige Augenblicke, bevor Ellen antwortete. Als sie sprach, war ihre Stimme fast tonlos. »Du hast eine Rolle.«

Kelly öffnete die Augen und schrie auf. Sie legte ihre Arme um Ellen und tanzte eine Weile auf und ab. Dann ließ sie die Freundin los. »Was ist los?«, fragte sie und wusste plötzlich die Antwort. »Du hast es nicht geschafft?«

»Nein«, sagte Ellen mürrisch, »wenn du es wissen willst.«

»Bist du sicher?« Kelly ging auf die Tür der Sporthalle zu und schaute auf die Liste.

»Ja, ich bin sicher«, antwortete Ellen. »Ich muss gehen.« Sie machte sich auf den Weg.

»O.k.«, antwortete Kelly und umarmte ihre Freundin von hinten. »Ich werde dich anrufen. Wenn ich das Skript bekommen habe, können wir meine Rolle gemeinsam durcharbeiten. Das kann viel Spaß machen.«

Ellen winkte ihrer Freundin sorglos zu. »Wahrscheinlich habe ich zu viel zu tun«, sagte sie. Sie sah Kelly nicht an. »Ich denke, ich kann nicht.«

Kelly hielt inne und sah ihre Freundin über den langen Flur der Schule weggehen. Sie wusste, dass sie jetzt jemand anderen finden musste, der ihr helfen würde, ihre Rolle einzustudieren ... Pakt hin, Pakt her.

Zur Diskussion: Was war falsch am Verhalten von Ellen? Wieso ähnelte es dem Benehmen des Mundschenks in der heutigen Bibellese? Wodurch wird Treue richtig und Unzuverlässigkeit falsch? Hast du jemals wie Ellen gehandelt? Warum, oder warum nicht?
Gebet: »Herr, hilf uns, treu zu sein in Worten und Taten, weil wir wissen, dass du treu bist.«

3. Dezember

Fußspuren

Jesus ähnlich zu sein, bedeutet auf dem richtigen Weg zu sein.

Bibellese des Tages: 1. Petrus 2,21-25
Tages-Vers: »Leite meine Schritte sicher durch dein Wort. Lass nicht zu, dass ich vom Bösen überwältigt werde.« (Psalm 119,133)

Es war der erste große Schneesturm in diesem Jahr. Der Großvater zog den Mantel an, um hinauszugehen.

»Wo willst du hin?«, fragte Simone.

Der Großvater schloss den Mantel und zog sich eine Wollmütze über die Ohren. »Ich gehe raus zum Holzstoß, um Holz für den Ofen zu holen«, sagte er.

»Kann ich mitkommen?«, fragte Simone.

Der Großvater schien einen Augenblick nachzudenken, dann antwortete er: »Ich schätze, du kannst, kleine Frau. Ich kann ein paar zusätzliche Hände brauchen.«

Ein paar Minuten später hatte auch Simone einen Mantel, eine Kappe und Stiefel angezogen – wie der Großvater. Dieser öffnete die Seitentür des Hauses und stapfte durch den tiefen Schnee. Nach ein paar Schritten drehte er sich um. Simone stand noch wartend vor der Tür.

»Der Schnee ist zu tief, Opa«, rief sie.

»Du brauchst nur in meinen Fußstapfen zu gehen«, rief dieser zurück.

Simone sah sich sorgfältig die Spur an, die der Großvater im Schnee hinterlassen hatte und setzte tapfer ihren Fuß in den ersten Fußabdruck hinein. Dann probierte sie es mit dem zweiten Fuß – und bald hatte sie den Großvater eingeholt, während sie so hinter ihm herging. Es kam ihr bald wie ein Spiel vor, wenn sie so immer ein paar Schritte hinter ihm den Weg zum Holzstapel und wieder zurück zum Haus ging.

Später am Abend, als die Familie sich um den Kamin versammelt hatte, erzählte der Großvater den anderen, wie Simone ihm an diesem Nachmittag geholfen hatte. Dann las er aus der Bibel einiges vor, was es bedeutete, den Fußspuren von Jesus zu folgen.

»Jesus hat uns den Weg gezeigt«, sagte er hinterher. »Er hat uns Fußspuren ›im Schnee‹ hinterlassen, gerade wie ich es für Simone gemacht habe. Wenn wir diesen Spuren folgen, können wir sicher sein, den richtigen Weg zu gehen, weil die Bibel sagt, dass Jesus niemals sündigte, und dass keine Arglist in seinem Mund gefunden wurde. Wenn wir seinen Fußstapfen folgen, brauchen wir niemals herumzulaufen und zu überlegen, was richtig oder falsch ist. Sich jesusähnlich zu verhalten, ist immer richtig.«

Simone kletterte auf Großvaters Schoß. »Opa«, fragte sie, »hast du Jesus gekannt, als er auf dieser Erde war?«

Alle lachten über ihre Frage. »Nein, kleine Frau«, antwortete er. »Ich kenne ihn zwar schon viele Jahre, aber so alt bin ich doch nicht ganz!«

Zur Diskussion: Was heißt das, »den Fußspuren von Jesu zu folgen«? Welche praktischen Wege gibt es, um das zu verwirklichen?
Gebet: »Himmlischer Vater, danke, dass du Jesus gesandt hast, damit er für unsere Erlösung leben und sterben sollte. Hilf uns, seinem Beispiel zu folgen und ihm bei jeder Entscheidung, die wir treffen, immer ähnlicher zu werden.«

4. Dezember

Falsche Wege

Unaufrichtigkeit ist falsch – auch wenn es »keine große Sache« zu sein scheint.

Bibellese des Tages: Psalm 119,27-29
Tages-Vers: »Bewahre mich davor, zu lügen und zu betrügen.« (Psalm 119,29)

Kristin zeigte Yolanda ihre neuen Haarspangen, die sie im Einkaufszentrum gekauft hatte.

»Diese mag ich besonders!«, sagte Yolanda. »Sie sind so cool.«

»Warum kaufst du dir nicht selbst welche, wenn wir heute Abend zum Einkaufen gehen?«, schlug Kristin vor.

»Wie viel kosten sie?«, wollte Yolanda wissen.

Sie schüttelte den Kopf, als Kristin ihr den Preis genannt hatte. »So viel Geld habe ich nicht«, sagte sie. Jetzt machte auch Kristin ein trauriges Gesicht. »Vielleicht leihen dir deine Eltern das Geld dafür.«

Yolanda schüttelte den Kopf. »Sie lassen mich niemals Geld leihen«, erklärte sie. »Sie haben mir beigebracht, dass ich keine Schulden machen dürfe für Dinge, die ich gerne haben möchte.«

Die beiden Mädchen sahen sich bedrückt an. Nach einer Weile hellte sich Kristins Gesicht auf. »Ich hab eine Idee«, sagte sie. »Warum sagst du deinen Eltern nicht, dass du Geld für die Schule brauchst … für … für irgendwelche Sachen für den Kunstunterricht oder was Ähnliches?«

»Das kann ich nicht tun«, sagte Yolanda.

»Lass mich mal zu Ende denken«, sagte Kristin. »Du könntest dir von ihnen das Geld für Material für den Kunstunterricht geben lassen, und wir könnten heute Abend zum Einkaufszentrum gehen und deine Haarspangen kaufen. Wann bekommst du dein nächstes Taschengeld?«

»Freitag«, antwortete Yolanda.

»O.k.«, verkündete Kristin, als ob damit alles erledigt wäre, »Freitag bekommst du dein Taschengeld und dann erklärst du deinen Eltern, dass du das neue Material für ›Kunst‹ doch nicht brauchst und gibst ihnen das Taschengeld zurück. Dann sind alle zufrieden!«

»Es ist … es scheint mir irgendwie nicht richtig zu sein.«

»Schau doch mal«, erklärte Kristin geduldig, »keinem Menschen geschieht dabei Unrecht. Deine Eltern verlieren kein Geld, und du bekommst die Haarspangen, die du dir wünschst.«

Yolanda zog die Stirn in Falten. Sie geriet in Versuchung, den Rat ihrer Freundin zu befolgen.

»Alles, was du zu tun hast –«, sagte Kristin, aber Yolanda unterbrach sie.

»Alles, was ich zu tun habe, ist, meine Eltern zu belügen und mir Geld von ihnen zu leihen, ohne dass sie es wissen.«

»Na ja!«, antwortete Kristin, und dann: »Nein! Du hättest nicht gelogen.«

»Wenn das nicht gelogen ist, was ist es dann?«

»Das ist 'ne Bagatelle.«

»Ja, das ist es«, sagte Yolanda. »Mir ist gerade klar geworden, warum es mir nicht richtig vorkommt.«

»Warum?«, fragte Kristin.

»Weil es Unrecht ist!«, antwortete Yolanda.

Zur Übung: Unaufrichtigkeit ist Unrecht, auch wenn es keine ›große Sache‹ ist. Zähle einmal, wie viel Haarspangen oder dekorativen Haarschmuck du heute bei anderen Leuten siehst, um dich daran zu erinnern, dass du aufrichtig wie Yolanda sein solltest (aber starre die Menschen nicht an!).

Gebet: »Herr, lass uns aufrichtig bleiben, wenn wir in Versuchung geraten.«

5. Dezember

Verloren und gefunden

Gott allein entscheidet darüber, was Recht und Unrecht ist.

Bibellese des Tages: Josua 6,20; 7,1.19-21
Tages-Vers: »Wer ein vorbildliches Leben führt, lebt sicher, wer aber krumme Wege geht, wird bestraft.« (Sprüche 10,9)

Donna bezahlte für ihren neuen Schal und die Handschuhe und schob das Wechselgeld in ihre Manteltasche. Dann verließ sie mit ihrer Freundin Jenny das Geschäft und trat hinaus in einen frischen Wind.

»Brrr!«, sagte Jenny und zog die Schultern hoch. »Das ist eine kalte Brise.«

»Ich bin froh, dass ich diesen Mantel anhabe«, sagte Donna und zog den Reißverschluss ihres warmen Wintermantels hoch.

Plötzlich stupste Jenny sie mit dem Ellenbogen an. Sie machte eine Geste zu einen Straßenhändlerwagen hin, der am Bordstein parkte. Dampf stieg von dem Wagen auf und ein paar einfache Pappschilder machten Werbung für ›Hot Dogs‹, geröstete Kastanien und heiße Schokolade.

»Lass uns eine heiße Schokolade trinken«, schlug Jenny vor.

Donna schaute sehnsüchtig auf den Imbisswagen. »Ich kann nicht«, sagte sie. »Ich habe nicht genug Geld dabei.« Sie schob die Hand in ihre Manteltasche und zog das Wechselgeld heraus, das sie erhalten hatte. »Ich habe nur noch …« Ihre Augenbrauen zogen sich zusammen, als sie das Geld in ihrer Hand zählte. Dann schaute sie ihre Freundin an. »Die Kassiererin hat mir zu viel Wechselgeld herausgegeben.«

»Das ist doch großartig!«, sagte Jenny. »Das bedeutet, dass du für uns beide heiße Schokolade kaufen kannst.«

»Was?«, sagte Donna. »Ich kann das Geld nicht behalten. Das wäre gestohlen.«

»Nein, wäre es nicht«, erklärte Jenny. »Es war ihr Fehler, nicht deiner.«

»Aber es ist nicht mein Geld.«

»Ich wüsste hundert Gründe, weshalb du das Geld behalten solltest«, sagte Jenny.

»Und ich finde nur einen einzigen Grund, weshalb ich es nicht behalten sollte«, sagte Donna. »Aber es ist der einzige Grund, der zählt, weil Gott sagt, dass wir Dinge nicht nehmen sollen, die uns nicht gehören.«

Jenny hüpfte auf und ab am Straßenrand. »Komm doch, Donna«, bettelte sie. »Ich friere und möchte eine heiße Schokolade haben!«

Donna schüttelte den Kopf und griff nach dem Ellenbogen ihrer Freundin. »Lass uns gehen«, sagte sie und zog Jenny ins Geschäft zurück. Drinnen ging sie zur Verkaufstheke und fand auch die Kassiererin, die ihr das falsche Wechselgeld gegeben hatte. Sie erklärte, was geschehen war, und dass sie gekommen sei, um das Geld zurückzugeben.

»Ich bin sehr froh, dass du wiedergekommen bist«, sagte die Kassiererin, griff unter die Theke und zog eine Tasche heraus. »Du hast vergessen, was du eingekauft hattest!«

Donna blieb der Mund offen stehen. Sie hatte Schal und Handschuhe bezahlt und dann geistesabwesend das Geschäft ohne die Sachen verlassen! »Vielen, vielen Dank«, sagte sie.

»Danke auch dafür, dass du so ehrlich warst«, sagte die Kassiererin.

Zur Diskussion: Was hättest du an Donnas Stelle getan? Warum? Woher wusste Donna, was richtig war? Was glaubst du, wie die Geschichte geendet hätte, wenn sie auf ihre Freundin gehört hätte?
Gebet: »Herr, das alte Sprichwort ›Ehrlich währt am längsten.‹ ist wahr. Es ist wahr, weil du uns gezeigt hast, dass Aufrichtigkeit in deinen Augen richtig ist.«

6. Dezember

So-tun-als-ob-Spiel

Gott gebietet Aufrichtigkeit.

Bibellese des Tages: 3. Mose 19,1-2.11
Tages-Vers: »Hört auf zu lügen und sagt einander die Wahrheit.« (Epheser 4,25)

Tiffany stand an der gläsernen Schiebetür zu dem kleinen Innenhof und schaute nach draußen, als die Mutter hereinkam.

Tiffany fuhr herum und sah die Mutter mit einem schuldbewussten Blick an.

Aufmerksam geworden durch Tiffanys Verhalten, stellte die Mutter fest, dass der Hund der Familie nicht da war.

»Tiffany«, sagte die Mutter langsam, »hast du Fluffi rausgelassen?«

Tiffanys Stimme brachte kaum noch ein Flüstern zustande, als sie jetzt sagte: »Nein.«

Die Mutter zog Tiffany in ihre Arme und setzte sich auf einen der Küchenstühle, wobei sie die Tochter auf dem Schoß hielt. Sie strich ihr eine Haarsträhne aus dem Gesicht und sagte dann: »Tiffany, erinnerst du dich an gestern Nachmittag, als wir beide mit deinem ›Küchen-Spiel‹ gespielt haben? Du hast so getan, als ob du mir an deinem Spieltisch Mittagessen servieren würdest, und ich habe so getan, als ob ich essen würde? Es hat Spaß gemacht, das einfach nur so zu spielen, nicht wahr?«

Tiffany nickte.

»Aber es ist ein Unterschied, ob man beim Spielen so tut als ob, oder ob man eine Lüge sagt. Kennst du diesen Unterschied?«

»›So tun als ob‹ macht man nur zum Spaß«, sagte Tiffany, »aber lügen ist etwas Wirkliches.«

Die Mutter beugte ihren Kopf nach einer Seite hin. »Das stimmt«, sagte sie. »Wenn du mit jemand spielst ›So tun als ob‹, dann wisst ihr beide, dass es nur Schein ist. Wenn du aber eine Lüge sagst, versuchst du jemand zu betrügen und lässt den anderen etwas glauben, was nicht wahr ist.« Wieder strich die Mutter Tiffanys Haar aus ihrem Gesicht. »Es ist nichts Unrechtes daran, wenn man ›So tun als ob‹ spielt, aber Gott sagt, dass wir nicht lügen sollen. Er gebietet uns, aufrichtig zu sein und immer die Wahrheit zu sagen.«

Tiffany drehte den Kopf und schaute auf die Schiebetür. »Ich habe nicht die Wahrheit gesagt, Mama.« Tränen traten ihr in die Augen. »Ich habe die Tür geöffnet und Fluffi rausgelassen.«

»Danke, dass du mir endlich die Wahrheit gesagt hast«, antwortete die Mutter. »Weißt du was: du holst Fluffis Leine und wir gehen zusammen und suchen sie.«

Tiffany wollte gehen, aber die Mutter fasste sie noch einmal freundlich am Arm. »Kannst du dir das merken, dass du ›So tun als ob‹

nur mit jemand spielen darfst, wenn der andere weiß, dass es nur Spaß ist, und dass du sonst immer die Wahrheit sagen musst?«

»Gut«, sagte Tiffany. »Lass uns so tun, als ob Fluffi ein Schwein ist, und dass wir versuchen, ein Schwein zu fangen!«

Die Mutter lachte. »In Ordnung«, sagte sie. »Wenn Fluffi an den Müll der Nachbarn geraten ist, brauchen wir vielleicht gar nicht ›so zu tun als ob‹!«

Zur Diskussion: Was ist der Unterschied zwischen dem Spiel ›So tun als ob‹ und einer Lüge? Darf man beim Spiel täuschen? Warum oder warum nicht? Ist es recht, eine Lüge zu sagen? Warum oder warum nicht?
Gebet: »Herr, bewahre uns davor, einem Anreiz zum Lügen nachzugeben.«

7. Dezember

Die Aufrichtigkeits-Party

Gott gebietet Aufrichtigkeit, weil er Aufrichtigkeit mag.

Bibellese des Tages: Sacharja 8,14-17
Tages-Vers: »So übervorteile nun keiner seinen Nächsten.« (3. Mose 25,17)

Ken warf nach der Schule seine Büchertasche auf einen Sessel neben der Haustür und schlenderte in die Küche, um sich eine Kleinigkeit zu essen zu holen. Als er den Eingang zum Esszimmer erreichte, hielt er inne und schaute überrascht. Der Raum war mit Luftballons und Papierschlangen dekoriert und neben jedem Platz am Tisch lagen Partyhüte.

Anne fegte in das Zimmer und Ken tippte auf die Dekorationen. »Was soll das alles bedeuten?«, fragte er seine Schwester.

Anne zuckte mit den Schultern. »Mama sagt, dass es eine Überraschung ist.«

Als sich an diesem Abend die Familie um den Esstisch versammelte, hatten Ken und Anne immer noch keine Erklärung für die Raumdekoration. Nachdem der Vater gebetet hatte, blieb er stehen und setzte seinen Partyhut auf. Mit einer Geste wies er auf die Hüte der anderen neben ihren Tellern hin.

»Setzt sie auf«, sagte er lächelnd.

»Warum?«, fragte Ken. »Was bedeutet das alles?«

Die Mutter griff plötzlich in eine Schublade ihres Geschirrschrankes und holte eine große silberne Medaille heraus. Diese »Medaille« war in Wirklichkeit ein rundes Stück Pappe von etwa acht Zentimetern Durchmesser, das mit Alu-Folie umwickelt war und an einem breiten roten Band hing. Sie übergab sie an den Vater.

»Dies ist nun die erste ›Aufrichtigkeits-Party‹ unserer Familie«, sagte der Vater. »Wir feiern damit einen Akt der Aufrichtigkeit, der auf ein Mitglied unserer Familie zurückgeht.« Ken und Anne tauschten wissende Blicke miteinander. »Ken, würdest du bitte aufstehen?«, bat der Vater. Ken stand auf und der Vater ging zu seinem Sohn hin und streifte ihm das Band der ›Medaille‹ über den Kopf.

»Wofür ist das?«, fragte Ken lachend.

»Papa und ich haben uns in dieser Woche mit deinen Lehrern getroffen«, sagte die Mutter. »Und Herr Henson, dein Mathelehrer, erzählte uns, dass jemand versucht hat, dir in der letzten Woche die Antworten für ein Quiz zuzuschieben …«

»Ja«, unterbrach Ken, »das war Jim.«

»Und Herr Henson sagte, du hättest sie nicht angenommen. Er hätte alles im Foyer der Schule beobachtet. Aus diesem Grund haben wir die ganze Sache hier inszeniert«, sagte die Mutter. »Wir wollten dich damit ehren und dir sagen, dass wir stolz auf dich sind.«

»Und auch weil ihr wissen sollt, dass wir Aufrichtigkeit in unserer Familie wirklich schätzen«, fügte der Vater hinzu. »Wir dienen einem Gott, der Aufrichtigkeit schätzt und Unaufrichtigkeit hasst.«

»Danke«, sagte Ken. Er zuckte mit den Schultern. »Ich habe nie so viel darüber nachgedacht.«

»Aber wir tun es«, sagte die Mutter. »Und Gott tut es ebenfalls.«

Zur Übung: Plant irgendwann eine »Aufrichtigkeits-Party«, um ein Familienmitglied für eine aufrichtige Handlung zu belohnen.

Gebet: »Herr, du gebietest uns, aufrichtig zu sein, auch wenn uns das auf dieser Erde keine Anerkennung einträgt. Hilf uns, deinen Geboten zu gehorchen.«

8.
Dezember

Karens Entdeckung

Gott schätzt Aufrichtigkeit, weil er ein Gott der Wahrheit ist.

Bibellese des Tages: 2. Mose 34,4-6
Tages-Vers: »Herr, Herr, Gott, barmherzig und gnädig und geduldig und von großer Gnade und Treue.« (2. Mose 34,6)

»Oh nein!«, sagte Karen. Sie saß auf dem Rücksitz des Autos neben ihrer Freundin Lisa. Der Vater saß hinter dem Steuer und wartete auf ihre Mutter, die gerade in ein kleines Geschäft gegangen war.

»Was ist los?«, fragte Lisa.

Karen zog ihre Hand aus der Manteltasche. Sie hielt ein Paar kleine Kopfhörer in der Hand. »Die habe ich Gina nicht zurückgegeben«, stöhnte sie. »Ich habe diesen Mantel schon lange nicht mehr getragen und total vergessen, dass ich mir von Gina Kopfhörer ausgeliehen hatte.«

Lisa zuckte mit den Schultern. »Vergiss es«, schlug sie vor. »Wenn Gina in all dieser Zeit die Sache nicht erwähnt hat, hat sie es wahrscheinlich selbst schon lange vergessen.«

»Vielleicht, aber – «

»Du bist doch immer auf der Suche nach Kopfhörern«, sagte Lisa. »Jetzt hast du da ein Extra-Paar.«

»Aber sie gehören mir nicht!«, sagte Karen. »Ich muss sie ihr zurückgeben und mich entschuldigen, dass ich sie so lange behalten habe.«

Nachdem die Mutter schließlich aus dem Kosmetikgeschäft herausgekommen war, brachte der Vater Lisa zu ihrem Elternhaus und setzte sie dort ab. Als er sich dann wieder in den Verkehr einfädelte, begann er mit einem Gespräch.

»Ich konnte eure Unterhaltung bezüglich der Kopfhörer mitanhören«, sagte er zu Karen. »Ich bin froh, dass du erkannt hast, dass das Behalten der Kopfhörer nicht richtig wäre. Weißt du auch, warum es Unrecht wäre?«

Karen dachte einen Augenblick nach, dann begegnete sie dem Blick ihres Vaters im Rückspiegel. »Weil es wie stehlen wäre.«

Der Vater nickte. »Aber warum ist stehlen falsch?«

Karen zuckte mit den Schultern. »Weil Gott sagt, dass wir nicht stehlen sollen«, antwortete sie.

»Aber warum sagt Gott: ›Du sollst nicht stehlen‹?«

Karen verdrehte die Augen. »Das weiß ich nicht«, sagte sie.

Der Vater lächelte sie an. »Weil Gott die Aufrichtigkeit schätzt. Und weißt du auch, warum er Ehrlichkeit schätzt?«

»Nein, aber ich wette, du wirst es mir sagen«, antwortete sie in neckendem Ton.

Der Vater lachte. »Gott schätzt die Aufrichtigkeit, weil er ein Gott der Wahrheit ist. Er ist vollkommen aufrichtig, völlig wahrhaftig. *Darum* ist es richtig, wenn du die Kopfhörer an Gina zurückgibst.«

»He«, sagte Karen aus dem Fenster schauend. »Du bist an unserem Haus vorbeigefahren.«

»Ich weiß«, sagte der Vater lächelnd. »Ich fahre zu Ginas Haus.«

Zur Diskussion: Ist Aufrichtigkeit richtig? Wenn ja, warum? Wieso spiegeln Gottes Gebote (du sollst nicht stehlen; du sollst nicht lügen; du sollst nicht betrügen) sein Wesen wider? Welche anderen Worte oder Begriffe schließen aufrichtig sein ein (z. B. ethisch, moralisch, ehrenhaft, wahrhaftig, wahr)? Gehört das alles zum Wesen Gottes? Woher weißt du das?

Gebet: »Herr, wir möchten wahrhaftig, ehrlich und ehrenwert sein, weil du es auch bist.«

9.
Dezember

Finder und Besitzer

Ehrlichkeit fördert Vertrauen – Unaufrichtigkeit weckt Misstrauen.

Bibellese des Tages: Lukas 16,10-12

Tages-Vers: »Der König hat Freude an gerechten Worten; wer die Wahrheit sagt, den liebt er.« (Sprüche 16,13)

»Schau doch, was ich hier habe!«, grinste Bernd seinen Freund Darwin an, als er seine Hand in seine Büchertasche schob. Darwin lehnte sich gegen Bernds Spind und bekam große Augen. »›Street Slam‹?«, sagte er und bezog sich dabei auf die Kassette mit dem Videospiel in

Bernds Hand. »Wie bist du da drangekommen? Ich habe wochenlang gespart und habe noch nicht annähernd genug Geld, um ›Street Slam‹ zu kaufen.«

Bernd zuckte mit den Schultern, während er seinen Spind öffnete. »Ich brauchte es noch nicht einmal zu kaufen«, sagte er.

»Aber woher hast du es?«

»Es gehörte ursprünglich Marvin«, antwortete er.

»Und er hat es dir *gegeben?*«

»Nicht direkt«, sagte Bernd. »Er hat die Kassette in der Caferteria herumgezeigt – so angebermäßig. Dann legte er sie oben auf seinen Bücherstapel auf dem Fußboden und vergaß sie. Ich veranlasste Tom, an Marvins Tisch vorbeizugehen und ›zufällig‹ seinen Büchern einen Stoß in meine Richtung zu geben. Das Spiel landete nahezu unmittelbar vor meinen Füßen. Es war herrlich.«

Darwin starrte Bernd mit offenem Mund an. »Dann hast du es gestohlen?«

»Nein, ich habe es nur auf dem Boden der Cafeteria gefunden.«

Darwins Mund stand immer noch offen. Er schüttelte den Kopf. »Das kannst du nicht machen«, sagte er. »Es ist nicht dein Spiel, es gehört Marvin. Und wenn du es behältst, ist es gestohlen.«

»Du kannst es Stehlen nennen, wenn du willst. Ich nenne es ›Wer es findet, dem gehört es‹.«

»Es spielt keine Rolle, wie du es nennst. Alles, was zählt, ist die Tatsache, dass es Unrecht ist.«

»Was wirst du tun, mich verraten?«

»Das ist nicht die Frage, Bernd. Die Frage ist, was *du* tun wirst?«

Bernd starrte seinen Freund einige Zeit schweigend an. Endlich drehte er sich um und schlug seine Spindtür zu. Er warf Darwin einen mürrischen Blick zu. »Ich werde wohl Marvin suchen müssen«, sagte er.

Darwin nickte. »Gut«, sagte er. »Ich werde dir helfen.«

Bernd wehrte ab. »Was? Traust du mir nicht?«

»Kann ich das?«, fragte Darwin dagegen. »Sollte Marvin es tun?«

Bernd verdrehte die Augen. »In Ordnung«, sagte er. »Eins zu Null für dich.«

Darwin lächelte und schlug Bernd auf den Rücken. »Ich hoffe, dass es so ist«, sagte er.

Zur Diskussion: Wem würdest du mehr trauen: Darwin oder Bernd? Warum? Nenne einige Personen, denen du traust. Warum traust du ihnen? Glaubst du, dass deine Ehrlichkeit in kleinen Dingen Menschen dazu veranlassen könnte, dir auch größere Verantwortlichkeiten anzuvertrauen?

Gebet: »Himmlischer Vater, wenn wir in Versuchung geraten, so genannte ›Bagatellen‹ im Hinblick auf Unaufrichtigkeit zu entschuldigen, erinnere uns daran, dass keine Sünde in deinen Augen ›klein‹ ist. Bewahre du uns auf dem Weg der Wahrhaftigkeit.«

10. Dezember

Die Falle der Unaufrichtigkeit

Unehrlichkeit ist eine Falle.

Bibellese des Tages: Sprüche 11,1.3.5-6

Tages-Vers: »Aufrichtige Menschen lassen sich von ihrer Ehrlichkeit sicher leiten, das Leben der Betrüger aber wird durch Unehrlichkeit zerstört.« (Sprüche 11,3)

Jeder hatte das Mittagessen geschafft – außer Joy. »Joy, warst du an der Keksdose vor dem Essen?«, fragte die Mutter.

»Nein«, antwortete Joy und schüttelte ganz ernsthaft den Kopf.

»Bitte, iss deinen Teller leer«, sagte die Mutter.

Alle anderen waren schon aufgestanden, die Mutter räumte den Tisch ab und begann mit Spülen. Als die Mutter ihr den Rücken zugedreht hatte, stellte Joy den Teller auf den Fußboden und ließ Whisky, die Familienkatze, Geflügelfleisch und Gemüse von ihrem Teller wegfressen. Als die Mutter zum Tisch zurückkehrte, saß Joy vor einem leeren Teller.

»Sehr gut!«, sagte die Mutter. »Mit *dem* Essen bist du sicher gut fertig geworden, oder?«

»Es war gut«, sagte Joy und leckte sich die Lippen.

Doch gerade in dem Augenblick begann Whisky zu husten und zu würgen.

»Was ist mit der Katze?«, fragte die Mutter.

»Ich weiß nicht«, sagte Joy schnell, obwohl sie wusste, dass das eine neue Lüge war.

Die Mutter kniete bei Whisky nieder. »Hast du gesehen, ob sie irgendetwas gefressen hat?«, fragte sie.

»Nein«, antwortete Joy.

Die Mutter hob Whisky auf. »Ich weiß nicht, was ich machen soll«, sagte sie. »Ich fühle mich so hilflos und habe keine Ahnung, wie man dem armen kleinen Tier helfen kann.« Einige Augenblicke stand sie schweigend da, während das Husten und Würgen der Katze immer schlimmer wurde. Endlich erschien ein Ausdruck der Entschlossenheit auf ihrem Gesicht. »Wir müssen sie zum Tierarzt bringen«, sagte sie.

»Nein!«, schrie Joy. Sie wusste, dass der Tierarzt ihrer Mutter erzählen würde, dass Whisky einen Hühnerknochen verschluckt hatte, und die Mutter würde sich vorstellen können, was passiert war. Joys Augen füllten sich mit Tränen. »Ich habe mein Mittagessen nicht aufgegessen. Ich habe es Whisky gegeben«, bekannte sie.

Die Mutter balancierte Whisky in einer Hand und legte den andern Arm um Joy.

»Es tut mir so Leid, Mama«, sagte Joy. »Ich wollte dich nicht dauernd anlügen, aber es war, als ob ich nach der einen Lüge, dass ich mein Essen aufgegessen hätte, immer weiterlügen müsste, um die anderen Lügen zu verdecken und ... und ...«, sie schluchzte jetzt.

Die Mutter umarmte ihre Tochter. »Ich weiß, Joy«, sagte sie. »So geht es mit der Unaufrichtigkeit. Sie bringt uns in eine Falle, sodass wir immer weiterlügen müssen und immer größere Lügen erfinden. Deshalb ist Ehrlichkeit so viel besser. Aber ich vergebe dir, und ich hoffe, dass du nächstes Mal, wenn du in Versuchung gerätst zu lügen, daran denkst.«

»Das werde ich bestimmt«, sagte Joy unter Tränen.

»Jetzt wollen wir Whisky helfen«, sagte die Mutter.

Zur Diskussion: Was war die erste Lüge, mit der das ganze Lügengeflecht von Joy begann? Wie viele Lügen musste sie dann sagen, um die erste Lüge zu vertuschen? Bist du schon mal in die Falle deiner eigenen Unehrlichkeit hineingetappt? Wenn ja, erzähle davon. Warum ist Aufrichtigkeit besser als Unaufrichtigkeit?

Gebet: »Herr, bevor wir ein ganzes Lügengewebe spinnen, erinnere uns daran, wie sehr eine einzige Lüge dich verletzt und unsere Gemeinschaft mit dir zerstört.«

11.
Dezember

Eddies Ruf

Aufrichtigkeit bewahrt uns vor Scham und verschafft uns einen guten Ruf.

Bibellese des Tages: Epheser 4,17-25.28
Tages-Vers: »Gib dem guten Ruf den Vorzug vor Reichtum, denn die Anerkennung der Menschen ist besser als Silber oder Gold.« (Sprüche 22,1)

Jörg und Eddie gingen auf dem Heimweg von der Schule noch in den Selbstbedienungsladen. Jörg winkte dem Angestellten hinter der Theke zu. Auf dem langen Heimweg machte er hier oft Halt, und er und Manne waren im Lauf der Zeit miteinander bekannt geworden.

Die beiden Jungen gingen hinüber zu der Abteilung mit Süßwaren und überlegten eine Weile, was sie wählen wollten. Während Eddie sich noch nicht entschieden hatte, spähte Jörg immer mal zur Kasse hinüber und stellte fest, dass der Angestellte sie genau beobachtete.

Jörg schaute mehrmals von dem Angestellten zu Eddie und wieder zurück, konnte aber dem Blick des Angestellten nicht begegnen. Schließlich tippte er Eddie auf die Schulter und sagte: »Ich werde mir eine Limonade holen statt einer Süßigkeit.« Er ging zu dem großen Getränkeautomaten hinüber und zog eine Plastikflasche mit seinem Lieblingsgetränk heraus. Als er sich umdrehte und zur Kasse hinüberschaute, stellte er fest, dass die Augen des Angestellten den Gang mit den Süßwaren – und Eddie – nicht losgelassen hatten.

Nachdem die beiden gezahlt und das Geschäft verlassen hatten, blieb Jörg draußen an der nächsten Ecke stehen. »Hast du gesehen, was da drinnen vor sich ging?«, fragte er.

»Was?«, fragte Eddie.

»Manne hat jede Bewegung, die du machtest, beobachtet, er hat seine Augen nicht eine Sekunde von dir abgewandt.«

Eddies Gesicht lief rot an und sein Blick senkte sich.

»Was ist los?«, fragte Jörg, überrascht von Eddies Reaktion. »Was stimmt nicht?«

Eddie zuckte die Schultern und stieß seine Schuhspitze in den Schmutz. »Ich ... ich, uuuh, ich habe letztes Jahr versucht, in diesem Geschäft etwas zu stehlen«, sagte er. »Es war nur eine dumme Packung Knallkaugummi, aber sie haben mich erwischt. Meine Eltern ließen mich lange Zeit nicht mal in die Nähe dieses Geschäftes gehen.«

Jörg öffnete überrascht seinen Mund. »So glaubst du, dass Manne denkt ...«

»Er war dabei, als das passierte«, sagte Eddie. »Wahrscheinlich denkt er, ich würde es wieder tun.«

»Oh«, sagte Jörg und hatte nun die Stücke des Puzzles zusammen vor sich. Eddies Diebstahl des Kaugummipäckchens hatte seinen Ruf bei Manne ruiniert. Darum hatte der sie so genau beobachtet.

»Versprich mir, dass du es niemand erzählst«, sagte Eddie. »Es ist schlimm genug, dass Manne mich für einen Dieb hält.«

Jörg nickte. Ihm war nie bewusst gewesen, wie leicht man seinen guten Ruf verlieren kann. Er wusste, dass er sich niemals wünschen würde, in Eddies Schuhen zu stecken. »Ich werde es niemand sagen«, versprach er.

Zur Diskussion: Ein Ruf ist das, was andere Leute von dir denken. Zum Beispiel denken sie vielleicht, du wärst aufrichtig, oder aber sie halten dich für unaufrichtig. Wie hat Eddie seinen Ruf aufs Spiel gesetzt? Möchtest du einen guten Ruf haben oder lieber einen negativen? Wie kann Ehrlichkeit zu einem guten Ruf beitragen?

Gebet: »Herr, als Menschen tun wir manchmal Dinge, durch die wir unser eigenes Leben ruinieren. Erinnere uns daran, dass der Gehorsam gegenüber deinen Geboten uns und unseren Ruf schützt.«

12.
Dezember

Menschen und Kulis

Wir können nicht die ganze Welt zur Ehrlichkeit erziehen, aber wir können versuchen, selbst ehrlich zu sein.

Bibellese des Tages: 3. Mose 26,3-6.9-12
Tages-Vers: »Wer ein vorbildliches Leben führt, lebt sicher, wer aber krumme Wege geht, wird bestraft.« (Sprüche 10,9)

Juliane musste sich beeilen, damit sie das Tempo ihres Vaters im Einkaufszentrum mithalten konnte. Sie und der Vater verbrachten den Morgen zusammen, wobei der Vater seine wöchentlichen Besorgungen erledigte.

Als Nächstes betrat der Vater die Bank. Juliane ging neben ihrem Vater zu einem Stehpult. Er nahm ein Formular aus einem Ständer und begann, mit einem Kuli darauf zu schreiben. Dieser war mit einer dünnen silbernen Kette an dem Pult befestigt.

Danach folgte Juliane dem Vater zu einer langen Schlange, die sich durch eine Menge silberner Pfosten und dicker roter Stricke fortbewegte. »Papa«, sagte Juliane, als sie sich der langsam vorrückenden Schlange angeschlossen hatten, »warum war der Kuli dort an dem großen Schreibpult festgemacht?«

Der Vater beugte den Kopf zur Seite und wusste zuerst nicht, wovon Juliane sprach. Dann wurde ihm klar, dass sie von dem Kuli in der Bank sprach, den er benutzt hatte, um sein Überweisungsformular auszufüllen. »Ach das«, sagte er. »Die Bank muss diese Kulis an den Tischen befestigen, sonst nehmen die Leute sie einfach mit – so vermute ich.«

»Du willst damit sagen, dass sie die Kulis stehlen?«, fragte Juliane.

»Ja«, sagte der Vater. »Manche tun das vielleicht nicht mit Absicht, aber andere doch, nehme ich an.«

Juliane schaute auf das Schreibpult zurück. »Das müsste nicht sein, dass sie alles befestigen müssen.«

»Du hast Recht«, sagte der Vater. »Und wenn alle Menschen ehrlich wären, brauchte es auch nicht zu sein.«

»Spielen wir das ›Was wäre wenn‹-Spiel, Papa?«, fragte Juliane.

Der Vater lachte und beugte sich herunter, um das Gesicht seiner Tochter besser zu sehen. »Wahrscheinlich tue ich das gerade«, sagte er. »Aber … was wäre, wenn alle Welt ehrlich wäre?«

»Die Banken brauchten ihre Kulis nicht mehr am Tisch zu befestigen!«, sagte Juliane.

Der Vater nickte. »Was noch?«

»Mmh …«, sie schaute sich in der Bank um. »Sie müssten das Geld nicht in riesigen Safes aufbewahren!«

Der Vater warf einen Blick hinter sich und sah die massiven Türen zum Safe. »Das stimmt. Und was noch?«

Julianes Kopf drehte sich ein paar Mal in die Runde. Sie zeigte auf eine Überwachungskamera. »Diese Kameras hätten sie nicht nötig, nicht wahr, Papa?«

»Nein«, sagte der Vater, »das hätten sie nicht. Und sie brauchten auch nicht jeden zu beobachten, der ihre Bank betritt.«

»Ich wünschte, dass jeder Mensch in der Welt wirklich ehrlich wäre«, sagte Juliane, »das wäre schön.«

»Nun«, sagte der Vater, »Lass uns dafür sorgen, dass *wir* aufrichtig sind, o.k.? Das wäre schon mal ein guter Anfang.«

Zur Übung: Spielt das »Was wäre wenn«-Spiel als Familie, und stellt euch vor, wie anders die Dinge wären, wenn alle Menschen ehrlich wären.
Gebet: »Herr, lass uns wach sein für die vielen Segnungen und Vorteile eines ehrlichen Verhaltens.«

13. Dezember

Der einzige Weg

Jesus ist der Weg, die Wahrheit und das Leben.

Bibellese des Tages: Johannes 14,1-6
Tages-Vers: »Jesus sagte zu ihm: ›Ich bin der Weg, die Wahrheit und das Leben. Niemand kommt zum Vater außer durch mich.‹« (Johannes 14,6)

»Liebling, wach auf«, sagte die Mutter und stupste ihren Gatten an, der den Beifahrersitz flach gestellt hatte, während sie fuhr.

Der Vater rieb sich die Augen, setzte sich auf und stellte die Rückenlehne seines Sitzes wieder hoch. Sie waren viele Stunden unterwegs gewesen, um seinen Bruder in seinem neuen Haus in einer entfernten Stadt zu besuchen. Die Mutter hatte den Wagen auf den letzten 180 Kilometern gefahren.

»Wir sind fast da«, sagte sie. »John sagte, dass wir nach zwei steinernen Säulen an der Seite der Straße Ausschau halten sollten. Würdest du mir bitte helfen, auf deiner Seite aufzupassen?«

»Gerne«, sagte der Vater. Er blickte starr durch die Windschutzscheibe, um die Säulen nicht zu übersehen.

Nach ein paar Minuten rief der Vater: »Da sind sie!« und zeigte auf zwei steinerne Pfeiler, die den Eingang zu einer Seitenstraße flankierten.

»Jaaah!«, freute sich Randy. »Wir sind beinahe da! Ist das die Straße von Onkel John?«

Die Mutter lächelte. »Noch nicht. Aber Onkel John sagte, dass es nur einen einzigen Weg gebe, um zu seiner Straße zu gelangen, und der führe durch diese steinernen Säulen.«

»Es gibt auch nur einen einzigen Weg, um in den Himmel zu kommen«, sagte der Vater. Er drehte sich auf seinem Sitz, um seine Kinder anzusehen. »Und ihr wisst, was dieser Weg ist, nicht wahr?«

»Gut sein!«, antwortete Randy.

»Nein«, sagte der Vater. »Keiner von uns ist jemals gut genug, um deshalb in den Himmel zu kommen. Der einzige Weg dorthin besteht darin, dass wir Jesus kennen und ihn für uns eintreten lassen.«

»Aber sollen wir nicht die Zehn Gebote halten?«, fragte Maria.

Der Vater nickte. »Ja, aber nur Jesus kann uns in den Himmel bringen. Er sagte: ›Ich bin der Weg, die Wahrheit und das Leben. Niemand kommt zum Vater außer durch mich.‹ Wenn wir Jesus lieben und unser Vertrauen auf ihn setzen, hilft er uns, seinen Anweisungen zu gehorchen. Wir sind nicht Christen, weil wir den Geboten gehorchen. Die Reihenfolge ist genau anders herum: wir gehorchen ihm, weil wir Christen sind.«

Plötzlich merkten der Vater, Maria und Randy, dass die Mutter angehalten hatte.

»Wir sind endlich da«, sagte sie, »und ihr drei benehmt euch, als ob ihr noch zehn Stunden weiterfahren wolltet!«

»Ich nicht!«, schrie Randy, löste seinen Gurt und öffnete die Autotür.

»Ich auch nicht!«, schloss sich Maria an.

Zur Diskussion: Wenn wir Christus vertrauen, dass er uns rettet, kommt Gottes Heiliger Geist in unser Leben (Römer 8,9; 1. Korinther 3,16). Es ist der Heilige Geist, der uns für Gott in Anspruch nimmt und uns zu seinem Eigentum erklärt, nicht das Befolgen von Geboten (Epheser 4,30; 2. Korinther 1,21-22). Gehorsam ist das Ergebnis einer Beziehung zu Gott, nicht die Ursache dafür. Folgst du dem einen, der gesagt hat: »Ich bin der Weg, die Wahrheit und das Leben«? Wie verhilft dir das Kennen von Jesus dazu, seine Gebote zu befolgen?

Gebet: »Himmlischer Vater, danke, dass du deinen einzigen Sohn gesandt hast, damit er an unserer Stelle sterben sollte. Um seinetwillen können wir ewiges Leben haben.«

14. Dezember

Fensterplatz

Fairness ist geboten, weil Gott fair ist.

Bibellese des Tages: Psalm 67,1-5

Tages-Vers: »Erzählt allen Völkern, dass der Herr allein König ist. Die Erde ist fest gegründet und kann nicht einstürzen. Er wird alle Völker gerecht richten.« (Psalm 96,10)

Aaron und Fanny gingen vor ihrer Mutter her auf das riesige Flugzeug zu. Sie waren auf dem Heimweg von einem kurzen Ferienaufenthalt bei ihrer Großmutter. Die Mutter kämpfte sich hinter ihnen durch den Gang, wobei sie eine große Handtasche umhängen hatte und eine wesentlich größere Tasche mit Büchern, Zeitschriften und Stickereiutensilien für den langen Heimflug mit sich schleppte.

Aaron und Fanny hatten ihre Plätze schon gefunden. Als die Mutter in ihrer Reihe ankam, saß Fanny bereits auf dem Fensterplatz, während Aaron im Gang stehen geblieben war.

»Mama, sag ihr, dass sie wechseln soll!«, jammerte er.

»Das muss ich nicht«, sagte Fanny.

Andere Passagiere drängten sich jetzt hinter der Mutter und Aaron zusammen, die den Gang blockierten. Die Mutter stopfte ihre Handtasche in das Gepäckfach über den Sitzen und schob den Beutel mit der Stickarbeit unter den vorderen Sitz.

»Jetzt setz dich erst einmal hin«, sagte sie zu Aaron, der die Stirn kraus zog, während er sich auf den Sitz fallen ließ.

Nachdem alle Passagiere Platz genommen hatten, wandte sich die Mutter an ihre Tochter. »Fanny«, sagte sie, »wer hat am Fenster gesessen auf dem Hinflug zur Großmutter?«

»Das weiß ich nicht«, sagte Fanny achselzuckend.

»Sie lügt!«, protestierte Aaron. »Sie weiß genau, dass sie damals am Fenster gesessen hat.«

»So?«, entgegnete Fanny ziemlich laut. »Ich war zuerst hier.«

Die Mutter legte einen Finger auf den Mund und sagte leise: »Fanny, was denkst du, was richtig ist – Fairness oder Unfairness?«

Fanny antwortete, ohne ihre Mutter anzusehen: »Fairness.«

»Und weißt du auch, warum Fairness richtig und Unfairness falsch ist?«

»Nein«, kam die Antwort.

»Weil Gott fair ist«, sagte die Mutter. »Fairness ist richtig, weil wir, wenn wir fair sind, anderen etwas vom Wesen Gottes zeigen.«

»Aber ich war zuerst hier«, sagte Fanny.

»Ich weiß«, sagte die Mutter. »Und wenn du wirklich denkst, dass es deinem Bruder gegenüber fair ist, sowohl auf dem Hinweg als auch auf dem Rückweg den Fensterplatz zu beanspruchen – dann, ja dann musst du sitzen bleiben.«

Fanny schaute von der Mutter zu ihrem Bruder. Endlich griff sie nach ihrem Gurt und löste ihn. »O. k.«, sagte sie. »Du kannst am Fenster sitzen, Aaron.«

Die Mutter lächelte und holte sich ihre Stickerei hervor, nachdem ihre Kinder die Plätze getauscht hatten.

Zur Diskussion: Hast du auch schon mal so gehandelt wie Fanny? Was würdest du anders machen? Warum ist Fairness richtig und Unfairness falsch? Was sagt die heutige Bibellese über Gottes Fairness? Gehst du mit anderen Menschen fair um? Nenne ein Beispiel.

Gebet: »Herr, hilf uns, andere fair zu behandeln, weil du vollkommen fair und gerecht bist.«

15. Dezember

Lorenz' Gebet

Richtige Entscheidungen kannst du viel leichter treffen, wenn du darum betest, dass die Versuchung keine Macht über dich bekommt.

Bibellese des Tages: Jakobus 5,16-18
Tages-Vers: »Seid wachsam und betet, sonst wird euch die Versuchung überwältigen.« (Markus 14,38)

Lorenz verließ den Schulbus und ging auf den Eingang der Schule zu. Plötzlich blieb er stehen. Zwischen dem Bus und der Tür zur Schule sah er Rick und Jan, zwei seiner Freunde in einem engen Kreis mit anderen Schülern zusammenstehen – alle rauchten.

»Oh, Mann!«, sagte er.

Wie erstarrt stand er auf dem Gehweg und wusste nicht, was er tun sollte. Vor einigen Monaten war er Christ geworden und hatte seitdem keine einzige Zigarette mehr geraucht. Er wusste, dass seine Eltern nicht wollten, dass er rauchte, doch bevor er Christ geworden war, hatte er sich daran nicht gestört. Jetzt war ihm klar: Wenn er Gott gehorchen und seine Eltern ehren wollte, durfte er nicht mehr rauchen. Er warf einen kurzen Blick auf die Gruppe. Keiner hatte ihn bis jetzt gesehen. Er wusste genau, wenn er sich diesem Kreis nähern würde, würden sie versuchen, ihn zum Rauchen zu überreden. Doch wenn er hier stehen blieb, würden sie ihn noch zu sehen bekommen und sich wundern, warum er hier stand. Plötzlich machte er eine rasche Bewegung zu einer Ecke des Schulgebäudes hin, etwa acht Meter weg von dem Platz, wo er gestanden hatte. Von dieser Seite her konnte man zwar nicht in die Schule gelangen, aber er würde Zeit haben, nachzudenken.

Er lehnte sich dort gegen die Ziegelmauer. »Gott«, sagte er, wobei sein Atem in der kühlen Morgenluft kleine Dampfwolken verursachte, »ich brauche jetzt wirklich deine Hilfe. Ich will nichts mehr mit den Zigaretten zu tun haben. Aber wenn ich zu Rick und Jan komme, weiß ich genau, dass sie mir eine Zigarette anbieten werden. Es könnte sein, dass ich sie dann annehme, bloß um … du weißt schon … kein Außenseiter zu sein.«

Er schloss die Augen. »O.k., Gott, ich werde jetzt versuchen, in die Schule zu kommen, unmittelbar an Rick und Jan vorbei. Hilf mir, bitte, nicht nachzugeben, wenn sie mir eine Zigarette anbieten … Amen.«

Er schluckte einmal und seufzte. Dann löste er sich von der Ziegelmauer und ging auf den Haupteingang der Schule zu. Die Augen hielt er dabei fest auf den Gehweg unter seinen Füßen geheftet.

Schließlich hatte er den Eindruck, dass er jetzt in der Nähe seiner Freunde sein musste und hob den Blick in ihre Richtung – doch sie waren nicht da. Erstaunt schaute er sich um. Rick, Jan und alle anderen waren verschwunden.

Sie müssen in die Schule gegangen sein, während ich betete, dachte Lorenz. Er stieß einen Seufzer der Erleichterung aus. »Danke, Gott«, flüsterte er.

Zur Diskussion: Glaubst du, dass Gott das Gebet von Lorenz beantwortet hatte? Wenn ja, wie? Betest du jeden Tag und bittest Gott, dir zu helfen, die richtigen Entscheidungen zu treffen? Wie kannst du eine tägliche Gewohnheit entwickeln, morgens zu beten und Gott zu bitten, dich vor Versuchungen zu bewahren?
Gebet: »Herr, lenke du unsere Herzen und unseren Geist jeden Tag auf dich hin, um Versuchungen Widerstand leisten zu können.«

16. Dezember

Chaos im Spielzimmer

Barmherzigkeit ist richtig, weil Gott barmherzig ist.

Bibellese des Tages: Psalm 103,1-8
Tages-Vers: »Ihr sollt gütig sein, wie euer Vater gütig ist.« (Lukas 6,36)

Joe stapfte die Kellertreppe hinunter, machte die Tür zum Spielzimmer auf und blieb wie erstarrt stehen.

»Hi, Joe«, sagte seine kleine Schwester Babsi. Sie saß mit gekreuzten Beinen zwischen einigen Schachteln. Joe schaute sich die Schachteln näher an und erkannte, dass jede von ihnen Hunderte von Legosteinen enthielt.

Er schluckte einmal hart, bevor er anfing zu sprechen. »Was – was machst du da?«, fragte er seine Schwester.

Babsi lächelte ihren Bruder stolz an. Sie wusste, dass er Stunden damit verbrachte, mit diesen Legosteinen alle möglichen Dinge zu bauen. Er hatte einen funktionierenden Zug aus den kleinen Plastikteilen gebaut, der durch ein ebenfalls aus Legosteinen zusammengesetztes Dorf fuhr. Doch Joe konnte jetzt keins seiner kunstvollen Werke mehr sehen. Stattdessen erblickte er nur noch sechs Kisten voller kleiner Teile.

»Ich habe die Legos für dich sortiert, Joe«, verkündete Babsi. Sie lachte ihren Bruder strahlend an und zeigte auf die Schachteln, wobei sie mit derjenigen begann, die unmittelbar neben ihr stand. »Ich habe alle roten Teile in diese Kiste getan, und alle grünen in jene dort und alle weißen in die hier –«

»Du – du hast alle meine Legos auseinander genommen und in die Kisten verteilt?«, stammelte Joe.

Babsi nickte. »Und?«, sagte sie. »Findest du es gut?«

Joe starrte seine Schwester lange Zeit an. Sie hatte alles, was er zusammengebaut hatte, kaputtgemacht – jeden Zug, jedes Auto, jedes Gebäude. Es würde Wochen, vielleicht Monate dauern, bis er alles wieder hergestellt haben würde. *Wie konnte sie das nur tun?*, dachte er. Er hätte sie am liebsten angeschrien, aber er tat es nicht. »Das ist wirklich großartig, Babsi«, sagte er mit zusammengebissenen Zähnen. »Das ist wirklich großartig.«

Er drehte sich um und ging die Stufen, die vom Keller zur Küche führten, wieder hinauf und begegnete dabei seiner Mutter. Er machte gerade den Mund auf, um sich zu beklagen, doch sie legte den Finger auf die Lippen und führte ihn die Treppe ganz hinauf. Als sie oben angekommen waren und die Tür zum Keller geschlossen hatten, nahm sie den Finger vom Mund.

»Ich weiß, dass sie dir dein ganzes Dorf zerstört hat«, sagte sie. »Aber sie hat es getan, weil sie ihren großen Bruder liebt und unbedingt etwas tun wollte, um ihm zu gefallen.«

»Aber –«

»Und ich möchte, dass du weißt, wie stolz ich auf dich bin«, fuhr die Mutter fort. »Du hättest so leicht das Herz eines kleinen Mädchens brechen können, aber du hast es nicht getan. Du bist mitleidig und barmherzig mit deiner kleinen Schwester umgegangen. Ich bin so stolz auf dich, ich kann es gar nicht sagen, wie sehr!« Sie zog Joe in einer festen Umarmung an sich. Er schloss die Augen und seufzte.

Zur Diskussion: Warum war die Mutter so stolz auf Joe? Hältst du es für richtig, barmherzig zu sein? Wenn ja, warum? Was sagt die heutige Bibellese über das Wesen Gottes? Auf welche Weise hat Joe dem entsprochen? Wie kannst du barmherziger gegenüber deinen Brüdern und Schwestern sein? Gegenüber Eltern oder Kinder? Oder gegen andere?
Gebet: »Herr, wir möchten barmherzig sein, wie du barmherzig bist.«

17. Dezember

Schnell vorwärts

Selbstbeherrschung ist richtig, weil Gott immer die Herrschaft in der Hand hat – über sich selbst und über das Universum, das er geschaffen hat.

Bibellese des Tages: 1. Mose 25,29-34
Tages-Vers: »Folgt in allem Gottes Beispiel, denn ihr seid seine geliebten Kinder.« (Epheser 5,1)

Diana saß am Küchentisch und mampfte ihr Frühstücks-Müsli, während die Mutter eine Tasse schwarzen Kaffee trank.

»Warum isst du nichts zum Frühstück, Mama?«, fragte Diana. »Hast du keinen Hunger?«

Die Mutter blies leicht über ihren heißen Kaffee. »Ich faste heute«, sagte sie, »nur zum Frühstück und zum Mittagessen.«

»Was ist das: ›fasten‹?«, fragte Diana und schob einen weiteren Löffel von ihrem Müsli in den Mund.

»Fasten bedeutet, ohne Nahrung in den Tag hineingehen«, erklärte die Mutter.

»Aber warum?«, wollte Diana wissen. »Warum lässt du Frühstück und Mittagessen ausfallen?«

Die Mutter zuckte die Schultern. »Aus verschiedenen Gründen, Liebling«, antwortete sie. »Ich faste ab und zu, um mich daran zu erinnern, dass ich meine Essgewohnheiten kontrollieren sollte, statt dass sie mich beherrschen. Es ist wirklich eine Übung in Selbstbeherrschung.« Sie nahm einen neuen Schluck Kaffee. »Und außerdem faste ich, weil es ein Weg ist, auf dem ich mich Gott hingebe, weil ich dann während der Essenszeit bete, statt zu essen.«

»Ich verstehe nicht, wie du so etwas machen kannst«, sagte Diana. »Mich würde der Hunger plagen.«

»Ich möchte auch nicht, dass du in deinem Alter fastest, weil dir das vielleicht nicht gut täte. Ich habe es aber mit meinem Arzt abgesprochen, und wir sind zu dem Ergebnis gekommen, dass ein kurzes Fasten mir tatsächlich gut tun könnte, auch wenn ich dabei ein wenig hungrig bin. Aber das ist gerade der springende Punkt – ich möchte mich in Selbstbeherrschung üben.«

»Was ist daran so besonders – an der Selbstbeherrschung?«

Die Mutter lächelte und setzte ihre große Kaffeetasse auf den Tisch. »Nun, zuerst ist es so, dass Gott uns die Selbstbeherrschung gebietet. Sein Wort sagt uns, dass wir wach und besonnen sein sollen, weil unser Feind, der Teufel, wie ein brüllender Löwe umhergeht und jemand sucht, den er verschlingen kann. Es gehört Selbstkontrolle dazu, dass man nicht in Schwierigkeiten gerät. Aber Gott will auch deshalb unsere Selbstbeherrschung, weil er sie schätzt. Er selbst ist ja das größte Beispiel dafür. Er hat sich selbst und das Universum, das er geschaffen hat, ständig unter Kontrolle. Er verliert die Kontrolle über seine Leidenschaft, seine Gefühle oder seine Wünsche niemals, wie wir das so oft tun. Daher ist Selbstbeherrschung richtig, Diana, weil sie dem Wesen Gottes entspricht. Und darum faste ich heute, um Gott eine Chance zu geben, mich ihm ähnlicher zu machen.«

»Cool«, sagte Diana. Sie nahm ihr Schälchen vom Tisch und gab der Mutter einen Kuss auf die Wange. »Danke für die Predigt, Mama«, sagte sie. »Ich muss jetzt in die Schule.«

Die Mutter lächelte, als sie ihrer Tochter nachschaute, während diese die Küche verließ. Dann drehte sie sich um und hob die Kaffeetasse wieder zum Mund. »Kinder!«, sagte sie.

Zur Diskussion: Denkst du, dass Esau Selbstbeherrschung zeigte (vgl. die heutige Bibellese)? Warum oder warum nicht? Hältst du Selbstkont-

rolle für wichtig? Warum oder warum nicht? Warum ist Selbstbeherrschung richtig? Bemühst du dich darum, deine Begierden und Wünsche unter Kontrolle zu haben? Dein Temperament? Deine Zunge? Wie kannst du auf diesen Gebieten mehr Selbstbeherrschung bekommen?
Gebet: »Himmlischer Vater, wir möchten selbstbeherrscht sein, weil du es schätzt, wenn wir die Kontrolle nicht verlieren.«

18. Dezember

Eine stabile Grundlage

Wer jeden Tag betet und die Bibel liest, schafft eine stabile Grundlage für sein Leben.

Bibellese des Tages: Matthäus 7,24-27
Tages-Vers: »Wenn das Unglück wie ein Sturm kommt, fegt es den Gottlosen hinweg, der Gottesfürchtige aber steht für immer auf einem festen Grund.« (Sprüche 10,25)

»Ich weiß nicht, wie Opa das macht«, sagte Torsten zu seinem Vater.

Sie standen neben einem großen Haufen von zurechtgeschnittenen Ästen und Holzstücken, die sie in einen hölzernen Rahmen stapeln wollten. Diesen hatte der Vater zusammengebaut, um dem Holzstoß einen gewissen Schutz und Stabilität zu geben.

»Was meinst du?«, fragte der Vater. Er und Torsten hatten begonnen, die erste Lage der Hölzer dicht nebeneinander auf dem Boden zu platzieren.

»Na ja, es scheint, als ob Opa Arthritis hat. Und dabei muss er auf Oma achten, weil sie die ›Alte-Leute-Krankheit‹ hat.« Er reichte seinem Vater einige Holzstücke von dem Haufen.

»Die Krankheit nennt man ›Alzheimer‹, Torsten«, sagte der Vater.

»Was auch immer«, antwortete Torsten. »Aber obwohl er all diese Probleme hat, ist er immer noch der vorbildlichste Christ, den ich kenne.« Er reichte seinem Vater einen anderen Ast.

Der Vater nickte. »Ich weiß, was du meinst«, sagte er. »Du hast Recht, dein Opa hat schon viele harte Zeiten durchgestanden, besonders seit deine Großmutter ›Alzheimer‹ hat.

Torsten stieß ein Holzstück achtlos auf den Boden. »Warte einen Augenblick«, sagte der Vater. »Lass uns das ein bisschen sorgfältiger machen. Schau, wenn die erste Lage richtig und stabil auf den Boden kommt, dann fällt der Stapel nachher nicht um.«

Als der Vater sich wieder aufrichtete, schaute er auf die ordentliche Reihe der Hölzer, die die Grundlage für den Stapel bildeten. »Wenn ich jetzt so darüber nachdenke, Torsten, dann ist das genau der Punkt, weshalb dein Opa die Stürme seines Daseins alle überlebt hat.«

»Was meinst du damit?«

»Opa ist wie so ein Holzstapel. Er hat eine stabile Grundlage, weil er jeden Tag die Bibel liest und betet. Jesus sagt, dass ein solcher Mensch einem Mann gleicht, der sein Haus auf einen Felsen gebaut hat. Wenn Winde wehen und Stürme kommen, stürzt es doch nicht zusammen, weil es eine stabile Grundlage hat.«

Torsten zeigte auf den Holzstapel. »Gerade wie dort – wenn die erste Lage stimmt, fällt das Ganze nicht zusammen.«

Der Vater nickte. »Richtig«.

»Jetzt weiß ich, was du meinst, Papa.«

»Wirklich?«, fragte der Vater. »Ich denke nämlich, wir könnten beide in unserem Leben mehr dazu tun, eine solche Grundlage zu schaffen.«

»Stimmt«, sagte Torsten. »Ich werde gleich damit anfangen, wenn wir hier mit dem Holz fertig sind.«

Zur Diskussion: Welcher der beiden in der heutigen Bibellese beschriebenen Personen gleichst du mehr? Schaffst du eine dauerhafte Grundlage gegen die Stürme und Katastrophen des Lebens? Wenn nicht, warum nicht? Wie kannst du damit anfangen, in deinem Leben eine solche Basis zu bekommen?

Gebet: »Herr, wir möchten einen festen Grund für das ›Haus unseres Lebens‹ haben, um Stürme und Katastrophen überstehen zu können. Zieh uns in deine Nähe durchs Gebet und durch das Lesen deines Wortes.«

19.
Dezember

Geduld ist eine Tugend

Geduld ist angebracht, weil Gott geduldig ist.

Bibellese des Tages: 1. Timotheus 1,15-17
Tages-Vers: »Dann werdet ihr … dem Beispiel derer folgen, die aufgrund ihres Glaubens und ihrer Geduld die Zusagen Gottes empfangen.« (Hebräer 6,12)

»Ich kann Weihnachten nicht mehr erwarten!«, sagte Noah. Er saß neben seiner Mutter und seiner Schwester auf einer Bank und wartete auf den City-Bus.

»Es scheint noch so weit weg zu sein«, jammerte Natalie. »Ich wünschte, ich könnte loslaufen und wäre dann da.«

»Das erste Geschenk, das ich auspacken werde, wird mein ›Five-Star-Sound-Studio‹ sein«, sagte Noah. Seine Augen funkelten in Erwartung. »Warte, bis du das siehst, Nat!«

Natalie blickte etwas neugierig auf ihren älteren Bruder. »Woher weißt du, dass du ein ›Five-Star Sound Studio‹ bekommst?«, fragte sie.

Die Mutter, die nach dem Bus Ausschau gehalten hatte, drehte sich plötzlich um und schaute Noah an. »Ja, Noah, *woher weißt du*, dass du ein ›Five-Star-Sound-Studio‹ bekommst?«, sagte sie.

Noah bekam große runde Augen. »Ich … ich … ich weiß es nicht«, sagte er nervös lachend.

»Ich denke, ich weiß es aber«, sagte die Mutter. »Du hast herumgeschnüffelt, oder? Und du hast eines von deinen Weihnachtsgeschenken gefunden, die ich versteckt hatte.«

Noah schluckte schwer. »Ich … es tut mir Leid, Mama«, sagte er. »Ich konnte es nicht mehr erwarten, und da dachte ich, wenn ich nur ganz kurz einen Blick darauf werfen könnte, wäre das Warten leichter.«

»Und, war das so?«, fragte die Mutter.

Noah ließ das Kinn auf die Brust sinken. »Nein«, sagte er, »es ist sogar noch schwerer geworden.«

Die Mutter nickte. »Nun, Geduld ist eine Tugend, mein Sohn.«

»Was heißt das?«, fragte Noah.

»Das bedeutet, dass Geduld etwas Richtiges ist. Weil Gott Geduld mag.«

»Warum?«, wollte Natalie wissen.

»Weil Gott selbst geduldig ist.«

»Ist er das?«, fragte Noah.

»Oh ja«, antwortete die Mutter. »Er wartete neunundzwanzig Jahre darauf, dass euer Vater sein Leben Christus anvertraute, und auf mich musste er fast genauso lange warten!«

»Ich hätte geduldiger sein sollen«, sagte Noah. »Jetzt weiß ich schon, was ich zu Weihnachten bekommen werde.«

»Es wird weder für dich noch für uns noch die gleiche Freude sein, wie es sonst gewesen wäre«, sagte die Mutter.

»Warum ist es für euch keine Freude mehr?«, fragte Noah.

»Weil wir dich nicht mehr überraschen können«, antwortete sie. »So hat deine Ungeduld nicht nur deine eigene Weihnachtsfreude beeinträchtigt, sondern meine auch.«

»Es tut mir Leid, Mama«, sagte Noah. Mit ernstem Blick schaute er der Mutter ins Gesicht. »Ich will von jetzt an geduldiger sein, das verspreche ich.«

Zur Diskussion: Beantwortet abwechselnd die folgenden Fragen: »Denkst du, dass Gott mit dir geduldig gewesen ist?« »Wenn ja, woher weißt du es?« und »Wie kannst du geduldiger werden?«
Gebet: »Geduld ist eine Tugend, die sehr schwer zu erlernen ist. Aber Herr, wir wissen, dass du willst, dass wir geduldig werden. Danke für deine Geduld mit uns, wenn wir versuchen, mit anderen geduldig zu sein.«

20. Dezember

Vertuschung

Es ist besser, falsche Entscheidungen zuzugeben, als den Versuch zu machen, sie »unter den Teppich zu kehren«.

Bibellese des Tages: 1. Mose 4,8-12
Tages-Vers: »Wer seine Sünden verheimlicht, dem wird es nicht gut gehen. Aber wenn er sie bekennt und davon lässt, wird er Barmherzigkeit finden.« (Sprüche 28,13)

Aiko spielte gern im Badezimmer im Waschbecken. Sie steckte den Stöpsel in den Abfluss und drehte den Wasserhahn auf. Dann rollte sie ihre Ärmel hoch und legte ihre Plastik-Spielzeugboote in das quirlige Wasser.

»Oh!«, sagte sie, als eins der Boote unter den Wasserstrahl geriet und zu kentern begann. Sie griff nach dem anderen Boot und führte es zu dem sinkenden Boot hin. »Rettung! Rettung!«, rief sie.

Plötzlich hatte Aiko eine Idee. Sie konnte das Wasser in dem Becken blau färben! Alles, was sie dazu brauchte, war ein bisschen blaue Lebensmittelfarbe aus dem Küchenschrank. Dann würde das Wasser in dem Becken wie ein richtiger Ozean aussehen! Aiko ließ ihre Boote in dem Becken und rannte aus dem Badezimmer. Sie stapfte die Treppe hinunter und rutschte auf ihren Socken quer über den Küchenboden. Einige Minuten später hatte sie die blaue Lebensmittelfarbe gefunden und rannte die Treppe wieder hinauf. Als sie das Bad betrat, weiteten sich ihre Augen vor Überraschung.

Eine Wasserflut ergoss sich aus dem Badezimmer zu den Stufen hin, wo sie stand. Sie hatte die Wasserhähne aufgelassen und das Becken war übergelaufen. Aiko platschte ins Badezimmer und drehte als Erstes die Hähne zu. Dann griff sie nach den Handtüchern auf dem Ständer hinter ihr und versuchte, die Bescherung aufzuwischen. Aber es war viel zu viel Wasser.

»Oh nein«, sagte sie laut. Sie streckte die Hand nach der Badezimmertür aus und schlug sie zu. *Ich werde ein Bad nehmen und Mama sagen, dass das Wasser übergeschwappt ist,* entschied sie.

Sie wusste jedoch sofort, dass sie das nicht tun konnte. Sie machte die Tür wieder auf, rannte die Treppe hinunter und fand ihre Mutter am Computer.

»Mama, ich habe nur gespielt, und jetzt ist überall Wasser auf dem Boden!«, sagte sie. Sie begann zu weinen.

»Wo?«, fragte die Mutter nur und stand auf. »Zeig mir wo, Aiko.«

Die Mutter ergriff einen Aufwischlappen und dann führte Aiko sie zum Badezimmer. Die Mutter hatte das Wasser sehr schnell aufgewischt. Dann setzte sie sich neben die Badewanne und zog Aiko auf ihren Schoß.

»Danke, dass du gekommen bist und mir die Wassergeschichte erzählt hast, Aiko«, sagte sie. »Wenn du es mir nicht erzählt hättest, hätte das Wasser durch den Boden in die unteren Räume durchsickern können. Dann wäre vielleicht ein viel größerer Schaden entstanden!«

»Es tut mir Leid, dass ich so was angerichtet habe«, sagte Aiko. Ihre Augen waren noch rot vom Weinen. »Aber ich bin froh, dass ich es dir gesagt habe, Mama.«

Zur Diskussion: Denkst du, dass es besser ist, falsche Entscheidungen zuzugeben, statt zu versuchen, sie ›unter den Teppich zu kehren‹? Wenn nicht, warum nicht? Wenn ja, warum? Was tust du normalerweise: Stehst du zu dem, was du getan hast oder vertuschst du die Sache? Warum?
Gebet: »Herr, gib uns den Mut, unsere Sünden zu bekennen, statt sie zu verbergen.«

21. Dezember

Ein Tag im Zirkus

Großzügigkeit bedeutet einfach, die guten Dinge mit anderen teilen, die Gott dir gegeben hat.

Bibellese des Tages: 4. Mose 10,29-32
Tages-Vers: »Wenn andere Gläubige in Not geraten, steht ihnen zur Seite und helft ihnen.« (Römer 12,13)

Sarina stand mit ihrem Vater in der Schlange, um Eintrittskarten für den Zirkus zu kaufen. Sie konnte es kaum abwarten, die Tiere und die Clowns zu sehen.

Während sie dort warteten, bemerkte Sarina eine große Familie vor ihnen in der Reihe. Sie zählte sechs Kinder mit ihrem Vater. Einige Minuten sah sie ihnen interessiert zu. An ihrer Kleidung konnte man sehen, dass sie nicht zu den Reichen gehörten. Doch alle Sieben gingen zusammen in den Zirkus.

Zum ersten Mal schaute Sarina jetzt auf die Preisliste für die Eintrittskarten, die auf einer großen Holztafel neben dem Schalter angeschrieben war. Sie überschlug, wie viel die Tickets für diese große Familie kosten würden, aber die Preise waren unterschiedlich je nach Alter, und schließlich gab sie es auf. Trotzdem konnte man erkennen, dass die Kinder sehr glücklich waren, in den Zirkus zu kommen.

Bald war der Vater der Kinder an der Reihe. Sie sah sein Lächeln in Richtung seiner Kinder, als er der Kassiererin sein Geld hinschob.

»Wie viele Karten?«, fragte diese. Der Vater nannte die Zahl. »Es tut mir Leid, mein Herr«, sagte die Kassiererin, »da brauche ich noch zehn Dollar mehr.«

Sarina beobachtete, wie der Gesichtsausdruck des Mannes sich von Glücklichsein zu Enttäuschung und Verlegenheit wandelte. Offensichtlich hatte er einfach nicht mehr Geld.

Plötzlich sah Sarina jedoch, wie ihr Vater, der die ganze Zeit neben ihr gestanden hatte, etwas auf den Boden fallen ließ. Sie schaute nach unten – es war ein Zwanzig-Dollar-Schein. Sie wollte ihn schon aufheben, da hinderte ihr Vater sie daran.

»Entschuldigen Sie«, sagte der Vater jetzt. Der Mann vor ihm drehte sich um. Der Vater bückte sich, hob den Geldschein auf und hielt ihn dem Mann hin. »Haben Sie dies hier verloren?«, fragte er den Mann. »Er lag direkt hinter Ihnen und Ihren Kindern auf dem Boden.«

Der Blick des Mannes begegnete dem des Vaters. Er schaute auf seine Kinder. Sie hatten nicht gesehen, was Sarinas Vater getan hatte. Wissend und dankbar lächelte er. »Danke«, sagte er und nahm das Geld aus der Hand des Vaters. Dann streckte er seine andere Hand aus und tauschte mit dem Vater einen Händedruck. »Danke«, wiederholte er noch einmal.

Er lächelte wieder, drehte sich um und gab das Geld der Kassiererin.

Sarina sah ihren Vater mit Bewunderung an. »Das war wirklich cool«, sagte sie leise, nachdem der Mann mit seinen Kindern den Kartenschalter verlassen hatte.

Der Vater lächelte. »Es ist eine wunderbare Sache, wenn wir die guten Dinge, die Gott uns gegeben hat, mit anderen teilen können.«

»Das ist sicher!«, sagte Sarina.

Zur Diskussion: Was denkst du, warum Mose versprach, mit Hobab zu teilen (vgl. die heutige Bibellese)? Nenne einige gute Dinge, die Gott dir getan oder dir geschenkt hat. Wie kannst du sie mit anderen teilen?
Gebet: »Herr, du hast uns so sehr gesegnet. Hilf uns, großzügig gegenüber anderen zu sein.«

22. Dezember

Die »Pinata«

Habgier ist falsch, egal, wie wir sie zu erklären versuchen oder sie rechtfertigen wollen.

Bibellese des Tages: Epheser 5,3-7
Tages-Vers: »Nehmt euch in Acht! Begehrt nicht das, was ihr nicht habt. Das wahre Leben wird nicht daran gemessen, wie viel wir besitzen.« (Lukas 12,15)

Lana sah ihren Bruder Manuel unter einer grell bunt gefärbten »Pinata« stehen, die einem Eselkopf glich. Manuel, der seinen Geburtstag feierte, waren die Augen verbunden worden. Er packte einen Besenstiel mit beiden Händen, während der Vater das andere Ende festhielt. Manuel wartete auf das Signal.

Endlich ließ der Vater den Besenstiel los und Manuel schwang ihn gegen die »Pinata«, die er nicht sehen konnte. Er drehte sich und drehte sich und schwang den Besenstiel wild in alle Richtungen,

Die Kinder klatschten jedes Mal, wenn Manuel die »Pinata« getroffen hatte. Schließlich hob Manuel den Besenstiel über seinen Kopf und mit einem mächtigen Schwung brach er die »Pinata« auf und verstreute Süßigkeiten in alle Richtungen.

Lana stürzte sich auf das Stück, das gerade vor ihren Füßen landete. Dann sah sie, dass die »Pinata« nur noch an einem Faden von der Decke hing und hin- und herschwang. Sie nahm den Besenstiel auf, den ihr Bruder hatte fallen lassen, schlug gegen die »Pinata« und schickte sie taumelnd auf den Boden, unmittelbar vor ihren Füßen. Sie hob sie auf und schrie auf vor Freude. Sie war noch halb voll mit Süßigkeiten.

Als sie ihren Schatz aufhob, sah Lana ein kleines Mädchen am Rand der Menge stehen, das zusah, wie die anderen Kinder sich leidenschaftlich um jedes Stück Süßes balgten. Lana sah auch die Tränen in ihren Augen und die leeren Hände.

Als sie das beobachtete, schienen zwei Stimmen in ihr zu streiten. *Schau sie an,* sagte die eine Stimme. *Sie hat keine einzige Süßigkeit und du hast mehr als alle anderen.*

Aber sofort erhob sich eine andere Stimme dagegen. *Du brauchst ihr nichts abzugeben, du hast alles allein gefunden, ehrlich und eindeutig.*

Aber sie ist so klein, schien die erste Stimme zu sagen, *und sie hat kein einziges Stück Süßes bekommen.*

Das ist ihr Pech, sagte die zweite Stimme. *Es ist kein Unrecht, wenn du das behältst, was dir gehört.*

In diesem Augenblick wusste Lana allerdings, was sie tun würde. Sie wusste, dass das Behalten all der guten Dinge Habgier sein würde, einerlei wie sie es auch vor sich selbst erklären würde. Und sie wusste, dass Habgier falsch war – nicht, weil *sie* es dafür hielt, sondern weil Gott es so ansah.

Lana lächelte, als sie nun zu dem kleinen Mädchen hinging. Sie bückte sich zu ihr und hielt ihr die »Pinata« hin. »Nimm dir, so viel du magst«, sagte sie.

Zur Diskussion: Was bedeutet es, wenn man habgierig oder geizig ist? Warum ist beides falsch? Denkst du, dass Lana richtig gehandelt hat? Warum oder warum nicht? Wie konnte Lana wissen, was die richtige Entscheidung war?
Gebet: »Herr, hilf uns, großzügig mit anderen zu teilen, statt zu versuchen, alles für uns zu behalten.«

23. Dezember

Fahrdienst

Gott gebietet Großzügigkeit.

Bibellese des Tages: 5. Mose 24,19-22
Tages-Vers: »Vergesst nicht, Gutes zu tun und mit den andern zu teilen, denn über solche Opfer freut sich Gott.« (Hebräer 13,16)

»Müssen wir Marvin schon wieder abholen?«, jammerte Kelly, als der Vater das Auto rückwärts aus ihrer Auffahrt herausfuhr. Marvin war ein älterer Mann aus ihrer Gemeinde.

»Ja, Papa«, stimmte ihr Bruder Adam zu. »Es braucht ewig Zeit, um ihn auf unserem Weg zur Kirche abzuholen!«

Der Vater öffnete den Mund, um zu antworten, aber Kelly sprach weiter.

»Es ist, als ob wir einen Umweg von einer halben Stunde machen. Warum müssen *wir* das unbedingt tun?«

»Wir müssen nicht«, sagte der Vater.

»Gut!«, sagte Adam.

»Aber ich weiß, dass ihr beide Gott gehorchen wollt«, sagte der Vater mit leiser, freundlicher Stimme.

»Was hat Gott mit dem Abholen von Marvin zu tun?«, fragte Kelly.

»Nun, Kelly«, fuhr der Vater fort. »Gott gebietet uns, großzügig mit anderen Leuten umzugehen, besonders mit solchen, die es nötig haben. Nachdem ihr in Marvins Wohnung gewesen seid ...«

»Schon«, sagte Kelly und nickte. Marvin lebte in einem Armenviertel der Stadt, und sein Appartement enthielt kaum ein Möbelstück.

»Ihr wisst, dass Marvin nicht viel besitzt«, fuhr der Vater fort.

»Warum bringen wir ihm nicht einfach ab und zu ein Paket Lebensmittel, statt ihn jeden Sonntag zur Kirche abzuholen?«, schlug Adam vor.

»Ich habe so etwas Ähnliches versucht«, antwortete der Vater, »aber ich habe Marvin nicht dazu bringen können, Lebensmittel oder andere Geschenke anzunehmen. Ich denke, es bringt ihn in Verlegenheit.«

Jetzt schaltete sich die Mutter in das Gespräch ein. »Aber er ist bereit, sich jeden Sonntag zum Gottesdienst abholen zu lassen.«

»Auf diese Weise helft ihr ihm mit eurer Zeit und mit eurem Auto statt mit Lebensmitteln oder anderen Dingen«, sagte Kelly.

Der Vater nickte. »Richtig, dies ist ein Weg, großzügig zu Marvin zu sein auf eine Art, die er akzeptiert.« Der Vater hielt inne und beobachtete seine beiden Kinder im Rückspiegel. »Aber wenn ihr darauf besteht, kann ich ihm auch sagen, dass wir ihn nicht mehr abholen können.«

»Auf keinen Fall«, sagte Kelly. »Ist schon in Ordnung.«

»Ja«, stimmte Adam zu. »So groß ist der Umweg ja auch wieder nicht.«

Der Vater und die Mutter tauschten ein Lächeln. »Gut«, sagte er mit den Augen zwinkernd. »Machen wir also weiter damit.«

Zur Diskussion: Warum denkst du, hat Gott den Israeliten geboten, nicht alles Getreide zu ernten (vgl. die heutige Bibellese)? Gehört es zu den

Gewohnheiten deiner Familie, großzügig zu sein? Nenne einige Personen, denen gegenüber du in den letzten Tagen großzügig gewesen bist. Kannst du dir noch andere Möglichkeiten denken, anderen gegenüber großzügig zu sein?
Gebet: »Herr, erinnere uns daran, dass du geboten hast, großzügig zu sein. Hilf uns, das, was wir besitzen, auch für jene bereit zu haben, die du uns über den Weg schickst.«

24. Dezember

Die Gaben der drei Weisen

Gott gebietet Großzügigkeit, weil er Großzügigkeit mag.

Bibellese des Tages: Matthäus 2,1-2;.9-12
Tages-Vers: »Gelobt sei der Herr, der Gott Israels, denn er ist zu seinem Volk gekommen und hat es erlöst.« (Lukas 1,68)

Die Kinder hatten sich um den Großvater versammelt, der in seinem großen Lehnstuhl saß. Die Familie hatte gerade ihr großes Festessen am Heiligen Abend beendet. Es war Zeit für die erste Lesung der Weihnachtsgeschichte. Viele Jahre lang war es in der Familie Tradition gewesen, am Heiligen Abend die Geschichte von der Geburt von Jesus nach dem Matthäus-Evangelium zu lesen und am Weihnachtsmorgen noch einmal nach Lukas.

»Oh«, stöhnte Grant. Er lag zu Großvaters Füßen auf dem Bauch. »Ich habe zu viel gegessen!«

»Ich auch«, stöhnte sein Vetter Scott. Er rieb seinen Magen mit der Hand.

Der Großvater lachte, als er seine große schwarze Bibel aufschlug. Das Stöhnen und Ächzen legte sich, als der Großvater aus dem Matthäus-Evangelium zu lesen begann. Er las davon, wie Maria durch das Wirken des Heiligen Geistes schwanger wurde. Er las von der Erscheinung des Engels bei Josef, dem Verlobten von Maria – gerade zu diesem Zeitpunkt. Und er las von dem Besuch der drei Weisen in Bethlehem. Endlich schloss er die Bibel.

»Nun«, sagte der Großvater und wandte sich an die Kinder im Raum, »wie unterschieden sich die Gaben der Weisen, die an jenem Tag überbracht wurden, von unseren?«

»Da gab es Gold, Weihrauch und Myrrhe!«, sagte Scott. »Wir bekommen Spielzeug.«

»Ja«, stimmte Grant zu. Er warf einen Blick auf den Weihnachtsbaum, der in der Ecke des Zimmers stand. »Und ihre Geschenke waren vermutlich nicht in Geschenkpapier eingewickelt!«

Der Großvater und die anderen Erwachsenen im Raum lachten. »Was war noch anders?«, fragte er und schaute die Kinder an. Einige der anderen Kinder machten ein paar Bemerkungen, und dann lehnte sich der Großvater in seinem Stuhl vor. »Haben die Weisen allen anderen auch Geschenke gegeben?«

Grant und Scott schauten den Großpapa an. Sie schüttelten die Köpfe.

»Ihr habt Recht«, sagte er. »Denkt darüber nach. Die ersten Weihnachtsgeschenke wurden Jesus gebracht ... aber alle unsere Weihnachtsgeschenke gelten *uns, nicht Jesus!*«

»Darüber habe ich noch nie nachgedacht«, sagte Scott.

»Seht ihr, Kinder«, fuhr der Großvater fort, »es geschieht so leicht, dass wir zu Weihnachten darin gefangen bleiben, dass *wir etwas bekommen.* Aber Weihnachten ist nicht ein Fest, wo es zuerst ums Bekommen geht, sondern ums Schenken. Gott schätzt die Großzügigkeit, nicht die Habsucht.« Dann betete der Großvater.

Als der Großvater geendet hatte, wandte sich Grant an seinen Vetter – Erregung stand auf seinem Gesicht geschrieben. »Ich weiß, was wir Jesus morgen schenken könnten!« Er flüsterte etwas in Scotts Ohr.

»Ja!«, antwortete Scott. »Das wird schön!«

Zur Diskussion: Was bedeutet Weihnachten für dich? Geht es mehr ums Bekommen oder ums Geben? Kannst du dir etwas vorstellen, das du Jesus als Geschenk geben könntest?

Gebet: »Herr, in dieser Jahreszeit erinnern wir uns daran, dass Jesus als Mensch auf die Erde kam. Wir möchten in unseren Handlungen deine Großzügigkeit widerspiegeln lassen.«

25. Dezember

Die beste Gabe

Gott schätzt die Großzügigkeit, weil er selbst großzügig schenkt.

Bibellese des Tages: Lukas 2,1.3-7
Tages-Vers: »Denn Gott hat die Welt so sehr geliebt, dass er seinen einzigen Sohn hingab, damit jeder, der an ihn glaubt, nicht verloren geht, sondern das ewige Leben hat.« (Johannes 3,16)

Catherina trommelte mit den Fingern auf ihren Knien, während sie mit gekreuzten Beinen vor dem Weihnachtsbaum saß und auf ihre Eltern wartete, um die Geschenke auszuteilen. Sie hatte die Päckchen unter dem Baum bereits alle geprüft und wusste, welche für sie waren.

Endlich setzte sich die Mutter auf der Couch nieder und der Vater setzte seine leuchtend rote Wollmütze mit der weißen Bommel am Ende auf – das Signal, dass mit dem Auspacken der Geschenke begonnen werden konnte. Das erste Geschenk überreichte er Cindy, Catherinas jüngerer Schwester. Dann gab er ein leuchtend bunt eingewickeltes Päckchen an Catherina.

Sie riss das Geschenkpapier auf und warf es auf den Boden, und dann hielt sie eine besondere Puppe in den Händen! »Klasse!«, schrie Catherina. Sie hüpfte auf und ab und umarmte ihre Puppe. Ihr Jubel wurde jedoch unterbrochen, als der Vater ihr noch ein weiteres Geschenk hinhielt. Schnell setzte sie sich nieder und ließ ihre Puppe neben sich auf den Boden fallen.

Kaum eine halbe Stunde später war Catherina umgeben von einem Berg von Geschenken – größeren und kleineren. Geschenkpapier bedeckte den ganzen Boden.

»Ich liebe meine Geschenke!«, verkündete sie. »Ich liebe sie so sehr, und ich kann mir aussuchen, mit welchem ich zuerst spielen will.«

Plötzlich zog die Mutter Cindy auf ihren Schoß und winkte Catherina. Diese setzte sich neben die Mutter und kuschelte sich an ihren Arm.

»Was war euer schönstes Weihnachtsgeschenk?«, fragte sie die Mädchen.

»Mein Spiel-Set!«, antwortete Cindy und bezog sich auf ein Set Küchenausrüstung aus Plastik für Puppenküchen.

»Meine Puppe«, sagte Catherina, »aber ich liebe alle meine Geschenke.«

»Wisst ihr auch, was mein schönstes Geschenk ist?«, fragte die Mutter. »Mein schönstes Geschenk ist Jesus.«

»Jesus?«, fragte Catherina.

Die Mutter nickte. »Ich mag alle meine Geschenke«, erklärte sie, »aber das beste Geschenk für immer und ewig ist die Gabe Gottes, als er seinen Sohn sandte, dass er als Mensch geboren und später unser Erlöser werden sollte.«

»Ja, aber Gott gab Jesus vor langer Zeit«, sagte Catherina.

»Jesus wurde damals geboren«, sagte die Mutter, »aber Gott gibt mir Jesus jeden Tag. Und das ist das beste, großzügigste und liebenswerteste Geschenk, das ich jemals bekommen habe.«

»Für mich auch«, sagte Catherina. »Jesus ist auch für mich das schönste Geschenk.«

Zur Diskussion: Hast du die Gabe »Jesus« schon erhalten? Lebt Jesus in deinem Herzen? Wenn nicht, warum willst du nicht Gottes liebevolles Weihnachtsgeschenk annehmen und Jesus bitten, dir deine Sünden zu vergeben? Wenn du die Gabe »Jesus« schon erhalten hast, nimm dir einige Augenblicke Zeit, um Gott für dieses vollkommene Geschenk zu danken!

Gebet: »Herr Jesus, du bist unser schönstes Geschenk. Danke für deine Bereitschaft, unsere Sünden auf dich zu nehmen. Wir lieben dich.«

26. Dezember

Haleys Plätzchen

Großzügigkeit bringt Segen; Habgier bringt Enttäuschung.

Bibellese des Tages: Philemon 4-6

Tages-Vers: »Und ich bete nun, dass der Glaube, den wir miteinander teilen, in dir zunimmt, indem du erkennst, wie viel Gutes wir in Christus haben.« (Philemon 6)

»Du denkst, wir sollten *was* tun?«, fragte Trixie. Sie schaute ihre Mutter an, als ob gerade auf ihrem Kopf eine Sonnenblume aufgegangen wäre.

»Ich denke, ihr solltet einen Teller mit Weihnachtsplätzchen zu den Haleys bringen«, sagte die Mutter.

Trixie und ihr Bruder Will tauschten verwirrte Blicke. »Mama«, sagte Will, »die Haleys mögen uns nicht.«

»Sie schreien uns ständig an, wir sollen ihnen aus dem Weg gehen«, fügte Trixie hinzu.

»Sie haben uns sogar im letzten Sommer die Polizei auf den Hals gehetzt, als unsere Mülltonnen in ihre Blumenbeete geweht worden waren.«

Die Mutter nickte. »Ich weiß«, sagte sie. »Aber seht es doch einmal so an: ein Teller mit Plätzchen kann die Dinge doch nicht schlimmer machen, oder?«

»Ich weiß nicht«, sagte Trixie. »Die Haleys könnten wieder die Polizei alarmieren, weil wir Plätzchen ohne eine Lizenz weggeben!«

Einige Augenblicke später hielten Trixie und Will je einen Teller mit Plätzchen in der Hand, über die eine durchsichtige Plastikfolie mit einem bunten Band befestigt war. An der Haustür blieben sie noch einmal stehen.

»Wenn wir innerhalb von vierundzwanzig Stunden nicht wieder da sind, ruft die Polizei«, sagte Will.

Als Will und Trixie zurückkamen, fragte die Mutter, was die Haleys gesagt hätten.

Trixie zuckte mit den Achseln. »Frau Haley sagte nur ›danke‹, dann machte sie die Haustür wieder zu.«

»Nun, die Hauptsache ist, dass ihr ein bisschen von unserem Weihnachtsfest mit ihnen geteilt habt«, sagte die Mutter.

Später an diesem Tag klopfte jemand an die Tür. Als die Mutter öffnete, standen Frau und Herr Haley davor und hielten die Teller in den Händen, die die Mutter vorher rübergeschickt hatte – nur dass sie jetzt mit Schokoladenlebkuchen mit Mandelsplittern belegt waren!

»Wir waren so überrascht von ihrer Großzügigkeit«, sagte Frau Haley. »Wir wohnen jetzt schon zehn Jahre hier, und kein Mensch in der Nachbarschaft ist uns jemals so begegnet!« In ihren Augen standen Tränen. »Wir haben diese hier für Sie und Ihre Kinder gebacken.«

Die Mutter bedankte sich und lud die Haleys ein, hereinzukommen. Sie lehnten ab, aber als sie zu ihrem Haus zurückgingen, stand ein Lächeln auf ihrem Gesicht.

»Das war cool!«, sagte Trixie.

»Wirklich«, stimmte Will zu. »Vielleicht sind sie gar nicht so schlimm.«

Die Mutter lächelte. »Die Haleys denken wahrscheinlich gerade im Augenblick genau das Gleiche von dir und Trixie!« Trixie und Will schauten einen Moment überrascht auf, bevor alle drei in Lachen ausbrachen.

Zur Diskussion: Was ist besser: geizig und habgierig zu sein oder großzügig? Warum? Hast du schon mal neue Freunde gewonnen, weil du großzügig warst? Wenn ja, erzähl, davon.
Gebet: »Herr, entzünde in uns eine Flamme der Großzügigkeit. Hilf uns, anderen in deinem Namen großzügig zu begegnen.«

27. Dezember

Die Geschenkekiste

Großzügigkeit bedeutet Erfüllung – Habgier befriedigt niemals.

Bibellese des Tages: Lukas 6,30-31.38
Tages-Vers: »Behaltet die Worte von Jesus, dem Herrn, in Erinnerung ›Es ist segensreicher zu geben als zu nehmen.‹« (Apostelgeschichte 20,35)

Seit Weihnachten waren erst ein paar Tage vergangen, aber Chris und Charlie hatten schon so viel mit ihrem neuen Spielzeug gespielt, dass sie es müde geworden waren.

Die Mutter brachte einen großen, leeren Karton in das Schlafzimmer der Kinder, das diese miteinander teilten. Sie setzte sich unten auf das Stockbett und erzählte Chris und Charlie von einigen Kindern, die in dem nahe gelegenen Heim für Behinderte lebten. »Die meisten dieser Kinder bekamen nur etwas Obst, ein Paar Socken und ein kleines Spielzeug zu Weihnachten«, sagte sie. »Wir könnten diesen Karton mit einigen eurer neuen Spielsachen füllen, über die diese Kinder glücklich sein würden.«

Chris und Charlie saßen einige Zeit still da. Dann sagte Charlie: »Ich weiß was! Ich könnte meinen alten Dino weggeben! Damit spiele ich nicht mehr.« Er kletterte hinüber zu seinem Schrank und zog einen Dinosaurier zum Aufziehen aus einem Haufen alten Spielzeugs heraus. Ein Bein fehlte ihm.

»Ist das ein Spielzeug, das du gerne bekommen würdest?«, fragte die Mutter.

Charlie sah die Mutter mit großen Augen an. »Du möchtest, dass wir von unserem *neuen* Spielzeug etwas abgeben?«

Die Mutter zuckte die Achseln. »Es ist ja nur ein Vorschlag«, sagte sie. »Ich sage auch nicht, dass ihr *all* euer neues Spielzeug verschenken sollt. Aber Jesus sagt, dass wir anderen das tun sollten, was wir uns wünschen würden, dass sie uns tun.« Dann stand sie auf und verließ den Raum.

Charlie und Chris saßen noch eine Weile schweigend da, nachdem die Mutter gegangen war. Dann griff Chris nach einem neuen Spielzeug. »Von diesem habe ich sogar die Schachtel noch!«, sagte er. Er legte das Spielzeug und die Schachtel in den großen Karton.

»He«, sagte Charlie. »Wenn du das nicht mehr willst, gib es mir!«

»Das ist nicht für dich«, sagte er. »Es ist für die Kinder in dem Behindertenheim.«

Charlie zuckte die Schultern, dann – nach einer Pause – legte er auch eines seiner bevorzugten Spielzeuge in den Karton. Als die Mutter ins Zimmer zurückkehrte, enthielt der große Karton verschiedene neue Spielsachen. Am nächsten Tag fuhren die Mutter, Charlie und Chris zusammen in das Heim und übergaben das Spielzeug einigen Kindern, die es mit riesiger Freude und Begeisterung in Empfang nahmen. Als sie das Heim verließen, wandte sich Charlie an die Mutter.

»Können wir das jetzt jedes Jahr so machen, Mama?«, fragte er.

»Können wir es nächstes Jahr auch *vor* Weihnachten tun, sodass die Kindern an Weihnachten ihre Geschenke auspacken können?«, fragte Chris.

»Ich habe nicht geglaubt, dass ihr Jungen so fasziniert davon wärt, eure Spielsachen wegzugeben«, sagte die Mutter.

»Das waren wir anfangs auch nicht« sagte Charlie, »aber es hat Spaß gemacht!«

»Ja«, stimmte Chris zu. »Es hat eine Menge Spaß gemacht!«

Zur Diskussion: Weihnachten ist eine Jahreszeit, wo es leicht scheint, großzügig zu anderen Leuten zu sein. Wenn aber die Weihnachtsdekorationen wieder weg sind, vergessen wir manchmal, großzügig zu sein. Wem gegenüber kannst du heute großzügig sein? Versuche heute, jemand mit deiner Großzügigkeit zu überraschen.
Gebet: »Herr, danke für die Freude, mit anderen teilen zu können. Alles, was wir tun, wollen wir in deinem Namen tun.«

28.
Dezember

Putztag

Reinheit ist richtig, weil Gott rein ist.

Bibellese des Tages: 2. Korinther 6,16-7,1
Tages-Vers: »Und jeder, der diese Hoffnung hat, achtet darauf, dass er rein bleibt, so wie Christus rein ist.« (1. Johannes 3,3)

Sarah bearbeitete mit dem Staubsauger den Boden, während die Mutter die Möbel abstaubte. Der Vater zog den Weihnachtsbaum nach draußen und die ältere Tochter, Rahel, trug die Schachteln mit dem Christbaumschmuck wieder auf den Speicher. Dann gingen Sarah und der Vater nach draußen, um die Kerzen und Lichterketten abzunehmen. Rahel half derweil der Mutter, immer neue Beutel mit Müll raus an den Straßenrand zu bringen.

Ihr jährlicher nachweihnachtlicher Aufräum- und Putztag war in vollem Gang. Als er zu Ende war, fielen sie alle erschöpft im Wohnzimmer auf die Couch und in die Sessel.

»Ich finde Weihnachten wunderschön«, sagte Sarah, »und all die Dekorationen, die wir anbringen und all das, was dazugehört, aber ich bin auch froh, wenn alles wieder seinen normalen Gang geht.«

»Ich auch!«, stimmte Rahel zu. »Ich bin froh, dass ich keine Kiefernnadeln mehr vom Teppich auflesen muss!« Das war nämlich immer ihre Arbeit, solange sie im Wohnzimmer vom Baum fielen.

»Und ich habe das Gefühl, dass ich für Jahre genug Geschenkpapiere aufgehoben habe!«, fügte Sarah hinzu.

Die Mutter lächelte und schaute sich im Raum um. »Es ist ein schönes Gefühl, wenn alles wieder sauber und ordentlich ist, oder?«

»Ganz bestimmt«, sagte Rahel.

»Reinheit ist gut«, fügte Sarah lächelnd hinzu.

Einige Minuten saßen sie schweigend und genossen die Ruhe. Dann sagte der Vater: »Ihr habt Recht. Reinheit ist gut … Hat einer von euch schon mal darüber nachgedacht, warum Reinheit gut ist?«

»Weil es gesünder ist« sagte die Mutter.

»Und schöner«, fügte Rahel hinzu.

Sarahs Gesichtsausdruck wurde plötzlich ernst. »Weil Reinheit zum Wesen Gottes gehört«, sagte sie, und es schien sie selbst zu überraschen. »Richtig so, Papa? Weil Gott vollkommen und rein ist – darum weckt Sauberkeit so gute Gefühle und Schmutz ist eben so … dreckig!«

Der Vater nickte. »Du hast Recht, Sarah«, sagte der Vater, »du hast absolut Recht. Und das nicht nur, weil ein sauberer Raum schön ist. Auch deshalb, weil reine Herzen und ein reines Leben richtig sind. Weil Gott, der uns geschaffen hat – uns und alle Dinge um uns herum – rein ist.«

»Ja, Sarah«, murmelte Rahel. Alle schauten auf sie. Der Vater, die Mutter und Sarah lächelten sich an – Rahel war eingeschlafen!

Zur Übung: Schabt ein Stück wohlriechender Seife in kleine Splitter (ein Kartoffelschäler kann dabei helfen) und schüttet die Splitter in eine schöne Teetasse. Stellt sie auf die Fensterbank in der Küche oder aufs Waschbecken im Bad. Lasst den frischen, sauberen Duft euch daran erinnern, dass Reinheit etwas Gutes ist, weil Gott rein ist.
Gebet: »Herr, lass deine Reinheit auf uns abfärben.«

29.
Dezember

Pops Handel

Falsche Entscheidungen scheinen sich manchmal unmittelbar zu lohnen, aber der Gewinn bei richtigem Handeln ist größer.

Bibellese des Tages: Römer 8,12-14.17
Tages-Vers: »Denn unsere jetzigen Sorgen und Schwierigkeiten sind nur gering und von kurzer Dauer, doch sie bewirken in uns eine unermesslich große Herrlichkeit, die ewig andauern wird.« (2. Korinther 4,17)

Jonas ging mit seinem Großvater über den riesigen Sportplatz. Stand um Stand war angefüllt mit Erinnerungen an sportliche Ereignisse und mit Sammlerstücken. »Pop«, sagte Jonas, und benutzte den Namen, mit dem er üblicherweise seinen Großvater ansprach, »kann ich mir etwas von diesen Süßigkeiten kaufen?«

Pop zuckte die Schultern. »Es ist dein Geld«, sagte er. »Ich werde hier auf dich warten.«

Jonas ging zu einer Theke, auf der alle Arten von Süßigkeiten angeboten wurden. Er tätigte seinen Einkauf und zählte sein Wechselgeld, als er den Stand verließ. Der Verkäufer hatte ihm zu viel zurückgegeben. Er ging sofort zu dem Stand zurück, erklärte die Sache und gab das zu viel ausgehändigte Geld zurück.

Als Jonas berichtete, was geschehen war, funkelten Pops Augen vor Stolz. »Du hast richtig gehandelt, Jonas«, sagte er. »Ich bin stolz auf dich.«

Jonas lächelte. »Ich hätte es gern behalten. Ich hätte mir noch etwas kaufen können.«

Pop nickte. »Ich nehme an, dass es manchmal eine Versuchung ist, Unrecht zu tun, weil die rechte Entscheidung sich nicht auszuzahlen scheint, wenigstens nicht sofort.« Plötzlich erblickte er einen Stand, der ein Sortiment von Baseball-Karten anbot. Er führte Jonas zu diesem Stand. »Siehst du diese Karten?«, fragte er. Er zeigte auf Karten, die die Bilder von Jackie Robinson, Willie Mays und anderen großen Baseballspielern trugen. »Ich besaß jede einzelne dieser Karten, als ich so alt war wie du. Einige davon sind heute Hunderte von Dollars wert.«

»Warum hast du sie nicht behalten, Pop?«

Pop schaute Jonas tief in die Augen. »Ich habe meine gesamte Kartensammlung an Tom Harris verkauft. Er besaß zwei Eintrittskarten für den Rummelplatz, und ich wünschte mir so sehr, dorthin zu gehen, dass nichts anderes für mich mehr zählte. So gingen mein Freund Steff Benjamin und ich zum Rummelplatz.«

»Wow!«, sagte Jonas, »denk doch nur, was deine Sammlung heute wert wäre!«

Pop legte Jonas seine Hand auf die Schulter. »Ich habe es bereits bedauert, als ich kaum vom Rummelplatz wieder zu Hause war, weil ich wusste, dass ich etwas weggegeben hatte, das viel mehr wert war, als die beiden Eintrittskarten für das Volksfest. So ist es auch, wenn wir Unrecht tun. Die falsche Entscheidung mag im Augenblick gut erscheinen, aber auf die Dauer ist es viel mehr wert, richtig zu handeln. Ich hoffe, dass du dich immer daran erinnerst.«

»Ich werde es versuchen, Pop«, sagte Jonas.

»Nun, wie wäre es, wenn ich dir jetzt noch einen Superlolli kaufe, als Belohnung für deine Ehrlichkeit?«

»Klasse!«, sagte Jonas.

Zur Diskussion: Denk an eine Gelegenheit, in der du in Versuchung gerietest, etwas Unrechtes zu tun. Was geschah? Wenn du nicht nachgegeben hast, wie hast du dich hinterher gefühlt? Wenn du aber der Versuchung erlegen bist, was weißt du heute, von dem du dir wünschst, du hättest es damals gewusst?

Gebet: »Himmlischer Vater, manchmal scheint uns die falsche Entscheidung gut zu sein. Deshalb geraten wir dann so sehr in Versuchung. Hilf uns, immer daran zu denken, dass du auf deine Weise und zu deiner Zeit für die richtige Entscheidung belohnen wirst.«

30. Dezember

Pattys Parties

Zuverlässigkeit ist richtig, weil Gott zuverlässig ist.

Bibellese des Tages: Psalm 89,1-2.8-9

Tages-Vers: »Herr, allmächtiger Gott! Wer ist mächtig wie du, Herr, und wer ist so treu?« (Psalm 89,9)

Patty erledigte die letzten Vorbereitungen für eine Party, die sie für eine Freundin geplant hatte, die wegziehen würde. »Naomi wird überrascht sein«, sagte sie zu ihrer Mutter, während sie die Torte mit Zuckerguss überzog. »Sie hat keine Ahnung von dieser Party.«

Das Telefon läutete. Die Mutter nahm den Hörer ab und reichte ihn an Patty weiter. »Es ist für dich.«

Patty nahm das Telefon und fuhr fort mit ihrer Arbeit an der Torte. Sie sagte kaum etwas während des Gesprächs. Nachdem sie aufgehängt hatte, schaute sie mit düsterem Blick zur Mutter. »Das war Emily«, sagte sie. »Sie kommt nicht. Sie sagt, dass sie etwas anderes zu tun hätte.«

Das Telefon ging noch zweimal in den nächsten dreißig Minuten – jedes Mal mit der Nachricht, dass eine Freundin nicht zur Party kommen würde. Pattys Enttäuschung war sichtbar, als sie ihrer Mutter klagte: »Sie behaupten, es hätte sich etwas Wichtigeres ergeben. Es tut mir so Leid für Naomi. Es ist gerade, als ob sie denken würden: ›Sie geht sowieso weg, warum dann erst noch eine Party für sie?«

Einige Wochen später wurde Patty zu einer Party eingeladen von jemand, den sie kaum kannte. Sie nahm die Einladung an, erhielt einige Stunden später aber noch eine andere Einladung. Die zweite Einladung betraf eine Party, die genau an dem gleichen Abend stattfinden sollte. Sie wusste, dass alle ihre Freundinnen auf dieser zweiten Party sein würden.

»Es tut mir wirklich sehr Leid«, sagte sie der Person, die sie zu dem zweiten Fest eingeladen hatte, »aber ich habe bereits für diesen Abend eine andere Einladung angenommen.« Einen Augenblick hörte sie zu, was ihr Gegenüber am Telefon sagte. »Nein«, antwortete sie jetzt, »ich kann das nicht absagen. Es tut mir Leid.«

Als sie den Hörer auflegte, sah sie die Mutter, die hinter ihr stand.

»Ich bin stolz auf dich, dass du dich als zuverlässig gezeigt und dein Wort gehalten hast«, sagte die Mutter.

»Gern habe ich das nicht gemacht«, antwortete Patty. »Ich wäre lieber zu der anderen Party gegangen.«

»Ich weiß«, sagte die Mutter. »Wenn es leicht wäre, zuverlässig zu sein, würden alle Leute sich dafür entscheiden.«

»Stimmt«, sagte Patty, »und ich weiß, wie man sich fühlt, wenn man späte Absagen bekommt und im Stich gelassen wird.«

»Du solltest auch wissen, dass es Gott gefällt, wenn du zuverlässig bist, weil er auch zuverlässig ist. Darum ist es richtig, treu zu sein, und darum hast du mich zu einer glücklichen Mutter gemacht.«

Patty lachte ihre Mutter an. »Ich denke, ich sollte die positive Seite sehen«, sagte sie. »Ich wurde zu zwei Parties am gleichen Tag eingeladen! Das ist doch wirklich cool!«

Zur Diskussion: Was ist richtig: Zuverlässigkeit oder Unzuverlässigkeit? Warum? Würdest du genau so gehandelt haben wie Patty? Wenn ja, warum? Wenn nicht, was würdest du anders gemacht haben? Hast du vor kurzem ein Versprechen irgendjemand gegenüber gebrochen? Bist du treu in allen deinen Beziehungen?
Gebet: »Herr, hilf uns, treu zu sein, weil wir wissen, dass du auch treu bist.«

31.
Dezember

Bienen und Apfelbäume

Verbring einige Zeit damit, indem du über Dinge nachdenkst, die wahr, richtig, rein und bewundernswert sind.

Bibellese des Tages: Philipper 4,8-9
Tages-Vers: »Konzentriert euch auf das, was wahr und anständig und gerecht ist. Denkt über das nach, was rein und liebenswert und bewunderungswürdig ist, über Dinge, die Auszeichnung und Lob verdienen.« (Philipper 4,8)

Lydia ging mit ihrem Onkel Peter in den Obstgarten. Onkel Peter und Tante Mary lebten auf einem Bauernhof. Alle Leute sagten, dass ihre Bäume die besten Äpfel in der ganzen Gegend trügen.

»Ich wünschte, ich wäre so klug wie du, Onkel Peter«, sagte Lydia. »Wie kommst du darauf?«, fragte Onkel Peter. Sie gingen Seite an Seite durch die Reihen der Apfelbäume auf eine Anzahl weißer Kästen hin, die am anderen Ende des Obstgartens standen.

»Nun, es ist so, als ob du besser Recht und Unrecht unterscheiden könntest als andere Menschen. Du weißt immer, was gerade gesagt oder getan werden muss – solche Dinge meine ich.«

Onkel Peter nickte. »Ich verstehe«, sagte er. Er blieb stehen und kniete neben einem der weißen Kästen nieder und legte seine Hand auf den Deckel. »Lydia«, sagte er, »weißt du, was das ist?«

Lydia schaute auf den weißen Kasten. Sie nickte. Darin befand sich ein Bienenstock. Onkel Peter und Tante Mary pflegten die Bienenstöcke und die Bienen bestäubten ihre Apfelbäume.

»Weißt du, wie die Bienen an die Pollen kommen, die all diese Apfelbäume befruchten?«, fragte er und deutete mit der Hand über den Obstgarten hin. Lydia schüttelte den Kopf. »Sie fliegen von einer Blüte zur anderen. Und wenn sie auf einer Blüte landen, kleben die Pollen an ihren Hinterbeinen. Wenn sie jetzt nur hin- und herhuschten und mal hier, mal da eine Blüte berührten, wäre es für meine Apfelbäume nicht gut. Aber sie *landen* auf einer Blüte und bleiben eine Weile dort, wobei sie den darin befindlichen Nektar aufsaugen. Und währenddem sammeln die Haare an ihren Beinen ständig neue Pollen.«

»Cool!«, sagte Lydia.

Onkel Peter lächelte. »Genauso lernt man, richtig und falsch zu unterscheiden, Lydia«, sagte er. »Dinge kleben an uns wie an den Bienen. Wenn wir unsere Zeit damit zubringen, über wahre und edle und richtige Dinge nachzudenken, ›kleben‹ diese Dinge uns auch an und helfen uns bei Entscheidungen zwischen richtig und falsch. Aber was glaubst du, was geschieht, wenn wir unsere Bibel nur sonntags lesen oder über Gott nur ab und zu mal nachdenken?«

»Es bleibt nicht bei uns hängen!«, antwortete Lydia.

Onkel Peter nickte. »Oder, was noch schlimmer ist, wenn wir unsere Zeit damit vergeuden, uns nur Gewalttätigkeit anzusehen oder uns mit unreinen Gedanken zu beschäftigen, dann werden es diese Dinge sein, die uns ›ankleben‹.«

»Ich möchte mir lieber gute Dinge aussuchen, die an meinen ›haarigen Beinen‹ hängen bleiben«, sagte Lydia.

Onkel Peter brach in schallendes Gelächter aus. »Jetzt sag aber deiner Tante Mary bloß nicht, dass ich bei dir von haarigen Beinen gesprochen hätte«, meinte er. »An so was habe ich niemals gedacht!«

Zur Übung: Geh einmal um den Tisch und lass jedes Familienmitglied etwas Richtiges, Edles, Reines, Liebenswertes oder Bewunderungswürdiges nennen.

Gebet: »Herr, unser Gott, richte unsere Gedanken immer wieder auf dich und dein Wesen, und hilf uns, mit guten Gedanken und richtigem Verhalten zu Hause zu sein.«

BIBELSTELLENREGISTER (BIBELLESE)

BIBELSTELLENREGISTER (TAGES-VERSE)